Handbuch Arbeitsrecht bei Unternehmensumwandlung und Betriebsübergang

2. Auflage

Dr. *Michael Bachner*, Rechtsanwalt
Dr. *Roland Köstler*, Rechtsanwalt
Dr. *Volker Matthießen*
Wolfgang Trittin, Rechtsanwalt

Nomos Verlagsgesellschaft
Baden-Baden

2003

Bibliografische Information Der Deutschen Bibliothek

Die Deutsche Bibliothek verzeichnet diese Publikation in
der Deutschen Nationalbibliografie; detaillierte bibliografische
Daten sind im Internet über http://dnb.ddb.de abrufbar.

ISBN 3-8329-0112-4

2. Auflage 2003
© Nomos Verlagsgesellschaft, Baden-Baden 2003. Printed in Germany. Alle Rechte,
auch die des Nachdrucks von Auszügen, der photomechanischen Wiedergabe und der
Übersetzung, vorbehalten. Gedruckt auf alterungsbeständigem Papier.

Vorwort

In einer auf globalen Wettbewerb ausgerichteten Wirtschaft werden Unternehmen ständig umstrukturiert. Hier müssen Unternehmen und Betriebe zusammengelegt werden, um durch sog. „Synergie-Effekte" schlagkräftige Unternehmenseinheiten zu realisieren, dort Unternehmen und Betriebe verkleinert, parzelliert oder verselbstständigt werden, um unternehmerische Risiken zu verringern.

Unternehmensumwandlungen und Betriebsübergänge und die damit zusammenhängenden Rechtsprobleme sind deshalb nicht nur alltägliche Fragen in den Führungsetagen der Unternehmen, sondern auch für die betroffenen Arbeitnehmer.

Unternehmensumwandlungen und Betriebsübergänge stellen das gesamte Arbeitsrecht auf die Probe. Sie können Arbeitsverträge, Betriebsvereinbarungen und Tarifverträge in Frage stellen. Der Abbau von Arbeitsplätzen und die Absenkung von Einkommen der Arbeitnehmer geschieht häufig durch Outsourcing, Betriebs- und Unternehmensteilung. Dies kann aber auch durch den umgekehrten Vorgang der Verschmelzung von Betrieben und Unternehmen erfolgen. Tarifflucht und Flucht aus der Mitbestimmung kennzeichnen schlagwortartig mögliche Folgen für das kollektive Arbeitsrecht. Manchmal soll auch „nur" auf diese Weise einem unbequemen Betriebsrat bzw. einem missliebigen Mitglied des Gremiums der Garaus gemacht werden; nicht selten handelt es sich hierbei zumindest um eine nicht unerwünschte Nebenwirkung.

Bei so viel Konfliktpotenzial entwickelt sich auch das Recht besonders dynamisch. Seit Inkrafttreten des Umwandlungsgesetzes setzten Rechtsprechung und Gesetzgeber mit der Novellierung des Betriebsverfassungsgesetzes und des § 613a BGB wichtige Akzente.

Die vor 6 Jahren erschienene erste Auflage unseres Handbuchs bedurfte deshalb einer grundlegenden Neubearbeitung. Auch das Autorenteam veränderte sich: Die Bearbeitung des individualrechtlichen Teils übernahmen statt des ausgeschiedenen Ralf Trümner Michael Bachner und Wolfgang Trittin. Neu hinzu kam

Volker Matthießen, der das Werk mit einem Beitrag zur betrieblichen Altersversorgung ergänzt.

Das Buch stellt zunächst die gesellschaftsrechtlichen Grundlagen von Unternehmensumwandlungen und Betriebsübergängen mit ihren Konsequenzen für die Unternehmensmitbestimmung, die Betriebsverfassung, das Tarifvertragsrecht und den individuellen Arbeitsvertrag dar. Die abschließenden Ausführungen zu den Folgen für die betriebliche Altersversorgung konkretisieren die Konsequenzen für diesen wichtigen Bereich des Arbeitsrechts. Der Abdruck der wichtigsten gesetzlichen Grundlagen erleichtert dem Praktiker den schnellen Zugang zu den wichtigsten Gesetzesquellen.

Das Werk wendet sich vor allem an Rechtsanwälte, Betriebsräte, Personalleiter, Gewerkschafter und Richter.

Anregungen zur weiteren Gestaltung des Buches nehmen wir gern auf. Gleichzeitig danken wir allen, die bereits mit ihren Ratschlägen, Empfehlungen und praktischen Hilfestellungen an der Entstehung dieses Buches mitwirkten.

Frankfurt am Main, Düsseldorf, Limburg, im Februar 2003

Dr. Michael Bachner
Dr. Roland Köstler
Wolfgang Trittin
Dr. Volker Matthießen

Inhaltsverzeichnis

Vorwort V

Abkürzungsverzeichnis XXI

A. Einleitung 1
   I. Sachlicher und persönlicher Anwendungsbereich
       des § 613 a BGB 1
       1. Der Betriebsübergang bei Einzel- und Gesamt-
          rechtsnachfolge 1

B. Gesellschaftsrechtliche Grundlagen zur Umstrukturierung von Unternehmen und Betrieben 5
   I. Gesellschaftsrechtliches Grundlagenwissen 5
       1. Rechtsträger/Rechtsobjekte 5
       2. Betrieb/Unternehmen/Konzern/Arbeitgeber 10
          a) Betrieb 10
          b) Unternehmen 11
          c) Konzern 11
          d) Arbeitgeber 12
   II. Gestaltensformen der Unternehmensumstrukturierungen 13
       1. Systematische Abgrenzung Einzel-/Gesamtrechtsnachfolge 13
       2. Betriebsübergang/Einzelrechtsübertragung/Asset-deal 14
       3. Gesamtrechtsnachfolge 14
       4. Sonstige Fälle 15
   III. Die Unternehmensumwandlung nach dem Umwandlungsgesetz 18
       1. Grundlagen 18
          a) Entstehungsgeschichte 18
          b) Ziele der Rechtsänderung 19
       2. Umwandlungsformen nach dem UmwG 20
          a) Verschmelzung 22
          b) Spaltung 24

	c)	Vermögensübertragung	28
	d)	Formwechsel	30

C. Auswirkungen auf die Unternehmensmitbestimmung — 33
I. Das System der Unternehmensmitbestimmung — 33
1. Überblick über die Formen — 33
2. Verfahren zur Änderung der Aufsichtsratszusammensetzung — 36
   - a) Vorbemerkung — 36
   - b) Unstreitiges Statusverfahren — 37
   - c) Gerichtsverfahren gem. § 98 f. AktG — 39
   - d) Notwendigkeit eines Verfahrens — 42

II. Formwechsel — 43
1. Aufsichtsratskontinuität — 43
2. Formwechsel mit positivem Mitbestimmungseffekt — 45
3. Wegfall des Aufsichtsrates — 47

III. Verschmelzung/Spaltung/Vermögensübertragung/ Sonstige Umstrukturierungsfälle — 48
1. Verschmelzung — 49
2. Spaltung — 50
   - a) Aufspaltung — 50
   - b) Abspaltung — 51
   - c) Ausgliederung — 51
3. Vermögensübertragung — 52
4. Sonstige Umstrukturierungsfälle — 52
   - a) Asset-deal/Share-deal — 53
     - aa) Asset-deal — 53
     - bb) Share-deal — 53
   - b) Anwachsung — 53
   - c) Besondere Fälle der Einzelrechtsübertragung — 54

IV. Mitbestimmungsbeibehaltung — 55
1. Allgemeines — 55
2. Mitbestimmungsbeibehaltungsgesetz von 1994 — 57
3. Mitbestimmungsbeibehaltung nach § 325 Abs. 1 UmwG — 58
   - a) Entstehungsgeschichte — 58
   - b) Tatbestandsvoraussetzungen — 59
   - c) Rechtsfolgen — 61

V.	Konzern/Konzernaufsichtsrat	63
	1. Umstrukturierung im Konzern	63
	a) Bereich des Mitbestimmungsgesetzes	63
	b) Bereich Betriebsverfassungsgesetz 1952	67
	c) Die Rolle des Konzernaufsichtsrates	71
	2. Die Umwandlung führt zur Entstehung eines Konzerns	73

D. Betriebsverfassungsrechtliche Auswirkungen von Betriebsübergang und Unternehmensumwandlung   75

   I. Die Rechtsstellung des Betriebsrats und seiner Mitglieder   75
      1. Fortbestand des Betriebsrats bei Wahrung der Betriebsidentität   75
         a) Die betriebsidentitätswahrende Umstrukturierungsmaßnahme   75
         b) Die gesetzliche Vermutung für den gemeinsam geführten Betrieb   78
            aa) Überblick und Gesetzeszweck   78
            bb) Rechtswirkungen der Vermutung   84
            cc) Normadressaten und Prozessuales   85
      2. Übergangsmandat des Betriebsrats und Auswirkungen der Umstrukturierung auf die Rechtsstellung der Betriebsratsmitglieder   88
         a. Allgemeines   88
         b. Dauer des Übergangsmandats   91
         c. Inhalt des Übergangsmandats   94
      3. Zusammenlegung und Spaltung von Betrieben und Betriebsteilen (Beispielsfälle)   95
      4. Restmandat des Betriebsrats   110
      5. Die Mitbestimmungsbeibehaltungsvereinbarung nach § 325 Abs. 2 UmwG   112
   II. Kollektivrechtliche Fortgeltung von Betriebsvereinbarungen   116
      1. Allgemeines   116
      2. Der Fortbestand der Betriebsvereinbarung bei Aufrechterhaltung der Betriebsidentität   117
      3. Betriebsvereinbarung und Übergangsmandat   120

III. Kollektivrechtliche Fortgeltung von Gesamtbetriebsvereinbarungen ... 121
IV. Kollektivrechtliche Fortgeltung von Konzernbetriebsvereinbarungen ... 124
V. Transformation in Individualarbeitsrecht und Ablösung durch andere Regelungen ... 126
   1. Allgemeines ... 126
   2. Transformation und Ablösung von Betriebsvereinbarungen ... 127
   3. Transformation und Ablösung von Gesamtbetriebsvereinbarungen ... 134
   4. Transformation und Ablösung von Konzernbetriebsvereinbarungen ... 135
VI. Betriebsvereinbarung und unternehmensinterne Restrukturierung ... 135
   1. Vorbemerkung ... 135
   2. Literatur und Rechtsprechung ... 136
   3. Eigener Standpunkt und Beispielsfälle ... 139
VII. Die Beteiligung des Betriebsrats und des Wirtschaftsausschusses ... 145
   1. Die Unterrichtung des Betriebsrats nach dem BetrVG ... 145
     a. Unterrichtung des Betriebsrats und Hinzuziehung von Sachverständigen nach § 80 Abs. 2 und 3 BetrVG ... 145
     b. Unterrichtung des Betriebsrats nach § 111 BetrVG ... 150
        aa. Unternehmensgröße ... 150
        bb. Die einzelnen Fälle einer Betriebsänderung ... 154
        cc. Zeitpunkt der Unterrichtung ... 166
        dd. Inhalt und Umfang der Unterrichtung ... 169
        ee. Zuständiger Betriebsrat und Fristen ... 173
        ff. Rechtsfolgen einer fehlerhaften Beteiligung des Betriebsrats ... 175
        gg. Hinzuziehung von Sachverständigen ... 175

2. Die Unterrichtung des Betriebsrats nach dem UmwG	177
a. Umwandlungsrechtlicher Unterrichtungsanspruch	177
b. Zuständiger Betriebsrat und Fristen	181
c. Rechtsfolgen einer fehlerhaften Unterrichtung des Betriebsrats nach dem UmwG	185
d. Verhältnis zur betriebsverfassungsrechtlichen Unterrichtungspflicht	187
3. Die Unterrichtung des Wirtschaftsausschusses	188
4. Die Unterrichtung der Arbeitnehmer	192
5. Mitbestimmung des Betriebsrats gem. §§ 111, 112 BetrVG	193
a. Der Interessenausgleich	193
aa. Voraussetzungen	193
bb. Form und Inhalt	194
cc. Verfahren	194
dd. Kollektiv- und registerrechtliche Folgen eines Verstoßes gegen das Mitbestimmungsrecht des Betriebsrats	197
b. Der Sozialplan	201
aa. Allgemeines	201
bb. Betriebsänderungen ohne erzwingbaren Sozialplan, § 112 a BetrVG	207
cc. Der frei vereinbarte Sozialplan	210
dd. Der Spruch der Einigungsstelle über den Sozialplan	216
VIII. Zuständiger Betriebsrat	219
1. Vereinbarung des Interessenausgleichs	219
2. Vereinbarung des Sozialplans	221
3. Nachteilsausgleichsanspruch gem. § 113 BetrVG	222
a. Allgemeines	222
b. Voraussetzungen des Nachteilsausgleichsanspruchs	224
aa. Vorliegen einer Betriebsänderung	224

	bb. Abweichung vom Interessenausgleich ohne zwingenden Grund	224
	cc. Unterlassen des Interessenausgleichsverfahrens	224
	dd. Kausalität des pflichtwidrigen arbeitgeberseitigen Verhaltens für Entlassungen oder sonstige Nachteile des Arbeitnehmers	225
c.	Höhe des Nachteilsausgleichsanspruchs	226

E. Tarifvertragliche Folgen von Unternehmensumwandlung und Betriebsübergang — 227
I. Grundlagen — 227
   1. Typisierung von Tarifverträgen — 227
      a) Verbandstarifvertrag — 227
      b) Firmentarifvertrag — 228
      c) Anerkennungstarifvertrag — 228
      d) Konzerntarifvertrag — 228
      e) Betrieblicher Tarifvertrag — 229
   2. Inhalt des Tarifvertrags — 229
   3. Normative Wirkung des Tarifvertrags — 230
   4. Kollision tarifvertraglicher Normen — 231
      a) Grundsatz der Tarifeinheit — 231
      b) Tarifvielfalt — 233
   5. Tarifzuständigkeit — 235
   6. Normative Grundlagen zur Sicherung des Tarifvertrags — 236
      a) Verfassungsrechtliche Fundierung — 236
      b) EG – Richtlinie — 237
   7. Schicksal tarifvertraglicher Normen bei Umwandlung und Betriebsübergang (Grundzüge) — 238
      a) Gesetzliche Lösungen im Überblick — 238
         aa) Normative Weitergeltung — 238
         bb) Einwirkungspflicht der Konzernmutter — 239
         cc) Transformation der Tarifnormen in den Einzelarbeitsvertrag — 239
         dd) Verdrängung tarifvertraglicher Normen — 240

	b) Einzelvertragliche Bezugnahmeklauseln	240
	c) Schaubilder	240
II.	Normative Weitergeltung des Verbandstarifvertrags	242
	1. Weitergeltung durch Wahrung der Identität bei Unternehmensumwandlung	242
	2. Weitergeltung durch selbst begründete Verbandsmitgliedschaft des neuen Arbeitgebers	244
	3. Weitergeltung durch Satzung des Arbeitgeberverbandes	244
	4. Weitergeltung durch Allgemeinverbindlichkeit gem. § 5 TVG	245
	5. Normative Weitergeltung gem. § 3 Abs. 1 TVG durch Übertragung der Verbandsmitgliedschaft?	245
	a) Mitgliedschaft als nicht übertragbare, höchstpersönliche Rechtsstellung	245
	6. Normative Weitergeltung gem. § 3 Abs. 3 TVG durch Inhaberwechsel als Verbandsaustritt?	247
	a) Rechtsprechung	247
	b) Kritik	248
	7. Normative Weitergeltung als nachwirkender Tarifvertrag gem. § 4 Abs. 5 TVG?	249
	a) Rechtsprechung	249
	b) Literatur	250
	8. Ergebnis	250
III.	Normative Weitergeltung des Firmentarifvertrags	251
	1. Normative Geltung gem. § 3 TVG	251
	a) Unternehmensbezogener Firmentarifvertrag	251
	aa) Gesamtrechtsnachfolge	254
	bb) Einzelrechtsnachfolge	259
	cc) Anwachsung gem. § 738 Abs. 1 Satz 1 BGB	259
	b) Betrieblicher Tarifvertrag	261
	2. Normative Geltung durch Nachwirkung gem. § 4 Abs. 5 TVG	261
	3. Ergebnis	262
IV.	Einwirkungspflicht bei Tarifflucht im Konzern	262
	1. Konzern und Tarifvertrag	263

2. Einwirkungspflicht des herrschenden Unternehmens	263
a) BAG Urteil zum Haustarifvertrag des Goethe-Instituts e.V.	264
b) Zustimmung und Kritik in der Literatur	264
3. Einwirkungspflicht auch bei Flucht aus Verbandstarifvertrag?	265
4. Ergebnis	266
V. Transformation von Verbands- und Firmentarifvertrag in den Einzelarbeitsvertrag gem. § 613a Abs. 1 Satz 2 BGB	267
1. Grundlagen und Anwendungsbereich des § 613a Abs. 1 Satz 2 BGB	267
a) Unmittelbare und zwingende Wirkung	267
b) Auffangnorm zur Sicherung tarifvertraglicher Rechte	268
c) Schutzlücke bei Gesamtrechtsnachfolge	269
2. Anwendungsvoraussetzungen des § 613a Abs. 1 Satz 2 BGB	273
a) Tarifvertrag	273
aa) Alle Tarifvertragsarten	273
bb) Uneingeschränkt geltender oder nachwirkender Tarifvertrag	273
cc) Allgemeinverbindlicher Tarifvertrag	273
b) Übertragbarer Inhalt	274
c) Bei Betriebsübergang geltende Tarifnormen	275
d) Bei Betriebsübergang bestehende Arbeitsverträge	275
e) Mehrfacher Betriebsübergang	276
3. Rechtsfolge: Transformation tarifvertraglicher Rechte in den Arbeitsvertrag	276
a) Individualrechtliche Fortgeltung	276
b) Statische Fortgeltung tariflicher Normen	277
c) Günstigkeitsprinzip bei Kollision umgewandelten und vereinbarten Rechts	277
d) Einjährige Veränderungssperre	278

4. Änderung transformierter Normen innerhalb eines Jahres nach Betriebsübergang (§ 613a Abs. 1 Satz 4 BGB) 278
   a) Beendete Geltung der Kollektivnormen (1. Alternative) 278
   b) Einzelvertragliche Vereinbarung über Geltung eines anderen Tarifvertrags (2. Alternative) 279
5. Änderung nach Ablauf der einjährigen Veränderungssperre 281
   a) Individualrechtliche Gestaltungsmittel 281
   b) Kollektive Gestaltungsmittel und Günstigkeitsprinzip 283
VI. Verdrängung von Verbands- und Firmentarifverträgen durch andere Tarifnormen (§ 613a Abs. 1 Satz 3) 284
1. Grundlagen 284
   a) Norminhalt 284
   b) Übersicht 285
2. Anwendungsvoraussetzungen der verdrängenden Wirkung eines anderen Tarifvertrags ... 285
   a) Anderer Tarifvertrag 285
   b) Geltung des anderen Tarifvertrags bei Betriebsübergang 287
   c) Beidseitige Tarifbindung beider Arbeitsvertragsparteien 289
   d) Identischer Regelungsbereich beider Tarifverträge 294
3. Rechtsfolge: Verdrängung des alten Tarifrechts ... 295
   a) Günstigkeitsprinzip? 295
   b) Verdrängung nur für die Zukunft 296
   c) Verdrängung nur des in den Arbeitsvertrag transformierten Tarifrechts 296
   d) Rückwirkende Verdrängung? 297
   e) Mindestens einjähriger Bestandsschutz 298
4. Ergebnis 299

XV

VII. Einzelvertragliche Bezugnahme auf Tarifverträge 300
    1. Bezugnahmeklauseln 300
        a) Verbreitungsgrad 300
        b) Zielsetzungen 300
        c) Typische Formen von Bezugnahmeklauseln 302
        d) Schriftform der Bezugnahme 303
        e) Schuldrechtliche Wirkung der Bezugnahme 304
        f) Günstigkeitsprinzip 305
        g) Tarifvielfalt 305
    2. Wirkung von Bezugnahmeklauseln bei Umwandlung und Betriebsübergang 306
        a) Eintritt des neuen Betriebsinhabers in Bezugnahmeklausel gem. § 613a Abs.1 Satz 1 BGB 306
        b) Dynamische Bezugnahmeklausel 307
        c) Statische Bezugnahmeklauseln 312
    3. Zulässigkeit neuer Formulierungsvorschläge 313
VIII. Handlungsmöglichkeiten zur Sicherung tarifvertraglicher Ansprüche 314
    1. Tarifvertrag zum Betriebsübergang und zur Unternehmensumstrukturierung 315
        a) Regelungsbedarf und Zulässigkeit 315
        b) Inhalt 316
        c) Sonstige Regelungen 317
    2. Betriebsverfassung 318
    3. Arbeitsvertrag 318
        a) Änderung oder Auflösung des Arbeitsvertrags 318
        b) Widerspruchsrecht 319
    4. Arbeitsgerichtliche Durchsetzung 320

F. Voraussetzungen und individualrechtliche Auswirkungen des (umwandlungsbedingten) Betriebsübergangs 323
    I. Sachlicher und persönlicher Anwendungsbereich des § 613 a BGB 323
        1. Einzel- oder Gesamtrechtsnachfolge 323
        2. Maßgeblicher Betriebs(teil)begriff 323

3. Wechsel der Inhaberstellung durch Rechtsgeschäft	328
4. Zeitpunkt des Betriebsübergangs	332
5. Nichtigkeit und Unwirksamkeit des Rechtsgeschäfts	333
6. Hoheitsakte	333
a. Öffentlichrechtliche Funktionsnachfolge	333
b. Betriebsübergang im Insolvenzverfahren	334
c. Betriebsübergang in der Zwangsvollstreckung	335
II. Persönlicher Anwendungsbereich von § 613 a BGB	336
III. Abgrenzung zwischen Betriebsstilllegung und Betriebsübergang	337
IV. Auslandssachverhalte	339
1. Einzelrechtsnachfolge	339
2. Gesamtrechtsnachfolge	340
V. Übergang der Arbeitsverhältnisse	340
VI. Zuordnung der Arbeitsverhältnisse	342
1. Problemstellung	342
2. Rein umwandlungsrechtliche Zuordnung von Arbeitsverhältnissen	344
3. Interessenausgleich über die Zuordnung von Arbeitsverhältnissen gem. § 323 Abs. 2 UmwG	345
VII. Rechte und Pflichten aus dem Arbeitsverhältnis	347
1. Allgemeines	347
2. Praktisch bedeutsame Problemfälle	349
3. Insolvenz	353
VIII. Haftung	355
1. Haftung von Betriebserwerber und Betriebsveräußerer bei Einzelrechtsnachfolge	355
2. Haftung von Betriebsveräußerer und Betriebserwerber in Umwandlungsfällen	356
IX. Kündigungsverbot (§ 613 a Abs. 4 BGB)	359
1. Kündigung wegen des Übergangs	359
a) Anwendungsbereich	359
b) Betriebsübergang als Beweggrund	359
c) Maßgebender Zeitpunkt	360
d) Stilllegung	360

	e) Änderungskündigung	361
	f) Fallgruppen unwirksamer Umgehungen	361
2.	Kündigung aus anderen Gründen (§ 613 a Abs. 4 Satz 2 BGB)	364
X.	Informationspflicht (§ 613a Abs. 5 BGB)	366
XI.	Widerspruchsrecht (§ 613a Abs. 6 BGB)	368
1.	Normzweck, Anwendungsbereich	368
2.	Rechtsgestaltende Willenserklärung	369
3.	Widerspruchsfrist	369
4.	Schriftform	370
5.	Empfänger	370
6.	Benachteiligungsverbot	371
	a) Kündigungsschutz	371
	b) Erhalt von Sozialplanansprüchen	372
	c) Annahmeverzug	373

G. Betriebliche Altersversorgung — 375

I.	Einleitung	375
II.	Die unterschiedlichen Risiken bei insolvenzgeschützten und nicht insolvenzgeschützten betrieblichen Versorgungsansprüchen und -anwartschaften	377
1.	Risiken bei Versorgungsansprüchen	377
2.	Risiken bei Versorgungsanwartschaften	380
	a) Grenzen des Insolvenzschutzes	381
	b) Unverfallbarkeitsvoraussetzungen	382
	c) Insbesondere: Insolvenzrisiken bei Anwartschaften auf eine betriebliche Altersversorgung durch Entgeltumwandlung	385
3.	Übersicht	388
III.	Informationspflichten	391
IV.	Vorbeugender Gläubigerschutz	395
1.	Sicherungsfähige Versorgungsanwartschaften und -ansprüche	397
2.	Ausschluss des Rechts auf Sicherheitsleistung	402
	a) § 22 Abs. 2 UmwG	403
	b) Insolvenzschutz nach §§ 7 ff. BetrAVG	403
	c) Der PSV als Gläubiger?	405

3.	Umfang	406
	a) Versorgungsansprüche	406
	b) Versorgungsanwartschaften	407
V.	Übergang der Versorgungsverpflichtungen	408
	1. Versorgungsanwartschaften aus einer unmittelbaren Versorgungszusage bei bestehendem Arbeitsverhältnis	409
	2. Unverfallbare Versorgungsanwartschaften ausgeschiedener Arbeitnehmer und Versorgungsansprüche von Betriebsrentnern	411
	a) Verschmelzung	412
	b) Spaltung	412
	aa) Beschränkungen der Übertragbarkeit wegen §§ 132 UmwG, 4 BetrAVG?	413
	bb) Beschränkungen aus der Unteilbarkeit eines Dauerschuldverhältnisses	420
	3. Übergang bei Durchführung der betrieblichen Altersversorgung durch selbstständige Versorgungsträger	422
	a) Durchführung über eine Direktversicherung	423
	b) Durchführung über eine Unterstützungskasse	423
	c) Durchführung über eine Pensionskasse	427
	d) Durchführung über einen Pensionsfonds	428
VI.	Der Inhalt der Versorgungsverpflichtungen	428
	1. Verpflichtungen nach dem BetrAVG	428
	a) Insolvenzschutz	429
	b) Anpassungsprüfung	430
	c) Unverfallbarkeit	430
	d) Höhe der Betriebsrente	431
	2. Das Zusammentreffen verschiedener Versorgungszusagen nach einer Umwandlung	432
	a) Vor der Umwandlung individualvertraglich begründete Zusagen	432
	b) Fortgeltung kollektivvertraglich begründeter Versorgungszusagen	435
	c) Individualrechtliche Fortgeltung kollektivvertraglich begründeter Versorgungszusagen	437

d) Verdrängung kollektivvertraglich begründeter Versorgungszusagen durch die Kollektivregelung des neuen Rechtsträgers ... 438
VII. Änderung von Versorgungszusagen ... 441
  1. Änderung einer Betriebsvereinbarung ... 442
    a) Besitzstände ... 443
    b) Gründe ... 446
  2. Kündigung einer Betriebsvereinbarung ... 448
  3. Widerruf von Versorgungszusagen ... 448
  4. Ablösung von Einzelzusagen mit Kollektivbezug durch Betriebsvereinbarung ... 449
  5. Änderung von Einzelzusagen ... 451
  6. Sonstige Änderungen ... 451
VIII. Anpassungsprüfungspflicht ... 452
  1. Anpassungsverpflichteter ... 453
  2. Wirtschaftliche Lage und gesamtschuldnerische Haftung ... 454
  3. Wirtschaftliche Lage bei durch Spaltung entstandenen Rentnergesellschaften ... 457
  4. Wirtschaftliche Lage im Konzern ... 460
IX. Haftung nach einer Umwandlung ... 461
  1. Umwandlung von Personengesellschaften ... 461
  2. Spaltung ... 462
  3. Haftung nach Betriebsaufspaltung ... 464

Anhang
Umwandlungsgesetz ... 467
Bürgerliches Gesetzbuch ... 497
Gesetz zur Verbesserung der betrieblichen Altersversorgung ... 499
Tarifvertragsgesetz ... 511
Aktiengesetz ... 516
Betriebsverfassungsgesetz ... 518
Richtlinie 2001/23/EG des Rates vom 12. März 2001 ... 519

Literaturverzeichnis ... 529

Stichwortverzeichnis ... 533

Abkürzungsverzeichnis

A.a.O.	am angegebenen Ort
Abs.	Absatz
AcP	Archiv für civilistische Praxis (Zeitschrift)
AG	Aktiengesellschaft
AiB	Arbeitsrecht im Betrieb (Zeitschrift)
AktG	Aktiengesetz
Anm.	Anmerkung
AP	Arbeitsrechtliche Praxis (Entscheidungssammlung)
ArbG	Arbeitsgericht
Aufl.	Auflage
BAG	Bundesarbeitsgericht
BB	Betriebs-Berater (Zeitschrift)
BDA	Bundesvereinigung der Deutschen Arbeitgeberverbände
BDI	Bundesverband der Deutschen Industrie
BeschFG	Beschäftigungsförderungsgesetz
BGB	Bürgerliches Gesetzbuch
BGH	Bundesgerichtshof
Bl.	Blatt
BR-Drucks.	Bundesrats-Drucksache
BR-Info	Betriebsrats-Info (Zeitschrift)
BT-Drucks.	Bundestags-Drucksache
DB	Der Betrieb (Zeitschrift)
DKK	Däubler/Kittner/Klebe
EuGH	Europäischer Gerichtshof
EzA	Entscheidungssammlung zum Arbeitsrecht
f.	folgende
ff.	fortfolgende
FGG	Gesetz über die freiwillige Gerichtsbarkeit
FKHE	Fitting/Kaiser/Heither/Engels
Fn.	Fußnote
GK	Gemeinschaftskommentar
GKT	Goutier/Knopf/Tuloch
GmbH	Gesellschaft mit beschränkter Haftung

HB	Handelsblatt
Hess. LAG	Hessisches Landesarbeitsgericht
Hrsg.	Herausgeber
IDW	Institut der Wirtschaftsprüfer
i.S.d.	im Sinne des
i.V.m.	in Verbindung mit
KGaA	Kommanditgesellschaft auf Aktien
KK	Kölner Komm. zum AktG
KKW	Keidel/Kuntze/Winkler
KSchG	Kündigungsschutzgesetz
LAG	Landesarbeitsgericht
LAGE	Entscheidungen der Landesarbeitsgerichte
MünchArbR	Münchener Handbuch zum Arbeitsrecht
m.w.N.	mit weiteren Nachweisen
NJW	Neue Juristische Wochenschrift (Zeitschrift)
Nr.	Nummer
NZA	Neue Zeitschrift für Arbeits- und Sozialrecht (Zeitschrift)
OLG	Oberlandesgericht
PersR	Der Personalrat (Zeitschrift)
RdA	Recht der Arbeit (Zeitschrift)
RegE	Regierungsentwurf
Rn.	Randnummer
Rspr.	Rechtsprechung
str.	streitig
TVG	Tarifvertragsgesetz
UmwBG	Gesetz zur Bereinigung des Umwandlungsrechts
UmwG	Umwandlungsgesetz
vgl.	vergleiche
VvaG	Versicherungsverein auf Gegenseitigkeit
z. B.	zum Beispiel
ZHR	Zeitschrift für das gesamte Handels- und Wirtschaftsrecht
ZIP	Zeitschrift für Wirtschaftsrecht
ZPO	Zivilprozessordnung

A. Einleitung

I. Sachlicher und persönlicher Anwendungsbereich des § 613 a BGB

1. Der Betriebsübergang bei Einzel- und Gesamtrechtsnachfolge

Der Betriebsübergang kann sowohl Folge einer Einzel- wie auch einer Gesamtrechtsnachfolge sein. Die Einzelheiten werden an anderer Stelle erörtert (vgl. A 1, 2).

Unternehmensumstrukturierungen können **vielfältige Ursachen** haben. Die im vorliegenden Zusammenhang bedeutsame Form der Unternehmensumstrukturierung – der Wechsel des Betriebs(teil)inhabers – ist in der Regel betriebswirtschaftlich oder unternehmensstrategisch (Konzentration auf das Kerngeschäft) motiviert. Ihre konkreten Ausformungen wurden bereits an anderer Stelle erörtert. Die **Konsequenzen für die Mitarbeiter** sind oftmals einschneidend: Personalabbau, Stillegung von Betrieben oder Betriebsteilen, Verlegung von Betrieben, Wegfall der Tarifbindung, Erlöschen von Betriebsratsmandaten und vieles mehr können die Folge sein.

Der Betriebsinhaberwechsel kann sowohl die Konsequenz einer Einzelrechts- als auch einer Gesamtrechtsnachfolge sein. Das Instrumentarium der Gesamtrechtsnachfolge – seine einzelnen Formen Verschmelzung, Spaltung, Vermögensübertragung und Formwechsel sind seit dem 1.1.1995[1] im **UmwG** geregelt – beseitigt die traditionellen Formen des Betriebsinhaberwechsels durch Rechtsgeschäft nicht, vielmehr stellt das UmwG den beteiligten Rechtsträgern, Anteilsinhabern und Gesellschaftern nur zusätzliche Möglichkeiten zur Umstrukturierung eines Unternehmens zur Verfügung. Im übrigen hat der Gesetzgeber es den Beteiligten selbst überlassen, zwischen dem Instrumentarium der

---

[1] Gesetz zur Bereinigung des Umwandlungsrechts vom 28.10.1994, BGBl I 1994, 3210

Einzel- und dem der Gesamtrechtsnachfolge zu wählen. Es gilt daher der **Grundsatz der Wahlfreiheit**[2].

2 Es sind allerdings auch Mischformen denkbar, bei denen die traditionelle Form der Unternehmensumstrukturierung mit der Unternehmensumwandlung nach dem UmwG kombiniert wird. Um eine **Kombination von Gesamtrechts- und Einzelrechtsnachfolge** kann es sich z. B. dann handeln, wenn die Verschmelzung zweier Unternehmen durch einen Kooperationsvertrag vorbereitet wird[3]. Hierbei kann bereits der Kooperationsvertrag zu einem – allerdings rechtsgeschäftlich begründeten – Betriebsübergang führen.

3 Im Mittelpunkt der rechtlichen Beurteilung all dieser Fälle – Einzelrechtsnachfolge, Gesamtrechtsnachfolge, Mischform – steht immer die Bestimmung des § 613 a BGB. Denn gemäß § 324 UmwG bleibt durch die Wirkungen der Eintragung einer übertragenden Umwandlung – also einer Verschmelzung, Spaltung oder Vermögensübertragung – § 613 a Abs. 1 und 4 BGB unberührt. Dies macht deutlich, dass der Gesetzgeber die arbeitsrechtlichen Folgen übertragender Unternehmensumwandlungen mit denen eines rechtsgeschäftlichen Betriebsübergangs gleichstellen wollte, sofern durch die Umwandlung der Übergang von Betrieben oder Betriebsteilen bewirkt wird[4]. § 324 UmwG stellt daher eine **Kollisionsnorm**[5] dar. Dies hat zur Folge, dass die Bestimmungen der §§ 613 a Abs. 1 und 4 BGB und die darin genannten Rechtsfolgen in all jenen Fällen den Bestimmungen des UmwG – von den dort enthaltenen Sonderregelungen abgesehen – als speziellere Regelungen vorgehen, in denen entweder ein Betrieb oder aber ein Betriebsteil im Zusammenhang mit einer Unternehmensumwandlung übertra-

---

2 So ausdrücklich *BAG* 18.9.1997, NZA 1998, 210, 212; Willemsen/*Willemsen*, Rn. B 55.
3 Vgl. zu Mischformen zwischen Einzel- und Gesamtrechtsnachfolge auch Berscheid, AR-Blattei (SD) 530.6.4 Rn. 154, Kittner/Zwanziger – Bachner, § 114 Rn. 5.
4 Vgl. *Bauer/Lingemann*, NZA 1994, 1057; *Boecken*, Rn. 63 ff.; *Däubler*, RdA 1995, 136; *Willemsen*, NZA 1996, 791; *Wlotzke*, DB 1995, 40; Willemsen/*Willemsen*, Rn. B 89, Kittner/Zwanziger – Bachner, § 114 Rn. 44.
5 Somit zutreffender Begründung *Schalle*, 56 ff. für die Verschmelzung und 126 ff. für die Spaltung; anders noch *Bachner* NJW 1995, 2881; a. A. Kittner/Däubler/*Zwanziger*, KSchR, § 324 Rn. 1.

gen wird. Werden demgegenüber lediglich **einzelne Vermögensbestandteile** oder aber einzelne Arbeitsverhältnisse übertragen, ohne dass Grundlage der Übertragung ein Betriebs- bzw. Betriebsteilübergang ist, so ist § 613 a Abs. 1 und 4 BGB nicht anwendbar. In diesem Fall verbleibt es bei den spezifisch umwandlungsrechtlichen Bestimmungen, insbesondere bei den §§ 20 Abs.1, 131 Abs. 1 Nr. 1 UmwG.

B. Gesellschaftsrechtliche Grundlagen zur Umstrukturierung von Unternehmen und Betrieben

I. Gesellschaftsrechtliches Grundlagenwissen

Zum Verständnis der in diesem Handbuch behandelten Unternehmensumwandlungen ist es sinnvoll, vorab einige Grundbegriffe zu klären. Anschließend sollen dann verschiedene Gestaltungsformen der Unternehmensumstrukturierung angesprochen werden (II.) und schließlich (III.) die Unternehmensumwandlungen nach dem Umwandlungsgesetz im Überblick dargestellt werden.

1. Rechtsträger/Rechtsobjekte

Das Umwandlungsgesetz selbst (§ 1 UmwG) spricht von der Umwandlung von Rechtsträgern, verwendet also den Begriff Unternehmen nicht. Ausweislich der Begründung des Regierungsentwurfs[1] liegt dies daran, dass es in nahezu allen Fällen der Umwandlung nicht darauf ankommt, ob ein Rechtsträger ein Unternehmen im betriebswirtschaftlichen und rechtlichen Sinne betreibt. Entscheidend sei, ob eine im Rechtsverkehr auftretende juristische Einheit an dem Umwandlungsvorgang beteiligt sei.

Die Träger von Rechten und Pflichten (Rechtssubjekte) können nun in **natürliche** und **juristische Personen** einerseits unterschieden werden und andererseits in **Personen** des **privaten Rechts** und des **öffentlichen Rechts**.

Einen Überblick über die Rechtsformen gibt das nachfolgende Schaubild.

1

---

[1] BT.-Ds. 12/6699 S. 71

B. Gesellschaftsrechtliche Grundlagen

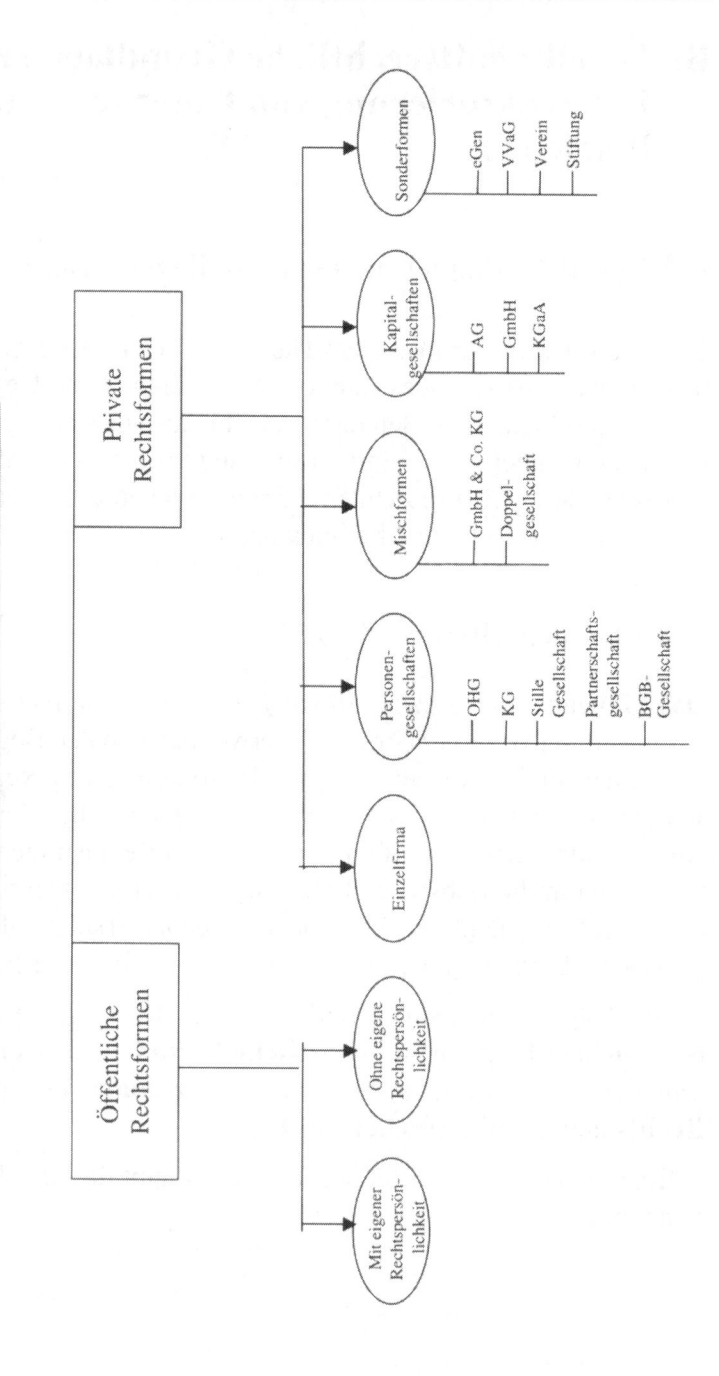

Übersicht über die Rechtsformen

- Öffentliche Rechtsformen
  - Mit eigener Rechtspersönlichkeit
  - Ohne eigene Rechtspersönlichkeit
- Private Rechtsformen
  - Einzelfirma
  - Personengesellschaften
    - OHG
    - KG
    - Stille Gesellschaft
    - Partnerschaftsgesellschaft
    - BGB-Gesellschaft
  - Mischformen
    - GmbH & Co. KG
    - Doppelgesellschaft
  - Kapitalgesellschaften
    - AG
    - GmbH
    - KGaA
  - Sonderformen
    - eGen
    - VVaG
    - Verein
    - Stiftung

Einbezogen in das Umwandlungsrecht sind zwar auch bestimmte öffentliche Rechtsformen. Angesichts deren Besonderheiten[2] sollen mit den nachstehenden Schaubildern nur die Charakteristika der Personen des privaten Rechts im Überblick dargestellt werden.

---

2   Vgl. dazu Handbuch Privatisierung, Baden-Baden 1998.

B. Gesellschaftsrechtliche Grundlagen

Rechtsformen und ihre Merkmale

Rechtsform Merkmale	Einzelkaufmann	Personengesellschaften			
		OHG	KG	Stille Gesellschaft	Bürgerliche Gesellschaft
Eigentümer	Kaufmann (Unternehmer)	Gesellschafter	a) Komplementäre b) Kommanditisten	Kaufmann	–
Mindestzahl der Gründer	1	2	a) 1 b) 1	2	2
Mindesthöhe Eigenkapital	–	–	–	–	–
Mindesthöhe einer Einlage	–	–	–	–	–
Haftung	unbeschränkt	unbeschränkt	a) unbeschränkt b) beschränkt	stiller Gesellschafter beschränkt; Eigentümer je nach Rechtsform	unbeschränkt
Organe	Kaufmann	Gesellschafter	Komplementäre	–	Gesellschafter
Gesetzliche Vorschriften	HGB, besonders §§ 1-104	HGB §§ 105-160	HGB §§ 161-177a	HGB §§ 230-237	BGB §§ 705-740

Rechtsformen und ihre Merkmale

Rechtsform Merkmale	Kapitalgesellschaften			Genossenschaft
	GmbH	AG	KGaA	
Eigentümer	Gesellschafter	Aktionäre	a) Komplementäre b) Kommanditaktionäre	Genossen
Mindestzahl der Gründer	1	1	5	7
Mindesthöhe des Eigenkapitals	25.000 Euro	50.000 Euro	50.000 Euro	–
Mindesthöhe einer Einlage	100 Euro	Ein Euro	Ein Euro	–
Haftung	beschränkt	beschränkt	a) unbeschränkt b) beschränkt	beschränkt oder unbeschränkt
Organe	Geschäftsführer Gesellschafterversammlung, evtl. Aufsichtsrat	Vorstand, Aufsichtsrat Hauptversammlung	Komplementäre Aufsichtsrat Hauptversammlung	Vorstand, Aufsichtsrat, Generalversammlung
Gesetzliche Vorschriften	GmbH-Gesetz, u.a.	Aktiengesetz (§ 1-277), u.a.	§§ 278-290 AktG, u.a.	Genossenschaftsgesetz, u.a.

2. Betrieb/Unternehmen/Konzern/Arbeitgeber

Schließlich gilt es, vier Begriffe auseinander zu halten:

a) Betrieb

2   Der **Betriebsbegriff** ist insbesondere für die Praktizierung des Betriebsverfassungsrechts von entscheidender Bedeutung. Er setzt den Rahmen für die Abgrenzung der Belegschaft und die sich im Betrieb vollziehende Bildung der Betriebsvertretung und den Wirkungsbereich für die Betriebsratsarbeit.[3] Das Betriebsverfassungsgesetz legt trotz der Bedeutung des Betriebsbegriffs für das Betriebsverfassungsrecht diesen nicht fest, sondern setzt ihn offenbar voraus. Die Unterscheidung zwischen Betrieb und Unternehmen wird in Rechtsprechung und Literatur weitgehend darin gesehen, dass der Betrieb einem arbeitstechnischen Zweck, das Unternehmen dagegen einem hinter dem arbeitstechnischen Zweck liegenden Ziel, nämlich regelmäßig einem wirtschaftlichen oder ideellen Zweck, dient.

Nach der **Rechtsprechung** des BAG ist „Betrieb die organisatorische Einheit, innerhalb derer der Unternehmer allein oder zusammen mit seinen Mitarbeitern mit Hilfe sächlicher und immaterieller Mittel bestimmte arbeitstechnische Zwecke fortgesetzt verfolgt".[4]

Richtig ist, dass diese **Definition** einem eigenständigen Betriebsbegriff, wie er vom Sinn und Zweck des Betriebsverfassungsgesetzes her zu entwickeln ist, nur ungenügend Rechnung trägt. Jedoch **verzichtet auch** das **Betriebsverfassungs-Reformgesetz 2001** auf eine legislatorische Definition des Betriebsbegriffs. Die Frage ist auch, ob eine Neudefinition viel an den Problemen ändern würde.[5] Erträglich ist dies vor allen Dingen, weil der neugefasste § 3 in weitem Umfang eine tarif-

---

[3] Vgl. zur Problematik des Betriebsbegriffs eingehend DKK-*Trümner*, BetrVG., 8. A., § 1 Rn. 31 ff.
[4] Vgl. *Trümner* aaO. m.N; BAG AP Nr. 9 zu § 1 BetrVG 1972.
[5] S. *Däubler* AuR 2001 S. 1 ff., S. 2; ders. AiB 2001 S. 112.

liche Bestimmung der „Grundeinheit" der Betriebsverfassung ermöglicht[6].

Eine für die Praxis besonders bedeutsame Gestaltung wurde allerdings in das Gesetz aufgenommen: Der gemeinsame Betrieb mehrerer Unternehmen (§ 1 Abs. 1 Satz 2 und Abs. 2 BetrVG).[7]

b) Unternehmen

Das Unternehmen kann einen, aber auch mehrere Betriebe haben. Unternehmen ist die organisatorische Einheit, mit der der Unternehmer seine wirtschaftlichen oder ideellen Ziele verfolgt. Für das Unternehmen ist die **„Einheit des Rechtsträgers"** ein wesentliches Erfordernis. Bei Personengesellschaften und bei Kapitalgesellschaften ist die Gesellschaft identisch mit dem Unternehmen. Die Gesellschaft kann nur ein Unternehmen haben.

3

Unternehmen und Betrieb können identisch sein, wenn das Unternehmen nur aus einem Betrieb besteht. Umgekehrt können – wie bei a) bereits angesprochen – mehrere Unternehmen einen gemeinsamen Betrieb haben.

c) Konzern

Unter einem Konzern versteht man die **Zusammenfassung** rechtlich selbstständiger Unternehmen **unter einheitlicher Leitung** (Ausgangsdefinition des § 18 Abs. 1 Satz 1 AktG). Dabei wird zwischen dem **Unterordnungs-** und dem **Gleichordnungskonzern** unterschieden; aufgrund der Gesetzeslage ist für Fragen der Betriebsverfassung und der Unternehmensmitbestimmung nur der Unterordnungskonzern von Bedeutung:

4

Unter einem **Unterordnungskonzern** versteht man die Zusammenfassung mehrerer abhängiger Unternehmen unter der **einheitlichen Leitung eines herrschenden Unternehmens** zu wirtschaftlichen Zwecken.

---

6   *Däubler* AuR 2001 S.2.
7   Zur Novellierung von § 1 BetrVG ausführlich *Trümner* aaO. Fn. 3.

Die **Konzernspitze** muss ein **Unternehmen** sein. Jedoch kann **auch** einer **natürlichen Person** diese Unternehmenseigenschaft zukommen.[8]

5 Unternehmen, zwischen denen ein **Beherrschungsvertrag** besteht (Definition in § 291 AktG) oder von denen das eine in das andere **eingegliedert** ist (nur bei Aktiengesellschaften möglich s. § 291 AktG), sind als unter einheitlicher Leitung **zusammengefasst anzusehen**. Vor allen Dingen wird von einem **abhängigen** Unternehmen **vermutet**, dass es mit dem herrschenden Unternehmen einen Konzern bildet (§ 18 Abs. 1 Satz 1 AktG) und für die Abhängigkeit eines Unternehmens gibt es eine **weitere Vermutung** in § 17 Abs. 2 AktG, nämlich wenn sich ein Unternehmen im **Mehrheitsbesitz** eines anderen befindet. Bei mehr als 50 % Besitz an einem anderen Unternehmen gibt es deshalb eine Konzernvermutung, die nicht so ohne weiteres widerlegt werden kann.[9]

Die Rechtsform der abhängigen Unternehmen spielt bei der Frage ihrer Konzernzugehörigkeit keine Rolle. Es kann sich um Kapitalgesellschaften ebenso wie um Personengesellschaften (KG oder OHG) oder auch um Einzelkaufleute handeln.[10] Entscheidend ist die jeweilige Einflussmöglichkeit auf die Geschäftsführung, die durch kapitalmäßige Beteiligung ebenso wie durch sonstige Mittel bewirkt werden kann.

d) Arbeitgeber

6 Arbeitgeber ist entweder eine natürliche oder eine juristische Person, das heißt, das **Unternehmen als Rechtsträger** ist der Arbeitgeber. Deshalb ändert sich beispielsweise auch durch den

---

8 Zur für § 54 BetrVG, aber auch § 5 Abs. 3 MitbestG bedeutsamen Unternehmenseigenschaft einer natürlichen Person vgl. *FKHE* u.a., BetrVG 21. Aufl. § 54 Rn. 13 und aus der Rechtsprechung: BAG AP Nr. 7 zu § 54 BetrVG = AuR 1996 S. 325; BGH ZIP 1985 S. 1263 ff.; DB 1993 S. 825 ff.; OLG Hamburg DB 2000 S. 2008 f.; OLG Hamm DB 2001 S. 134 ff. und zur Unternehmenseigenschaft einer Gemeinde OLG Celle ZIP 2000 S. 1981 ff.; allgemein zur öff. Hand als Unternehmen und Konzerngesellschaft: *Nagel*, Handbuch Privatisierung S. 333 ff.
9 S. dazu BAG aaO. Fn. 6 und BayObLG DB 1998 S. 973 ff. = Die Mitbestimmung 6/98 S. 72 f.
10 Vgl. Begründung zu § 15 RegE-AktG 1965 bei *Kropff*, S. 27; *Köstler/Kittner/Zachert* 7. Aufl. Rn. 209 und BAG aaO. Fn. 6.

Verkauf des gesamten Anteilsbesitzes an einer Kapitalgesellschaft nichts an der Arbeitgeberstellung, da dieser wie gesagt das Unternehmen, also die Kapitalgesellschaft, selbst ist. Im Normalfall besteht das Arbeitsverhältnis zu einem Unternehmen. Arbeitgeber ist auch nicht der Konzern; wenn es auch Fälle geben kann, dass Vertragspartner des einzelnen Arbeitnehmers das herrschende Unternehmen oder ein Unternehmen im Konzern ist und von dort aus aufgrund des Arbeitsvertrages der einzelne Arbeitnehmer im gesamten Konzern eingesetzt werden kann.[11]

II. Gestaltensformen der Unternehmensumstrukturierungen

1. Systematische Abgrenzung Einzel-/Gesamtrechtsnachfolge

Rechtssystematisch kann man an der **Art des Übertragungsvorgangs** ansetzen:

– Unter **Einzelrechtsnachfolge** versteht man einen Übertragungsvorgang, bei dem sämtliche Einzelteile einer Vermögensmasse **jeweils einzeln** vom abgebenden auf den aufnehmenden Rechtsträger **übertragen** werden.[12]   7

– **Gesamtrechtsnachfolge** (Universalsukzession) bezeichnet   8
herkömmlicherweise im Gegensatz zur Einzelrechtsnachfolge einen Übertragungsvorgang, der ohne besonderen, auf die einzelnen Vermögensgegenstände gerichteten Übertragungsakt **unmittelbar kraft Gesetzes** stattfindet.[13]

Hervorzuheben ist, dass für Unternehmensumstrukturierungen der Grundsatz der Wahlfreiheit gilt. Es können sich Umstrukturierungen vollständig außerhalb des Anwendungsbereiches des Umwandlungsgesetzes vollziehen.[14] Auch aus § 1 Abs. 2 UmwG (dem so genannten Numerus clausus der Umwandlungsfälle) darf nicht der Schluss gezogen werden, dass Unternehmensumstruktu-

---

11 Vgl. zur Möglichkeit eines einheitlichern Arbeitsverhältnisses zu mehreren Gesellschaften im Konzern: BAG AP Nr.1 zu § 611 BGB; *Silberberger*, Weiterbeschäftigungsmöglichkeit im Konzern, 1993, S.68ff.
12 *Kittner/Zwanziger-Bachner* § 114 Rn. 7.
13 Willemsen/*Willemsen*, Umstrukturierung BGg.
14 Ders. AaO. B 56 ff.; *Lutter*, UmwG 2. A. Einl. Rn. 39 ff.

rierungen nur nach dem Umwandlungsgesetz durchgeführt werden dürften[15]; auch Kombinationen von Gesamtrechts- und Einzelrechtsnachfolge sind denkbar.[16]

2. Betriebsübergang/Einzelrechtsübertragung/Asset-deal

9 Verkauft ein Arbeitgeber seinen Betrieb bzw. einen Betriebsteil, so werden idealtypisch sämtliche den Betrieb ausmachenden materiellen wie immateriellen Vermögensgegenstände veräußert und einzeln übertragen. Man spricht von einem **Betriebsübergang nach § 613a BGB**, dieser regelt auch die **Rechtsfolge** des Verkaufs **für** die **Arbeitsverhältnisse**, nämlich ihren prinzipiellen Übergang (Einzelheiten Kap. D III.).

Da hier **Aktiva** (englisch: Asset) übertragen werden, wird dieser Vorgang neudeutsch als **Asset-deal** bezeichnet.

Unternehmensteilungen können auch durch Einzelrechtsübertragung dergestalt erfolgen, dass die jeweils auszugliedernden Teile des Unternehmensvermögens in bereits existierende oder eigens zu diesem Zweck gegründete Tochter- oder Schwestergesellschaften eingebracht werden.[17] Da sich diese Umstrukturierung außerhalb des UmwG vollzieht, sind für die notwendigen Übertragungsvorgänge diejenigen zivilrechtlichen Vorschriften maßgeblich, die auch bei einer Übertragung von Gegenständen des Gesellschaftsvermögens auf beliebige Dritte Anwendung finden würden[18]. Insbesondere muss mithin hinsichtlich der dinglichen Übertragung das sachenrechtliche Spezialitätsprinzip beachtet werden.

3. Gesamtrechtsnachfolge

10 Die Umwandlungen im Sinne des Umwandlungsgesetzes (siehe auch § 1 Abs. 2 UmwG) werden unter III. systematisch dargestellt.

---

15 Vgl. z.B. LG Hamburg DB 1997 S. 516 f.; LG Karlsruhe ZIP 1998 S. 385 Aha; Die AG 1997 S. 345 ff.; Veil ZIP 1998 S. 361 ff. und *Lutter* aaO. § 1 Rn. 18 ff.
16 Siehe *Bachner*, aaO. Fn. 12 Rn. 5.
17 Willemsen/*Willemsen*, Umstrukturierung B 56 ff., dort auch Detailbeispiel.
18 Vgl. dens. aaO. B 117 ff. zu den „Strategischen Aspekten aus Unternehmenssicht".

Hier sind Umwandlungen anderer Art, die in der Praxis aus verschiedenen Gründen vorkommen, anzusprechen.

– *Anwachsung*
Im Bereich der Personengesellschaften nutzt die Praxis häufig das Anwachsungsprinzip (§ 738 BGB, siehe auch § 142 HGB), um die Wirkungen einer Verschmelzung oder eines Rechtsformwechsels zu erreichen. **Treten** nämlich alle **Gesellschafter** mit **Ausnahme eines** von ihnen **aus** einer Personengesellschaft aus (oder übertragen sie ihre Anteile auf einen Mitgesellschafter), so **wächst** das **Gesamthandvermögen** der Personengesellschaft automatisch und **kraft Gesetzes** im Wege der Gesamtrechtsnachfolge **bei** dem **verbleibenden** „letzten" **Gesellschafter an**.[19] Aus steuerlichen Gründen wird geraten, dass die Gesellschafter nicht lediglich aus der Personengesellschaft austreten, sondern dass sie ihren Personengesellschaftsanteil auf den „letzten" Gesellschafter übertragen und hierfür Anteile an diesem Gesellschafter erhalten (so genanntes erweitertes Anwachsungsmodell), da in diesem Fall keine im Gesellschaftsvermögen liegenden stillen Reserven aufgelöst und versteuert werden müssen (§ 20 UmwStG).[20] Die umwandlungsrechtlichen Vorschriften (§§ 2 ff. UmwG) sind dann nicht einschlägig!

11

Besondere Bedeutung hat das Anwachsungsmodell in der Praxis bei der Verschmelzung (im untechnischen Sinne) einer GmbH & Co. KG auf ihren alleinigen Kommanditisten und beim Formwechsel (im untechnischen Sinne) einer GmbH & Co. KG in eine GmbH.[21] Auf diese Gestaltungen ist im Kapitel »Auswirkungen auf die Unternehmensmitbestimmung« zurückzukommen.

4. Sonstige Fälle

Nachfolgend sollen noch einige andere in der Praxis vorkommende Fälle oder Begriffe kurz erläutert werden:

---

19 Willemsen/*Seibt*, Umstrukturierung F 89; siehe dazu unter *Trittin*, AiB 2001 S. 6 ff. und *Lutter*, UmwG, § 1 Rn. 19, *Lutter/Schaumburg*, Anh. § 122 Rn.2.
20 *Seibt* aaO. m.w.N.
21 *Seibt* aaO Rn. 90. Zum echten Fall bei der „beteiligungsidentischen Gesellschaft" überzeugend nunmehr *Kallmeyer*, GmbHR 2000, 418 ff.

12 – *Anteilseignerwechsel (Share-deal)*
Werden von einer Kapitalgesellschaft **Gesellschaftsanteile teilweise oder insgesamt übertragen**, so spricht man neudeutsch auf von einem Share-deal (engl.: Share = Anteil). Die rechtliche Identität des Unternehmens und damit auch des Arbeitgebers ändert sich hier nicht (kein Fall von § 613a BGB).[22]

13 – *Fusion*
Im wirtschaftlichen Sinne wird der Begriff Fusion oft gebraucht, wenn es sich zwar nicht rechtstechnisch um eine Verschmelzung im Sinne des Umwandlungsgesetzes handelt, sondern um einen **mehrheitlichen Anteilseignerwechsel** beispielsweise an der **Konzernobergesellschaft.** Hier bleiben die Beteiligungen des insgesamt oder jedenfalls in bedeutsamen Teilen erworbenen Rechtsträgers an anderen Unternehmen bestehen, sodass ganze Unternehmensgruppen einem anderen Konzern zugeordnet werden können[23] und im zweiten Schritt dann konzerninterne Unternehmensumstrukturierungen nach sich ziehen können, die für die Arbeitnehmer gravierend sein können.

14 – *Unternehmensübernahmen/Take-over*
Ähnlich verhält es sich mit öffentlichen Übernahmen von Aktiengesellschaften. Die spektakulären Fälle der letzten Zeit haben gezeigt, dass hierfür eingehende rechtliche Rahmenbedingungen auf nationaler wie auch auf europäischer Ebene notwendig sind. Auf europäischer Ebene geht die Diskussion um die so genannte 13. gesellschaftsrechtliche Richtlinie über öffentliche Übernahmeangebote weiter; in Deutschland trat ein Gesetz zur Regelung von Unternehmensübernahmen am 1.1.2002 in Kraft (WpÜG). Hier muss auf das Spezialschrifttum verwiesen werden.

15 – *Übertragende Auflösung/Squeeze-out*
Diese beiden Begriffe stehen eng mit den zuvor erläuterten in Verbindung. Lange Zeit war es in Deutschland bei einer Aktiengesellschaft nicht möglich, eine **Aktionärsminderheit** in einem

---

22 Willemsen/*Willemsen*, Umstrukturierung B 5 f.; vgl. auch *Silberberger*, Veränderungsprozesse S. 24 f. und *Niewarra*, Unternehmenskauf, Baden-Baden 2000.
23 *Silberberger* aaO.

rechtlich geregelten Verfahren aus der Gesellschaft **herauszudrängen** (oder herauszuquetschen, engl.: squeeze out). Da für Übernahmen bei den neuen rechtlichen Regelungen ein Pflichtangebot vorgesehen ist, kann künftig das Bedürfnis bestehen, die Möglichkeit zu haben, Kleinstbeteiligungen abzufinden, um die Position als alleiniger Anteilseigner zu erreichen. Aber auch außerhalb von Übernahmeverfahren stellt sich die Problematik, dass sich nahezu 100 % der Aktien in einer Hand befinden und nur noch ein geringer Streubesitz vorhanden ist.[24] Im Rahmen des Übernahmegesetzes ist daher die Einführung einer Regelung in das Aktiengesetz erfolgt, die den Aktionären, denen **mindestens 95%** der Anteile an einer Gesellschaft gehören, die Möglichkeit gibt, die Minderheitsaktionäre in gesetzlich zulässiger Weise aus der Gesellschaft gegen Gewährung einer Barabfindung auszuschließen. Die Regelung ist im Hinblick auf ihre grundsätzliche Problematik nicht auf Sachverhalte im Zusammenhang mit einer Übernahme beschränkt. Daher setzt ein Squeeze-out auch nicht voraus, dass der Hauptaktionär die 95 % innerhalb eines Übernahmeverfahrens erworben hat. Eine Begrenzung auf börsennotierte Gesellschaften ist ebenfalls nicht erfolgt.[25]

Dabei sind die Eigentumsgewährleistungen aus Artikel 14 Grundgesetz, wie sie das Bundesverfassungsgericht in der so genannten Motometer-Entscheidung zur „Übertragung und Auflösung" einer AG beschloss,[26] zu bedenken. Diese Methode einer so genannten übertragenden Auflösung, also eines **Auflösungsbeschlusses bezüglich der Gesellschaft und dem anschließenden Erwerb aller Aktiva und Passiva durch den Großaktionär aus der Liquidationsmasse**[27] sollte nach Einführung einer Squeeze-out-Regelung unter dem Aspekt eines möglichen Missbrauchs der Auflösung besonders sorgfältig geprüft werden,[28] auch wenn das

---

24 *Pötzsch/Möller* WM Beilage 2/2000 S. 29.
25 *Diess.*aaO. S. 29 f.
26 BverfG v. 23.8.2000, NJW 2001 S. 279 ff.
27 Dazu *Lutter*, UmwG § 1 S. 144 m.w.N. in Fn. 66; siehe auch *Lutter/Karollus* UmwG § 120 Rn. 15 f.
28 So auch *Lutter* aaO. S. 145.

Bundesverfassungsgericht die Schutzrechte für Minderheitsaktionäre hier auf die Vermögenskomponente der Beteiligung reduzierte.

III. Die Unternehmensumwandlung nach dem Umwandlungsgesetz

1. Grundlagen

a) Entstehungsgeschichte

16 Das am 1.1.1995 in Kraft getretene Umwandlungsgesetz (nebst Umwandlungssteuergesetz) vom 28.10.1994 hat unter dem Titel **„Gesetz zur Bereinigung des Umwandlungsrechts"** das Gesetzgebungsverfahren durchlaufen. Im Gegensatz zu dieser Überschrift muss man festhalten, dass damit das deutsche Gesellschaftsrecht grundlegend verändert worden ist,[29] indem insbesondere die Möglichkeiten von Umwandlungen deutlich ausgebaut wurden.

Zugegeben, gesetzliche Regelungen von Umwandlungen gab es schon davor. Bestimmte Arten der Umwandlung, die nun im Gesetz aufgeführt sind, konnten früher auch ohne gesetzliche Regelung auf anderem rechtstechnischen Wege erreicht werden (siehe II.). Jedoch kann eine Steigerung der Möglichkeiten von 44 auf 119 beim besten Willen nicht mehr als „Bereinigung" angesehen werden.

Die Verknüpfung mit zwei anderen Vorhaben, nämlich zur **Kleinen Aktiengesellschaft**[30] und dem so genannten **Mitbestimmungs-Beibehaltungsgesetz**,[31] und zwar bewusst insgesamt als „Verhandlungsmasse", zeigt zudem, welche Bedeutung die damalige Bundesregierung selbst diesem Vorhaben insgesamt gab.

---

29 *Neye*, RWS Gesetzesdokumentation 17. 2. A. S. 1.
30 BT.-Drucksache 12/6721 vom 1.2.1994, dazu DGB-Stellungnahme Abt. Grundsatz, Folge 042, und *Köstler*, Die Mitbestimmung 6/94 und 10/94 jeweils S. 6.
31 BT.-Drucksache 12/3280 und 12/4532.

III. Die Unternehmensumwandlung nach dem Umwandlungsgesetz

Im Jahre 1980 war anlässlich der Änderung des GmbH-Gesetzes auch das Umwandlungsgesetz von 1969 geändert worden. Dabei forderte der Rechtsausschuss des Deutschen Bundestages, Verschmelzung und Umwandlung aller in Betracht kommenden Unternehmensformen in einem Gesetz unter inhaltlicher und formaler Überprüfung neu zu regeln.[32] Das Bundesjustizministerium legte im Jahre 1988 zunächst einen Diskussions- und 1992 einen Referentenentwurf vor. Bereits in seiner Stellungnahme zum Diskussionsentwurf von 1988 sowie zum Referentenentwurf von 1992 hatte der DGB die Notwendigkeit einer derartigen Rechtsbereinigung bezweifelt. Insbesondere im Hinblick auf die Unzulänglichkeiten der Vorkehrungen zum Schutz der Arbeitnehmer lehnte der DGB in seiner Stellungnahme vom 18.3.1994 den Gesetzentwurf der Bundesregierung vom 1.2.1994[33] ab.[34] Im Zuge der weiteren Beratungen wurden einige arbeits- und mitbestimmungsrechtliche Ergänzungen am Gesetz vorgenommen, auf die bei der Einzeldarstellung jeweils eingegangen werden wird.

b) Ziele der Rechtsänderung

Der Referentenentwurf verfolgte lt. **Begründung** nur folgende Ziele: 17
- Herauslösung der verstreuten Regelung aus den verschiedenen Gesetzen und Zusammenfassung in einer Kodifikation (**Rechtsbereinigung**).
- Eröffnung zahlreicher neuer Möglichkeiten der Umwandlung, um den Unternehmen die Anpassung ihrer rechtlichen Strukturen an die veränderten Umstände des Wirtschaftslebens zu erleichtern (**deutsche Vereinigung/europäischer Binnenmarkt**).
- Verbesserung des **Schutzes** der **Anteilsinhaber**.
- Stabilisierung der Umwandlungsvorgänge durch Einschränkung der rechtlichen Gegenmöglichkeiten.[35]

---

32 Siehe zur Entstehungsgeschichte: *Ganske*, Bundesanzeiger 1992 Nr. 112a.
33 BT.-Drucksache 12/6699 vom 1.2.1994 = BR-Drucksache 75/94.
34 DGB-Stellungnahme und *Köstler*, aaO. Fn. 30 und *Küller* in: IDW (Hrsg.) Reform des Umwandlungsrechts, Düsseldorf 1993, 133. ff.
35 *Ganske* aaO, Fn. 32.

Das Ganze natürlich: **steuerlich neutral**; also ohne Versteuerung stiller Reserven anlässlich der Umwandlung (deshalb von Anfang an nebst **Umwandlungssteuergesetz**). Die Folgen der Umwandlungserleichterungen für die Arbeitnehmer, ihre Interessenvertretungen und die Unternehmensmitbestimmung waren demgegenüber zu Beginn des Gesetzgebungsverfahrens verharmlost worden. Wie bereits erwähnt, wurde im Zuge des Gesetzgebungsverfahren einiges nachgebessert; dies wird unter den verschiedensten Aspekten hier im Handbuch behandelt werden.

2. Umwandlungsformen nach dem UmwG

Einen Überblick über die in § 1 Abs. 1 UmwG aufgeführten Arten der Umwandlung gibt das folgende Schaubild.[36]

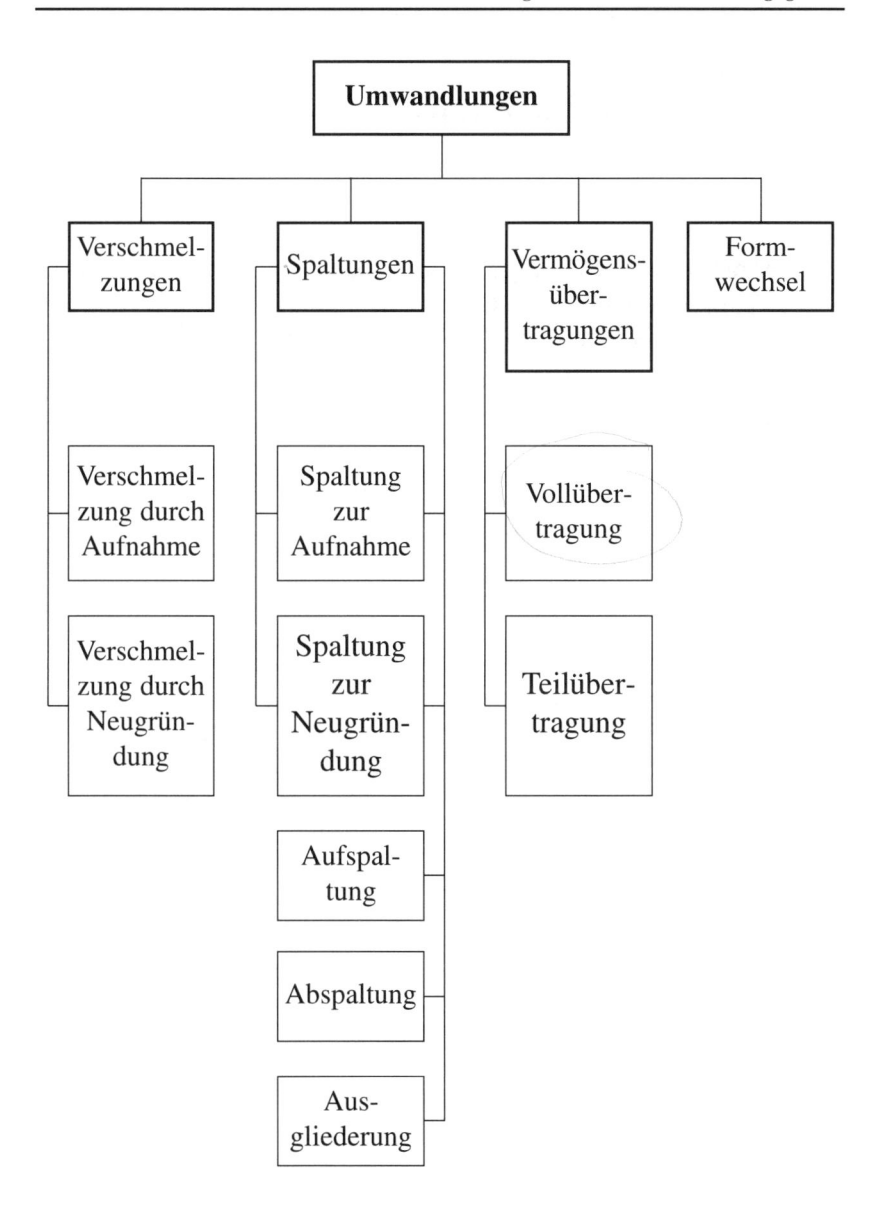

III. Die Unternehmensumwandlung nach dem Umwandlungsgesetz

```
                        Umwandlungen
        ┌───────────────┬──────────────┬──────────────┐
   Verschmel-       Spaltungen    Vermögens-       Form-
   zungen                          über-           wechsel
                                   tragungen

   Verschmel-       Spaltung      Vollüber-
   zung durch       zur           tragung
   Aufnahme         Aufnahme

   Verschmel-       Spaltung      Teilüber-
   zung durch       zur           tragung
   Neugrün-         Neugrün-
   dung             dung

                    Aufspal-
                    tung

                    Abspaltung

                    Aus-
                    gliederung
```

---

36 Siehe auch die Überblicke bei *Lutter*, UmwG, Einleitung 22,35 + 36; insb. die Detailmatrixen S. 106 ff.; Checklisten bei Funke, Checkbuch Umwandlungen, Köln 2001.

a) Verschmelzung

18 Rechtsträger können unter **Auflösung ohne Abwicklung** verschmolzen werden

- ***durch Aufnahme***
  Übertragung des **Vermögens** eines (oder mehrerer) Rechtsträger **als Ganzes** auf einen anderen bestehenden Rechtsträger gegen **Gewährung von Anteilen** oder Mitgliedschaften an die Anteilsinhaber (Gesellschafter, Aktionäre, Genossen oder Mitglieder) der übertragenden Rechtsträger.

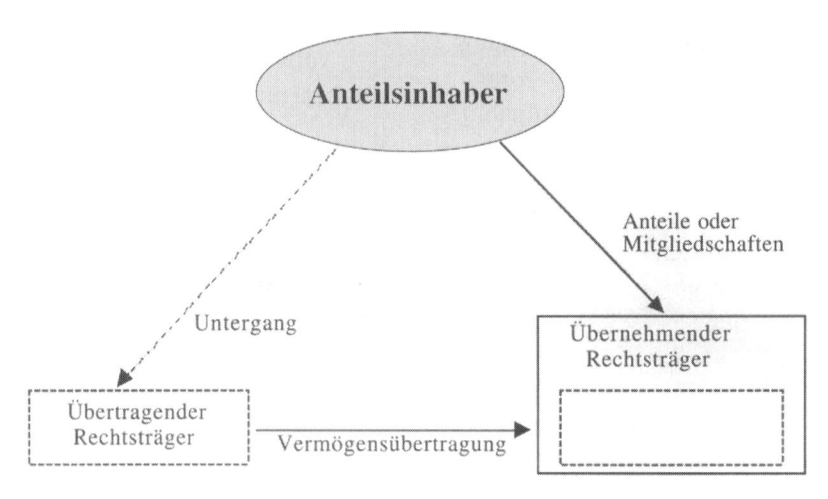

- *durch Neugründung*
  Übertragung des **Vermögens** zweier (oder mehrerer) Rechtsträger jeweils **als Ganzes auf** einen **neuen**, von ihnen **dadurch gegründeten Rechtsträger** gegen **Gewährung** von **Anteilen** oder Mitgliedschaften an die Anteilsinhaber (Gesellschafter, Aktionäre, Genossen oder Mitglieder) der Rechtsträger.

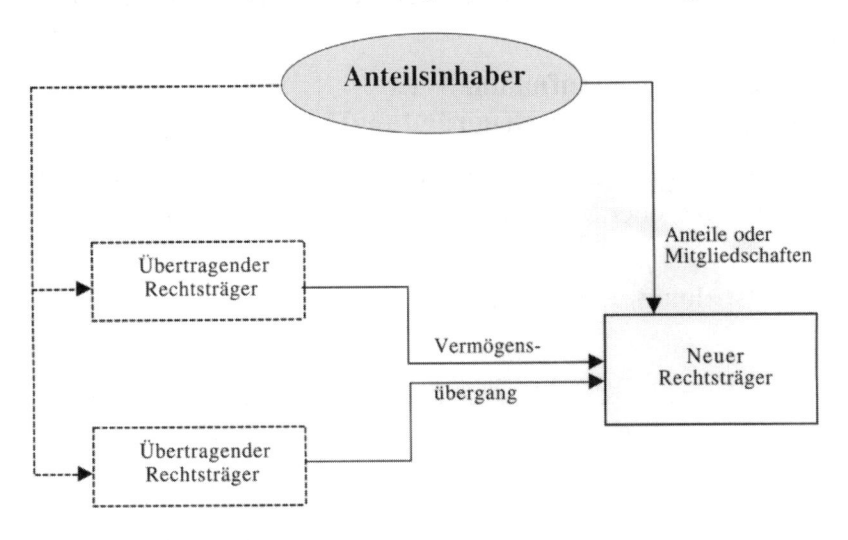

Schritte zur Verschmelzung

– **Verschmelzungsvertrag**
  • **Inhalt** (§ 5 UmwG, insbesondere Ziffer 9): Folgen für die Arbeitnehmer, ihre Vertretungen und die insoweit vorgesehenen Maßnahmen
  • **Zuleitung** an den zuständigen **Betriebsrat** (spätestens einen Monat vor Verschmelzungsbeschluss)
– **Verschmelzungsbericht** (§ 8)
– **Verschmelzungsprüfung** (§§ 9 bis 12)
– **Verschmelzungsbeschluss** (§ 13)
– **Anmeldung** der Verschmelzung (§§ 16 f.) Registergericht
– **Eintragung** und **Bekanntmachung**
  • der Verschmelzung (§ 19)
  • oder des neuen Rechtsträgers (§§ 19, 36; verschmelzungsfähige Rechtsträger in § 3).

b) Spaltung

19 Ein Rechtsträger kann **ohne Abwicklung** (und ohne besondere Übertragsakte) im Wege der **Gesamtrechtsnachfolge**
– sein Vermögen **aufspalten**;
– von seinem Vermögen einen oder mehrere **Teile abspalten**;
– aus seinem Vermögen einen oder mehrere **Teile ausgliedern**.

Die Teile können auf
– bestehende **(zur Aufnahme)** oder
– neu gegründeter **(zur Neugründung)**

Rechtsträger **übertragen** werden, und zwar gegen **Gewährung** von **Anteilen** oder Mitgliedschaften **an die Anteilsinhaber**.

aa) Aufspaltung zur Aufnahme

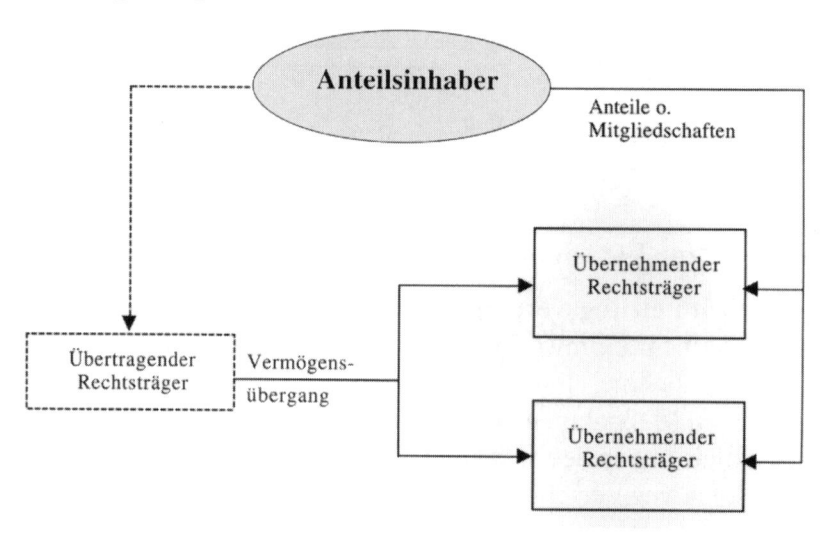

bb) Aufspaltung zur Neugründung

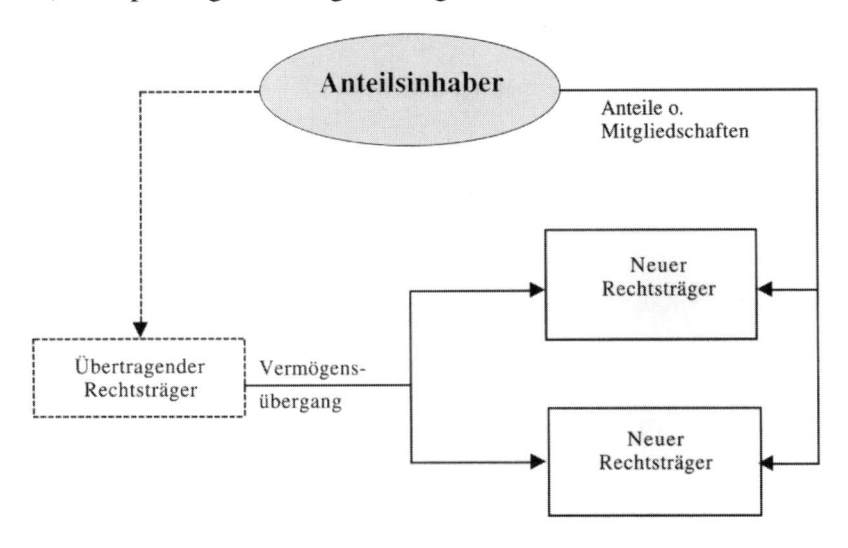

cc) Abspaltung zur Aufnahme

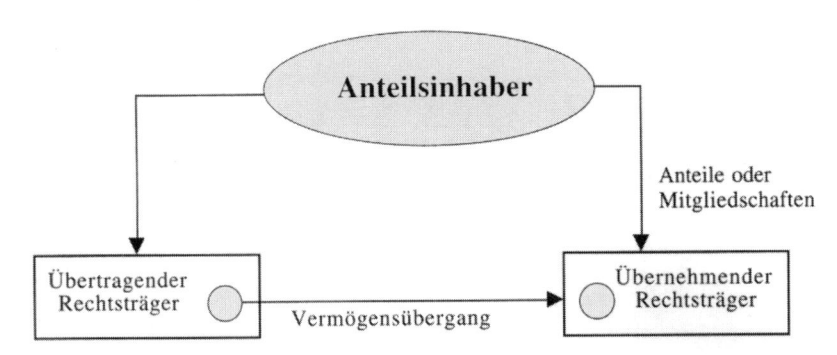

dd) Abspaltung zur Neugründung

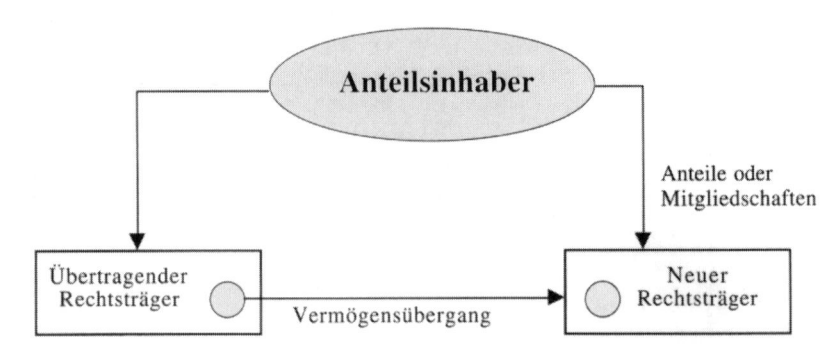

```
                    ┌─────────────────┐
                    │  Anteilsinhaber │
                    └─────────────────┘
                   │                  │
                   │              Anteile oder
                   │              Mitgliedschaften
                   ▼                  ▼
        ┌──────────────┐       ┌──────────────┐
        │ Übertragender│       │    Neuer     │
        │ Rechtsträger │──────▶│ Rechtsträger │
        └──────────────┘ Vermögensübergang └──────────────┘
```

ee) Ausgliederung zur Aufnahme

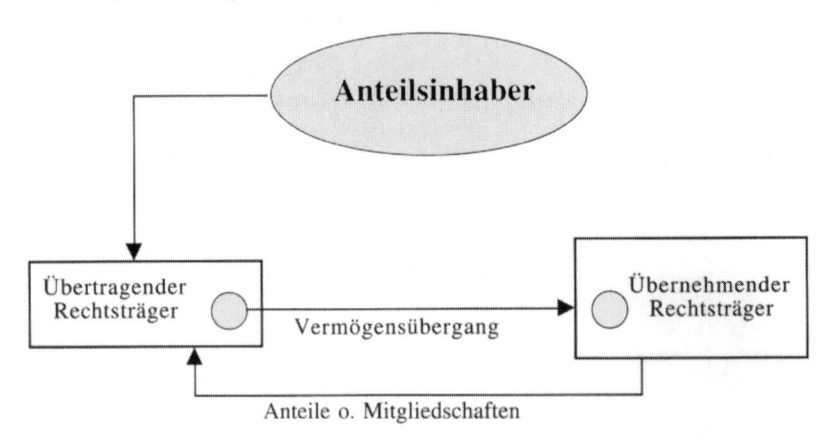

```
                    ┌─────────────────┐
                    │  Anteilsinhaber │
                    └─────────────────┘
                   │
                   ▼
        ┌──────────────┐       ┌──────────────┐
        │ Übertragender│       │ Übernehmender│
        │ Rechtsträger │──────▶│ Rechtsträger │
        └──────────────┘ Vermögensübergang └──────────────┘
                ▲                          │
                └──── Anteile o. Mitgliedschaften ────┘
```

ff) Ausgliederung zur Neugründung

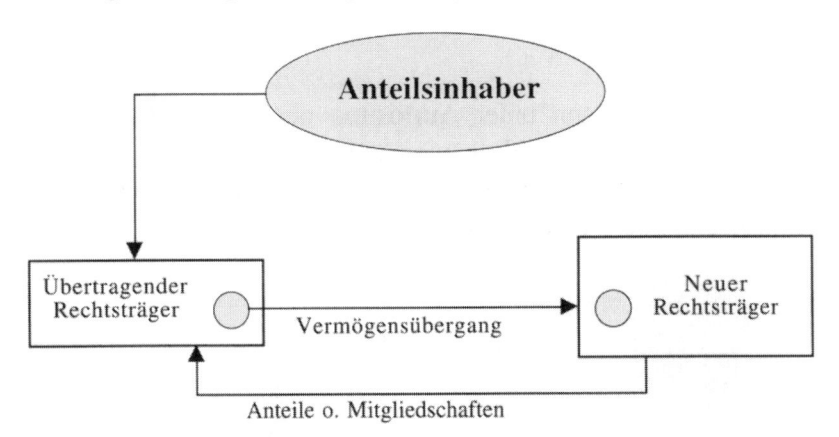

```
                    Anteilsinhaber


  Übertragender                              Neuer
  Rechtsträger      Vermögensübergang        Rechtsträger

                  Anteile o. Mitgliedschaften
```

Schritte zur Spaltung (§§ 126 ff. UmwG)

– **Spaltungs-, Ausgliederungs-** und **Übernahme**vertrag/-plan
  • **Mindestinhalt** (insbesondere Folgen für die Arbeitnehmer, ihre Vertretungen und insoweit vorgesehene Maßnahmen)
  • **Zuleitung** an den zuständigen Betriebsrat (spätestens einen Monat vor Beschluss der Anteilsinhaber)
– **Spaltungs-/Ausgliederungsbericht**
– **Spaltungsprüfung**
– **Spaltungs-/Ausgliederungs- und Übernahmebeschluss**
– **Anmeldung Registergericht**
– **Eintragung und Bekanntmachung** (spaltungsfähige Rechtsträger: § 124 UmwG).

c) Vermögensübertragung

aa) Vollübertragung

20 Ein Rechtsträger kann unter **Auflösung ohne Abwicklung** sein **Vermögen als Ganzes** auf einen anderen bestehenden Rechtsträger gegen **Gewährung** einer **Gegenleistung**, die **nicht** in **Anteilen** oder Mitgliedschaft besteht, übertragen.

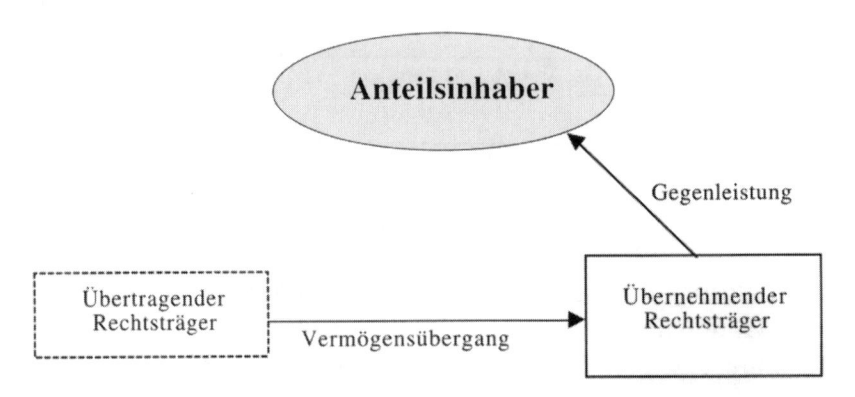

bb) Teilübertragung

– durch Aufspaltung zur Aufnahme

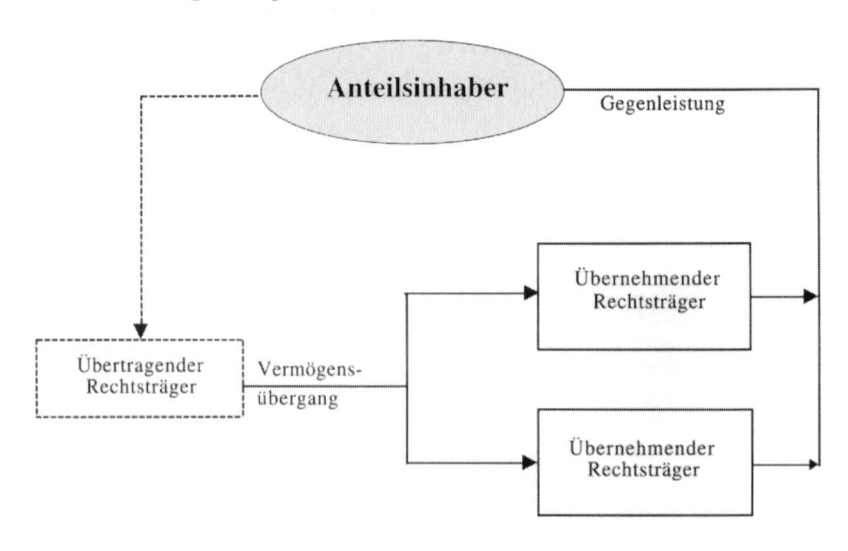

– durch Abspaltung zur Aufnahme

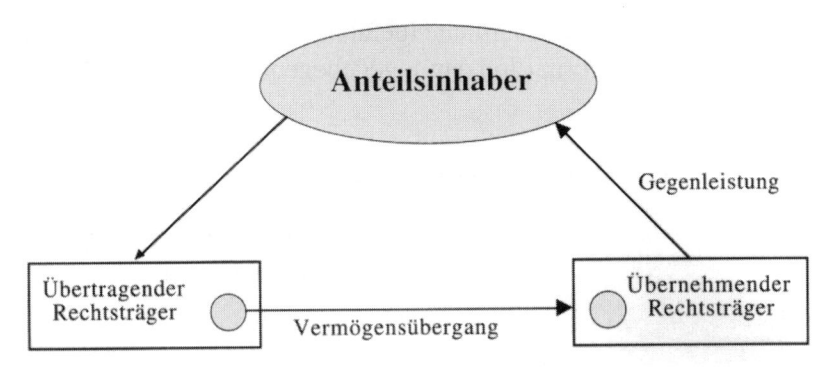

– durch Ausgliederung zur Aufnahme

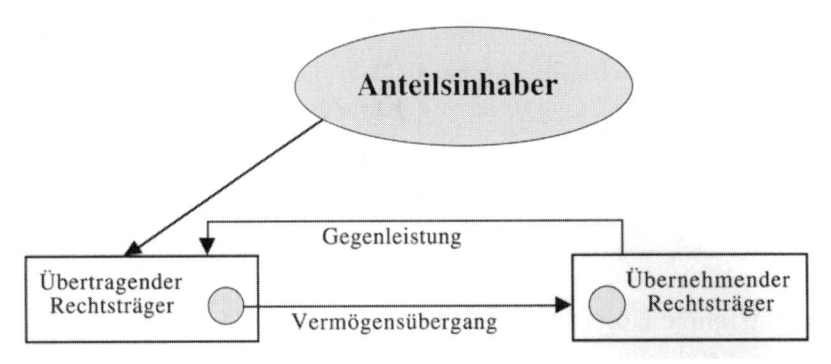

Beteiligte Rechtsträger: § 175

B. Gesellschaftsrechtliche Grundlagen

d) Formwechsel

21 Die rechtliche und wirtschaftliche Identität des Rechtsträgers besteht fort, nur die Rechtsform (und damit gegebenenfalls die innere Struktur) ändert sich.

– *Einbezogene Rechtsträger (§ 191)*

formwechselnde können sein:	Rechtsträger neuer Rechtsformen können sein:
OHG	Ges. bürg. R.
KG	OHG
GmbH	KG
AG	GmbH
KGaA	AG
e.G.	KGaA
e.V.	e.G.
wirtsch. Verein	
VVaG	
rechtsfähige Körperschaften und Anstalten des öffentlichen Rechts	

Aber: keine freie Wechselmöglichkeit
(siehe §§ 214, 226, 258, 272, 201, 301 UmwG)

Schritte zum **Formwechsel**
- **Umwandlungsbericht** (§ 192)
  - nicht erforderlich, wenn nur ein Anteilsinhaber beteiligt ist oder alle Anteilsinhaber auf Erstattung verzichten (§ 192 Abs. 3)
- **Umwandlungsbeschluss**
  - Mindestinhalt § 194 (insb. Ziff. 7 Folgen für Arbeitnehmer, ihre Vertretungen und insoweit vorgesehene Maßnahmen)
  - **Zuleitung** an den zuständigen **Betriebsrat** (spätestens einen Monat vor Beschluss, auch wenn nach § 192 Abs. 3 der übrige Teil des Berichts entbehrlich)
- **Anmeldung Registergericht**
- **Eintragung und Bekanntmachung**
- **Aufsichtsrat** bleibt (§ 203) (soweit sich das auf die Bildung und Zusammensetzung des AR anwendbare Recht nicht ändert).

C. Auswirkungen auf die Unternehmensmitbestimmung

I. Das System der Unternehmensmitbestimmung

1. Überblick über die Formen

Mit der Mitbestimmung auf Unternehmensebene ist den Arbeitnehmern und den Gewerkschaften der Zugang zu einem Organ der das Unternehmen betreibenden Kapitalgesellschaft eröffnet worden: dem Aufsichtsrat[1]. Es soll hier nicht die Entwicklung seit 1922 dargestellt werden. Festzuhalten ist aber, dass durch die Kriterien der Rechtsform, teilweise der Branchenzugehörigkeit und der Unternehmensgröße, festgemacht an den Arbeitnehmerzahlen, eine komplizierte Landschaft entstanden ist. Nebenstehende Grafik illustriert den Anwendungsbereich der vier Gesetze über die Beteiligung der Arbeitnehmer am Aufsichtsrat:

– **Betriebsverfassungsgesetz 1952**

– **Mitbestimmungsgesetz 1976**

– **Montan-Mitbestimmungsgesetz 1951 und**

– **Montan-Mitbestimmungsergänzungsgesetz von 1956**

in Abhängigkeit von **Rechtsform** und **Arbeitnehmerzahl**[2].

Verschiedenste Unternehmensumstrukturierungen, die im Kapitel B. II. im Überblick dargestellt wurden, können Auswirkungen auf die für das Unternehmen geltende Unternehmensmitbestimmung haben. Dies kann schon mit dem Abbau von Arbeitnehmern

1

---

1 Siehe eingehend zur Entwicklung und zu den Grundfragen: *Köstler/Kittner/Zachert/Müller*, Aufsichtsratspraxis, 7.A. 2002, S. 23-74; zur Historie: *Köstler*, Das steckengebliebene Reformvorhaben, 1987, S. 19-83; vgl. zur Systematik auch Willemsen/*Seibt*, Umstrukturierung, F 1-16.
2 Zur Systematik im einzelnen: *Köstler u.a.* aaO. ;vgl auch Arbeitshilfe für Arbeitnehmervertreter im Aufsichtsrat, Hrsg. Böckler-Stiftung Nr. 7.

C. Auswirkungen auf die Unternehmensmitbestimmung

und dem dadurch stattfindenden Unterschreiten der Schwellenwerte der einzelnen Gesetze beginnen.

Verschmelzung, Spaltung und Formwechsel, die durch das Umwandlungsgesetz 1995 einen deutlichen Ausbau an Möglichkeiten erfahren haben, können die Beteiligung am Aufsichtsrat ganz entfallen lassen oder jedenfalls kann sich der Umfang der Beteiligung durch den Wechsel im Geltungsbereich der Gesetze ändern. Im Gesetzgebungsverfahren war aus dem Bundesjustizministerium[3], wie auch von den Arbeitgeberverbänden eingewandt worden, die bisherigen Erfahrungen, insbesondere mit dem MitbestG'76 zeigten, dass von einer Mitbestimmungsflucht[4] keine Rede sein könne. Dem ist entgegenzuhalten, dass es zum einen schon immer praktische Fälle gegeben hatte, sich vor dem Überschreiten der Arbeitnehmergrenze von 2.000 durch Rechtsformwechsel oder andere Methoden der Geltung des MitbestG zu entziehen[5]. Zum zweiten wurde schlichtweg durch die Ausweitung und Vereinfachung des gesamten Umwandlungsrechts hier das Gefahrenpotential vergrößert. Selbst wenn im übrigen durch Zusammenrechnung im Konzern (s. im einzelnen C. V) an der Konzernspitze die Unternehmensmitbestimmung erhalten bleibt, kann es zu konkreten Veränderungen auf der Ebene des umgewandelten Unternehmens kommen. Im übrigen sind die Konzernzurechnungsvorschriften trotz entsprechender Vorschläge des DGB[6] auch nicht vereinheitlicht und harmonisiert worden, so dass schon deshalb je nach Arbeitnehmerzahl (über 2.000 oder nicht) gravierende Unterschiede auftreten können.

---

3 Vgl. nur *Bartodziej*, ZIP 1994, 580 ff.
4 Siehe zuletzt gegen diesen Begriff: *Henssler*, ZfA 2000, S. 241 ff.
5 *Henssler* S. 244 f. leugnet praktisch die Möglichkeit der Gesetzesumgehung, Tatbestandsvermeidungen seien angesichts der Gesetzeskriterien kein Gestaltungsmissbrauch.
6 Siehe DGB-Stellungnahme zum RegE, Abt. Grundsatz, Folge 042, S. 13.

I. Das System der Unternehmensmitbestimmung

Gegenstand und / oder Rechtsform	Zahl der Arbeitnehmer (AN)*	0 bis 500	> 500 bis 1000	>1000 bis 2000	>2000
	Tendenzunternehmen (§ 81 BetrVG 1952; § 1 IV MitbestG)				
Privatrechtliche Unternehmen (außer Tendenz- und Montan-Unternehmen)	Einzelfirma				
	OHG				
	KG				
	GmbH & Co. KG / AG & Co. KG				MitbestG § 4**
	Versicherungsverein a. G. mit AR		§ 77 II		
	Erwerbs- und Wirtschaftsgenossenschaft		§ 77 III		
	GmbH		§ 77 I		MitbestG § 1 I
	KGaA	AR ohne AN (bei Eintragung vor 10.8.94 nur wenn sie Familiengesellschaft ist) §76 VI	§ 76 I BetrVG 1952 in Verb. mit § 129 I BetrVG		
	AG		§ 76 I		
Montan-Unternehmen i.S.v. § 1 Montan-MitbestG	AG		§ 76 I		
	GmbH		§ 77 I	Montan-MitbestG § 1 II	

*Ggf. Zurechnungen im Konzern nach den jew. einschlägigen Vorschriften (§ 5 MitbestG; § 76 IV, 77a BetrVG). Nicht berücksichtigt das sogenannte Mitbestimmungsergänzungsgesetz 1956/1988 für Holdings; dort maßgeblich Unternehmenszweck des Konzerns (s.§ 3 des Gesetzes)

**Mitbestimmungspflichtig ist nur die Komplementärin (GmbH, AG), wobei unter den Voraussetzungen des § 4 MitbestG die AN der KG der Komplementärin zugerechnet werden

2. Verfahren zur Änderung der Aufsichtsratszusammensetzung

a) Vorbemerkung[7]

2   Für die Feststellung, ob ein Unternehmen einen Aufsichtsrat haben muss bzw. nach welchen gesetzlichen Vorschriften der Aufsichtsrat eines Unternehmens zusammenzusetzen ist, ist für alle Gesellschaftsformen durch das Aktiengesetz von 1965 ein förmliches Verfahren, das sog. Statusverfahren eingeführt worden. Verändern sich bei Unternehmensumstrukturierungen die maßgeblichen Fakten für die Anwendung der Gesetze zur Arbeitnehmerbeteiligung am Aufsichtsrat, so führt dies nur nach Einhaltung dieses besonderen Verfahrens zu einer anderen Zusammensetzung des Aufsichtsrats oder seinem Wegfall[8].

Die einschlägigen Rechtsvorschriften sind die §§ 96-99 des Aktiengesetzes.

Dabei versteht man unter Statusverfahren einmal die **einfache Bekanntmachung der Unternehmensleitung**, nach welchen Vorschriften in Zukunft der Aufsichtsrat zusammengesetzt sein soll (gegen die niemand das Gericht einschaltet, § 97 AktG). Zum anderen bezeichnet man so das **gerichtliche Verfahren**, dem eine Bekanntmachung der Unternehmensleitung vorangehen konnte, das aber auch ohne eine solche eingeleitet werden kann, nach § 98 AktG.

Die §§ 96-99 AktG regeln unmittelbar nur die Rechtsverhältnisse einer Aktiengesellschaft. Für die anderen Rechtsformen, in denen Unternehmen betrieben werden, ist aber jeweils in den spezifischen Gesetzen bzw. in den Gesetzen über die Beteiligung der Arbeitnehmer am Aufsichtsrat (Montan-MitbestG, MitbestG und BetrVG'52) darauf entsprechend verwiesen worden.

---

7   Siehe zum Nachfolgenden neben den einschlägigen aktienrechtlichen Kommentierungen auch: *Fuchs/Köstler*, Handbuch zur Aufsichtsratswahl, Frankfurt 2002, S. 70 ff.; *Göz* ZIP 1998, 1523 ff. und Willemsen/*Seibt*, Umstrukturierung, F 140 ff.; einen Überblick über praktische Verfahren seit 1978 gibt die Arbeitshilfe für Arbeitnehmervertreter Nr.4 (Hrsg. Hans-Böckler-Stiftung).
8   Vgl. die einstweiligen Verfügungsverfahren OLG Düsseldorf, DB 1995, 2411f. und OLG Zweibrücken, Mitbestimmung 2/1997, 61.

Entscheidend ist: nach anderen als den zuletzt angewandten gesetzlichen Vorschriften kann der Aufsichtsrat nur zusammengesetzt werden, wenn nach § 97 oder § 98 die in der Bekanntmachung des Vorstandes (ggf. der entsprechenden Unternehmensleitung) oder in der gerichtlichen Entscheidung angegebenen gesetzlichen Vorschriften anzuwenden sind (so § 96 Abs. 2 AktG).

b) Unstreitiges Statusverfahren

Ist die **Unternehmensleitung** der **Ansicht**, dass der Aufsichtsrat nicht nach den für ihn maßgebenden gesetzlichen Vorschriften zusammengesetzt ist (z.B. MitbestG anstelle von BetrVG 1952 oder auch umgekehrt gänzlicher Wegfall der Arbeitnehmerbeteiligung), so hat sie dies **unverzüglich** in den **Gesellschaftsblättern** und gleichzeitig durch Aushang in sämtlichen **Betrieben** der Gesellschaft und ihrer Konzernunternehmen **bekanntzumachen**. In der Bekanntmachung hat die Unternehmensleitung auch anzugeben, wie ihrer Ansicht nach der Aufsichtsrat zusammengesetzt sein soll. 3

In den Unternehmensstatuten ist festzulegen, was die Gesellschaftsblätter sind; es ist dies zumindest der fast täglich erscheinende sog. Bundesanzeiger (Bundesanzeiger Verlags-GmbH, Postfach 100534, 50445 Köln).

Nach § 97 Abs. 1 Satz 3 AktG ist in dieser Bekanntmachung auch darauf hinzuweisen, dass der Aufsichtsrat nach den von der Unternehmensleitung für maßgeblich erachteten Vorschriften zusammengesetzt wird, wenn nicht Antragsberechtigte nach § 98 Abs. 2 AktG innerhalb eines **Monats nach der Bekanntmachung im Bundesanzeiger** das nach § 98 Abs. 1 AktG zuständige Gericht[9] anrufen.

Wird ein solcher Antrag an das Gericht nicht innerhalb des Monats nach der Bekanntmachung im Bundesanzeiger gestellt (zu den Antragsberechtigten s.u. und im einzelnen § 98 Abs. 2 AktG), so ist die von der Unternehmensleitung genannte Zusammensetzung des Aufsichtsrates maßgebend, § 97 Abs. 2 AktG. Die bisherigen Rege-

---

9 Die Angabe ist empfehlenswert, so auch *Göz* aaO. S. 1523 Fn. 3, da es auf Landesebene Schwerpunktzuständigkeiten geben kann, siehe dazu c); sie ist aber nicht Wirksamkeitsvoraussetzung: Willemsen/*Seibt*, Umstrukturierung, F 153 m.w.N.

lungen in den **Unternehmensstatuten** über den Aufsichtsrat treten dann mit der Beendigung der ersten Hauptversammlung/Gesellschaftsversammlung, die nach Ablauf der Monatsfrist einberufen wird, spätestens aber 6 Monate danach, insoweit **außer Kraft,** als sie den gesetzlichen Vorschriften widersprechen, die in der Bekanntmachung der Unternehmensleitung als nunmehr anzuwendenden bezeichnet wurden. Zum gleichen Zeitpunkt **erlischt** das **Amt** der bisherigen Aufsichtsratsmitglieder, und zwar aller, einschließlich der Arbeitnehmervertreter.

Wird auf die Bekanntmachung der Unternehmensleitung hin das **Gericht fristgerecht angerufen, bleibt es** bis zur endgültigen rechtskräftigen Entscheidung des Gerichtes **bei** der **Zusammensetzung** des Aufsichtsrates nach den bislang angewendeten Vorschriften. Dies gilt für den gesamten Zeitraum eines derartigen Rechtsstreites, der erfahrungsgemäß durchaus lange dauern kann. Sollte während des Schwebens des Rechtsstreits die Amtszeit des bisherigen Aufsichtsrats oder eines Teils seiner Mitglieder ablaufen, so sind neue Mitglieder nach des bisherigen Vorschriften zu wählen oder ggf. vom Registergericht nach § 104 AktG bestellen zu lassen.

Auch nach Ablauf der erwähnten **Monatsfrist** – für die nur die Bekanntmachung im **Bundesanzeiger**, nicht jedoch der Aushang in den Betrieben **maßgeblich** ist – kann ein gerichtliches Verfahren gem. § 98 AktG durchgeführt werden. Nur hat dieses Verfahren dann keine aufschiebende Wirkung. Mit anderen Worten, es wird dadurch nicht verhindert, dass zunächst ein neuer Aufsichtsrat entsprechend der Bekanntmachung der Unternehmensleitung gebildet wird[10]. Umgekehrt kann die Bekanntmachung seitens der Unternehmensleitung auch widerrufen werden, dann endet auch das gerichtliche Verfahren[11].

---

10 So zu Recht *Mertens*, Kölner Kommentar AktG, §§ 97-99 Rn. 27 m.w.N.; a.A. *Geßler/Hefermehl* § 97 Rn. 30.
11 Vgl.*Köstler*, Reformvorhaben S. 130 Fn. 133; *Hüffer* AktG, § 99 Rn. 4 und Willemsen/*Seibt* aaO. F 156.

c) Gerichtsverfahren gem. § 98 f. AktG

Für den Fall, dass streitig oder ungewiss ist, nach welchen gesetzlichen Vorschriften der Aufsichtsrat zusammenzusetzen ist, ist im Aktiengesetz von 1965, das **gerichtliche Statusverfahren § 98 f. AktG**, ein Verfahren mit besonderen Regeln vorgesehen worden.

Für einen Antrag ist hier ausschließlich das **Landgericht** (**Zivilkammer**, also nicht Handelskammer[12]), in dessen Bezirk die Gesellschaft ihren Sitz hat, zuständig. Die Landesregierungen können für die Bezirke mehrerer Landgerichte die Entscheidung einem der Landgerichte übertragen (§ 98 Abs. 1 Satz 2 AktG), dies ist in einigen Bundesländern geschehen[13].

Zu den Besonderheiten des Verfahrens gehört die im Gesetz verankerte große Zahl von **Antragsberechtigten**. Es sind dies:

1. Die Unternehmensleitung,

2. jedes Aufsichtsratsmitglied,

3. jeder Aktionär/Gesellschafter usw.,

4. der Gesamtbetriebsrat der Gesellschaft oder, wenn in der Gesellschaft nur ein Betriebsrat besteht, der Betriebsrat,

5. der Gesamtbetriebsrat eines anderen Unternehmens, dessen Arbeitnehmer nach den gesetzlichen Vorschriften, deren Anwendung streitig oder ungewiss ist, selbst oder durch Delegierte an der Wahl von Aufsichtsratsmitgliedern der Gesellschaft teilnehmen (oder wenn nur ein Betriebsrat besteht, dieser),

6. mindestens ein Zehntel oder 100 Arbeitnehmer, die nach den gesetzlichen Vorschriften, deren Anwendung streitig oder ungewiss ist, selbst oder durch Delegierte an der Wahl von Aufsichtsratsmitgliedern der Gesellschaft teilnehmen,

7. Spitzenorganisationen der Gewerkschaften, die nach den gesetzlichen Vorschriften, deren Anwendung streitig oder ungewiss ist,

---

12 *Hüffer* AktG § 98 Rn. 2.
13 Siehe dazu im einzelnen *Fuchs/Köstler*, a.a.O., Rn. 167.

ein Vorschlagsrecht hätten (nur im Bereich Montanmitbestimmung),

8. Gewerkschaften, die nach den gesetzlichen Vorschriften, deren Anwendung streitig oder ungewiss ist, ein Vorschlagsrecht hätten (also Montan und MitbestG).

Für das **Verfahren** selbst gilt dann nicht die Zivilprozessordnung, sondern es findet das **Gesetz über die Angelegenheiten der freiwilligen Gerichtsbarkeit** Anwendung, soweit in den Abs. 2-5 des § 99 AktG nichts anderes bestimmt ist. Der entscheidende Unterschied zum Zivilprozess ist, dass das Gericht den Sachverhalt von Amts wegen zu ermitteln hat und an das Vorbringen und die Beweisanträge der Beteiligten nicht gebunden ist.

Das **Landgericht** hat den **Antrag** in den Gesellschaftsblättern (zumindest Bundesanzeiger) **bekannt zu machen.**

Die Unternehmensleitung und jedes Aufsichtsratsmitglied sowie die nach § 98 Abs. 2 antragsberechtigten Betriebsräte, Spitzenorganisationen und Gewerkschaften sind **vom Gericht zu hören**, d.h. es ist ihnen Gelegenheit zur Stellungnahme zu geben (§ 99 Abs. 2 AktG).

Das Landgericht entscheidet durch einen mit Gründen versehenen **Beschluss** (da das Verfahren der freiwilligen Gerichtsbarkeit Anwendung findet, mit oder auch ohne mündliche Erörterung mit den Antragsberechtigten und Beteiligten).

6 Gegen die Entscheidung ist das **Rechtsmittel** der **sofortigen Beschwerde** zum zuständigen **Oberlandesgericht** möglich; sie muss binnen zwei Wochen eingelegt werden (§ 22 FGG). Die Beschwerdefrist beginnt mit der Bekanntmachung der Entscheidung im Bundesanzeiger, für den Antragsteller und die Gesellschaft jedoch erst mit der Zustellung der Entscheidung, wenn diese später erfolgt ist (§ 99 Abs. 4 AktG). Die Beschwerde kann nur durch Einreichung einer von einem Rechtsanwalt unterzeichneten Beschwerdeschrift eingelegt werden.

Auch hier wiederum ist es durch Rechtsverordnung möglich, dass die Entscheidung über die Beschwerde für die Bezirke mehrerer

Oberlandesgerichte einem der Oberlandesgerichte oder dem Obersten Landesgericht übertragen wird.

Beschwerdeberechtigt ist, wer nach **§ 98 Abs. 2 AktG antragsberechtigt** ist (§ 99 Abs. 4 AktG). Es kann also auch Beschwerde einlegen, wer im Verfahren 1. Instanz nur gehört worden ist, dort aber nicht selbst als Antragsteller auftrat oder auch wer sich am Verfahren 1. Instanz überhaupt nicht beteiligt hat, sofern er überhaupt antragsberechtigt ist.

Die Entscheidung des Gerichtes durch Beschluss wird erst mit der Rechtskraft wirksam. Diese tritt beim LG mit Ablauf der Beschwerdefrist, jedoch beim OLG unmittelbar mit Erlass ein. Die Entscheidung wirkt dann für und gegen alle.

Die weitere Beschwerde ist ausgeschlossen. Es gibt hier also **praktisch** nur **zwei Instanzen.** Das Oberlandesgericht hat jedoch, wenn es bei der Auslegung einer für seine Entscheidung maßgebenden Rechtsvorschrift von der Entscheidung eines anderen Oberlandesgerichtes oder des Bundesgerichtshofes abweichen will, die Beschwerde dem Bundesgerichtshof zur Entscheidung vorzulegen (§ 28 FGG).

Ist die Entscheidung rechtskräftig und ist der Aufsichtsrat nicht so zusammengesetzt, wie die Entscheidung bestimmt, ist er nach den in ihr angegebenen gesetzlichen Vorschriften zusammenzusetzen (§ 98 Abs. 4 AktG). Für die Anpassung besteht eine Frist von 6 Monaten ab Eintritt der Rechtskraft; gleiches gilt für die einschlägigen Satzungsregeln (§ 98 Abs. 4 Satz 2 AktG).

Für die **Gerichtskosten** gilt die Kostenordnung (s. im einzelnen § 99 Abs. 6 AktG). Der **Geschäftswert**, nach dem sich die Gerichtskosten bemessen (und auch die Anwaltsgebühr nach § 118 BRAGO) ist in der Regel auf 50.000 € vom Gericht festzusetzen. **Schuldner** der Kosten des Verfahrens ist im **Regelfall die Gesellschaft**. Die Kosten können nur ganz oder zum Teil dem Antragsteller auferlegt werden, wenn dies der Billigkeit entspricht[14]. Kosten der Beteiligten selbst werden jedoch nicht erstattet (s. im einzelnen § 99 Abs. 6 AktG).

---

14 Bisher rechtskräftig noch nie erfolgt.

C. Auswirkungen auf die Unternehmensmitbestimmung

Die Unternehmensleitung hat die rechtskräftige Entscheidung mit Gründen unverzüglich zum Handelsregister einzureichen (§ 99 Abs. 5 Satz 2 AktG), damit sie von jedermann eingesehen werden kann (§ 9 HGB).

d) Notwendigkeit eines Verfahrens

7 § 96 Abs. 2 AktG bestimmt, dass nach anderen als den zuletzt angewandten gesetzlichen Vorschriften der Aufsichtsrat nur zusammengesetzt werden kann, wenn nach § 97 oder nach § 98 die in der Bekanntmachung des Vorstandes oder in der gerichtlichen Entscheidung angegebenen gesetzlichen Vorschriften anzuwenden sind. Falls aufgrund einer Umwandlung andere gesetzliche Vorschriften für die Zusammensetzung des Aufsichtsrates maßgebend geworden sind, gelten die §§ 97 ff. AktG ausnahmslos und unmittelbar[15]; Einzelheiten dazu werden bei den einzelnen Umwandlungsfällen behandelt.

Hier sind nur noch die Umstrukturierungen anzusprechen, die zu **Veränderungen** der **maßgeblichen Arbeitnehmerzahlen** führen:

Wächst durch die Umstrukturierung die Arbeitnehmerzahl über eine Größenordnungsschwelle des § 7 Abs. 1 Satz 1 MitbestG (wenn z.B. zu den bisherigen 15.000 Arbeitnehmern durch einen Unternehmenserwerb 6.000 Arbeitnehmer hinzukommen) und wurde in der Satzung des Unternehmens nicht schon von den Möglichkeiten des § 7 Abs. 1 Satz 2 und 3 Gebrauch gemacht (z.B. weil das Hineinwachsen in eine andere Größenklasse bereits absehbar war), dann ist der Aufsichtsrat nicht mehr dem Gesetz entsprechend zusammengesetzt und muss vergrößert werden. Hierfür ist ein Verfahren nach § 97 AktG durchzuführen[16]. Dies aber immer nur, wenn die Schwellenwerte nach § 7 Abs. 1 MitbestG überschritten werden; sonstige umfangreiche Belegschaftsveränderungen sind hier unmaßgeblich, was in der Praxis

---

15 *Hoffmann-Becking*, MHdB. GesR Bd. 4, § 28 Rn. 52 mit zutreff. Hinweis auf die Begr. zum UmwG: BT.-Ds. 12/6699, S. 75 ff.

16 *Wißmann*, MHdB. ArbR, § 378 Rn. 2; *Hoffmann-Becking*, aaO. Rn. 53; *Fuchs/Köstler*, Rn. 63 ff.; Willemsen/*Seibt*, Umstrukturierung, F 145 jeweils m.w.N.; aA. *Rosendahl*, AG 1985, 325, 326 f. und *Göz*, ZIP 1998, 1523, 1525 f.

zu unbefriedigenden Ergebnissen führen kann (z.B. Verschmelzung eines Unternehmens mit 18.000 Arbeitnehmern auf ein Unternehmen mit 21.000 Arbeitnehmern: keine Veränderung des Aufsichtsrates dadurch).

Demgegenüber ist nach überwiegender Meinung ein Statusverfahren nicht durchzuführen, wenn trotz Veränderung der Arbeitnehmerschwellenwerte eine Änderung des Aufsichtsrates nicht zwingend geboten, sondern nur zulässig ist, wie dies beispielsweise bei einem nach § 7 Abs. 1 Satz 1 Nr. 2 und 3 MitbestG mit 16 oder 20 Mitgliedern besetzten Aufsichtsrats der Fall ist, wenn die Arbeitnehmerzahl unter die Schwellenwerte von 10.000 oder 20.000 sinkt, jedoch noch über 2.000 liegt[17].

II. Formwechsel

1. Aufsichtsratskontinuität

Fand auf einen Rechtsträger eines der Gesetze über die Beteiligung der Arbeitnehmer am Aufsichtsrat Anwendung und wechselte dieser seine **Rechtsform** in eine andere, die jedoch auch **dem gleichen Gesetz über die Beteiligung der Arbeitnehmer** im Aufsichtsrat unterfiel, so war es vor dem Umwandlungsgesetz 1995 in der Literatur streitig, ob es hier zur Amtsbeendigung des Aufsichtsrates kommt.[18] Durch die §§ 197, 203 UmwG hat der Gesetzgeber sich dem mitbestimmungsrechtlichen Schrifttum angeschlossen. Zwar änderten sich trotz der Wahrung der Identität des formwechselnden Rechtsträgers durch den Formwechsel häufig die äußeren rechtlichen Rahmenbedingungen für den Aufsichtsrat. Es seien jedoch – insbesondere im Geltungsbereich des Mitbestimmungsgesetzes – auch Fälle möglich, bei denen eine

8

---

17 So Willemsen/*Seibt*, aaO. F 146; vgl. auch *Hoffmann-Becking*, aaO.; *Fuchs/ Köstler*, Rn. 64 und *Oetker*, GK-AktG, § 7 MitbestG Rn. 7; a.A. z.B. *Wißmann*, aaO., der auf der Basis seiner Ansicht eine Satzungsfestschreibung empfiehlt, wenn mit einem Absinken der Arbeitnehmerzahl zu rechnen sei. So könne eine Neuwahl vor dem Ende der ordentlichen Amtszeit vermieden werden.
18 Vgl. *Köstler*, BB 1993, 81 ff. und *Lutter/Decher*, UmwG § 203 Rn. 2.

solche Änderung des rechtlichen Rahmens für den Aufsichtsrat nicht eintrete. Durch § 203 UmwG soll nunmehr ausdrücklich die **Kontinuität des Amtes** der Aufsichtsratsmitglieder geregelt werden[19].

Da sich durch den Formwechsel an der Arbeitnehmerzahl nichts ändert, kommt es daher nur darauf an, ob beim Rechtsträger neuer Rechtsform für diese die gleichen gesetzlichen Vorschriften über die zahlenmäßige Zusammensetzung des Aufsichtsrates gelten. Dann bedarf es keiner Neuwahl der Aufsichtsratsmitglieder anlässlich des Formwechsels, sondern die Mitglieder des Aufsichtsrates bleiben für den **Rest** ihrer **Wahlzeit im Amt** (die persönliche Amtszeit kann natürlich vorher enden, z.B. durch Eintritt in den Ruhestand). Die Anteilsinhaber des formwechselnden Rechtsträgers können im Umwandlungsbeschluss allerdings für ihre Aufsichtsratsmitglieder die Beendigung des Amtes bestimmen (§ 203 Satz 2 UmwG).

Für den Bereich des Mitbestimmungsgesetzes bedeutet dies[20]:

von	in
GmbH	Kapitalgesellschaft & Co. KG (von § 4 oder 5 Abs. 1 MitbestG erfasst)
AG	e.G.
KGaA	KGaA
e.G.	AG
Kapitalgesellschaft & Co. KG (von § 4 oder 5 Abs. 1 MitbestG erfasst)	GmbH

ist mitbestimmungsneutral, d.h. es besteht Amtskontinuität des Aufsichtsrates.

9   Bei der **Montan-Mitbestimmung** gilt die Kontinuität nur für Wechsel zwischen AG und GmbH und umgekehrt.

---

19 BR-Ds. 75/94, 144 f. = RWS-Dok. S. 344.
20 Vgl. auch die Tabellen bei *Bartodziej*, ZIP 1994, 580 ff., 585 und Willemsen/ *Seibt*, Umstrukturierung F 62.

Im Bereich des **Betriebsverfassungsgesetzes 1952** ist die Situation etwas **komplizierter.** Hat die Aktiengesellschaft mehr als 500 Arbeitnehmer, so gilt die Kontinuität bei einem Wechsel in eine KGaA, GmbH oder Genossenschaft, wie auch Rechtsformwechsel dieser drei untereinander oder in eine AG neutral sind. 10

Bei Aktiengesellschaften mit weniger als 500 Arbeitnehmern sind die weiteren Faktoren: bereits vor dem 10.8.1994 eingetragen und Familiengesellschaft jeweils mit zu prüfen. Gleiches gilt für die Kommanditgesellschaft auf Aktien (vgl. § 76 Abs. 6 BetrVG 52 in der Fassung seit August 1994). Da nur für die sog. **Altgesellschaften,** die zudem noch keine Familiengesellschaften sein dürfen, durch diese Gesetzesänderung die Aufsichtsräte mit Arbeitnehmerbeteiligung bei unter 500 Arbeitnehmern vorgeschrieben blieben, ist hier nur bei einem Wechsel zwischen AG und KGaA bzw. umgekehrt bei den Altgesellschaften eine Kontinuität für den Aufsichtsrat gegeben. In anderen Fällen kann dies zum Wegfall des Aufsichtsrates führen (dazu sogleich 3.).

Amtskontinuität i.S.d. § 203 UmwG findet auch auf die **Ersatzmitglieder** Anwendung. Es bleiben nicht nur die Ersatzmitglieder, die noch vor dem Rechtsformwechsel nachgerückt waren, für den Rest ihrer Amtszeit im Aufsichtsrat. Sondern auch die vor dem Formwechsel noch nicht nachgerückten Ersatzmitglieder bleiben weiter Ersatzmitglieder und können dann später in den Aufsichtsrat nachrücken, wenn im Laufe der Restamtszeit die Voraussetzungen dafür gegeben sind[21]. 11

2. Formwechsel mit positivem Mitbestimmungseffekt

Ein Formwechsel eines Rechtsträgers, der bisher keinen Aufsichtsrat haben musste, **in eine Rechtsform,** für die ein Aufsichtsrat **mit Arbeitnehmerbeteiligung** vorgeschrieben ist, kann zu einem Mitbestimmungszuwachs führen[22]. Dabei sind natürlich noch die wei- 12

---

21 Vgl. *Lutter/Decher*, UmwG § 203 Rn. 5 und *Meister/Klöcker* in Kallmeyer, UmwG § 203 Rn. 12.
22 Vgl. hierzu Willemsen/*Seibt*, F 65; *Meister/Klöcker* aaO., § 197 Rn. 66 ff. und *Lutter/Decher*, aaO. § 197 Rn. 47 ff.

teren gesetzlichen Voraussetzungen (jeweilige Arbeitnehmerzahl s. hierzu die Matrix auf Seite 30) zu prüfen.

Formwechsel von Personengesellschaften, rechtsfähigen Vereinen, Körperschaften und Anstalten des öffentlichen Rechts in eine AG/KGaA/GmbH/Genossenschaft oder (bei Vorliegen der Voraussetzungen des § 4 Abs. 1 oder § 5 Abs. 1 MitbestG) in eine Kapitalgesellschaft & Co.KG und letztlich eines Versicherungsvereins auf Gegenseitigkeit (der 1976 beim MitbestG nicht berücksichtigt wurde) mit mehr als 2.000 Arbeitnehmern in eine AG führen dazu, dass erstmals ein Aufsichtsrat mit Arbeitnehmerbeteiligung zu bilden ist.

Nach § 197 UmwG sind auf den **Formwechsel** die für die neue Rechtsform geltenden **Gründungsvorschriften** anzuwenden, soweit sich aus diesem Buch (*5. Buch des Umwandlungsgesetzes*) nichts anderes ergibt. Vorschriften, die für die Gründung eine Mindestzahl der Gründer vorschreiben, sowie die Vorschriften über die Bildung und Zusammensetzung des ersten Aufsichtsrates sind nicht anzuwenden.

Diese **Formulierung ist problematisch**. Der Gesetzgeber ging bei der Verabschiedung des § 197 Satz 2 UmwG ersichtlich davon aus, es werde beim Formwechsel lediglich zu einer Neuwahl des bereits existierenden Aufsichtsrates kommen[23], so dass die Vorschriften über die Bildung des ersten Aufsichtsrates verzichtbar erschienen[24]. Dabei wurde aber nicht bedacht, dass durch den Formwechsel erstmals die Pflicht zu einem Aufsichtsrat und zudem zu einem mit Arbeitnehmerbeteiligung entstehen kann. In der **Praxis** gibt es unterschiedliche Vorschläge mit dieser missglückten Regelung umzugehen[25].

Die eine Ansicht in der Literatur will mit einer einschränkenden Interpretation des § 197 Satz 2 UmwG zu einer befriedigenden Lösung kommen, wonach diese Vorschrift nur für den Fall gilt, dass das Unternehmen bereits vor dem Formwechsel aufsichtsrats-

---

23 Siehe RWS-Dok. S. 334 = BT.-Ds. 12/6699, S. 141.
24 *Henssler*, ZfA 2000, S. 257.
25 Konsequent daher die Forderung des Deutschen Anwaltsvereins auf eine Klarstellung, dass hier § 31 AktG anwendbar ist, NZG 2000, S.802 ff., 807.

pflichtig war. Ist erst für die neue Rechtsform ein Aufsichtsrat vorgeschrieben, so soll § 31 AktG (Sachgründung einer Aktiengesellschaft) Anwendung finden[26].

Eine andere Auffassung schlägt die frühzeitige Einleitung eines Statusverfahrens gem. §§ 97 ff. AktG vor, um alsdann bereits vor Anmeldung des Formwechsels eine gerichtliche Bestellung der Arbeitnehmervertreter gem. § 104 AktG zu erreichen[27].[28]

Eine frühzeitige Einleitung des Statusverfahrens durch entsprechende Bekanntmachung nach § 97 AktG vor der Beschlussfassung über den Formwechsel ist in beiden geschilderten Lösungsansätzen enthalten und zweifelsohne empfehlenswert. Angesichts vereinzelter Rechtsprechungsbeispiele mit einer restriktiven Anwendung des § 104 AktG in diesen Stadien[29] und bei der Frage der Anwendung von § 31 AktG – erst recht bei Formwechsel in eine GmbH[30] – wäre eine Klarstellung des Gesetzgebers für die Fälle, dass der Rechtsträger im Zuge des Formwechsels erstmals einen Aufsichtsrat erhält, wünschenswert. Bis dahin sollte man den **Weg des § 31 AktG** suchen.

3. Wegfall des Aufsichtsrates

Wie die Matrix auf Seite 30 zeigt, gibt es in der Landschaft der Unternehmensmitbestimmung **rechtsform- und arbeitnehmerzahlabhängig weiße Flecken**. Durch einen Rechtsformwechsel in eine Personengesellschaft, aber auch von einer Alt-Aktiengesellschaft (also Unternehmen mit weniger als 500 Arbeitnehmern und vor dem 10.8.1994 bereits eingetragen) in eine GmbH kommt es zum Wegfall des Aufsichtsrates[31]. Gleiches gilt bei einem Formwechsel in die

13

---

26 Vgl. *Joost*, FS Claussen 1997, S. 187 ff., 197; *Raiser*, MitbestG 3.A., § 1 Rn. 24; Willemsen/*Seibt* F 66; *Köstler/Kittner/Zachert*, 6.A. Rn. 226 jeweils m.w.N.
27 *Widmann/Mayer*, § 197 UmwG Rn. 15; *Meister/Klöcker* in Kallmeyer, UmwG § 197 Rn. 68 f.
28 Einen Rückgriff auf § 363 Abs. 3 AktG a.F. schlagen *Lutter/Decher*, aaO. § 197 Rn. 50 und wohl auch *Henssler*, aaO. Fn. 24, S. 258 vor.
29 Vgl. nur BayObLG, NZG 2000, S.89 = ZIP 2000, 1445 m. zust. Anm. *Kort*, EWiR 1/01 § 52 GmbHG.
30 Konsequent und zutreffend *Seibt* und *Joost*, aaO. Fn. 26. § 31 AktG anwendend.
31 OLG Naumburg, DB 1997, 466 f. = AG 1997, 430, s. dazu auch *Henssler*, aaO. Fn. 24, S. 258 f.

C. Auswirkungen auf die Unternehmensmitbestimmung

Rechtsform einer Kapitalgesellschaft und Co.KG, wenn die bisherige Kapitalgesellschaft weniger als 2.000 Arbeitnehmer beschäftigte oder es aber zwar bei einer Zahl von über 2.000 Arbeitnehmern bleibt, aber die weiteren Voraussetzungen des § 4 Abs. 1 MitbestG oder des § 5 Abs. 1 MitbestG nicht vorliegen[32].

Mit dem Umwandlungsbeschluss ist dann das Statusverfahren nach § 97 AktG einzuleiten. Wie der Fall des OLG Naumburg zeigt, hat ein Gang zum Gericht hier wenig Aussichten. Mitbestimmungsbeibehaltungsregelungen sind für den Formwechsel nicht geschaffen worden und angesichts der Entstehungsgeschichte des § 325 UmwG kommt auch eine entsprechende Anwendung nicht in Betracht[33]. **Allenfalls** bei **besonderen Gestaltungsmissbräuchen**, wenn z.B. von vornherein eine spätere Rückumwandlung in eine Aktiengesellschaft beabsichtigt ist, dürfte hier das Ergebnis anders sein[34].

14   Denkbar sind natürlich hier **vertragliche Vereinbarungen** zur **Mitbestimmungssicherung**. So kann beispielsweise auch in einer GmbH unter 500 Arbeitnehmern freiwillig die Beteiligung dieser an einem sog. fakultativen Aufsichtsrat vereinbart werden. Für einen Formwechsel von einer AG in eine GmbH bei mehr als 500 Arbeitnehmern wäre eine Verabredung über den Erhalt der Rechtsstellung des Aufsichtsrates wie bei der Aktiengesellschaft denkbar[35].

III. Verschmelzung/Spaltung/Vermögensübertragung/ Sonstige Umstrukturierungsfälle

Viele der sich aus den verschiedensten Formen der Unternehmensumstrukturierungen (s. Kapitel B. II. und III.) ergebenen Fragestellungen im Hinblick auf die Folgen für Unternehmensmitbestimmung sollen in den Abschnitten Mitbestimmungs-

---

32 Dazu näher Willemsen/*Seibt*, F 67.
33 Vgl. nur *Seibt*, aaO. F 68 und *Lutter/Joost*, § 325 UmwG Rn. 13.
34 *Henssler*, aaO. S.259: allerdings mit verfassungsrechtlichen Bedenken zur „Sonderbehandlung der Altgesellschaften".
35 Vgl. *Silberberger*, Veränderungsprozesse, S. 140.

beibehaltung (C. IV.) und Konzern/Konzernaufsichtsrat (C. V.) behandelt werden. Da bei der Darstellung der Gestaltungsformen der Unternehmensumstrukturierung oben eine gewisse Systematik zugrunde lag, sollen auch die dort angesprochenen Fälle hier in der gebotenen Kürze noch einmal direkt behandelt werden.

1. Verschmelzung

Bei Verschmelzung durch Aufnahme **geht** mit Wirksamwerden der Verschmelzung, also der Eintragung ins Handelsregister der **Aufsichtsrat unter**; bei Verschmelzung durch Neugründung gilt dies für die beiden übertragenden Rechtsträger. Im Verschmelzungsvertrag sind hier jeweils gem. § 5 Abs. 1 Nr. 9 UmwG entsprechende Angaben zu machen.

15

Für den übernehmenden Rechtsträger ist zwischen dem Aufnahme- und dem Neugründungsfall zu unterscheiden:

Aufnahme:
Es ist zu prüfen, ob aufgrund der Zahl der hinzukommenden Arbeitnehmer die Schwellenwerte (ggf. die Montanprägung) der Gesetze über die Beteiligung der Arbeitnehmer am Aufsichtsrat überschritten werden oder nicht. Beim Überschreiten ist ein Statusverfahren (dazu im einzelnen oben C. I.) durchzuführen[36].

Ändert sich an den **Schwellenwerten** nichts, so bleibt der Aufsichtsrat beim übernehmenden Rechtsträger in seiner arbeitnehmerseitigen Zusammensetzung bestehen. Dies kann wenn ein erheblicher oder gar ein größerer Teil an Arbeitnehmern hinzugekommen ist, natürlich unbefriedigend sein[37]. Deshalb sollte man hier schon versuchen, durch Rücktritte einzelner Arbeitnehmervertreter im Aufsichtsrat und registergerichtliche Bestel-

---

36 Für die GmbH und die neue AG (nach 10.8.1994 gegründet) ist dies für den Fall des Überschreitens der Zahl 500 und der erstmaligen Pflicht zu einem Aufsichtsrat streitig, vgl. Willemsen/*Seibt*, aaO. F 144 m.w.N. Nach *FKHE*, BetrVG 21.A., § 77 Rn. 13 und *Lutter/Hommelhoff*, GmbHG 15.A., § 52 Rn. 22 z.B. ist einfach eine erstmalige Wahl bzw. gerichtliche Bestellung nach § 104 AktG durchzuführen.
37 *Silberberger*, Veränderungsprozesse, S.111.

lungen von neuen Arbeitnehmervertretern aus dem Kreis der hinzugekommenen Belegschaften die Situation zu lösen.

Neugründung:
Hier gelten die soeben gemachten Ausführungen mit der Modifizierung, dass **beide Aufsichtsräte** der übertragenden Rechtsträger erlöschen. Einerseits kommt es also zu einer vollständigen Neubildung des Aufsichtsrates, andererseits ist hier durch das Statusverfahren und eine gerichtliche Bestellung nach § 104 AktG dafür zu sorgen, dass umgehend der Aufsichtsrat auch mit Arbeitnehmervertretern besetzt ist. (Siehe zu verschmelzungsähnlichen Gestaltungsformen noch III. 4.).

2. Spaltung

16 Verschiedene Varianten der Spaltung nach dem Umwandlungsgesetz sind in den Abschnitten Mitbestimmungsbeibehaltung (C. IV.) und Konzern (C. V.) vertieft zu behandeln. Hier sei kurz die Systematik angesprochen[38]:

a) Aufspaltung

Ein Rechtsträger kann gem. § 123 UmwG unter **Auflösung ohne Abwicklung** sein Vermögen aufspalten, und zwar **zur Aufnahme oder zur Neugründung**. Der sich aufspaltende Rechtsträger geht mit der Eintragung des Vorgangs in das Handelsregister unter und insoweit fällt auch der Aufsichtsrat weg. Bei den übernehmenden Rechtsträgern (es müssen mindestens zwei sein, siehe § 123 Abs. 1) ist jeweils für sich die Folge des Hinzukommens von Arbeitnehmern (ggf. auch Montanprägung oder Tendenzeigenschaft) zu klären. Wenn Seibt[39] die Ansicht vertritt, die Aufspaltung zur Neugründung könne definitionsgemäß nie zu einem Mitbestimmungsverlust führen, da der aufnehmende Rechtsträger vor der Umstrukturierungsmaßnahme noch gar nicht existierte, so ist dies

---

38 Vgl. auch die Matrixen bei Willemsen/*Seibt*, F 95 zu den Auswirkungen beim übertragenden/übernehmenden Rechtsträger.
39 AaO. F 96.

politisch jedenfalls unzutreffend. Derartige Vorgänge können zur Mitbestimmungsflucht führen, das UmwG schuf hier sogar Erleichterungen, und es kann allenfalls gefragt werden, ob dem auf der Rechtsfolgeseite zu begegnen ist[40].

b) Abspaltung

Hier werden vom Rechtsträger ein Teil oder mehrere **Teile seines Vermögens abgespalten**, und zwar zur **Aufnahme auf einen bestehenden oder mehrere bestehende Rechtsträger** oder zur **Neugründung** durch Übertragung dieses Teils oder dieser Teile jeweils auf einen oder mehrere von ihm dadurch gegründeten neuen oder gegründete neue Rechtsträger (§ 123 Abs. 2 UmwG). Beim übertragenden Rechtsträger ist zu prüfen, ob durch die Verringerung der Arbeitnehmerzahlen sich hinsichtlich der Unternehmensmitbestimmung (Größe des Aufsichtsrates, Geltungsbereich) etwas ändert. Hier kann dann die Mitbestimmungsbeibehaltungsregelung des § 325 Abs. 1 UmwG Platz greifen (dazu im einzelnen unten C. IV. 3.).

Bei den übernehmenden Rechtsträgern kann es durch das Hinzukommen der neuen Arbeitnehmer, wenn dadurch die entsprechenden Schwellenwerte überschritten sind, zu einem Mehr an Arbeitnehmerbeteiligung kommen.[41]

c) Ausgliederung

Der entscheidende Unterschied zur Abspaltung besteht darin, dass die für die Übertragung von Vermögensteilen hier nach dem Gesetz zu gewährenden Anteile (§ 123 Abs. 3 UmwG) dem übertragenden Rechtsträger zufließen. Durch die Ausgliederung wird also eine **Tochtergesellschaft des übertragenden Rechtsträgers** gebildet, es findet also eine Vertiefung der Konzernstruktur durch Schaffung einer neuen Konzernebene statt[42]. Hier sind einerseits dann die je nach Gesetz über die Beteiligung der Arbeitnehmer am

---

[40] Vgl. zuletzt, wenn auch mit einer gewissen Pointierung zugunsten Mitbestimmungsvermeidung: *Henssler*, ZfA 2000, 241 ff., 242 ff.
[41] Siehe im einzelnen Willemsen/*Seibt*, aaO. F 102 ff.
[42] Willemsen/*Seibt*, F 115.

C. Auswirkungen auf die Unternehmensmitbestimmung

Aufsichtsrat unterschiedlichen **Konzernzurechnungsvorschriften** (siehe dazu oben schon C. I. und unten C. V.) zu prüfen. Andererseits kann hier wiederum die Mitbestimmungsbeibehaltung nach § 325 Abs. 1 UmwG anzuwenden sein (dazu unten IV.3.).

3. Vermögensübertragung

17 Ein Rechtsträger kann unter Auflösung ohne Abwicklung sein Vermögen als Ganzes auf einen anderen bestehenden Rechtsträger gegen Gewährung einer Gegenleistung, die nicht in Anteilen oder Mitgliedschaft besteht, übertragen (§ 174 Abs. 1 UmwG). Ein Rechtsträger kann auch unter Auflösung ohne Abwicklung in Teilen aufspalten, abspalten oder ausgliedern, wobei als Gegenleistung wiederum nicht Anteile oder Mitgliedschaften gewährt werden (§ 174 Abs. 2 UmwG, Teilübertragung).

Für die Vollübertragung bestimmt § 176 Abs. 1 UmwG, dass hier die Verschmelzungsvorschriften einschlägig sind. Für Teilübertragungen erklärt § 171 UmwG die für die Aufspaltung, Abspaltung oder Ausgliederung zur Aufnahme einschlägigen Vorschriften für anwendbar. Daher ist auf die jeweiligen obigen Erläuterungen zu verweisen. Anzumerken bleibt lediglich, dass in § 325 UmwG bezüglich der Mitbestimmungsbeibehaltung nicht auf die Fälle der Vermögensübertragung verwiesen wurde.

4. Sonstige Umstrukturierungsfälle

Bei B.II. sind auch Gestaltungsformen der Unternehmensumstrukturierung erwähnt und erläutert worden, die sich außerhalb der Regelungen des Umwandlungsgesetzes abspielen. Auf einige davon sei hier aus Gründen der systematischen Übersicht auch im Zusammenhang mit den Auswirkungen auf die Unternehmensmitbestimmung nachfolgend eingegangen.

a) Asset-deal/Share-deal

aa) Asset-deal

Arbeitgeber können Betriebe oder Betriebsteile auch im Wege der **Einzelrechtsübertragung** auf einen Erwerber übergehen lassen (Betriebsübergang nach § 613a BGB, neudeutsch: Asset-deal, siehe auch oben B.II.2.) Wegen der aus § 613a BGB folgenden **Übergangs der Arbeitsverhältnisse** auf den Erwerber ist für das Veräußern der Unternehmen ebenso wie für den Erwerber dieser Vorgang im Hinblick auf die maßgeblichen Arbeitnehmerschwellen in den Gesetzen über die Beteiligung der Arbeitnehmer am Aufsichtsrat zu prüfen. **18**

Im Bereich BetrVG'52 (also unter 2.000 Arbeitnehmern) ist es sogar denkbar, dass man das Überschreiten der Schwelle von 500 Arbeitnehmern, beispielsweise für eine GmbH (§ 77 BetrVG'52), dadurch „vermeidet", dass man vor Erwerb der Vermögensgegenstände eine Tochtergesellschaft gründet und in diese die Vermögensgegenstände überträgt. Denn in diesem Falle ist die Zurechnungsvorschrift des § 77a BetrVG'52 maßgeblich, die enger ist (reiner faktischer Konzern reicht nicht) als die des § 5 MitbestG (dazu noch unten V.).

bb) Share-deal

In diesem Falle, der reinen **Übertragung von Gesellschaftsanteilen**, kann es dazu kommen, dass beim Veräußerer die **Zahl der im Konzern** zusammen zu rechnenden **Arbeitnehmer** unter die entsprechenden Schwellen sinkt. Für den Erwerber kann genau der gegenteilige Effekt eintreten. **19**

b) Anwachsung

Durch **Austritt der Gesellschafter** bis auf einen aus einer Personengesellschaft kann die Wirkung einer Verschmelzung im Wege einer sog. Anwachsung erreicht werden. Es wächst das Gesamthandvermögen der Personengesellschaft kraft Gesetzes dem einen übrig bleibenden Gesellschafter zu[43]. Die Folgen kön- **20**

---

[43] Vgl. Willemsen/*Seibt*, F 89 f.; *Lutter*, UmwG § 1 Rn. 19 und *Lutter/Schaumburg*, Anh. § 122 Rn. 2.

nen sowohl in dem Wegfall der Aufsichtsratspflichtigkeit liegen, wie auch darin, dass nunmehr erstmals ein Aufsichtsrat mit Arbeitnehmerbeteiligung zu bilden ist.

Am relevantesten im vorliegenden Zusammenhange ist das Anwachsungsmodell bei der Verschmelzung (im untechnischen Sinne) einer GmbH & Co.KG auf ihren alleinigen Kommanditisten und beim Formwechsel (im untechnischen Sinne) einer GmbH & Co. KG in eine GmbH[44]. Entscheidend ist nun, dass die umwandlungsrechtlichen Vorschriften der §§ 2 ff. hier nicht Platz greifen, so dass also beispielsweise auch keine Informationen entsprechend § 5 Abs. 1 Ziff.9 UmwG an die Arbeitnehmervertretungen erfolgen. Mit Vollzug im Handelsregister stellt sich aber dann für die Unternehmensleitungen jeweils die Pflicht, gem. § 97 AktG zu prüfen, ob ein vorhandener Aufsichtsrat in Wegfall kommt bzw. umgekehrt nunmehr ein Aufsichtsrat zu bilden ist. Im Hinblick auf die Länge der arbeitnehmerseitigen Aufsichtsratswahlen empfiehlt sich ein frühzeitig abgestimmtes Vorgehen und insbesondere Bestellung der Arbeitnehmervertreter für den Aufsichtsrat bei Zuwachs nach § 104 AktG.

c) *Besondere Fälle der Einzelrechtsübertragung*

21 Man kann das wirtschaftliche Ergebnis einer Fusion auch dadurch herbeiführen, dass man die Vermögensteile eines Rechtsträgers im Wege der Einzelrechtsübertragung auf einen anderen überträgt und dabei Anteile an dem Übernehmer der Vermögensgegenstände erhält. Ähnliches gilt für Einzelrechtsübertragungen, mit denen gewissermaßen der Spaltungseffekt herbeigeführt wird. Und schließlich ist an die Fälle der sog. übertragenden Liquidation zu denken[45].

Im Hinblick auf die Unternehmensmitbestimmung ist für alle diese Fälle **allein § 613a BGB** dergestalt **maßgeblich**, dass die **Arbeitsverhältnisse übergehen** und insoweit jeweils das Über-

---

[44] *Seibt*, aaO. Dort auch Beispiele für Mitbestimmungs-Zuwachs bzw. -Verlust.
[45] Siehe zu den drei Fällen auch Willemsen/*Seibt*, F 91, 117 und 121; vgl. auch zu § 1 Abs. 2 UmwG und dem Nicht-Ausschluss von Umwandlungen anderer Art: *Lutter*, UmwG § 1 Rn. 19.

schreiten von Schwellenwerten beim Unternehmen, auf das die Arbeitsverhältnisse übergehen, zu prüfen ist.

IV. Mitbestimmungsbeibehaltung

1. Allgemeines

Die Gesetze über die Beteiligung der Arbeitnehmer am Aufsichtsrat haben durch ihre jeweiligen **Anwendungsvoraussetzungen** Schwachstellen, die ständig neuen **Reparaturbedarf** erzeugen[46]. Die einzelnen gesetzgeberischen Schritte zur Sicherung der Unternehmensmitbestimmung seit 1956 sind als solche Reparaturversuche anzusehen. Wißmann[47] trifft das richtige Fazit, wenn er schreibt: „Der Gesetzgeber kann jedoch – und sollte – durch eigene abschließende Regelungen einen Teil der Mängel beheben. Darüber hinaus sollte er, auch um die Unternehmensmitbestimmung im Einzelfall besser an tatsächliche Gegebenheiten anpassen zu können, ihre Anwendung auf der Grundlage von **Vereinbarungen** zulassen." Bei manchen der Großfusionen in den letzten Jahren zeigte es sich allzu deutlich:

22

– Einerseits gehörte der Bereich der Unternehmensmitbestimmung oft zu den politisch aufgeladensten und deshalb umstrittensten und
– andererseits fehlte es den Gesetzen gerade an der Flexibilität, die zur Gestaltung praxistauglicher Strukturen erforderlich sind[48].

Nun sollen im Rahmen dieses Handbuches nicht intensiv die derzeitigen Möglichkeiten und Grenzen von Mitbestimmungsvereinbarungen dargestellt werden[49], noch die von Wißmann aufgestellten Postulate an den Gesetzgeber eingehend erläutert werden.

---

[46] So *Wißmann*, FS Däubler 1999, S. 385 mit dem treffenden Titel: „Der Anwendungsbereich der Unternehmensmitbestimmung als Dauerpatient."
[47] AaO. S. 398.
[48] *Wißmann*, aaO. S. 396.
[49] Vgl. dazu zuletzt *Hanau*, ZGR 2001, 75 ff., siehe auch *Wißmann*, MHdbArbR 2.A., § 375 Rn. 21-24, *Silberger*, Veränderungsprozesse, beim jew. Fall; Willemsen/*Seibt*, F 13 ff. und *Köstler u.a. 7.A*, Rn. 319 ff.

Jedoch sollte man sich dieses Phänomens des „Dauerpatienten" bewusst sein, wenn hier nachfolgend zwei gesetzliche Regelungen aus dem Jahre 1994 näher erläutert werden, mit denen der Gesetzgeber Gefährdungen der Unternehmensmitbestimmung vermeiden oder mildern will, die er selbst durch Änderungen auf anderen Rechtsgebieten hervorgerufen hat: nämlich das sog. Mitbestimmungsbeibehaltungsgesetz und § 325 UmwG[50].

Das Umwandlungsgesetz, das sog. Mitbestimmungsbeibehaltungsgesetz[51] und das Gesetz für kleine Aktiengesellschaften[52] wurden 1994 gewissermaßen im Paket vom Bundestag verabschiedet (siehe dazu auch oben B. B III 1a).

Im Regierungsentwurf zum Umwandlungsgesetz war nur von einer mittelbaren Beeinträchtigung der Mitbestimmungsrechte von Arbeitnehmern in den Einzelfällen, die bisher im Umwandlungsrecht nicht vorgesehen sind oder in denen die Umwandlung gegenüber dem geltenden Recht erleichtert werde, die Rede[53]. Demgegenüber hatte der Bundesminister für Arbeit und Sozialordnung schon 1992 Ergänzungsvorschläge zum Referentenentwurf des Bundesjustizministeriums gemacht. In ihm war im Hinblick auf die Beeinträchtigungen der Unternehmensmitbestimmung die Schaffung einer Öffnungsklausel zur vertraglichen Beibehaltung von Mitbestimmungsregelungen befürwortet worden[54]. Erst im Vermittlungsausschuss wurde dann einstimmig am 31.8.1994 der Wortlaut als Empfehlung beschlossen, der nun in § 325 Abs. 1 UmwG wiederzufinden ist. Ein Textvergleich zeigt schnell, dass dieser Kompromiss erheblich hinter den DGB- und SPD-Vorstellungen zurückgeblieben ist[55]. Als Kompensation für die erleichterte Zerle-

---

50 So auch *Wißmann*, MHdbArbR, aao: 3 §(& Rn: 1; siehe auch die ausf. Kommentierungen beider Gesetze durch denselben in Widmann/Mayer, Umwandlungsrecht Bd. 4, § 325 und Bd. 6 Anh. 2 und *Köstler/Kittner/Zachert*, 6.A., Rn. 223 ff. Umfassend die Einzelheiten der beiden Gesetze durchleuchtend: *Schupp*: Mitbestimmungsbeibehaltung bei Veränderungen der Unternehmensstruktur, Baden-Baden, 2001.
51 BT.-Ds. 12/3280 und 12/4532.
52 BT.-Ds. 12/6721.
53 BR-Ds. 75/94 S. 75 ff. = RWS Dok S. 93 ff.
54 Vgl. *Küller* IDW (Hrsg.) Reform des Umwandlungsrechts, 149.
55 Siehe eingehend Vorauflage S. 41 f.; vgl. auch *Däubler*, RdA 1995, 145.

gung eines Unternehmens schreibt § 325 Abs. 1 UmwG eine zeitlich begrenzte Beibehaltung des vor der Abspaltung oder Ausgliederung bestehenden Mitbestimmungsstatus vor[56].

Aufgrund der „Verabredungen" anlässlich der 1990 verabschiedeten **steuerlichen Fusionsrichtlinie** der EG zur Erleichterung der **grenzüberschreitenden Einbringung** von Anteilen und Übertragung von Betrieben wurde das **Mitbestimmungsbeibehaltungsgesetz** dann (endlich) 1994 mit beschlossen. Art.11 Abs. 1 b, Abs. 2 der Fusionsrichtlinie erlaubte dem nationalen Gesetzgeber Vorkehrungen zum Schutz der Mitbestimmung. Das MitbestBeiG sieht nun für diese Fälle vor, dass, wenn die **steuerliche Entlastung** in Anspruch genommen wird, die Verringerung der Beschäftigtenzahl für die Beurteilung des Mitbestimmungsstatus der beteiligten Unternehmen als **nicht geschehen gilt**[57].

2. Mitbestimmungsbeibehaltungsgesetz von 1994

Gibt ein deutsches Unternehmen, welches der Unternehmensmitbestimmung unterliegt, Betriebe oder Betriebsteile oder die Mehrheit an einer deutschen Tochtergesellschaft (Einbringung von Anteilen) über die Grenze ab, so bestehen zwei Möglichkeiten:

– Lässt das Unternehmen das Betriebsvermögen oder die Anteile **steuerrlich** mit dem **tatsächlichen Wert** ansetzen, nimmt also Steuernachteile in Kauf (§ 2 MitbestBeiG), dann erfolgt **keine weitere Zurechnung der „abgegebenen" Arbeitnehmer**. Zum tatsächlichen Ende des konkreten Aufsichtsrates oder der Arbeitnehmerbeteiligung überhaupt bedarf es dann nur noch des Überleitungsverfahrens nach § 97 AktG.

– Will das Unternehmen die **steuerlichen Erleichterungen** nutzen (keine Reserveaufdeckung), so gilt der **Vorgang als nicht geschehen**, soweit es um die Voraussetzungen für die **weitere Anwendung** der im Zeitpunkt des Vorgangs angewandten **Vorschrift** über die **Vertretung der Arbeitnehmer** im Aufsichtsrat geht (§ 1 MitbestBeiG). Umstritten ist, ob die

---

56 *Wißmann*, MHdbArbR, § 386 Rn. 2.
57 Ders. aaO. Rn. 3.

C. Auswirkungen auf die Unternehmensmitbestimmung

Fiktion über die Haltung des Mitbestimmungsstatus hinausgehende Bedeutung hat, also z.B. für die Berechnung der Arbeitnehmerzahl, soweit die Größe des Aufsichtsrates von dieser abhängt[58]. Nach § 2 Abs. 2 des Gesetzes schließlich hält die Fiktion das abgebende Unternehmen nur **so lange** im jeweils geltenden bisherigen Mitbestimmungssystem, wie die Arbeitnehmerzahl (einschließlich der Konzernzurechnungen) **nicht unter ein Viertel** der gesetzlichen Mindestarbeitnehmerzahl sinkt (für MitbestG also unter 501, für BetrVG'52 unter 125 bei AG und KGaA, unter 126 bei den von § 77 erfassten Rechtsformen).[59]

3. Mitbestimmungsbeibehaltung nach § 325 Abs. 1 UmwG

a) Entstehungsgeschichte

24 Oben bei IV.1. wurden bereits einige Bemerkungen zur Entstehungsgeschichte gemacht. Erst aufgrund von Ergänzungsvorschlägen des Bundesarbeitsministeriums zum Referentenentwurf des Bundesjustizministeriums und dann folgenden SPD-Änderungsanträgen[60] kam es letztlich im Vermittlungsausschuss zur Textfassung des § 325 Abs. 1 UmwG. Daraus resultieren zwei Ergebnisse: von all den Umwandlungsformen erfasst **§ 325 Abs. 1 UmwG lediglich die Fälle der Abspaltung und Ausgliederung**, also z.B. nicht die Aufspaltung. Bei den im Gesetz aufgeführten Spaltungsformen bleibt der alte Rechtsträger erhalten, nur für diese

---

58 Dafür *Oetker*, GK-AktG Vorb. MitbestG Rn. 73, dagegen *Wißmann* aaO. Fn. 11 Rn. 17 und Anh.2 Rn. 158.
59 Für weitere Einzelheiten sei auf die oben erwähnten Kommentierungen verwiesen.
60 SPD-Änderungsantrag:
(1) Entfallen durch Umwandlung i.S. dieses Gesetzes (§ 1) für einen der beteiligten und fortbestehenden Rechtsträger die gesetzlichen Voraussetzungen für die jeweilige Beteiligung der Arbeitnehmerinnen und Arbeitnehmer im Aufsichtsrat, so kann durch Tarifvertrag die Beibehaltung des zuletzt angewendeten Gesetzes vereinbart werden, wenn die Mitbestimmung wegen des Unterschreitens der maßgeblichen Arbeitnehmerzahl entfällt.
(2) Wenn die übrigen Voraussetzungen für einen Aufsichtsrat entfallen, kann durch Tarifvertrag ein Beirat für den oder die Rechtsträger vereinbart werden.
BT.-Ds. 12/7850, S. 145 = RWS-Dok. S. 465.

Fälle war also der Gesetzgeber bereit, hier eine Mitbestimmungssicherung zu schaffen[61].

Eine **vertragliche Mitbestimmungsbeibehaltungsmöglichkeit** ist im Gesetz nicht verankert worden. Damit allerdings ist jedoch auch nicht die gegenteilige Schlussfolgerung möglich, dass die bekannten Mitbestimmungsvereinbarungen aus der Praxis unwirksam geworden wären oder jetzt nicht mehr zulässig wären[62].

b) Tatbestandsvoraussetzungen

Hatte der übertragende Rechtsträger einen Aufsichtsrat mit Arbeitnehmerbeteiligung und **entfallen** nun durch **Abspaltung** oder **Ausgliederung** i.S. des § 123 Abs. 2 und 3 UmwG die gesetzlichen Voraussetzungen für die Beteiligung der Arbeitnehmer im Aufsichtsrat, so greift die Mitbestimmungsbeibehaltung Platz. **Ohne Bedeutung** sind die mitbestimmungsrechtlichen **Verhältnisse in dem Unternehmen**, das die abgespaltenen oder ausgegliederten Unternehmensteile **übernimmt** oder durch die Abspaltung oder Ausgliederung neu gegründet wird. Dies gilt in beide Richtungen, die übergehenden Arbeitnehmer können dort keine oder eine schwächere Form der Mitbestimmung vorfinden oder eben auch dieselbe oder eine stärkere Form der Arbeitnehmervertretung im Aufsichtsrat[63].

25

Wie bereits angesprochen, sind **andere Formen** der Umwandlung als Abspaltungen und Ausgliederungen, durch die ein Unternehmen den Bereich des bisher angewandten Gesetzes über die Vertretung der Arbeitnehmer im Aufsichtsrat verlässt, hier **nicht** erfasst[64]. Es fallen also weder der Formwechsel, noch die Aufspaltung nach § 123 Abs. 1 UmwG, noch die Teilübertragung nach § 177 UmwG oder auch der Fall des Unterschreitens

---

61 Vgl. dazu *Wißmann*, MHdbArbR, § 386 Rn. 4, *Kallmeyer-Willemsen*, UmwG § 325 Rn. 2 f.; Willemsen/*Seibt*, F 99 m.w.N.
62 Vgl. dazu auch Willemsen/*Seibt*, F 167 und F 13 ff.; *Köstler u.a.* 7.A. Rn. 273 und Rn. 319 ff.; *Oetker*, GK-AktG, Vorbem. MitbestG Rn. 97 ff. und die bei *Silberberger*, Veränderungsprozesse, jeweils bei den einzelnen Umstrukturierungsfällen gemachten Vorschläge.
63 *Wißmann* in Widmann/Mayer, § 325 UmwG Rn. 7.
64 Allg. Ansicht, vgl. statt aller *Wißmann* aaO. Rn. 9, ders. MHdbArbR, § 386 Rn. 4.

der Mindestgröße durch Übertragung von Vermögensgegenständen im Wege der Einzelrechtsnachfolge und dadurch des Übergangs der Arbeitsverhältnisse nach § 613a BGB hierunter[65].

Durch das Abgeben von Arbeitnehmern kann auch der Fall entstehen, dass der übertragende Rechtsträger nunmehr einen überwiegenden Unternehmenszweck erhält, der unter die **Tendenzregelungen** in § 1 Abs. 4 MitbestG und § 81 BetrVG'52 fiele. Hier wird nun von einer Meinung in der Literatur eingewandt, dass wegen der verfassungsrechtlichen Wertung der Tendenzvorschriften hier eine einschränkende Auslegung der Norm geboten sei, die die Anwendung auf derartige Fälle ausschließe[66]. Mit Recht hält dem Wißmann entgegen, dass dies in dieser Allgemeinheit nicht zwingend sei, denn der bestehende Tendenzschutz gehe nach Gegenstand und Intensität über das verfassungsrechtlich Erforderliche hinaus. Sein Umfang stehe daher teilweise zur Disposition des einfachen Gesetzgebers[67].

Das **Entfallen** der gesetzlichen Voraussetzung für die Beteiligung der Arbeitnehmer im Aufsichtsrat muss **beim übertragenden Rechtsträger selbst** stattfinden. Die Beibehaltung tritt also z.B. nicht ein, wenn die Abspaltung bei einer Konzerntochter durchgeführt wird und damit die Gesamtzurechnung zur Konzernobergesellschaft nicht mehr zu der vom bisherigen Anwendungsbereich geforderten Arbeitnehmerschwelle erfolgen kann. Dieses Ergebnis wird noch gestützt durch einen Vergleich mit dem im gleichen Gesetzespaket verabschiedeten Mitbestimmungsbeibehaltungsgesetz, denn dort sind auch Vorgänge bei anderen Unternehmen mit einbezogen[68].

---

65 Ders. aaO. Rn. 9 f.; vgl. auch *Lutter/Joost*, UmwG § 325 Rn. 12-17.
66 *Kallmeyer/Willemsen*, UmwG § 325 Rn. 7, Willemsen/*Seibt*, F 114; *Oetker*, GK-AktG, Vorb. MitbestG Rn. 90.
67 AaO. Fn. 18, Rn. 23+27.
68 So auch *Wißmann* Rn. 14 und Willemsen/*Seibt* F 110.
 Nicht einheitlich die beiden zur Anwendung bei Spaltungen bei der mitbestimmten Kapitalgesellschaft und Co.KG: dafür Wißmann Rn. 15, dagegen Seibt F 111. Wie Wißmann mit ausführlicher zutreff. Begründung Schupp, S. 280 ff.

Da das Gesetz von einem Entfallen durch die Abspaltung oder Ausgliederung spricht, ist jeweils auch die **Kausalität** mit zu prüfen. Vielfach ist es Praxis, im zeitlichen und sachlichen Zusammenhang mit der Spaltung weitere Maßnahmen auf den Weg zu bringen, die zu einem Personalabbau beim übertragenen Rechtsträger führen. Stellt man ausschließlich auf das **Wirksamwerden der Abspaltung**, also den Zeitpunkt der **Eintragung** in das Handelsregister ab, so hat man zwar zunächst den Wortlaut für sich und mit dem Stichtagsprinzip auch ein einfach zu klärendes Merkmal[69]. Dabei vernachlässigt man jedoch die „Gestaltungsmöglichkeiten für die Unternehmen und ihre Berater"[70] oder mit anderen Worten einer leicht möglichen Umgehung der Beibehaltungsvorschrift unter Vernachlässigung des Schutzzwecks von § 325 Abs. 1 UmwG[71]. Mit Schupp ist deshalb der rechtswissenschaftliche Maßstab der **Äquivalenz** hier zugrunde zu legen Aus dem kann sich dann ein **erster Anschein** für ein Statusverfahren, dass die Spaltung Motiv und Beweggrund für die weitere Maßnahme war, ggf. entnehmen lassen. Zur Entkräftung dieses ersten Anscheins genügt der Nachweis vom Unternehmer der „ernsthaften Möglichkeit eines anderen Geschehensablaufes"[72].

c) Rechtsfolgen

Nach § 325 Abs. 1 Satz 1 UmwG finden die vor der Spaltung geltenden Vorschriften noch für einen Zeitraum von **fünf Jahren** nach dem Wirksamwerden der Abspaltung oder Ausgliederung **Anwendung**. Dies gilt **nicht**, wenn die betreffenden Vorschriften eine Mindestzahl von Arbeitnehmern voraussetzen und die danach berechnete Zahl der Arbeitnehmer des übertragenden Rechtsträgers auf **weniger** als in der Regel **ein Viertel** dieser Mindestzahl sinkt.

26

---

69 Dafür deshalb Willemsen/*Seibt* F 112; *Kallmeyer/Willemsen* § 325 Rn. 8.
70 *Seibt* aaO.
71 Vgl. *Wißmann*, aaO. § 325 Rn. 16 ff.; *Oetker*, GK-AktG, Vorb. MitbestG Rn. 92; *Lutter/Joost*, § 325 Rn. 21-24 und eingehend *Schupp*, S. 294 ff.
72 *Schupp*, S. 309.

C. Auswirkungen auf die Unternehmensmitbestimmung

Die 5-Jahres-Frist beginnt mit der Eintragung der Spaltung. Sie endet natürlich früher, wenn das Unternehmen in dieser Zeit **wieder die Anwendungsvoraussetzungen**, deren Wegfall zur Anwendung des § 325 Abs. 1 geführt hat, **erfüllt**[73].

Nicht einheitlich gesehen werden in der Literatur einige sachliche Reichweiten der Mitbestimmungsbeibehaltung hier:

– Klar ist, dass das **Amt der Aufsichtsratsmitglieder**, die Arbeitnehmer des abgespaltenen oder ausgegliederten Unternehmensteils sind, und die damit ihre Unternehmenszugehörigkeit verlieren, nach **§ 24 MitbestG** automatisch endet[74].

– Vom Wortlaut her ergibt sich auch, dass es um die bisher für das Unternehmen maßgebenden Gesetze über die Vertretung der Arbeitnehmer im Aufsichtsrat geht. Daraus ist dann richtigerweise zu folgern, dass die Position des **Arbeitsdirektors** nach dem MitbestG und nach dem Montan-Mitbestimmungsrecht hier ebenfalls **geschützt** ist[75].

– Umgekehrt folgt daraus auch, dass eine Spaltung, durch die das Unternehmen **innerhalb des MitbestG** von einer Größenklasse des Aufsichtsrates in eine niedrigere sinkt, **nicht** von § 325 Abs. 1 UmwG **erfasst** wird[76].

Unter außer Achtlassung von kurzfristigen Schwankungen (§ 325 Abs. 1 Satz 2 „in der Regel") ist eine Untergrenze für die Anwendung der Mitbestimmungsbeibehaltungsregelung auf ein Viertel dieser Mindestzahl festgesetzt worden. Bei korrekter Anknüpfung an die Zahlen der einschlägigen Gesetze ergibt dies folgende Grenzzahlen: 501 beim MitbestG, 251 beim Montan-MitbestG, 126 bei GmbH nach § 77 BetrVG'52 und 125 bei der AG und KGaA nach BetrVG'52. Wenn die Belegschaftsstärke später wieder über das Viertel steigt, ohne die eigentliche gesetzliche Mindestgröße zu erreichen, bleibt es bei dem Ausscheiden[77].

---

73 *Wißmann*, § 325 Rn. 31, ders. MHdbArbR § 386 Rn. 7.
74 Ders. aaO. Rn. 39 f. und Rn. 9.
75 ü.M. *Wißmann* Rn. 28; *Lutter/Joost*, § 325 Rn. 28; *Oetker*, Erf. Komm. z. ArbR § 325 UmwG Rn. 11 und *Schupp*, S. 321 f.; aA. Willemsen/*Seibt* F 108.
76 *Wißmann*, Rn. 12 bzw. Rn. 9; *Lutter/Joost*, § 325 Rn. 20 m.w.N.; aA. *Oetker*, aaO. Rn. 5.

V. Konzern/Konzernaufsichtsrat

Viele Formen der Unternehmensumstrukturierungen spielen sich innerhalb des existierenden Konzerns ab. Diese Strategien internen Wachstums/interner Zergliederungen in immer kleinere Einheiten können aufgrund des Umwandlungsgesetzes und des gleichzeitig geltenden Steuerrechts einfacher und zumindest steuerneutral durchgeführt werden. Weiterhin können Umstrukturierungen gerade erst dazu führen, dass Konzerne entstehen, also aus dem Einheitsunternehmen ein Konzern wird. Auch diese Fälle sollen nachfolgend noch etwas eingehender behandelt werden, zumal hier, wie bereits mehrfach erwähnt, gewisse Gesetzeslücken 1995 nicht geschlossen wurden. **27**

1. Umstrukturierung im Konzern

a) Bereich des Mitbestimmungsgesetzes

Wenn schon bisher im Konzern wegen des Überschreitens der Grenze von 2.000 Arbeitnehmern das MitbestG Anwendung fand (§ 5 MitbestG i.V.m. § 18 Abs. 1 AktG), ändert sich, da die **Hinzurechnung zur Konzernspitze** unproblematisch ist, bei konzerninternen Umstrukturierungen an der Zusammensetzung des Aufsichtsrates an der Konzernspitze nichts. Für den **einzelnen Arbeitnehmervertreter**, dessen Bereich durch die Umstrukturierung u.U. aus dem Konzernverbund ausscheidet, kann natürlich nach § **24 MitbestG** dessen Mandat enden. **28**

– Gemeinschaftsunternehmen

Umwandlungen können aber auch dazu genutzt werden, Kooperationen mit anderen Konzernen einzugehen. Hier kann es dann zu dem Gebilde des sog. **Gemeinschaftsunternehmens** kommen[78]. **29**

---

77 *Wißmann*, MHdbArbR, § 386 Rn. 8.
78 Vgl. ausf. *Köstler u.a.* 7.A. Rn. 243 ff. und *Oetker*, GK-AktG, § 5 MitbestG Rn. 28 ff.; *Wißmann*, MHdbArbR, § 377 Rn. 24 f. und aus der Rechtsprechung BAG AP-Nr.1 zu § 55 BetrVG'72; ArbG Dortmund, Mitbestimmung 5/93, S. 76 f.

C. Auswirkungen auf die Unternehmensmitbestimmung

Von der Rechtsprechung und Literatur ist diese Figur, dass ein Unternehmen von zwei oder mehreren anderen gemeinsam beherrscht werden kann, seit langem anerkannt. Einfach nachzuweisen ist diese Konstellation, wenn es einen **Konsortialvertrag** zwecks einheitlicher Leitung gibt; aber auch durch **stillschweigendes Verhalten** kann auf eine derartige Vereinbarung geschlossen werden. Möglich ist natürlich auch, dass einer Obergesellschaft die Leitung allein überlassen worden ist (unternehmerische Führung bei ......) sowie umgekehrt, dass auch, wenn eine Obergesellschaft eine deutliche Kapitalmehrheit hält, dennoch eine gemeinsame Beherrschung mit dem Minderheitsgesellschafter vorliegen kann[79].

Die mitbestimmungsrechtliche Folge ist, dass die **Arbeitnehmer** des oder der Gemeinschaftsunternehmen **zu beiden „Müttern" mitzählen** und sowohl **aktiv** wie auch **passiv wahlberechtigt** sind.

Gemeinschaftsunternehmen

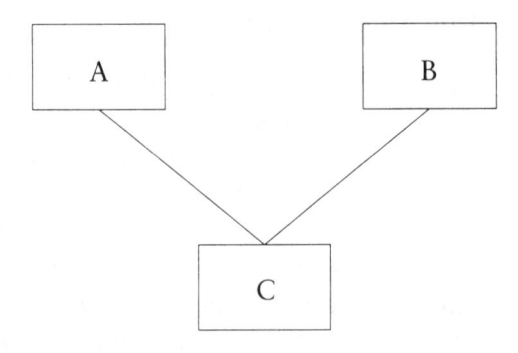

```
   ┌─────┐           ┌─────┐
   │  A  │           │  B  │
   └──┬──┘           └──┬──┘
       \               /
        \             /
         \           /
          ┌─────────┐
          │    C    │
          └─────────┘
```

Umstritten ist, ob das Bestehen einer **50:50-Beteiligung** ohne weitere Absprachen schon zu einem Gemeinschaftsunternehmen führt. Schon von der ökonomischen Idee einer solchen Beteiligung her muss man auf einen Kooperationszwang schließen, der faktisch dazu führt, dass die Mutterunternehmen dauerhaft einheitlich auf das Gemeinschaftsunternehmen einwirken und damit die in § 17 Abs. 1 AktG vorausgesetzte Abhängigkeitssituation vorliegt. Daraus folgt dann aber auch das Eingreifen der **Konzernvermu-**

---

79 *Wißmann*, aaO. Rn. 24 und ArbG Dortmund aaO.

tung des § 18 Abs. 1 Satz 3 AktG[80]. Diese Vermutung wäre aber natürlich **widerlegbar**.

Sind an einem Unternehmen **mehrere andere** beteiligt, von denen keines 50% hält, und gilt das Mehrheitsprinzip, so ist keine Gesellschaft herrschend, da keine in der Lage ist, planmäßig auf die Geschäftsleitung Einfluss zu nehmen. Aber auch hier sind Konsortialverträge oder Einstimmigkeitsregeln denkbar.

– Konzern im Konzern

Umwandlungen innerhalb des Konzerns können auch die Konzernstruktur derartig ändern, dass sich die Frage aufwirft, ob nicht **auf Ebenen unterhalb der Konzernspitze wiederum Zurechnungen** der Arbeitnehmer zu gewissermaßen Zwischenkonzernspitzen stattfinden. 30

Diese Fragestellung wird von Rechtsprechung und Literatur unter dem Stichwort „Konzern im Konzern" behandelt. Beschäftigt diese „Zwischenkonzernspitze" selbst schon in der Regel mehr als 2.000 Arbeitnehmer, so ist ja bei ihr nach § 1 MitbestG ein entsprechender Aufsichtsrat zu bilden. Bejaht man einen Konzern im Konzern, so hat dies in diesem Falle die Folge, dass die Arbeitnehmer der zuzurechnenden Tochtergesellschaften aktives und passives Wahlrecht zum Aufsichtsrat auch dieser Zwischenkonzernspitze haben. Beschäftigt diese „Zwischenkonzernspitze" selbst jedoch nicht mehr als 2.000 Arbeitnehmer, so ist nur durch Hinzurechnung der Arbeitnehmer der Tochtergesellschaften gem. §§ 1, 5 MitbestG die Zahl 2.000 zu überschreiten, also nur bei Bejahung eines Konzerns im Konzern bei der Zwischenkonzernspitze ein Aufsichtsrat nach dem MitbestG dort zu bilden[81].

---

80 *Oetker*, aaO. Rn. 30; *Köstler u.a.*, aaO. Rn. 245 und bereits *Säcker*, NJW 1980, 801 ff., 804; a.A. z.B. Willemsen/*Seibt*, F 51; *Raiser*, MitbestG, § 5 Rn. 26.
81 Siehe ausf. *Köstler u.a.* 7.A. Rn. 238 ff., *Hanau/Wackerbarth*, in Lutter (Hrsg.) Holding-Handbuch, 3.A., G Rn. 81 ff.; *Wißmann*, MHdbArbR, § 337 Rn. 22 f. und *Oetker*, GK-AktG, § 5 MitbestG Rn. 25 ff.

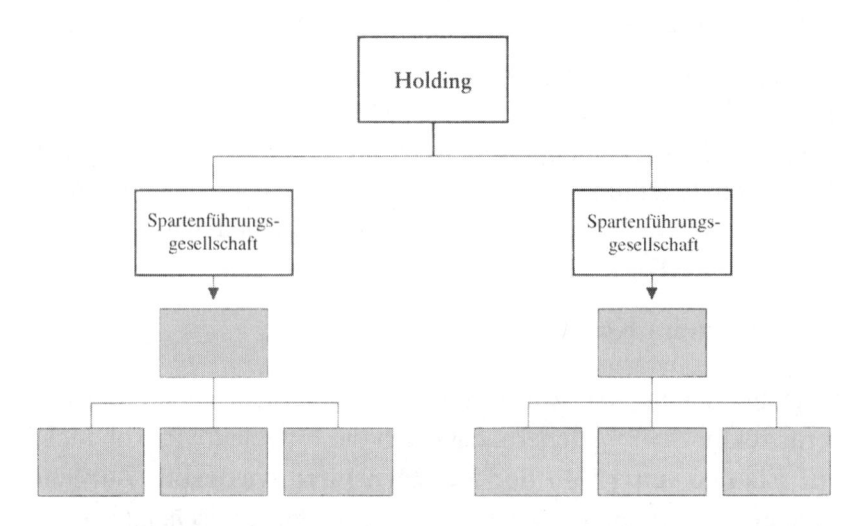

Konzern im Konzern

```
                    ┌─────────┐
                    │ Holding │
                    └────┬────┘
         ┌───────────────┴───────────────┐
┌────────┴─────────┐             ┌───────┴──────────┐
│ Spartenführungs- │             │ Spartenführungs- │
│   gesellschaft   │             │   gesellschaft   │
└──────────────────┘             └──────────────────┘
```

Zwar wird im Gesellschaftsrecht überwiegend die Figur eines „Konzerns im Konzern" abgelehnt, da die Tochtergesellschaften immer nur abgeleitete Leitungsmacht hätten. Die überwiegende Ansicht in der mitbestimmungsrechtlichen Literatur und auch die Rechtsprechung halten den „Konzern im Konzern" für zulässig. Sinn und Zweck der Mitbestimmung der Arbeitnehmer im Konzern ist es, den Arbeitnehmern der Konzernunternehmen nicht nur eine Vertretung im Aufsichtsrat ihrer eigenen Gesellschaft einzuräumen, sondern auch bei dem Unternehmen, von dem aus tatsächlich Leitungsmacht ausgeübt wird. Entscheidend für die Bejahung eines Unterkonzerns bzw. eines Konzerns im Konzern ist, dass tatsächlich **eine unterscheidbare eigene – sich freilich innerhalb der Generalleitung der Konzernmutter haltende – Leitung** durch die Tochtergesellschaft erfolgt. Dies hängt ganz vom Einzelfall ab, muss aber, gerade im Hinblick darauf, dass die Konzerne immer mehr dezentrale Organisationselemente annehmen, für entsprechende Gestaltungen auch bejaht werden. In vielen Fällen heißen diese Zwischengesellschaften ausdrücklich Zwischenholding oder Spartenführungsgesellschaft o.ä.. Damit verbunden ist dann, dass hier auf einer niedrigeren Konzernebene weitere Entscheidungszentren vorgesehen sind, die jeweils für

Teile des Konzerns im Rahmen der von der Konzernspitze erlassenen Richtlinien mit einem erheblichen Maße an Selbstständigkeit einheitliche Leitungsmacht ausüben[82]. Selbst das Bestehen eines Beherrschungsvertrages nach § 291 AktG kann nur als ein deutliches Indiz für eine abgeleitete Zuständigkeit des abhängigen Unternehmens bei weiterbestehender „Rahmen"-Verantwortlichkeit der Konzernmutter angesehen werden. Entscheidend ist auch hier, wie im Beherrschungsvertrag selbst oder auf anderem Wege die Art und Weise der Geschäftsführung der abhängigen Gesellschaft durch die Konzernmutter geregelt worden ist.

Insbesondere also bei der Schaffung von Konzernstrukturen mit Holding- und Zwischenholdingkonstruktionen kann die Rechtsfigur des Konzerns im Konzern zu bejahen sein, da die „Oberholding" das operative Geschäft und dann auch die operative Führung von Einzelgesellschaften grundsätzlich nicht selbst durchführt[83].

b) Bereich Betriebsverfassungsgesetz 1952

Hat der Konzern insgesamt weniger als 2.000 Arbeitnehmer, so sind **negative Konsequenzen** für die Beteiligung der Arbeitnehmer am Aufsichtsrat der Konzernobergesellschaft **denkbar**. Die einschlägigen Vorschriften des BetrVG'52 verweisen nämlich für die Frage des Konzernbegriffs (im Gegensatz zum § 5 MitbestG) nicht allgemein auf § 18 Abs. 1 AktG. Die einschlägigen Verweisungen

– § 76 Abs. 4 BetrVG **nur auf** § 18 Abs. 1 Satz 1 und 2 AktG
– § 77a BetrVG **auf Beherrschungsvertrag oder Eingliederung**

sind nach langen Streitigkeiten erst im Zuge des **Aktiengesetzes 1965 als gesetzgeberischer Kompromiss** so geschaffen worden[84]. Wenn das Umwandlungsrecht wirklich „mitbestimmungsneutral"

31

---

[82] Im Ergebnis haben die Zivilgerichte in Statusverfahren allerdings rechtskräftig noch kein einziges Mal einen Konzern im Konzern bejaht; die Praxis weist aber durchaus eine größere Zahl von Fällen auf: *Schweisfurth*, Konzern im Konzern als Mitbestimmungsproblem, Baden-Baden 2001 S. 259 ff. und *Wißmann*, Münch ArbR, § 377 Anm. 23. Siehe demgegenüber zur Parallelfrage des Unterkonzernbetriebsrats: BAG AP-Nr.1 zu § 54 BetrVG'72 = BB 1981, 1461 ff.
[83] *Hanau/Wackerbarth*, aaO. Fn. 36, Rn. G 85.
[84] Vgl. bereits *Hueck*, FS Westermann 1974, S. 241 ff. und BayObLG, ZIP 1993, 263 ff. = NJW 1993, 1804 f.

hätte vorgehen wollen, so wäre es hier notwendig gewesen, gesetzgeberische „Flurbereinigung" vorzunehmen[85].

Bei reinen konzerninternen Umwandlungen ist allerdings für einen Bereich auch davon auszugehen, dass sich an der Hinzurechnung hier nichts ändert, nämlich für die Fälle, bei denen die **Konzernobergesellschaft selbst über 500** Arbeitnehmer hat. Hier ist dann § 76 Abs. 4 BetrVG einschlägig. Dort heißt es zwar, dass an der Wahl der Vertreter der Arbeitnehmer für den Aufsichtsrat des herrschenden Unternehmens eines Konzerns auch die Arbeitnehmer der Betriebe der übrigen Konzernunternehmen teilnehmen, für den Begriff des Konzerns wird aber im Klammerzusatz nur auf § 18 Abs. 1, Sätze 1 und 2 des Aktiengesetzes verwiesen. Die **Vermutungsregelung** des § 18 Abs. 1 Satz 3 AktG[86], dass von einem abhängigen Unternehmen vermutet wird, dass es mit dem herrschenden Unternehmen einen Konzern bildet, **gilt** also hier **nicht**[87]. Da aber vorher eine Konzernzurechnung unterstellt stattfand, dürfte es mit dieser Schwierigkeit bei der Konzernverweisung hier keine Probleme geben.

Problematischer sind die Konzernfälle, bei denen die Hinzurechnung und damit die Beteiligung an der Wahl von der Zahl der Arbeitnehmer im **Unternehmen an der Konzernspitze** abhängt. Hier muss man zwei Gestaltungen unterscheiden:
- Es geht zum einen um die Mindestbeschäftigungszahl von 500 Arbeitnehmern bei einer GmbH, beim VVaG, bei einer Genossenschaft, bei Alt-(Stichtag 10.8.1994) Familien-AG und bei Aktiengesellschaften und KGaA, die nach dem 10.8.1994 erst gegründet wurden.
- Zum anderen geht es um die Alt-Aktiengesellschaften und KGaA(ohne Familien-AG zu sein), bei denen die Schwelle von 500 nach § 76 Abs. 6 BetrVG (i.d.F. von 1994) nicht greift.

---

85 Siehe DGB-Stellungnahme zum RegE UmwG, S. 12 f.
86 Dazu zuletzt eingehend BayObLG, DB 1998, S. 973 ff. = Mitbestimmung 6/98, S. 72 f.
87 *Köstler u.a.*, aaO. Rn. 264; vgl. im Rahmen einer Wahlanfechtung BAG, DB 1996, 335 m.Anm.*Oetker*, EWiR 1/96 zu § 76 BetrVG: Die unterschiedlichen Verweisungen seien nicht mehr überzeugend und Vorstandspersonalunion spreche für eine widerlegbare Vermutung einer einheitlichen Leitung, a.A. Willemsen/*Seibt*, F 51.

Für die ersteren Fallgestaltungen gilt **§ 77a BetrVG'52**, der mit der **32** Aktienreform von 1965 in das Gesetz eingefügt wurde. Soweit nach §§ 76 oder 77 die Beteiligung von Arbeitnehmern im Aufsichtsrat eines herrschenden Unternehmens von dem Vorhandensein oder der Zahl von Arbeitnehmer abhängt, gelten die Arbeitnehmer der Betriebe eines Konzernunternehmens als Arbeitnehmer des herrschenden Unternehmens, wenn zwischen den Unternehmen ein **Beherrschungsvertrag** besteht **oder** das abhängige Unternehmen in das herrschende Unternehmen **eingegliedert** ist.

Eine Eingliederung im rechtstechnischen Sinne ist nach geltendem Recht nur zwischen Aktiengesellschaften möglich. Ein Beherrschungsvertrag kann jedoch auch mit abhängigen Unternehmen geschlossen werden, die keine AG oder KGaA sind; z.B. ist ein reiner GmbH-Konzern mit Verträgen denkbar. Dem Zweck des § 77a entsprechend kommt es **nicht** darauf an, welche **Rechtsform das abhängige Unternehmen** hat. Unter Beherrschungsvertrag ist jedes auf **Vereinbarung beruhende Beherrschungsverhältnis** zu verstehen; andererseits kann man sich angesichts der kompromisshaften Entstehungsgeschichte des § 77a über das Merkmal auch nicht hinwegsetzen[88]. Liegt dagegen lediglich ein faktischer Konzern vor, kommt es allein auf die Zahl der Arbeitnehmer der herrschenden Gesellschaft an. Ist allerdings durch § 77a BetrVG'52 geklärt, dass eine Konzernaufsichtsratswahl stattfindet, können auch die Arbeitnehmer anderer Konzernunternehmen, denen gegenüber nur ein faktischer Konzern besteht, an der Wahl teilnehmen[89].

Ein einfacher Fall zeigt die hier bestehende empfindliche **Gesetzeslücke**:

Eine Aktiengesellschaft hat selber 1.000 Arbeitnehmer und drei Töchter mit jeweils 200 Arbeitnehmern. Es findet also vor der Umwandlung i.S.v. § 1 UmwG für die Zusammensetzung des Aufsichtsrates das BetrVG'52 Anwendung (die Problematik der

---

[88] Vgl. *Köstler u.a.* Rn. 265 f.; *FKHE*, § 77 BetrVG'52 Rn. 5 ff., *Hanau/Wackerbarth*, aaO. Fn. 36 G 113 ff. und aus der Rechtsprechung BayObLG, ZIP 1993, 263 ff. und OLG Düsseldorf, ZIP 1996, 546 ff. mit der zutreffenden Ablehnung eines reinen Ergebnisabführungsvertrages.

[89] Vgl. *FKHE*, aaO. § 77a BetrVG und *Köstler u.a.* aaO.

C. Auswirkungen auf die Unternehmensmitbestimmung

engeren Verweisung von § 76 Abs. 4 BetrVG einmal ausgeklammert). Werden nun im Wege der Spaltung aus dieser Aktiengesellschaft mehr als 875 Arbeitnehmer ausgegliedert, z.B. in eine durch Umwandlung/Spaltung entstehende weitere Tochtergesellschaft, und die AG in eine GmbH umgewandelt, so ist § 77a BetrVG'52 nur noch zu bejahen, wenn anlässlich oder nach dem Umwandlungsvorgang ein auf Vereinbarung beruhendes Beherrschungsverhältnis zwischen der GmbH als neuer Spitze und so vielen GmbH-Töchtern abgeschlossen wird, dass die Zahl von 500 Arbeitnehmern durch Hinzurechnung bei der GmbH wieder überschritten wird. § 325 Abs. 1 UmwG hilft nicht weiter, da bei der Umwandlung die Arbeitnehmerzahl sofort unter ein Viertel von 500 sank; eine Zahl, die im Hinblick auf eine „schlanke Holding" nicht konstruiert sein muss.

Gesetzeslücke

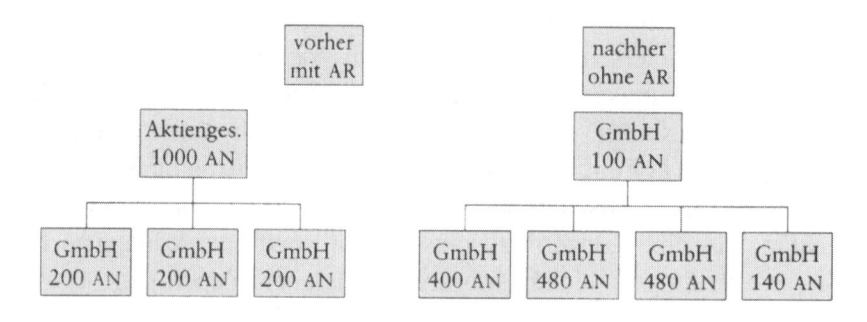

```
              vorher                              nachher
              mit AR                              ohne AR
           ┌─────────┐                         ┌─────────┐
           │Aktienges.│                         │  GmbH   │
           │ 1000 AN │                         │ 100 AN  │
           └────┬────┘                         └────┬────┘
    ┌──────┬────┴────┬──────┐         ┌──────┬─────┼─────┬──────┐
 ┌──┴──┐ ┌──┴──┐  ┌──┴──┐            ┌──┴──┐ ┌──┴──┐ ┌──┴──┐ ┌──┴──┐
 │GmbH │ │GmbH │  │GmbH │            │GmbH │ │GmbH │ │GmbH │ │GmbH │
 │200AN│ │200AN│  │200AN│            │400AN│ │480AN│ │480AN│ │140AN│
 └─────┘ └─────┘  └─────┘            └─────┘ └─────┘ └─────┘ └─────┘
```

33 Von einiger praktischer Bedeutung sind auch die Fälle, in denen die **Konzernspitze** als **reine Verwaltungsgesellschaft** (Holding) organisiert wird, die selbst keine Arbeitnehmer beschäftigt. Hierher gehört der oben angesprochene Fall von Alt-Aktiengesellschaften (vor dem 10.8.1994 bereits existent und ohne Familiengesellschaft zu sein) mit weniger als 500 Arbeitnehmern. Es wäre denkbar, durch Abspaltung nunmehr die Produktion komplett in einer Tochtergesellschaft durchzuführen und damit die Holding arbeitnehmerlos zu stellen. Schließt man dann auch keinen Beherrschungsvertrag ab, so könnte man versuchen, auf diese Weise die Arbeitnehmerbeteiligung im Aufsichtsrat der Aktiengesellschaft zu beenden. Teile der

Literatur verneinen hier mit einer Entscheidung des Bundesarbeitsgerichts aus dem Jahre 1957 grundsätzlich eine Zurechnung[90]. Da § 76 Abs. 4 BetrVG von einer Beteiligung der Arbeitnehmer an der Wahl spreche, müsse eine solche stattfinden, d.h. die AG selber müsse ein ausreichende Zahl von Arbeitnehmern bereits beschäftigen. Die vom BAG gemachte Ausnahme, es sei anders, wenn in einer solchen Holding-Gesellschaft „bei verständiger Würdigung die Beschäftigung eigener Arbeitnehmer geboten" sei, ist nicht nur in höchstem Maße rechtsunsicher, sie geht auch an den heutigen Gegebenheiten für Konzernobergesellschaften vorbei. Diese formalistische Auslegung des BAG widerspricht auch der weiteren Gesetzesgeschichte. § 77a BetrVG'52 – der wie gesagt 1965 eingefügt wurde – spricht gerade von dem Vorhandensein von Arbeitnehmern. Und 1994 wollte der Gesetzgeber bewusst die Alt-Aktiengesellschaften nicht von der Arbeitnehmerbeteiligung am Aufsichtsrat ausnehmen. Auch bei **arbeitnehmerlosen Holding-Gesellschaften** wie in unserem Falle als Konzernspitze hat eine **Aufsichtsratswahl** stattzufinden, an der die Arbeitnehmer der abhängigen Unternehmen teilnehmen[91].

c) Die Rolle des Konzernaufsichtsrates

Das Überdenken der Konzernstrukturen, insbesondere die Schaffung von Holdings an der Spitze und Spartenorganisationen darunter ist seit Jahren ein vielfach zu beobachtendes Phänomen. Auch hier hat das Umwandlungsrecht im Gesellschafts- und Steuerrecht Vereinfachungen gebracht, die diesen Trend noch unterstützten.

Hier sei noch kurz[92] auf die Notwendigkeit eingegangen, dass sich dieser **Aufsichtsrat** als **Überwacher der Konzernge-**

34

---

90 GK-BetrVG *Kraft*, § 76 Rn. 148; GK-AktG, *Oetker*, § 76 BetrVG Rn. 53 m.w.N.; BAG AP-Nr.7 zu § 76 BetrVG'52.
91 *Köstler u.a.* aaO. Rn. 266, *Wißmann*, MHdbArbR 1.A. § 372 Rn. 3, 2..A. § 383 Rn. 5 und 17, *FKHE*, § 76 BetrVG'52 Rn. 115 m.w.N.
92 Vgl. dazu ausf. *Köstler*, Die Mitbestimmung 11/92, S. 43 ff.; *Köstler u.a.* Rn. 684 ff.; *Gerum*, DBW 1995, 359 ff., *Hoffmann-Becking*, ZHR 1995, 325 ff.; *Krieger*, Holding-Handbuch, 3.A., Kap. E, *Hommelhoff*, AG 1995, 225 ff., ders. in Theisen (Hrsg.) Der Konzern im Umbruch, Stuttgart 1998, S. 337 ff., *Theisen*, FS Freese, Wiesbaden 1999, S. 441 ff. und dessen Lehrbuch: Der Konzern 2.A., Stuttgart 2000.

schäftsführung zu verstehen hat. Auch wenn es den Aufsichtsrat des Konzerns als Rechtsfigur nicht gibt[93], muss man doch darauf hinweisen, dass der Aufsichtsrat der Konzernobergesellschaft nach § 111 Abs. 1 AktG die Geschäftsführung zu überwachen hat und somit die Überwachung der Führung der Geschäfte der Konzernobergesellschaft durch ihren Vorstand dem Aufsichtsrat obliegt. Dies aber muss Konsequenzen für die **Berichterstattung des Vorstandes an den Aufsichtsrat** einerseits (jetzt neu: § 90 Abs. 1 S. 2 AktG-TransPuG) und für das Aufstellen und Abfassen von **Zustimmungsvorbehalten nach § 111 Abs. 4 AktG** mit einem entsprechenden Konzernbezug (so auch die Begründung zum neuen § 111 Abs. 4 AktG im TransPuG von 7/2002) andererseits zur Folge haben. Die konzerndimensionale Anwendung eines Zustimmungsvorbehaltes muss hier bei der Mitwirkung des Vorstandes der Obergesellschaft an den Maßnahmen der Tochter ansetzen. In welcher Form sich diese Mitwirkung abspielt, ist ohne Belang[94]. Für die Arbeitnehmervertreter im Aufsichtsrat hat dieses Verständnis des Aufsichtsrats als Überwacher der Konzerngeschäftsführung natürlich auch zur Folge, die Arbeitnehmerbelange gegebenenfalls **grenzüberschreitend** im Blick zu behalten. Wenn es gelegentlich als Missstand bezeichnet wird, dass nur im Inland beschäftigte Arbeitnehmer im Aufsichtsrat sitzen, so ist angesichts der Tatsache, dass man auch auf der Anteilseignerseite noch nicht eine besondere Internationalisierung antreffen kann, dies in Wirklichkeit oft ein Argument gegen die Unternehmensmitbestimmung. Die Lösung kann jedenfalls nicht eine Ausnahme für internationale Holdings sein. Man müsste vielmehr **Vereinbarungen** ermöglichen, die jenseits der komplexen Wahlordnungen dann hier auf Arbeitnehmerseite Möglichkeiten eröffneten.

---

93 *Hoffmann-Becking*, ZHR 1995, 325 ff.
94 So lautete etwa das Muster der Treuhand-Anstalt: „Die Zustimmung ist auch einzuholen, wenn der Vorstand bei nachgeordneten Unternehmen durch Weisung, Zustimmung, Stimmabgabe oder sonstiger Weise an Geschäften der vorgenannten Art mitwirkt."

2. Die Umwandlung führt zur Entstehung eines Konzerns

Die hier im Einzelfall zu prüfenden Rechtsvorschriften sind bereits 35
unter 1. alle angesprochen worden. Für die Rolle des hier dann
ggf. einzurichtenden Aufsichtsrates ist weiterhin auf die Ausführungen unter 1.c) zu verweisen.

Von der Systematik her geht es also um folgendes:

– **Das Unternehmen hatte über 2.000 Arbeitnehmer:**

Durch Spaltungsvorgänge wird diese Zahl zwar unterschritten, wegen der Hinzurechnungsvorschrift des § 5 MitbestG ändert sich aber an der Zusammensetzung des Aufsichtsrates nichts, solange im jetzt entstandenen Konzern weiterhin über 2.000 Arbeitnehmer sind. Anderenfalls kann die Anwendung des § 325 Abs. 1 UmwG (siehe oben IV.) in Betracht kommen.

– **Das Unternehmen hatte unter 2.000 Arbeitnehmer:**

 – Verbleiben nach den Spaltungsvorgängen im Unternehmen selbst über 500 Arbeitnehmer, ist § 76 Abs. 4 BetrVG'52 einschlägig, mit der Besonderheit also, dass die Konzernvermutung des § 18 Abs. 1 Satz 3 AktG nicht Platz greift. Anlässlich der Spaltung wird es aber einerseits in der Regel überhaupt nicht zum Streit über die Ausübung der Konzernleitung kommen, oder diese wird tatsächlich nachweisbar sein.

 – Verbleiben im Unternehmen weniger als 500 Arbeitnehmer (gilt auch für neue Aktiengesellschaften nach dem 10.8.1994, § 76 Abs. 6 BetrVG), so findet nur noch § 77a BetrVG'52 Anwendung: Also Erhalt des Aufsichtsrates nur bei Eingliederung oder Beherrschungsvertrag. Allerdings wäre hier immer zuvor zu prüfen, ob nicht die Mitbestimmungsbeibehaltung nach § 325 Abs. 1 UmwG in Betracht kommt (also solange die Schwelle von einem Viertel der gesetzlichen Mindestarbeitnehmerzahl nicht unterschritten ist (dazu im einzelnen oben C 3. b).

D. Betriebsverfassungsrechtliche Auswirkungen von Betriebsübergang und Unternehmensumwandlung

I. Die Rechtsstellung des Betriebsrats und seiner Mitglieder

1. Fortbestand des Betriebsrats bei Wahrung der Betriebsidentität

a) Die betriebsidentitätswahrende Umstrukturierungsmaßnahme

Betriebsräte werden für Betriebe i. S. v. § 1 BetrVG gewählt. Für die Bildung von Betriebsräten ist also die betriebsorganisatorische Ebene und der **Betriebsbegriff**, wie er dem BetrVG zugrunde liegt, maßgeblich. Hieraus folgt zunächst ganz allgemein, dass das Amt des Betriebsrats von einer Umstrukturierungsmaßnahme unberührt bleibt, wenn sich die Maßnahme auf die gesellschaftsrechtliche Ebene – die Ebene des Rechtsträgers also – beschränkt und keine Konsequenzen auf der organisatorischen Ebene des Betriebes nach sich zieht[1]. 1

Folglich lassen allein **gesellschaftsrechtliche Änderungen** auch bestehende Mandate und Mitgliedschaften in den örtlichen Betriebsräten unberührt. Zu den betriebsverfassungsrechtlich unerheblichen, gesellschaftsrechtlichen Veränderungen zählen insbesondere der reine Gesellschafter- bzw. Anteileignerwechsel sowie die Spaltung und Verschmelzung von Unternehmen, sofern diese allein die Rechtsträgerebene berühren. 2

Da entscheidender Anknüpfungspunkt für die Bildung eines Betriebsrats die organisatorische Ebene des Betriebes ist, haben all diejenigen Umstrukturierungsmaßnahmen den Fortbestand des Betriebsrats zur Folge, die die **Identität des Betriebes** – sei es bei der rechtsgeschäftlicher Einzelrechtsnachfolge, als Folge einer 3

---

1 Vgl. Kittner/Zwanziger-*Bachner*, § 116 Rn. 2.

D. Betriebsverfassungsrechtliche Auswirkungen

umwandlungsrechtlich bedingten Gesamtrechtsnachfolge oder aber durch bloße Organisationsentscheidung ohne Wechsel des Rechtsträgers – unberührt lassen[2]. Das Amt des Betriebsrats wird daher z. B. durch einen Wechsel des Betriebsinhabers jedenfalls dann nicht berührt, wenn die Identität des Betriebes erhalten bleibt[3]. Bezogen auf die betriebliche Ebene ist dies insbesondere die Übertragung eines Betriebes in seiner Gesamtheit (zu den einzelnen Organisationsänderungen vgl. die Beispielsfälle Rn. 48 ff. und zu der Frage, wann der Betriebsübergang als solcher eine Betriebsänderung darstellt Rn. 207 ff., 211)

3a Ganz allgemein gründet dieses Ergebnis auf Art. 5 Abs. 1 der **Betriebsübergangsrichtlinie** 77/187/ EWG vom 14.2.1977 (im folgenden: Betriebsübergangsrichtlinie) in der durch die Richtlinie 98/50/EG vom 29.6.1998 geänderten Fassung. Danach bleiben die Rechtsstellung und die Funktionen der Vertreter oder der Vertretung der vom Übergang betroffenen Arbeitnehmer unter den gleichen Bedingungen erhalten wie sie vor dem Zeitpunkt des Übergangs bestanden haben, sofern das Unternehmen, der Betrieb oder der Unternehmens- bzw. Betriebsteil seine Selbständigkeit behält und die Bedingungen für die Bildung der Arbeitnehmervertretung erfüllt sind.

4 Auf der tatsächlichen Ebene ist allerdings vieles umstritten. **Von der Beibehaltung der betrieblichen Identität** ist jedenfalls zu Recht dann die Rede, wenn die bisherige Betriebsorganisation im wesentlichen unangetastet bleibt[4]. **Unwesentliche Organisationsänderungen** müssen außer Betracht bleiben (vgl. zum Wesentlichkeitsbegriff näher Rn. 15 ff.). Entscheidend ist im übrigen stets der Einzelfall, der unter wertender Gesamtbetrachtung einer Vielzahl von Kriterien beurteilt werden muss[5].

---

2 Vgl. *BAG* 5.2.1991, AP BGB § 613 a Nr. 89; *BAG* 27.7.1994, AP BGB § 613 a Nr. 118; Kittner/Zwanziger-*Bachner*, § 116 Rn. 3; speziell zur Unternehmensumwandlung *Bachner,* NJW 1995, 2881 ff.
3 Vgl. *BAG* 5.2.1991, AP BGB § 613 a Nr. 89; ErfK – *Eisemann*, § 21 BetrVG, Rn. 11.
4 So wohl auch Erf – *Eisemann*, § 1 BetrVG Rn. 7.
5 Vgl. Willemsen/*Hohenstatt*, Rn. D 52.

Z. B. Hierzu gehören insbesondere das Schicksal der sächlichen und immateriellen Mittel, das räumliche Schicksal des Betriebs, das Zusammengehörigkeitsgefühl der Belegschaft, die Organisation der personellen und technischen Arbeitsabläufe, die Fortführung des arbeitstechnischen Zweckes, das Schicksal zentraler Betriebseinrichtungen wie Lohnbüro, Buchhaltung, Sekretariat, Kantine sowie die Wahrnehmung von Ausbildungsaufgaben.

5

Neben den o. g. Kriterien knüpfte die Rspr. des BAG für die Bestimmung des Betriebsbegriffs bis zum Inkrafttreten des BetrVerf – Reformgesetzes allerdings vor allem an die Schaffung bzw. das **Vorhandensein eines einheitlichen Leitungsapparates** in personellen und sozialen Angelegenheiten an[6]. Für das Vorliegen eines Betriebes i. S. d. § 1 BetrVG kam es daher als entscheidendes Kriterium auf die vom Arbeitgeber geschaffene Leitungsorganisation bezüglich der Wahrnehmung der Kernaufgaben im Bereich der sozialen und personellen Mitbestimmungsangelegenheiten an[7].

6

An dieser Rspr. kann nach Inkrafttreten des BetrVerf – Reformgesetz nicht in bisherigem Umfang festgehalten werden. Mit den in § 1 Abs. 2 BetrVG aufgenommen Vermutungsregelungen für das Vorliegen eines gemeinsamen Betriebes mehrerer Unternehmen (vgl. hierzu ausführlich Rn. 11 ff.) sowie der in § 4 Abs. 1 Satz 2 und Abs. 2 BetrVG eingefügten Zuordnungsmöglichkeit durch Beschluss der Belegschaft hat der Gesetzgeber zugleich zum Ausdruck gebracht, dass der Wille – das Selbstbestimmungsrecht – und das **Zusammengehörigkeitsgefühl der Arbeitnehmer** gleichrangig neben der arbeitgeberseitigen Leitungsentscheidung stehen. Insbesondere § 4 Abs. 1 Satz 2 und Abs. 2 BetrVG stellt es den Arbeitnehmern in selbstständigen Betriebsteilen, in denen ein Betriebsrat nicht besteht, ausweislich der Gesetzesbegründung[8] frei, ob sie einen eigenen Betriebsrat wählen oder an der Wahl des Betriebsrats im Hauptbetriebsrat teilnehmen wollen. Die getroffene Zuordnung

7

---

6 Vgl. *BAG* 5.2 1991, AP BGB § 613 a Nr. 89; *BAG* 14.9.1994, NZA 1995, 223 ff.; *Boecken*, Rn. 356, *Bachner* NJW 1995, 2881; Kittner/Däubler/*Zwanziger*, KSchR § 613 a BGB, Rn. 80; *FKHE*, § 1 Rn. 64, 78 ff.; Willemsen/*Hohenstatt*, Rn. E 4.
7 Vgl. *BAG* 29.1.1992, AP BetrVG 1972 § 7 Nr. 1; *FKHE* § 1 Rn. 64.
8 Vgl. BT-DRS. 14/5741, S. 35.

D. Betriebsverfassungsrechtliche Auswirkungen

zum Hauptbetrieb gilt nach der Begründung zum BetrVerf – Reformgesetz solange, bis sie von den Arbeitnehmern widerrufen wird. Dieses Widerrufsrecht hebt die Bedeutung des Selbstbestimmungsrechts der Belegschaft für die Bestimmung des Betriebsbegriffs deutlich hervor. Die bisher innerhalb der für die Bestimmung des Betriebsbegriffs maßgeblichen Kriterien zugunsten der arbeitgeberseitigen Leitungsmacht bestehende Rangordnung[9] muss deshalb aufgegeben werden. Der Gesetzgeber gibt damit ganz allgemein zu erkennen, dass die Begriffe »Betrieb« und »Betriebsorganisation« vorwiegend anhand faktischer Gegebenheiten und nicht anhand ihrer rechtlichen Verfassung zu beurteilen sind.

b) Die gesetzliche Vermutung für den gemeinsam geführten Betrieb

aa) Überblick und Gesetzeszweck

8 Der Gesetzgeber hatte die **Rechtsfigur des gemeinsamen Betriebs mehrerer Unternehmen** erstmals in § 322 Abs.1 UmwG kodifiziert[10]. Allerdings war diese Rechtsfigur schon bislang in Rechtsprechung und Literatur anerkannt[11].

9 Zwischenzeitlich wurde § 322 Abs. 1 UmwG durch das BetrVerf – Reformgesetz aufgehoben und durch die in §§ 1 Abs. 1 Satz 2, Abs. 2 BetrVG eingefügten **Vermutungsregelungen** generell für alle Fälle der Einzel- und der Gesamtrechtsnachfolge geregelt, wobei § 1 Abs. 1 Satz 2 BetrVG zunächst klarstellt, dass unter den Voraussetzungen von § 1 Abs. 1 Satz 1 BetrVG Betriebsräte auch in gemeinsamen Betrieben[12] mehrerer Unternehmen gewählt werden können.

10 § 1 Abs. 2 BetrVG trägt dem Umstand Rechnung, dass die für die von der Rspr. des BAG bis zuletzt geforderte sog. „**Leitungsvereinbarung**"[13] zwischen den beteiligten Unternehmen erforderlichen Nachweise von den Wahlvorständen oder Betriebsräten

---

9   So noch *Bachner*, AR-Blattei SD 1625 Rn. 109.
10 Vgl. Kittner/Zwanziger-*Bachner*, § 116 Rn. 6 ff..
11 Vgl. statt vieler *BAG* 18.1.1990, AP KSchG 1969 § 23 Nr. 9; *FKHE* § 1 Rn. 78 ff...
12 Zur Geschichte des Betriebsbegriffs allgemein DKK – *Trümner*, § 1 Rn. 31 ff..
13 Vgl. *BAG* 9.2.2000, Pressemitteilung 15/00.

kaum zu erbringen waren[14]. Hier schaffen nunmehr zwei widerlegbare Vermutungstatbestände Abhilfe.

Gem. § 1 Abs. 2 Nr. 1 BetrVG wird ein gemeinsamer Betrieb – und damit eine einheitliche Leitung – mehrerer Unternehmen widerlegbar vermutet, wenn **zur Verfolgung arbeitstechnischer Zwecke die Betriebsmittel sowie die Arbeitnehmer von den Unternehmen gemeinsam eingesetzt** werden. Die Bestimmung geht zurück auf die allgemein vom BAG vor Inkrafttreten des BetrVerf – ReformG geprägte Begriffsdefinition, wonach „als Betrieb die organisatorische Einheit anzusehen ist, innerhalb derer der Unternehmer allein oder zusammen mit seinen Mitarbeitern mit Hilfe sächlicher und immaterieller Mittel bestimmte arbeitstechnische Zwecke fortgesetzt verfolgt"[15]. Nicht erforderlich ist, dass es sich um einen einheitlichen arbeitstechnischen Zweck handelt, vielmehr können innerhalb desselben Betriebes mehrere arbeitstechnische Zwecke (Produktion, Vertrieb, Verwaltung, Dienstleistung, usw.) gleichzeitig verfolgt werden. Allerdings muss im Falle von § 1 Abs. 2 Nr. 1 BetrVG der Einsatz der Betriebsmittel, der Arbeitnehmer und deren Arbeitskraft – von einem einheitlichen Leitungsapparat gesteuert werden[16], wie sich aus der Formulierung „„...zur Verfolgung....arbeitstechnischer Zwecke eingesetzt werden" ergibt. Dies wiederum hängt maßgeblich davon ab, von wo und für welchen Bereich die maßgeblichen Entscheidungen in personellen und sozialen Angelegenheiten gesteuert werden[17]. **11**

Ein gemeinsamer Betrieb – und damit eine einheitliche Leitung – mehrerer Unternehmen wird nach § 1 Abs. 2 Nr. 2 BetrVG dann widerlegbar[18] vermutet, wenn die **Spaltung** eines Unternehmens zur Folge hat, dass von einem Betrieb ein oder mehrere Betriebsteile einem an der Spaltung beteiligten anderen Unternehmen zugeordnet **12**

---

14 Vgl. BT-DRS. 14/5741, S. 33.
15 Vgl. *BAG* 7.8.1986, 29.1.1987, 25.9.1987, 14.9.1988, AP BetrVG 1972 § 1 Nr. 5, 6, 7, 9.
16 Vgl. ErfK-*Eisemann*, § 4 BetrVG Rn. 7.
17 Vgl. *BAG* 29.1.1987, AP BetrVG 1972 § 1 Nr. 6.
18 Zur Widerlegbarkeit der Vermutung bei der Vorläuferregelung des § 322 Abs. 1 Umwg vgl. *Bachner, NJW 1995, 2881; Bauen/Lingemann, NZA 1994, 1057; Boecken,* Unternehmensumwandlungen, Rn. *390*

werden, ohne dass sich dabei die Organisation des betroffenen Betriebes wesentlich ändert. Diese Vermutungsregelung entspricht im wesentlichen der Vorläuferregelung in § 322 Abs. 1 UmwG. Allerdings wurde die in § 322 Abs. 1 noch enthaltene verunglückte Formulierung der Vorschrift, wonach der »gespaltene Betrieb« Gegenstand der Vermutungsregel sei[19], bereinigt.

13 Ausweislich der Gesetzesbegründung[20] umfaßt der **Begriff der Spaltung** i. S. der Vorschrift die Fälle der Aufspaltung, Abspaltung und Ausgliederung von Betrieb(steil)en sowohl in Form der Gesamt- wie auch in Form der Einzelrechtsnachfolge. »Auslösungsmoment« für die Vermutungsregel ist auch die sog. Teilübertragung von Rechtsträgern nach dem UmwG. Zu letzteren zählen Übertragungen jeweils von Vermögensteilen (i.d.R Betriebe oder Betriebsteile) von Kapitalgesellschaften (AG, GmbH, KGaA) auf die öffentliche Hand (Verstaatlichung; § 177 UmwG), von Versicherungs-Aktiengesellschaften auf VVaG oder öffentlich-rechtliche Versicherungsunternehmen (§ 179 UmwG), von VVaG auf Versicherungsaktiengesellschaften oder öffentlich-rechtliche Versicherungsunternehmen (§ 184 UmwG) und von öffentlich-rechtlichen Versicherungsunternehmen auf Versicherungsaktiengesellschaften oder VVaG (§ 189 UmwG). Ausweislich des Wortlauts von § 1 Abs. 2 Nr. 2 BetrVG greift die Vermutungswirkung bezüglich der gemeinsamen Betriebsführung deshalb grundsätzlich auch dann, wenn an dem gesellschaftsrechtlichen Vorgang ein Rechtsträger beteiligt ist, der dem öffentlichen Recht angehört[21]. *Boecken*[22] lehnt dagegen – freilich ohne durchgreifende Argumente und noch zur Vorläuferregelung in § 322 Abs. 1 UmwG – die Anwendung der arbeitsrechtlichen Vorschriften des Umwandlungsgesetzes auf Privatisierungsvorgänge ab, weil er die Begriffe »Betrieb« und »Be-

---

19 Vgl. hierzu noch Boecken, Rn. 388.
20 Vgl. BT-DRS. 5741, S. 33.
21 Siehe auch die Fälle der Ausgliederung nach § 168 UmwG betreffend die sog. formalen Privatisierungen kommunaler Unternehmen in den Organisationsformen des öffentlichen Rechts (Regiebetriebe, Eigenbetriebe). Nach zutreffender Ansicht des *BAG* 24.1.1996, EzA § 1 BetrVG 1972 Nr. 10 können eine juristische Person des Privatrechts und eine Körperschaft des öffentlichen Rechts einen gemeinsamen Betrieb haben, auf den das BetrVG anzuwenden ist.
22 *Boecken*, Rn. 366.

triebsvereinbarung« in §§ 321 ff. a. F. UmwG begriffsjuristisch verengt und hierin eine bewusste Nichtregelung des Problems durch den Gesetzgeber sieht.

Die Vorschrift des § 1 Abs. 2 Nr. 2 BetrVG will verhindern, **14** dass Spaltungen bzw. Teilübertragungen eines Rechtsträgers, die insbesondere bloß aus steuerrechtlichen (z. B. reiche, aber arbeitnehmerlose Besitzgesellschaft und arme Betriebsgesellschaft), haftungs- oder wettbewerbsrechtlichen Gründen erfolgen, aber nicht die bestehende Arbeitsorganisation antasten (weil ein langjährig eingespielter Betrieb durchaus vorteilhaft ist[23]), auf die **betriebsverfassungsrechtliche Vertretungssituation der Belegschaft** durchschlagen.

Die Entstehungsgeschichte[24] wie auch der ausdrückliche Wort- **15** laut von § 1 Abs. 2 Nr. 2 BetrVG belegen, dass das Merkmal **„Nichtänderung der Organisation"** richtigerweise derart zu verstehen ist, dass bei feststellbaren Änderungen eine gewisse **»Wesentlichkeitssgrenze«** erreicht werden muss, also bloß geringfügige Veränderungen unbeachtlich bleiben[25]. Dies legt auch eine strikt betriebsverfassungsrechtliche Betrachtung nahe, weil etwa in § 111 Satz 1 BetrVG Rechtsfolgen erst an einen bestimmten Intensitätsgrad von Veränderungen anknüpfen und bei Veränderungen in der Belegschaft die vertretungsrechtliche Situation gem. § 13 Abs. 2 Nr. 1 BetrVG gleichfalls erst bei Erreichen gewisser Schwellenwerte und in Abhängigkeit einer wenigstens noch erheblichen »Restamtszeit« korrekturbedürftig erscheint. Insoweit ist darauf hingewiesen worden[26], dass für den abgebenden Betrieb keine Organisationsänderung vorliege, wenn etwa in dem abgespaltenen Betriebsteil nur ein untergeordneter Teil der bisherigen Belegschaft beschäftigt werde.

---

23 So ausdrücklich BR-Drs. 75/1994, 174 und die Gesetzesbegründung zum BetrVerf – Reformgesetz BT-DRS. 5741, S. 33; *Engels*, Festschrift Wlotzke, 279; *Bachner*, NJW 1995, 2881
24 Dazu ausführlich DKK-*Trümner*, § 1 Rn. 74 ff.
25 So auch noch zu § 322 Abs. 1 UmwG *Däubler*, RdA 1995, 135, *Düwell*, NZA 1996, 393; ErfK – *Eisemann*, § 322 UmwG Rn. 2.
26 Vgl. *Willemsen*, RdA 1993, 133 im Zuge der Beratungen des Referentenentwurfes zu § 322 Abs. 1 UmwG.

16 Die Praxis sollte sich diesbezüglich zur Vermeidung von Unsicherheiten an den Vorgaben orientieren, die die BAG-Rechtsprechung zum Begriff **»Arbeitssorganisation«** selbst aufgestellt hat[27]. Danach lassen sich als Positivkriterien folgende Gesichtspunkte bezeichnen, bei deren Vorliegen die Vermutung für den Fortbestand des einheitlichen Betriebes greift:

Z. B.
- Gemeinsame räumliche Unterbringung (auf demselben Grundstück, im selben Gebäude, in denselben Räumen);
- gemeinsame Benutzung wesentlicher materieller oder immaterieller Betriebsmittel;
- personelle, technische und organisatorische Verknüpfung von Arbeitsabläufen;
- nur relativ aussagekräftig[28] ist die einheitliche Arbeitsordnung/ Betriebsordnung (deren Einheitlichkeit aber meist als bloße Rechtsfolge gemäß § 613 a BGB aufrechterhalten bleibt).

17 Von größter praktischer Bedeutung für die Handhabung der Vermutungsregel ist allerdings die Frage, welche Gesichtspunkte zur Konkretisierung des in der Arbeitsrechtsordnung nirgends definierten Begriffs »Organisation« heranzuziehen sind. Insoweit werden Rechtsprechung und Literatur sich um weitere Präzisierungen bemühen müssen. Das Problem lässt sich in einem ersten Schritt ausgehend vom speziellen Gesetzeszweck auch durch Aufstellung einer **Negativkriterienliste** lösen:

Z. B. Unwesentliches

18 (1) Erfolgt die unternehmensrechtliche Spaltung bzw. Teilübertragung aus steuer-, haftungs- oder wettbewerbsrechtlichen Gründen, soll dies nach allgemeiner Ansicht schon auf den ersten Blick gegen eine Organisationsänderung im betriebsverfassungsrechtlichen Sinn sprechen[29]. Typisch für Fallgestaltungen dieser Art sind die Aufspaltung eines Unter-

---
27 Vgl. zusammenfassend *BAG* 18.1.1990, EzA § 23 KSchG Nr. 9.
28 Vgl. *BAG* 17.1.78, AP BetrVG 1972 § 1 Nr. 1.
29 Vgl. nur BR-Drs. 75/1994, 174; jeweils zu § 322 Abs. 1 UmwG *Bauer/Lingemann*, NZA 1994, 1057, *Däubler*, RdA 1995, 136; *Wlotzke*, DB 1995, 40

nehmens in eine (reiche) Anlage-(**Besitzgesellschaft**) und in eine (arme) **Betriebsgesellschaft** sowie die Spaltung nach dem Prinzip der funktionalen Divisionalisierung (Verwaltung/Service, Vertrieb, Produktion).

(2) Außer Acht zu bleiben haben auch solche Faktoren, deren Änderung naturgemäß infolge der gesellschaftsrechtlichen Spaltung bzw. Teilübertragung eintritt, also die **Entstehung neuer rechtlicher Organisationsmomente**: neue Gesellschaften, neue Geschäftsführungen, und zwar unabhängig von ihrer personalen Identität, neue/andere Gesellschafter bzw. Veränderungen im Anteilsbesitz der Gesellschafter. 19

(3) Keine Berücksichtigung können ferner die „**normalen**" **arbeitsrechtlichen Folgen der Spaltung bzw. Teilübertragung** finden: der Übergang der Arbeitsverhältnisse gemäß (§ 324 UmwG i. V. mit) § 613a BGB und der damit verbundene Arbeitgeberwechsel sowie der rechtliche Zuständigkeitswechsel in Bezug auf die Ausübung der arbeitsvertraglichen Befugnisse des Arbeitgebers (Leitungsmacht, Direktionsrecht, Weisungsrecht). 20

Z. B. Wesentliches
Demgegenüber wird man wegen der insoweit geänderten Rechtslage nunmehr Verträge zwischen den aus Spaltung bzw. Teilübertragung hervorgehenden Unternehmen nicht für unbeachtlich halten dürfen, deren objektive Funktion darin besteht, den bisherigen Zusammenhang von Arbeitsprozessen, -abläufen usw. trotz rechtsformaler Mehrzahl von Unternehmen und Unternehmensleitungen (Geschäftsführer, andere Organpersonen) aufrechtzuerhalten[30], und zwar unabhängig davon, ob bei der wechselseitigen Gewährung von Dienstleistungen usw. diese gegen Rechnung erfolgt oder nicht und auch unabhängig davon, ob gleichartige Leistungen auch gegenüber Unternehmen erbracht werden, die mit der Spaltung bzw. Teilübertragung nichts zu tun haben. Derartige 21

---

30 Nach bisheriger Rechtsprechung sind dies vor allem Fälle der sog. angeblich „bloß unternehmerischen Zusammenarbeit", vgl. etwa *BAG* 18.1.1990, EzA § 23 KSchG Nr. 9.

D. Betriebsverfassungsrechtliche Auswirkungen

»Kooperationsverträge« dokumentieren vielmehr gerade die Beibehaltung der bisherigen Organisation i.S.d. § 1 Abs. 2 Nr. 2 BetrVG[31]. Bei Lichte besehen, handelt es sich in den Spaltungsfällen häufig um eine bloß rechtsformale Vervielfachung des bisherigen Arbeitgebers.

bb) Rechtswirkungen der Vermutung

22 Die Vermutungswirkung des § 1 Abs. 2 Nr. 1 oder 2 BetrVG ist auf die **Anwendungszusammenhänge des Betriebsverfassungsgesetzes** begrenzt, da es sich bei der Bestimmung um eine rein betriebsverfassungsrechtliche Rechtsfolgenregelung handelt. Wird daher die Betriebseinheit bloß vermutet, so folgt hieraus noch nicht ohne weiteres auch die fortdauernde Einheitlichkeit des Betriebs in anderen arbeitsrechtlichen Anwendungszusammenhängen, die auf den »Betrieb« abstellen.

23 Greift die Vermutung des § 1 Abs. 2 Nr. 1 oder 2 BetrVG, heißt dies aber auch, dass eine **Betriebsänderung** wegen Spaltung gem. § 111 Satz 2 Nr. 3 BetrVG nicht vorliegt. Der Betriebsänderungstatbestand nach § 111 Satz 2 Nr. 3 BetrVG setzt nämlich die Spaltung des Betriebs voraus. Die **Spaltung des Unternehmens** im Wege der Einzelrechtsnachfolge oder nach den umwandlungsrechtlichen Bestimmungen genügt dafür allein nicht, denn gerade in diesen Fällen bleiben die gesellschaftsrechtlichen Veränderungen betriebsverfassungsrechtlich folgenlos (vgl. hierzu näher Rn. 2). Der Betriebsrat bleibt also bei der Vermutung des gemeinsamen Betriebs nach § 1 Abs. 2 Nr. 1 oder 2 BetrVG im Amt, die Betriebsvereinbarungen gelten unverändert (unmittelbar und zwingend, also kollektivrechtlich) weiter (vgl. Rn. 3).

24 Die Wirkung, die von der Vermutung ausgeht, ist auf gemeinsame Betriebsführung gerichtet. Insoweit wird gegenüber der bisherigen Rechtslage eine »Arbeitserleichterung« für die Rechtsanwendung geschaffen, als nicht mehr der Positivbeweis durch

---

31 Vgl. hierzu *BAG* 24.1.1996, EzA § 1 BetrVG 1972 Nr. 10 für den Fall eines Kooperationsvertrages zwischen öffentlich-rechtlichem Universitätsinstitut und der privatrechtlichen Frauenhofergesellschaft e. V., durch den der gemeinsame Betrieb i. S. des BetrVG hergestellt worden war.

denjenigen geführt werden muss, der sich auf das Bestehen der Führungsvereinbarung beruft, sondern jetzt der diesbezügliche **Negativbeweis desjenigen erforderlich ist, der die Vermutungswirkung widerlegen will**[32]. Hierfür ist ein Tatsachenvortrag erforderlich, aus dem sich ergibt, dass eine Führungsvereinbarung weder ausdrücklich noch konkludent geschlossen worden ist[33]. Damit ist die Vorlage einer sog. Trennungsvereinbarung oder eine Prozesseinlassung der beteiligten Unternehmen dergestalt, eine gemeinsame Betriebsführung doch gar nicht zu wollen[34], als bloße »protestatio facto contraria« (= Behauptung wider die Tatsachen) und damit unerheblich zurückzuweisen, wenn die Tatsachen, die die Vermutungswirkung erzeugen, feststehen. Die Vermutungswirkung dauert so lange an und damit bleibt ein vorhandener Betriebsrat so lange im Amt, bis rechtskräftig über die Widerlegung der Vermutung entschieden ist[35].

cc) Normadressaten und Prozessuales

§ 1 Abs. 1 Satz 1, Abs. 2 BetrVG richtet sich an die **Arbeitsgerichte als Normadressaten**. Nicht etwa wird es den Betriebsparteien damit erlaubt, über das Vorliegen oder Nichtvorliegen eines einheitlichen Betriebs vertragliche Dispositionen zu treffen. Anders als im Falle des § 18a BetrVG, der ein besonderes »Vorverfahren« für die Zuordnung leitender Angestellter mit begrenzter Bindungswirkung für die Betriebsratswahlen geschaffen hat und zudem den allgemeinen Rechtsweg nicht ausschließt (vgl. § 18a Abs. 5 BetrVG), ist im Hinblick auf die Vermutungsregel des § 1 Abs. Abs. 2 BetrVG kein besonderes innerbetriebliches Vorverfahren etabliert worden. Die Arbeitsgerichte haben die Frage der betriebsratsfähigen Organisationseinheit und damit die Voraussetzungen des gemeinsamen Betriebes mehrerer Unternehmen im Beschlußverfahren gemäß § 2a Abs. 1 Nr. 1 ArbGG i.V.m. § 18 Abs. 2 BetrVG zu beurteilen. Die

25

---

32 Vgl. *Bachner*, NJW 1995, 2881, *Kreßel*, BB 1995, 925, jeweils noch zu § 322 Abs. 1 UmwG.
33 Vgl. *Kreßel*, BB 1995, 925 zu § 322 Abs. 1 UmwG.
34 Vgl. *Boecken*, Rn. 391 zu § 322 Abs. 1 UmwG.
35 Vgl. *Kreßel*, BB 1995, 925 zu § 322 Abs. 1 UmwG.

D. Betriebsverfassungsrechtliche Auswirkungen

Beurteilung hat anhand der allgemeinen Begriffskriterien zu erfolgen, vor allem aber auf Grundlage der Vermutungsregeln in § 1 Abs. 2 BetrVG. Damit wird die (ohnehin in bloßen Fiktionen endende) Suche nach der ausdrücklichen oder konkludenten Führungsvereinbarung überflüssig[36].

26 Ungeachtet dessen kann sich der Arbeitgeber aufgrund von Verhandlungen mit dem Betriebsrat in einer Vereinbarung aber wohl verpflichten, die Tatsachen zu schaffen bzw. aufrechtzuerhalten, aus denen die Rechtsprechung schon bislang das Vorliegen einer wenigstens konkludent geschlossenen Vereinbarung über die Führung eines gemeinsamen Betriebs mehrerer Unternehmen ableitete. Eine solche **Tatsachenvereinbarung** könnte auch in Form eines negativen Interessenausgleichs abgeschlossen werden.

27 Besteht also bei den Betriebsparteien Einigkeit darüber, dass die Umstrukturierungsmaßnahme die Entstehung eines gemeinsamen Betriebes mehrerer Rechtsträger zur Folge hat, so empfiehlt sich der Abschluss einer Vereinbarung, mit der zugleich für alle Beteiligten klargestellt wird, dass keine Betriebsänderung i. S. von § 111 Satz 2 Ziff. 3 BetrVG vorliegt. Folgende Formulierung könnte Gegenstand der Vereinbarung sein:

„Die Betriebsparteien sind sich darüber einig, dass der auf den Betriebsteil X (nähere Umschreibung) bezogene Wechsel des Inhabers auf der betriebsorganisatorischen Ebene keine Auswirkungen hat. Insbesondere führen die beteiligten Rechtsträger den bisherigen Betrieb der A (Firma) mittels eines einheitlichen betriebsbezogenen Leitungsapparats gemeinsam. Es entsteht ein gemeinsamer Betrieb der beteiligten Rechtsträger".

28 Das Hauptproblem in der Handhabung von § 1 Abs. 2 BetrVG liegt freilich darin, dass zwischen den Betriebsparteien unter Umständen **keine übereinstimmende rechtliche Beurteilung** darüber besteht, ob es zum Fortbestand der betriebsratsfähigen Organisationseinheit kommen wird. So erfährt ja der zuständige Betriebsrat z. B. von den

---

36 Vgl. *Engels,* Festschrift für Wlotzke, 279 ff.; *Wlotzke,* DB 1995, 40, noch zu § 322 Abs. 1 UmwG.

Umwandlungsplänen nach § 126 Abs. 3 UmwG spätestens einen Monat vor der Beschlussfassung der Anteilsinhaber durch Zuleitung des Spaltungsvertrages oder des Entwurfes hierzu. Nach § 126 Abs.1 Nr. 11 UmwG sind als notwendiger Inhalt (vgl. hierzu auch ausführlich Rn. 258 ff.) dort auch die Folgen für die Arbeitnehmervertretungen aufzuführen. Konkret heißt dies, dass seitens der an der Spaltung beteiligten Unternehmen im Vertrag eine Aussage darüber zu treffen ist, ob die umwandlungsrechtliche Spaltung (oder Teilübertragung) zur Spaltung auch des Betriebs oder zur Beibehaltung der betriebsratsfähigen Organisationseinheit (nunmehr als gemeinsamer Betrieb mehrerer Unternehmen) führen wird. Im ersten Fall käme es nach § 21 a BetrVG (vgl. hierzu Rn. 31 ff.) zu einem nur auf sechs Monate befristeten Übergangsmandat eines Betriebsrats, während im anderen Falle der bisherige Betriebsrat bis zum Ablauf seiner regulären Amtszeit weiterbestünde.

29 Die **Angaben** der beteiligten Unternehmen **im Spaltungsvertrag** entsprechend § 126 Abs. 1 Nr. 11 UmwG sind aber **keineswegs rechtsverbindlich**[37], sondern stellen nur eine Rechtsmeinung (vgl. hierzu ausführlich Rn. D 258 ff.) dar, die sich als richtig oder falsch erweisen kann, denn sie erfolgen zu einem Zeitpunkt, zu dem die Spaltung noch nicht rechtlich bewirkt wurde und somit über das Vorliegen der tatsächlichen Voraussetzungen der denkbaren betriebsverfassungsrechtlichen Alternativen gar keine Klarheit herrschen kann. Kommt es mithin auf der Basis des Spaltungsvertragsentwurfes oder nach Eintragung der Spaltung im Handelsregister zu einer Beurteilungsdivergenz zwischen den Betriebsparteien hinsichtlich der betriebsverfassungsrechtlichen Konsequenzen, bleibt nur der Weg, die Rechtsfrage im Statusverfahren nach § 18 Abs. 2 BetrVG zu klären.

30 Vor Wirksamwerden der Spaltung als Organisationsänderung fehlt es für ein **Statusverfahren** nach § 18 Abs. 2 BetrVG am stets notwendigen Rechtsschutzinteresse, denn auch ein Gericht kann nicht über einen erst künftigen Sachverhalt urteilen. Allerdings kann ein solches Verfahren zeitlich schon vor der beab-

---

37 Vgl. *Joost*, ZIP 1995, 976.

D. Betriebsverfassungsrechtliche Auswirkungen

sichtigten Organisationsänderung anhängig gemacht werden, da die Prozessvoraussetzungen in Anbetracht der üblichen Fristen für die Terminierung im Beschlussverfahren dann jedenfalls im Termin zur mündlichen Verhandlung vorliegen dürften. In jedem Falle sollte unnötiges Zuwarten vermieden werden, um nicht den Eintritt betriebsratsloser Zeiten nach Ablauf des maximal sechsmonatigen Übergangsmandats zu riskieren. Dieses Risiko besteht dann nicht, wenn man nach umstrittener, aber zutreffender Ansicht davon ausgeht, dass beim Streit um die betriebsverfassungsrechtlichen Konsequenzen einer Spaltung die bisherige Amtsstellung des Betriebsrats jedenfalls bis zum Eintritt der Rechtskraft im Statusfeststellungsverfahren andauert[38] (vgl. hierzu auch Rn. 42).

2. Übergangsmandat des Betriebsrats und Auswirkungen der Umstrukturierung auf die Rechtsstellung der Betriebsratsmitglieder

a. Allgemeines

31 Mit dem BetrVerf – Reformgesetz hat der Gesetzgeber in § 21 a BetrVG erstmalig in einem für sämtliche Bereiche des Privatrechts geltenden Gesetz dem Betriebsrat für bestimmte Fälle der Unternehmensumstrukturierung ein sog. **Übergangsmandat** zuerkannt. Zweck des Übergangsmandats des Betriebsrats ist die Erkenntnis, dass die Beschäftigten gerade in der für sie kritischen Phase der in § 21 a BetrVG beschriebenen Fälle der Unternehmensumstrukturierung in besonderem Maße des kollektiven Schutzes durch den Betriebsrat bedürfen und es folglich nicht akzeptabel ist, sie gerade in dieser Situation ohne Arbeitnehmervertretung zu lassen[39].

32 § 21 a BetrVG dient auch der **Umsetzung der Betriebsübergangsrichtlinie**. Diese greift den kollektiven Schutzgedanken gleichermaßen auf. Nach Art. 5 Abs.1 Unterabs. 4 der Richtlinie

---

38 Vgl. DKK-*Trümner*, § 1 Rn. 117 ff., § 21a Rn. 42 ff.
39 Vgl. BT-DRS. 14/5741, S. 38, 39.

treffen die Mitgliedstaaten die erforderlichen Maßnahmen, damit die vom Übergang betroffenen Arbeitnehmer, die vor dem Übergang vertreten wurden, während des Zeitraums, der für die Neubildung oder Neubenennung der Arbeitnehmervertretung erforderlich ist, im Einklang mit dem Recht oder der Praxis der Mitgliedstaaten weiterhin angemessen vertreten werden.

Mit § 21 a BetrVG hat der Gesetzgeber jedoch auch eine bis zum Inkrafttreten des BetrVerf – Reformgesetz maßgebliche **Rechtsprechung des BAG**[40] hat kodifiziert. Das BAG hatte im Wege der richterlichen Rechtsfortbildung ein allgemeines Übergangsmandat auch außerhalb des UmwG anerkannt und damit der aus verschiedenen Vorschriften zu erkennenden Vorstellung des Gesetzgebers, dass betriebsratslose Zeiten infolge betrieblicher Umstrukturierungen grundsätzlich zu vermeiden sind, Rechnung getragen. Dies gelte – und hier liegt die insoweit gegenüber Art. 5 Abs.1 Unterabs. 4 der Richtlinie weitergehende Bedeutung der BAG – Rspr. – nicht nur für die rechtsgeschäftliche oder umwandlungsrechtliche Übertragung von Betrieben oder Betriebsteilen, sondern auch für solche betrieblichen Umstrukturierungen, denen eine bloße Organisationsentscheidung ohne Wechsel des Rechtsträgers vorausgeht. Das Fehlen eines Übergangsmandats im BetrVG sei mit dem Prinzip der Gleichbehandlung nicht vereinbar gewesen[41]. Es bestünden keine sachlichen Gründe für unterschiedliche Regelungen zum Übergangsmandat im BetrVG einerseits und den gleichgelagerten betriebsverfassungsrechtlichen Regelungen außerhalb des BetrVG. Das Schutzbedürfnis der Belegschaft im Anschluss an eine umwandlungsrechtliche oder einzelrechtsgeschäftliche Umstrukturierung eines Betriebs oder eines Betriebsteils sei in allen Fällen gleich. Es bestehe auch dann, wenn die Änderung der Betriebsorganisation nicht mit einem Wechsel des Rechtsträgers einhergehe[42].

33

---

40 Vgl. *BAG* 31.5.2000, NZA 2000, 1350; a. A. noch *BAG* 23.11.1988, AP BGB § 613a Nr. 77.
41 Vgl. hierzu und zum Analogieschluss im BetrVG allgemein *Bachner*, NZA 1999, 1241 ff.
42 Vgl. hierzu auch *Bachner* DB 1995, 2068 ff.

D. Betriebsverfassungsrechtliche Auswirkungen

34 Allerdings unterlag das nach der Rechtsprechung des BAG im Wege der Rechtsfortbildung anzuerkennende Übergangsmandat einer **zeitlichen Beschränkung von drei Monaten**. Der Zweck des Übergangsmandats verlange lediglich einen angemessenen Zeitraum, der den das Übergangsmandat ausübenden Betriebsrat in die Lage versetze, Wahlen einzuleiten und bis zur Konstituierung des neugewählten Betriebsrats die Interessen der Belegschaft zu vertreten. Hierzu genüge eine Frist von drei Monaten[43]. Demgegenüber sieht § 21 a BetrVG eine sechsmonatige Frist für die Dauer des Übergangsmandats vor (vgl. Rn. 38 ff.).

35 Die nunmehr geltende Regelung in § 21 a BetrVG greift sowohl den Schutzgedanken der Richtlinie als auch die weitergehende Konkretisierung durch die Rspr. des BAG auf: § 21 a Abs. 1 und 2 BetrVG regeln zunächst die **rechtsträgerinterne Umstrukturierung**. Wird ein Betrieb gespalten, so bleibt dessen Betriebsrat im Amt und führt die Geschäfte für die ihm bislang zugeordneten Betriebsteile weiter, soweit sie die Voraussetzungen des § 1 Abs. 1 Satz 1 BetrVG erfüllen und nicht in einen Betrieb eingegliedert werden, in dem ein Betriebsrat besteht, § 21 a Abs. 1 Satz 1 BetrVG. Das gleiche gilt dann, wenn Betriebe oder Betriebsteile zu einem neuen Betrieb zusammengefaßt werden. In diesem Fall nimmt der Betriebsrat des nach der Zahl der wahlberechtigten Arbeitnehmer größten Betriebs oder Betriebsteils das Übergangsmandat wahr, § 21 a Abs. 2 Satz 1 und 2 BetrVG. § 21 a Abs. 3 BetrVG erklärt sodann die Abs. 1 und 2 für anwendbar, wenn die Spaltung oder Zusammenlegung von Betrieben und Betriebsteilen im Zusammenhang mit einer **Betriebsveräußerung** oder einer **Umwandlung nach dem UmwG** erfolgt, und regelt somit den Fall einer rechtsträgerübergreifenden Umstrukturierungsmaßnahme in gleicher Weise wie die organisationsinterne Umstrukturierungsmaßnahme.

36 Im Unterschied zu der noch in § 321 Abs. 2 UmwG enthaltenen Regelung, die unmittelbar an § 321 Abs. 1 UmwG anknüpfte und

---

[43] Eine Frist von sechs Monaten forderten dagegen DKK – *Buschmann* (7. Auflage), § 21 Rn. 68; *FKHE* (21. Auflage), § 21 Rn. 51, jeweils mit zahlreichen weiteren Nachweisen.

deshalb nach ihrem Wortlaut die Spaltung eines Betriebes voraussetzte, bezieht sich § 21 a Abs. 2 BetrVG ausdrücklich auf die **Zusammenfassung von Betrieben und Betriebsteilen zu einem Betrieb**. Es ist daher für den gesetzlichen Tatbestand von § 21 a Abs. 2 BetrVG unerheblich, ob der Zusammenfassung eine Spaltung des Betriebes vorausgeht. § 21 a Abs. 2 BetrVG erfaßt sowohl den zuletzt genannten Fall als auch die reine Zusammenlegung von Betrieben und/oder Betriebsteilen. In beiden Alternativen ist das Schutzinteresse der betroffenen Arbeitnehmer nicht minder groß, gehen doch beide Male die früher zuständigen Betriebsräte wegen der Bildung eines neuen, selbstständigen Betriebes unter[44].

Kein Übergangsmandat entsteht bei einer Betriebsspaltung dann, wenn der **abgespaltene Betriebsteil nicht über die in § 1 des BetrVG genannte Arbeitnehmerzahl verfügt** *und* der **abgespaltene Betriebsteil in einen Betrieb eingegliedert wird, in dem ein Betriebsrat besteht**, § 21 a Abs. 1 Satz 1, 2. Halbsatz BetrVG. Nach dem Wortlaut des Gesetzes müssen die beiden Bedingungen des Ausnahmetatbestandes zwar kumulativ erfüllt sein. Nach dem Schutzzweck der Norm entsteht das Übergangsmandat aber schon dann nicht, wenn nur eine der beiden Alternativen erfüllt ist. Denn für die betroffenen Arbeitnehmer besteht schon dann kein Schutzbedürfnis, wenn eine Teilbelegschaft in einen Betrieb, in dem schon ein Betriebsrat besteht, eingegliedert wird[45].

37

b. Dauer des Übergangsmandats

Die dem Übergangsmandat nach § 21 a BetrVG zugrundeliegende Betriebsübergangsrichtlinie enthält in Art. 5 Abs. 1 Unterabs. 4 keine ausdrückliche Regelung der Dauer des Übergangsmandats. Die **Betriesbübergangsrichtlinie** stellt vielmehr auf den Zeitraum ab, der für die Neubildung oder Neubenennung der Arbeitnehmervertretung erforderlich ist. Hierbei hat der

38

---

44 Vgl. jeweils noch zu § 321 UmwG *Bachner*, NJW 1995, 2881; *Kreßel*, BB 1995, 927; *FKHE*, § 21 Rn. 48; *Däubler*, RdA 1995, 136; a. A. *Boecken*, Rn. 371, 372; Willemsen/*Hohenstatt*, Rn. D 55.
45 Vgl. jeweils noch zu § 321 UmwG *Bachner*, DB 1995, 2068, *Düwell* NZA 96, 393.

nationale Gesetzgeber eine Einschätzungsprärogative. Der deutsche Gesetzgeber hat diesen gesetzgeberischen Beurteilungsspielraum wie folgt genutzt:

39   Die **Dauer des Übergangsmandats** nach § 21 a BetrVG ist zeitlich befristet. Dabei sind **zwei Beendigungsalternativen** denkbar. Zum einen endet das Übergangsmandat im Sinne einer auflösenden Bedingung immer dann, wenn in dem durch die Unternehmensumstrukturierung neu entstandenen Betrieb ein **Betriebsrat gewählt und das Wahlergebnis bekanntgegeben** ist, § 21 a Abs. 1 Satz 3 BetrVG. Erstreckt sich das Übergangsmandat des bisherigen Betriebsrats auf mehrere Betriebe, so endet es erst, wenn in dem letzten dieser Betriebe ein Betriebsrat gewählt und dessen Wahlergebnis bekannt gemacht worden ist[46].

40   In jedem Fall endet das Übergangsmandat dann, wenn seine zeitliche Höchstdauer abgelaufen ist. Dieser Zeitpunkt ist nach § 21 a Abs. 1 Satz 3 BetrVG spätestens **nach Ablauf von sechs Monaten nach Wirksamwerden der Spaltung** erreicht.

Auch bei der **Zusammenfassung von Betrieben und/oder Betriebsteilen** endet das Übergangsmandat mit Bekanntgabe des Wahlergebnisses, spätestens jedoch nach Ablauf von sechs Monaten, § 21 a Abs. 2 Satz 2 BetrVG.

41   Im Unterschied zur Vorläuferregelung in § 321 Abs. 1 UmwG ist für den Zeitpunkt des Wirksamwerdens der Spaltung/Zusammenfassung von Betrieben bzw. Betriebsteilen nicht der Zeitpunkt der Eintragung der Spaltung/Verschmelzung ins Handelsregister maßgeblich. Entscheidend für den **Fristbeginn** ist der **Zeitpunkt der tatsächlichen betriebsorganisatorischen Änderung**. Dies gilt im Unterschied zu § 321 UmwG auch für Fälle der Spaltung und Verschmelzung nach dem UmwG, also beispielsweise dann, wenn eine Unternehmensumwandlung nach dem UmwG mit einer Unternehmensumstrukturierung im Wege der Einzelrechtsnachfolge kombiniert wird. Spaltet also die Y-GmbH, bestehend aus einem Betrieb, den Fuhrpark, in dem 10 Kraftfahrer beschäftigt sind, auf die Z-GmbH zum 1.7.2001 ab und werden Fuhrpark und Ursprungs-

---

46   Vgl. *FKHE*, § 21a Rn. 25; *Düwell*, NZA 1996, 393.

betrieb von der Y-GmbH und der Z-GmbH bis einschließlich 31.8.2001 gemäß § 1 Abs. 1 Satz 2 BetrVG (vgl. hierzu ausführlich Rn. 8 ff.) gemeinsam geführt, so ist der Zeitpunkt der betriebsorganisatorischen Verselbstständigung des Fuhrparks, also der 1.9.2001, für den Fristbeginn maßgeblich. Dasselbe gilt umgekehrt dann, wenn der Eintragung von Spaltung oder Verschmelzung im Handelsregister eine Kooperation der beteiligten Rechtsträger bei der ein gemeinsamer Betrieb von Y-GmbH und Z-GmbH entsteht, vorausgeht[47].

Die Dauer des Übergangsmandats geht aus Gründen der Rechtssicherheit sowie zur Vermeidung von betriebsratslosen Zeiten dann über die gesetzlich vorgesehene Laufzeit von sechs Monaten hinaus, wenn Arbeitgeber und Betriebsrat im Zusammenhang mit einer Unternehmensspaltung darüber streiten, ob auch der Betrieb als solcher gespalten wurde und zwei selbständige Betriebe entstanden sind oder ob es sich um einen Fall des gemeinsamen Betriebes mehrerer Unternehmen im Sinne des § 1 Abs. 1 Satz 2 BetrVG wegen unveränderter Betriebsorganisation handelt. Bei dieser Sachlage muss davon ausgegangen werden, dass das Übergangsmandat solange – also auch über den Zeitraum von sechs Monaten hinaus – andauert, bis in einem **Beschlussverfahren zur Klärung des Vorliegens einer betriebsratsfähigen Organisationseiheit** nach § 18 Abs. 2 BetrVG der Betriebsbegriff geklärt ist und – für den Fall betriebsidentitätsbegründender Verselbstständigung des abgespalteten Betriebsteils – die dortige Belegschaft während der Dauer des mit Rechtskraft des Beschlusses beginnenden sechsmonatigen Übergangsmandats die Möglichkeit hatte, einen neuen Betriebsrat für den neu entstandenen Betrieb zu wählen[48]. Ausweislich der Gesetzbegründung zum Betrverf – Reformgesetz[49] betrifft § 18 Abs. 2 BetrVG vor allem Streitigkeiten über die Frage, ob ein gemeinsamer Betrieb i. S. von § 1 Abs. 2 BetrVG, ein selbständiger Betrieb i. S. von § 4 Abs. 1 Satz 1 BetrVG oder eine betriebsratsfähige Organisationseinheit nach § 3 Abs. 1 Nr. 1 bis 3 BetrVG vorliegt. Der in

42

---

47 Vgl. auch die Konstellation in *BAG* 25.5.2000, DB 2000, 1966.
48 Vgl. DKK – *Trümner*, DKK – *Buschmann* § 1 21a Rn. 42 ff.
49 Vgl. BT-DRS. 14/5741, S. 38.

§ 21 a Abs. 1 BetrVG vorgesehene Zeitpunkt des Beginns des Übergangsmandats wird demnach in den beschriebenen Fällen durch das Verfahren nach § 18 Abs. 2 BetrVG gehemmt (vgl. hierzu schon Rn. 30). § 18 Abs. 2 BetrVG hat also nicht nur Bedeutung für anstehende Betriebsratswahlen. Im Verfahren nach § 18 Abs. 2 BetrVG kann unabhängig von einer konkreten Betriebsratswahl die für die Betriebsverfassung wesentliche Frage geklärt werden, was als die betriebsratsfähige Organisationseinheit anzusehen ist.

43 Der Betriebsrat muss allerdings darüber hinaus das prozessuale Mittel der **einstweiligen Verfügung** gem. § 85 Abs. 2 ArbGG einsetzen. Mit diesem Rechtsbehelf kann er beantragen, die bisherige Betriebsstruktur bis zur rechtskräftigen Entscheidung im Hauptsacheverfahren auch über den Ablauf eines halben Jahres nach Wirksamwerden der Spaltung aufrechtzuerhalten. Auf der Ebene des Verfügungsanspruchs sind hohe materiell – rechtliche Anforderungen zu stellen, da letztendlich die demokratische Legitimation des antragstellenden Betriebsrats in Rede steht. Dem Antragsteller kommen jedoch die Vermutungsregelungen in § 1 Abs. 2 BetrVG zugute. Außerdem wird man den antragstellenden Betriebsrat als verpflichtet ansehen müssen, möglichst bald nach Wirksamwerden der Unternehmensspaltung das Hauptsacheverfahren einzuleiten, damit die Dringlichkeit der Streitigkeit – also der Verfügungsgrund – ausreichend dokumentiert ist.

c. Inhalt des Übergangsmandats

44 Derjenige Betriebsrat, der das Übergangsmandat wahrnimmt, ist zur Vermeidung von betriebsratslosen Zeiten verpflichtet, seine sich aus § 21 a Abs. 1 Satz 2 BetrVG ergebende **Hauptaufgabe** – die **Bestellung eines Wahlvorstandes für die als Folge der Betriebsspaltung bzw. der Zusammenlegung von Betrieb(steil)en betriebsratslose Organisationseinheit** – so zügig wahrzunehmen, dass spätestens nach Ablauf von sechs Monaten nach Wirksamwerden der betriebsorganisatorischen Änderung in diesem Betrieb ein Betriebsrat gewählt ist. Die Einsetzung des Wahlvorstandes durch Gesamt- oder Konzernbetriebsrat gem. § 17 Abs. 1 BetrVG oder durch eine Betriebsversammlung gem. § 17 Abs. 2

BetrVG wird durch § 21 a Abs. 1 BetrVG verdrängt[50]. § 21 a Abs. 1 Satz 2 BetrVG ist gegenüber diesen Vorschriften lex speciales.

Kommt der übergangsweise mandatierte Betriebsrat seiner Aufgabe zur **Bestellung eines Wahlvorstandes** nicht nach, so kann dessen Bestellung gem. §§ 17 Abs. 4 i. V. mit 16 Abs. 2 BetrVG unmittelbar durch das Arbeitsgericht erfolgen. Erforderlich ist dann ein Antrag von mindestens drei wahlberechtigten Arbeitnehmern oder einer im Betrieb vertretenen Gewerkschaft. 45

Das Übergangsmandat ist auch im übrigen inhaltlich nicht eingeschränkt[51]. Der Betriebsrat ist vielmehr zur Wahrnehmung aller Mitwirkungs- und Mitbestimmungsrechte, insbesondere auch im personellen und wirtschaftlichen Bereich, sowie zum Abschluss von Betriebsvereinbarungen befugt. Außerdem berechtigt das Übergangsmandat zur Wahrnehmung aller Befugnisse im organisatorischen Bereich. Hierzu zählen beispielsweise die Durchführung von Betriebsversammlungen oder Sprechstunden[52]. Das Übergangsmandat ist also ein **vollwertiges Betriebsratsmandat**[53]. 46

Die Dispositionsbefugnis für diejenigen **arbeitsgerichtlichen Verfahren**, die durch den das Übergangsmandat wahrnehmenden Betriebsrat eingeleitet wurden, geht mit Bekanntgabe des Wahlergebnisses auf den neugewählten Betriebsrat über. Dieser entscheidet, ob und wie die Verfahren fortgeführt werden[54]. 47

3. Zusammenlegung und Spaltung von Betrieben und Betriebsteilen (Beispielsfälle)

Die nachfolgenden Beispielsfälle sind – von Differenzierungen abgesehen, auf die im Einzelnen hingewiesen wird – unabhängig davon Gegenstand praktischer Auseinandersetzung, ob die Umstruktu- 48

---

50 Vgl. Willemsen/*Hohenstatt*, Rn. D 60.
51 Vgl. Kittner/Zwanziger-*Bachner*, § 116 Rn. 53.
52 Vgl. jeweils zu § 321 UmwG *FKHE*, § 21 Rn. 51; DKK – *Buschmann*, § 21a Rn. 9; *Engels*, DB 1991, 968; *Boecken*, Rn. 378; *Berscheid*, AR Blattei SD 530.6.4 Rn. 32;
53 Vgl. ErfK – *Eisemann*, § 21 BetrVG Rn. 10.
54 Vgl. Willemsen/Hohenstatt, Rn. D 60, noch zu § 321 UmwG.

rierungsmaßnahme in Form einer rechtsgeschäftlichen Einzelrechtsnachfolge, einer umwandlungsbedingten Gesamtrechtsnachfolge oder aber als bloße rechtsträgerinterne Organisationsentscheidung durchgeführt wird. Der Begriff „Betrieb" bezieht sich immer auf den Betrieb im betriebverfassungsrechtlichen Sinne.

49 1. **Fallvariante:** *Ein Betrieb wird in der Weise aufgespalten, dass zwei betriebsorganisatorisch selbstständige Betriebe entstehen und der Ursprungsbetrieb untergeht.*

Schaubild Nr. 1

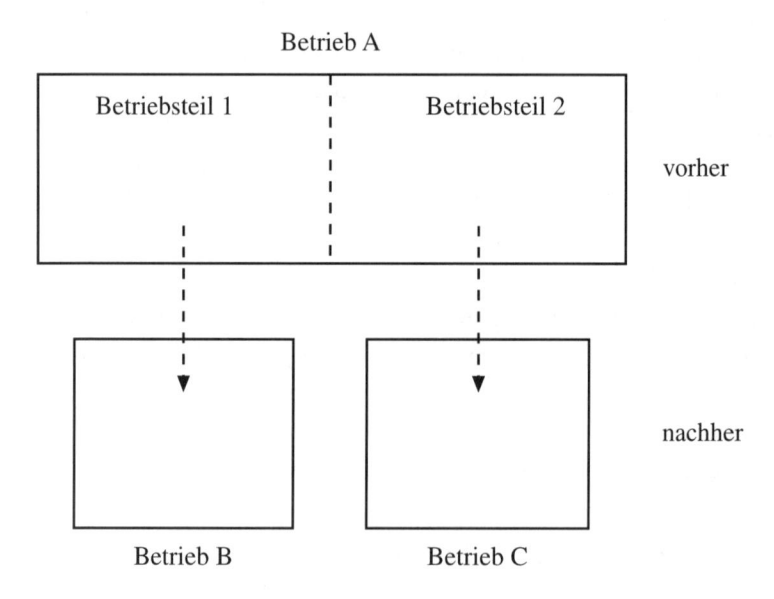

```
                    Betrieb A
    ┌───────────────────┬───────────────────┐
    │  Betriebsteil 1   │  Betriebsteil 2   │    vorher
    └───────────────────┴───────────────────┘
              │                   │
              ▼                   ▼
    ┌─────────────┐       ┌─────────────┐
    │             │       │             │       nachher
    │             │       │             │
    └─────────────┘       └─────────────┘
       Betrieb B             Betrieb C
```

50 Maßgeblich für den Fortbestand des Betriebsrats als Gremium ist die **Erhaltung der betrieblichen Identität** nach der Umstrukturierungsmaßnahme (vgl. hierzu schon Rn. 1 ff.). Da in dieser ersten Variante der Ursprungsbetrieb als Folge der Aufspaltung untergeht, würde ohne Übergangsmandat auch das Amt des für diese betriebliche Organisationseinheit gewählten Betriebsrats enden.

51 § 21 a Abs. 1 Satz 1 BetrVG fingiert jedoch für den vorliegenden Sachverhalt den Fortbestand des bisherigen Betriebsrats – „...bleibt dessen Betriebsrat im Amt" –, allerdings lediglich mit einem Über-

gangsmandat ausgestattet. **Träger des Übergangsmandats** ist der Betriebsrat des Ursrpungsbetriebs in seiner bisherigen Zusammensetzung. Daher nehmen sämtliche Betriebsratsmitglieder des Ursprungsbetriebes das Übergangsmandat wahr. Das Übergangsmandat garantiert also nicht nur sachliche, sondern auch personelle Kontinuität[55].

Mit Beendigung des Übergangsmandats beginnt für alle Betriebsratsmitglieder – es sei denn, sie wurden erneut in den Betriebsrat gewählt – der gem. § 15 KSchG ein bzw. – bei umwandlungsbedingtem Rechtsträgerwechsel – i. V. mit §§ 323 Abs. 1 UmwG zwei Jahre **nachwirkende Kündigungsschutz**. 52

2. Fallvariante: *Die Aufspaltung eines Unternehmens führt zur Bildung eines gemeinsamen Betriebes mehrerer Rechtsträger* 53

Schaubild Nr. 2

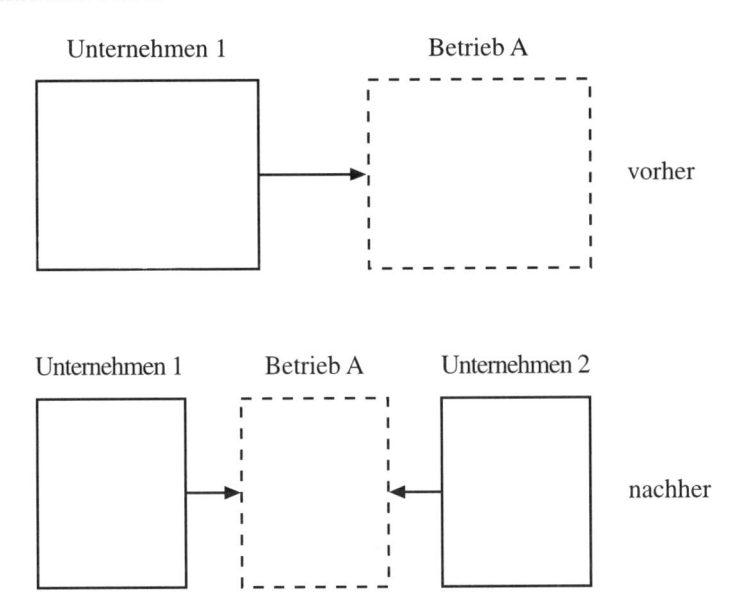

Da die Umstrukturierungsmaßnahme **keine betriebsorganisatorischen Auswirkungen** hat, die betriebliche Identität vielmehr 54

---

55 Vgl. Erf-*Eisemann*, § 21 BetrVG Rn. 10.

D. Betriebsverfassungsrechtliche Auswirkungen

erhalten bleibt, wirkt sie sich auch nicht auf die Existenz des gewählten Betriebsrats aus. Es handelt sich nicht um einen Fall des Übergangsmandats[56] (vgl. hierzu schon Rn. 3).

55 Die **Rechtsstellung der einzelnen Betriebsratsmitglieder** – insbesondere deren Mitgliedschaft im Betriebsrat – bleibt bei Entstehung eines gemeinsamen Betriebes mehrerer Unternehmen unberührt.

56 **3. Fallvariante:** *Ein Betriebsteil wird in der Weise vom Ursprungsbetrieb abgespalten, dass der Ursprungsbetrieb als Betrieb erhalten bleibt und somit seine Identität bewahrt. Der abgespaltene Betriebsteil wird betriebsorganisatorisch verselbstständigt und bildet einen neuen Betrieb.*

Schaubild Nr. 3

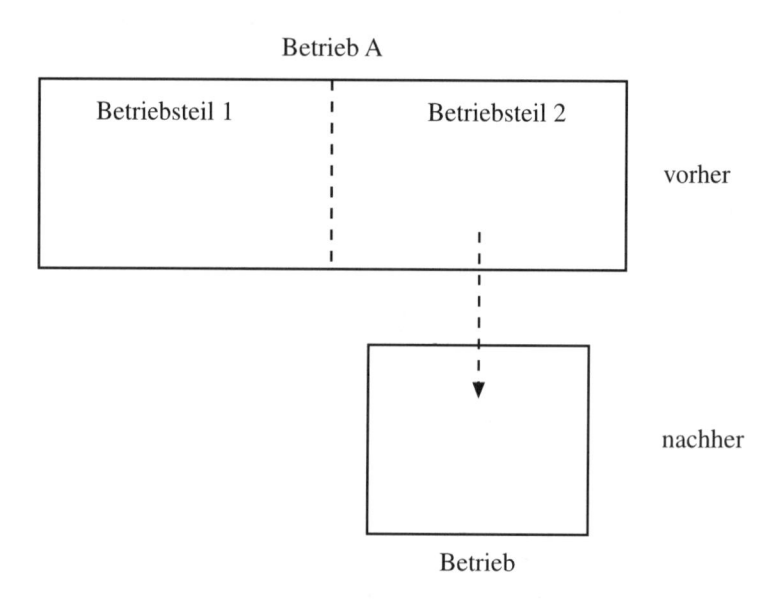

Betrieb A

| Betriebsteil 1 | Betriebsteil 2 |

vorher

Betrieb

nachher

57 In dieser Fallvariante bleibt im **Ursprungsbetrieb** der Betriebsrat als Gremium im Amt, die im Ursprungsbetrieb beschäftigten Betriebsratsmitglieder behalten ihre Funktion als Mitglieder des Betriebsrats. Eine Neuwahl ist, solange die Voraussetzungen des § 13 Abs. 2 BetrVG nicht erfüllt sind, nicht erforderlich.

---

56 Vgl. *Berscheid*, AR Blattei SD 530.6.4 Rn. 88, noch zu § 321 UmwG.

58 Der Betriebsrat des Ursprungsbetriebs wird **Träger des Übergangsmandats** für die Beschäftigten im abgespaltenen Betriebsteil.

59 Sofern im abgespaltenen Betriebsteil Betriebsratsmitglieder beschäftigt waren, nehmen diese gemeinsam mit den im Ursprungsbetrieb verbleibenden Mandatsträgern das Übergangsmandat wahr. Der Betriebsrat bleibt also für die Dauer des Übergangsmandats nicht nur als Organ, sondern auch in seiner **bisherigen personellen Zusammensetzung** im Amt und für die neue betriebliche Organisationseinheit zuständig[57]. Betriebsratsmitglieder, die in dem abgespaltenen Betriebsteil beschäftigt waren und nunmehr der neuen Organisationseinheit angehören, scheiden nicht wegen Beendigung des Arbeitsverhältnisses oder Verlust der Wählbarkeit gemäß § 24 Abs. 1 Nr. 3 oder 4 BetrVG aus dem Betriebsrat aus. Der Schutzzweck dieser Normen schließt ihre Anwendung auf den genannten Fall aus. Die in § 24 Abs. 1 Nr. 3 und 4 BetrVG angeordnete Beendigung der Mitgliedschaft im Betriebsrat bei Beendigung des Arbeitsverhältnisses oder bei Verlust der Wählbarkeit will verhindern, dass dem Betriebsrat Mitglieder angehören, die nicht mehr zu der Belegschaft gehören, deren Interessen er vertritt. Im Falle des Übergangsmandats behält der Betriebsrat jedoch für eine gewisse Zeit seine Zuständigkeit auch für die Arbeitnehmer des abgespaltenen Betriebsteils. Deshalb ist es gerade aus Gründen der demokratischen Legitimation erforderlich, dass diese Arbeitnehmer für den gesamten Zeitraum, in dem der Betriebsrat noch ihre Interessen vertritt, in ihm wie bisher vertreten sind[58].

60 **Widerspricht** allerdings **ein im abgespaltenen Betriebsteil beschäftigtes Betriebsratsmitglied einem Betriebsübergang** fristgemäß, so verbleibt sein Arbeitsverhältnis von Anfang an im Ursprungsbetrieb. Die Betriebsratsmitgliedschaft im dort gewählten Betriebsrat bleibt erhalten. Zu beachten ist dann jedoch § 15 Abs. 4 und 5 KSchG. Nach § 15 Abs. 4 KSchG ist ein Betriebsratsmitglied bei Schließung einer Betriebsabteilung – aus Sicht des abgebenden

---

[57] Vgl. jeweils noch zu § 321 UmwG *FKHE* (20. Auflage), § 21 Rn. 49; DKK – *Buschmann* (7. Auflage), § 21 Rn. 65, *Engels,* DB 1991, 967; *Boecken,* Rn. 373; Willemsen/*Hohenstatt,* Rn. D 61; Bachner, AR – BlatteiSD 1625 Rn. 120 ff.; a. A. *Berscheid,* AR Blattei SD 530.6.4 Rn. 103.

[58] Vgl. *FKHE,* § 21a Rn. 15 ff.

Betriebes ist der Fall der Abspaltung eines Betriebsteils gleichzustellen[59] – zwar grundsätzlich in eine andere Betriebsabteilung zu übernehmen. Stehen jedoch betriebliche Gründe entgegen, so ist eine betriebsbedingte Kündigung – allerdings frühestens zum Zeitpunkt der Abspaltung des Betriebsteils – möglich, § 15 V KSchG. Bzgl. der weiteren kündigungsschutzrechtlichen Einzelheiten wird auf die entsprechende Kommentarliteratur verwiesen[60].

61 **4. Fallvariante:** *Ein Betriebsteil wird in der Weise abgespalten, dass der Ursprungsbetrieb als Betrieb erhalten bleibt. Der abgespaltene Betriebsteil wird in einen betriebsratslosen Betrieb eingegliedert. Der aufnehmende Betrieb hat (a.) weniger, (b.) mehr Arbeitnehmer als der abgespaltene Betriebsteil.*

Schaubild Nr. 4

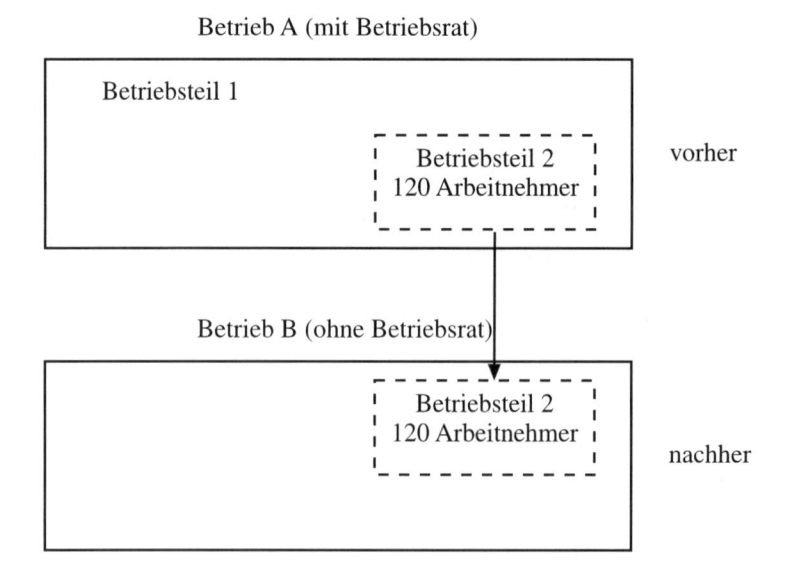

Betrieb A (mit Betriebsrat)

```
┌────────────────────────────────────────┐
│ Betriebsteil 1                         │
│                 ┌ ─ ─ ─ ─ ─ ─ ─ ─ ┐    │   vorher
│                   Betriebsteil 2       │
│                 │ 120 Arbeitnehmer │   │
│                  ─ ─ ─ ─ ─ ─ ─ ─       │
└────────────────────────────────────────┘
                         ↓
Betrieb B (ohne Betriebsrat)
┌────────────────────────────────────────┐
│                 ┌ ─ ─ ─ ─ ─ ─ ─ ─ ┐    │
│                   Betriebsteil 2       │
│                 │ 120 Arbeitnehmer │   │   nachher
│                  ─ ─ ─ ─ ─ ─ ─ ─       │
│                                        │
└────────────────────────────────────────┘
```

Fallvariante a): Im Betrieb B sind 80 Arbeitnehmer beschäftigt.

Fallvariante b): Im Betrieb B sind 200 Arbeitnehmer beschäftigt.

---

59 Vgl. *BAG* 25.5.2000, DB 2000, 1966.
60 Vgl. z. B. *Kittner*/Däubler/Zwanziger, KSchG § 15 Rn. 61 ff.

Fallvariante a) **62**

Die Zuständigkeit des Betriebsrats des Ursprungsbetriebs zur Wahrnehmung des Übergangsmandats beschränkt sich nicht nur auf den von ihm bisher vertretenen Belegschaftsteil, d. h. die Arbeitnehmer des eingegliederten Betriebsteils. Vielmehr ist der übergangsweise mandatierte **Betriebsrat auch für die Arbeitnehmer des aufnehmenden, bisher betriebsratslosen Betriebes zuständig**. Hiergegen kann nicht eingewandt werden, dass damit der betriebsratslosen Belegschaft eine betriebsverfassungsrechtliche Vertretung unter Verstoß gegen das Repräsentationsprinzip „übergestülpt" würde[61]. Denn eine Beschränkung der Zuständigkeit auf die Arbeitnehmer des abgegebenen Betriebsteils widerspricht dem betriebsverfassungsrechtlichen Grundsatz, dass ein Betriebsrat niemals nur für unselbstständige Betriebsteile, sondern immer nur für einen Betrieb als Ganzes zuständig sein und gewählt werden kann[62]. Außerdem folgt dieses Ergebnis aus der Verpflichtung des übergangsweise mandatierten Betriebsrats, einen Wahlvorstand zu bestellen. Diese Verpflichtung kann nicht allein für einen unselbstständigen Betriebsteil wahrgenommen werden. Eine solche Wahl wäre wegen Verkennung des Betriebsbegriffes zumindest anfechtbar. Ferner ist es betriebsverfassungsrechtlich gesehen nichts Ungewöhnliches, dass bisher betriebsratslose Einheiten durch Umstrukturierung in den Schutzbereich einer betriebsverfassungsrechtlichen Vertretung gelangen, wie z. B. die Eingliederung eines bisher betriebsratslosen Betriebsteils in eine Organisationseinheit mit Betriebsrat zeigt. Wenn ein solcher Vorgang schon bis zur nächsten Wahl nicht auf Bedenken gestoßen ist, so muss dies erst recht für einen befristeten Zeitraum wie im Falle des Übergangsmandats gelten[63].

---

61 So noch zu § 321 UmwG *Feudner*, BB 1996, 1936; wie hier *FKHE* § 21 Rn. 47; Willemsen/Hohenstatt Rn. D 68.
62 Vgl. jeweils noch zu § 321 UmwG; *Engels,* DB 1991, 967; a. A. *Oetker/Busche,* NZA (Beilage 1/91, 24); Willemsen/*Hohenstatt,* Rn. D 67.
63 Vgl. Willemsen/Hohenstatt, Rn. Rn. D 67 noch zu § 321 UmwG.

63 *Fallvariante b)*

Nicht anders muss die rechtliche Bewertung ausfallen, wenn **dem bisher betriebsratslosen – aufnehmenden – Betrieb die größere Zahl der wahlberechtigten Arbeitnehmer zugeordnet** war[64]. Dieses Ergebnis folgt aus § 21 a Abs. 2 Satz 1 BetrVG. Diese Bestimmung regelt zwar ausdrücklich nur die Zuständigkeit zur Wahrnehmung des Übergangsmandats bei konkurrierenden Betriebräten verschiedener Betriebe. Es kann aber im Grundsatz keinen Unterschied machen, ob als Folge einer Umstrukturierungsmaßnahme ein anderer Betriebsrat oder aber für eine bisher vertretungslose Belegschaft ein Betriebsrat erstmals zuständig wird. Denn in beiden Fällen werden das Demokratieprinzip und die Legitimationskette durchbrochen. Entscheidend muss daher allein bleiben, dass der Gesetzgeber den bisher durch einen Betriebsrat vertretenen Belegschaftsteil nicht vertretungslos stellen wollte. Da aber der Betriebsrat seine Zuständigkeit nicht geteilt wahrnehmen kann, muss auch in der hier zu beurteilenden Fallkonstellation ein Übergangsmandat für den gesamten Betrieb anerkannt werden.

64 **5. Fallvariante:** *Ein Betriebsteil wird in der Weise abgespalten, dass der Ursprungsbetrieb als Betrieb erhalten bleibt. Der abgespaltene Betriebsteil wird in einen Betrieb eingegliedert, in dem schon ein Betriebsrat besteht.*

---

64 Vgl. *FKHE*, § 21a Rn. 14; a. A. Willemsen/*Hohenstatt*, Rn. D 68.

Schaubild Nr. 5

```
Betrieb A (mit Betriebsrat)
┌─────────────────────────────────────┐
│ Betriebsteil 1                      │
│              ┌ ─ ─ ─ ─ ─ ─ ─ ─ ┐    │
│              │  Betriebsteil 2 │    │   vorher
│              └ ─ ─ ─ ─ ─ ─│─ ─ ┘    │
└───────────────────────────│─────────┘
                            │
Betrieb B (mit Betriebsrat) │
┌───────────────────────────▼─────────┐
│              ┌ ─ ─ ─ ─ ─ ─ ─ ─ ┐    │
│              │  Betriebsteil 2 │    │
│              └ ─ ─ ─ ─ ─ ─ ─ ─ ┘    │   nachher
│                                     │
└─────────────────────────────────────┘
```

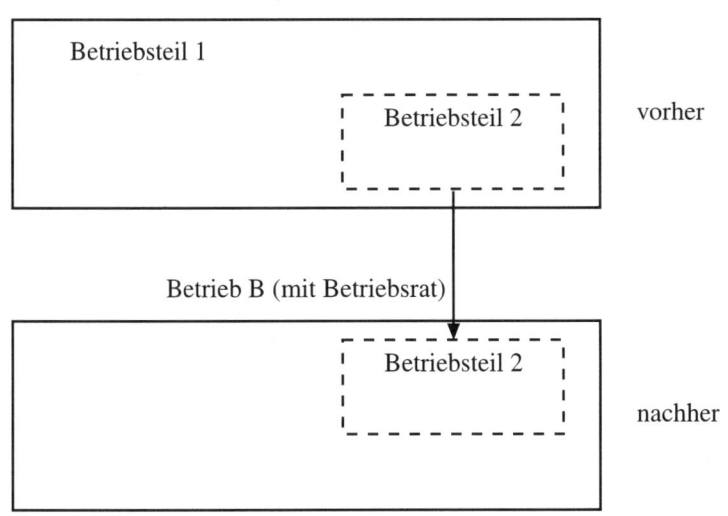

Der Betriebsrat des Ursprungsbetriebes bleibt im Amt. Für den **65** abgespaltenen Betriebsteil handelt es sich um eine ausdrücklich gesetzlich geregelte Ausnahme. Ein **Übergangsmandat entsteht nicht**, weil der Betriebsrat in einen Betrieb eingegliedert wird, in dem ein Betriebsrat besteht, § 21 a Abs. 1 Satz 1, 2. Halbsatz BetrVG (zum Entstehen eines Restmandats vgl. Rn. 79 ff.).

6. Fallvariante: *Ein Betriebsteil wird in der Weise abgespalten,* **66** *dass der Ursprungsbetrieb als Betrieb erhalten bleibt. Der abgespaltene Betriebsteil wird mit einem anderen Betrieb, in dem ebenfalls ein Betriebsrat besteht, zu einem neuen Betrieb zusammengelegt. In diesem anderen Betrieb sind (a.) mehr und (b.) weniger Arbeitnehmer beschäftigt als im abgebenden Berieb.*

D. Betriebsverfassungsrechtliche Auswirkungen

Schaubild Nr. 6

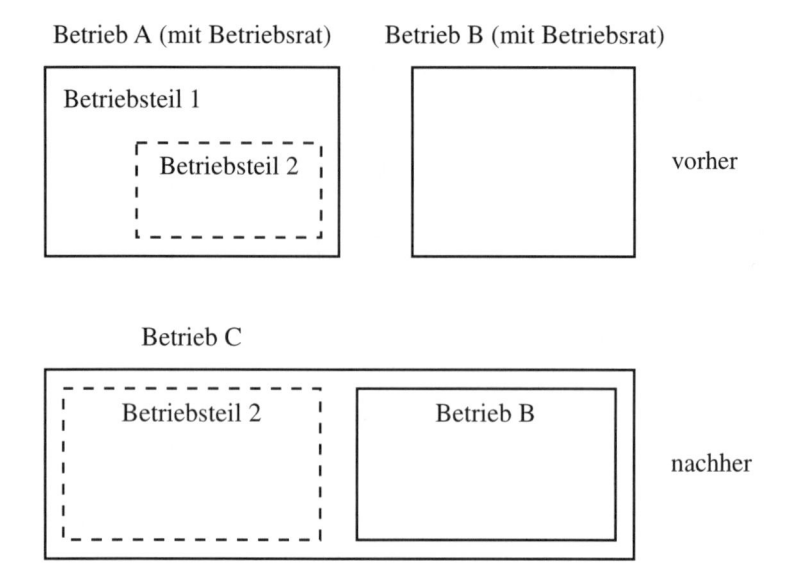

Betrieb A (mit Betriebsrat) Betrieb B (mit Betriebsrat)

[Betrieb A enthält Betriebsteil 1 und darin gestrichelt Betriebsteil 2] vorher

Betrieb C

[Betrieb C enthält gestrichelt Betriebsteil 2 und Betrieb B] nachher

Fallvariante a): In Betrieb B sind 200 Arbeitnehmer, in Betrieb A lediglich 120 Arbeitnehmer beschäftigt.
Fallvariante b): In Betrieb B sind lediglich 80 Arbeitnehmer, in Betrieb A dagegen 120 Arbeitnehmer beschäftigt.

67 Der Betriebsrat des Ursprungsbetriebes bleibt im Amt. Zu klären ist allein, welcher Betriebsrat Träger des Übergangsmandats wird.

Eine vergleichbare Regelung dieses Problems **konkurrierender Betriebsräte** enthält § 21 a Abs. 2 Satz 1 BetrVG. Danach wird das Übergangsmandat in dem neuen Betrieb von dem Betriebsrat, dem der nach der Zahl der wahlberechtigten Arbeitnehmer größte Betrieb oder Betriebsteil zugeordnet war, wahrgenommen. Nichts anderes muss auch dann gelten, wenn ein Betriebsteil nach seiner Abspaltung mit einem anderen Betrieb zu einer neuem betriebsverfassungsrechtlichen Organisationseinheit zusammengelegt wird.

68 Mit dem Zeitpunkt der betriebsorganisatorischen Veränderung verlieren diejenigen Betriebsratsmitglieder ihr Betriebsratsmandat mit der Folge eines ein Jahr – bzw. **zwei Jahre bei Unter-**

nehmensumwandlung – nachwirkenden Kündigungsschutzes
i. S. v. §§ 323 Abs. 1 UmwG, 15 KSchG, die nicht als Folge der Zusammenlegung der beiden betriebsverfassungsrechtlichen Organisationseinheiten Mitglied der übergangsweise mandatierten Betriebsrats werden.

7. Fallvariante: *Ein Betriebsteil wird in der Weise abgespalten, dass der Ursprungsbetrieb A als Betrieb erhalten bleibt. Der abgespaltene Betriebsteil wird mit einem anderen – ebenfalls abgespaltenen – Betriebsteil eines Ursprungbetriebes B zu einem neuen Betrieb zusammengelegt. Der Ursprungsbetrieb A beschäftigt (a.) mehr, (b.) weniger Arbeitnehmer als der Ursprungsbetrieb B. In beiden Ursprungsbetrieben sind Betriebsräte gewählt.* 69

Schaubild Nr. 7

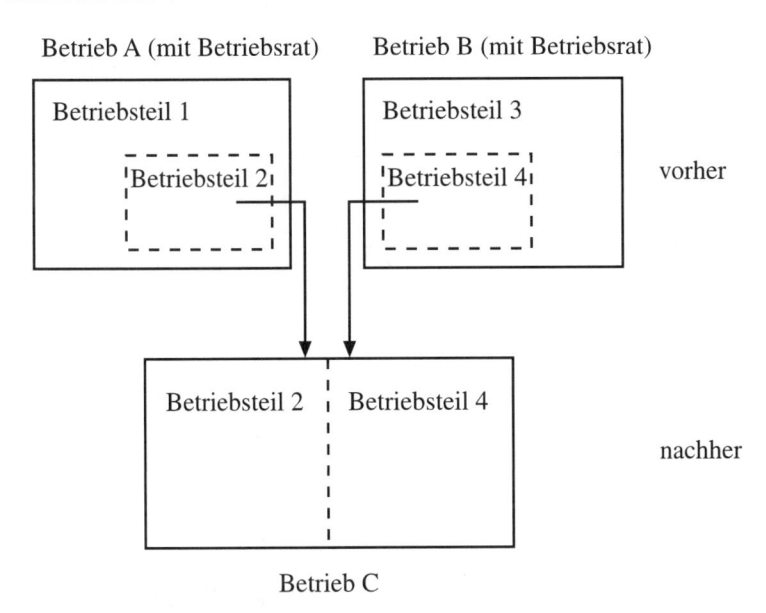

Betrieb A (mit Betriebsrat) Betrieb B (mit Betriebsrat)

Betriebsteil 1   Betriebsteil 3
  Betriebsteil 2   Betriebsteil 4   vorher

Betriebsteil 2 | Betriebsteil 4   nachher

Betrieb C

Fallvariante a): In Betrieb A sind 250 Arbeitnehmer, in Betrieb B nur 150 Arbeitnehmer beschäftigt.
Fallvariante b): In Betrieb A sind lediglich 100 Arbeitnehmer, in Betrieb B dagegen 180 Arbeitnehmer beschäftigt.

D. Betriebsverfassungsrechtliche Auswirkungen

70 Auch hier bleiben die Betriebsräte beider Ursprungsbetriebe im Amt. Es bedarf allein der Klärung, welcher Betriebsrat Träger des Übergangsmandats wird. Hierzu enthält § 21 a Abs. 2 Satz 1 BetrVG eine ausdrückliche gesetzliche Regelung. Zuständig ist derjenige Betriebsrat, dem der – bemessen nach der Zahl der wahlberechtigten Arbeitnehmer – größte Betriebsteil zugeordnet war.

71 **8. Fallvariante:** *Zwei Betriebe werden zu einem neuen Betrieb zusammengelegt. Die Ursprungsbetriebe gehen unter.*

Schaubild Nr. 8

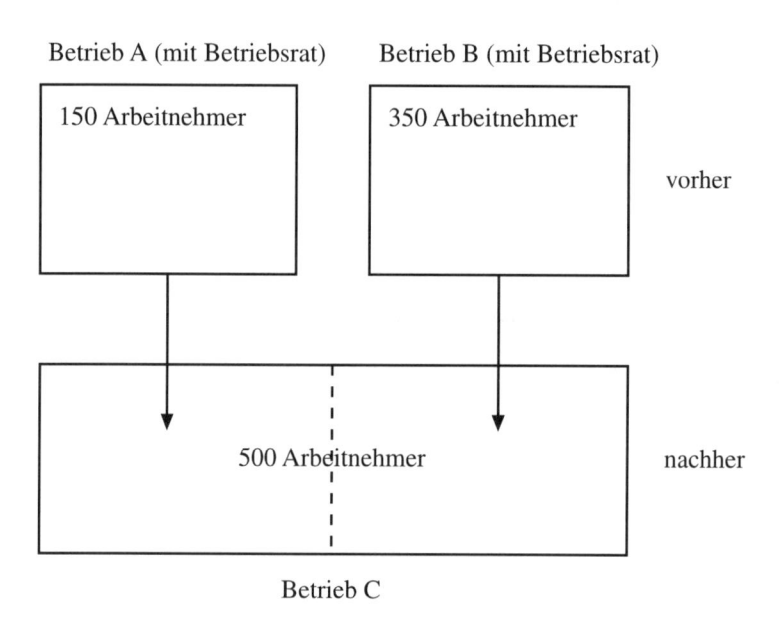

Betrieb A (mit Betriebsrat)	Betrieb B (mit Betriebsrat)	
150 Arbeitnehmer	350 Arbeitnehmer	vorher
500 Arbeitnehmer		nachher
Betrieb C		

72 Es stellt sich die Frage, welcher Betriebsrat **Träger des Übergangsmandats** wird. Die Antwort ergibt sich aus § 21 a Abs. 2 Satz 1 BetrVG. Zuständig ist derjenige Betriebsrat, dem der nach der Zahl der wahlberechtigten Arbeitnehmer größte Betrieb zugeordnet war. Die Mitglieder des anderen Betriebsrats erlangen nachwirkenden Kündigungsschutz. Gegebenenfalls sind für den durch Zusammenlegung neu entstandenen Betrieb gem. § 13 Abs. 2 Ziff. 1 BetrVG Neuwahlen einzuleiten.

Die in § 21a BetrVG vorgesehene Lösung der Zuständigkeitsproblematik für die Wahrnehmung des Übergangsmandats bei der Zusammenlegung von Betrieben zu neuen betrieblichen Organisationseinheiten vermag jedoch die gerade in dieser Sachverhaltsgestaltung immer wieder anzutreffende Teilung der beteiligten Betriebsratskörper in „**Gewinner und Verlierer**" nicht sachgerecht zu lösen. Dieser Interessenkonflikt wirkt sich auch nachteilig auf das Zusammenwachsen der verschiedenen Belegschaften und damit auf den Betriebsfrieden der neu entstandenen betrieblichen Einheit aus. In der Regel kommt es aus den unterschiedlichsten Gründen auch nicht zu einem Rücktritt sämtlicher beteiligter Betriebsratsmitglieder. Deshalb schließen die beteiligten Gesellschaften und Betriebsratskörper in dieser Situation vielfach Kooperationsvereinbarungen, die gerade für die Verwirklichung des Unternehmensinteresses an einer gedeihlichen Zusammenarbeit mit den Arbeitnehmervertretungen von großem Nutzen sind. Die **Kooperationsvereinbarung** ist auch auf Eingliederungsfälle, insbesondere auf den in Schaubild Nr. 9 geschilderten Lebenssachverhalt (vgl. Rn. 75), übertragbar. **73**

Z. B.: *Kooperationsvereinbarung* **74**

(1) Die Unterzeichner dieser Kooperationsvereinbarung gehen übereinstimmend davon aus, dass die Mitglieder des Betriebsrats des Betriebs A mit dem Zeitpunkt der Zusammenlegung der Betriebe ihr Betriebsratsmandat verlieren, während die Mitglieder des Betriebs B bis einschließlich (Datum einfügen) das Übergangsmandat aus § 21 a BetrVG wahrnehmen.

(2) Die Mitglieder des Betriebsrats des Betriebs A haben jedoch bis zur Beendigung des Übergangsmandats des Betriebsrats des Betriebes B die Aufgabe von Betriebsratsberatern. In dieser Funktion bringen sie ihre Erfahrungen und Einschätzungen in die Entscheidungsprozesse des Betriebsrats ein. Zu den Betriebsratssitzungen werden sie eingeladen. Beteiligungsrechte insbesondere im Sinne der §§ 87, 99, 102, 111,

D. Betriebsverfassungsrechtliche Auswirkungen

112 BetrVG haben die Betriebsratsberater nicht. Der übergangsweise mandatierte Betriebsrat bleibt in allen betriebsverfassungsrechtlichen Fragen zuständig – auch soweit Arbeitnehmer der eingegliederten Betriebsstätte betroffen sind. Die Regelungen des § 13 BetrVG bleiben unberührt.

(3) Die Betriebsratsberater werden während der Dauer ihrer Tätigkeit so behandelt wie Betriebsratsmitglieder. Dies gilt insbesondere für Freistellungen und den betriebsverfassungsrechtlichen Sonderkündigungsschutz für Betriebsratsmitglieder mit der Maßgabe, dass an die Stelle des in § 103 Abs. 2 BetrVG genannten Arbeitsgerichts die Einigungsstelle tritt. Mit dem Zeitpunkt der Beendigung der Funktion als Betriebsratsberater haben diese nachwirkenden Kündigungsschutz entsprechend § 15 KSchG.

75 **9. Fallvariante:** *Ein Betrieb, in dem ein Betriebsrat gewählt ist, wird in einen anderen Betrieb, in dem auch ein Betriebsrat tätig ist, mit der Folge eingeliedert, dass der aufnehmende Betrieb als Betrieb überlebt, während der eingliederte Betrieb untergeht.*

Schaubild Nr. 9

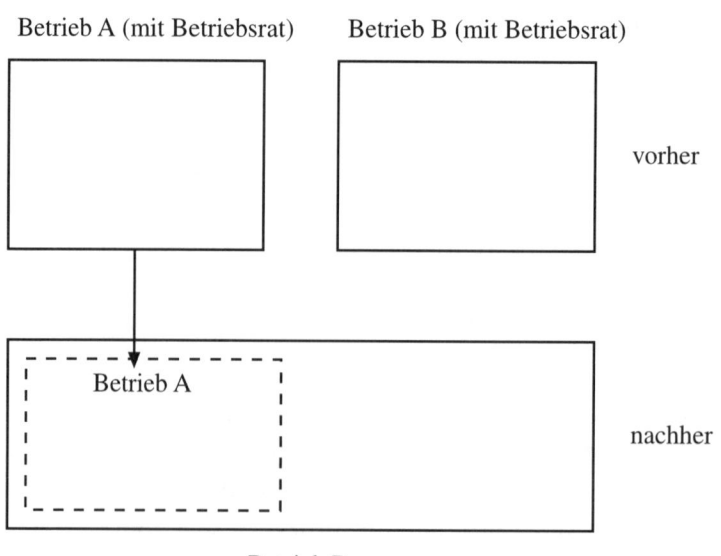

Wegen der aus § 21 a Abs. 2 Satz 2 BetrVG folgenden entsprechenden Anwendung von § 21 a Abs. 1 Satz 1 2. Halbsatz BetrVG besteht **kein Bedürfnis für die Entstehung eines Übergangsmandats**. Ab dem Zeitpunkt der Eingliederung übernimmt der Betriebsrat des aufnehmenden Betriebes auch für die Arbeitnehmer des eingliederten Betriebes das Betriebsratsmandat. Gegebenenfalls sind für den durch Zusammenlegung neu entstandenen Betrieb gem. § 13 Abs. 2 Ziff. 1 BetrVG **Neuwahlen** einzuleiten.

76

10. Fallvariante: *Ein Betrieb mit gewähltem Betriebsrat wird in einen anderen, betriebsratslosen Betrieb mit der Folge eingeliedert, dass der aufnehmende Betrieb als Betrieb überlebt, während der eingliederte Betrieb untergeht. Der eingegliederte Betrieb beschäftigt (a) mehr, (b) weniger Arbeitnehmer als der aufnehmende Betrieb.*

77

Schaubild Nr. 10

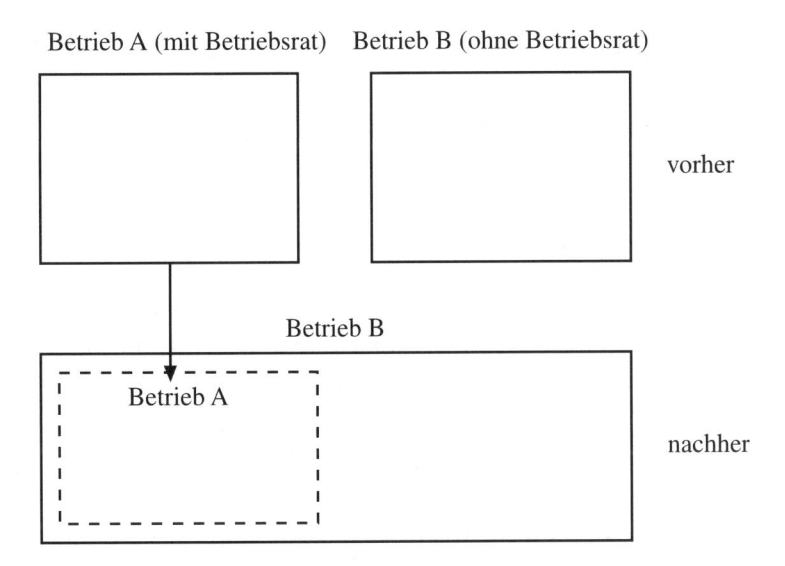

Betrieb A (mit Betriebsrat)   Betrieb B (ohne Betriebsrat)

vorher

Betrieb B

Betrieb A

nachher

Fallvariante a): Im Betrieb A sind 300 Arbeitnehmer, in Betrieb B dagegen nur 220 Arbeitnehmer beschäftigt.
Fallvariante b): Im Betrieb A sind lediglich 150 Arbeitnehmer, im Betrieb B aber 350 Arbeitnehmer beschäftigt.

D. Betriebsverfassungsrechtliche Auswirkungen

78   In beiden Fallvarianten nimmt der Betriebsrat des untergegangenen Betriebes für alle Arbeitnehmer des neuen Betriebes das Übergangsmandat wahr. Dies gilt auch dann, wenn der aufnehmende Betrieb mehr Arbeitnehmer beschäftigt als der eingegliederte Betrieb.

4. Restmandat des Betriebsrats

79   Geht ein Betrieb durch **Stilllegung, Spaltung oder Zusammenlegung** unter, so bleibt dessen Betriebsrat so lange im Amt, wie dies zur Wahrnehmung der damit im Zusammenhang stehenden Mitwirkungs- und Mitbestimmungsrechte erforderlich ist, § 21 b BetrVG.

80   Mit der Regelung des § 21 b BetrVG wird die von der Rspr. des BAG[65] geschaffene **Rechtsfigur des Restmandats** des Betriebsrats erstmals gesetzlich verankert und eine Gesetzeslücke geschlossen, die auch nicht vom neu eingeführten Übergangsmandat des Betriebsrats gem. § 21 a BetrVG erfaßt wird.

81   Während das Übergangsmandat diejenigen Fälle betrifft, in denen bestehende betriebliche Organisationsstrukturen eines Unternehmens durch Aufteilung oder Zusammenlegung zwar geändert werden, die vorhandenen sachlichen und personellen Mittel jedoch im Grundsatz erhalten bleiben und in einer anderen Organisationsform weiter genutzt werden[66], bezieht sich das Restmandat des § 21 b BetrVG zunächst auf den Fall des Untergangs der betrieblichen Organisationseinheit, also die Stillegung eines Betriebs. Die **Betriebsstilllegung** ist also schon deshalb kein Anwendungsfall des Übergangsmandates, weil die betriebliche Organisationsbasis des Betriebsrats weggefallen ist.

82   **Das Restmandat dient der Sicherung der Beteiligungsrechte** des Betriebsrats insbesondere gem. der §§ 111, 112 BetrVG (vgl. hierzu Rn. 298 ff.) im Falle der Betriebsstillegung. Bis zur Stillegung bleibt das Betriebsratsmandat unzweifelhaft erhalten. Für den Zeitraum danach wirkt das Restmandat[67]. Der Betriebsrat soll auch bei der Betriebsstillegung in die Lage versetzt werden, den Versuch

---

65   Vgl. nur *BAG* 16.6.1987, *BAGE* 55, 344 ff..
66   Vgl. *FKHES*, § 21b Rn. 5.
67   Vgl. Erf-*Eisemann*, § 21 BetrVG Rn. 6.

eines Interessenausgleichs bis zur Einigungsstelle zu gehen bzw. einen Sozialplan durch die Einigungsstelle erzwingen zu lassen, und nicht durch geschicktes Taktieren des Arbeitgebers bei der Durchführung der Stilllegung seine Mitwirkungsrechte verlieren. Hat z. B. ein ArbGeb. den ArbN wegen Vernichtung des Betriebs durch Brand gekündigt und entschließt er sich erst Monate später, den Betrieb endgültig stillzulegen, so hat er die Mitbestimmungsrechte des BR nach §§ 111 ff. nach der Rechtsprechung des BAG[68] selbst dann zu beachten, wenn die reguläre Amtszeit des BR inzwischen bereits abgelaufen ist. Ein Restmandat des Betriebsrats – insbesondere zum Abschluss eines Sozialplans – besteht auch dann, wenn mehrere Unternehmen einen gemeinsamen Betrieb haben und eines dieser Unternehmen insolvent wird[69]. Wird ein Betrieb nur teilweise stillgelegt, tritt keine Beendigung der Amtszeit des BR ein, wenn der Restbetrieb betriebsratsfähig bleibt. Deshalb entsteht in diesem Fall auch kein Restmandat.

Über den Fall der Betriebsstilllegung hinaus kommt ein Restmandat des BR auch bei einer **Betriebsaufspaltung** in zwei oder mehrere Betriebe in Betracht, wenn die Spaltung zur Folge hat, dass der Ursprungsbetrieb nicht mehr besteht. Eine derartige Betriebsaufspaltung ist stets als Betriebsänderung gem. § 111 Satz 3 Nr. 3 und 1 BetrVG anzusehen. Auch in diesem Fall muss für den Betriebsrat des Ursprungsbetriebes auch nach Ablauf des Übergangsmandats i. S. des § 21 a BetrVG die Möglichkeit bestehen, über die E-Stelle die Aufstellung eines Sozialplans zu erzwingen[70], so dass in dieser Fallkonstellation das Restmandat das Übergangsmandat ggf. überdauert und sich an das Übergangsmandat anschließt. Dies gilt erst recht, wenn die Betriebsaufspaltung zur Folge hat, dass der abgespaltene Betriebsteil in einen anderen Betrieb, in dem ein Betriebsrat gewählt ist, eingegliedert wird, so dass ein Übergangsmandat von vornherein gar nicht entsteht. Da der Betriebsrat des aufnehmenden Betriebes mangels Vertretungsbefugnis für Angelegenheiten, die zeitlich vor der Eingliederung

83

---

68 Vgl. *BAG* 16.6.87, AP BetrVG 1972 § 111 Nr. 20.
69 Vgl. *FKHES*, § 21b Rn. 16 ff.
70 Vgl. *BAG* 16.6.87, AP BetrVG 1972 § 111 Nr. 19.

D. Betriebsverfassungsrechtliche Auswirkungen

stattgefunden haben, zu einem Abschluss nicht befugt ist, ist auch hier der Betriebsrat des Ursprungsbetriebs für den Abschluss von Interessenausgleich und Sozialplan zuständig[71].

84 Die Möglichkeit eines Restmandats besteht außerdem bei der **Zusammenlegung von Betrieben**. Gem. § § 111 S. 2 Nr. 3 stellt dieser Vorgang stets eine Betriebsänderung dar. Die Zusammenlegung von Betrieben hat entweder die Eingliederung des einen in den anderen Betrieb oder die Zusammenlegung der beteiligten Betriebe zur Folge. Im ersten Fall geht der eingegliederte Betrieb unter, im letzten Fall gehen die zusammengelegten Betriebe unter und ein neuer Betrieb entsteht. Die Betriebsräte der zusammengelegten Betriebe bleiben insbesondere für den Abschluss von Interessenausgleich und Sozialplan zsutändig, wenn sie ihre Beteiligungsrechte nicht abschließend vor der Zusammenlegung wahrnehmen konnten. Das gleiche gilt für den Fall der Eingliederung eines Betriebes in einen anderen. Das Übergangsmandat im Fall der Zusammenlegung vermittelt mangels zeitlicher Legitimation keine Kompetenz zum Abschluss eines Sozialplans[72].

5. Die Mitbestimmungsbeibehaltungsvereinbarung nach § 325 Abs. 2 UmwG

85 Gem. § 325 Abs. 2 Satz 1 UmwG kann durch Betriebsvereinbarung oder Tarifvertrag die Fortgeltung von Rechten und Beteiligungsrechten des Betriebsrats vereinbart werden, wenn die Spaltung oder Teilübertragung eines Rechtsträgers die Spaltung eines Betriebes zur Folge hat und für die aus der Spaltung hervorgegangenen Betriebe **Rechte oder Beteiligungsrechte des Betriebsrats entfallen**. Nach Satz 2 der Bestimmung bleiben die §§ 9 und 27 BetrVG unberührt.

86 Die Regelung[73] knüpft zunächst an das **Vorliegen einer Spaltung oder Teilübertragung** i.S.d. §§ ff. UmwG an. Sie setzt dar-

---

71 Vgl. *FKHE*, § 21b Rn. 13.
72 Vgl. *FKHE*, § 21b Rn. 13.
73 Vgl. zu § 325 Abs. 2 UmwG auch ausführlich *Bachner*, AR-Blattei SD 1625 Rn. 230 ff.

über hinaus voraus, dass diese zunächst auf der Rechtsträgerebene angesiedelte Maßnahme auch zur Spaltung des Betriebs i.S.d. BetrVG führt. Sie ist daher dann nicht anwendbar, wenn die Maßnahme keine oder unwesentliche betriebsorganisatorische Folgen hat, insbesondere also der Betrieb als solcher, wenn auch als sog. gemeinsamer Betrieb mehrerer Unternehmen fortbesteht[74].

Hat die Spaltung bzw. Teilübertragung eines Rechtsträgers allerdings auch die – betriebsorganisatorische – Spaltung eines Betriebes zur Folge, so kommt es regelmäßig auch zu einer **Verschiebung der betriebsverfassungsrechtlichen Schwellenwerte** (§§ 99, 110 Abs. 2, 111 BetrVG: mindestens 21 Arbeitnehmer; § 106 BetrVG: mindestens 101 Arbeitnehmer; § 110 Abs. 1 und § 95 Abs. 2 BetrVG: mindestens 501 Arbeitnehmer; vgl. auch die Größenstaffeln in §§ 38 und 112 a BetrVG) des Betriebsverfassungsgesetzes und damit zur Beeinträchtigung von Rechten und Mitbestimmungsrechten des Betriebsrats. Die Vorschrift soll entsprechende betriebsverfassungsrechtliche Mitnahmeeffekte einer Spaltung bzw. Teilübertragung verhindern helfen. **87**

§ 325 Abs. 2 UmwG stellt dabei zunächst klar, dass Mitbestimmungsrechte des Betriebsrats jedenfalls durch **Tarifvertrag** verbessert werden können. Insoweit schafft die Regelung keine keine neue Rechtslage[75]. Sie beseitigt darüber hinaus aber auch Zweifel daran, ob dies gleichermaßen durch **Betriebsvereinbarung** geschehen kann und vor allem auch hinsichtlich der Beteiligungsrechte in wirtschaftlichen Angelegenheiten möglich ist. So steht jetzt fest, dass z. B. die Erzwingbarkeit von Sozialplänen aufgrund von Tarifverträgen oder Betriebsvereinbarungen gemäß § 325 Abs. 2 UmwG beibehalten werden kann, selbst wenn im Unternehmen nach Spaltung bzw. Teilübertragung nur noch 20 oder weniger Arbeitnehmer beschäftigt sind. Ebenso ist es möglich, sowohl für das alte als auch ggf. für das neue Unter- **88**

---

74 Vgl. *Bachner*, NJW 1995, 2881.
75 Zur bloß rechtsbestätigenden Natur des § 325 Abs. 2 UmwG vgl. auch *Neye*, DB 1994, 2069; vgl. schon zur früheren Rechtslage *BAG* 18.8.1987, AP BetrVG 1972 § 77 Nr. 23; 10.2.1988, AP BetrVG 1972 § 99 Nr. 53; *BAG* 31.1.1995, NZA 1995, 1059 ff., wonach durch Tarifvertrag sogar der Tendenzschutz zu § 118 BetrVG beseitigt werden kann.

nehmen einen Wirtschaftsausschuss trotz Sinkens unter die Zahl von in der Regel mindestens 101 Arbeitnehmer vorzusehen.

89 Eine Mitbestimmungsbeibehaltungsvereinbarung könnte wie folgt formuliert werden:
Betriebsvereinbarung (Tarifvertrag) über die Fortgeltung von Rechten und Beteiligungsrechten

Die Betriebs- (Tarifvertrags-)parteien sind sich darüber einig, dass anläßlich der Spaltung (Teilübertragung) des Betriebes (genaue Bezeichnung) der XY – GmbH (u. U. Bezugnahme auf den in diesem Zusammenhang abgeschlossenen Interessenausgleich) nachfolgende Beteiligungsrechte in den abgespaltenen Betriebsteilen trotz Unterschreitung der betriebsverfassungsrechtlich vorgesehenen Schwellenwerte nicht entfallen, sondern vielmehr unverändert fortbestehen: Es folgt eine Aufzählung der einzelnen Beteiligungsrechte.

90 § 325 Abs. 2 i.V.m. § 21 a BetrVG stellt eine Korrektur der bisherigen Rechtsprechung dar[76], wonach durch Betriebsvereinbarung vor Wirksamwerden einer Spaltung nicht die **Rechtslage im erst künftig entstehenden Betrieb gestaltet werden** könne. Da nunmehr der das Übergangsmandat ausübende Betriebsrat eine – wenngleich zeitlich befristet – volle Amtszuständigkeit auch für den neuen Betrieb hat[77], ist es zwar im Prinzip rechtlich möglich und zulässig, eine mitbestimmungssichernde Betriebsvereinbarung erst während der Übergangsmandatzeit – also im bereits entstandenen neuen Betrieb – abzuschließen[78]. Allerdings könnte jetzt der neue Arbeitgeber und Betriebsinhaber keine Veranlassung mehr verspüren, nach bewirkter Spaltung bzw. Teilübertragung eine aus seiner Sicht überflüssige Mitbestimmungssicherung durch Vertragspolitik zu betreiben. Da somit die Möglichkeit zur mitbestimmungssichernden Betriebsvereinbarung praktisch

---

76 Vgl. *BAG* 1.4.1987, AP BGB § 613 a Nr. 64.
77 Ebenso *Joost*, ZIP 1995, 976.
78 So auch *Engels*, Festschrift für Wlotzke, 279 f.; *Boecken*, Unternehmensumwandlungen, Rn. 418.

leer laufen könnte, liegt der Schluß nahe, dass der Gesetzgeber durch § 325 Abs. 2 UmwG auch die Kompetenz der bisherigen Betriebsvereinbarungspartner vor Beginn des Übergangsmandats und damit vor Wirksamwerden der Spaltung bzw. Teilübertragung anlassbezogen erweitern wollte und deshalb solche **Betriebsvereinbarungen als aufschiebend bedingte Normenverträge** zulässig sind[79]. Solche Mitbestimmungssichernden Vereinbarungen können auch innerhalb eines Interessenausgleichs oder innerhalb eines Sozialplans getroffen werden. Aufgrund des im Umwandlungsrecht geltenden Prinzips der – partiellen – Gesamtrechtsnachfolge tritt der neue Arbeitgeber – Rechtsträger – sodann auch in die Verpflichtungen aus einer solchen Betriebsvereinbarung ein.

Betriebsvereinbarungen zur Mitbestimmungssicherung sind nicht erzwingbar. Es handelt sich um **bloß freiwillige Betriebsvereinbarungen** i.S.v. § 88 BetrVG[80]. Daher enden ihre Regelungen bei Kündigung im Grundsatz ohne Nachwirkung. Etwas anderes gilt dann, wenn die Nachwirkung besonders vereinbart wird. Die vereinbarte Mitbestimmungssicherung nach § 325 Abs. 2 UmwG ist grundsätzlich zeitlich unbefristet möglich. **91**

Nach dem Wortlaut der Bestimmung setzt die Möglichkeit zur Mitbestimmungssicherung voraus, dass die aus der Spaltung bzw. Teilübertragung hervorgehenden Betriebe zumindest die **Betriebsratsfähigkeit i.S.v. § 1 BetrVG** besitzen. Denn die Vorschrift knüpft ausdrücklich an den Fortbestand des Betriebsrats als solchem an. Allerdings kann für nicht betriebsratsfähige Kleinbetriebe i.S.v. § 1 BetrVG eine betriebliche Interessenvertretung durch Tarifvertrag gemäß §§ 1, 3 Abs. 2 TVG, 3 BetrVG vorgesehen werden[81]. **92**

Von der kollektivvertraglichen Abdingbarkeit ausdrücklich ausgenommen sind die organisationsrechtlichen Bestimmungen über die **Größe des Betriebsrats,** § 9 BetrVG, und die **93**

---

79 A.A. *Boecken*, a.a.O., der in § 325 Abs. 2 keine Ermächtigungsgrundlage für ein betriebsübergreifendes Handeln des Betriebsrats sehen will.
80 Vgl. *Herbst*, AiB 1995, 5; Bachner, NJW 1995, 2881 m.w.N.; *Boecken*, Rn. 415.
81 Vgl. dazu DKK-*Trümner*, § 3 Rn. 97 ff.

Betriebsausschussfähigkeit sowie die **Größe des Betriebsausschusses**, § 27 BetrVG. Hier bleibt die nach der Spaltung bzw. Teilübertragung vorhandene Arbeitnehmerzahl im Betrieb ausschlaggebend[82].

94 Insgesamt ist der Vorschrift des § 325 Abs. 2 Umwg die **prinzipielle Anerkennung der kollektivvertraglichen Änderbarkeit von organisatorischen Vorschriften des BetrVG** zu entnehmen. Da mit den „Rechten des Betriebsrats" vor allem die sog. operativen Rechte des Betriebsrats in Bezug genommen werden und dieser Begriff gleichrangig neben den „Beteiligungsrechten des Betriebsrats" genannt wird, kann die These von der Unabänderlichkeit organisatorischer Bestimmungen des Betriebsverfassungsgesetzes[83] nur noch eingeschränkt als zutreffend bezeichnet werden. Über den ausdrücklich erfassten Anwendungsbereich der Bestimmung hinaus ist die Norm daher auch dann analog anwendbar, wenn nicht eine Spaltung bzw. Teilübertragung i.S.d. Umwandlungsgesetzes für die Spaltung des Betriebs ursächlich ist, sondern vielmehr ein Betriebsinhaberwechsel im Wege der Einzelrechtsnachfolge[84]. Dies folgt aus dem Grundsatz der Gleichbehandlung des Art. 3 GG[85] und muss erst recht dann gelten, wenn es sich um eine rechtsträgerinterne Organisationsentscheidung handelt.

II. Kollektivrechtliche Fortgeltung von Betriebsvereinbarungen

1. Allgemeines

95 Für die Beurteilung der Rechtsstellung der von einer Umstrukturierungsmaßnahme betroffenen Arbeitnehmer und Unternehmen ist

---

82 Vgl. Erf-*Eisemann*, § 325 UmwG Rn. 15.
83 Vgl. dazu im Überblick in: DKK-*Däubler*, Einleitung, Rn. 72.
84 Vgl. DKK-*Trümner*, § 1 Rn. 89 q.
85 Vgl. *BAG* 31.5.2000, DB 2000, 1966; zum Analogieschluss im Betriebsverfassungsrecht allgemein *Bachner* NZA 1999, 1241 ff.; a. A. *Berscheid*, AR Blattei SD 530.6.4 Rn. 59.

entscheidender Ausgangspunkt, auf welcher **Rechtsgrundlage** die den Arbeitnehmern zustehenden Leistungen gewährt werden müssen. Dies spielt insbesondere für die Anspruchsgrundlage in einem arbeitsgerichtlichen Verfahren eine besondere Rolle. Hierbei muss zwischen der Ebene individualarbeitsvertraglicher auf der einen und der Ebene kollektivarbeitsrechtlicher – auf Grund einer Betriebs-, Gesamtbetriebs-, oder Konzernbetriebsvereinbarung – Leistungsgewährung differenziert werden. Die Beurteilung des Schicksals kollektivarbeitsrechtlicher Ansprüche hängt im wesentlichen davon ab, wie sich die Umstrukturierungsmaßnahme auf der organisatorischen Ebene, auf der das jeweils zuständige Gremium – Betriebsrat, Gesamtbetriebsrat, Konzernbetriebsrat – angesiedelt ist, auswirkt.

2. Der Fortbestand der Betriebsvereinbarung bei Aufrechterhaltung der Betriebsidentität

Die Betriebsvereinbarung bleibt von einer Umstrukturierungsmaßnahme unberührt, wenn die – betriebsverfassungsrechtliche – **Identität des Betriebes** (vgl. hierzu ausführlich Rn. 3) auch nach der Umstrukturierung erhalten bleibt[86]. Denn mit der Identität des Betriebs bleibt die entscheidende Grundlage für die kollektivrechtliche Fortgeltung der Betriebsvereinbarung aufrechterhalten. Auch § 613 a BGB geht nämlich im Grundsatz davon aus, dass Betriebsvereinbarungen auch in der Form einer Betriebsvereinbarung – also als kollektives Recht – fortgelten. Denn mit der in § 613 a Abs. 1 Satz 2 bis 4 BGB angeordneten Transformation bzw. Ablösung einer Betriebsvereinbarung bei Betriebsübergang werden lediglich **Auffangtatbestände** normiert[87], die nur dann zur Anwendung kommen, wenn sich die Fortgeltung der Betriebsvereinbarung nicht schon aus anderen Vorschriften ergibt. Die Regelungen dienen folglich der Schließung von Lücken im Betriebsverfassungs- und Tarifrecht. 613 a BGB dient nicht dazu,

96

---

86 Vgl. *BAG* 5.2.1991, 27.7.1994, AP BGB § 613 a Nr. 89, 118; ErfK-*Preis*, § 613a BGB Rn. 69; Kittner/Zwanziger-*Bachner*, § 116 Rn. 2; speziell zum UmwG *Bachner*, NJW 1995, 2881 ff.
87 Vgl. *FKHE*, § 77 Rn. 168.

die Rechtsstellung des Betriebsrats und der Arbeitnehmer einzuschränken. Diese Vorschrift soll eine zusätzliche Sicherung bieten, nicht aber die ohnehin bestehenden betriebsverfassungsrechtlichen Bindungen lockern. Deshalb lässt sich insbesondere aus § 613 a Abs. 1 Satz 2 BGB auch nicht ableiten, dass Betriebsvereinbarungen nach einem Betriebsinhaberwechsel nicht normativ fortwirken, sondern lediglich Inhalt der Arbeitsverträge werden und nur einen gewissen Schutz gegenüber individualrechtlichen Abänderungen zum Nachteil des Arbeitnehmers genießen[88]. Vielmehr gelten bei Aufrechterhaltung der betrieblichen Identität Betriebsvereinbarungen auch bei einem Betriebsinhaberwechsel normativ mit der Folge weiter, dass der Betriebsbewerber in die Rechtsstellung des bisherigen Betriebsinhabers eintritt. Er ist dann an die im Betrieb geltenden Betriebsvereinbarungen jedenfalls so lange gebunden, bis sie ihr Ende finden[89], etwa dadurch, dass der Betrieb seine Identität verliert und deshalb aufhört zu bestehen oder dadurch, dass die Betriebsvereinbarung gekündigt wird.

97 Der Grundsatz betriebsverfassungsrechtlicher Normenkontinuität folgt auch aus Art. 3 Abs. 3 der **Betriebsübergangsrichtlinie**. Danach erhält der Erwerber die in einem Kollektivvertrag vereinbarten Arbeitsbedingungen bis zur Kündigung oder bis zum Ablauf des Kollektivvertrages bzw. bis zum Inkrafttreten oder bis zur Anwendung eines anderen Kollektivertrages in dem gleichem Maße aufrecht, wie sie in dem Kollektivvertrag für den Veräußerer vorgesehen waren. Der Betriebserwerber tritt also auch nach der Vorgabe des europäischen Rechts grundsätzlich in die betriebsverfassungsrechtliche Stellung des bisherigen Betriebsinhabers ein.

98 Soweit eine **übertragende Umwandlung nach dem UmwG** – also eine Übertragung im Wege der Gesamtrechtsnachfolge – zu beurteilen ist, gilt im Grundsatz das Gleiche. Denn die Umwandlung ist nicht der gegenüber dem Betriebsübergang speziellere Tatbestand. Außerdem gelten auch für die Unternehmensumwand-

---

[88] So aber noch Gaul, ZTR 1989, 432, 436 f.; Wank, NZA 1987, 505, 507 f.; Wiesner, BB 1986, 1636, 1637.
[89] So auch ErfK-*Preis*, § 613 a BGB Rn. 68.

II. Kollektivrechtliche Fortgeltung von Betriebsvereinbarungen

lung nach dem UmwG die aus der Betriebsübergangsrichtlinie resultierenden Grundsätze. Deshalb sind die Voraussetzungen des § 613 a BGB auch im Zusammenhang mit einer Umwandlung selbstständig zu prüfen. Dies folgt insbesondere aus § 324 UmwG. Nach dieser Vorschrift bleibt § 613 a Abs. 1 und 4 BGB durch die Wirkungen der Eintragung einer Spaltung unberührt. Dies kann nur bedeuten, dass die Voraussetzungen des § 613 a BGB auch im Umwandlungsfall selbstständig zu prüfen sind. Die Wirkung der Umwandlung kann auch noch nach erfolgtem Betriebsübergang eintreten[90].

Bleibt die betriebliche Identität erhalten, so ist bei einer **Verschmelzung** allerdings § 20 Abs. 1 Nr. 1 UmwG die zutreffende Überleitungsnorm. Aufgrund der in dieser Bestimmung angeordneten Gesamtrechtsnachfolge rückt der übernehmende Rechtsträger in die betriebsverfassungsrechtliche Rechtsstellung seines Rechtsvorgängers als Vertragspartner der Betriebsvereinbarung nach. Im Falle der partiellen Gesamtrechtsnachfolge – bei einer **Spaltung** also – ist § 131 Abs. 1 Nr. 1 UmwG die zutreffende Überleitungsnorm auf den neuen Rechtsträger[91]. Für die Anwendung von § 324 UmwG i.V.m. § 613 a Abs. 1 Satz 2 bis 4 BGB ist bei Erhaltung der betrieblichen Identität kein Raum. **99**

Für die **Frage des Betriebsbegriffs** ist entscheidend auf den betriebsverfassungsrechtlichen (vgl. Rn. 4 ff.) und nicht auf den Betriebsbegriff i. S. v. § 613 a BGB (vgl. Rn. 3 ff.) abzustellen, denn Gegenstand der rechtlichen Bewertung sind Vereinbarungen, die auf der Ebene des Betriebes i. S. v. § 1 BetrVG von den Betriebsparteien abgeschlossen wurden. **100**

Gilt die Betriebsvereinbarung kollektivrechtlich weiter, so hat sie auch nach dem Betriebsinhaberwechsel **unmittelbare und zwingende Wirkung** i. S. v. § 77 Abs. 4 Nr. 1 BetrVG. Dies gilt unterschiedslos sowohl für die Einzel- wie auch für die Gesamtrechtsnachfolge. Die Unternehmensleitung kann sich von dieser Betriebsvereinbarung lediglich durch Kündigung gegenüber dem Betriebsrat lösen, § 77 Abs. 5 BetrVG. **101**

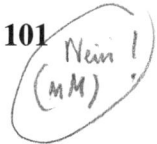

---

90 Vgl. *BAG* 25.5.2000, DB 2000, 1966.
91 Vgl. Kittner/Zwanziger – *Bachner*, § 116 Rn. 3.

3. Betriebsvereinbarung und Übergangsmandat

102 Mit Einführung des § 21 a BetrVG hat der Gesetzgeber erstmals ein **allgemeingültiges Übergangsmandat** kodifiziert (vgl. hierzu ausführlich Rn. 31 ff.). Dieser Umstand erlangt bei der Beurteilung der kollektivrechtlichen Fortgeltung von Betriebsvereinbarungen insoweit Bedeutung, als es sich beim Übergangsmandat um ein vollwertiges Betriebsratsmandat handelt (vgl. Rn. 44 ff.). Handelt es sich aber um ein vollumfängliches Betriebsratsmandat, so muss auch der übergangsweise mandatierte Betriebsrat die Betriebsvereinbarung auf kollektivrechtlicher Ebene weiterführen können, also gerade dann wenn sich Veränderungen bei der betrieblichen Identität ergeben. Denn es wäre widersprüchlich, zwar das uneingeschränkte Übergangsmandat des Betriebsrats des Ursprungsbetriebes als solches anzuerkennen, die Fortgeltung der von ihm für den abgespaltenen/zusammengelegten Betrieb/Betriebsteil abgeschlossenen Betriebsvereinbarungen jedoch zu leugnen[92]. Das gleiche muss auch dann gelten wenn mehrere Betriebe/Betriebsteile unterschiedlicher Ursprungsbetriebe zusammengelegt werden. Dann führt der für die Wahrnehmung des Übergangsmandats zuständige Betriebsrat die Betriebsvereinbarungen jeweils für die unterschiedlichen Teilbelegschaften auf normativer Ebene weiter (zu den Ausnahmen bei rechtlicher bzw. tatsächlicher Unmöglichkeit bei unternehmensinterner Restrukturierung vgl. Rn. 138 ff.).

103 Die normative Fortgeltung der Betriebsvereinbarung durch den übergangsweise mandatierten Betriebsrat folgt auch aus Art. 3 Abs. 3 der Betriebsübergangsrichtlinie. Die Bestimmung geht nämlich für den Fall des Betriebsübergangs von dem **Grundsatz des Vorrangs kollektivrechtlicher vor individualrechtlicher Fortgeltung** aus, wie sich schon aus der Formulierung ergibt, wonach die in einem Kollektivvertrag enthaltenen Arbeitsbedingungen „in dem gleichen Maße aufrechtzuerhalten sind, wie sie in dem Kollektivvertrag für den Veräußerer vorgesehen waren".

---

92 Vgl. jetzt ausdrücklich *BAG* 1 ABR 54/01, 18.09.2002; *FKHE*, § 77 Rn. 174; *Düwell*, NZA 1996, 393; Kittner/Zwanziger-*Bachner*, § 116 Rn. 8.

Nach **Beendigung des Übergangsmandats** kommt es darauf an, **104** ob für den abgespaltenen/zusammengelegten Betrieb/Betriebsteil ein neuer Betriebsrat gewählt wurde. Ist dies der Fall, so tritt der neu gewählte Betriebsrat in die Betriebsvereinbarung – für den abgegrenzten Belegschaftsteil – als Vertragspartner ein. Die Betriebsvereinbarung gilt dann kollektivrechtlich weiter[93]. Wird kein neuer Betriebsrat gewählt, so werden die Normen der Betriebsvereinbarung mit Beendigung des Übergangsmandats gem. (§ 324 UmwG i.V.m.) § 613 a Abs. 1 Satz 2 BGB Bestandteil des Arbeitsvertrages. Der Eintritt der Transformationswirkung von § 613 a Abs. 1 Satz 2 BGB deshalb in dieser Konstellation also durch die Beendigung des Übergangsmandats aufschiebend bedingt.

III. Kollektivrechtliche Fortgeltung von Gesamtbetriebsvereinbarungen

Nach der Rspr. des *BAG* ist das Ende der Amtszeit des Betriebsrats **105** oder der Wegfall des Betriebsrats für den Fortbestand einer Betriebsvereinbarung ohne Bedeutung[94]. Nichts anderes kann für den kollektivrechtlichen Fortbestand einer Gesamtbetriebsvereinbarung gelten. Die Beendigung der Amtszeit des Gesamtbetriebsrats – etwa dadurch, dass das Unternehmen nach Abspaltung/Übertragung eines oder mehrerer Betriebsteile auf einen anderen Rechtsträger nur noch einen Betrieb führt oder dass einer von mehreren Betrieben aus dem Unternehmen ausgegliedert wird und damit die Zuständigkeit des Gesamtbetriebsrats für den ausgegliederten Betrieb endet – hat deshalb nicht, wie auf den ersten Blick vermutet werden könnte, in jedem Fall zugleich die Beendigung der **normativen Wirkung einer Gesamtbetriebsvereinbarung zur Folge, wie auch das BAG in seiner jüngsten Rspr. bestätigt**[94a].

---

93 A. A. Willemsen/*Hohenstatt*, Rn. E 19, der im übrigen auch verkennt, dass sich die von *Bachner* in NZA 1997, 79 ff. vertretene Auffassung zur kollektivrechtlichen Fortgeltung von Betriebsvereinbarungen auf unternehmensinterne Umstrukturierungsmaßnahmen bezieht.
94 Vgl. *BAG* 28.7.1981, AP BetrVG § 87 Urlaub Nr. 2.
94a *BAG* 1 ABR 54/01, 18.09.2002.

D. Betriebsverfassungsrechtliche Auswirkungen

106 Teilweise wird in der Literatur – allerdings ohne nähere Begründung – gerade für den – praktisch sehr relevanten – Fall der Ausgliederung eines Betriebs als ganzes aus dem Unternehmen, für den der Gesamtbetriebsrat gebildet wurde, die Auffassung vertreten, dass Gesamtbetriebsvereinbarungen als normative Teilordnung in der Rechtsform einer Einzelbetriebsvereinbarung auch im aufnehmenden Unternehmen bestehen blieben[95]. Dieser Auffassung kann in dieser Allgemeinheit nicht gefolgt werden. Sie verkennt, dass der Gesamtbetriebsrat im Falle **originärer Zuständigkeit** nach § 50 Abs. 1 BetrVG aus eigenem Recht handelt und damit seine Legitimation nicht unmittelbar von den Einzelbetriebsräten ableitet. Zwar leitet auch der Gesamtbetriebsrat seine demokratische Legitimation letztendlich von den Arbeitnehmern aller Betriebe ab. Hieraus darf jedoch nicht der Schluss gezogen werden, dass Gesamtbetriebsvereinbarungen in den zur Diskussion stehenden Fallgestaltungen in jedem Fall dann normativ weitergelten, wenn auch die organisatorische Einheit Betrieb und damit die Legitimationsbasis auf örtlicher Ebene bestehen bleibt. Denn bei originärer Zuständigkeit wird der Gesamtbetriebsrat nicht wie im **Beauftragungsfall** nach § 50 Abs. 2 BetrVG als Stellvertreter, sondern als Repräsentant der Arbeitnehmer auf Unternehmensebene tätig. Deshalb ist es nur folgerichtig, bei originärer Zuständigkeit des Gesamtbetriebsrats auf das Unternehmen als organisatorische Einheit und mitbestimmungsrechtlicher Partner des Gesamtbetriebsrats abzustellen. Die für die normative Fortgeltung von Betriebsvereinbarungen entwickelten Grundsätze können folglich nur im Falle der Auftragszuständigkeit des Gesamtbetriebsrats gelten, da es sich bei solchen Gesamtbetriebsvereinbarungen nach ihrer Rechtsnatur um Einzelbetriebsvereinbarungen der Einzelbetriebsräte handelt[96], Mitbestimmungsträger also der Einzelbetriebsrat bleibt[97]. Entscheidend ist daher die Differenzierung zwischen abgebendem und aufnehmendem Unter-

---

[95] Vgl. ErfK-*Hanau/Kania*, § 77 BetrVG Rn. 157, wohl auch *Röder/Haußmann*, DB 1999, 1754.
[96] Vgl. Willemsen/*Hohenstatt*, Rn. E 50; ähnlich auch ErfK-*Preis*, § 613a BGB Rn. 70, so jetzt auch BAG 1 ABR 54/01, 18.09.2002.
[97] Vgl. DKK-*Trittin*, § 50 Rn. 74.

nehmen sowie zwischen originärer und Auftragszuständigkeit des Gesamtbetriebsrats[98].

107 Im **„abgebenden" Unternehmen** endet die Gesamtbetriebsvereinbarung als kollektive Rechtsnorm nicht schon dann, wenn dieses Unternehmen bzw. dieser Rechtsträger nicht mehr über einen Gesamtbetriebsrat verfügt. Die Gesamtbetriebsvereinbarung gilt deshalb selbst dann kollektivrechtlich weiter, wenn die Voraussetzungen für die Bildung eines Gesamtbetriebsrats entfallen sind, weil das „abgebende" Unternehmen in Folge der Umstrukturierung nur noch einen Betrieb führt. Der Arbeitgeber hat dann die Kündigung der Gesamtbetriebsvereinbarung gegenüber dem Betriebsrat auszusprechen, der im abgebenden Unternehmen verbleibt, bzw. allen Arbeitnehmern des Unternehmens gegenüber zu erklären, wenn im abgebenden Unternehmen kein Betriebsrat mehr vorhanden ist[99].

108 Wird ein **Betrieb in seiner Gesamtheit** auf einen anderen Rechtsträger **ausgegliedert** und bleibt dessen betriebliche Identität nach der Ausgliederung erhalten, so gilt die „Gesamtbetriebsvereinbarung" kollektivrechtlich weiter, wenn sie nach § 50 Abs. 2 BetrVG im Auftrag des für den ausgegliederten Betrieb zuständigen Betriebsrats abgeschlossen wurde. Entscheiden ist die Aufrechterhaltung der organisatorischen Einheit „Betrieb". Nach der neuesten Rspr. des BAG gilt dies auch dann, wenn der Gesamtbetriebsrat zwar originär zuständig war (§ 50 Abs. 1 BetrVG), im aufnehmenden Unternehmen jedoch keine eigenständigen betrieblichen Strukturen vorhanden sind, infolgedessen dort weder Betriebsrat noch Gesamtbetriebsrat existiert[99a].

109 Die Gesamtbetriebsvereinbarung wirkt auch dann für die Arbeitnehmer des abgebenden Unternehmens normativ fort, wenn bei originärer Zuständigkeit des Gesamtbetriebsrats **alle oder mehrere Betriebe des abgebenden Unternehmens auf einen neuen Rechtsträger übertragen werden** und in diesem Unternehmen kein Gesamtbetriebsrat existiert[99b]. Existiert in einem solchen Fall

---

98 Vgl. Kittner/Zwanziger-*Bachner*, § 116 Rn. 9 ff..
99 Vgl. *FKHE*, § 77 Rn. 175.
99a BAG 18.09.2002, 1 ABR 54/01.
99b So jetzt ausdrücklich BAG 18.09.2002, 1 ABR 54/01.

im aufnehmenden Unternehmen ein Gesamtbetriebsrat und hat dieser in originärer Zuständigkeit eine Gesamtvereinbarung desselben Regelungsgegenstandes abgeschlossen, so endet die kollektivrechtliche Wirkung der Gesamtbetriebsvereinbarung des abgebenden Rechtsträgers gem. § 613 a Abs. 1 Satz 3 BGB und wird durch die Gesamtbetriebsvereinbarung des aufnehmenden Rechtsträgers abgelöst (zu den Rechtsfolgen vgl. näher Rn. 135 ff.).

110 Wird lediglich ein Betriebsteil aus einem Unternehmen ausgegliedert, bleibt aber die betriebliche Identität als Folge der Entstehung eines **gemeinsamen Betriebes mehrerer Unternehmen** (vgl. Rn. 8 ff.) erhalten, so gilt die Gesamtbetriebsvereinbarung sowohl bei Auftrags- wie auch originärer Zuständigkeit des Gesamtbetriebsrats als kollektive Rechtsnorm fort. Nach der neuesten Rspr. des BAG gilt dies auch dann, wenn zwar ein gemeinsamer Betrieb nicht entsteht, im aufnehmenden Unternehmen jedoch keine Betriebsräte vorhanden sind[99c].

111 Führt die Ausgliederung eines Betriebsteils nicht zur Entstehung eines gemeinsamen Betriebes mehrerer Unternehmen, so tritt der das **Übergangsmandat** wahrnehmende Betriebsrat in die Vertragspartnerstellung des Ursprungsbetriebsrats ein, wenn der Gesamtbetriebsrat im Auftrag des örtlichen Betriebsrats tätig wurde (vgl. Rn. 102 ff.). Bis zur Beendigung des Übergangsmandats gilt die Gesamtbetriebsvereinbarung dann Fall kollektivrechtlich weiter. Nach Beendigung der Übergangsmandats tritt der neugewählte Betriebsrat als Rechtsnachfolger in die Betriebsvereinbarung ein. Wird kein neuer Betriebsrat gewählt, so löst die Beendigung des Übergangsmandats die Transformationswirkung von § 613 a Abs. 1 Satz 2 BGB aus.

IV. Kollektivrechtliche Fortgeltung von Konzernbetriebsvereinbarungen

112 Bei der Beurteilung der kollektivrechtlichen Fortgeltung von Konzernbetriebsvereinbarungen ist in Anlehnung an die für die

---

99c BAG 18.09.2002, 1 ABR 54/01.

Gesamtbetriebsvereinbarung getroffene **Unterscheidung** (vgl. Rn. 105 ff.) **zwischen echter und unechter Konzernbetriebsvereinbarung** zu differenzieren[100].

Handelt es sich um eine echte Konzernbetriebsvereinbarung, also um eine solche die der Konzernbetriebsrat aufgrund **originärer Zuständigkeit** gemäß § 58 Abs. 1 BetrVG vereinbart hat, so gilt diese Konzernbetriebsvereinbarung dann kollektivrechtlich weiter, wenn ein **Betrieb innerhalb des Konzerns veräußert** wird und deshalb innerhalb des Konzernverbunds verbleibt[101]. Wird ein **Betriebsteil** aus einem Betrieb mit Betriebsrat ausgegliedert und **innerhalb des Konzerns veräußert**, so kommt es bei originärer Zuständigkeit des Konzernbetriebsrats entscheidend darauf an, ob der Konzernbetriebsrat auch für solche Einheiten zuständig ist, die keinen Betriebsrat gewählt haben. Von einer umfassenden Zuständigkeit des Konzernbetriebsrats auch für betriebsratslose Betriebe ist auszugehen, da bei der Berechnung des Quorums für die Errichtung des Konzernbetriebsrats alle im Konzern beschäftigten Arbeitnehmer mitzurechnen sind[102]. Dieses Ergebnis folgt außerdem aus der durch das durch das BetrVerf-ReformG in § 58 Abs. 1 BetrVG eingefügten Regelung, wonach sich die Zuständigkeit des Konzernbetriebsrats im Bereich der originären Zuständigkeit ausdrücklich auch erstreckt auf Unternehmen, die einen Gesamtbetriebsrat nicht gebildet haben, sowie auf Betriebe der Konzernunternehmen ohne Betriebsrat. Dann aber muss die Konzernbetriebsvereinbarung auch für den innerhalb des Konzerns ausgeliederten Betriebsteil kollektivrechtlich weitergelten. Dasselbe gilt dann, wenn das den Gesellschafter bzw. Anteilseigner wechselnde Unternehmen weiterhin im Konzernverbund verbleibt[103]. **113**

Im Falle der **Auftragszuständigkeit** des Konzernbetriebsrats kommt es darauf an, in wessen Auftrag der Konzernbetriebsrat tätig wurde. Erfolgte die Beauftragung durch den Gesamtbetriebsrat in einer Angelegenheit, für die der Gesamtbetriebsrat **114**

---

100 Vgl. Kittner/Zwanziger-*Bachner*, § 116 Rn. 14 ff..
101 Vgl. Willemsen/*Hohenstatt*, Rn. E 51.
102 Vgl. *BAG* 11.8.1993, AP BetrVG 1972 § 54 Nr. 6.
103 Vgl. Willemsen/*Hohenstatt*, Rn. E 51.

originär zuständig ist, so gelten die dortigen Ausführungen entsprechend (vgl. Rn. 102 ff.). Beauftragt der Gesamtbetriebsrat den Konzernbetriebsrat in einer Angelegenheit, in der er zuvor selbst durch den örtlichen Betriebsrat beauftragt wurde, so handelt es sich der Sache nach um eine örtliche Betriebsvereinbarung (vgl. zu den Rechtsfolgen Rn. 102 ff.). Das gleiche gilt dann, wenn der örtliche Betriebsrat den Konzernbetriebsrat unmittelbar beauftragt hat.

V. Transformation in Individualarbeitsrecht und Ablösung durch andere Regelungen

1. Allgemeines

115 Gelten Betriebsvereinbarungen, Gesamtbetriebsvereinbarungen und Konzernbetriebsvereinbarungen nicht kollektivrechtlich weiter, so werden die Normen der jeweiligen Kollektivvereinbarung grundsätzlich **Inhalt des Arbeitsverhältnisses** zwischen dem neuen Inhaber und dem Arbeitnehmer, und dürfen nicht vor Ablauf eines Jahres nach dem Zeitpunkt des Übergangs zum Nachteil des Arbeitnehmers geändert werden, (§324 UmwG i. V. mit) § 613 a Abs. 1 Satz 2 BGB. Hierin liegt neben der Überleitung des Arbeitsverhältnisses die eigentliche Bedeutung von § 613a BGB als gesetzlicher Auffangtatbestand und Schutznorm.

116 § 613 a Abs. 1 Satz 2 BGB hat seine Rechtsgrundlage in Art. 3 Abs. 3 der **Betriebsübergangsrichtlinie** 98/50/EG vom 29. Juni 1998. Danach erhält der Erwerber die in einem Kollektivvertrag vereinbarten Arbeitsbedingungen bis zur Kündigung oder zum Ablauf des Kollektivvertrages bzw. bis zum Inkrafttreten oder bis zur Anwendung eines anderen Kollektivvertrages in dem gleichen Maße aufrecht, wie sie in dem Kollektivvertrag für den Veräußerer vorgesehen waren. Die Mitgliedstaaten können den Zeitraum für die Aufrechterhaltung der Arbeitsbedingungen jedoch begrenzen, allerdings darf dieser nicht weniger als ein Jahr betragen. Von dieser Beschränkungsmöglichkeit hat der deutsche Gesetzgeber in § 613 a Abs. 1 Satz 2 BGB Gebrauch gemacht.

V. Transformation in Individualarbeitsrecht u. Ablösung durch andere Regelungen

Der bundesdeutsche Gesetzgeber ist mit der Einfügung des § 613 a Abs. 1 S. 2 – 4 BGB im Rahmen des Arbeitsrechtlichen EG-Anpassungsgesetzes vom 13.8.1980[104] der Forderung nach einer Aufrechterhaltung kollektivvertraglicher Arbeitsbedingungen nachgekommen. Er hat sich in diesem Zusammenhang bei der Frage nach den Auswirkungen eines Betriebsübergangs auf Kollektivvereinbarungen für die **individualrechtliche Lösung** entschieden. Damit wurde dem kollektivrechtlichen Modell, das einen Eintritt des Betriebserwerbers in bestehende Tarifverträge oder Betriebsvereinbarungen zum Gegenstand gehabt hätte, eine klare Absage erteilt, soweit Tarifverträge oder Betriebsvereinbarungen nicht aus anderem Grund kollektivrechtlich weitergelten. Der Grund hierfür waren verfassungsrechtliche Bedenken. Befürchtet wurde ein Verstoß gegen die negative Koalitionsfreiheit des Betriebserwerbers, der beispielsweise bei Verbandstarifverträgen gegen seinen Willen zum Eintritt in den jeweiligen Arbeitgeberverband gezwungen worden wäre[105]. 117

Generell ist zwischen der **Transformation** von Betriebsvereinbarungen, Gesamtbetriebsvereinbarungen und Konzernbetriebsvereinbarungen zu unterscheiden. 118

2. Transformation und Ablösung von Betriebsvereinbarungen

§ 613 a Abs. 1 Satz 2 bis 4 BGB greift wegen seines Charakters als **gesetzlicher Auffangtatbestand**[106] erst dann ein, wenn das Übergangsmandat beendet ist (vgl. Rn. 102 ff.). Nach **Beendigung des Übergangsmandats** kommt § 613 a Abs. 1 Satz 2 BGB sowohl dann, wenn der Gesamtbetrieb seinen Inhaber wechselt und dieser entweder mit einem anderen Betrieb des neuen Inhabers zu einem neuen Betrieb zusammengelegt oder in einen Betrieb der Erwerbers eingegliedert wird, als auch dann zur Anwendung, wenn der Inhaberwechsel lediglich die Veräußerung eines Betriebsteils betrifft, es sei denn, der bisher 119

---

104 Vgl. BGBl. I S. 1308.
105 Vgl. *Hergenröder*, AR – Blattei SD 500.1 Rn. 499.
106 Vgl. Kittner/Zwanziger-*Bachner*, § 116 Rn. 20.

D. Betriebsverfassungsrechtliche Auswirkungen

einheitliche Betrieb besteht als Gemeinschaftsbetrieb mehrerer Unternehmen fort (hierzu ausführlich Rn. 8 ff.).

120 Die Transformation von Normen der Betriebsvereinbarung in individualrechtliche Ansprüche bezieht sich zunächst auf **Inhaltsnormen**. Hierbei handelt es sich um Rechtsnormen, die Rechte und Pflichten aus dem Arbeitsverhältnis regeln. Allerdings werden auch sogenannte **Abschluss- und Beendigungsnormen** erfasst[107]. Um eine Abschlussnorm handelt es sich z. B. dann, wenn die Betriebsvereinbarung einen Anspruch auf Änderung des Arbeitsverhältnisses vorsieht oder sich aus der Betriebsvereinbarung – z. B. nach Ablauf einer Befristung – ein Anspruch auf Abschluss eines Arbeitsverhältnisses ergibt[108]. Beendigungsnormen sind solche Bestimmungen, die die Beendigung eines Arbeitsverhältnisses regeln, also z. B. Kündigungsschutzbestimmungen, die sich aus Betriebsvereinbarungen ergeben. Denkbar ist z. B. der Ausschluss von Kündigungen für ältere Arbeitnehmer. **Betriebsnormen und betriebsverfassungsrechtliche Normen** werden nur insoweit Bestandteil des Arbeitsvertrages, als sie auch Gegenstand vertraglicher Einheitsregelungen sein können[109]. Dies setzt voraus, dass ein unmittelbarer Zusammenhang mit dem arbeitnehmerseitigen Pflichtenkreis, wie er sich aus dem Arbeitsverhältnis ergibt, besteht. Dies ist z. B. für den Fall einer Arbeitszeitregelung zu bejahen.

121 Von der Transformationswirkung erfasst werden nur diejenigen Arbeitsverhältnisse, die zum **Zeitpunkt des Betriebsübergangs** bereits bestanden. Nicht erfasst werden hingegen nachträglich begründete Arbeitsverhältnisse.

122 Transformierte kollektivrechtliche Ansprüche dürfen nicht vor Ablauf eines Jahres nach dem Zeitpunkt des Betriebsübergangs zum Nachteil des Arbeitnehmers geändert werden. Nach Ablauf der einjährigen **Veränderungssperre** besteht die Möglichkeit, das transformierte Kollektivarbeitsrecht abzuändern. Dies kann entwe-

---

107 Vgl. Kittner/Zwanziger-*Bachner*, § 116 Rn. 21.
108 Vgl. Kittner/Däubler/*Zwanziger*, KSchR § 613 a BGB Rn. 62, allerdings in Bezug auf tarifvertragliche Abschlussnormen.
109 Vgl. *Kempten/Zachert*, § 3 TVG Rn. 56.

der durch einen **Tarifvertrag** oder aber eine **Betriebsvereinbarung** geschehen – und zwar in demselben Maße wie während des Laufs der Sperrfrist. Darüber hinaus besteht die Möglichkeit, die Arbeitsbedingungen durch einvernehmlichen **Änderungsvertrag**[110] oder aber durch eine **Änderungskündigung** abzuändern. Unproblematisch ist in diesem Zusammenhang der Änderungsvertrag. Er ist nach Ablauf der Veränderungssperre unbeschränkt zulässig. Die Änderungskündigung ist lediglich im Rahmen der allgemeinen für eine Änderungskündigung geltenden Bestimmungen zulässig, insbesondere muss die Änderungskündigung sozial gerechtfertigt sein[111].

123 Unternehmensumstrukturierungen führen als Folge der Eingliederung oder aber der Zusammenlegung von Betrieben und/oder Betriebsteilen vielfach dazu, dass die Arbeitnehmer – je nach betrieblicher Zuordnung vor der Durchführung der Unternehmensumstrukturierung – im neuen Betrieb **unterschiedliche Ansprüche** und damit Arbeitsbedingungen haben. Dies verstößt nicht gegen den **Gleichbehandlungsgrundsatz**, den die unterschiedliche Behandlung der Arbeitnehmer ist unmittelbare und zwingende Folge von § 613 a Abs. 1 Satz 2 BGB. Die Differenzierung der Arbeitnehmerpositionen danach, aus welchem Betrieb die Arbeitnehmer stammen, ist nicht sachwidrig und stellt deshalb keinen Grund für eine Änderungskündigung dar. Insbesondere ist es unzulässig, die Verschlechterung der Rechtsstellung eines Arbeitnehmers, dessen Arbeitsverhältnis auf der Grundlage eines Betriebs(teil)übergangs übertragen wurde, mit der Begründung herbeizuführen, seine Arbeitsbedingungen seien günstiger als die schon bislang im Erwerberunternehmen beschäftigten Arbeitnehmer. Die Arbeitsbedingungen der übergegangenen Arbeitnehmer können daher nicht unter Berufung auf den Gleichbehandlungsgrundsatz nach unten angepasst werden[112]. Auf der anderen Seite kann der schlechter gestellte Belegschaftsteil auch keine Anpassung nach oben auf der

---

110 Vgl. Willemsen/*Hohenstatt*, Rn. E 35.
111 Vgl. *Kittner*/Däubler/Zwanziger, KSchR § 2 Rn. 134 ff..
112 Vgl. *BAG* 28.4.1982, AP KSchG 1969 § 2 Nr. 3; *Bachner*, AiB 1996, 281.

Grundlage des Gleichbehandlungsgrundsatzes verlangen[113]. Es darf jedoch nicht verkannt werden, dass aus Gründen des Betriebsfriedens und zur Herstellung materieller Gleichheit vielfach eine Vereinheitlichung der Arbeitsbedingungen erforderlich ist. Eine entsprechende Verhandlungsverfahren kann im Zuge der Interessenausgleich- und Sozialplanverhandlungen vereinbart werden.

124 *Formulierungsvorschlag:*

Die Betriebsparteien (entsprechendes gilt für Gesamt- und Konzernbetriebsrat) sind sich darüber einig, dass die unterschiedliche Behandlung der Arbeitnehmer, soweit deren Arbeitsbedingungen in (Gesamt-, Konzern-)Betriebsvereinbarungen geregelt waren, unmittelbare und zwingende Folge von § 613 a Abs. 1 Satz 2 BGB ist. Dies betrifft insbesondere nachfolgende Bereiche des Arbeitsverhältnisses: Es folgt eine Aufzählung der jeweils unterschiedlich geregelten Arbeitsbedingungen.

Es besteht allerdings auch insoweit Einigkeit bei den Betriebsparteien, dass ein Zusammenwachsen und eine gedeihliche Zusammenarbeit der bisher selbstständigen Belegschaften einer Vereinheitlichung der in Betriebsvereinbarungen geregelten Arbeitsbedingungen bedarf.

Bis zum Zeitpunkt der turnusmäßigen Betriebsratswahl im Jahre .... (denkbar sind auch anderweitige Zeitpunkte) wird der (Gesamt-, Konzern-)Betriebsrat gemeinsam mit der Geschäftsführung unter Berücksichtigung der unterschiedlichen Anspruchssituationen und der jeweils unterschiedlichen Interessen alles unternehmen, die Arbeitsbedingungen, soweit sie durch Betriebsvereinbarung geregelt waren, zu vereinheitlichen. Sollte bis zu diesem Zeitpunkt eine Einigung nicht möglich sein, so entscheidet die Einigungsstelle verbindlich für die o. g. Arbeitsbedingungen, auch wenn der Spruch der Einigungsstelle nicht erzwingbar ist. Die Betriebsparteien unterwerfen sich schon jetzt dem Spruch der Einigungstelle.

---

113 Vgl. *BAG* 30.8.1979, AP BGB § 613 a Nr. 16.

125 Die **Dauer der Veränderungssperre** ist auf die Dauer der Betriebsvereinbarung beschränkt. Endet also eine Betriebsvereinbarung vor Ablauf eines Jahres nach dem Betriebsübergang, so endet zu diesem Zeitpunkt auch die Veränderungssperre. Dies ergibt sich daraus, dass § 613 a BGB lediglich den kollektivrechtlichen Status quo des Arbeitnehmers schützt.

126 Die Transformationswirkung des § 613 a Abs. 1 Satz 2 BGB endet auch dann vor Ablauf eines Jahres nach dem Zeitpunkt des Betriebsübergangs, wenn Arbeitgeber und Arbeitnehmer eine **Vereinbarung über die Geltung des im Betrieb anwendbaren Tarifvertrages** treffen, § 613 a Abs. 1 Satz 4 BGB. Voraussetzung ist allerdings, dass der Tarifvertrag nicht schon als Kollektivnorm Anwendung findet. Im übrigen reicht es nicht aus, wenn sich Arbeitgeber und Arbeitnehmer lediglich auf einzelne Normen des Tarifvertrages einigen, vielmehr hat eine solche Vereinbarung nur dann ablösende Wirkung, wenn der gesamte Tarifvertrag durch individualrechtliche Vereinbarung zur Grundlage des Arbeitsvertrages gemacht wird[114]. Voraussetzung ist außerdem, dass der Tarifvertrag überhaupt sachliche Teilmengen des transformierten Kollektivrechts enthält[115] und dass die Vereinbarung im Geltungsbereich des in Bezug genommenen Tarifvertrages vereinbart wird. Der Tarifvertrag muss also – beiderseitige Tarifgebundenheit unterstellt – räumlich und fachlich anwendbar sein[116].

127 Zu einer Transformation der Ansprüche aus der Betriebsvereinbarung in den Individualarbeitsvertrag kommt es gleichfalls nicht, wenn die Rechte und Pflichten aus der Betriebsvereinbarung bei dem neuen Inhaber durch **Rechtsnormen einer anderen Betriebsvereinbarung** geregelt werden, § 613 a Abs. 1 Satz 3 BGB. Diese Bestimmung dient der Vereinheitlichung der Arbeitsbedingungen beim Erwerber und so auch dem Betriebsfrieden im Erwerberbetrieb. Die Ablösung der individualrechtlichen Fortgeltung durch andere, neue Betriebsvereinbarungen

---

114 Vgl. ErfK-*Preis*, § 613a BGB Rn. 76.
115 Vgl. Willemsen/*Hohenstatt*, Rn. E 36.
116 Vgl. Willemsen/*Hohenstatt*, Rn. E 37.

findet unabhängig davon statt, welche Arbeitsbedingungen günstiger sind. Das **Günstigkeitsprinzip** gilt nicht[117]. Voraussetzung dafür, dass § 613 a Abs. 1 Satz 3 BGB seine Verdrängungsfunktion entfalten kann, ist die Eingliederung des veräußerten Betriebs(teils) in einen Betrieb des Erwerbers, in dem eine Betriebsvereinbarung denselben Gegenstand regelt. Dies gilt sowohl in persönlicher als auch in sachlicher Hinsicht. Ob eine solche **Identität der Regelungsgegenstände** vorliegt, ist für jeden Sachkomplex gesondert festzustellen[118].

128 Für die Durchbrechung der Transformationswirkung ist nicht erforderlich, dass die ablösende Betriebsvereinbarung schon zum **Zeitpunkt des Betriebsüberganges** Anwendung findet. Vielmehr haben auch solche Betriebsvereinbarungen Verdrängungswirkung, die nach dem Betriebsübergang vereinbart werden, da dem Vereinheitlichungsinteresse des neuen Inhabers der Vorrang gebührt[119].

129 Die Beseitigung der Transformationswirkung durch § 613 a Abs. 1 Satz 3 BGB kollidiert allerdings im Bereich **betrieblicher Altersversorgungsregelungen**, soweit sie auf einer Betriebsvereinbarung beruhen, mit dem Grundsatz des Vertrauensschutzes[120], wenn die Betriebsvereinbarung beim Erwerber eine schlechtere Versorgungszusage enthält[121] (vgl. näher § 9 Rn. 116 ff.).

130 Nach der Rspr. des *BAG* lassen sich die Einschränkungen der individualrechtlichen Fortgeltung von Betriebsvereinbarungen nicht dadurch vermeiden, dass Betriebsrat und Betriebsveräußerer noch vor dem Betriebsübergang die Fortgeltung von Regelungen auch für die Zeit nach dem Betriebsübergang vereinbaren[122]. Dies erscheint unter dem Gesichtspunkt des Rechtsgedankens eines **Vertrages zu Lasten Dritter** – des

---

117 Vgl. *BAG* 26.9.1979, AP BGB § 613 a Nr. 17.
118 Vgl. Kittner/*Däubler*/*Zwanziger*, KSchR § 613 a BGB Rn. 65.
119 Vgl. Willemsen/*Hohenstatt*, Rn. E 40.
120 Vgl. Willemsen/*Doetsch*/*Rühmann*, Rn. J 105.
121 Vgl. *Schoden*, § 1 Rn. 25 b.
122 Vgl. *BAG* 1.4.1987, AP BGB § 613 a Nr. 64.

Betriebserwerbers – berechtigt. Eine solche Vereinbarung überschreitet die Regelungsmacht der Betriebsparteien.

131 Handelt es sich um einen Anwendungsfall des Übergangsmandats des Betriebsrats (vgl. Rn. 31 ff.), so sind Betriebsvereinbarungen zwischen Betriebsrat und Betrieberwerber zulässig. Mit der Anerkennung des Übergangsmandats hat der Gesetzgeber zugleich eine rechtsträgerübergreifende Zuständigkeit des das **Übergangsmandat** wahrnehmenden Betriebsrats anerkannt. Das Übergangsmandat ist ein Vollmandat. Diese rechtsträgerübergreifende Zuständigkeit von Betriebsverfassungsorganen muss in Form einer freiwilligen Betriebsvereinbarung auch für den die Umstrukturierung begleitenden Ursprungsbetriebsrat gelten, zumal dann, wenn der übernehmende Rechtsträger selbst bereit ist, eine freiwillige Betriebsvereinbarung abzuschließen.

132 Die Transformationswirkung des § 613 a Abs. 1 Satz 2 BGB kann auch durch eine **verdrängende Gesamtbetriebsvereinbarung** beseitigt werden[123]. Voraussetzung ist allerdings, dass die Gesamtbetriebsvereinbarung denselben Regelungsgegenstand beinhaltet und dass der Gesamtbetriebsrat die Gesamtbetriebsvereinbarung aufgrund originärer Zuständigkeit gemäß § 50 Abs. 1 BetrVG abgeschlossen hat. Wurde der Gesamtbetriebsrat im aufnehmenden Unternehmen lediglich im Auftrag der einzelnen Betriebsräte tätig, so handelt es sich der Sache nach nicht um eine Gesamt-, sondern um jeweils einzelne Betriebsvereinbarungen der örtlichen Betriebsräte. In einem solchen Fall hat die „Gesamtbetriebsvereinbarung" des aufnehmenden Unternehmens nur dann verdrängende Wirkung, wenn der Betrieb bzw. Betriebsteil in einen Betrieb des aufnehmenden Unternehmens eingegliedert wird, dessen Betriebsrat den Gesamtbetriebsrat zum Abschluss der „Gesamtbetriebsvereinbarung" beauftragt hatte. Für die übrigen Fälle gilt, dass jeweils örtliche Betriebsvereinbarungen sich selbstverständlich nicht gegenseitig verdrängen können.

---

123 Vgl. Kittner/Zwanziger-*Bachner*, § 116 Rn. 32.

133 Entsprechendes gilt für die Verdrängungswirkung von **Konzernbetriebsvereinbarungen**. Voraussetzung ist auch in diesem Fall, dass der Konzernbetriebsrat aufgrund originärer Zuständigkeit tätig wurde, § 58 Abs. 1 BetrVG.

134 **Tarifverträge** können die Anwendung von § 613 a Abs. 1 Satz 2 BGB ebenfalls ausschließen, wenn sie denselben Regelungsgegenstand betreffen.

3. Transformation und Ablösung von Gesamtbetriebsvereinbarungen

135 Handelt der Gesamtbetriebsrat aufgrund einer Beauftragung, so ist die „Gesamtbetriebsvereinbarung" der Sache nach eine Betriebsvereinbarung des örtlichen Betriebsrats. Wird daher ein Betrieb bzw. ein Betriebsteil aus dem Unternehmen herausgelöst und auf ein anderes Unternehmen übertragen, so kommen die für die Transformation von Betriebsvereinbarungen entwickelten Grundsätze zur Anwendung (vgl. Rn. 119 ff.). Bleibt also die **betriebliche Identität** nach der Unternehmensumstrukturierung erhalten – hierzu zählt auch die Entstehung eines Gemeinschaftsbetriebs mehrerer Unternehmen (vgl. Rn. 8 ff.) –, so gilt die Gesamtbetriebsvereinbarung" kollektivrechtlich weiter. Entfällt dagegen nach der Unternehmensumstrukturierung die betriebliche Identität des ausgegliederten Betriebes, so werden die Bestimmungen der „Gesamtbetriebsvereinbarung" gemäß § 613 a Abs. 1 Satz 2 BGB – im Fall der Umwandlung nach dem UmwG i. V. m. § 324 UmwG – Bestandteil des Arbeitsvertrages mit einjähriger Veränderungssperre. Besonderheiten gelten im Falle des § 21a BetrVG (vgl. Rn. 125).

136 Die Gesamtbetriebsvereinbarung wird auch dann in Individualarbeitsrecht transformiert, wenn ein Betrieb(steil)aus dem Unternehmen ausgegliedert wird und der Gesamtbetriebsrat des abgebenden Unternehmen aufgrund **originärer Zuständigkeit nach § 50 Abs. 1 BetrVG** tätig wurde. Die sich aus § 613 a Abs. 1 Satz 3 und 4 BGB für eine Betriebsvereinbarung ergebenden Ausnahmen vom Transformationsprinzip finden auch auf die echte

Gesamtbetriebsvereinbarung Anwendung. Regelt also im aufnehmenden Unternehmen eine – ebenfalls originäre – Gesamtbetriebsvereinbarung sachlich und inhaltlich denselben Gegenstand, so kommt (§ 324 UmwG i.V.m.) § 613 a Abs. 1 Satz 3 BGB als Spezialregelung zu § 613 a Abs. 1 Satz 2 BGB zur Anwendung[124].

4. Transformation und Ablösung von Konzernbetriebsvereinbarungen

Gilt die Konzernbetriebsvereinbarung nicht normativ fort (vgl. **137** Rn. 112 ff.), wird also der **Betrieb oder Betriebsteil außerhalb des bisherigen Konzerns veräußert**, so werden die Normen der Konzernbetriebsvereinbarung Bestandteil des Arbeitsvertrages, (§ 324 UmwG i.V.m.) § 613 a Abs. 1 Satz 2 BGB ein. Dies führt im Grundsatz zu einer Fortgeltung auf individualarbeitsrechtlicher Ebene mit einjähriger Veränderungssperre. Allerdings sind auch hier Fälle denkbar, in denen die Konzernbetriebsvereinbarung des „abgebenden" Konzerns durch eine Konzernbetriebsvereinbarung im „aufnehmenden" Konzernverbund ersetzt wird, (§ 324 UmwG i.V.m.) § 613 a Abs. 1 Satz 3 BGB. Wird durch Veräußerung der Unternehmensanteile ein Unternehmen als ganzes aus dem Konzern ausgegliedert, so greift § 613 a Abs.1 Satz 2 BGB nicht unmittelbar ein, weil es an einem Betriebsinhaberwechsel fehlt. In diesem Fall ist indessen eine analoge Anwendung von § 613 a Abs. 1 Satz 2 BGB gerechtfertigt[125].

---

124 Vgl. *FKHE*, § 77 Rn. 170.
125 Vgl. Willemsen/*Hohenstatt*, Rn. E 52.

VI. Betriebsvereinbarung und unternehmensinterne Restrukturierung[126]

1. Vorbemerkung

138 Vielfach sollen betrieblich bzw. unternehmensintern Organisationsstrukturen neuen Geschäftsprozessen und Geschäftsfeldern angepaßt werden, wie z. B. im Falle einer unternehmensinternen Geschäftsbereichssegmentierung. Dies kann dann etwa zur Bildung von Betrieben führen, die als **Profitcenter** betrieben werden, um hier nur ein Beispiel aus der Praxis zu nennen. Ebenfalls denkbar ist die Bildung von sog. Spartenbetrieben.

139 Werden solche Restrukturierungsmaßnahmen über die Grenzen eines Rechtsträgers hinweg durchgeführt, so hat dies die bereits dargestellten Auswirkungen auf Betriebsvereinbarungen. **Ausdrückliche gesetzliche Regelungen** zu den Auswirkungen unternehmensinterner Änderungen der betrieblichen Organisationsstruktur für Betriebsvereinbarungen **fehlen** indessen. Auch die Betriebsübergangsrichtlinie regelt nur den Fall der Übertragung einer wirtschaftlichen Einheit auf einen anderen Rechtsträger.

2. Literatur und Rechtsprechung

140 Nach der herrschenden Meinung enden Betriebsvereinbarungen grundsätzlich mit dem **Untergang des Betriebes**[127]. Ausnahmsweise sollen Betriebsvereinbarungen jedoch dann weitergelten, wenn im Falle der Eingliederung eines Betriebes oder Betriebsteils in einen anderen Betrieb in Betriebsvereinbarungen des Ursprungsbetriebs Regelungsgegenstände enthalten sind, für die im aufnehmenden Betrieb keine Betriebsvereinbarung besteht, oder wenn nach einer Zusammenlegung von Betrieben oder Betriebs-

---

126 Der nachfolgende Beitrag basiert im wesentlichen auf einem in NZA 1997, 79 abgedruckten Beitrag des Autors. Die Übernahme in dieses Handbuch erfolgt mit freundlicher Genehmigung der Redaktion der NZA. Ergänzungen wurden, wo erforderlich, durchgeführt.
127 Vgl. nur *FKHE*, § 77 Rn. 160 ff..

teilen zu einem neuen Betrieb die zusammengelegten Betriebseinheiten nach wie vor gegeneinander abgrenzbar sind. Die Weitergeltung der bisherigen Betriebsvereinbarungen für die jeweils abgrenzbaren Betriebsteile sind alledings auf den Zeitpunkt beschränkt, bis für den durch die Eingliederung/ Zusammenlegung entstandenen neuen Betrieb eine neue Betriebsvereinbarung mit demselben Regelungsgegenstand abgeschlossen wurde[128]. Eine weitere Ausnahme erfährt der Grundsatz nach der herrschenden Meinung dann, wenn Betriebsvereinbarungen in Rede stehen, die vor der endgültigen Auflösung des Betriebes/Abspaltung eines Betriebteils in Kraft getreten sind und gerade aus Anlaß der Organisationsänderung abgeschlossen wurden sowie inhaltlich darauf abzielen, den Untergang des Betriebes/Betriebsteils zu überdauern. Als Beispiele für solche Betriebsvereinbarungen werden in aller Regel Sozialpläne[129] oder aber Betriebsvereinbarungen über Ruhegelder angeführt.

Nach einer Mindermeinung in der Literatur kommt es darauf an, **141** ob bei Untergang des Betriebes bzw. Abspaltung eines Betriebsteils auch die **Rechtsverhältnisse beendet sind, die sie gestalten sollen**. Nur in diesem Falle sollten auch die Betriebsvereinbarungen enden, weil sie mit Beendigung des Rechtsverhältnisses gegenstandslos geworden seien[130]. Im Ergebnis gelten jedoch auch nach dieser Auffassung solche Betriebsvereinbarungen weiter, die darauf angelegt sind, Rechtsverhältnisse auch und gerade nach Untergang des Betriebes zwischen Arbeitgebern und früheren Arbeitnehmern zu gestalten. Außerdem wirken im Falle einer Betriebseingliederung ebenfalls solche Betriebsvereinbarungen fort, für die es im aufnehmenden Betrieb keine entsprechende Betriebsvereinbarung gibt, sofern sie sich nicht durch die neue Organisationsstruktur erledigen. Das gleiche gelte im Falle der Betriebszusammenfassung, wenn die bisherigen Betriebe als

---

128 Vgl. *FKHE*, § 77 Rn. 160 ff..
129 Meist unter Bezugnahme auf die Entscheidung des Bundesarbeitsgerichts vom 24.3.1981, AP BetrVG 1972 § 112 Nr. 12.
130 Vgl. GK-BetrVG-Kreutz, § 77 Rn. 319

D. Betriebsverfassungsrechtliche Auswirkungen

räumlich und/oder organisatorisch abgrenzbare Betriebsteile im neuen Betrieb fortbestehen. Die Betriebsvereinbarungen behielten nach dieser Auffassung in den beschriebenen Fällen ihre Gestaltungsaufgabe und würden so zum Bestandteil der kollektiven Normenordnung des aufnehmenden/neuen Betriebes[131].

142 In der **Rechtsprechung** gibt es – soweit ersichtlich – nur eine höchstrichterliche Entscheidung, die sich mit einem Teilaspekt der geschilderten Problematik zu befassen hatte. Es handelt sich um eine Entscheidung des BAG[132], welches im Jahr 1981 über folgenden Sachverhalt zu befinden hatte:

143 Der Kläger machte gegenüber dem beklagten Arbeitgeber einen Anspruch auf Wegezeitvergütung geltend. Dieser Anspruch ergab sich aus einem **Sozialplan**, der wegen der Stilllegung des bisherigen Beschäftigungsbetriebes des Klägers mit dem Betriebsrat dieses Betriebes vereinbart wurde. Ein Teil der Belegschaft dieses Betriebes, darunter auch der Kläger, war jedoch in einen anderen Betrieb des beklagten Unternehmens übernommen worden. Mit dem Betriebsrat des aufnehmenden Betriebes hatte die Beklagte eine Betriebsvereinbarung abgeschlossen, mit der der Sozialplan wegen Betriebsstilllegung nach Ablauf eines Zeitraumes von vier Jahren abgelöst werden sollte. Das BAG hatte inzident die Frage zu klären, ob und in welcher Form der Sozialplan als Rechtsgrundlage des Anspruchs auf Wegezeitvergütung im neuen Beschäftigungsbetrieb weiter bestand. Zu dieser Frage hat das Bundesarbeitsgericht wie folgt ausgeführt:

144 „Bleiben die von der Stilllegung betroffenen Arbeitnehmer in den Diensten ihres bisherigen Arbeitgebers und werden sie lediglich in einen anderen Betrieb desselben Unternehmens übernommen, so werden sie gegenüber dem Arbeitgeber auf betrieblicher Ebene nunmehr von dem Betriebsrat dieses Betriebes repräsentiert. Der Betriebsrat des neuen Beschäftigungsbetriebes muss dann aber auch hinsichtlich der aus dem früheren Betrieb herrührenden Sozialplanregelungen an die Stelle des nicht mehr existenten Betriebsrats des stillgelegten Betriebes treten. **Durch die Betriebsstilllegung verliert der Sozialplan nämlich nicht sei-**

---

[131] So im Ergebnis auch DKK-*Berg*, § 77 Rn. 47a ff.
[132] Vgl. *BAG* 24.03.1981, AP BetrVG 1972 § 112 Nr. 12.

nen kollektivrechtlichen Charakter. Seine fortgeltenden Regelungen wirken weiterhin normativ auf die Arbeitsverhältnisse der betreffenden Arbeitnehmer ein. Sie werden mit der Übernahme dieser Arbeitnehmer in einen anderen Betrieb des Arbeitgebers zum Bestandteil der kollektiven Normenordnung dieses Betriebs. Sie ordnen einen Ausschnitt der Arbeitsbedingungen kollektiv für die Gruppe der von dem stillgelegten Betrieb übernommenen Belegschaftsmitglieder und bilden damit einen **normative Teilordnung des aufnehmenden Betriebs.** Dann aber ist es nur folgerichtig, den Betriebsrat des aufnehmenden Betriebs als dem nunmehr für die übernommenen Belegschaftsmitglieder zuständigen betrieblichen Vertretungsorgan die Regelungsbefugnis auch hinsichtlich dieses Teils der kollektiven betrieblichen Normenordnung zuzuerkennen."

3. Eigener Standpunkt und Beispielsfälle

Weder die herrschende Meinung noch die Mindermeinung in der Literatur führen zu einer befriedigenden Lösung der behandelten Probleme. Es gibt nämlich keine ersichtlichen Gründe, die dafür sprechen, dass bei der Erhaltung bestimmter Organisationseinheiten auch nach der Umstrukturierung, Betriebsvereinbarungen weitergelten sollen, während bei der vollständigen Auflösung der bisherigen Betriebsstrukturen, kollektivrechtliche Ansprüche gänzlich beseitigt werden sollten. Dies gilt um so mehr, als infolge der zunehmenden Aufweichung und Verwässerung des Betriebs-/Betriebsteilbegriffs (vgl. hierzu auch Rn. 4 ff.) dieser Lösungsweg schon vom Ansatz her in die Sackgasse führen muss. **145**

Auszugehen ist demgegenüber zunächst von der in § 77 Abs. 4 Satz 1 BetrVG geregelten **unmittelbaren Wirkung einer Betriebsvereinbarung.** Die unmittelbare Wirkung einer Betriebsvereinbarung hat zur Folge, dass ihre normativen Regelungen den Inhalt eines Arbeitsverhältnisses unmittelbar, also von selbst, gestalten, ohne zum Bestandteil des Arbeitsvertrages zu werden[133]. Unmittelbare Geltung einer Betriebsvereinbarung bedeutet daher **146**

---
133 So die herrschende Meinung vgl. nur *FKHE*, § 77 Rn. 110.

D. Betriebsverfassungsrechtliche Auswirkungen

vor allem, dass die am Abschluss der Betriebsvereinbarung selbst nicht beteiligten Arbeitnehmer von deren normativen Regelungen erfasst werden, ohne dass noch eine bestätigende Vertragsabrede zwischen dem Arbeitgeber und dem Arbeitnehmer erforderlich wäre. Die Betriebsvereinbarung selbst gestaltet den Inhalt des Arbeitsverhältnisses.

147 Die Gestaltungswirkung einer Betriebsvereinbarung hat entscheidende **Bedeutung für die Realisierung der arbeitsvertraglichen Pflichten**. Die Arbeitsvertragsparteien stellen sich bei der gegenseitigen Erfüllung der arbeitsvertraglichen Leistungspflichten auf das durch die Betriebsvereinbarung gestaltete Arbeitsverhältnis ein. Die synallagmatische Verknüpfung der beiderseitigen Leistungsverpflichtungen wird durch Betriebsvereinbarungen wesentlich mitgestaltet. Hieran ändert nichts, dass die Betriebsvereinbarung nach herrschender Auffassung ein privatrechtlicher Normenvertrag zwischen zwischen Arbeitgeber und Bertriebsrat ist[134], enthält sie doch hauptsächlich Regelungen mit Wirkung für Dritte, nämlich die Arbeitnehmer, und nicht für die Parteien der Betriebsvereinbarung selbst.

148 Da in den Fällen der vorliegenden Art eine Veränderung auf der betrieblichen Ebene allein durch die nach Abschluss einer Betriebsvereinbarung getroffene **Organisationsentscheidung des Arbeitgebers** eintritt, der Arbeitgeber also die Ursache für die Veränderung auf der Tatsachenebene selbst setzt, und der Arbeitgeber als solcher derselbe bleibt, besteht auch keinerlei Veranlassung, von einer grundsätzlichen Beendigung der Gestaltungswirkung einer Betriebsvereinbarung mit Untergang/ Eingliederung des Betriebs/Betriebsteils auszugehen. Die Beibehaltung der Gestaltungswirkung einer Betriebsvereinbarung ist insoweit als Äquivalent für die Tatsache anzusehen, dass der Arbeitgeber nach der Rechtsprechung des BAG durch Bestimmung des einheitlichen Leitungsapparats für die vorhandenen materiellen und immateriellen Betriebsmittel und den Einsatz der menschlichen Arbeitskraft letztendlich wesentlichen Einfluss auf

---

134 Vgl. *FKHE*, § 77 Rn.13 mit weiteren Nachweisen.

die betriebliche Organisationsstruktur nehmen kann[135] (vgl. ausführlich Rn. 4 ff.). Deshalb ist ein solcher Ausgleich aus Gründen des Vertrauensschutzes auf Seiten der Arbeitnehmer erforderlich. Insoweit hat die im Zuge von Organisationsänderungen erfolgende Festlegung der Führungsstruktur und des Leitungsmodells durch den Arbeitgeber maßgebliche Bedeutung für den Betriebsbegriff und damit die Vertretungsorganisation der Arbeitnehmer.

Um die Arbeitnehmer daher vor nur beschränkt kontrollierbaren Organisationsentscheidungen des Arbeitgebers zu schützen, ist es erforderlich, die normative Gestaltungswirkung von Betriebsvereinbarungen bei unternehmensinternen Betriebsumstrukturierungen im Grundsatz aufrechtzuerhalten. **149**

Dem Rechtssicherheitsbedürfnis der Arbeitnehmer auf der einen Seite entspricht die auch nach Inkrafttreten des BetrVerf-ReformG grundsätzliche Organisationsfreiheit des Arbeitgebers auf der anderen Seite. Wer die Gründe für die Neustrukturierung auf betrieblicher Ebene setzt, der kann sich in der Folge nicht einseitig von der Gestaltungswirkung einer Betriebsvereinbarung lossagen. Im übrigen sieht das Gesetz als Beendigungstatbestand für Betriebsvereinbarungen lediglich die Kündigung vor. **150**

In den beschriebenen Fällen gelten die Betriebsvereinbarungen daher prinzipiell normativ fort. Der Vollständigkeit wegen bleibt hinzuzufügen, dass die Regelungen der Betriebsvereinbarung nicht zum Inhalt des Arbeitsvertrages werden. Zwar weisen die vorliegenden Fälle vielfältige Parallelen zum Betriebsübergang im Sinne des § 613 a BGB auf, so dass eine Analogie zu § 613 a Abs. 1 Satz 2 BGB zunächst möglich erscheint. Allerdings fehlt es am Tatbestandsmerkmal „Betriebsinhaberwechsel", so dass diesbezüglich der **Schutzzweck des § 613 a BGB**, der die betroffenen Arbeitnehmer u. a. vor Drucksituationen beim neuen Betriebsinhaber schützen soll, **nicht berührt** ist. Auch die betriebsübergangsrichtlinie ist auf Fälle dieser Art nicht anwendbar. **151**

---

135 *BAG* 25.9.1986, 14.9.1988, AP BetrVG 1972 § 1 Nr. 7, 9; *BAG* 18.1.1990, AP KSchG 1969 § 23 Nr. 9 und *BAG* vom 28.6.1995 mit kritischer Anmerkung von Trümner in: AiB 1996, S. 241 ff..

D. Betriebsverfassungsrechtliche Auswirkungen

152 Allerdings ist bei unternehmensinternen Betriebsumstrukturierungen darüber hinaus zu prüfen, ob die Erfüllung der Gestaltungsfunktion einer Betriebsvereinbarung als Folge der neuen Betriebsorganisation objektiv unmöglich wird. **Objektive Unmöglichkeit** liegt dann vor, wenn eine Leistung weder von den Parteien des Arbeitsvertrages, noch von einem Dritten erbracht werden kann. Zu unterscheiden ist insofern zwischen rechtlicher und/oder tatsächlicher objektiver Unmöglichkeit. Allgemein wird davon ausgegangen, dass in Betriebsvereinbarungen Normen über Inhalt, Abschluss und Beendigung von Arbeitsverhältnissen sowie ferner über betriebliche und betriebsverfassungsrechtliche Fragen enthalten sein können[136]. Diese Kategorisierung hilft jedoch in den vorliegenden Fällen nicht weiter. Sie ist mehr oder weniger formalistisch und entfernt sich zu sehr vom konkreten Regelungsgegenstand einer Betriebsvereinbarung.

153 **Rechtlich unmöglich** ist die Erfüllung von Leistungspflichten, die sich aus einer Betriebsvereinbarung ergeben, dann, wenn ein Betrieb/Betriebsteil in einen anderen Betrieb eingegliedert wird, in dem es schon eine Betriebsvereinbarung zu demselben Regelungsgegenstand gibt.

154 *1. Beispiel:*
Im eingegliederten Betrieb A bestand eine Betriebsvereinbarung über die Leistung einer Weihnachtsgratifikation in Höhe von 75 % des durchschnittlichen jährlichen Monatsentgelts. Im aufnehmenden Betrieb B erhalten die Arbeitnehmer lediglich 50 % aufgrund einer Betriebsvereinbarung.

155 Im Beispielsfall folgt aus § 77 Abs. 4 BetrVG, wonach eine Betriebsvereinbarung unmittelbar und zwingend gilt, dass auch die Arbeitnehmer des eingegliederten Betriebes zukünftig lediglich eine Weihnachtgratifikation in Höhe von 50 % erhalten, denn sie werden ab dem Zeitpunkt der Eingliederung von der kollektiven Normenordnung des aufnehmenden Betriebes erfasst.

---

136 Vgl. nur *FKHE*, § 77 Rn. 45 mit weiteren Nachweisen.

2. Beispiel:
156 Im Betrieb A, der aus mehreren Betriebsteilen besteht, exitiert eine Betriebsvereinbarung, wonach bis 31.12.2003 keine betriebsbedingten Kündigungen ausgesprochen werden dürfen. Ein Betriebsteil wird abgespalten und in den Betrieb B eingegliedert. Einen über das KschG hinausgehenden Schutz vor betriebsbedingten Kündigungen gibt es im Betrieb B nicht.

157 In diesem 2. Beispiel liegt keine rechtliche Unmöglichkeit vor, denn die Gewährung des Kündigungsschutzes für die aus dem Betrieb A stammenden Arbeitnehmer kann im Betrieb B unabhängig von der für die betroffenen Arbeitnehmer neuen Betriebsstruktur erfolgen.

158 **Tatsächliche Unmöglichkeit** liegt vor, wenn der konkrete Betriebsablauf und die tatsächliche betriebliche Organisation der weiteren Durchführung einer Betriebsvereinbarung entgegenstehen. Namentlich wird dies der Fall sein, wenn es um die personelle, technische und organisatorische Verknüpfung von Arbeitsabläufen geht.

3. Beispiel:
159 Die Betriebe A und B werden zu einem neuen Betrieb C zusammengelegt. In beiden Betrieben bestanden vor der Zusammenlegung unterschiedliche Arbeitszeitregelungen auf der Grundlage von Betriebsvereinbarungen.

160 Bei diesem Beispiel macht die neue betriebliche Organisation eine einheitliche Arbeitszeitregelung erforderlich. Die neue Betriebsorganisation und insb. die neuartige Verknüpfung der Arbeitsabläufe stehen der Durchführung der früheren Arbeitszeitregelungen entgegen.

4. Beispiel:
161 Im 3. Beispielsfall bestehen darüber hinaus unterschiedliche Betriebsvereinbarungen über die Leistung eines betrieblichen Urlaubsgelds.

162 Hier handelt es sich nicht um einen Fall tatsächlicher Unmöglichkeit. Denn die Zahlung des Urlaubsgelds hängt auch nach der Zusammenlegung der Betriebe A und B zum Betrieb C nicht von einer bestimmten betrieblichen Organisation ab.

163 Verallgemeinernd kann daher folgendes festgehalten werden: Kann eine Regelung aus einer Betriebsvereinbarung unabhängig vom **Bestehen einer arbeitsorganisatorischen Struktur** erfüllt werden, so überdauert der kollektivrechtliche Anspruch des Arbeitnehmers auf Erfüllung den Untergang des Beschäftigungsbetriebes/-betriebsteils. In aller Regel sind daher solche Ansprüche aus Betriebsvereinbarungen weiterzugewähren, die dem Arbeitnehmer als solchem – also als einzelnem Mitglied der Belegschaft – eingeräumt werden (bspw. Gratifikationen, Fahrtkostenersatz, Auslösung); hingegen enden Betriebsvereinbarungen, die die Organisation und Zusammenarbeit der Belegschaft als ganzes betreffen (bspw. Arbeitszeit, technische Überwachungseinrichtungen; Ordnung des Betriebes und Verhalten der Arbeitnehmer im Betrieb).

164 Gelten Betriebsvereinbarungen nach den oben dargestellten Voraussetzungen auch nach der betrieblichen Neustrukturierung fort, so stellt sich weiter die Frage, wer **Träger dieser kollektiven Rechtsansprüche** wird. Folgende Fallgestaltungen sind zu unterscheiden:

165 Handelt es sich um einen Fall einer Betriebs-/Betriebsteileingliederung in einen neuen Betrieb, in dem schon ein Betriebsrat besteht, so rückt der **Betriebsrat des aufnehmenden Betriebs** an Stelle des vorher zuständigen Betriebsrats in diese Betriebsvereinbarung als Vertragspartner ein. Die Betriebsvereinbarung des abgebenden Betriebs bildet eine kollektive Teilordnung des aufnehmenden Betriebs.

166 Existiert in der neuen Betriebsstruktur kein „aufnehmender" Betriebsrat, so tritt an dessen Stelle derjenige Betriebsrat der als **Träger des Übergangsmandats** anzusehen ist (vgl. Rn. 31 ff., § 21a BetrVG). Folgt man dieser Auffassung nicht[137], so werden die betroffenen Arbeitnehmer unmittelbar Träger der sich aus der betreffenden Betriebsvereinbarung ergebenden kollektiven Rechte, da der Wegfall des Betriebsrats nicht gleichzeitig zur Beendigung von Betriebsvereinbarungen führt[138].

---

137 So Willemsen, NZA 1996, S. 791.
138 So *BAG* v. 28.07.1981, AP BetrVG 1972 § 87Urlaub Nr. 2; *FKHE*, § 77 Rn. 175 mit weiteren Nachweisen

VII. Die Beteiligung des Betriebsrats und des Wirtschaftsausschusses

1. Die Unterrichtung des Betriebsrats nach dem BetrVG

a. Unterrichtung des Betriebsrats und Hinzuziehung von Sachverständigen nach § 80 Abs. 2 und 3 BetrVG

Gemäß § 80 Abs. 2 Satz 1, 1. Halbsatz BetrVG ist der Betriebsrat **167** zur Durchführung seiner Aufgaben nach dem BetrVG **rechtzeitig und umfassend vom Arbeitgeber zu unterrichten**. Ihm sind auf Verlangen jederzeit die zur Durchführung seiner Aufgaben erforderlichen Unterlagen zur Verfügung zu stellen, soweit dies **zur Durchführung konkreter Aufgaben erforderlich** ist[139]. § 80 Abs. 2 Satz 1 BetrVG dient der sachgerechten und wirksamen Wahrnehmung der gesetzlichen Aufgaben durch den Betriebsrat. Es handelt sich um eine Informationspflichten begründende Generalklausel[140]. Der Arbeitgeber muss den Betriebsrat ohne vorherige Aufforderung unterrichten[141]. Dieser Unterrichtungsanspruch über wirtschaftliche Angelegenheiten entfällt nicht insoweit, als dadurch Betriebs- oder Geschäftsgeheimnisse gefährdet werden können[142].

Der **Übergang eines Betriebs oder eines Betriebsteils** im **168** Wege der rechtsgeschäftlichen Einzelrechtsnachfolge oder aber im Wege der umwandlungsrechtlichen Gesamtrechtsnachfolge begründet grundsätzlich eine Informationspflicht der Arbeitgeberseite aus § 80 Abs. 2 BetrVG.

Diese Informationspflicht des Arbeitgebers ergibt sich schon **169** aus Art. 6 Abs. 1 der **Betriebsübergangsrichtlinie**, in deren Licht § 80 Abs. 2 BetrVG auszulegen ist. Diese Bestimmung konstituiert die Verpflichtung von Veräußerer und Erwerber, die Vertreter ihrer jeweiligen von einem Übergang betroffenen Arbeitnehmer wie folgt zu informieren:

---

139 Vgl. *BAG* 5.2.1991, NZA: 1991, 644.
140 Vgl. DKK – *Buschmann*, § 80 Rn. 64.
141 Vgl. ErfK-*Hanau/Kania*, § 80 Rn. 19.
142 Vgl. *BAG* 5.2.1991, NZA: 1991, 644.

- den Zeitpunkt bzw. den geplanten Zeitpunkt des Übergangs,
- den Grund für den Übergang,
- die rechtlichen, wirtschaftlichen und sozialen Folgen des Übergangs für die Arbeitnehmer,
- die hinsichtlich der Arbeitnehmer in Aussicht genommenen Maßnahmen.

170 Zwar können diejenigen Mitgliedstaaten gemäß Art. 6 Abs. 3 der Betriebsbübergangsrichtlinie, deren Rechts- und Verwaltungsvorschriften vorsehen, dass die Vertreter der Arbeitnehmer eine Schiedsstelle – nach deutschem Recht eine Einigungsstelle – anrufen können, um eine Entscheidung über hinsichtlich der Arbeitnehmer zu treffende Maßnahmen zu erhalten, die Informationspflicht auf den Fall beschränken, in dem der vollzogene Übergang eine Betriebsänderung hervorruft, die wesentliche Nachteile für einen erheblichen Teil der Arbeitnehmer zur Folge haben kann. Eine solche **Beschränkung der Informationspflicht** ist nach deutschem Recht jedoch **nicht ersichtlich**[143].

171 Für den Auskunftsanspruch des Betriebsrats nach § 80 Abs. 2 Satz 1 BetrVG genügt es nach der Rechtsprechung des BAG außerdem, dass der Betriebsrat die **Auskunft benötigt, um festzustellen, ob ihm ein Mitbestimmungsrecht zusteht** und ob er davon Gebrauch machen soll, sofern nicht ein solches Mitbestimmungsrecht des Betriebsrats offensichtlich von vornherein nicht in Betracht kommt[144]. Die Informationsverpflichtung im Zusammenhang mit einem Betriebs(teil)übergang folgt deshalb auch daraus, dass dem Betriebsrat die Möglichkeit eingeräumt werden muss zu überprüfen, ob ihm Beteiligungsrechte nach den § 111 ff. BetrVG zustehen (vgl. Rn. 298 ff.).

172 Der Betriebsrat soll grundsätzlich in die Lage versetzt werden, in eigener Verantwortung zu prüfen, ob ihm Mitbestimmungsrechte zustehen und ob er zur Wahrnehmung dieser Mitbestimmungsrechte tätig werden muss[145]. Der Betriebsrat hat nach der

---
143 Vgl. DKK -*Däubler*, § 111 Rn. 109.
144 Vgl. *BAG* 26.1.1988, 31.1.1989, 27.6.1989, AP BetrVG § 80 Nr. 31, 33, 37
145 Vgl. DKK – *Buschmann*, § 80 Rn. 64; ErfK-*Hanau/Kania*, § 80 Rn. 17.

bundesarbeitsgerichtlichen Rechtsprechung zu § 80 Abs. 2 Satz 2 BetrVG daher schon dann einen **Anspruch auf Vorlage der zur Durchführung seiner Aufgaben erforderlichen Unterlagen**, wenn erst die Prüfung dieser Unterlagen ergeben kann, ob er aus eigener Initiative tätig werden soll oder kann, sofern nur wahrscheinlich ist, dass die geforderten Unterlagen eine solche Prüfung überhaupt ermöglichen[146].

173 Da dem Betriebsrat durch die Unterrichtung nach § 80 Abs. 2 BetrVG die sachgemäße Ausübung seiner Mitwirkungs- und Mitbestimmungsrechte ermöglicht werden soll, bezieht sich die Informationspflicht des Arbeitgebers auch auf **Betriebs- und Geschäftsgeheimnisse**. Der Arbeitgeber ist daher nicht berechtigt, unter Berufung auf das Vorliegen eines Betriebs- oder Geschäftsgeheimnisses die Information zu verweigern.

174 Das aus § 80 Abs. 2 BetrVG resultierende Recht des Betriebsrats auf Zurverfügungstellung der zur Durchführung seiner Aufgaben erforderlichen Unterlagen schließt das Recht auf **Anfertigung von Abschriften bzw. Kopien** dieser Unterlagen ein[147].

175 Nach Art. 6 Abs. 1 Unterabs. 2 der Betriebsübergangsrichtlinie ist der Veräußerer verpflichtet, den Vertretern seiner Arbeitnehmer die in Unterabs. 1 genannten Informationen **rechtzeitig vor dem Vollzug des Übergangs** zu übermitteln. Der Erwerber ist nach Unterabs. 3 verpflichtet, den Vertretern seiner Arbeitnehmer diese Informationen rechtzeitig zu übermitteln, auf jeden Fall aber bevor diese Arbeitnehmer von dem Übergang hinsichtlich ihrer Beschäftigungs- und Arbeitsbedingungen unmittelbar betroffen werden.

176 Gem. § 80 Abs. 2 Satz 3 BetrVG hat der Arbeitgeber dem Betriebsrat **sachkundige Arbeitnehmer als Auskunftspersonen** zur Verfügung zu stellen, soweit dies zur ordnungsgemäßen Erfüllung der Aufgaben des Betriebsrats erforderlich ist. Er hat hierbei die Vorschläge des Betriebsrats zu berücksichtigen, soweit betriebliche Notwendigkeiten nicht entgegenstehen. Mit dieser durch das BetrVG – ReformG eingefügten Bestimmung soll der Betriebsrat

---

146 Vgl. *BAG* 20.9.1990, EzA § 80 BetrVG 1972 Nr. 39.
147 Vgl. DKK – *Buschmann*, § 80 Rn. 96 mit zahlreichen Rechtsprechungsnachweisen.

die Möglichkeit erhalten, den internen Sachverstand zu nutzen und bei der Suche von Problemlösungen einzubeziehen. Möglich ist auch die Hinzuziehung mehrerer sachkundiger Arbeitnehmer zur Bildung gemeinsamer Arbeitskreise mit dem Betriebsrat. Gegenstand dieser Arbeitskreise können z. B. bedeutsame und komplexe Themen wie Beschäftigungssicherung, Qualifizierung, Gesundheits- und Umweltschutz im Betrieb sein[148].

177 Rechtsgrundlage für die **Hinzuziehung eines externen – Sachverständigen** durch den Betriebsrat ist in den Fällen, in denen es nicht um die rechtliche Vertretung des Betriebsrats im Verfahren vor der Einigungsstelle bzw. vor den Arbeitsgerichten oder im Verfahren einer Betriebsänderung geht, allein § 80 Abs. 3 Satz 1 BetrVG[149]. Danach kann der Betriebsrat bei der Durchführung seiner Aufgaben nach näherer Vereinbarung mit dem Arbeitgeber Sachverständige hinzuziehen, soweit dies zur ordnungsgemäßen Erfüllung seiner Aufgaben erforderlich ist.

178 Die Hinzuziehung eines externen Sachverständigen nach § 80 Abs. 3 Satz 1 BetrVG zur Beratung des Betriebsrats setzt voraus, dass dem **Betriebsrat** die **erforderliche Sachkunde fehlt** und er sie sich auch nicht kostengünstiger etwa durch den Besuch einschlägiger Schulungen oder durch Inanspruchnahme sachkundiger Betriebs- oder Unternehmensangehöriger verschaffen kann[150]. Dabei hat der Betriebsrat einen Beurteilungsspielraum, ob er zur Beratung einen sachkundigen Arbeitnehmer, einen Sachverständigen oder beide hinzuzieht. Der Arbeitgeber ist nicht berechtigt, dem Betriebsrat statt eines Sachverständigen die Inanspruchnahme eines sachkundigen Arbeitnehmers vorzuschreiben.

179 Kann der Betriebsrat die seinen Beteiligungsrechten unterliegenden Angelegenheiten wegen der Schwierigkeit der Materie im Einzelfall nicht ohne fachkundigen Rat entscheiden, dann kann er nach Vereinbarung mit dem Arbeitgeber einen Sachverständigen hinzuziehen[151]. In der nach § 80 Abs. 3 Satz 1 Be-

---

148 Vgl. BT-DRS. 14/5741, S. 46.
149 Vgl. *BAG* 26.2.1992, NZA 1993, 86.
150 Vgl. *BAG* 26.2.1992, NZA 1993, 86.
151 Vgl. *BAG* 7.9.1974, EzA § 40 BetrVG 1972 Nr. 15.

trVG erforderlichen **näheren Vereinbarung** sind das Thema, zu dessen Klärung der Sachverständige hinzugezogen werden soll, die voraussichtlichen Kosten seiner Hinzuziehung und insbesondere die Person des Sachverständigen festzulegen[152].

Kommt es nicht zur näheren Vereinbarung über die Hinzuziehung des Sachverständigen, so kann der Betriebsrat eine **arbeitsgerichtliche Entscheidung** darüber herbeiführen. Wird einem solchen Antrag stattgegeben, so darf der Betriebsrat nach der Rechtsprechung des BAG erst nach Eintritt der Rechtskraft des Beschlusses den Sachverständigen hinzuziehen[153]. Dieses Verfahren ist zeitaufwendig und führt deshalb ins Leere. Deshalb schafft hier bei der Planung von Betriebsänderungen § 111 Satz 2 BetrVG Abhilfe (vgl. hierzu Rn. 255 ff.). **180**

Für die Tätigkeit als Sachverständiger ist nicht erforderlich, dass ein **schriftliches Gutachten** erstattet wird. **181**

Die Kosten für die Hinzuziehung eines Rechtsanwalts als Sachverständigen sind vom Arbeitgeber nach § 80 Abs. 3 nur dann zu tragen, wenn zuvor über die Hinzuziehung eine **Vereinbarung zwischen Betriebsrat und Arbeitgeber** zustande gekommen oder durch das Arbeitsgericht ersetzt worden ist. **182**

Die Hinzuziehung eines Sachverständigen durch den Betriebsrat bedarf der vorherigen näheren Vereinbarung gemäß § 80 Abs. 3 Satz 1 BetrVG auch dann, wenn der Sachverständige in der **Betriebsversammlung** ein Referat halten soll; ohne solche Vereinbarung sind die Kosten für den Sachverständigen nicht vom Arbeitgeber zu tragen[154]. **183**

Ein **Rechtsanwalt**, der von einem Betriebsrat lediglich zur Beratung über eine vom Arbeitgeber vorgeschlagene Betriebsvereinbarung hinzugezogen wird, ist **Sachverständiger** i. S. des § 80 Abs. 3 BetrVG[155]. Der als Sachverständiger vom Betriebsrat hinzugezogene Rechtsanwalt ist nach der bundesarbeitsgerichtlichen Rechtsprechung nicht Beteiligter in einem Beschlussverfahren, das

---

152 Vgl. *BAG* 19.4.1989, NZA 1989, 936.
153 Vgl. *BAG* 19.4.1989, NZA 1989, 936.
154 Vgl. *BAG* 19.4.1989, NZA 1989, 936.
155 Vgl. *FKHE*, § 80 Rn. 86 ff. mit weiteren Nachweisen.

D. Betriebsverfassungsrechtliche Auswirkungen

vom Betriebsrat wegen der Freistellung von Honoraransprüchen des Rechtsanwalts eingeleitet wird[156].

b. Unterrichtung des Betriebsrats nach § 111 BetrVG

aa. Unternehmensgröße

184 Nach § 111 Satz 1 BetrVG hat der Unternehmer in Unternehmen mit in der Regel mehr als 20 wahlberechtigten Arbeitnehmern den Betriebsrat über **geplante Betriebsänderungen**, die wesentliche Nachteile für die Belegschaft oder erhebliche Teile der Belegschaft zur Folge haben können, rechtzeitig und umfassend zu unterrichten und die geplante Betriebsänderungen mit dem Betriebsrat zu beraten.

185 Nach der durch das BetrVerf – Reformgesetz geänderten Fassung von § 111 BetrVG ist Tatbestandsvoraussetzung für die Anwendbarkeit der Vorschrift, dass es sich um einen **Unternehmen** mit **regelmäßig mehr als 20 Arbeitnehmer** handelt, während bis zum Inkrafttreten der Neufassung grundsätzlich auf den Betrieb und nicht auf das Unternehmen abzustellen war.

186 Die alte Fassung des § 111 Satz 1 BetrVG hatte mit ihrer Beschränkung der Sozialplanpflicht auf Betriebe, die in der Regel mehr als 20 Arbeitnehmer beschäftigen, **Kleinbetriebe** deshalb aus der Sozialplanpflichtigkeit ausgeklammert hat, weil nach der Einschätzung des Gesetzgebers zum BetrVG1972 die wirtschaftliche Belastbarkeit und die Finanzkraft des Unternehmers in solchen Fällen regelmäßig geringer war[157].

187 Der Gesetzgeber beruft sich ausweislich der Gesetzesbegründung[158] beim Wechsel des Anknüpfungsgegenstandes vom Betrieb hin zum Unternehmen zu Recht auf **potentielle Verstöße gegen Art. 3 Abs. 1 GG**. Schon das BVerfG[159] hatte in seinem Urteil zur Kleinbetriebsklausel im KSchG die Anwendung der Kleinbetriebsklausel in Unternehmen mit mehreren Betrieben

---

156 Vgl. DKK-Buschmann, § 80 Rn. 127 ff.
157 DKK-*Däubler* § 111 Rdnr. 29 mit weiteren Rechtssprechungsnachweisen
158 Vgl. BT-DRS. 14/5741, S. 51.
159 Vgl. *BVerfG* 27.1.1998, NZA 1998, 470.

nur dann als verfassungskonform angesehen, wenn die Schwelle der Arbeitnehmerzahl auf das Unternehmen bezogen wird.

Mit der Gesetzesänderung trägt der Gesetzgeber auch der bundesarbeitsgerichtlichen Rechtsprechung Rechnung. Das BAG[160] hatte unter Hinweis auf die o. g. Entscheidung des BVerfG die aus Art. 3 GG folgende Grundsatzwertung auch bei den Beteiligungsrechten des Betriebsrats nach § 111 BetrVG berücksichtigt. Betreffe eine Betriebsänderung Kleinbetriebe im Sinne des § 111 Satz 1 BetrVG, die einem größeren Unternehmen angehören, so bestehe ein Mitbestimmungsrecht gem. §§ 111 ff. BetrVG jedenfalls dann, wenn sich die wirtschaftliche Maßnahme betriebsübergreifend auf mehrere Betriebe des Unternehmens erstrecke und in die Zuständigkeit des Gesamtbetriebsrats falle. Nach dem Schutzzweck der Vorschrift und aus Gründen der Analogie sei in einem solchen Fall für die Berechnung des Schwellenwertes auf die Zahl der Arbeitnehmer des Unternehmens abzustellen[161]. Plante daher z. B. ein mit der Vermittlung von Versicherungsverträgen und Bankprodukten befaßtes Unternehmen mit insgesamt mehr als 20 Arbeitnehmern, alle bisher in eigenständigen Kleinbetrieben organisierten Außendienstmitarbeiter zu entlassen und die von ihnen wahrgenommenen Aufgaben auf freie Handelsvertreter zu übertragen, lag hierin eine mitbestimmungspflichtige Betriebsänderung i. S. der §§ 111 ff. BetrVG, die in die Zuständigkeit des Gesamtbetriebsrats fiel[162]. **188**

In der Gesetzesbegründung zum BetrVG – ReformG wird jedoch zu Recht darauf hingewiesen, dass sich im übrigen an den Tatbestandsvoraussetzungen für das **Vorliegen einer Betriebsänderung** durch den Wechsel des Bezugspunktes vom Betrieb hin zum Unternehmen nichts ändere[163]. Deshalb kann insoweit auch in Zukunft auf die von Rechtsprechung und Literatur zu § 111 BetrVG entwickelten Grundsätze zurückgegriffen werden. **189**

---

160 Vgl. *BAG* 8.6.1999, EzA § 111 BetrVG 1972, Nr. 37; hierzu *Bachner* NZA 1999, 1241.
161 Vgl. hierzu und zum Analogieschluss im Betriebsverfassungsrecht allgemein *Bachner*, NZA 1999, 1241 ff..
162 Vgl. *BAG* 8.6.1999, EzA § 111 BetrVG 1972, Nr. 37.
163 Vgl. BT-DRS. 14/5741, S. 51, 52.

D. Betriebsverfassungsrechtliche Auswirkungen

190 Zu den **Arbeitnehmern** i. S. von § 111 BetrVG rechnen sowohl Heimarbeiter wie auch Leiharbeitnehmer, nicht jedoch leitende Angestellte und solche Arbeitnehmer, die lediglich aufgrund eines Werkvertrages mit einem anderen Unternehmen im Betrieb tätig werden. Ebenfalls nicht zu berücksichtigen sind Arbeitnehmer, die aufgrund eines Eingliederungsvertrages gem. § 231 Abs.2 Satz 2 SGB III im Betrieb beschäftigt werden. Teilzeitbeschäftigte zählen demgegenüber unabhängig von der tatsächlichen Dauer ihrer Beschäftigung in vollem Umfang mit. Ebenfalls hinzuzuzählen sind befristet eingestellte Arbeitnehmer[164].

191 Die Vorschrift stellt auf die „**in der Regel**" im Unternehmen beschäftigten Arbeitnehmer ab, nicht auf einen vorübergehenden Zustand. Maßgebend ist die Zahl, die für das Unternehmen im allgemeinen kennzeichnend ist. Das erfordert eine wertende Gesamtwürdigung, die auch eine Prognose der weiteren Entwicklung des Unternehmens einschließt[165]. Dabei hat eine vorübergehende Erhöhung der Personalstärke infolge außergewöhnlichen Arbeitsanfalls ebenso außer Betracht zu bleiben wie eine vorübergehende Verringerung der Belegschaft wegen eines zeitweisen Arbeitsrückgangs[166]. Spitzen- und Talsituationen bleiben folglich außer Betracht.

192 Eine erste Betriebsänderung kann schon zu einer Verringerung der Arbeitnehmerzahl führen. Dann kommt es bei einer weiteren Betriebsänderung, die unabhängig von der ersten Betriebsänderung geplant wird, auf die Zahl der in diesem Zeitpunkt beschäftigten Arbeitnehmer an[167]. Handelt es sich dagegen um eine **einheitliche Maßnahme**, kommt es auf die Zahl der bei Einleitung der einheitlichen Maßnahme beschäftigten Arbeitnehmer an. Für eine einheitliche Maßnahme spricht der zeitliche Zusammenhang[168] bzw. die Einheitlichkeit der unternehmerischen Planung.

193 Geht der Stilllegung eines Betriebes ein Personalabbau voraus, der sich über einen längeren Zeitraum erstreckt, so richtet sich

---

164 Vgl. *FKHE*, § 111 Rn. 26; DKK – *Däubler*, § 111 Rn. 25.
165 Vgl. DKK – *Däubler*, § 111 Rn. 26.
166 Vgl. *FKHE*, § 111 Rn. 27, DKK – *Däubler*, § 111 Rn. 26.
167 Vgl. *FKHE*, § 111 Rn. 28.
168 Vgl. *BAG* 9.5.95, AP BetrVG 1972 § 111 Nr. 33.

die Zahl der regelmäßig beschäftigten Arbeitnehmer i.S. des § 111 BetrVG danach, wie sich der Personalabbau im Zeitablauf darstellt[169]. Erweist der Personalabbau sich im Zeitpunkt des Stilllegungsbeschlusses rückblickend als Vorstufe der Betriebsstilllegung, die damit in der Form eines gleitenden Übergangs eingeleitet wurde, so bleibt er außer Betracht; maßgebend ist die ursprüngliche Beschäftigtenzahl[170]. Im Fall der Betriebsstilllegung ist deshalb nur ein Rückblick auf die bisherige Belegschaftsstärke erforderlich[171]. Als die zur Zeit eines Stilllegungsbeschlusses maßgebliche Zahl der in der Regel Beschäftigten kann auch eine erst zwei Monate vorher erreichte Belegschaftsstärke anzusehen sein, wenn diese das Ergebnis längerfristiger personalwirtschaftlicher Entscheidungen des Arbeitgebers ist[172]. Diese Grundsätze gelten auch für den Fall des Personalabbaus. Auch dort kann sich die Ermittlung der regelmäßigen Belegschaftsstärke nur auf den vorangehenden Zustand beziehen[173].

Sollte die **Personalverminderung** dagegen eine **Fortführung des Betriebs** ermöglichen und hat sie für eine nicht unerhebliche Zeit zu einer Stabilisierung der Belegschaftsstärke auf niedrigerem Niveau geführt, so ergibt sich die Zahl der in der Regel Beschäftigten aus der Belegschaftsstärke dieser Zwischenstufe[174]. **194**

Bilden mehrere Unternehmen einen **gemeinsamen Betrieb**, ist für die Frage, ob regelmäßig mehr als 20 Arbeitnehmer beschäftigt werden und eine geplante Betriebsänderung daher nach §§ 111 ff. BetrVG mitbestimmungspflichtig ist, auf die Gesamtzahl aller im gemeinsamen Betrieb beschäftigten Arbeitnehmer abzustellen[175]. Diese Bezugsgröße bleibt maßgeblich auch dann, wenn über das Vermögen einer der am gemeinsamen Betrieb beteiligten Gesellschaften die Insolvenz eröffnet wird und der Insolvenzverwalter **195**

---

169 Vgl. *BAG* 9.5.1995, NZA 1996, 166.
170 Vgl. *BAG* 9.5.1995, NZA 1996, 166.
171 Vgl. *BAG* 9.5.95, AP BetrVG 1972 § 111 Nr. 33.
172 Vgl. *BAG* 10.12.1996, NZA 1997, 733.
173 Vgl. *BAG* 10.12.96, AP BetrVG 1972 § 111 Nr. 37.
174 Vgl. *BAG* 9.5.1995, NZA: 1996, 166.
175 Vgl. *BAG* 11.11.1997, NZA 1998, 723.

den der Gemeinschuldnerin zuzuordnenden Betriebsteil, in dem weniger als 21 Arbeitnehmer beschäftigt sind, unmittelbar nach Insolvenzeröffnung stilllegt. Ob es sich dabei um die Stilllegung eines wesentlichen Betriebsteils handelt, beurteilt sich nach den Verhältnissen des gemeinsamen Betriebes[176].

bb. Die einzelnen Fälle einer Betriebsänderung

196 § 111 BetrVG setzt darüber hinaus voraus, dass eine **Betriebsänderung** geplant wird. Im Zusammenhang mit einer unternehmensinternen Restrukturierung oder einer rechtsgeschäftlichen bzw. umwandlungsrechtlichen Rechtsnachfolge kommen hierfür insbesondere in Frage:
- Die Zusammenlegung von Betrieben (nachfolgend 1)
- Die Spaltung von Betrieben (nachfolgend 2)
- Der reine Betriebsübergang (nachfolgend 3).

197 (1) Der **Zusammenschluss mit anderen Betrieben** stellt nach § 111 Satz 3 Ziff. 3 BetrVG ausdrücklich eine Betriebsänderung dar. Sind die Voraussetzungen der Bestimmung erfüllt, so wird das **Vorliegen einer Betriebsänderung** im Sinne von § 111 Satz 1 BetrVG gesetzlich **fingiert**. Der Nachweis wesentlicher Nachteile für die Belegschaft oder aber erhebliche Teile der Belegschaft, wie dies grundsätzlich § 111 Satz 1 BetrVG erfordert, ist nicht notwendig. Die Beteiligungsrechte des Betriebsrats bei einer Betriebsänderung im Sinne von § 111 Satz 1 BetrVG entfallen daher nicht deshalb, weil im Einzelfall solche wesentlichen Nachteile nicht zu befürchten sind. Ob ausgleichs- oder milderungswürdige Nachteile entstehen oder entstanden sind, ist bei der Aufstellung des Sozialplanes zu prüfen und notfalls von der Einigungsstelle nach billigem Ermessen zu entscheiden[177].

198 Ein **Betriebsteil**, der nach **§ 4 Satz 1 BetrVG** als Betrieb gilt, ist auch für die Anwendung des § 111 BetrVG als Betrieb anzu-

---

176 Vgl. *BAG* 11.11.1997, NZA 1998, 723.
177 Vgl. *BAG* 7.8.1990, AP BetrVG 1972 § 111 Nr. 34; *FKHE*, § 111 Rn. 42; DKK – Däubler, § 111 Rn. 32.

sehen[178]. § 111 Satz 3 Ziff. 3 BetrVG bezieht sich auch auf **„wesentliche Betriebsteile"**. Dies ergibt sich zwar nicht unmittelbar aus dem Wortlaut der Bestimmung. Die Regelung ist jedoch entsprechend anzuwenden. Denn die möglichen Auswirkungen auf die Arbeitnehmer sind keine anderen als beim Zusammenschluss ganzer Betriebe[179]. Es ist deshalb ist in diesem Zusammenhang auch unerheblich, ob es sich bei dem wesentlichen Betriebsteil um einen unselbstständigen Betriebsteil handelt[180]. Ein Betriebsteil ist auch dann ein wesentlicher im Sinne des § 111 Satz 3 Nr. 1 BetrVG, wenn in ihm ein erheblicher Teil der Arbeitnehmer des Gesamtbetriebs beschäftigt ist. Dabei gelten die Zahlen- und Prozentangaben in § 17 Abs. 1 KSchG über die Anzeigepflicht bei Massenentlassungen als Maßstab[181].

Demnach kommen als **Zusammenschluß von Betrieben/Be-** 199 **triebsteilen** insbesondere folgende Sachverhalte in Betracht (vgl. hierzu schon die Beispielsfälle Rn, ff.):

- Ein abgespaltener Betriebsteil wird in einen anderen Betrieb eingegliedert.

- Ein abgespaltener Betriebsteil wird mit einem anderen Betrieb zu einem neuen Betrieb im Sinne von § 1 BetrVG zusammengelegt.

- Ein abgespaltener Betriebsteil wird mit einem anderen – ebenfalls abgespaltenen Betriebsteil zu einem neuen Betrieb im Sinne von § 1 BetrVG zusammengelegt.

- Zwei Betriebe werden zu einem neuen Betrieb im Sinne von § 1 BetrVG zusammengeschlossen

- Ein Betrieb wird in einen anderen Betrieb mit der Folge eingegliedert, dass der aufnehmende Betrieb als Betrieb im Sinne von § 1 BetrVG überlebt, während der eingegliederte Betrieb untergeht.

---

178 Vgl. *BAG* 27.6.1995, EzA § 111 BetrVG 1972 Nr. 31; ErfK-*Hanau/Kania*, § 111 BetrVG Rn. 13.
179 Vgl. DKK – *Däubler*, § 111 Rn. 71; *FKHE*, § 111 Rn. 81; Willemsen/*Schweibert* Rn. C 55
180 A. A. Willemsen/Schweibert Rn. C 56
181 Vgl. *BAG* 21.10.1980, DB 1981, 698.

D. Betriebsverfassungsrechtliche Auswirkungen

200 (2) Als Betriebsänderung im Sinne von § 111 Satz 1 BetrVG gilt gemäß § 111 Satz 3 Nr. 3 BetrVG ebenfalls die **Spaltung von Betrieben**. Dieser Vorgang wurde ausdrücklich erst durch die durch das Umwandlungsrechtsbereinigungsgesetz erfolgte Änderung des BetrVG in den Tatbestand des § 111 BetrVG aufgenommen[182]. Allerdings war bereits vor dieser Änderung des BetrVG anerkannt, dass dem Tatbestand der Betriebsspaltung unter dem Gesichtspunkt einer grundlegenden Änderung der Betriebsorganisation oder des Betriebszwecks im Sinne des § 111 Satz 3 Nr. 4 BetrVG die Bedeutung einer Betriebsänderung zukommen kann[183].

201 Dennoch lag wegen der mit der Erfüllung der tatbestandlichen Voraussetzungen von § 111 Satz 3 BetrVG verbundenen Fiktion einer Betriebsänderung (vgl. Rn. 197) in der Aufnahme der Spaltung in den Tatbestand der Norm nicht nur eine bloße Klarstellung. Hieraus folgt nämlich zugleich, dass § 111 Satz 3 BetrVG keinen immanenten Vorbehalt dergestalt enthält, dass **Bagatellabspaltungen** nicht erfasst sein sollen, denn das Vorliegen der Voraussetzungen „wesentlicher Nachteile für erhebliche Teile der Belegschaft" ist gerade nicht tatbestandliches Merkmal von § 111 Satz 3 BetrVG.

202 Gliedert daher der Arbeitgeber einen Betriebsteil aus, um ihn auf ein anderes Unternehmen zu übertragen, so liegt in der **organisatorischen Spaltung des Betriebes** eine mitbestimmungspflichtige Betriebsänderung im Sinne von § 111 Satz 3 Nr. 3 BetrVG[184].

203 Ein Betrieb kann innerhalb desselben Unternehmens gespalten werden. Die Spaltung eines Betriebs kann aber auch Folge der rechtsgeschäftlichen oder umwandlungsrechtlich bedingten Übertragung eines Betriebsteils sein. Immer aber setzt die Spaltung eines Betriebes eine **Änderung der betrieblichen Arbeits-, Ablauf und/oder Leitungsorganisation** voraus. Die Spaltung des Betriebes ist deshalb von der Spaltung des Unternehmens zu un-

---

[182] Vgl. BGBl. 1995, I 3210
[183] Vgl. *BAG* 10.12.1996, DB 1997, 1416; Willemsen/*Schweibert*, Rn. C 57; DKK-*Däubler*, § 111 Rn. 77 BetrVG.
[184] Vgl. *BAG* 10.12.1996, DB: 1997, 1416.

terscheiden. Die Verschmelzung verschiedener Rechtsträger oder aber deren Spaltung, sofern sie sich allein auf die gesellschaftsrechtliche Ebene des Rechtsträgers beziehen, werden nicht von § 111 Satz 3 Nr. 3 BetrVG erfasst. Denn das Betriebsverfassungsgesetz knüpft grundsätzlich an den Betrieb als arbeitsorganisatorische Einheit an. Allenfalls kommt dann ein Beteiligungsanspruch gem. § 111 Satz 3 Nr. 4 BetrVG in Frage.

Ausschließlich **gesellschaftsrechtliche Änderungen,** also die bloße rechtliche Umstrukturierung der Unternehmensstruktur erfüllen nicht die Voraussetzung, die an den Tatbestand einer Betriebsänderung zu stellen sind, und lösen keine Mitbestimmungsrechte des Betriebsrats nach § 111 BetrVG aus[185]. Hierzu zählen insbesondere nachfolgende Beispielsfälle: **204**

- Die Spaltung eines Rechtsträgers führt auf der Ebene des Betriebs zur **Bildung eines Gemeinschaftsbetriebes mehrerer Unternehmen (vgl. Rn. 8 ff.).** Dies gilt auch dann, wenn die Spaltung zur Entstehung einer Anlage – und einer Betriebsgesellschaft im Sinne von § 132 UmwG führt.
- Ein **Betrieb wird in seiner Gesamtheit auf einen anderen Rechtsträger übertragen**, ohne dass damit zusätzliche Betriebsänderungstatbestände im Sinne von § 111 BetrVG erfüllt werden (vgl. hierzu näher Rn. 207 ff.).

Als **Tatbestände einer betriebsändernden Betriebsspaltung** kommen insbesondere folgende Fallkonstellationen in Betracht: **205**
- Ein Betrieb wird in der Weise aufgespalten, dass zwei betriebsorganisatorisch selbstständige Betriebe im Sinne von § 1 BetrVG entstehen.
- Ein Betriebsteil wird vom Ursprungsbetrieb abgespalten und betriebsorganisatorisch verselbständigt oder in einen bestehenden Betrieb eingegliedert.

Von einer Betriebsänderung in Form einer Betriebsaufspaltung sind alle Arbeitnehmer des ursprünglich einheitlichen Betriebs betroffen[186]. **206**

---

185 So auch Willemsen/*Schweibert*, Rn. C 63.
186 Vgl. *BAG* 16.6.1987, NZA 1987, 671.

D. Betriebsverfassungsrechtliche Auswirkungen

207 (3) Nach ständiger Rechtsprechung[187] und herrschender Lehre[188] stellt der **reine Betriebsübergang** – also die Übertragung eines Betriebes als Ganzes unter Wahrung seiner Identität – keine Betriebsänderung im Sinne von § 111 BetrVG dar. § 613 a BGB habe eine die Arbeitnehmer schützende Sonderregelung für den rechtsgeschäftlichen – grundsätzlich aber auch für den umwandlungsbedingten – Betriebsübergang getroffen[189]. Die (eigentums)rechtliche Zuordnung eines Betriebes wirke sich nicht auf den Betrieb als arbeitstechnische Einheit aus.

208 Dieser Auffassung ist zuzustimmen[190]. Denn § 111 BetrVG setzt mit dem Tatbestand einer Betriebsänderung immer zugleich greifbare Änderungen der betrieblichen Arbeitsorganisation voraus. Der Wechsel des Arbeitgebers als solcher hat keine Änderung der Betriebsorganisation zur Folge[191]. Da der Erwerber den Betrieb in der Lage übernimmt, in der er sich befindet, ist eine Veränderung auf betriebsorganisatorischer Ebene und damit eine Betriebsänderung nicht ersichtlich.

209 Die Rspr. des *BAG* und die herrschende Literaturauffassung stehen im Einklang mit europäischem Gemeinschaftsrecht. Art. 6 Abs. 1 der **Betriebsübergangsrichtlinie** enthält für den Fall des Betriebsübergangs umfassende Informationspflichten von Veräußerer und Erwerber gegenüber den jeweils zuständigen Arbeitnehmervertretungen. Diese Informationspflichten dienen, wenn arbeitnehmerseitige Maßnahmen geplant sind, der Herbeiführung einer Konsultation und einer Übereinkunft über die beabsichtigten Maßnahmen zwischen den jeweiligen Betriebsparteien, Art 6 Abs. 2 der Richtlinie. Sind die Arbeitnehmervertretungen nach mitgliedstaatlichem Recht berechtigt, eine Schiedsstelle mit dem Ziel anzurufen, eine Entscheidung hinsichtlich der arbeitnehmerseitig zu treffenden Maßnahmen herbeizuführen, so sind die Mitgliedstaaten befugt, die

---

[187] Vgl. nur *BAG* 17.3.1987, AP BetrVG 1972 § 111 Nr. 18 BetrVG.
[188] Vgl. *FKHE*, § 111 Rn. 50 mit weiteren Nachweisen.
[189] Vgl. *BAG* 4.12.1979, DB 1980, 743.
[190] So auch die herrschende Auff. in der Literatur. Vgl. zur Gegenansicht und zum Meinungsstand DKK – *Däubler*, § 111 Rn. 102 ff. sowie *Hergenröder*, AR Blattei SD 500.1 Rn. 610 ff.
[191] A. A. soweit ersichtlich nur DKK – *Däubler*, § 111 Rn. 102 BetrVG.

Informations- und Konsultationspflichten aus Abs. 1 und 2 auf den Fall zu beschränken, dass der **vollzogene Betriebsübergang eine Betriebsänderung** mit wesentlichen Nachteilen für erhebliche Teile der Belegschaft zur Folge haben kann, Art 6 Abs. 3 der Richtlinie. Durch diese Regelung wird zum einen ein Weniger an Information und Konsultation durch ein Mehr an Mitbestimmung ersetzt, zugleich aber auch festgestellt, dass der reine Betriebsübergang keine Betriebsänderung i. S. von § 111 BetrVG darstellt. Denn auch die Betriebsübergangsrichtlinie unterscheidet ausdrücklich und offensichtlich zwischen dem reinen Übergang eines Betriebes in seiner Gesamtheit und solchen Betriebsübergängen, die mit einer Betriebsänderung einhergehen.

210 Die Aufspaltung eines Unternehmens in je eine rechtlich selbstständige **Besitz- und Produktionsgesellschaft** der Art, dass die Produktionsgesellschaft die Betriebsmittel von der Besitzgesellschaft pachtet und die Arbeitnehmer übernimmt, ist nicht notwendigerweise eine Betriebsänderung im Sinne von § 111 BetrVG. Der damit verbundenen möglichen Gefährdung künftiger Ansprüche der im Betrieb beschäftigten Arbeitnehmer kann nicht mit Mitteln des Betriebsverfassungsgesetzes begegnet werden[192].

211 Der deutsche Gesetzgeber kann für sich im Grundsatz beanspruchen, das in Abs. 3 der Bestimmung eröffnete **Schiedsstellenmodell** durch die Möglichkeit zur Anrufung der Einigungsstelle nach § 112 Abs. 4 und 5 BetrVG verwirklicht zu haben. Da nach der Rspr. des *BAG* auch der Betriebsübergang als solcher mit einer zusätzlichen Betriebsänderung mit wesentlichen Nachteilen für erhebliche Teile der Belegschaft einher gehen kann, ist der Anwendungsbereich des § 111 Satz 1 BetrVG und damit der Weg zur Einigungsstelle auch bei der Übertragung eines Betriebes in seiner Gesamtheit eröffnet[193]. Erschöpft sich der rechtsgeschäftliche Betriebsübergang also nicht in dem bloßen Betriebsinhaberwechsel, sondern ist er mit Maßnahmen verbunden, die für sich einen der Tatbestände des § 111 BetrVG erfüllen, so werden dadurch die Beteiligungsrechte des Betriebsrats nach den §§ 111,

---

192 Vgl. *BAG* 17.2.1981, EzA § 111 BetrVG 1972 Nr. 13.
193 Vgl. *Colneric*, FS Steindorff, 1990, 1129; *Oetker*, NZA 1998, 1193.

D. Betriebsverfassungsrechtliche Auswirkungen

112 BetrVG ausgelöst. Daher ist eine **Betriebsänderung anlässlich eines Betriebsübergangs** durchaus möglich[194].

212 Hierfür kommen – mit Ausnahme der Stillegung des ganzen Betriebes oder von wesentlichen Betriebsteilen gem. § 111 Satz 3 Nr. 1 BetrVG – sämtliche weiteren und in § 111 Satz 3 BetrVG aufgeführten Betriebsänderungstatbestände in Betracht, also die Einschränkung des ganzen Betriebes oder wesentlicher Betriebsteile, § 111 Satz 3 Nr. 1 BetrVG – nachfolgend (1) –, die Verlegung des ganzen Betriebes oder wesentlicher Betriebsteile, § 111 Satz 3 Nr. 2 BetrVG – nachfolgend (2) –, grundlegende Änderungen der Betriebsorganisation, des Betriebszwecks oder der Betriebsanlagen, § 111 Satz 3 Nr. 4 BetrVG – nachfolgend (3) – sowie die Einführung grundlegend neuer Arbeitsmethoden und Fertigungsverfahren, § 111 Satz 3 Nr. 5 BetrVG – nachfolgend (4).

213 (1) Der Betriebsübergang kann einhergehen mit der Einschränkung des ganzen Betriebes oder wesentlicher Betriebsteile i. S. von § 111 Satz 3 Nr. 1 BetrVG.

214 Bei der Prüfung der Frage, ob eine **Betriebseinschränkung** vorliegt, ist von dem regelmäßigen Erscheinungsbild des Betriebes auszugehen. Gewöhnliche Schwankungen der Betriebstätigkeit, die mit der Eigenart des jeweiligen Betriebes zusammenhängen, sind keine Betriebsänderungen, auch wenn eine größere Zahl von Arbeitnehmern entlassen wird[195].

215 Eine Betriebsänderung in der Form der **Betriebseinschränkung** nach § 111 Satz 3 Nr. 1 BetrVG setzt nicht notwendig eine Verringerung der sächlichen Betriebsmittel voraus. Vielmehr kann auch ein **bloßer Personalabbau** unter Beibehaltung der sächlichen Betriebsmittel eine Betriebseinschränkung darstellen[196].

216 Erforderlich ist allerdings eine erhebliche Personalreduzierung. Es muss also ein **erheblicher Teil der Belegschaft** betroffen sein. Als Maßstab gelten die Zahlen- und Prozentangaben in § 17 Abs. 1 KSchG über die Anzeigepflicht bei Massenentlassungen, jedoch ohne den dort festgelegten Zeitraum[197] und mit

---

194 So auch *BAG* 4.12.1979, DB 1980, 743; *BAG* 16.6.1987, NZA 1987, 671.
195 Vgl. *BAG* 22.5.1979, AP BetrVG 1972 § 111 Nr. 3.
196 Vgl. *BAG* 22.5.1979, AP BetrVG 1972 § 111 Nr. 3.
197 Vgl. *BAG* 22.5.1979, AP BetrVG 1972 § 111 Nr. 3.

der Maßgabe, dass mindestens 5% der Gesamtbelegschaft von der Maßnahme erfasst sein müssen[198].

Ob ein Personalabbau als Betriebsänderung im Sinne von § 111 Satz 3 Nr. 1 BetrVG zu werten ist, hängt folglich von der **Zahl der beendeten Arbeitsverhältnisse** ab. Zu berücksichtigen sind bei der **Erheblichkeitsprüfung** nur solche Arbeitnehmer, die aus betriebsbedingten Gründen aus dem Betrieb ausscheiden. Das Ausscheiden des Arbeitnehmers muss durch den Arbeitgeber aus betriebsbedingten Gründen veranlasst sein. Hierzu rechnen zunächst sämtliche betriebsbedingten Arbeitgeberkündigungen. Diejenigen Arbeitnehmer, die aus personen- oder verhaltensbedingten Gründen entlassen werden oder deren Arbeitsverhältnis infolge Fristablaufs endet, bleiben außer Betracht[199]. **217**

Bei der Erheblichkeitsprüfung sind auch diejenigen Arbeitsverhältnisse mitzuzählen, die nur deshalb gekündigt werden müssen, weil die **Arbeitnehmer** dem Übergang auf einen Teilbetriebserwerber (§ 613 a BGB) **widersprochen** haben und eine Beschäftigungsmöglichkeit im Restbetrieb nicht mehr besteht[200]. **218**

Scheidet ein Arbeitnehmer im Zusammenhang mit einer Betriebsänderung **aufgrund eines Aufhebungsvertrages**, der die Beendigung des Arbeitsverhältnisses „auf Veranlassung des Arbeitgebers" vorsieht, aus dem Betrieb aus, so ist auch dies wie eine Arbeitgeberkündigung zu behandeln[201]. **219**

Denkbar und in der Praxis nicht selten ist auch der Fall der **betriebsbedingten Eigenkündigung**. Vom Arbeitgeber aus Gründen der Betriebsänderung veranlaßt ist auch die Eigenkündigung eines Arbeitnehmers, die als Folge einer den Arbeitnehmern anläßlich eines geplanten Personabbaus auf einer Betriebsversammlung gegebenen Empfehlung des Arbeitgebers, sich nach anderen Arbeitsplätzen umzusehen, ausgesprochen wird. Dies gilt selbst dann, wenn dem Arbeitnehmer wegen einer Verbesse- **220**

---
198 Vgl. *BAG* 6.12.1988, DB 1989, 883; *BAG* 2.8.1983, DB 1983, 2776
199 Vgl. *BAG* 2.8.1983, DB 1983, 2776.
200 Vgl. *BAG* 10.12.1996, EzA § 111 BetrVG 1972 Nr. 34.
201 Vgl. *BAG* 28.4.1993, DB 1993, 2034.

rung der Auftragslage letztendlich nicht gekündigt worden wäre[202]. Allerdings ist die Eigenkündigung nach der Rspr. des BAG dann nicht **vom Arbeitgeber veranlasst**, wenn der Arbeitnehmer im Zeitpunkt seiner Kündigung – 3 Monate nach der Ankündigung – keinen Grund für die Annahme (mehr) hatte, ihm werde im Zuge des Personalabbaus gekündigt werden[203].

221 **Eine arbeitgeberseitige Veranlassung** im Sinne dieser Ausführungen liegt jedoch immer nur dann vor, wenn der Arbeitgeber den Arbeitnehmer im Hinblick auf eine konkret geplante Betriebsänderung bestimmt, selbst zu kündigen oder einen Aufhebungsvertrag zu schließen, um so eine sonst notwendig werdende Kündigung zu vermeiden. Deshalb genügt ein bloßer Hinweis des Arbeitgebers auf eine unsichere Lage des Unternehmens, auf notwendig werdende Betriebsänderungen und der diesbezügliche allgemeine Rat, sich eine neue Stelle zu suchen, regelmäßig nicht[204]. Entscheidend sind jedoch stets die näheren Umstände des Einzelfalls.

222 (2) Der Betriebs(teil)übergang kann auch mit der **Verlegung eines Betriebes oder eines Betriebsteils** verbunden werden, § 111 Satz 3 Nr. 2 BetrVG.

223 Die Verlegung eines Betriebs ist eine **Veränderung seiner örtlichen Lage**[205]. Als Verlegung gilt hierbei jede nicht nur geringfügige Veränderung der örtlichen Lage des Betriebes oder Betriebsteils[206]. Um die Schwelle zur Betriebsänderung zu erreichen, genügen folglich ganz geringfügige Änderungen wie der **Umzug innerhalb desselben Gebäudes** oder auf die andere Straßenseite nicht. Allerdings ist der Bereich des Geringfügigen nach der Rspr. des BAG bereits dann verlassen, wenn der **neue Standort in derselben Großstadt** liegt und 4,3 bzw. 5,5 km vom bisherigen entfernt Standort ist[207]. Auch gute Verkehrsverbindun-

---

202 Vgl. *BAG* 28.10.1992, EzA § 112a BetrVG 1972 Nr. 6.
203 Vgl. *BAG* 28.10.1992, EzA § 112a BetrVG 1972 Nr. 5.
204 Vgl. *BAG* 19.7.1995, NZA 1996, 271
205 Vgl. DKK- *Däubler*; § 111 Rn. 64.
206 Vgl. *BAG* 17.8.1982, DB 1983, 344.
207 Vgl. *BAG* 17.8.82, AP BetrVG 1972 § 111 Nr. 11, DKK – *Däubler*, § 111 Rn. 64.

gen führen zu keinem anderen Ergebnis. Sie sind jedoch bei der Bemessung etwaiger Ausgleichsleistungen im Sozialplan (vgl. Rn. 298 ff.) zu berücksichtigen.

Für den Tatbestand der Betriebsverlegung unerheblich ist die **arbeitsvertragsrechtliche Situation**. Nicht entscheidend ist daher, ob der Arbeitgeber den »Umzug« kraft seines Direktionsrechts anordnen kann oder ob er eine Änderungskündigung aussprechen muss[208]. **224**

Ob die »Verlegung des Betriebs(teils)« als Betriebsänderung dem Veräußerer oder dem Erwerber zuzurechnen ist, hängt von den Umständen des Einzelfalls ab. Entscheidend kommt es darauf an, wer die Organisation der Verlegung veranlasst und steuert. **225**

Ein Betrieb kann auch **ins Ausland verlegt** werden. Durch die EG-Fusionsrichtlinie vom 23. Juli 1990[209] und ihre Umsetzung durch das Steueränderungsgesetz 1992[210] sind steuerliche Nachteile beseitigt worden, die bisher einer Auslandsverlgegung entgegenstanden[211]. Die Verlegung eines Betriebes ins Ausland ändert an der Anwendbarkeit des § 111 Satz 3 Nr. 2 nichts. Die mit einer Auslandstätigkeit verknüpften Nachteile sind im Rahmen der Verhandlungen über Interessenausgleich und Sozialplan gesondert zu berücksichtigen[212]. **226**

(3) Weniger häufig, aber für die Praxis nicht unbedeutend, ist die Verknüpfung des Betriebs(teil)übergangs mit **grundlegenden Änderungen der Betriebsorganisation, des Betriebszwecks oder der Betriebsanlagen**. Dabei ist allerdings zu beachten, dass die Zusammenlegung/Spaltung von Betrieben schon in § 111 Nr. 3 einer Regelung zugeführt wurde und deshalb bereits aus diesem Grunde als Betriebsänderung gilt. **227**

Die **Betriebsorganisation** betrifft die konkrete Art und Weise der Koordination und des Einsatzes von Arbeitnehmern und Be- **228**

---

208 Vgl. DKK- *Däubler*; § 111 Rn. 64.
209 Vgl. ABl. vom 0.8.1990, Nr. L 225/1
210 Vgl. BGBl. I S. 297.
211 Vgl. DKK-Däubler; § 111 Rn. 69.
212 Vgl. DKK-Däubler; § 111 Rn. 69.

triebsanlagen zur Erreichung des gewünschten arbeitstechnischen Erfolges[213]. Eine Änderung tritt z. B ein bei Dezentralisierung der Entscheidungsbefugnisse, bei der Einführung von Proficentern oder einer Spartenorganisation, bei Veränderung von Zahl, Zuschnitt und innerer Struktur von Betriebsabteilungen sowie beim Übergang zu Gruppenarbeit.

229 Mit dem **Betriebszweck** im Sinne von § 111 Satz 3 Nr. 4 BetrVG ist der arbeitstechnische Zweck eines Betriebs gemeint, nicht der wirtschaftliche[214]. Der Betriebszweck kann sich z. B. dadurch ändern, dass dem bisherigen Betrieb eine weitere Abteilung mit einem weiteren arbeitstechnischen Betriebszweck hinzugefügt wird[215]. So ändert – ein plastisches Beispiel aus der Rechtsprechung – eine Spielbank ihren Betriebszweck grundlegend, wenn sie neben dem herkömmlichen Glücksspiel an Spieltischen (Spiel nach Art „Monte Carlo") in einem besonderen Saal mit eigenem Zugang das Spiel an Automaten (Spiel nach Art „Las Vegas") anbietet[216].

230 Unter **Betriebsanlagen** im Sinne von § 111 Satz 3 Nr. 4 BetrVG sind nicht nur Anlagen in der Produktion zu verstehen, sondern allgemein solche, die dem arbeitstechnischen Produktions- und Leistungsprozeß dienen. Das können auch Einrichtungen des Rechnungswesens sein[217].

231 Nicht nur die Änderung sämtlicher Betriebsanlagen, sondern auch die **Änderung einzelner Betriebsanlagen** kann unter § 111 Satz 3 Nr. 4 BetrVG fallen, wenn es sich um solche handelt, die **in der Gesamtschau von erheblicher Bedeutung für den gesamten Betriebsablauf** sind[218]. Bleibt bei dieser Beurteilung zweifelhaft, ob die genannte Voraussetzung zutrifft, so hat die Zahl der Arbeitnehmer indizielle Bedeutung, die von der Änderung der einzelnen Betriebsanlagen betroffen werden. Dabei kann an die Rechtsprechung des Bundesarbeitsgerichts zur Betriebseinschränkung im Sinne von § 111 Satz 3 Nr. 1 BetrVG an-

---

213 Vgl. DKK-Däubler, § 111 Rn. 82.
214 Vgl. *BAG* 17.12.1985; AP BetrVG 1972 § 111 Nr. 15.
215 Vgl. *BAG* 17.12.1985; AP BetrVG 1972 § 111 Nr. 15.
216 Vgl. *BAG* 17.12.1985; AP BetrVG 1972 § 111 Nr. 15.
217 Vgl. *BAG* 26.10.1982, EzA § 111 BetrVG Nr. 15.
218 Vgl. *BAG* 26.10.1982, EzA § 111 BetrVG Nr. 15.

geknüpft werden, wonach bei Betrieben mit mehr als 1000 Arbeitnehmern mindestens 5% der Gesamtbelegschaft betroffen sein müssen[219].

Bei der Frage, ob die **Änderung der Betriebsanlagen „grund-** 232 **legend"** ist, kommt es entscheidend auf den Grad der technischen Änderung an. Lässt sich aufgrund der Beurteilung der technischen Änderung die Frage einer „grundlegenden" Änderung nicht zweifelsfrei beantworten, so ist nach dem Sinn des § 111 BetrVG auch hier auf den Grad der nachteiligen Auswirkungen der Änderung auf die betroffenen Arbeitnehmer abzustellen[220].

(4) Der Betriebs(teil)übergang kann außerdem mit der **Einfüh-** 233 **rung grundlegend neuer Arbeitsmethoden und Fertigungsverfahren** i. S. von § 111 Satz 3 Nr. 5 BetrVG verbunden sein.

Bei § 111 Satz 3 Nr. 5 geht es primär um den **Einsatz mensch-** 234 **licher Arbeitskraft zur Erledigung bestimmter Aufgaben**. Die Tatbestände von § 111 Satz 3 Nr. 4 und Nr. 5 BetrVG weisen deshalb deutliche Schnittmengen auf[221]. Vielfach werden auch beide Tatbestände erfüllt sein[222]. Innerhalb von Nr. 5 selbst werden oft auch Arbeitsmethoden und Fertigungsverfahren deutliche inhaltliche Überlagerungen aufweisen.

Veränderte Arbeitsmethoden liegen z. B. vor beim Übergang zur 235 **Selbstbedienung in Einzelhandelsgeschäften**, zur systematischen Beschäftigung von **Teilzeitkräften mit flexibler Arbeitszeit** sowie beim systematischen Einsatz von EDV am Arbeitsplatz, insbesondere der Einsatz von **Personal – Computern**. Als relativ einfaches Beispiel mag der **Übergang** von der elektrischen Schreibmaschine **zum PC** gelten. Aber auch der gezielte Übergang von Eigenproduktion zu Fremdvergabe, also z. B. der Einsatz von Werkvertragsunternehmen zählt zu § 111 Satz 3 Nr. 5 BetrVG[223].

---

219 Vgl. *BAG* 26.10.1982, EzA § 111 BetrVG Nr. 15.
220 Vgl. *BAG* 26.10.1982, EzA § 111 BetrVG Nr. 15.
221 Vgl. DKK – *Däubler*, § 111 Rn. 89.
222 Vgl. zu Nr. 4 *BAG* 26.10. 82, AP BetrVG 1972 § 111 Nr. 10 und zu Nr. 5 *BAG* 6.12.82, AP BetrVG 1972 § 87 Überwachung Nr. 7.
223 Vgl. zum ganzen DKK – Däubler, § 111 Rn. 90.

D. Betriebsverfassungsrechtliche Auswirkungen

236 Eine Arbeitsmethode oder ein Fertigungsverfahren ist dann „**grundlegend neu**", wenn es sich nicht nur um eine **routinemäßigen Verbesserung** handelt[224]. Hierfür ist die Situation **im einzelnen Betrieb** oder in der betroffenen Betriebsabteilung maßgebend[225]. Führt die qualitative Betrachtung zu keinen eindeutigen Ergebnissen, kommt es darauf an, ob durch die neue Arbeitsmethode oder das neue Fertigungsverfahren eine erhebliche Zahl von AN betroffen ist[226] (vgl. hierzu schon Rn. 216 ff.).

cc. Zeitpunkt der Unterrichtung

237 Das Beteiligungsrecht des Betriebsrats betrifft die jeweilige auf eine Betriebsänderung abzielende Entscheidung des Unternehmers. Nach dem Zweck des Beteiligungsrechts muss der Betriebsrat so rechtzeitig unterrichtet werden, dass er noch Einfluss auf die unternehmerische Planung nehmen kann[227]. Maßgebender Zeitpunkt für die nach § 111 Satz 1 BetrVG erforderliche Unterrichtung des und Beratung der Betriebsänderung mit dem Betriebsrat ist deshalb der Zeitpunkt, in dem der Unternehmer in die **Planungshase** eintritt. Steht die konkrete Maßnahme daher in allen grundsätzlichen, wesentlichen Einzelheiten aus Sicht der Unternehmensleitung fest, dann ist die Unterrichtung des Betriebsrats verspätet.

238 Dieses Ergebnis bestätigt Art. 6 Abs. 1 der Betriebsübergangsrichtlinie. Nach Art. 6 Abs. 1 Unterabs. 2 der Betriebsübergangsrichtlinie ist der **Veräußerer** verpflichtet, die Vertreter seiner Arbeitnehmer die in Unterabs. 1 genannten Informationen rechtzeitig vor dem Vollzug des Übergangs zu übermitteln. Damit unterstellt die Richtlinie implizit, dass mit der Beeinträchtigung der rechtlichen und/oder tatsächlichen Situation der Arbeitnehmer des Veräußerers spätestens im Zeitpunkt des Übergangs zu rechnen ist[228]. Der Erwerber ist nach Unterabs. 3 verpflichtet, den Vertretern seiner Arbeitnehmer diese Informationen rechtzeitig

---

224 Vgl. *FKHE*, § 111 Rn. 97 ff..
225 Vgl. DKK – *Däubler*, § 111 Rn. 91.
226 Vgl. *BAG* 7.7.90, NZA 91, 115.
227 Vgl. ErfK-*Hanau/Kania*, § 111 BetrVG Rn. 20.
228 Vgl. *Oetker*, NZA 1994, 1193.

zu übermitteln, auf jeden Fall aber bevor diese Arbeitnehmer von dem Übergang hinsichtlich ihrer Beschäftigungs- und Arbeitsbedingungen unmittelbar betroffen werden. Entscheidend kommt es darauf an, dass faktische Beeinträchtigungen für die Arbeitnehmer des Erwerbers als Folge des Übergangs absehbar sind[229].

Das Beteiligungsrecht des Betriebsrats nach § 111 BetrVG setzt also ein, sobald die **Planung des Unternehmers zu einer gewissen Reife gelangt** ist, d. h. sobald der Unternehmer sich im Grundsatz entschlossen hat, eine Maßnahme – allerdings vorbehaltlich der Bemühungen um eine Einigung mit dem Betriebsrat – durchzuführen[230]. Der Betriebsrat ist andererseits nicht in jede Vorüberlegung der Unternehmensleitung einzubeziehen[231]. Die Abgrenzung in der Praxis ist schwierig, jedenfalls aber immer eine Frage des Einzelfalls. **239**

„Rechtzeitig" i. S. der Bestimmung ist die Unterrichtung des Betriebsrats nur dann, wenn der Betriebsrat noch in die Lage versetzt wird, auf das **OB und Wie der geplanten Betriebsänderung Einfluss nehmen** zu können[232]. Dies ergibt sich gleichfalls aus dem Zweck der Bestimmung. Denn § 111 BetrVG dient auf Seiten des Betriebsrats auch dazu, **Alternativmodelle zur unternehmerischen Planung zu entwickeln**[233]. **240**

Es ist deshalb jedenfalls unbestritten, dass die Unterrichtung nur dann „rechtzeitig" erfolgt, wenn sie noch vor Beginn der praktischen Umsetzung der Maßnahme durchgeführt wird. Der Arbeitgeber hat den Betriebsrat daher zu einem Zeitpunkt zu unterrichten, zu dem noch nicht abschließend über die Betriebsänderung entschieden ist. Andernfalls wäre die Befugnis des Betriebsrats zur Entwicklung von Alternativmodellen überflüssig[234]. **Der Arbeitgeber darf den Betriebsrat nicht vor vollendete Tatsachen stellen.** Sind die Würfel bereits gefallen, so erübrigt sich nach der Intention des Gesetzgebers eine Unterrichtung über eine Betriebsänderung. **241**

---

229 Vgl. *Oetker*, NZA 1994, 1193
230 Vgl. *FKHE*, § 111 Rn. 107 ff..
231 Vgl. ErfK-*Hanau/Kania*, § 111 BetrVG Rn. 20.
232 Vgl. *BAG* 14.9.1976, AP BetrVG § 113 Nr. 2.
233 Vgl. DKK – *Däubler*, § 111 Rn. 131 mit weiteren Nachweisen.
234 Vgl. *FKHE*, § 111 Rn. 109.

Daher hat die Unterrichtung des Betriebsrats bspw. noch vor dem an den Aufsichtsrat herangetragenen Ersuchen zur Erteilung seiner nach Satzung, Gesellschaftsvertrag oder Geschäftsordnung erforderlichen Zustimmung zu der beabsichtigten Maßnahme zu erfolgen. Der Betriebsrat darf daher nicht erst dann unterrichtet werden, wenn sich die Unternehmensleitung einem anderen Unternehmensorgan gegenüber bereits definitiv festgelegt hat. Im Falle einer **betriebsändernden Unternehmensumwandlung** ist der Zeitpunkt für die Erforderlichkeit der Unterrichtung spätestens erreicht, sobald der Vorstand oder die Geschäftsleitung sich zur Umwandlung entschlossen haben, auch wenn noch nicht die Genehmigung des Aufsichtsrats, insbesondere aber der bei allen Umwandlungsformen erforderliche zustimmende Beschluss der Gesellschafter vorliegt[235].

242 Die Unterrichtung muss so frühzeitig erfolgen, dass noch über einen Interessenausgleich und einen Sozialplan verhandelt und das weitere Verfahren nach § 112 Abs. 2 und 3 BetrVG (vgl. hierzu Rn. 298 ff.) vorher abgeschlossen werden kann, bevor die Betriebsänderung durchgeführt werden soll[236]. Die Unterrichtung ist immer dann verspätet, wenn der Arbeitgeber schon mit der Durchführung der Maßnahme begonnen hat.

243 **Für Unternehmensumwandlungen nach dem UmwG** ist außerdem von folgendem auszugehen:

Gemäß §§ 4 Abs. 1, Abs. 2, 125, 176, 177 UmwG haben die Vertretungsorgane der an der Umwandlung beteiligten Rechtsträger einen gesellschaftsrechtlichen Vertrag (Verschmelzungsvertrag, Spaltungsvertrag, Vertrag über eine Vermögensübertragung) abzuschließen. Soll dieser Vertrag nach dem zur Wirksamkeit der Umwandlung erforderlichen Gesellschafterbeschluß abgeschlossen werden, so ist vor diesem Beschluss ein schriftlicher Entwurf des Vertages aufzustellen. Mit **Abschluss des gesellschaftsrechtlichen Vertrages** steht die unternehmerische Planung fest, eine Umwandlung durchzuführen. Sie hängt lediglich noch ab von der Zustimmung der beteiligten Gesellschafter. Mit Ab-

---

235 Vgl. *FKHE*, § 111 Rn. 108.
236 Vgl. *BAG* 14.9.1976, AP BetrVG § 113 Nr. 2.

schluss der gesellschaftsrechtlichen Verträge hat daher spätestens die Unterrichtung der Betriebsräte zu erfolgen, denn auf der Grundlage der vorgelegten Verträge muss der Betriebsrat überprüfen, ob der Tatbestand der Betriebsänderung erfüllt ist.

dd. Inhalt und Umfang der Unterrichtung

Nach dem ausdrücklichen Wortlaut des Gesetzes muss die Unterrichtung des Betriebsrats **umfassend** sein. **244**

Grundlage dieser umfassenden Informationsverpflichtung ist Art. 6 Abs. 1 der **Betriebsübergangsrichtlinie**, in deren Licht § 111 Satz 1 BetrVG auszulegen ist. Diese Bestimmung konstituiert die Verpflichtung von Veräußerer und Erwerber, die Vertreter ihrer jeweiligen von einem Übergang betroffenen Arbeitnehmer über folgende Umstände zu informieren: **245**
- den Zeitpunkt bzw. den geplanten Zeitpunkt des Übergangs,
- den Grund für den Übergang,
- die rechtlichen, wirtschaftlichen und sozialen Folgen des Übergangs für die Arbeitnehmer,
- die hinsichtlich der Arbeitnehmer in Aussicht genommenen Maßnahmen.

Notwendig ist demzufolge die **Darlegung der wirtschaftlichen und sozialen Gründe**, die nach Auffassung des Unternehmers für die Betriebsänderung sprechen[237]. Der Unternehmer hat außerdem den Inhalt der möglichem Maßnahmen und die sozialen Auswirkungen auf die Arbeitnehmer zu beschreiben[238]. Hat der Arbeitgeber eine Unternehmensberatungsfirma eingeschaltet, so ist deren Gutachten vorzulegen. Auch die Bilanzen der letzten drei bis fünf Jahre, die Wirtschaftsprüferberichte sowie Marktanalysen sind zugänglich zu machen, sofern sie im konkreten Zusammenhang von Bedeutung sein können[239]. Ebenfalls von Bedeutung ist der Zeitpunkt einer geplanten Betriebsänderung sowie der Zeitplan für die Umsetzung des Maßnahme. Die Unterrichtung hat daher so **246**

---
237 Vgl. ErfK-Hanau/Kania, § 111 BetrVG Rn. 21.
238 Vgl. *FKHE*, § 111 Rn. 111, 112.
239 Vgl. DKK – *Däubler*, § 111 Rn. 133.

zu erfolgen, dass sich der Betriebsrat ein vollständiges Bild von der geplanten Umstrukturierungsmaßnahme machen kann. Zu diesem Zweck sind dem Betriebsrat nach der allgemeinen Vorschrift des § 80 Abs. 2 BetrVG die erforderlichen Unterlagen zur Verfügung zu stellen[240] (vgl. hierzu Rn. 167 ff.).

246a Unterrichtungsanspruch des Betriebsrats – wesentliche Fragegegenstände

I. Welchen genauen Inhalt hat die unternehmerische Planung?

1. Werden im Zuge der Umstrukturierung neue Gesellschaften (in welcher Rechtsform?) gegründet und gehen die bestehenden Gesellschaften dadurch unter, oder wird eine (welche?) aus der jetzigen, die fortbesteht, ausgegliedert? Oder lässt die Umstrukturierung die bestehenden Rechtsformen unberührt?

2. Wird das Marktverhalten zwischen beiden Gesellschaften fraglich/faktisch abgestimmt – wenn ja, wie? Wird das Auftreten der Gesellschaft nach außen koordiniert? Wird das Erscheinungsbild der an der Umstrukturierung beteiligten Gesellschaften nach außen vereinheitlicht?

3. In welchem Zeitplan soll die Umstrukturierung durchgeführt werden?

4. Hat der Unternehmer Alternativen zu den vorgeschlagenen Maßnahmen geprüft und wenn ja, welche? Weshalb wurde die Alternativplanung nicht durchgeführt?

5. Wie wird die finanzielle Ausstattung der an der Umstrukturierung Beteiligten aussehen? Welche Auswirkungen hat die Umorganisation auf die Eigentumsverhältnisse? Welcher Gesellschaft werden welche Betriebsmittel (Grundstück, Gebäude, Maschinenpark, Patente, Kundenlisten, EDV usw.) gehören?

6. Welche Nutzungsrechte an Betriebsmitteln der jeweils anderen Gesellschaft sind vorgesehen? Welche (vertraglichen) Absprachen werden hier getroffen? Insbesondere für welchen

---

240 Vgl. DKK – *Däubler,* § 111 Rn. 134.

Zeitraum und zu welchen Kosten wurden Nutzungsverträge abgeschlossen?
7. In welchen Räumlichkeiten sollen die beteiligten Unternehmen und Betriebe untergebracht werden?
8. Wie wird die Leitungsstruktur beider Gesellschaften (auch personell) aussehen? Gibt es hierzu vertragliche Absprachen? Wer übernimmt die Personalleitungsaufgaben für die an der Umstrukturierung beteiligten Unternehmen?
9. Hat die Umstrukturierung weitere Auswirkungen auf die Betriebs- und Arbeitsorganisation sowie die Arbeitsmethoden? Welche Abteilungen werden welchen Gesellschaften zugeordnet?
10. Welche technischen und organisatorischen Verknüpfungen werden zwischen den Gesellschaften bestehen?
11. Liegt aus der Sicht der Unternehmensleitung ein Betriebsübergang i. S. d. § 613 a BGB vor mit der Folge, dass die entstehenden Arbeitsverhältnisse inhaltsgleich auf den Betriebserwerber übergeleitet werden?

II. Welche Veränderungen ergeben sich nach der Umstrukturierung im Hinblick auf die bisherigen Arbeitsbedingungen?

1. Welche tarifliche Ordnung kommt nach dem Betriebsübergang/ Umstrukturierung zur Anwendung? Ist die Mitgliedschaft in einem Arbeitgeberverband nah dem Betriebsübergang beabsichtigt?
2. Wird der Betriebserwerber den übernommenen Betrieb langfristig in der bisherigen Form weiterführen oder muss aus erkennbar werdenden Fakten mittelfristig oder gar kurzfristig mit Einschränkungen oder Weiterverkauf oder einer Stilllegung gerechnet werden?
3. Ist zu erwarten, dass bestimmte Bereiche des übernommenen Betriebs wegen einer in Aussicht stehenden Zusammenlegung innerhalb des Unternehmens des Betriebserwerbers aufgelöst oder eingeschränkt werden? Soll Personal abgebaut oder aufgestockt werden? Sind Kündigungen geplant?

D. Betriebsverfassungsrechtliche Auswirkungen

4. Wie unterscheiden sich die bisherigen betrieblichen Leistungen durch Betriebsvereinbarungen, Gesamtzusagen, betriebliche Übungen zu den Leistungen in den Betrieben oder in einem Bereich des Betriebserwerbers? Sind diese Leistungen dort schlechter bzw. nach der Umstrukturierung schlechter, wenn ja, inwiefern?
5. Geht der Betrieb auf ein neu gegründetes Unternehmen über, in dem gemäß § 112 a Abs. 2 Satz 1 BetrVG in den ersten vier Jahren nach der Gründung kein Sozialplan erzwungen werden kann?
6. Welchen wirtschaftlichen Ruf hat der Betriebserwerber? Ist es dem Arbeitnehmer in Anbetracht der bisherigen wirtschaftlichen Leistungen des Betriebserwerbers unzumutbar, sein Arbeitsverhältnis bei diesem fortzusetzen?

III. Einflussnahme des Betriebsrates auf die Betriebsänderung

1. Sind die Arbeitnehmer bereit, das Widerspruchsrecht gegen den Betriebsübergang gemeinsam auszuüben?
2. Besteht beim Betriebsveräußerer unter Berücksichtigung der eigenen fachlichen und persönlichen Eignung sowie des Anstellungsvertrages eine Weiterbeschäftigungsmöglichkeit (bei Veräußerung des Betriebsteils durch Einsatz in einem anderen Betriebsteil, bei Veräußerung eines Betriebs von mehreren Betrieben durch Einsatz in einer offenen Stelle) oder muss der Arbeitnehmer demgegenüber mit einer betriebsbedingten Kündigung durch den Betriebsveräußerer rechnen?
3. Liegen mit dem Betriebsübergang zugleich auch die Voraussetzungen einer mitbestimmungspflichtigen Betriebsänderung i. S. d. § 111 BetrVG vor?
4. Welche wesentlichen Eckpunkte muss ein Interessenausgleich und ggf. eine Sozialplanregelung haben?

247 **Mit der Eröffnung des Insolvenzverfahrens** übernimmt der Insolvenzverwalter die Rechte und Pflichten, die sich aus der Arbeitgeberstellung der Gemeinschuldnerin ergeben. Der Insolvenzverwalter hat deshalb bei allen seinen Rechtshandlungen, die die Arbeitnehmer

berühren, die Mitwirkungs- und Mitbestimmungsrechte des Betriebsrats zu beachten[241]. Die Mitwirkungs- und Mitbestimmungsrechte des Betriebsrats entfallen daher auch dann nicht, wenn die Betriebsänderung der Gemeinschuldnerin die zwangsläufige Folge der Eröffnung des Insolvenzverfahrens ist. Die Vorschriften des Betriebsverfassungsgesetzes über Interessenausgleich, Sozialplan und Nachteilsausgleich bei Betriebsänderungen (§§ 111 bis 113 BetrVG) gelten – von den in § 122 InsO (gerichtliche Zustimmung zur Durchführung einer Betriebsänderung), §123 InsO (Begrenzung des Sozialplanumfangs) und § 124 InsO (Widerrufsrecht des Insolvenzverwalters für mindestens drei Monate vor Eröffnungsantrag abgeschlossene Sozialpläne) enthaltenen Besonderheiten abgesehen[242] – auch in der Insolvenz des Unternehmens[243].

ee. Zuständiger Betriebsrat und Fristen

248 Für die Zuständigkeitsfrage entscheidend ist die sich aus den §§ 50, 58 BetrVG ergebende **betriebsverfassungsrechtlichen Kompetenzverteilung**. Danach ist der Gesamtbetriebsrat (Konzernbetriebsrat) zuständig für die Behandlung von Angelegenheiten, die das Gesamtunternehmen (den Konzern) oder mehrere Betriebe (Konzernunternehmen) betreffen und und nicht durch die einzelnen Betriebsräte (Gesamtbetriebsräte) innerhalb ihrer Betriebe (Unternehmen) geregelt werden können. Die Unterrichtung hat daher gegenüber demjenigen Betriebsrat bzw. denjenigen Betriebsratskörpern zu erfolgen, deren Betriebe bzw. Unternehmen nach dem materiellen Gegenstand der Unterrichtung von der beabsichtigten Umwandlung rechtlich betroffen sein können. Entscheidend ist folglich nicht die tatsächliche, sondern die **potenzielle rechtliche Betroffenheit**. Hierbei handelt es sich um eine Frage des Einzelfalls.

---

241 Vgl. *BAG* 17.9.1974, EzA § 113 BetrVG 1972 Nr. 1 noch zum Konkursverfahren.
242 Vgl. zu den Besonderheiten für Interessenausgleich und Sozialplan in der Insolvenz ausführlich Kittner/Zwanziger – *Lakies*, § 122 Rn. 7 ff., 21 ff..
243 Vgl. *BAG GS* 13. 12 1978, EzA § 112 BetrVG 1972 Nr. 15 noch zum Konkursverfahren.

D. Betriebsverfassungsrechtliche Auswirkungen

249   Handelt es sich z. B. um reine Veränderungen auf der betrieblichen Ebene wie beispielsweise eine bloße Betriebsspaltung, so ist nur **örtliche Betriebsrat** zuständig, da sich dann die Frage einer Betriebsänderung nach § 111 Satz 3 Nr. 3 BetrVG und deren Bewältigung durch Interessenausgleich und Sozialplan stellt.

250   Berührt die Betriebsspaltung oder die Abspaltung eines Betriebsteils auch die Rechtsträgerebene – und zwar sowohl als Folge einer rechtsgeschäftlichen Einzel- wie auch einer umwandlungsrechtlichen Gesamtrechtsnachfolge, so ist auch der Gesamtbetriebsrat als das auf der Unternehmensebene maßgebliche Organ zuständig. Denn jedes Umwandlungsvorhaben bezieht sich notwendigerweise – immer auch – auf den Rechtsträger als solchen[244].

251   Plant ein Arbeitgeber allerdings die Verlegung eines Betriebes und dessen Zusammenlegung mit einem anderen seiner Betriebe, so ist der **Gesamtbetriebsrat** für Verhandlungen über einen Interessenausgleich und Sozialplan originär zuständig[245], d.h. auch für die entsprechende Unterrichtung. Das gleiche wird man für die Verschmelzung zweier Unternehmen annehmen müssen.

252   Der **Konzernbetriebsrat** ist – auch – zuständig, wenn durch eine Unternehmenumwandlung ein Betrieb oder ein Unternehmen aus dem Konzernverbund herausgelöst und sich dadurch die Zusammensetzung des Konzernbetriebsrats verändert.

253   Die rechtliche Zuständigkeitsfrage läßt sich vielfach jedoch nicht zweifelsfrei klären. Deshalb ist es gerade bei großen – unternehmens- oder konzernweiten bzw. unternehmens- oder konzernübergreifenden – Umstrukturierungsmaßnahmen notwendig und sinnvoll, sämtliche Ebenen der Arbeitnehmervertretung durch Beauftragung gem. den §§ 50 Abs. 2, 58 Abs. 2 BetrVG in den Prozess einzubeziehen und einen **permanenten Informationsprozess** zu organisieren. Außerdem ist bei unternehmens- oder konzernübergreifenden Maßnahmen dringend zu empfehlen, die Verhandlungen über Interessenausgleich und Sozialplan unter Be-

---

[244] Vgl. *Boecken*, Rn. 334; *Wlotzke*, DB 1995, 40; *Willemsen/Willemsen*, Rn. C 357, *Berscheid*, AR Blattei SD 530.6.4 Rn. 37.
[245] Vgl. *BAG* 24.1.1996, NZA 1996, 1107.

teiligung sämtlicher Gesamt- und Konzernbetriebsräte und der jeweiligen Geschäftsführungs- bzw. Vorstandsebenen zu führen.

ff. Rechtsfolgen einer fehlerhaften Beteiligung des Betriebsrats

Erfüllt der Unternehmer seine Verpflichtung zu umfassender Unterrichtung des Betriebsrats nicht, können die von Entlassungen und anderen nachteiligen Maßnahmen betroffenen AN **Ansprüche auf Nachteilsausgleich nach § 113** erheben (vgl. Rn. 378): In diesem Fall hat der Unternehmer sich nicht ausreichend um einen Interessenausgleich bemüht. Hierzu zählt nicht nur der Gang zur Einigungsstelle, sondern eben auch – als grundlegende Verpflichtung des Arbeitgebers – die ordnungsgemäße Information des Betriebsrats. Außerdem kann eine **Ordnungswidrigkeit** nach § 121 vorliegen. Handelt es sich um einen schweren Verstoß, so kommt auch ein **Verfahren nach § 23 Abs. 3** in Betracht[246] mit dem Ziel, die Betriebsänderung bis zur ordnungsgemäßen Information untersagen zu lassen. Der BR kann seinen Informationsanspruch außerdem im Wege der **einstweiligen Verfügung** durchsetzen. Die Zwangsvollstreckung erfolgt dann in der Weise, dass nach § 888 Abs. 1 ZPO ein Zwangsgeld verhängt wird[247]. **254**

gg. Hinzuziehung von Sachverständigen

Gem. § 111 Satz 2 BetrVG kann der Betriebsrat in **Unternehmen mit mehr als 300 Arbeitnehmern** zu seiner Unterstützung einen Berater hinzuziehen, § 80 Abs. 4 BetrVG gilt entsprechend. **255**

Die Bestimmung des § 111 Satz 2 BetrVG ist neu. Sie wurde durch das BetrVerf – Reformgesetz in das BetrVG aufgenommen. Der Gesetzgeber[248] geht zu Recht davon aus, dass Unternehmensumstrukturierungen im Zeitalter der Globalisierung – nicht nur, aber auch wegen der oftmals viel rascheren Umsetzung – vielfach hochkomplizierte Lebenssachverhalte darstellen und damit Fragestellungen aufwerfen, bei denen der Betriebsrat seine Beteili- **256**

---

246 Vgl. DKK – *Däubler*, § 111, Rn. 142.
247 Vgl. DKK – *Däubler*, § 111, Rn. 142; ErfK-*Hanau*,/*Kania*, § 111, Rn. 23; *FKHE*, § 111, Rn. 138.
248 Vgl. BT-Drs. 14/5741, S. 52.

gungsrechte in der Regel nicht ohne externen Sachverstand wirksam ausüben kann. § 111 Satz 2 BetrVG räumte deshalb dem Betriebsrat einen Anspruch auf schnellstmögliche Hinzuziehung externen Sachverstandes ein, in dem im Fall der Betriebsänderung abweichend von dem zeitaufwendigeren Verfahren nach § 80 Abs. 3 BetrVG (vgl. Rn. 177 ff.) der Betriebsrat einen Berater auch ohne vorherige Vereinbarung mit dem Arbeitgeber einbeziehen kann. Dieser ausdrückliche Anspruch des Betriebsrats auf Beratung durch Sachverständige diene so auch der eigentlichen Zwecksetzung der §§ 111, 112 BetrVG, nämlich der **Einflußnahme des Betriebsrats auf die unternehmerische Entscheidung durch Entwicklung fundierter Alternativvorschläge.** Ohne die Möglichkeit, schnell und kompetent auf geplante Betriebsänderungen reagieren zu können, kann der Betriebsrat gerade in Krisensituationen den ihm erteilten – in der Gesetzesänderung von § 112 Abs. 5 Nr. 2 a BetrVG dokumentierten – Auftrag, die Beschäftigung zu sichern und zu fördern, nicht erfüllen. Außerdem trägt die Regelung durch kompetente Interessenvertretung auch dem beiderseitigen Interesse an einer Beschleunigung des Verfahrens Rechnung. Schließlich dient die Änderung auch dem Grundsatz der Verhandlungsparität beider Betriebspartner.

257 Die Hinzuziehung eines Beraters im Falle einer Betriebsänderung ist ausweislich des Gesetzeswortlauts nicht an den **Grundsatz der Erforderlichkeit** gebunden. Dennoch besteht die Kostentragungspflicht des Arbeitgebers nach § 40 Abs. 1 BetrVG nach der ständigen Rspr. des BAG[249] und der weit überwiegenden Auffassung der betriebsverfassungsrechtlichen Literatur[250] nur insoweit, als der Betriebsrat die entstehenden Kosten im Zeitpunkt ihrer Verursachung zur sachgerechten Aufgabenerfüllung für erforderlich halten durfte. Diese Einschränkung gilt auch für die Hinzuziehung von Sachverständigen nach § 111 Satz 2 BetrVG. Bei der Bewertung der Frage der Erforderlichkeit hat der Betriebsrat jedoch einen Beurteilungsspielraum[251]. Die

---

[249] Vgl. nur *BAG* 19.4.1989, AP BetrVG 1972 § 80 Nr. 35; *BAG* 10.08.1995, NZA 1995, 795.
[250] Vgl. nur *FKHE* § 40 Rn. 10, DKK – *Wedde*, § 40 Rn. 5.

entstehenden Kosten sind Kosten i. S. von § 40 Abs. 1 BetrVG. Sie sind daher vom Arbeitgeber zu tragen. Die Möglichkeit der Hinzuziehung von Auskunftspersonen nach § 80 Abs. 3 BetrVG steht gleichrangig neben dem externen Beratungsanspruch nach § 111 Satz 2 BetrVG und verdrängt diesen Anspruch demzufolge nicht.

2. Die Unterrichtung des Betriebsrats nach dem UmwG

a. Umwandlungsrechtlicher Unterrichtungsanspruch

Nach den §§ 5 Abs. 3, 126 Abs. 3, 176, 177, 194 Abs. 2 UmwG **258** müssen die gesellschaftsrechtlichen Verträge oder ihre Entwürfe den zuständigen Betriebsräten der betroffenen Rechtsträger **spätestens einen Monat vor dem Tage der Versammlung der Anteilsinhaber** jedes beteiligten Rechtsträgers, die über die Zustimmung zu dem gesellschaftsrechtlichen Vertrag beschließen soll, zugeleitet werden[252]. Die Zuleitung des Entwurfes ist dann ausreichend, wenn die Beschlußfassung – mit genehmigender Wirkung – der Anteilseigner nach Abschluss des jeweiligen gesellschaftsrechtlichen Vertrages erfolgt (z. B. für die Verschmelzung vgl. §§ 5 Abs. 3, 13 Abs. 3 Satz 2, 2. Alt., 4 Abs. 2 UmwG). Die **Zuleitung** ist dem Registergericht bei Anmeldung der Umwandlung nachzuweisen, § 17 Abs.1 UmwG, und wird damit zur **Eintragungsvoraussetzung**[253].

Für die betrieblichen Vertretungen der Arbeitnehmer ist von be- **259** sonderer Bedeutung, dass die gesellschaftsrechtlichen Verträge vorgeschriebene – auch arbeitsrechtliche – Mindestanforderungen erfüllen müssen, denn sie haben die **Folgen der Umwandlung für die Arbeitnehmer und ihre Vertretungen sowie die insoweit vorgesehenen Maßnahmen** anzugeben, §§ 5 Abs. 1 Nr. 9, 126 Abs. 1 Nr. 11, 176, 177, 194 Abs. 1 Nr. 7 UmwG. Hierzu gehören,

---

251 Vgl. *FKHE*, § 40 Rn. 7, Erfk – *Eisemann*, BetrVG § 40 Rn. 1
252 Zur Unterrichtung des Betriebsrats nach dem UmwG vgl. auch *Bachner*, AR-Blattei 1625 Rn. 165 ff.
253 Vgl. Willemsen/*Willemsen*, Rn. C 356; *Berscheid*, AR Blattei SD Betriebsverfassung VI D 530.6.4 Rn. 31.

D. Betriebsverfassungsrechtliche Auswirkungen

obgleich hierauf das Hauptaugenmerk liegen wird, nicht nur die infolge der Unternehmensumwandlung eintretenden arbeitnehmerseitigen Nachteile, sondern auch die Vorteile für die Arbeitnehmer[254]. Dieser Aspekt darf in der praktischen Umsetzung der Maßnahme nicht unterschätzt werden, denn Unternehmensumwandlungen sind auf der Arbeitnehmerseite regelmäßig begleitet mit deutlichen (Zukunfts)Ängsten.

260 Zu den Folgen der Umwandlung für die Arbeitnehmer und ihre Vertretungen zählen zunächst deren **unmittelbare rechtliche Auswirkungen**. Demzufolge muss im gesellschaftsrechtlichen Vertrag dargelegt werden, inwieweit sich die beabsichtigte Umwandlung auf die von der Umwandlung betroffenen Arbeitsverhältnisse selbst sowie auf Ansprüche aus Arbeitsverträgen, Betriebsvereinbarungen und Tarifverträgen auswirkt. Ebenso gehört zu den unmittelbaren rechtlichen Konsequenzen der Unternehmensumwandlung deren Folgen für die bestehende Betriebsratsstruktur. Hierzu rechnet der Fortbestand bzw. Wegfall von Betriebsrat, Gesamtbetriebsrat und Konzernbetriebsrat, darüber hinaus auch die Verpflichtung zur Wahrnehmung eines Übergangsmandats i. S. von § 21 a BetrVG (vgl. Rn. 31 ff.) oder Restmandats gem. § 21 b BetrVG, die Entstehung eines Gemeinschaftsbetriebes mehrerer Rechtsträger gemäß §1 Abs. 1 Satz 2 BetrVG (vgl. Rn. 8 ff.) und die rechtliche Verpflichtung bzw. Möglichkeit zur Bildung von Gesamtbetriebsrat sowie Wirtschaftsausschuß und Konzernbetriebsrat. Hierher gehört auch die Verpflichtung zur Angabe der Haftungsfolgen bei Vorliegen der Voraussetzungen nach § 134 UmwG (vgl. ausführlich Rn. 61). Denn die fünfjährige Nachhaftung des früheren Rechtsträger bei Spaltung in Anlage- und Betriebsgesellschaft schützt speziell Ansprüche der Arbeitnehmer[255]. Zu den arbeitsrechtlichen Mindestangaben zählen außerdem die Auswirkungen der Umwandlung auf die bestehende Unternehmensmitbestimmungsstruktur wie z. B. die Pflicht zur Bildung eines Aufsichtsrats nach dem MBestG nach der Verschmelzung zweier Unternehmen [256].

---

254 Vgl. *OLG Düsseldorf* 15.5.1998, NZA 1998, 766.
255 Vgl. Willemsen/*Willemsen*, Rn. C 365.
256 Vgl. *Boecken*, Rn. 327.

261 Streitig ist, ob und in welchem Umfang der gesellschaftsrechtliche Vertrag auch **Mindestangaben zu den tatsächlichen Folgen** der Unternehmensumwandlung – wie z. B. Rationalisierungsmaßnahmen, Betriebsverlegungen, verlängerte Anfahrtswege oder der Wegfall der Möglichkeit zur Nutzung öffentlicher Verkehrsmittel – enthalten muss[257]. Für eine entsprechende Informationspflicht spricht allerdings schon deren Zweck. Diese soll nämlich die zuständigen Betriebsräte in die Lage versetzen, ihnen möglicherweise zustehende Mitbestimmungsrechte rechtzeitig und inhaltlich uneingeschränkt auszuüben zu können[258]. Dies setzt die Kenntnis von den tatsächlichen Folgen der Unternehmensumwandlung notwendigerweise voraus. Auch der Wortlaut des Gesetzes unterscheidet nicht nach rechtlichen und tatsächlichen Folgen[259]. Außerdem ergibt sich die Pflicht zur Angabe tatsächlicher Folgen der Umwandlung für die Arbeitnehmer und ihre Vertretungen auch aus der Formulierung des Gesetzes, wonach auch „die insoweit vorgesehenen Maßnahmen" angegeben werden müssen[260]. Diesbezüglich besteht schon nach dem Wortlaut des Gesetzes ein vorwiegend tatsächlicher Bezug. Jenseits der rechtlichen Erörterung ist jedoch auch ein Gebot moderner Unternehmenskultur, Arbeitnehmer möglichst umfassend in Umstrukturierungsmaßnahmen durch breite Information einzubeziehen, damit die Unternehmensumstrukturierung auch frühzeitig tatsächlich „gelebt" werden kann.

262 Unter den „insoweit vorgesehenen Maßnahmen" sind auch sogenannte **Folgebewältigungsmaßnahmen** zu verstehen. Hierzu zählen solche Schritte, mit denen nach Auffassung der Unternehmensleitung in rechtlicher und tatsächlicher Hinsicht auf etwaige Veränderungen reagiert werden sollte, also insbesondere Interessenausgleich und Sozialplan, aber auch sonstige Ausgleichsleistungen oder vorgesehene Vereinbarungen mit dem Betriebsrat wie z. B. im Sinne von § 325 Abs. 2 UmwG[261] (vgl. hierzu Rn. 85 ff.).

---

257 Vgl. *Boecken*, Rn. 319; *Bachner*, NJW 1995, 2881; *Hjort*, NJW 1999, 750; wohl auch *OLG Düsseldorf* 15.5.1998, NZA 1998, 766.
258 Vgl. *Wlotzke* DB 1995, 40.
259 Vgl. *Berscheid*, AR Blattei SD. 530.6.4 Rn. 32, 33.
260 Vgl. *Wlotzke*, DB 1995, 40.

D. Betriebsverfassungsrechtliche Auswirkungen

263 Zu den Mindestangaben im gesellschaftsrechtlichen Vertrag über die unmittelbaren rechtlichen Auswirkungen der Unternehmensumwandlung auf die betroffenen Arbeitnehmer und ihre Vertretungen gehören auch diejenigen Veränderungen, die sich aus den die Umwandlung begründenden **Ziel- und Planvorgaben** sowie den zugrundeliegenden wirtschaftlichen Erwägungen der an der Umwandlung beteiligten Rechtsträger ergeben, auch wenn deren Umsetzung erst nach Eintragung der Umwandlung erfolgen soll[262]. Voraussetzung ist allerdings, dass diese Folgen nach objektiven Kriterien und nach der Verkehrsanschauung bereits absehbar bzw. wahrscheinlich sind, so dass nicht jede denknotwendig mögliche Folge der Unternehmensumwandlung angegeben werden muss[263].

264 Zusammenfassend sind daher zu den **Pflichtangaben** in den gesellschaftsrechtlichen Verträgen zu zählen (vgl. den entsprechenden Fragenkatalog Rn. 246a):

– **Angaben der (Rechts)folgen für die Arbeitnehmer:**
Tarifrechtliche Folgen; Art der Weitergeltung von Betriebsvereinbarungen, Gesamtbetriebsvereinbarungen und Konzernbetriebsvereibarungen – normative Weitergeltung oder Transformation in den Arbeitsvertrag –; Auswirkungen auf die betriebliche Altersversorgung (vgl. näher Rn. 26); Angaben zur Zuordnung der Arbeitsverhältnisse und zur kündigungsrechtlichen Stellung der Arbeitnehmer (§ 323 Abs. 1 UmwG); Auswirkungen auf die arbeitnehmerseitige Gläubigerposition insbesondere nach einer Spaltung, § 133, 134 UmwG sowie die bereits absehbaren tatsächlichen Folgen der Umwandlung.

– **Angaben der (Rechts)folgen hinsichtlich der Arbeitnehmervertretungen:**
Auswirkungen der Umwandlung auf den Betriebsrat – Fortbestand oder Neuwahl, Übergangsmandat (§ 21 a BetrVG), Restmandat (§ 21 b BetrVG), gemeinsamer Betrieb mehrerer Unternehmen (§ 1 Abs. 1 Satz 2 BetrVG), materielle Beteili-

---

261 Vgl. *Boecken*, Rn. 320.
262 Vgl. Hjort, NJW 1999, 750.
263 Einschränkend Willemsen/*Willemsen*, Rn. C 372, 373: Angabe der *konkret* geplanten Sekundärfolgen.

gungsrechte und Fortgeltung von Beteiligungsrechten kraft Betriebsvereinbarung oder Tarifvertrag (§ 325 Abs. 2 UmG) –, Auswirkungen auf Gesamtbetriebsrat, Konzernbetriebsrat, Wirtschaftsausschuss, Jugend- und Auszubildendenvertretung, Sprecherausschuss; Mitbestimmung in den Unternehmensorganen – Veränderung und Wegfall der Mitbestimmung wegen Unterschreitung der jeweils erforderlichen Unternehmensgröße oder Änderung der notwendigen Rechtsform oder befristete Beibehaltung der bisherigen Mitbestimmung (325 Abs. 1 UmwG).

– **Bezeichnung der übertragenen Betriebe und Betriebsteile bei Spaltung und Verschmelzung**

– Beschreibung der beabsichtigten **Folgebewältigungsmaßnahmen,** insbesondere Interessenausgleich und Sozialplan

b. Zuständiger Betriebsrat und Fristen

Die **Empfangszuständigkeit für die Zuleitung des gesell-** 265 **schaftsrechtlichen Vertrages** oder seines Entwurfes richtet sich nach der betriebsverfassungsrechtlichen Kompetenzverteilung. Sie hat daher gegenüber demjenigen Betriebsrat bzw. denjenigen Betriebsratskörpern zu erfolgen, deren Betriebe bzw. Unternehmen nach dem materiellen Gegenstand der Unterrichtung von der beabsichtigten Umwandlung betroffen sein können.

So ist – wenn die Betriebsräte eines Unternehmen einen **Gesamtbetriebsrat** gebildet haben – in jedem Fall diesem gegenüber die Zuleitung vorzunehmen. Denn jedes Umwandlungsvorhaben bezieht sich notwendigerweise – immer auch – auf den Rechtsträger als solchen[264]. Handelt es sich nicht nur um eine reine Unternehmensspaltung ohne betriebsorganisatorische Auswirkungen, sondern geht die Unternehmensumwandlung außerdem mit Veränderungen auf der betrieblichen Ebene wie beispielsweise einer Betriebsspaltung einher, so ist der gesellschaftsrechtliche Vertrag oder sein Entwurf auch dem **örtlichen Betriebsrat** zuzuleiten, da sich

---

264 Vgl. *Boecken,* Rn. 334; Wlotzke, DB 1995, 40; Willemsen/*Willemsen,* Rn. C 357, *Berscheid,* AR Blattei SD .530.6.4 Rn. 37.

dann z. B. immer auch die Frage eines etwaigen Übergangsmandats (vgl. Rn. 31 ff.) stellt bzw. eine Betriebsänderung nach § 111 Satz 2 Nr. 3 BetrVG vorliegt. Kommt es also zu einer Betriebsspaltung oder wird ein Betriebsteil abgespalten, so ist neben dem Gesamtbetriebsrat auch der örtliche Betriebsrat zuständig.

266 **Der Konzernbetriebsrat** ist – auch – zuständig, wenn durch eine Unternehmenumwandlung ein Betrieb oder ein Unternehmen aus dem Konzernverbund herausgelöst und sich dadurch die Zusammensetzung des Konzernbetriebsrats verändert. Das gleiche gilt für eine Verschmelzung zweier verbundener Unternehmen. Zwar ist der Konzern als solcher nicht Rechtsträger[265], so dass auf den ersten Blick die entsprechende Formulierung des UmwG – „Betriebsrat jedes beteiligten Rechtsträgers" – einer solchen Interpretation entgegensteht. Auf der anderen Seite sind wegen des gesetzgeberischen Zweckes einer möglichst umfassenden Information alle betroffenen Betriebsratskörper zu unterrichten, so dass eine berichtigende Auslegung der Bestimmungen gerechtfertigt ist[266]. Dies gilt um so mehr, als auch ein Teil der Literatur die betriebsverfassungsrechtliche Rechtsträgerschaft des Konzerns anerkennt[267].

267 Wegen der registerrechtlichen Folgen einer fehlerhaften – insbesondere unterlassenen – Zuleitung der gesellschaftsrechtlichen Verträge oder ihrer Entwürfe (vgl. Rn. 275 ff.) ist zu empfehlen, die **Unterlagen sämtlichen Betriebsratsgremien zuzustellen**, die bei weiter Betrachtungsweise auch nur möglicherweise zuständig sind. Eine Ausnahme gilt dann, wenn ein Beauftragungsfall vorliegt, wenn also z. B. der Gesamtbetriebsrat von den örtlichen Betriebsräten zur Entgegennahme der Unterlagen gem. § 50 Abs. 2 BetrVG ermächtigt wurde.

268 In entsprechender Anwendung von § 26 Abs. 3 BetrVG ist die Zuleitung gegenüber dem **(Gesamt-, Konzern-) Betriebsratsvorsitzenden** vorzunehmen[268]. Im Verhinderungsfall ist dessen

---

[265] Wohl aber geht das BetrVG von einem Konzernarbeitgeber im betriebsverfassungsrechtlichen Sinne aus, vgl. *FKHE* § 58 Rn. 4a, *Bachner,* NZA 1996, 256.
[266] A.A. Willemsen/*Willemsen,* Rn. C 357; *Berscheid,* AR Blattei SD 530.6.4 Rn. 39.
[267] Vgl. *FKHE* § 58 Rn. 5; *Bachner,* NZA 1996, 256.
[268] So auch *Boecken,* Rn. 339.

Stellvertreter zur Entgegennahme berechtigt. Die Zuleitung gegenüber einem anderen Betriebsratsmitglied genügt den gesetzlichen Anforderungen grundsätzlich nicht. Der Nachweis der Zuleitung erfolgt durch **schriftliches Empfangsbekenntnis**.

Die gesellschaftsrechtlichen Verträge oder deren Entwürfe 269 sind dem zuständigen Betriebsrat **spätestens einen Monat vor der Versammlung** der Anteilseigner jedes beteiligten Rechtsträgers, die über die Zustimmung zu dem gesellschaftsrechtlichen Vertrag beschließen soll, zuzuleiten, §§ 5 Abs. 3, 126 Abs. 3, 176, 177, 194 Abs. 2 UmwG. Da es sich um eine **gesetzliche Monatsfrist** handelt, erfolgt deren Berechnung gemäß der §§ 187 ff. BGB[269]. Eine vorherige Zuleitung ist unschädlich.

Der Arbeitgeber kann im Einzelfall verpflichtet sein, die in den 270 gesellschaftsrechtlichen Verträgen enthaltenen arbeitsrechtlichen Angaben dem zuständigen Betriebsrat früher zu übermitteln. Dies gilt vor allem dann, wenn mit der Unternehmensumwandlung zugleich der **Tatbestand einer Betriebsänderung i. S. von § 111 BetrVG** – insbesondere durch Zusammenlegung und Spaltung von Betrieben – begründet wird (vgl. hierzu Rn. 196 ff.), da das Interessenausgleichsverfahren regelmäßig nicht innerhalb eines Monats abgeschlossen werden kann, wie schon die durch das „Gesetz zu Korrekturen in der Sozialversicherung und Sicherung der Arbeitnehmerrechte" aufgehobene Fassung von § 113 Abs. 3 BetrVG und die dort enthaltene Zwei- bzw. Drei-Monatsfrist für die Durchführung der Interessenausgleichverhandlungen eindeutig zeigt.

Der Betriebsrat entscheidet in eigenem Ermessen darüber, ob 271 er sich mit einer **Abkürzung der gesetzlichen Monatsfrist** einverständlich erklärt. Da die umwandlungsrechtliche Unterrichtungspflicht dem Interesse des Betriebsrats und der von ihm vertretenen Arbeitnehmer dient, muss er allein darüber befinden können, ob er die gesetzlich eingeräumte Prüfungsfrist in vollem Umfang ausschöpft. Zum Nachweis des Einverständnisses zur Abkürzung der Frist ist Schriftform erforderlich[270].

---

269 Vgl. Willemsen/*Willemsen*, Rn. C 360.
270 Vgl. Willemsen/*Willemsen*, Rn. C 360.

D. Betriebsverfassungsrechtliche Auswirkungen

272   Ein **Verzicht auf die Zuleitung** als solche ist unwirksam, denn die Unterrichtungspflicht dient auch den Interessen der vom Betriebsrat vertretenen Arbeitnehmer. Die Rechtslage entspricht insoweit derjenigen bei den Beteiligungsrechten nach den §§ 99, 102 BetrVG[271].

273   **Änderungen des gesellschaftsrechtlichen Vertrages bzw. des Entwurfes** sind dem Betriebsrat nicht in jedem Fall durch erneute Zuleitung zur Kenntnis zu bringen. Vielmehr ist entscheidend auf den Schutzzweck der umwandlungsrechtlichen Unterrichtungspflicht abzustellen. Deshalb ist die Zuleitung nur dann unter Aktualisierung der gesellschaftsrechtlichen Verträge bzw. der Entwürfe zu wiederholen, wenn sich konkrete Änderungen hinsichtlich der Folgen für die Arbeitnehmer oder ihre Vertretungen und die insoweit vorgesehenen Maßnahmen ergeben[272].

274   Ist ein **Betriebsrat nicht gewählt** bzw. ein Gesamtbetriebsrat oder ein Konzernbetriebsrat nicht gebildet und wäre nach dem materiellen Inhalt der Unterrichtung einer dieser Betriebsratkörper zuständig, so kann die Zuleitung schon mangels Existenz eines Betriebsrats nicht erfolgen. Eine Zuleitung gegenüber den von der Unternehmensumwandlung betroffenen Arbeitnehmern sieht das UmwG nicht vor[273]. Das Fehlen des entsprechenden Betriebsratskörpers ist dem Registergericht jedoch nachzuweisen. Der Nachweis kann durch eidesstattliche Versicherung des gesetzlichen Vertreters des (der) sich umwandelnden Rechtsträger erfolgen[274]. Das Fehlen eines Betriebsrats läßt die Pflicht zur Angabe der Folgen der Umwandlung für die Arbeitnehmer im Umwandlungsvertrag nicht entfallen[275].

---

271 Vgl. zu den Einzelheiten die Kommentare zum BetrVG.
272 Vgl. *OLG Naumburg* DB 1997, 466; Willemsen/*Willemsen*, Rn. C 362.
273 Vgl. Willemsen/*Willemsen*, Rn. C 358
274 Vgl. *AG Duisburg*, GmbHR 1996, 372; Willemsen/*Willemsen*, Rn. C 359.
275 Vgl. *OLG Düsseldorf* 15.5.1998, NZA 1998, 766; Willemsen/*Willemsen*, Rn. C 359; a. A. Joost, ZIP 1995, 976.

c. Rechtsfolgen einer fehlerhaften Unterrichtung des Betriebsrats nach dem UmwG

Die Folgen eines Verstoßes gegen den umwandlungsrechtlichen Unterrichtungsanspruch des Betriebsrats ergeben sich nicht aus dem UmwG selbst, sondern aus dem Gesetz über die Angelegenheiten der freiwilligen Gerichtsbarkeit[276]. Dieses Gesetz regelt unter anderem **auch verfahrensrechtliche Anforderungen an die Führung von Handelsregistern,** insbesondere an die Voraussetzungen für die Vornahme von Eintragungen in das Handelsregister. 275

Für die Führung des Handelsregisters sind die **Amtsgerichte zuständig.** In dieser Funktion hat das Amtsgericht neben der materiellen Prüfung – rechtliche Zulässigkeit der erstrebten Eintragung und rechtliche Wirksamkeit des angemeldeten Rechtsverhältnisses – zu prüfen, ob die begehrte Eintragung im Handelsregister auch formell zulässig ist. 276

Die **formelle Zulässigkeit** eines Eintragungsantrags ist dann erfüllt, wenn der Antrag vollständig ist[277]. Vollständig ist der Eintragungsantrag dann, wenn sämtliche gesetzlich vorgeschriebenen Urkunden beigefügt sind. Gemäß § 17 Abs. 1 UmwG ist der **Anmeldung der Verschmelzung** in Urschrift oder Abschrift ein Nachweis über die rechtzeitige Zuleitung des Verschmelzungsvertrages oder seines Entwurfs an den zuständigen Betriebsrat beizufügen. Diese Vorschrift gilt aufgrund der gesetzlichen Verweisungen – §§ 125, 176, 177, 199 UmwG – für sämtliche Formen der Unternehmensumwandlung. Ein Verstoß gegen diese Verpflichtung hat daher nach den Regelungen über die freiwillige Gerichtsbarkeit zur Folge, dass der Registerrichter an der Eintragung der beantragten Unternehmenumwandlung gehindert ist. Der Nachweis der Zuleitung an den zuständigen Betriebsrat ist deshalb **Eintragungsvoraussetzung**[278]. 277

Für die **Vollständigkeit des Eintragungsantrags** und damit dessen formelle Zulässigkeit ist außerdem erforderlich, dass er die **ge-** 278

---

276 Zu den Folgen einer fehlerhaften Unterrichtung des Betriebsrats nach dem UmwG vgl. auch *Bachner*, AR-Blattei 1625 Rn.198 ff..
277 Vgl. *Bassenge/Herb*st, § 125 Rn. 11.
278 So auch *Boecken*, Rn. 340 mit weiteren Nachweisen.

setzlich vorgeschriebenen Angaben enthält. Deshalb darf der Registerichter – dies ist unstreitig – die begehrte Umwandlung nicht eintragen, wenn die gesetzlich erforderlichen Mindestangaben entweder völlig fehlen oder aber wesentliche Teilbereiche nicht von den Angaben erfaßt werden[279]. Dem **Unterlassen von Angaben** ist der Fall gleichzustellen, dass der gesellschaftsrechtliche Vertrag **bloße Pauschalangaben** wie beispielsweise „Folgen für die Arbeitnehmer und ihre Vertretungen sind nicht ersichtlich" oder aber nur auf eine Bezugnahme auf gesetzliche Vorschriften wie z. B. § 613a BGB enthält[280]. Es ist nämlich in jedem Fall erforderlich, dass die **Angaben hinreichend substantiiert** werden[281].

[279] Streitig ist allerdings, wie zu verfahren ist, wenn der Eintragungsantrag zwar Angaben enthält, diese jedoch zu wesentlichen Teilbereichen entweder unschlüssig oder aber nachweislich falsch sind. Damit ist die Frage aufgeworfen, ob dem Registerrichter neben dem formellen auch ein **materielles Prüfungsrecht** zusteht. Zwar spricht gegen eine vollumfängliche Schlüssigkeitsprüfung schon der Rechtscharakter der Pflichtangaben als unverbindliche Mitteilung von Rechts- und Tatsachenerklärungen[282]. Auf der anderen Seite ist es unter Berücksichtigung des Zwecks der umwandlungsrechtlichen Unterrichtungspflicht für die Anknüpfung und Ausübung etwaiger Mitbestimmungsrechte des Betriebsrats gleichermaßen schädlich, wenn die Angaben entweder unschlüssig oder aber falsch sind. Unzulässige und damit unrichtige Eintragungen hat das Registergericht zum Schutz des Rechtsverkehrs zu vermeiden[283]. Deshalb ist zumindest dann, wenn die Angaben offensichtlich unrichtig bzw. unter keinem Gesichtspunkt vertretbar sind[284] oder aber begründete Zweifel an der Richtigkeit der angemeldeten Tatsachen bestehen[285], ein materielles Prüfungsrecht des Registerrichters zu befürworten.

---

279 Vgl. Willemsen/*Willemsen*, Rn. C 378.
280 Vgl. OLG Düsseldorf 15.5.1998, NZA 1998, 766.
281 In diesem Sinne auch *Boecken*, Rn. 330.
282 Vgl. *Bachner*, NJW 1995, 2881.
283 Vgl. *Keidel/Kuntze*, § 127 Rn. 1.
284 Vgl. *OLG Düsseldorf* 15.5.1998, NZA 1998, 766; *Joost* ZIP 1995, 976; a. A. Willemsen/*Willemsen*, Rn. C 378.
285 Vgl. *Bumiller/Winkler*, § 127 Rn. 1; *Keidel/Kuntze*, § 127 Rn. 1.

Ergibt die Prüfung des Amtsgerichts, dass der Eintragungsantrag **280** aus den angegebenen Gründen unvollständig ist, so erlässt es eine **Zwischenverfügung.** Die Zwischenverfügung dient dem Zweck, dem Antragsteller die Möglichkeit zur Beseitigung eines behebbaren Hindernisses zu geben, also die erforderlichen Angaben oder aber den Nachweis über die rechtzeitige Zuleitung der gesellschaftsrechtlichen Verträge an den zuständigen Betriebsrat nachzuholen. **Die Eintragung** wird **erst dann** vorgenommen, **wenn** das **Hindernis behoben** ist. Dem Betriebsrat ist in diesem Zusammenhang zu empfehlen, dass er, sobald er Kenntnis von der beabsichtigten Umwandlung erlangt, sich vorsorglich schriftlich mit dem Amtsgericht in Verbindung setzt und diesem mitteilt, dass die Gesellschaft umgewandelt werden soll. Das Amtsgericht als Registergericht muss dann die erforderlichen Schritte von Amts wegen vornehmen[286].

d. Verhältnis zur betriebsverfassungsrechtlichen Unterrichtungspflicht

Für den Auskunftsanspruch des Betriebsrats nach § 80 Abs. 2 **281** BetrVG genügt es, dass der **Betriebsrat die Auskunft benötigt, um feststellen zu können, ob ihm ein Mitbestimmungsrecht zusteht** und ob er davon Gebrauch machen soll, sofern nicht ein Mitbestimmungsrecht des Betriebsrats offensichtlich nicht in Betracht kommt[287]. Die Information des Betriebsrats gemäß § 80 Abs. 2 BetrVG hat so **rechtzeitig** zu erfolgen hat, dass der Betriebsrat seinen Aufgaben noch ordnungsgemäß nachkommen kann (vgl. zum ganzen ausführlich Rn. 167 ff.).

Der Zeitpunkt der Unterrichtung ist der wesentliche Anknüp- **282** fungspunkt für die Abgrenzung zur umwandlungsrechtlichen Informationspflicht gegenüber dem Betriebsrat. Denn § 80 Abs. 2 BetrVG erfasst zumindest auch solche Informationsgegenstände, die schon auf der Grundlage des Umwandlungsgesetzes mitgeteilt werden müssen. Allerdings kann sich gemäß § 80 Abs. 2 BetrVG unabhängig von der umwandlungsgesetzlichen Unterrichtungs-

---

286 Vgl. insbesondere zur Zwischenverfügung auch OLG Düsseldorf 15.5.1998, NZA 1998 766; *FKHES*, § 106 Rn. 51
287 Vgl. *BAG* 27.6.1989, AP BetrVG 1972 § 80 Nr. 37.

pflicht ein betriebsverfassungsrechtlicher Anspruch auf Mitteilung der im gesellschaftsrechtlichen Vertrag bzw. seinen Entwurf enthaltenen Mindestangaben bereits zu einem Zeitpunkt ergeben, der früher als einen Monat vor dem Tage der Versammlung der Anteilsinhaber liegt[288], weil § 80 Abs. 2 BetrVG eine **rechtzeitige Information des Betriebsrats** fordert[289]. Maßgebend ist in diesem Zusammenhang eine **Unterrichtung schon in der Planungsphase.**

283 Die Informationsansprüche auf der Grundlage des UmwG vermitteln in aller Regel als die spezielleren Ansprüche zwar ein stärkeres Recht als der allgemeine Informationsanspruch von § 80 Abs. 2 BetrVG. Jedoch hat der Arbeitgeber auf der Grundlage des § 80 Abs. 2 BetrVG dem Betriebsrat jederzeit auf Verlangen weitere zur Durchführung der Betriebsratsaufgaben erforderliche Unterlagen zur Verfügung zu stellen, § 80 Abs. 2 Satz 2 BetrVG. Im Zusammenhang mit Unternehmensumstrukturierungen zählen hierzu beispielsweise Organigramme der an der Umwandlung beteiligten Unternehmen, anwendbare Tarifverträge und Betriebsvereinbarungen etc.

284 Plant der Arbeitgeber mit der Unternehmensumwandlung zugleich eine **Betriebsänderung nach § 111 BetrVG**, so hat die Unterrichtung des Betriebsrats gleichfalls schon in der Planungsphase zu erfolgen. Für die Abgrenzung zu der umwandlungsrechtlichen Unterrichtungspflicht gelten die obigen Ausführungen entsprechend.

3. Die Unterrichtung des Wirtschaftsausschusses

285 Mit Inkrafttreten des Umwandlungsgesetzes am 01. Januar 1995[290] wurde der Katalog der ausdrücklichen Beteiligungstatbestände und damit der Unterrichtungsanspruch des Wirtschaftsausschusses konkretisiert bzw. klargestellt. Zu den wirtschaftlichen Angelegenheiten des Unternehmens, über die der Unternehmer den Wirtschaftsaus-

---

288 Vgl. *Berscheid*, AR Blattei SD 530.6.4 Rn. 43.
289 *Boecken*, Rn. 347.
290 Vgl. BGBl. 1994 I, 3210 ff.

schuss rechtzeitig und umfassend unter Vorlage der erforderlichen Unterlagen zu unterrichten hat, gehört seither ausdrücklich auch die **Spaltung von Unternehmen oder Betrieben,** § 106 Abs. 3 Nr. 8 BetrVG. Zwar waren solche unternehmerischen Maßnahmen schon früher gemäß § 106 Abs. 3 Nr. 10 BetrVG informationspflichtig, weil es sich um sonstige Vorgänge und Vorhaben handelt, welche die Interessen der Arbeitnehmer des Unternehmens wesentlich berühren können. Die Änderung diente jedoch der Klarstellung und hat die Rechtspraxis für Unternehmen und Betriebsräte vereinfacht.

Ganz allgemein wird der reine Betriebsübergang als solcher von der Generalklausel des § 106 Abs. 3 Nr. 10 BetrVG erfaßt[291]. **286**

Die Information des Wirtschaftsausschusses ist nur dann **recht-** **287** **zeitig im Sinne des § 106 BetrVG, wenn die Planungen des Arbeitgebers noch nicht abgeschlossen sind**[292]. Der Unternehmer darf den Wirtschaftsausschuss nicht vor vollendete Tatsachen stellen. Ein konkretes Informationsbegehren des Wirtschaftsausschusses ist nicht erforderlich[293]. Der Unternehmer muss von sich aus tätig werden.

Der Wirtschaftsausschuss hat die Aufgabe, wirtschaftliche An- **288** gelegenheiten mit dem Unternehmer zu beraten. Die Mitglieder des Wirtschaftsausschusses müssen die **Möglichkeit** haben, **sich auf die Sitzungen des Wirtschaftsausschusses gründlich vorzubereiten**[294]. Der Wirtschaftsausschuss ist umfassend zu unterrichten. Es gilt der Grundsatz der Informationsparität[295].

Was im **Einzelfall** an Vorbereitung erforderlich ist, hängt weit- **289** gehend von den Angelegenheiten ab, die mit dem Unternehmer beraten werden sollen. Der Unternehmer kann verpflichtet sein, Unterlagen mit umfangreichen Daten und Zahlen schon vor der Sitzung vorzulegen. Er kann auch verpflichtet sein, diese Unterlagen den Mitgliedern des Wirtschaftsausschusses zeitweise – zur Vorbereitung auf die Sitzung – zu überlassen (aus der Hand zu ge-

---

291 Vgl. nur *BAG*, NZA 1991, 649.
292 Vgl. *FKHE*, § 106 Rn. 122.
293 Vgl. DKK – *Däubler*, § 106 Rn. 39 ff.
294 Vgl. *BAG* 20.11.1984, NZA 1985, 432.
295 Vgl. Willemsen/*Schweibert*/Hohenstatt, Rn. C 402.

ben) ²⁹⁶. Die Mitglieder des Wirtschaftsausschusses haben nach der Rspr. des BAG allerdings kein Recht, sich von den überlassenen Unterlagen ohne Zustimmung des Unternehmers Kopien oder Abschriften anzufertigen²⁹⁷. Diese Auffassung ist praxisfremd und stört den Sitzungsablauf, gerade wenn es um umfangreiche Unterlagen und komplexe Themenstellungen geht. Denn gem. § 108 Abs. 3 BetrVG besteht das Einsichtsrecht gerade während der Wirtschaftsausschusssitzung. Außerdem ist eine gleichberechtigte Diskussion und Beratung mit dem Arbeitgeber nur möglich, wenn der Wirtschaftsausschuss die Unterlagen vor Augen hat. Diese Unterlagen sind dann allerdings unverzüglich nach Beendigung der Sitzung zurückzugeben²⁹⁸.

290   Zu den **wirtschaftlichen Angelegenheiten**, in denen der Wirtschaftsausschuss nach § 106 BetrVG ein Unterrichtungs- und Beratungsrecht hat, gehört auch die **Stilllegung von Betrieb(steil)en, in denen kein Betriebsrat** gebildet ist²⁹⁹.

291   Der Geschäftsführer einer GmbH ist verpflichtet, den Wirtschaftsausschuss darüber zu unterrichten, dass sämtliche **Geschäftsanteile** der GmbH auf einen neuen Gesellschafter **übergegangen** sind. Außerdem hat er dem Wirtschaftsausschuss mitzuteilen, ob im Zusammenhang mit der Abtretung der Geschäftsanteile Absprachen über die künftige Geschäftsführung und Geschäftspolitik erfolgt sind³⁰⁰.

292   Der **notarielle Vertrag über die Veräußerung der Geschäftsanteile** betrifft das Verhältnis zwischen dem bisherigen und dem neuen Gesellschafter. Nach der Rspr. des BAG handelt sich deshalb nicht um eine Unterlage des Unternehmens, die nach § 106 Abs. 2 BetrVG dem Wirtschaftsausschuss vorzulegen ist³⁰¹. Eine Ausnahme gelte dann, wenn der Vertrag auch Absprachen über die zukünftige Geschäftspolitik enthält³⁰². Handelt

---

296 Vgl. *BAG* 20.11.1984, NZA 1985, 432.
297 Vgl. *BAG* 20.11.1984, NZA 1985, 432.
298 Vgl. DKK – *Däubler*, § 106 Rn. 46, 47; *FKHE*, § 106 Rn. 45 ff..
299 Vgl. *BAG* 9.5.1995, EzA § 106 BetrVG 1972, Nr. 18.
300 Vgl. *BAG* 22.1.1991, NZA 1991, 649.
301 Vgl. *BAG* 22.1.1991, NZA 1991, 649.
302 Vgl. *BAG* 22.1.1991, NZA 1991, 649.

VII. Die Beteiligung des Betriebsrats und des Wirtschaftsausschusses

es sich allerdings um eine übertragende Unternehmensumwandlung, so sind dem Wirtschaftsausschuss auch die **gesellschaftsrechtlichen Verträge bzw. deren Entwürfe,** die **zur Durchführung der Unternehmensumwandlung** abzuschließen sind, vorzulegen. Denn die Unternehmensumwandlung betrifft immer auch die Rechtsträgerebene. Es handelt sich deshalb zweifelsohne um eine Angelegenheit des Unternehmens selbst und eben nicht nur der Gesellschafter[303]. Zu den in diesem Zusammenhang vorzulegenden Unterlagen zählt insbesondere der Verschmelzungs- bzw. Spaltungsvertrag sowie der Verschmelzungs bzw. Spaltungsbericht.

Der Wirtschaftsprüfungsbericht nach § 321 HGB ist eine Unterlage, die eine wirtschaftliche Angelegenheit des Unternehmens im Sinne von § 106 Abs. 2 BetrVG betrifft und daher vom Arbeitgeber dem Wirtschaftsausschuss jedenfalls dann vorzulegen ist, wenn ein wirksamer Spruch der Einigungsstelle den Unternehmer zur Vorlage des Wirtschaftsprüfungsberichts verpflichtet[304]. Das BAG lässt allerdings dahingestellt, ob ein Spruch der **Einigungsstelle nach § 109 BetrVG** der vollen Rechtskontrolle der Arbeitsgerichte im Beschlussverfahren unterliegt. Es erwägt, im Spruch der Einigungsstelle eine anspruchsbegründende Entscheidung zu sehen, die einer Rechtskontrolle nur hinsichtlich der Zuständigkeit der Einigungsstelle, im Übrigen aber einer Ermessenskontrolle nach § 76 Abs. 5 Satz 4 BetrVG unterliegt[305]. **293**

Ist in einem Unternehmen ein Wirtschaftsausschuss nicht zu errichten, weil die nach § 106 Abs. 1 BetrVG **erforderliche Zahl beschäftigter Arbeitnehmer nicht erreicht** wird, so stehen die Unterrichtsansprüche des Wirtschaftsausschusses über wirtschaftliche Angelegenheiten nach § 106 Abs. 2 BetrVG nicht dem Betriebsrat bzw. Gesamtbetriebsrat zu[306]. **294**

Betreiben **mehrere Unternehmen gemeinsam einen einheitlichen Betrieb** (vgl. Rn. 8 ff.) mit in der Regel mehr als einhundert **295**

---
303 Vgl. *Bachner*, AR – Blattei SD1625, Rn. 228, 229.
304 Vgl. *BAG* 8.8.1989, EzA § 106 BetrVG 1972 Nr. 8.
305 Vgl. *BAG* 8.8.1989, EzA § 106 BetrVG 1972 Nr. 8.
306 Vgl. *BAG* 5.2.1991, NZA 1991, 644.

ständig beschäftigten Arbeitnehmern, so ist ein Wirtschaftsausschuss auch dann zu bilden, wenn keines der beteiligten Unternehmen für sich allein diese Beschäftigtenzahl erreicht[307].

296   Für die Bildung eines Wirtschaftsausschusses nach § 106 BetrVG kommt es nicht darauf an, ob die Unternehmensleitung vom Inland oder vom **Ausland aus** erfolgt. Bei Vorliegen der sonstigen gesetzlichen Voraussetzungen ist deshalb auch für inländische Unternehmensteile ein Wirtschaftsausschuss zu bilden[308].

4. Die Unterrichtung der Arbeitnehmer

297   Art. 6 Abs. 6 der **Betriebsübergangsrichtlinie** gewährt den Arbeitnehmern direkt einen **individuellen Informationsanspruch**, sofern im Betrieb oder im Unternehmen unabhängig vom Willen der Arbeitnehmer keine Arbeitnehmervertretung vorhanden ist. Voraussetzung ist also, dass entweder die Grenzwerte für die Wahl eines Betriebsrats nicht erreicht oder die Arbeitnehmervertretung trotz Einleitung eines Wahlverfahrens aus Zeitgründen noch nicht gebildet wurde. Die Unterrichtung hat vor dem Zeitpunkt des Betriebsübergangs zu erfolgen. Die Information bezieht sich in diesem Fall auf den Zeitpunkt bzw. den geplanten Zeitpunkt des Betriebsübergangs, den Grund für den Übergang, die rechtlichen, wirtschaftlichen und sozialen Folgen des Übergangs und die hinsichtlich der Arbeitnehmer in Aussicht genommenen Maßnahmen. Diesen Anforderungen wird § 110 BetrVG nicht gereicht, da diese Bestimmung die unmittelbare Unterrichtung der Arbeitnehmer an die regelmäßige Beschäftigung von mehr als zwanzig wahlberechtigten Arbeitnehmern im Unternehmen knüpft[309]. Eine entsprechende deutsche Umsetzungsnorm enthält jetzt § 613a V BGB (vgl. hierzu ausführlich Rn. F 82 ff.).

---

307 Vgl. *BAG* 1. 8.1990 NZA 1991, 643.
308 Vgl. *BAG* 31.10.1975, EzA § 106 BetrVG 1972 Nr. 2.
309 Vgl. *Hergenröder*, AR – Blattei SD 500. 1 Rn. 607.

5. Mitbestimmung des Betriebsrats gem. §§ 111, 112 BetrVG

a. Der Interessenausgleich

aa. Voraussetzungen

298 Voraussetzung für das Mitbestimmungsrecht des Betriebsrats nach den §§ 111, 112 Abs. 1 bis 3 BetrVG ist das Vorliegen einer unternehmerischen Planung im Hinblick auf die **Durchführung einer Betriebsänderung** (vgl. hierzu ausführlich Rn. 196 ff.). Dabei hat der Interessenausgleich ganz allgemein den Zweck die unterschiedlichen und mitunter gegenläufigen Interessen von Unternehmer und Betriebsrat in Einklang zu bringen und in die Form eines Kompromisses zu gießen. Der Interessenausgleich kann letztendlich nur freiwillig zustande kommen, er ist im Unterschied zum Sozialplan nicht über die Einigungsstelle erzwingbar, wie sich aus § 112 Abs. 3 BetrVG ergibt.

299 Mit der **Eröffnung des Insolvenzverfahrens** übernimmt der Insolvenzverwalter die Rechte und Pflichten, die sich aus der Arbeitgeberstellung der Gemeinschuldnerin ergeben. Der Insolvenzverwalter hat deshalb bei allen seinen Rechtshandlungen, die die Arbeitnehmer berühren, die Mitwirkungs- und Mitbestimmungsrechte des Betriebsrats zu beachten[310]. Die Vorschriften des Betriebsverfassungsgesetzes über Interessenausgleich, Sozialplan und Nachteilsausgleich bei Betriebsänderungen (§§ 111 bis 113 BetrVG) gelten – von den in § 122 InsO (gerichtliche Zustimmung zur Durchführung einer Betriebsänderung), §123 InsO (Begrenzung des Sozialplanumfangs) und § 124 InsO (Widerrufsrecht des Insolvenzverwalters für mindestens drei Monate vor Eröffnungsantrag abgeschlossene Sozialpläne) enthaltenen Besonderheiten abgesehen[311] – auch in der Insolvenz des Unternehmens[312].

---

310 Vgl. *BAG* 17.9.1974, EzA § 113 BetrVG 1972 Nr. 1 noch zum Konkursverfahren.
311 Vgl. zu den Besonderheiten für Interessenausgleich und Sozialplan in der Insolvenz ausführlich Kittner/Zwanziger – *Lakies*, § 122 Rn. 7 ff., 21 ff..
312 Vgl. *BAG GS* 13. 12 1978, EzA § 112 BetrVG 1972 Nr. 15 noch zum Konkursverfahren.

bb. Form und Inhalt

300 Ein Interessenausgleich nach § 112 Abs. 1 Satz 1 BetrVG kommt wirksam nur zustande, wenn er **schriftlich** niedergelegt und vom Unternehmer und Betriebsrat unterschrieben wurde. Ein mündlich vereinbarter Interessenausgleich ist unwirksam[313].

301 **Gegenstand eines Interessenausgleichs** im Sinne von § 112 Abs. 1 Satz 1 BetrVG sind Regelungen darüber, ob, wann und in welcher Form die vom Unternehmer geplante Betriebsänderung durchgeführt werden soll. Die Betriebspartner können folglich anläßlich einer Betriebsänderung im Interessenausgleich Maßnahmen – Kündigungsverbote, Versetzungs- und Umschulungsangebote und ähnliches – vereinbaren, durch die wirtschaftliche Nachteile für die von der Betriebsänderung betroffenen Arbeitnehmer nach Möglichkeit verhindert werden[314]. Solche Maßnahmen können nicht Inhalt eines Spruchs der Einigungstelle über einen Sozialplan sein. Im Sozialplan geht es demgegenüber um Ausgleich oder Milderung der wirtschaftlichen Nachteile, die den Arbeitnehmern infolge der beabsichtigten Betriebsänderung entstehen. Nachteile können z. B. Entlassungen, Versetzungen oder längere Anfahrtswege sein[315]. Entscheidend ist der konkrete Einzelfall.

cc. Verfahren

302 Der Interessenausgleich ist zwar nicht erzwingbar und deshalb grundsätzlich freiwillig. Dennoch hat der Gesetzgeber dem Unternehmer bestimmte Pflichten auferlegt, deren Nichteinhaltung verschiedene Sanktionen nach sich zieht (vgl. Rn. 311 ff. und Rn. 378 ff.).

303 Die Betriebsänderung im Sinne von § 111 BetrVG löst neben einem Anspruch des Betriebsrats auf Verhandlungen über einen Sozialplan[316] (vgl. Rn. 320 ff.) auch einen **Anspruch auf Ver-**

---

313 Vgl. *BAG* 18.12.1972, AP BetrVG 1972 § 113 Nr. 11.
314 Vgl. *BAG* 17. 9.1991, EzA § 112 BetrVG 1972 Nr. 58
315 Vgl. *BAG* 27. 10.1987, EZA § 112 BetrVG 1972 Nr. 41.
316 Vgl. *BAG* 16.6.1987, NZA 1987, 671.

handlungen über einen Interessenausgleich aus. Dies folgt aus der Beratungsverpflichtung des Unternehmers nach § 111 Satz 1 BetrVG. Das Gesetz ist insoweit unmißverständlich und eindeutig: „Der Unternehmer hat die geplanten Betriebsänderungen mit dem Betriebsrat zu beraten". Der Arbeitgeber trägt folglich die Initiativlast[317]: Von ihm muss der Anstoß zu Beratung und Verhandlung ausgehen.

Die betriebsverfassungsrechtliche Beratungsverpflichtung korrelliert mit der in Art. 6 Abs. 2 der **Betriebsübergangsrichtlinie** festgelegten **Konsultationspflicht** von Veräußerer und/oder Erwerber gegenüber der jeweiligen Arbeitnehmervertretung. Diese Pflicht zur Konsultation setzt allerdings voraus, dass der Übergang „Maßnahmen" gegenüber den vom Übergang betroffenen Arbeitnehmern nach sich zieht. Der Begriff der „Maßnahme" im Sinne der Richtlinie ist weit auszulegen, da nur so der mit der Richtlinie verfolgte Zweck eines effektiven Schutzes der Arbeitnehmer bewirkt werden kann. Hierfür spricht auch der insoweit offene Wortlaut der Richtlinie. Maßnahme ist deshalb jede vom Veräußerer oder Erwerber im Zuge des Übergangs der wirtschaftlichen Einheit herbeigeführte Änderung der wirtschaftlichen, rechtlichen oder sozialen Lage der Arbeitnehmer im Betrieb oder Unternehmen[318]. Der Begriff der Maßnahme ist allerdings nicht identisch mit dem Nachteilsbegriff in § 111 Satz 1 BetrVG. Dies folgt aus Art. 6 Abs. 3 der Betriebsübergangsrichtlinie, die einen eigenständigen Nachteilsbegriff konstituiert. Der Begriff der Maßnahme ist deshalb wertneutral. Er betrifft sowohl vorteilhafte als auch nachteilige Auswirkungen für die Arbeitnehmer. **304**

Die Verhandlungsverpflichtung in § 111 Satz 1 BetrVG ist nicht bloßer Selbstzweck. Ziel der Verhandlungen ist vielmehr eine Einigung der Betriebsparteien über die in Aussicht genommene Betriebsänderung: § 112 Abs. 1 BetrVG bezeichnet diese Einigung als Interessenausgleich. Dies entspricht dem Ziel der Konsultationsverpflichtung aus Art 6 Abs. 2 der Betriebsübergangsrichtlinie: Die Konsultation soll eine Übereinkunft über die **305**

---

317 Vgl. *BAG* 24.1.1996, NZA 1996, 1107.
318 Vgl. *Oetker*, NZA 1998, 1193.

D. Betriebsverfassungsrechtliche Auswirkungen

in Aussicht genommenen Maßnahmen herbeiführen. Allerdings konstituiert auch die Richtlinie keinen Einigungszwang[319]. Mit dem Betriebsrat ist die Frage des „Ob" und „Wie" der Betriebsänderung zu verhandeln, damit der Betriebsrat die Möglichkeit hat, **Alternativmodelle zur unternehmerischen Planung** zu entwickeln und diese in den Verhandlungsprozeß einbringen.

306 Das in §§ 111, 112 BetrVG vorgesehene Verfahren muss noch in einem Stadium abgewickelt werden, in dem der **Plan zur Betriebsänderung** noch nicht, und zwar auch noch nicht teilweise verwirklicht ist. Der Unternehmer muss den Betriebsrat einschalten, bevor er darüber entschieden hat, ob und inwieweit die Betriebsänderung erfolgt[320]. Das im § 112 Abs. 2 BetrVG vorgesehene Einigungsverfahren kann nicht mehr nachgeholt werden, wenn der Unternehmer die Betriebsänderung und die Kündigungen der Arbeitnehmer endgültig beschlossen hat[321].

307 Der **Verhandlungsanspruch des Betriebsrats endet** erst dann, wenn die Verhandlungen in der Einigungsstelle für gescheitert erklärt werden[322]. Der Arbeitgeber darf nicht vor Durchführung des Einigungsstellenverfahrens die Verhandlungen über einen Interessenausgleich endgültig für gescheitert erklären. Insbesondere wenn der Unternehmer Ansprüche auf Nachteilsausgleich vermeiden will, muss er das für den Versuch einer Einigung über den Interessenausgleich vorgesehene Verfahren voll ausschöpfen. Falls eine Einigung mit dem Betriebsrat nicht möglich ist und der Betriebsrat nicht selbst die Initiative ergreift, muss der Unternehmer seinerseits die Einigungsstelle anrufen, um dort einen Interessenausgleich zu versuchen[323]. Erst dann hat der Unternehmer den **Interessenausgleich** i. S. von § 112 Abs. 2 Satz 2 BetrVG **versucht**. Dies ergibt sich auch aus dem Gebot der vertrauensvollen Zusammenarbeit aus § 2 Abs. 1 BetrVG. Eine „Flucht vor der Einigungsstelle" ist daher unzulässig.

---

319 Vgl. *Oetker*, NZA 1998, 1193.
320 Vgl. *BAG* 14.9.1976, DB 1977, 309.
321 Vgl. *BAG* 14.9.1976, DB 1977, 309.
322 Vgl. *FKHE*, § 112, 112a Rn. 36.
323 Vgl. *BAG* 18.12.1984, NZA: 1985, 400; *BAG* 18.12.1972, AP BetrVG 1972 § 113 Nr. 11.

Bestehen **Zweifel über den zuständigen Verhandlungspart-** 308
ner auf der Arbeitnehmerseite, so ist der Arbeitgeber verpflichtet, die in Betracht kommenden Arbeitnehmervertretungen zur Klärung der Zuständigkeitsfrage aufzufordern. Weist er unter Verstoß gegen diese Obliegenheit ohne weiteres einen der möglichen Verhandlungspartner zurück, so trägt er das Risiko, dass sein Verhandlungsversuch als unzureichend gewertet wird, wenn dieser zuständig gewesen wäre[324].

Eine **wirtschaftliche Zwangslage** des Unternehmens, die eine 309 sofortige Betriebsänderung erfordert, lässt die Notwendigkeit unberührt, den Betriebsrat vor der abschließenden Entscheidung über die Betriebsänderung nach §§ 111, 112 BetrVG einzuschalten[325].

Der Arbeitgeber ist auch dann verpflichtet, einen Interessenaus- 310 gleich über eine geplante Betriebsänderung bis hin vor die Einigungsstelle zu versuchen, wenn der Betriebsrat anläßlich der geplanten Betriebsänderung nach § 112 a BetrVG einen **Sozialplan nicht erzwingen** kann[326].

dd. Kollektiv- und registerrechtliche Folgen eines Verstoßes
gegen das Mitbestimmungsrecht des Betriebsrats

Die Betriebsänderung – also insbesondere die Zusammenlegung 311 und Spaltung von Betrieben, aber auch der Ausspruch von Kündigungen und die Verlegung von Betriebsanlagen anläßlich eines Betriebsübergangs – darf nicht umgesetzt werden, bevor das Interessenausgleichsverfahren vollständig abgeschlossen ist, solange also noch Einigungschancen bestehen. Ansonsten liefen das Beratungsrecht des Betriebsrats und sein Verhandlungsanspruch leer[327].

Zur Wahrung dieses Mitbestimmungsrechts kann der Betriebsrat 312 **Unterlassung der betriebsverfassungswidrigen Durchführung der Betriebsänderung** bis zur Ausschöpfung des Verhandlungsanspruchs über einen Interessenausgleich nach §§ 111, 112 BetrVG

---

324 Vgl. *BAG* 24.1.1996, NZA 1996, 1107.
325 Vgl. *BAG* 14.9.1976, DB 1977, 309.
326 Vgl. *BAG* 8.11.1998, NZA: 1989, 278.
327 Vgl. *FKHE*, §§ 112, 112a Rn. 36.

verlangen³²⁸. Das BAG hat für mitbestimmungspflichtige Angelegenheiten nach § 87 BetrVG einen Anspruch auf Unterlassung von mitbestimmungspflichtigen Maßnahmen bejaht³²⁹. Dabei hat das BAG festgestellt, dass Unterlassungsansprüche zur Sicherung der Beteiligungsrechte des Betriebsrats erforderlich sind. Der Unterlassungsanspruch des Betriebsrats diene sowohl der Sicherung der eigenen Rechtsposition des Betriebsrats als auch der kollektiven Rechte der betroffenen Arbeitnehmer. Diese Überlegungen sind auch auf das Mitbestimmungsrecht des Betriebsrats gemäß § 111 ff. BetrVG anwendbar³³⁰. Auch im Rahmen des § 111 BetrVG muss der Betriebsrat die Möglichkeit haben, seine (alternativen) Vorstellungen zu der geplanten Betriebsänderung in die Planung des Arbeitgebers mit einzubringen. Zwar kann der Betriebsrat letztendlich nicht die Durchführung der Betriebsänderung verhindern. Der Unterlassungsanspruch dient nicht der Verhinderung der Betriebsänderung als solcher. Mit ihm wird vielmehr der Zweck verfolgt, den Verhandlungsanspruch des Betriebsrats abzusichern und zu realisieren. Der Unterlassungsanspruch endet erst dann, wenn die Verhandlungen in der Einigungsstelle für gescheitert erklärt worden sind.

313 Der Betriebsrat kann diesen Unterlassungsanspruch auch im Verfahren der einstweiligen Verfügung (**Sicherungsverfügung**) durchsetzen. In diesem Verfahren kann der Betriebsrat dem Unternehmer bis zum Abschluss des Verfahrens vor der Einigungsstelle untersagen lassen, die Betriebsänderung durchzuführen³³¹.

314 Wird mit der **Umwandlung eines Rechtsträgers zugleich der Tatbestand einer Betriebsänderung** gemäß § 111 BetrVG – insbesondere i. S. von § 111 Satz 3 Ziff. 3 BetrVG – erfüllt, so darf die Unternehmensumwandlung erst wirksam werden, wenn das Interessenausgleichsverfahren vollständig abgeschlossen ist. Denn in dieser Fallkonstellation wird mit der Eintragung der Unternehmensumwandlung im Handelsregister die Betriebsänderung selbst

---

328 So auch ErfK-*Hanau/Kania*, § 111 BetrVG, Rn. 24.
329 Vgl. *BAG* 3.5.1994, AP BetrVG 1972 § 23 Nr. 23.
330 Vgl. *FKHE*, § 111 Rn. 130 ff..
331 Vgl. *FKHE*, §§ 112, 112a Rn. 36; *Derleder*, AuR 1995, 18 ff.; *LAG* Berlin 7.9.1995, AiB 1996, 251 ff.

vollzogen, wie sich insbesondere aus den §§ 20 Abs. 1 Nr. 1 und 131 Abs.1 Nr. 1 UmwG ergibt, wonach mit der Eintragung der Verschmelzung das Vermögen – der Betrieb – des übertragenden Rechtsträgers bzw. bei der Abspaltung die abgespaltenen Teile des Vermögens – der Betriebsteil – auf den übernehmenden Rechtsträger übergeht. Andernfalls wäre es jederzeit möglich, das entsprechende Mitbestimmungsrecht des Betriebsrats zu umgehen. Deshalb muss das Interessenausgleichsverfahren bei Zeitgleichheit von Betriebsänderung und Unternehmensumwandlung auch vor Eintragung der Umwandlung in das Handelsregister abgeschlossen sein[332]. Dies setzt voraus, dass der Unternehmer einen Interessenausgleich nötigenfalls bis zur Einigungsstelle versucht hat, denn das Mitbestimmungsrecht des Betriebsrats nach § 111 BetrVG zwingt den Unternehmer zu einem entsprechend qualifizierten Versuch[333] (vgl. Rn. 302 ff.).

Ist bei **Zeitgleichheit von Betriebsänderung und Unternehmensumwandlung** das Interessenausgleichsverfahren – nötigenfalls bis zur Einigungsstelle – nicht abgeschlossen, so muss dies auch vom Handelsregister durch – vorläufige – Ablehnung des Eintragungsantrags beachtet werden. Die **Missachtung des Mitbestimmungsrechts des Betriebsrats** wird daher durch ein **entsprechend befristetes register- und gesellschaftsrechtliches Vollzugsverbot** sichergestellt. Denn das Registergericht darf die zuständigen Arbeitnehmervertretungen nicht sehenden Auges vor vollendete Tatsachen stellen. Andernfalls wäre eine Klärung des „Ob" und „Wie" der Betriebsänderung im Interessenausgleichsverfahren nicht mehr möglich und damit das Interessenausgleichsverfahren als solches überflüssig. Außerdem würde der Verfahrensschwerpunkt zu Lasten des Interessenausgleichs entgegen den gesetzlichen Leitgedanken der §§ 111, 112 BetrVG auf den Sozialplan verschoben. Die **Prüfungspflicht des Handelsregisters** folgt deshalb auch aus dem **Prinzip der Einheit der Rechtsordnung**. Darüber hinaus wäre die Gesellschafter-/Anteilseignerversammlung, die über die Umwandlung zu beschließen hat, mangels Kenntnis der **sozialen Folge-** 315

---

332 Vgl. Willemsen/*Willemsen*, Rn. C 389.
333 Vgl. *FKHE*, § 113, Rn. 17; §§ 112, 112a Rn. 36.

kosten der Umwandlung (Sozialplankosten, etc.) nicht in der Lage, die wirtschaftlichen Folgen der Umwandlung abschließend zu beurteilen, wie dies ihre gesetzliche Aufgabe ist (vgl. bspw. § 8 UmwG für die Verschmelzung)[334].

316   Ist daher das Interessenausgleichsverfahren vor Eintragung der Umwandlung in das Handelsregister nicht beendet, so macht dies den Eintragungsantrag formell unzulässig. Das Amtsgericht als Registergericht hat dann eine **Zwischenverfügung** zu erlassen. Das **Eintragungshindernis** ist in diesem Fall erst dann behoben, wenn das Interessenausgleichsverfahren vollständig durchgeführt ist. Das Amtsgericht muss von Amts wegen tätig werden.

317   Außerdem hat der Betriebsrat nach der hier vertretenen Auffassung das Recht, die Durchführung des betriebsänderungsrelevanten Umwandlungstatbestands im Wege der einstweiligen Verfügung im arbeitsgerichtlichen Beschlussverfahren bis zum Abschluss des Interessenausgleichverfahrens untersagen zu lassen (vgl. schon Rn. 312 ff.). Hierzu bleibt ihm in der Praxis vor allem der Weg, die **Zuleitung der umwandlungsrechtlichen Verträge bzw. ihrer Entwürfe** durch die Vertretungsorgane der beteiligten Gesellschaften an das Registergericht bis zum Abschluss des Interessenausgleichsverfahrens beim Arbeitsgericht untersagen zu lassen[335]. Schon im Vorfeld der Entscheidung des Prozeßgerichts (Arbeitsgerichts) über die vom Betriebsrat beantragte einstweilige Verfügung muss das Registergericht gem. § 127 FGG in diesem Fall seine Eintragungsverfügung bis zur Entscheidung des Arbeitsgerichts aussetzen. Nach der hier vertretenen Auffassung hängt die zu erlassende Verfügung von der Beurteilung eines streitigen Rechtsverhältnisses (Unterlassungsbegehren des Betriebsrats) ab, so dass das nach § 127 FGG vorausgesetzte Tatbestandsmerkmal der Vorgreiflichkeit erfüllt ist. Ist noch kein Rechtsstreit anhängig, so kann das Registergericht dem Betriebsrat aufgeben, ein einstweiliges Verfügungsverfahren anhängig zu machen. Die Aussetzungsverfügung ist den beteiligten bekanntzumachen (§ 16 FGG). Aus § 16 Abs. 2 HGB

---

334 So auch *Boecken*, Rn. 317
335 Dies verkennt *Boecken*, Rn. 343, 353, 354

folgt, dass das Registergericht bei Erlass einer einstweiligen Verfügung die Eintragung nicht vornehmen darf, wenn der obsiegende Teil – hier also der Betriebsrat – widerspricht[336].

Die gegenteilige Auffassung[337], die aus der Missachtung des Mitbestimmungsrechts des Betriebsrats lediglich eine Verpflichtung ableitet, die betriebsorganisatorische Änderung erst zu einem Zeitpunkt durchzuführen, in dem die unternehmerischen Verpflichtungen aus den §§ 111 ff. BetrVG erfüllt sind, verkennt, dass damit zugleich – zumindest in zeitlicher Hinsicht – eine wesentliche Änderung der in den gesellschaftsrechtlichen Verträgen enthaltenen arbeitnehmerbezogenen Angaben verbunden ist, die eine erneute Vorlagepflicht begründet, so dass auch aus diesem Grund die Eintragung der Unternehmensumwandlung nicht vorgenommen werden darf. **318**

Bei alledem darf nicht verkannt werden, dass der **frühzeitige Abschluss des Interessenausgleichs und Sozialplans auch im Interesse des Unternehmers** ist. Ein abgeschlossener Interessenausgleich und ein unterzeichneter Sozialplan kann nämlich als Anlage des gesellschaftsrechtlichen Vertrages die Funktion der arbeitsrechtlichen Mindestangaben übernehmen. Da der Betriebsrat sowieso über die Folgen der Umwandlung für die Arbeitnehmer und ihre Vertretungen informiert werden muss, könnte ein abgeschlossener Interessenausgleich sowie ein unterzeichneter Sozialplan dann Gegenstand der Information im Sinne der §§ 5 Abs. 1 Nr. 9, 126 Abs. 1 Nr. 11, 176, 177, 194 Abs. 1 Nr. 7 UmwG sein. **319**

b. Der Sozialplan

aa. Allgemeines

Nach der **Legaldefinition** von § 112 Abs. 1 Satz 2 BetrVG ist der **Sozialplan** die Einigung zwischen Unternehmer und Betriebsrat über den Ausgleich oder die Milderung der wirtschaftlichen Nachteile, die den Arbeitnehmern infolge der Betriebsänderung entste- **320**

---

336 Vgl. KKW – *Winkler*, 127 Rn. 27 ff:; Bumiller/Winkler, § 127 Rn. 2.
337 Vgl. Willemsen/*Willemsen*, Rn. C 389; ähnlich auch *Lutter*, UmwG § 5 Rn. 57.

hen. Er setzt zu seiner Wirksamkeit **Schriftform** voraus, § 112 Abs. 1 Satz 2 BetrVG.

321 Sozialpläne sind, obwohl ihnen nach dem Wortlaut von § 112 Abs. 1 Satz 3 BetrVG 1972 nur „die Wirkung einer Betriebsvereinbarung zukommt", echte **Betriebsvereinbarungen** im Sinne dieses Gesetzes. Es handelt sich jedoch nach der Rechtsprechung des BAG um Betriebsvereinbarungen besonderer Art[338]. § 77 Abs. 3 BetrVG ist auf den Sozialplan nicht anzuwenden, § 112 Abs. 1 Satz 4 BetrVG.

322 Wie sonstige Betriebsvereinbarungen sind auch Sozialpläne **nach den für die Tarifauslegung**[339] **bzw. Gesetze**[340] **geltenden Grundsätzen auszulegen.** Maßgeblich ist deshalb der in der Betriebsvereinbarung selbst zum Ausdruck gelangte Wille der die Vereinbarung abschließenden Parteien; Raum für die Feststellung eines vom Wortlaut abweichenden Parteiwillens besteht daneben, falls dies nicht besondere Umstände wie z. B. Protokollnotizen zum Sozialplan nahe legen, nicht.

323 Der Sozialplan ist, wie sich aus § 112 Abs. 4 BetrVG ergibt, **erzwingbar.** Kommt eine Einigung über den Sozialplan nicht zustande, so entscheidet die Einigungsstelle über die Aufstellung eines Sozialplans. Der Spruch der Einigungsstelle ersetzt die Einigung zwischen Arbeitgeber und Betriebsrat. Deshalb muss zwischen dem frei vereinbarten (vgl. Rn. 348 ff.) und dem vor der Einigungsstelle erzwungenen Sozialplan unterschieden werden (vgl. Rn. 366 ff.). Die jeweils darin enthaltenen Regelungen unterliegen teilweise unterschiedlichen rechtlichen Voraussetzungen.

324 Ein Sozialplan muss bei jeder Betriebsänderung aufgestellt werden[341]. Ausnahmen sind in § 112 a BetrVG geregelt (vgl. Rn. 337 ff.). Ist ungewiss, ob eine Betriebsänderung durchgeführt wird oder nicht, so können die Betriebspartner vorsorglich für den Fall, dass es sich um eine Betriebsänderung handelt, einen Sozial-

---

338 Vgl. *BAG* 27.8.1975, EzA § 112 BetrVg 1972 Nr. 4.
339 Vgl. *BAG* 27.8.1975, EzA § 112 BetrVg 1972 Nr. 4.
340 Vgl. *BAG* 11. 6.1975; EzA § 112 BetrVG 1972 Nr. 6.
341 Vgl. *FKHE*, § 112 Rn. 77.

plan vereinbaren[342]. Die Rechtsfrage, ob eine Betriebsänderung vorliegt, ist im Beschlussverfahren zu klären[343]. Betriebsrat und Arbeitgeber können also auch für noch nicht geplante, aber in groben Umrissen schon abschätzbare Betriebsänderungen einen Sozialplan in Form einer freiwilligen Betriebsvereinbarung aufstellen. Darin liegt noch kein unzulässiger Verzicht auf künftige Mitbestimmungsrechte[344]. Soweit ein solcher **vorsorglicher Sozialplan** wirksame Regelungen enthält, ist das Mitbestimmungsrecht des Betriebsrats nach § 112 BetrVG nach Auffassung des BAG verbraucht, falls eine entsprechende Betriebsänderung später tatsächlich vorgenommen wird[345].

Verfügt der Arbeitgeber die Stillegung eines Betriebes und entlässt er alle Arbeitnehmer, so kann er nach der Rspr. des *BAG* gegen die aus einem vom Betriebsrat erzwungenen Sozialplan resultierenden **Abfindungsforderungen** nicht einwenden, seine Kündigungen seien unwirksam gewesen, weil es sich um einen Betriebsübergang gehandelt habe, der nicht zum Anlass einer Kündigung hätte genommen werden dürfen. Ein solcher Einwand ist widersprüchlich und verstößt gegen den Grundsatz von Treu und Glauben[346]. Im entschiedenen Fall betrieb der Arbeitgeber einen Wachdienst. Dieser bewachte u. a. ein Munitionsdepot, auf dem 54 Arbeitnehmer eingesetzt waren, die einen Betriebsrat gewählt hatten. Die Wahl des Betriebsrats war nicht angefochten worden. Der Bewachungsauftrag wurde durch die Bundeswehr an einen Konkurrenten neu vergeben. Daraufhin entließ der Arbeitgeber sämtliche im Objekt beschäftigten Arbeitnehmer. Der Betriebsrat erzwang sodann über die Einigungsstelle einen Sozialplan. **325**

Macht der Betriebsveräußerer zur **Abwehr des für den Verlust des Arbeitsplatzes eingeräumten Abfindungsanspruchs** eines Arbeitnehmers geltend, dass mit einem mit dem Arbeitnehmer ab- **326**

---
342 Vgl. *BAG* 1.4.1998, EzA § 112 BetrVG 1972 Nr. 99.
343 Vgl. *FKHE*, § 112 Rn. 79.
344 Vgl. *BAG* 26.8.1997, NZA 1998, 216.
345 Vgl. *BAG* 26.8.1997, NZA 1998, 216, ErfK – *Hanau/Kania*, § 112 Rn. 15; a. A. DKK – *Däubler*, § 112, Rn. 131.
346 Vgl. *BAG* 27.6.1995, AP BetrVG 1972 § 4 Nr. 7.

geschlossenen Aufhebungsvertrag lediglich der Eintritt des Erwerbers in die bestehenden Arbeitsverhältnisse bei gleichzeitigem Erhalt des Arbeitsplatzes bezweckt wurde, so kann sich der Betriebsveräußerer nach der Rspr. des *BAG*[347] auf die Nichtigkeit des Aufhebungsvertrages nach §§ 613 a, 134 BGB berufen. Das *BAG* verkennt dabei, dass für die Gewährung einer Abfindung allein darauf abzustellen ist, ob die betrieblichen Voraussetzungen für den Abschluss eines Sozialplans erfüllt sind. Deshalb kommt es allein darauf an, ob eine Betriebsänderung durchgeführt werden soll und der als Folge der Betriebsänderung abgeschlossene Sozialplan dem Arbeitnehmer einen Abfindungsanspruch einräumt. Im Übrigen setzt sich der Arbeitgeber mit seiner Weigerung, die Abfindungsforderung zur Auszahlung zu bringen, zu seinem bisherigen Verhalten in Widerspruch, § 242 BGB. Außerdem ist nicht zu erkennen, weshalb dem Arbeitgeber die Berufung auf ein nur zu Gunsten des Arbeitnehmers wirkendes Schutzgesetz – § 613 a Abs. 4 Satz 1 BGB – möglich sein sollte.

327 Ein für eine bestimmte Betriebsänderung vereinbarter **Sozialplan** kann, soweit nichts Gegenteiliges vereinbart ist, nicht ordentlich **gekündigt** werden. Anderes kann nach der bundesarbeitsgerichtlichen Rechtsprechung für Dauerregelungen in einem Sozialplan gelten, wobei **Dauerregelungen** nur solche Bestimmungen sind, nach denen ein bestimmter wirtschaftlicher Nachteil durch auf bestimmte oder unbestimmte Zeit laufende Leistungen ausgeglichen oder gemildert werden soll[348].

328 Im Falle der zulässigen Kündigung eines Sozialplans **wirken seine Regelungen nach**, bis sie durch eine neue Regelung ersetzt werden. Die ersetzende Regelung kann Ansprüche der Arbeitnehmer, die vor dem Wirksamwerden der Kündigung entstanden sind, nicht zuungunsten der Arbeitnehmer abändern. Das gilt auch dann, wenn die Arbeitnehmer auf Grund bestimmter Umstände nicht mehr auf den unveränderten Fortbestand des Sozialplanes vertrauen konnten[349].

---

347 Vgl. *BAG* 11.7.1995, AP TVG § 1 Tarifverträge Einzelhandel Nr. 56.
348 Vgl. *BAG* 10.8.1994, NZA 1995, 314.
349 Vgl. *BAG* 10.8.1994, NZA 1995, 314.

Ist die **Geschäftsgrundlage** eines Sozialplanes weggefallen **329** und ist einem Betriebspartner das Festhalten am Sozialplan mit dem bisherigen Inhalt nach Treu und Glauben nicht mehr zuzumuten, so können die Betriebspartner die Regelungen des Sozialplanes den veränderten tatsächlichen Umständen anpassen. Verweigert der andere Betriebspartner die Anpassung, entscheidet die Einigungsstelle verbindlich[350]. Nach der Rspr. des BAG kann in diesem Fall die anpassende Regelung auf Grund des anzupassenden Sozialplanes schon entstandene Ansprüche der Arbeitnehmer auch zu deren Ungunsten abändern. Insoweit genießen die Arbeitnehmer keinen Vertrauensschutz[351].

Das *BAG*[352] steht auf dem Standpunkt, dass eine **wider Er- 330 warten erfolgende Betriebsveräußerung** einem aus Anlass einer Betriebsstilllegung abgeschlossenen Sozialplan die Geschäftsgrundlage entziehe. Habe der Arbeitgeber mit der Durchführung einer geplanten Betriebsstilllegung durch Kündigung aller Arbeitsverhältnisse begonnen, so entfalle die Geschäftsgrundlage des für die Betriebsstilllegung vereinbarten Sozialplans, wenn alsbald nach Ausspruch der Kündigung der Betrieb von einem Dritten übernommen werde und dieser sich bereit erkläre, alle Arbeitsverhältnisse zu den bisherigen Bedingungen fortzuführen. Nicht ersichtlich ist, weshalb das BAG in diesem Fall nicht auf einen Verstoß gegen den Grundsatz von Treu und Glauben erkannt hat.

Die Betriebspartner können einen **Sozialplan** jederzeit **einver- 331 nehmlich** für die Zukunft **abändern**[353]. Jedenfalls soweit der Sozialplan Dauerregelungen enthalte und fortlaufende, zeitlich unbegrenzte Leistungsansprüche begründe, kann er nach der Rspr. des BAG durch eine spätere Betriebsvereinbarung in den Grenzen von Recht und Billigkeit auch zuungunsten der Arbeitnehmer abgeändert werden[354].

---

350 Vgl. *BAG* 10.8.1994, NZA 1995, 314.
351 Vgl. *BAG* 10.8.1994, NZA 1995, 314.
352 Vgl. *BAG* 28.8.1996, AP BetrVG 1972 § 112 Nr. 104.
353 Vgl. *BAG* 10.8.1994, NZA 1995, 314.
354 Vgl. *BAG* 24.3.1981, DB 1981, 2178.

D. Betriebsverfassungsrechtliche Auswirkungen

332 Wird der Sozialplan anlässlich einer Betriebsstilllegung aufgestellt und sieht er die **Übernahme der Arbeitnehmer** des stillgelegten Betriebes in einen anderen Betrieb desselben Unternehmens vor, so ist nach durchgeführter Betriebsstilllegung für eine spätere Änderung des Sozialplans der Betriebsrat des neuen Beschäftigungsbetriebes der aus dem Sozialplan berechtigten Arbeitnehmer zuständig[355].

333 Haben die Arbeitsvertragsparteien im Zuge einer geplanten Personalreduzierung einen Aufhebungsvertrag geschlossen und dabei auf Leistungen eines Sozialplanes verwiesen, nach dem der Arbeitnehmer einen Anspruch auf eine Abfindung hat, so entsteht der Anspruch auf die Abfindung nicht, wenn der **Arbeitnehmer** nach Abschluss des Aufhebungsvertrages, aber vor der vereinbarten Beendigung des Arbeitsverhältnisses **stirbt**[356].

334 Wird in einem Betrieb ein **Betriebsrat erst gewählt**, nachdem sich der Arbeitgeber zur Stillegung des Betriebes entschlossen und mit der Stillegung begonnen hat, so kann der Betriebsrat nach der Rechtsprechung des BAG auch dann nicht die Vereinbarung eines Sozialplanes verlangen, wenn dem Arbeitgeber im Zeitpunkt seines Entschlusses bekannt war, dass im Betrieb ein Betriebsrat gewählt werden soll[357]. Dieser Rspr. ist nicht zuzustimmen. Denn für die Realisierung des Mitbestimmungsrechts kommt es allein darauf an, ob zum Zeitpunkt der Durchführung der beabsichtigten Betriebsänderung ein Betriebsrat gewählt ist. Wenn die Wahl durchgeführt wurde, ist nicht ersichtlich, weshalb dem BR die Wahrnehmung seiner Mitbestimmungsrechte verweigert werden soll.

335 Bei der Stilllegung sämtlicher Betriebe eines Unternehmens infolge **Insolvenz** ist der Gesamtbetriebsrat nicht nur für die Aufstellung eines Sozialplans, sondern auch für den Interessenausgleich zuständig[358].

336 Mit der **Eröffnung des Insolvenzverfahrens** übernimmt der Insolvenzverwalter die Rechte und Pflichten, die sich aus der Ar-

---

355 Vgl. *BAG* 24. 3.1981, DB 1981, 2178.
356 Vgl. *BAG* 25. 9. 1996, NZA 1997, 163.
357 Vgl. *BAG* 28.10.1992, NZA 1993, 420; *BAG* 20. 4.1982; EzA § 112 BetrVG 1972 Nr. 25.
358 Vgl. *BAG* 17. 2.1981, DB 1981, 1414.

beitgeberstellung der Gemeinschuldnerin ergeben. Der Insolvenzverwalter hat deshalb bei allen seinen Rechtshandlungen, die die Arbeitnehmer berühren, die Mitwirkungs- und Mitbestimmungsrechte des Betriebsrats zu beachten[359]. Die Vorschriften des Betriebsverfassungsgesetzes über Interessenausgleich, Sozialplan und Nachteilsausgleich bei Betriebsänderungen (§§ 111 bis 113 BetrVG) gelten – von den in § 122 InsO (gerichtliche Zustimmung zur Durchführung einer Betriebsänderung), §123 InsO (Begrenzung des Sozialplanumfangs) und § 124 InsO (Widerrufsrecht des Insolvenzverwalters für mindestens drei Monate vor Eröffnungsantrag abgeschlossene Sozialpläne) enthaltenen Besonderheiten abgesehen[360] – auch in der Insolvenz des Unternehmens[361].

bb. Betriebsänderungen ohne erzwingbaren Sozialplan, § 112 a BetrVG

Hat die Betriebsänderung nach § 111 S. 2 Nr. 1 BetrVG lediglich **337** einen **Personalabbau** zum Gegenstand, ohne dass zugleich eine Änderung sächlicher Betriebsmittel erfolgt, so ist ein Sozialplan nur erzwingbar, wenn die Zahlen bzw. Prozentsätze des § 112 a Abs. 1 erfüllt sind[362].

Nach § 112 a Abs. 1 Satz 1 BetrVG ist bei reinem Personalab- **338** bau ein Sozialplan nur erzwingbar, wenn in Betrieben mit **in der Regel** (vgl. Rn. 184 ff.)

1 – 59 ArbN	20 % der ArbN, aber mindestens 6 ArbN
60 – 249 ArbN	20 % der ArbN oder mindestens 37 ArbN
250 – 499 ArbN	15 % der ArbN oder mindestens 60 ArbN
500 – 599 ArbN	60 ArbN
ab 600 ArbN	10 % der ArbN

aus betriebsbedingten Gründen entlassen werden sollen.

---

359 Vgl. *BAG* 17.9.1974, EzA § 113 BetrVG 1972 Nr. 1 noch zum Konkursverfahren.
360 Vgl. zu den Besonderheiten für Interessenausgleich und Sozialplan in der Insolvenz ausführlich Kittner/Zwanziger – *Lakies*, § 122 Rn. 7 ff., 21 ff.
361 Vgl. *BAG GS* 13. 12 1978, EzA § 112 BetrVG 1972 Nr. 15 noch zum Konkursverfahren.
362 Vgl. *FKHE*, § 112 Rn. 83.

339 Werden die Grenzwerte bei **stufenweisem Abbau** erreicht, ist von einer einheitlichen Betriebsänderung auszugehen, wenn alle Maßnahmen auf einem einheitlichen Entschluß des Unternehmers beruhen[363]. Die Rechtslage ist anders, wenn jeweils neue unternehmerische Entscheidungen z. B. durch unvorhergesehene Vorkommnisse getroffen werden[364].

340 Für den **Entlassungsbegriff** gelten die zu § 111 Satz 2 Nr. 1 entwickelten Grundsätze (vgl. Rn. 213 ff.). § 112 a Abs. 1 Satz 2 BetrVG stellt noch einmal klar, dass auch das vom Arbeitgeber aus Gründen der Betriebsänderung veranlasste Ausscheiden von Arbeitnehmern auf Grund von Aufhebungsverträgen als Entlassung gilt. Hierzu zählt auch der betriebsbedingte Altersteilzeitvertrag, der arbeitsrechtlich als Auflösungsvertrag mit langer Auslauffrist einzuordnen ist[365]. Entscheidend sind die nach der **Planung** des Unternehmers wegfallenden Arbeitsplätze[366].

341 Wird der Betrieb über den Personalabbau hinaus auch dadurch eingeschränkt, dass z. B. bedeutsame Betriebsmittel veräußert werden, so ist die Ausnahmevorschrift des § 112 a Abs. 1 Satz 1 BetrVG nicht anwendbar. Sie ist auch dann nicht maßgeblich, wenn der ganze Betrieb stillgelegt wird, denn die **Betriebsstilllegung** ist unabhängig von der Zahl der betroffenen ArbN immer eine Betriebsänderung[367]. Dies gilt auch im Fall der **Stilllegung eines wesentlichen Betriebsteils**.

342 § 112 Abs. 4 und 5 BetrVG findet gem. § 112 a Abs. 2 BetrVG keine Anwendung auf Betriebe eines Unternehmens in den ersten vier Jahren nach seiner Gründung. Nach dem Wortlaut des Gesetzes ist in diesem Fall ein Sozialplan nicht erzwingbar. Dies gilt für Betriebsänderungen jeder Art. Freiwillige Sozialpläne sind jedoch nach wie vor möglich. Mit der Bestimmung wird der Zweck verfolgt, Unternehmensgründungen – neudeutsch: start ups – zu

---

363 Vgl. *BAG* 13.11.96, AP BGB § 620 Aufhebungsvertrag Nr. 4.
364 Vgl. *BAG* 13.11.96, AP BGB § 620 Aufhebungsvertrag Nr. 4.
365 Vgl. Kittner/Zwanziger – *Bachner*, § 104 Rn. 3
366 Vgl. *FKHE*, § 112 Rn. 84.
367 Vgl. *FKHE*, § 112 Rn. 85.

erleichtern. Der Unternehmer soll vom Risiko einer sozialplanpflichtigen Betriebsänderung befreit werden[368].

Nach der Rspr. des BAG ist ein **neu gegründetes Unternehmen** in den ersten vier Jahren nach seiner Gründung auch dann von der Sozialplanpflicht für eine Betriebsänderung befreit, wenn diese Betriebsänderung in einem Betrieb erfolgt, den das Unternehmen übernommen hat, selbst wenn dieser selbst schon länger als vier Jahre besteht[369]. **Maßgebender Zeitpunkt** für die Gründung des Unternehmens ist die Aufnahme einer Erwerbstätigkeit, die nach § 138 der Abgabenordnung dem Finanzamt mitzuteilen ist, § 112 a Abs. 2 Satz 3 BetrVG. 343

Das **Sozialplanprivileg in § 112 a Abs. 2 BetrVG** verstößt gegen bestehendes Gemeinschaftsrecht. Dies folgt aus Art. 6 Abs. 3 der Richtlinie 98/50 EG. Danach sind die Mitgliedstaaten befugt, die Informations- und Konsultationspflichten aus Abs. 1 und 2 auf den Fall zu beschränken, dass der vollzogene Betriebsübergang eine Betriebsänderung mit wesentlichen Nachteilen für erhebliche Teile der Belegschaft zur Folge haben kann, wenn die Arbeitnehmervertretungen nach mitgliedstaatlichem Recht berechtigt sind, eine Schiedsstelle mit dem Ziel anzurufen, eine Entscheidung hinsichtlich der arbeitnehmerseitig zu treffenden Maßnahmen herbeizuführen. Aus Wortlaut und Systematik der Vorschrift ergibt sich, dass es sich um eine erzwingbares Schiedsstellenverfahren handeln muss. § 112 a Abs. 2 BetrVG schließt die Anrufung der Schiedesstelle – Einigungsstelle – für Betriebe eines Unternehmens in den ersten vier Jahren seit seiner Gründung – von konzerninternen Umstrukturierungsmaßnahmen abgesehen – aber gerade aus. Die Bestimmung ist daher richtlinienkonform auszulegen und kann folglich nicht auf solche Betriebsübergänge angewandt werden, die zugleich mit einer Betriebsänderung einher gehen. In diesem Fall sind daher die Voraussetzungen der §§ 111 Satz 1, 112 Abs. 4 und 5 BetrVG erfüllt, so dass ein Sozialplan erzwungen werden kann[370]. 344

---

368 Vgl. *FKHE*, § 112 Rn. 88.
369 Vgl. *BAG* 13.6.1989, NZA 1989, 974
370 Vgl. DKK – *Däubler*, § 112, 112 a Rn. 33 ff., *FKHE*, § 112 Rn. 87 ff. mit zahlreichen Nachweisen auch zur Gegenauffassung; zustimmend wohl auch ErfK-*Hanau/Kania*, §§ 112, 112 1 BetrVG Rn. 17, die insoweit eine Vorlage an den EuGH fordern.

345 Von der Sozialplanpflicht nicht befreit sind Neugründungen im Zusammenhang mit der **rechtlichen Umstrukturierung von Unternehmen und Konzernen**, § 112 a Abs. 2 Satz 2 BetrVG. Gründet z. B. der Alleingesellschafter und Geschäftsführer der Komplementär-GmbH einer KG eine neue GmbH, und übernimmt diese von der KG den Nahverkehrsbetrieb, so handelt es sich bei der GmbH um eine Neugründung im Zusammenhang mit der rechtlichen Umstrukturierung von Unternehmen i.S. von § 112a Abs. 2 Satz2 BetrVG[371].

346 Übertragen zwei Unternehmen einzelne Betriebe einem neugegründeten Unternehmen, das die Betriebe mit einer auf dem Zusammenschluss beruhenden unternehmerischen Zielsetzung fortführen soll, so handelt es sich um eine Neugründung im Zusammenhang mit der **rechtlichen Umstrukturierung** von Unternehmen im Sinne von § 112 a Abs. 2 Satz 2 BetrVG. Wird dieser Betrieb innerhalb von vier Jahren nach der Gründung des Unternehmens stillgelegt, so ist er nicht von der Sozialplanpflicht nach § 112 a Abs. 2 Satz 1 BetrVG befreit[372].

347 Weitere Beispiele für die **Neugründung von Unternehmen** im Zusammenhang mit der rechtlichen Umstrukturierung von Unternehmen und Konzernen sind die Verschmelzung von Unternehmen und die Aufspaltung eines Unternehmens in mehrere neugegründete Unternehmen. Im Grunde sind damit sämtliche Tatbestände angesprochen, wie sie als Unternehmensumwandlung nach dem UmwG möglich sind[373], gleich ob sie im Wege der Gesamt- oder im Wege der Einzelrechtnacholge verwirklicht werden.

cc. Der frei vereinbarte Sozialplan

348 Bevor die Einigungsstelle angerufen wird steht der Versuch der Betriebsparteien einer **freiwilligen Einigung über den Sozialplan**. Die Betriebsparteien sind bei einem freiwilligen Sozialplan nicht an

---

371 Vgl. *BAG* 22.2.1995, EzA § 112a BetrVG 1972 Nr. 7.
372 Vgl. *BAG* 22.2.1995, NZA 1995, 697.
373 Vgl. *FKHE*, § 112 Rn. 87 ff..

die in § 112 Abs. 5 BetrVG geregelten Ermessensgrundsätze gebunden. Dennoch sind die Betriebsparteien auch bei einem freiwillig vereinbarten Sozialplan in ihrer Entscheidung nicht völlig frei.

Sozialpläne unterliegen als Betriebsvereinbarungen einer gerichtlichen **Billigkeitskontrolle**. Maßstab ist die Verpflichtung der Betriebsorgane, dem Wohl des Betriebes und seiner Arbeitnehmer unter Berücksichtigung des Gemeinwohls zu dienen; innerhalb dieser Verpflichtung haben sie den billigen Ausgleich zwischen den Interessen der Belegschaft und dem Betrieb sowie den Ausgleich zwischen den verschiedenen Teilen der Belegschaft selbst zu suchen[374]. Die Betriebsparteien sind daher bei der Entscheidung darüber, welche Nachteile, die z. B. der Verlust eines Arbeitsplatzes mit sich bringt, im einzelnen ausgeglichen werden, an die Grenzen von Recht und Billigkeit gebunden[375]. Innerhalb dieser Grenzen sind sie in ihrer Entscheidung frei. Im einzelnen gilt folgendes: 349

Die Angemessenheit der zwischen Unternehmen und Betriebsrat ausgehandelten **finanziellen Gesamtausstattung** eines Sozialplans kann im Indivualprozess des einzelnen Arbeitnehmers gegen den Arbeitgeber nicht einer gerichtlichen Billigkeitskontrolle unterzogen werden[376]. 350

Nachteile i. S. von § 112 Abs. 1 Satz 2 BetrVG können Entlassungen oder Versetzungen sein[377]. Der Verlust einer verfallbaren Anwartschaft auf Altersversorgung kann ebenfalls ein solcher Nachteil sein[378]. Der Sozialplan kann auch regeln, wer das Risiko zu tragen hat, wenn das Arbeitsamt nach Abschluss eines Auflösungsvertrages eine Sperrfrist verhängt. Sinn und Zweck der Sozialplanabfindung als Überbrückungshilfe rechtfertigen es auch, die Abfindung entsprechend der persönlichen Arbeitszeit des Arbeitnehmers zum Zeitpunkt der Beendigung des Arbeitsverhältnisses im Verhältnis zur tariflichen Arbeitszeit zu berechnen[379]. Ferner kann der Sozialplan Regelungen darüber treffen, unter welchen Voraus- 351

---

374 Vgl. *BAG* 11. 6.1975; EzA § 112 BetrVG 1972 Nr. 6.
375 Vgl. *BAG* 27. 10.1987, EZA § 112 BetrVG 1972 Nr. 41.
376 Vgl. *BAG* 17. 2.1981, DB 1981, 1414.
377 Vgl. *BAG* 27. 10.1987, EZA § 112 BetrVG 1972 Nr. 41.
378 Vgl. *BAG* 27. 10.1987, EZA § 112 BetrVG 1972 Nr. 41.
379 Vgl. *BAG* 28.10.1992, NZA 1993, 717.

D. Betriebsverfassungsrechtliche Auswirkungen

setzungen das Angebot eines anderen Arbeitsplatzes für den von einer Betriebsänderung betroffenen Arbeitnehmer zumutbar ist[380]. Nicht zu den berücksichtigungsfähigen Nachteilsfolgen gehören jedoch eine etwaige Verringerung der Haftungsmasse bei dem Betriebserwerber sowie dessen befristete Befreiung von der Sozialplanpflicht nach § 112 a Abs. 2 BetrVG[381]. Ebensowenig sind Sozialplanansprüche ihrem Zweck nach eine Entschädigung für den Verlust des Arbeitsplatzes[382], sie haben vielmehr Überbrückungs-, Überleitungs- und Vorsorgefunktion.

352 Sieht ein Sozialplan Abfindungen bei betriebsbedingten Kündigungen vor, so haben mangels entgegenstehender Anhaltspunkte auch solche Arbeitnehmer einen Anspruch, die deshalb entlassen werden, weil sie dem **Übergang ihres Arbeitsverhältnisses auf den Erwerber eines Betriebsteils widersprochen** haben[383]. Das gilt selbst dann, wenn der Sozialplan für diejenigen Arbeitnehmer, die dem Übergang ihrer Arbeitsverhältnisse nicht widersprechen, besondere Leistungen vorsieht[384].

353 Nimmt ein Sozialplan von seinem Geltungsbereich solche Mitarbeiter aus, die einen angebotenen zumutbaren Arbeitsplatz ablehnen, so gilt dies auch für den Fall, dass Arbeitnehmer dem Übergang ihres Arbeitsverhältnisses im Wege eines Betriebsüberganges nach § 613 a BGB widersprechen[385]. Die **Weiterarbeit beim Betriebserwerber** nach einem Betriebsübergang i. S. v. § 613 a BGB ist dem Arbeitnehmer in der Regel **zumutbar**[386].

354 Ein Sozialplan kann auch vorsehen, dass Arbeitnehmer keine Abfindung erhalten, wenn sie durch „**Vermittlung**" des Arbeitgebers einen **neuen Arbeitsplatz** erhalten. Dabei kann der Sozialplan unter „Vermittlung" jeden Beitrag des Arbeitgebers verstehen, der das neue Arbeitsverhältnis erst möglich machte[387].

---

[380] Vgl. *BAG* 27.10.1987, EZA § 112 BetrVG 1972 Nr. 41.
[381] Vgl. *BAG* 10.12.1996, DB: 1997, 1416.
[382] Vgl. *BAG* 9.11.1994, EzA § 112 BetrVG 1972 Nr. 78.
[383] Vgl. *BAG* 15.12.1998, EzA § 112 BetrVG 1972 Nr. 103.
[384] Vgl. *BAG* 15.12.1998, EzA § 112 BetrVG 1972 Nr. 103.
[385] Vgl. *BAG* 5.2.1997, NZA 1998, 158.
[386] Vgl. *BAG* 5.2.1997, NZA 1998, 158.
[387] Vgl. *BAG* 19.6.1996, NZA 1997, 562.

Eine entscheidende Grenze für die Regelungsbefugnis der 355
Betriebsparteien ist der betriebsverfassungsrechtliche **Gleichbehandlungsgrundsatz**, § 75 BetrVG.

Nach der Rspr. des BAG ist es mit dem arbeitsrechtlichen 356
Gleichbehandlungsgrundsatz grundsätzlich vereinbar, wenn die Betriebspartner bei der Zuerkennung von Ansprüchen auf eine Abfindung in einem Sozialplan unterscheiden zwischen Arbeitnehmern, denen infolge der Betriebsänderung gekündigt worden ist, und solchen, die ihr Arbeitsverhältnis durch eine **Eigenkündigung** oder einen Auflösungsvertrag beendet haben[388].

Die Unterscheidung zwischen Arbeitnehmern, die ihr Arbeits- 357
verhältnis selbst kündigen, und solchen, die aufgrund eines von ihnen gewünschten Aufhebungsvertrages ausscheiden, ist vor allem dann sachlich gerechtfertigt, wenn der Arbeitgeber den Arbeitnehmer für die ordnungsgemäße Durchführung der Betriebsänderung oder noch darüber hinaus benötigt[389]. So verstößt es nach der bundesarbeitsgerichtlichen Rspr. nicht gegen **§ 75 BetrVG,** wenn die Betriebspartner in einem Sozialplan diejenigen Arbeitnehmer von Sozialplanansprüchen ausnehmen, die ihre Arbeitsverhältnisse vor der geplanten Stilllegung des Betriebes (eines Hotelbetriebes) selbst kündigen, wenn der Arbeitgeber ein berechtigtes Interesse an der geordneten Weiterführung des Betriebs bis zu dessen Schließung hat und dazu auf das Verbleiben seiner Mitarbeiter angewiesen ist[390].

Es verstößt nach der Rspr. des BAG auch dann nicht gegen den 358
Gleichbehandlungsgrundsatz, wenn ein Sozialplan Arbeitnehmer von Abfindungsansprüchen ausnimmt, die aufgrund eines Aufhebungsvertrages oder einer Eigenkündigung ausgeschieden sind, nachdem sie eine neue Arbeitsstelle gefunden haben, vom Arbeitgeber gekündigten Arbeitnehmern aber eine Abfindung auch dann belässt, wenn sie noch innerhalb der Kündigungsfrist einen neuen Arbeitsplatz finden und deswegen vor Ablauf der Kündigungsfrist ausscheiden[391].

---

388 Vgl. *BAG* 19.7.1995, EzA § 112 BetrVG 1972 Nr. 82.
389 Vgl. *BAG* 19.7.1995, EzA § 112 BetrVG 1972 Nr. 82.
390 Vgl. *BAG* 9.11.1994, EzA § 112 BetrVG 1972 Nr. 78
391 Vgl. *BAG* 20.4.1994, EzA § 112 BetrVG Nr. 75.

359 Die Betriebspartner können in einem Sozialplan ohne Verstoß gegen § 75 BetrVG vereinbaren, dass ein Arbeitnehmer, der im Zusammenhang mit einer Betriebsstilllegung vorzeitig durch **Eigenkündigung** ausscheidet, eine **niedrigere Abfindung** erhält[392].

360 Ist die **Eigenkündigung** oder der **Aufhebungsvertrag vom Arbeitgeber veranlaßt** worden, so sind gekündigte Arbeitnehmer und Arbeitnehmer, die aufgrund einer Eigenkündigung oder eines Aufhebungsvertrages ausgeschieden sind, auch im Hinblick auf die Abfindungshöhe gleich zu behandeln[393].

361 Der Sozialplan kann auch berücksichtigen, dass zu entlassende Arbeitnehmer schon oder schon bald das **vorgezogene Altersruhegeld** in Anspruch nehmen können[394]. Insbesondere verstößt es nicht gegen § 75 BetrVG, wenn die Betriebspartner solche Arbeitnehmer von Sozialplanleistungen ausnehmen, die zum Zeitpunkt der Auflösung des Arbeitsverhältnisses die Voraussetzungen für den **übergangslosen Rentenbezug** nach Beendigung des Anspruchs auf Arbeitslosengeld erfüllen[395].

362 Die Betriebspartner können in einem Sozialplan regeln, dass für die Bemessung der Abfindung nur die **Betriebszugehörigkeit** beim Arbeitgeber und seinem Rechtsvorgänger, nicht aber die in einem Überleitungsvertrag anerkannte Betriebszugehörigkeit bei einem früheren Arbeitgeber zu berücksichtigen ist[396]. Die Rspr. des BAG läßt es auch zu, bei der Berechnung der Höhe einer Abfindung nur die tatsächliche **Betriebszugehörigkeit** des betroffenen Arbeitnehmers zugrunde zu legen[397].

363 In einem Sozialplan darf die **Zahlung von Abfindungen** zwar nicht davon abhängig gemacht werden, dass die wegen der Betriebsänderung entlassenen Arbeitnehmer gegen ihre Kündigung **keine gerichtlichen Schritte** unternehmen[398]. Zulässig ist aber

---

392 Vgl. *BAG* 11.8.1993, NZA 1994, 139.
393 Vgl. *BAG* 19.7.1995, EzA § 112 BetrVG 1972 Nr. 82; *BAG* 20.4.1994, EzA § 112 BetrVG Nr. 75.
394 Vgl. *BAG* 28.10.1992, EzA § 112 BetrVG 1972 Nr. 66; *BAG* 26. 7.1988, NZA 1989, 25.
395 Vgl. *BAG* 31.7.1996, NZA 1997, 165.
396 Vgl. *BAG* 16.3.1994, EzA § 112 BetrVG 1972 Nr. 73.
397 Vgl. *BAG* 30.3.1994, EzA § 112 BetrVG 1972 Nr. 74.

eine Vereinbarung in einem Sozialplan, nach der die Fälligkeit der Abfindung auf den Zeitpunkt des rechtskräftigen Abschlusses eines Kündigungsrechtsstreites hinausgeschoben und bestimmt wird, dass eine Abfindung nach den §§ 9, 10 KSchG auf die Sozialplanabfindung anzurechnen ist[399].

364 Vielfach entsteht im Rahmen von Sozialplanverhandlungen Streit über die Frage, ob der gesamte von der Betriebsänderung **erfasste Personenkreis** ordnungsgemäß beschrieben ist oder ob die Betriebsänderung nicht doch noch – zum Zeitpunkt der Unterzeichnung nicht absehbare – personelle Einzelmaßnahmen, insbesondere Entlassungen nach sich zieht. Hier empfiehlt sich nachfolgende **streitbeseitigende, nicht erzwingbare Vermutungsregelung**, die sowohl das Interesse der Arbeitnehmer an Rechtssicherheit wie auch das Interesse des Unternehmers an ausreichender Kalkulationsfähigkeit der Sozialplankosten angemessen berücksichtigt:

Vermutungsregelung betriebsbedingte Entlassungen **365**
Im Rahmen der Schließung von Standorten und aufgrund von Synergieeffekten, die durch weitere Konkretisierung der Fusionsplanung eintreten können, kann es zu weiteren betriebsbedingten Entlassungen und Versetzungen kommen, die mit den o. a. Maßnahmen im Zusammenhang stehen und deren Folge sind. Auf diese Maßnahmen findet der Sozialplan ebenfalls Anwendung.

Bei betriebsbedingten Kündigungen, Eigenkündigungen, Aufhebungsverträgen und Versetzungen, die während der Laufzeit dieses Sozialplans ausgesprochen bzw. abgeschlossen werden, wird vermutet, dass sie aufgrund oder infolge von Maßnahmen erfolgen, die im Interessenausgleich vom .... genannt sind.

Dies gilt jedoch nicht, wenn diese weiteren personellen Einzelmaßnahmen im Zusammenhang mit einer Betriebsänderung aufgrund einer neuen unternehmerischen Entscheidung erfolgen. In diesem Fall sind Interessenausgleich und Sozialplan neu zu verhandeln. Die Beweislast für das Vorliegen einer neuen Betriebsänderung trägt die Unternehmensleitung.

---

398 Vgl. *BAG* 20.6.1985, EzA § 112 BetrVG 1972 Nr. 36
399 Vgl. *BAG* 20.6.1985, EzA § 112 BetrVG 1972 Nr. 36

D. Betriebsverfassungsrechtliche Auswirkungen

dd. Der Spruch der Einigungsstelle über den Sozialplan

366 Einigen sich die Betriebsparteien über den Inhalt des Sozialplans nicht, so ist jede der Parteien, nach dem sie das Scheitern Verhandlungen erklärt hat, berechtigt, die **Einigungsstelle** anzurufen, § 112 Abs. 2 Satz 2 BetrVG.

367 Maßnahmen wie Kündigungsverbote, Versetzungs- und Umschulungspflichten und ähnliches, die **Gegenstand eines Interessenausgleichs** im Sinne von § 112 Abs. 1 Satz 1 BetrVG sein können (vgl. Rn. 300, 301), können nicht **Inhalt eines Spruchs der Einigungsstelle über den Sozialplan** nach § 112 Abs. 4 und 5 BetrVG sein. Ein Spruch der Einigungsstelle, der solche Maßnahmen zum Inhalt hat, ist unwirksam[400]. Im Sozialplan geht es demgegenüber um Ausgleich oder Milderung der wirtschaftlichen Nachteile, die den Arbeitnehmern infolge dieser Maßnahme entstehen.

368 Gem. § 112 Abs. 5 BetrVG hat die **Einigungsstelle** bei ihrer Entscheidung sowohl die sozialen Belange der Arbeitnehmer zu berücksichtigen als auch auf die wirtschaftliche Vertretbarkeit ihrer Entscheidung für das Unternehmen zu achten. Dabei hat sich die Einigungsstelle ausweislich des ausdrücklichen Gesetzeswortlauts **im Rahmen billigen Ermessens** insbesondere von folgenden Grundsätzen leiten zu lassen:

1. Sie soll beim Ausgleich oder bei der Milderung wirtschaftlicher Nachteile, insbesondere durch Einkommensminderung, Wegfall von Sonderleistungen oder Verlust von Anwartschaften auf betriebliche Altersversorgung, Umzugskosten oder erhöhte Fahrtkosten, Leistungen vorsehen, die in der Regel den Gegebenheiten des Einzelfalles Rechnung tragen.

2. Sie hat die Aussichten der betroffenen Arbeitnehmer auf dem Arbeitsmarkt zu berücksichtigen. Sie soll Arbeitnehmer von Leistungen ausschließen, die in einem zumutbaren Arbeitsverhältnis im selben Betrieb oder in einem anderen Betrieb des Unternehmens oder eines zum Konzern gehörenden Unternehmens weiterbeschäftigt werden können und die Weiterbeschäf-

---

[400] Vgl. *BAG* 17. 9.1991, EzA § 112 BetrVG Nr. 58.

tigung ablehnen; die mögliche Weiterbeschäftigung an einem andern Ort begründet für sich allein nicht die Unzumutbarkeit.

2a. Sie soll die im Dritten Buch des Sozialgesetzbuches vorgesehenen Förderungsmöglichkeiten zur Vermeidung von Arbeitslosigkeit berücksichtigen.

3. Sie hat bei der Bemessung des Gesamtbetrages der Sozialplanleistungen darauf zu achten, dass der fortbestand des Unternehmens oder die nach Durchführung der Betriebsänderung verbleibenden Arbeitsplätze nicht gefährdet werden.

369 Im Sozialplan darf nach **verschiedenen möglichen Nachteilen** – Versetzung oder Entlassung – und nach der Vermeidbarkeit dieser Nachteile differenziert werden[401]. Die Einigungsstelle kann Nachteile pauschaliert und mit einem Einheitsbetrag abgelten[402].

370 Der Einigungsstelle kann Regelungen darüber treffen, unter welchen Voraussetzungen das **Angebot eines anderen Arbeitsplatzes** für den von einer Betriebsänderung betroffenen Arbeitnehmer **zumutbar** ist[403]. Bei Regelungen über die Zumutbarkeit eines angebotenen Arbeitsplatzes dürfen auch wirtschaftliche Kriterien (gleiche Tarifgruppe) berücksichtigt werden[404].

371 § 112 Abs. 5 Satz 2 Nr. 2 Satz 2 BetrVG verbietet nach der Rspr. des BAG in der Regel die Zuerkennung von Abfindungsansprüchen an Arbeitnehmer, die einen angebotenen **zumutbaren Arbeitsplatz** ablehnen, bestimmt aber nicht, dass Arbeitnehmern eine Abfindung zuerkannt werden muss, wenn sie einen angebotenen anderen, ihnen unzumutbaren Arbeitsplatz ablehnen[405]. Allerdings muss der Sozialplan dann Ausgleichsleistungen für den Fall der Annahme des unzumutbaren Arbeitsplatzes vorsehen.

372 Die Einigungsstelle darf bei der Bemessung von Abfindungen wegen Verlustes des Arbeitsplatzes deshalb auch danach unterscheiden, ob dem Arbeitnehmer ein **zumutbarer oder nur ein**

---

401 Vgl. *BAG* 8.12.1976, AP BetrVG 1972 § 112 Nr. 3.
402 Vgl. *BAG* 27. 10.1987, EZA § 112 BetrVG 1972 Nr. 41.
403 Vgl. *BAG* 27. 10.1987, EZA § 112 BetrVG 1972 Nr. 41.
404 Vgl. *BAG* 27. 10.1987, EZA § 112 BetrVG 1972 Nr. 41.
405 Vgl. *BAG* 28.9.1988, NZA 1989, 186.

D. Betriebsverfassungsrechtliche Auswirkungen

unzumutbarer Arbeitsplatz im Betrieb oder in einem anderen Betrieb desselben Unternehmens angeboten wird. Eine Regelung, wonach dem Arbeitnehmer bei Ausschlagung eines zumutbaren, insbesondere gleichwertigen und gleichbezahlten Arbeitsplatzes, nur die Hälfte der Abfindung zusteht, die er bei Ablehnung eines unzumutbaren Arbeitsplatzes erhalten würde, ist rechtlich unbedenklich[406].

373 Ebenso wenig bestehen Bedenken gegen die Regelung eines Sozialplanes, die einem von der Betriebsstillegung betroffenen Arbeitnehmer eine Abfindung nur dann gewährt, wenn ihm weder im eigenen noch in einem zum Konzern gehörenden Unternehmen ein **zumutbarer Arbeitsplatz** angeboten werden kann, der aber Abfindungen ausschließt, wenn der Arbeitnehmer ein zumutbares Umsetzungs- oder Versetzungsangebot ausschlägt und deshalb entlassen werden muss[407].

374 Es ist vom Regelungsermessen der Einigungsstelle auch gedeckt, wenn sie abschließend festlegt, unter welchen persönlichen Voraussetzungen Arbeitnehmer einen nach Art der Tätigkeit entsprechenden und in der Vergütung möglichst **gleichwertigen Arbeitsplatz ablehnen** können, ohne den Anspruch auf eine Abfindung zu verlieren. Die Einigungsstelle ist nicht gehalten, die Voraussetzungen für die Ablehnung eines Arbeitsplatzangebots als unzumutbar generalklauselartig zu umschreiben[408].

375 § 112 Abs. 5 BetrVG sieht keine **Höchstgrenzen** bei der Bemessung der Abfindungen einzelner Arbeitnehmer bei Verlust ihres Arbeitsplatzes vor. § 113 Abs. 1 oder 3 BetrVG mit den Höchstgrenzen des § 10 KSchG ist nicht entsprechend anwendbar.

376 **Höchstbegrenzungsklauseln** für Abfindungen wegen des Verlustes des Arbeitsplatzes in Sozialplänen sind allerdings grundsätzlich auch durch Spruch der Einigungsstelle zulässig[409]. Ebensowenig begegnet eine Sozialplanregelung, nach der der

---

406 Vgl. *BAG* 27. 10.1987, EZA § 112 BetrVG 1972 Nr. 41; *BAG* 25.10.1983, EzA § 112 BetrVG 1972 Nr. 28.
407 Vgl. *BAG* 8.12.1976, AP BetrVG 1972 § 112 Nr. 3.
408 Vgl. *BAG* 28.9.1988, NZA 1989, 186.
409 Vgl. *BAG* 23.08.1988, NZA 1989, 28.

sich rechnerisch aus den Steigerungssätzen für Betriebszugehörigkeit, Lebensalter, Unterhaltsverpflichtungen und Schwerbehinderung ergebende Betrag, soweit er die Höchstgrenze übersteigt, an alle Arbeitnehmer gleichmäßig zu verteilen ist, rechtlichen Bedenken, wenn wegen der besonders hohen Arbeitslosenquote in der Region auch jüngere Arbeitnehmer Gefahr laufen, langfristig arbeitslos zu werden[410].

377 Mit der Aufnahme der in § 112 Abs. 5 Nr. 2 a BetrVG enthaltenen Regelung sollen ausweislich der Begründung des Gesetzgebers[411] die nach dem SGB III zur Vermeidung von Arbeitslosigkeit vorgesehenen Instrumentarien stärker mit den Möglichkeiten eines Sozialplans zum Ausgleich oder Milderung der mit der Betriebsänderung verbundenen Nachteile verknüpft werden. Damit bringt der Gesetzgeber zu Recht zum Ausdruck, dass „der Sozialplan nicht als reines Abfindungsinstrument, sondern vorrangig als Mittel für die Schaffung neuer Beschäftigungsperspektiven genutzt werden soll". In Frage kommen hierbei ins besondere Maßnahmen der inner- und außerbetrieblichen Qualifizierung, auch durch die Nutzung von StrukurKuG nach den § 169, 175 ff SGB III für die Gründung sog. Beschäftigungs- und Qualifizierungsgesellschaften oder Transfergesellschaften[412], sowie Maßnahmen der Förderung der Anschlusstätigkeit bei einem anderen Arbeitgeber – z. B. in Form sog. Jobhuntings – und der Existenzgründung – sog. Outplacement. Bei Vorliegen der Voraussetzungen der § 254 ff SGB III können und sollen die im Sozialplan vorgesehen Maßnahmen auch mit Zuschüssen der Arbeitsverwaltung gefördert werden.

VIII. Zuständiger Betriebsrat

1. Vereinbarung des Interessenausgleichs

377a Nach der Kompetenzzuweisung des BetrVG ist der von den Arbeitnehmern gewählte Betriebsrat für die Ausübung der gesetz-

---
410 Vgl. *BAG* 23.08.1988, NZA 1989, 28.
411 Vgl. BT-Drs. 14/5741, S. 52.
412 Vgl. hierzu ausführlich Bachner/Schindele, NZA 1999, 130.

D. Betriebsverfassungsrechtliche Auswirkungen

lichen Mitbestimmungsrechte zuständig. Er hat die Interessen der Belegschaft des einzelnen Betriebs gegenüber dem Unternehmer wahrzunehmen. Diese Aufgabe weist § 50 I BetrVG dem Gesamtbetriebsrat nur für den Fall zu, dass die zu regelnde Angelegenheit nicht auf den einzelnen Betrieb beschränkt ist und deshalb die Interessen der Arbeitnehmer nicht mehr auf der betrieblichen Ebene gewahrt werden können. Hierfür muss ein zwingendes Erfordernis nach einer betriebsübergreifenden Regelung vorliegen[413]. Ein solcher betriebsübergreifender Regelungsbedarf besteht dann, wenn der vom Arbeitgeber geplanten Maßnahme ein unternehmenseinheitliches Konzept zugrunde gelegt ist[414]. Die bloße Zweckmäßigkeit einer betriebsübergreifenden Regelung kann die Zuständigkeit des Gesamtbetriebsrats in den Angelegenheiten der zwingenden Mitbestimmung nicht begründen[415].

377b Nach § 50 I BetrVG i. V. m. § 111 I 1 BetrVG ist eine mitbestimmungspflichtige Betriebsänderung mit dem Gesamtbetriebsrat zu vereinbaren, wenn sich die geplante Maßnahme auf alle oder mehrere Betriebe auswirkt und deshalb einer einheitlichen Regelung bedarf. Das kann insbesondere bei der Stilllegung aller oder mehrerer Betriebe oder der Zusammenlegung von Betrieben der Fall sein[416]. Der Gesamtbetriebsrat ist für den Abschluss des Interessenausgleichs auch dann zuständig, wenn die geplanten Betriebsänderungen die mit dem unternehmensweiten Abbau von mehreren tausend Arbeitsplätzen verbundene Umstrukturierung des Unternehmens betreffen und mit dieser Umstrukturierung eine grundlegende Änderung der gesamten Organisation angestrebt wird. Das gilt auch dann, wenn mit der Umstrukturierungsentscheidung auch Entscheidungen über die Standorte der künftig noch fortzuführenden Betriebe und der im Gegenzug zu schließenden Betriebe sowie über die künftige Zusammensetzung der Belegschaft der verbleibenden Betriebe verbunden sind[417].

---

413 BAG 11.12.2001, NZA 2002, 688.
414 BAG 20.4.1994, NZA 1995, 89.
415 BAG 14.12.1999, NZA 2000, 783; BAG 11.11.1998, NZA 1999, 947; BAG 30.8.1995, NZA 1999, 218.
416 BAG 24.1.1996, NZA 1996, 1107.
417 BAG 11.12.2001, NZA 2002, 688.

2. Vereinbarung des Sozialplans

Aus der Zuständigkeit des Gesamtbetriebsrats zum Abschluss 377c eines Interessenausgleiches folgt grundsätzlich auch die Zuständigkeit für den Abschluss des Sozialplans. Allerdings müssen auch für den Sozialplan die Voraussetzungen des § 50 I BetrVG erfüllt sein. Auch insoweit muss ein zwingendes Bedürfnis nach einer betriebsübergreifenden Regelung bestehen. Hierzu hat das BAG in der Holzmann-Entscheidung vom 11.12.2001 instruktiv wie folgt ausgeführt[418]:

„Ein Sozialplan soll die sozialen Belange der von einer wirt- 377d schaftlichen Entscheidung des Unternehmens betroffenen Arbeitnehmer wahren. Ob die mit dieser Entscheidung verbundenen Nachteile unternehmenseinheitlich oder betriebsbezogen auszugleichen sind, bestimmt sich insbesondere nach Gegenstand und Ausgestaltung der Betriebsänderung im Interessenausgleich sowie nach dem im Einzelfall den Arbeitnehmern hierdurch entstehenden Nachteilen. Regelt ein mit dem Gesamtbetriebsrat nach § 50 I BetrVG vereinbarter Interessenausgleich Betriebsänderungen, die einzelne Betriebe unabhängig voneinander betreffen, oder eine solche, die sich auf einen Betrieb beschränkt, ist ein unternehmensweit zu findender Ausgleich der wirtschaftlichen Nachteile im Sozialplan nicht zwingend. Erfassen die im Interessenausgleich vereinbarten Betriebsänderungen mehrere oder gar sämtliche Betriebe des Unternehmens und ist die Durchführung des Interessenausgleiches abhängig von Sozialplan, so kann diese Aufgabe von den Betriebsräten der einzelnen Betriebe nicht mehr wahrgenommen werden; sie ist dem Gesamtbetriebsrat zugewiesen.

Hier lag ein solches Abhängigkeitsverhältnis zwischen unternehmensweiten Betriebsänderungen und einer darauf abstellenden Sozialplanregelung zum Ausgleich von Arbeitsplatzverlusten und sonstigen wirtschaftlichen Nachteilen vor. Für das Gesamtunternehmen war ein Insolvenzantrag gestellt. Zur Abwendung der Insolvenz, die alle Arbeitnehmer des Unternehmens betroffen hätte, wurde ein Interessenausgleich über ein unternehmenseinheitliches

---

[418] FKHES, § 50 Rn. 41.

Sanierungskonzept zwischen dem Arbeitgeber und dem Gesamtbetriebsrat gefunden. Dieses Sanierungskonzept konnte im Interesse der verbleibenden Belegschaft und der zu erhaltenden Betriebe, aber auch der von den Betriebsänderungen unmittelbar betroffenen Arbeitnehmern nur auf der Grundlage eines bestimmten, auf das gesamte Unternehmen bezogenen Sozialplanvolumens realisiert werden. Die hiermit notwendig verbundene Entscheidung darüber, wie dieses Gesamtvolumen auf die betroffenen Arbeitnehmer verteilt werden sollte, konnte nur unternehmenseinheitlich und damit auf der Ebene des Gesamtbetriebsrats getroffen werden. Eine zur Abwendung der drohenden Insolvenz unumgänglich notwendige Verzahnung zwischen dem vereinbarten Interessenausgleich und den korrespondierten Sozialplanregelungen wäre durch eine Vielzahl von Vereinbarungen auf der Ebene der einzelnen Betriebe nicht erreichbar gewesen".

3. Nachteilsausgleichsanspruch gem. § 113 BetrVG

a. Allgemeines

378   § 113 BetrVG räumt den Arbeitnehmern **Nachteilsausgleichsansprüche** ein. Die Bestimmung verfolgt den Zweck, den Unternehmer, der ohne zwingenden Grund von einem Interessenausgleich abweicht oder einen solchen erst gar nicht versucht, zu sanktionieren und dem von der Betriebsänderung betroffenen Arbeitnehmer einen finanziellen Ausgleich zu verschaffen. **Sanktion und Ausgleich** sind Kehrseiten ein und derselben Medaille. Die Bestimmung setzt ein wie auch immer geartetes **Verschulden** des Unternehmers nicht voraus[419].

379   § 113 BetrVG unterscheidet **zwei Alternativen für die Entstehung des Nachteilsausgleichsanspruchs**. Ein Anspruch entsteht zunächst dann, wenn der Unternehmer ohne zwingenden Grund von einem Interessenausgleich über die geplante Betriebsänderung abweicht, § 113 Abs. 1 BetrVG (vgl. Rn. 385 ff.). Der Arbeitnehmer

---

[419] Vgl. *BAG* 4.12.1979, AP BetrVG § 111 Nr. 6; DKK – Kittner, § 113 Rn. 2 mit weiteren Nachweisen.

hat gleichfalls Anspruch auf Nachteilsausgleich, wenn der Unternehmer eine geplante Betriebsänderung durchführt, ohne über sie einen Interessenausgleich mit dem Betriebsrat versucht zu haben (vgl. Rn. 386 ff.). In beiden Alternativen haben nur diejenigen Arbeitnehmer Anspruch auf Nachteilsausgleich, die infolge der Abweichung vom Interessenausgleich oder infolge der unter Missachtung der Beteiligungsrechte durchgeführten Maßnahme entlassen werden oder andere wirtschaftliche Nachteile erleiden (vgl. Rn. 387 ff.).

Die **nachträgliche** – also nach der Einleitung der Betriebsänderung erfolgte – **Vereinbarung eines Sozialplans** beseitigt den Anspruch auf Nachteilsausgleich nicht[420]. Das gilt auch für die nachträgliche Erklärung des Betriebsrats, er wolle keine rechtlichen Schritte wegen des unterbliebenen Versuchs eines Interessenausgleichs unternehmen[421]. § 113 BetrVG begründet Individualansprüche der Arbeitnehmer, über die der Betriebsrat nicht verfügen kann. **380**

In **Tendenzbetrieben** kommt ein Nachteilsausgleich nach § 113 Abs. 3 BetrVG dann in Betracht, wenn der Arbeitgeber eine Betriebsänderung durchführt, ohne den Betriebsrat rechtzeitig unterrichtet und Verhandlungen über einen Sozialplan ermöglicht zu haben[422]. Das BAG hat die Frage, ob § 113 Abs. 1 und 2 BetrVG auch im Tendenzbetrieb anwendbar ist, ausdrücklich offen gelassen[423]. Letztendlich ist deren Anwendbarkeit jedoch zu bejahen[424]. **381**

Der von einem entlassenen Arbeitnehmer erhobene Abfindungsanspruch nach § 113 Abs. 3 BetrVG besteht auch, wenn der **Insolvenzverwalter** die Betriebsänderung durchgeführt hat, ohne mit dem Betriebsrat einen Interessenausgleich auch nur versucht zu haben[425]. **382**

---

420 Vgl. *BAG* 13.6.1989, EzA § 113 BetrVG 1972, Nr. 19; *BAG* 14.9.1976, DB 1977, 309.
421 Vgl. *BAG* 14.9.1976, DB 1977, 309.
422 Vgl. *BAG* 27.10.1998, DB 1998, 2422.
423 Vgl. *BAG* 27.10.1998, DB 1998, 2422.
424 Vgl. DKK – *Wedde*, § 118 Rn. 62.
425 Vgl. *BAG* 17.9.1974, EzA § 113 BetrVG 1972 Nr. 1 noch zur Konkursordnung.

b. Voraussetzungen des Nachteilsausgleichsanspruchs

aa. Vorliegen einer Betriebsänderung

383 Voraussetzung für die Entstehung des Nachteilsausgleichsanspruchs ist das Vorliegen einer **Betriebsänderung**.

384 Für die in diesem Handbuch behandelten Umstrukturierungsmaßnahme am bedeutsamsten sind die Fälle des **Zusammenschlusses mit anderen Betrieben und der Spaltung von Betrieben**. § 111 Satz 2 Nr. 3 BetrVG erfaßt diese Tatbestände als Betriebsänderungen. Möglich ist aber auch, dass ein Betriebs(teil)übergang mit einer Betriebsänderung verknüpft wird.

bb. Abweichung vom Interessenausgleich ohne zwingenden Grund

385 Der Unternehmer wird den Arbeitnehmern gegenüber nur dann nicht ausgleichspflichtig, wenn er für die Abweichung vom Interessenausgleich einen **zwingenden Grund** hat. Zwingende Gründe sind nur solche, die nachträglich – also nach Unterzeichnung des Interessenausgleichs – entstanden und erkennbar geworden sind[426]. Hinzukommen muss, dass der Unternehmer im Interesse des Unternehmens und der Arbeitnehmer zur Abwendung einer unmittelbar drohenden Gefahr oder zur Anpassung an eine unvorhersehbare Sachlage vom Interessenausgleich abweicht. An die Notwendigkeit der Abweichung ist ein strenger Maßstab anzulegen[427]. Die Abweichung selbst ist dann keine neue Betriebsänderung.

cc. Unterlassen des Interessenausgleichsverfahrens

386 Das Mitbestimmungsrecht des Betriebsrats nach § 111 BetrVG zwingt den Unternehmer dazu, **einen Interessenausgleich nötigenfalls bis zur Einigungsstelle zu versuchen** (vgl. Rn. 302 ff.). Erst dann hat der Unternehmer einen ausreichenden, die Ausgleichspflicht aus § 113 Abs. 3 BetrVG ausschließenden Versuch zur Her-

---

[426] Vgl. *BAG* 17.9.1974, AP BetrVG 1972 § 113 Nr. 1; *FKHE*, § 113 Rn. 7, Willemsen/*Schweibert*, Rn. C 294.
[427] Vgl. *FKHE*, § 113 Rn. 7, Willemsen/*Schweibert*, Rn. C 294.

beiführung eines Interessenausgleichs unternommen. Die Anrufung der Einigungsstelle fällt in den Pflichtenkreis des Unternehmers. Ruft er die Einigungsstelle nach gescheiterten internen Verhandlungen mit dem Betriebsrat nicht an, so liegt ein pflichtwidriges Unterlassen i. S. v. § 113 Abs. 3 BetrVG vor[428]. Die Sanktion des § 113 Abs. 3 BetrVG greift also dann ein, wenn an sich zwingende Gründe für die Durchführung der Betriebsänderung gegeben sind, der Unternehmer die Maßnahme aber ohne rechtsförmige Beteiligung des Betriebsrat vollzieht[429].

dd. Kausalität des pflichtwidrigen arbeitgeberseitigen Verhaltens für Entlassungen oder sonstige Nachteile des Arbeitnehmers

Die Abweichung vom Interessenausgleich bzw. die Durchführung der Maßnahme ohne rechtsförmige Beteiligung des Betriebsrats muss **kausal für Entlassungen** oder **aber andere wirtschaftliche Nachteile der Arbeitnehmer** sein. Es muss ein Ursachenzusammenhang bestehen. Das *BAG* geht zurecht davon aus, dass im Falle einer Abspaltung und Übertragung von Betriebsteilen grundsätzlich alle Arbeitnehmer des früher einheitlichen Betriebs betroffen sind[430]. Nichts anderes kann auch für die Zusammenlegung von Betrieben gelten. Dies bedeutet, dass sich die Regelungen in Interessenausgleich und Sozialplan auf alle Arbeitnehmer der bisherigen Belegschaft beziehen müssen. Für den **Kreis der Anspruchsberechtigten** ist deshalb zu berücksichtigen, ob sämtliche Arbeitnehmer in die Bewertung mit einbezogen wurden. 387

Zu den Entlassungen i. S. d. Gesetzes zählen nicht nur betriebsbedingte Kündigungen. Gemeint ist vielmehr das tatsächliche Ausscheiden aus dem Betrieb. Deshalb gelten auch betrieblich veranlasste Aufhebungsverträge und Eigenkündigungen als Entlassungen i. S. d. Vorschrift[431]. Anspruch auf Nachteilsausgleich haben auch solche Arbeitnehmer, die nur deshalb gekündigt werden müssen, weil die **Arbeitnehmer dem Über-** 388

---

428 Vgl. zu den Einzelheiten DKK -*Däubler*, § 113 Rn. 8 ff.
429 Vgl. *FKHE*, § 113 Rn. 15.
430 Vgl. *BAG* 16.6.1987, AP BetrVG 1972 § 111 Nr. 19.
431 Vgl. *BAG* 23.8.1988, AP BetrVG 1972, § 113 Nr. 17

D. Betriebsverfassungsrechtliche Auswirkungen

gang auf einen **Teilbetriebserwerber widersprochen** haben und eine Beschäftigungsmöglichkeit im Restbetrieb nicht mehr besteht[432].

389 Zu den anderen **wirtschaftlichen Nachteilen** neben Entlassungen zählen z. B. Versetzungen sowie der Wegfall von Ausbildungsmöglichkeiten und Aufstiegschancen.

c. Höhe des Nachteilsausgleichsanspruchs

390 Weicht der Unternehmer ohne zwingenden Grund von einem Interessenausgleich ab, so richtet sich die **Höhe des Nachteilsausgleichsanspruchs** nach § 10 KSchG, wie sich aus § 113 Abs.1 BetrVG ergibt. Treten arbeitnehmerseitig andere wirtschaftliche Nachteile ein, so ist ein echter Schadensersatz i. S. eines vollen finanziellen Ausgleichs für die Dauer von zwölf Monaten zu gewähren, § 113 Abs. 2 BetrVG. Bei der **Festsetzung des Nachteilsausgleichs** ist das Gericht nicht an § 112 Abs. 5 Satz 2 Nr. 2 BetrVG gebunden[433].

391 Nach der Rspr. des *BAG* sind die Abfindungsleistungen, die der Arbeitnehmer aufgrund des Sozialplans erhalten hat, auf die Nachteilsausgleichsforderung vollständig anzurechnen[434]. Diese Rspr. vereitelt jedoch den Sanktionszweck von § 113 BetrVG[435] und verstößt so gegen das allgemeine Effizienzprinzip des Gemeinschaftsrechts, Art. 10 Abs. 5 EGV, weil der Unternehmer im Hinblick auf die Höhe der Abfindungsleistungen keinerlei Risiko eingeht, wenn er den Betriebsrat nicht ordnungsgemäß beteiligt[436].

---

432 Vgl. *BAG* 10.12.1996, NZA 1997, 787
433 Vgl. *BAG* 10.12.1996, NZA 1997, 787
434 Vgl. *BAG* 13.6.1989, EzA § 113 BetrVG 1972, Nr. 19; *BAG* 18.12.1984, AP BetrVG 1972 § 113 Nr. 11; *BAG* 14.9.1976, DB 1977, 309.
435 Vgl. ErfK-*Hanau/Kania*, § 113 BetrVG Rn. 2.
436 Vgl. Oetker, NZA 1998, 1193

E. Tarifvertragliche Folgen von Unternehmensumwandlung und Betriebsübergang

Die Weitergeltung tarifvertraglicher Normen bei Unternehmensumwandlungen und Betriebsübergängen ist von **hoher Bedeutung**. Nicht selten werden diese Maßnahmen nur deshalb ergriffen, um sich der Tarifbindung zu entziehen. In der weiteren Darstellung werden zunächst Wesen, Formen, Methoden, gesetzliche Grundlagen sowie Grundprobleme bei der Sicherung von Tarifverträgen und danach ihre normative und einzelvertragliche Geltung behandelt.

I. Grundlagen

1. Typisierung von Tarifverträgen

Tarifverträge unterscheiden sich vor allem nach ihrem **Geltungsbereich**.

a) Verbandstarifvertrag

In der Bundesrepublik Deutschland **dominiert** der für bestimmte Wirtschaftszweige abgeschlossene Verbandstarifvertrag. Hierunter wird der zwischen einer Vereinigung von Arbeitgebern auf der einen und einer Gewerkschaft auf der anderen Seite geschlossene Tarifvertrag verstanden. Er gilt entweder regional oder bundesweit für eine Vielzahl von Unternehmen einer bestimmten Branche (sogenannter Flächentarifvertrag z.B. in der Bauindustrie, Stahlindustrie oder chemischen Industrie). Der Verbandstarifvertrag sorgt am besten für **gleiche Arbeitsbedingungen einer Branche** und erfüllt damit am besten die zentrale Funktion von Tarifverträgen.

Möglich ist auch der Abschluss eines **firmenbezogenen Verbandstarifvertrags**, den der Verband für ein Mitgliedsunternehmen abschließt. Es handelt sich um eine zulässige Mischform zwischen Verbands- und Firmentarifvertrag.[1]

---

[1] *Kempen/Zachert*, TVG, § 1 Rn. 25; *Wiedemann/Stumpf*, § 1 Rn. 112;

b) Firmentarifvertrag

5 Den Firmen- oder auch Haustarifvertrag vereinbart ein **einzelner Arbeitgeber**, der gem. § 2 Abs. 1 TVG ebenso wie ein Verband Tarifvertragspartei sein und wie dieser mit der Gewerkschaft einen Tarifvertrag verhandeln und abschließen kann. Sein Geltungsbereich kann das gesamte Unternehmen des Arbeitgebers oder nur einzelne Personengruppen bzw. einzelne Betriebe des Unternehmens erfassen.

6 Ein Firmentarifvertrag kann ebenso wie ein Verbandstarifvertrag alle in § 1 Abs. 1 TVG genannten **Inhalts-, Abschluss-** und **Beendigungsnormen** enthalten. Ihnen kommt ebenfalls eine unmittelbare und zwingende Wirkung zwischen den Tarifvertragsparteien zu. Es ist rechtlich zulässig, wenn ein Firmentarifvertrag auf die einschlägigen Flächentarifverträge in der jeweils gültigen Fassung verweist (dynamische Blankettverweisung)[2].

c) Anerkennungstarifvertrag

7 Eine **Mischform** zwischen Verbands- und Firmentarifvertrags stellt der Anerkennungstarifvertrag dar. Er macht den Inhalt eines Verbandstarifvertrags zum Gegenstand des Tarifvertrags macht, der aber nicht durch Verbandsmitgliedschaft, sondern eigene rechtsgeschäftliche Verpflichtung des Unternehmens gilt.

d) Konzerntarifvertrag

8 Der Geltungsbereich eines Tarifvertrags kann sich wie eine Konzernbetriebsvereinbarung auch auf mehrere zu einem Konzern **verbundene Unternehmen** beziehen. Eine derartiger Konzerntarifvertrag ist zulässig, weil ein herrschendes Unternehmen für von ihm beherrschte Gesellschaften Verträge abschließen kann.[3] Bei Tarifflucht durch Ausgliederung kann eine Einwirkungspflicht des

---

[2] BAG 20.6.2001 NZA 2002, 517; zu Streiks und Warnstreiks um einen „Haustarifvertrag", der auf einem gekündigten Verbandstarifvertrag Bezug nimmt (ArbG Frankfurt 8.5.2002, AiB 2002, 773);

[3] *Däubler*, TVR, Rn. 79; a.A. *Windbichler*, RdA 1999, 146; *Kempen/Zachert*, TVG, § 3 Rn. 8;

herrschenden Unternehmens bestehen (vgl. zur Einwirkungspflicht im Konzern unter IV.).

e) Betrieblicher Tarifvertrag

Der Geltungsbereich eines Firmen- oder auch Verbandstarifvertrag kann sich nur auf einen **bestimmten Betrieb** einer Firma erstrecken. Bei Umstrukturierungen hängt dann seine Weitergeltung auch in hohem Maße von seinem Fortbestand ab. 9

2. Inhalt des Tarifvertrags

Tarifverträge enthalten im wesentlichen zwei Normteile: Der sog. **normative Teil** bezieht sich auf die individuellen Arbeitsverträge und enthält Normen, die Inhalt, Abschluss und Beendigung von Arbeitsverträgen ordnen, während der sog. **schuldrechtliche Teil** die Rechte und Pflichten zwischen den Tarifvertragsparteien regelt.[4] 10

Der normative Teil eines Tarifvertrags ist ein für Dritte **rechtsverbindlicher** zweiseitiger Vertrag, der wie ein Gesetz im materiellen Sinne gilt. Seine Normen gelten gem. § 4 Abs. 1 TVG „unmittelbar" und wirken damit ohne weitere Bezugnahme oder Vereinbarung wie ein Gesetz auf das Arbeitsverhältnis.[5] 11

Im normativen Teil eines Tarifvertrags ist zwischen Inhalts-, Abschluss-, Beendigungs-, Betriebs- und Betriebsverfassungsnormen zu unterscheiden: 12
- Zu den **Inhaltsnormen** zählen die den gesamten Inhalt des Arbeitsverhältnisses regelnden Rechte.[6]
- **Abschluss- und Beendigungsnormen** sind Bestimmungen, die den Abschluss neuer, die Wiederaufnahme alter oder die Durchführung unterbrochener Arbeitsverhältnisse bzw. ihre Beendigung regeln.[7]

---

4   *Kempen/Zachert*, TVG, § 1 Rn. 26 ff. ; *Hueck/Nipperdey*, Bd. II S. 207;
5   BVerfG AP 15 zu § 2 TVG; BAG AP 1 zu Art. 24 Verf. NRW; *Wiedemann/Stumpf*, § 4 Rn. 169 ff. m.w.N.; *Schaub*, Arbeitsrechtshandbuch, § 198 Rn. 16;
6   *Kempen/Zachert*, TVG, § 1 Rn. 27; *Däubler*, TVR, Rn. 170;
7   *Kempen/Zachert*, TVG, § 1 Rn. 28 ff.; *Däubler*, TVR, Rn. 400;

- **Betriebsnormen** regeln die Art und Weise der Arbeit im Betrieb bzw. der Dienststelle. Gem. § 3 Abs. 2 TVG wirken sie für und gegen alle Belegschaftsangehörigen unabhängig davon, ob sie tarifgebunden sind. Ihre Wirksamkeit setzt voraus, dass die betreffenden Normen nicht auch im Wege der Inhaltsnorm möglich ist.[8]
- Zu den **betriebsverfassungsrechtlichen Normen** zählen alle Bestimmungen, die die Rechtsstellung der Arbeitnehmer im Betrieb und ihre Organe betreffen.

13 Die Transformation des Tarifvertrags erfasst alle auf das Arbeitsverhältnis übertragbare Regelungen. Sie ist nicht auf bloße Inhaltsnormen beschränkt (vgl. zur Transformation des Tarifvertrags in den Arbeitsvertrag unter V.).

3. Normative Wirkung des Tarifvertrags

14 Die kollektivrechtlichen Normen wirken gem. § 4 Abs. 1 TVG **unmittelbar** und **zwingend** auf Arbeitsverhältnisse ein, ohne selbst zu ihrem Inhalt zu werden.

15 Zwingende Wirkung bedeutet, dass es weder dem einzelnen Arbeitgeber noch Arbeitnehmer erlaubt ist, hiervon zu **Ungunsten** des Arbeitnehmers rechtswirksam **abzuweichen**. Der Arbeitgeber ist damit gehindert, aufgrund seiner wirtschaftlichen Überlegenheit Arbeitnehmern einseitig schlechtere Arbeitsbedingungen zu diktieren. Hierin liegt die entscheidende Bedeutung des Tarifvertrags für Arbeitnehmer.[9]

16 Der schuldrechtliche Teil verpflichtet nur die Tarifvertragsparteien selbst, nicht jedoch ihre Mitglieder. Zu den wichtigsten obligatorischen Pflichten zählt die **Friedens- und Durchführungspflicht.** Andere Pflichten beziehen sich z.B. auf die Errichtung und Unterhaltung von Sozialeinrichtungen, Schiedskommissionen, die Aufstellung von Regeln für den Arbeitskampf oder Einhaltung von Kündigungsfristen usw.

---

8   BAG 14.2.1978, AP Nr. 57 zu Art. 9 GG [Bl. 7];
9   *Däubler,* Arbeitsrecht 1, Rn. 218;

4. Kollision tarifvertraglicher Normen

Die Fortgeltung tarifvertraglicher Normen bei Betriebsübergängen und Unternehmensumwandlungen kollidiert häufig mit der **anderer Tarifverträge**. Dies ist z.B. bei Unternehmensverschmelzungen der Fall, durch die beim aufnehmenden Rechtsträgers abgeschlossene Firmentarifvertrags mit den beim anderen Rechtsträger geltenden Tarifnormen kollidieren können. Sie spielt aber auch bei der Verdrängung der Transformation von Tarifnormen in den Einzelarbeitsvertrag gem. § 613a Abs. 1 Satz 3 BGB eine erhebliche Rolle.

17

Tarifkonkurrenz tritt ein, wenn mehrere Tarifverträge auf ein Arbeitsverhältnis in einem Betrieb anzuwenden sind und dadurch derselbe Regelungsgegenstand mehrfach tarifvertraglich geregelt ist. Hiervon zu unterscheiden ist die **Tarifpluralität**. Sie liegt vor, wenn für einen Betrieb mehrere Tarifverträge gelten, die aber jeweils unterschiedliche Arbeitnehmergruppen erfassen. Tarifkonkurrenz und -pluralität entsteht vor allem dann, wenn mehrere Gewerkschaften oder eine Gewerkschaft mit mehreren Tarifverträgen in einem Betrieb vertreten sind. Das zur Lösung entwickelte Prinzip der Tarifeinheit ist kein allgemeines Rechtsprinzip, sondern ein gewerkschaftspolitisches Postulat[10], dessen Zweckmäßigkeit einer ständigen Überprüfung bedarf.

18

a) Grundsatz der Tarifeinheit

Der Grundsatz der Tarifeinheit findet bei Kollision verschiedener Tarifverträge Anwendung. Ein und dieselbe Materie soll danach in einem Betrieb immer **nur durch einen Tarifvertrag** geregelt sein.[11] Die Lösung des Konkurrenzproblems ist unter mehreren Gesichtspunkten denkbar:

19

---

10 *Kempen/Zachert*, § 4 TVG Rn. 117 ff. [119];
11 BAG 15.10.1986 BAGE 53, 179: „....der Anwendung verschiedener, nicht aufeinander abgestimmter Tarifverträge auf die Rechtsverhältnisse in einem Betrieb (steht) das Prinzip der Tarifeinheit entgegen...."; vgl. auch BAG 27.8.1986, 24.1.1990, AP Nrn. 70, 127 zu § 1 TVG Tarifverträge: Bau; BAG 26.1.1994, DB 1994, 2633; BAG 28.5.1997 NZA 1997, 1066;

- Ein mitgliedschaftlich legitimierter Tarifvertrag geht einem für allgemeinverbindlich erklärten Tarifvertrag vor.[12]
- Der aktuelle Tarifvertrag geht dem nachwirkenden vor.[13]
- Der für den Arbeitnehmer günstigere geht dem ungünstigeren Tarifvertrag vor.[14]

20 Die **Rechtsprechung** stellte bisher immer auf die **Sachnähe** ab, so dass der Tarifvertrag, der die größeren Zahl von Arbeitnehmern im Betrieb besser gerecht wird, vorgeht.[15] Vorrangig ist zumeist der Tarifvertrag

- mit dem engeren räumlichen oder fachlichen Geltungsbereich;[16]
- mit bezirklicher Geltung gegenüber dem Bundestarifvertrag;[17]
- einer Firma gegenüber dem Verbandstarifvertrag.[18] Dies soll selbst dann gelten, wenn ein Firmentarifvertrag Regelungen des Flächentarifvertrags zu Lasten der Arbeitnehmer verdrängt.[19]
- für einen Teil der Branche gegenüber dem allgemeinen Branchentarifvertrag.[20]

Das **Günstigkeitsprinzip** gem. § 4 Abs. 3 TVG soll im Verhältnis zwischen Firmen- und Verbandstarifvertrag keine Anwendung finden, weil es sich nur auf das Verhältnis zwischen schwächeren zu stärkeren Rechtsnormen und nicht das unter gleichrangigen Regelungen beziehe. Im Verhältnis zwischen Verbands- und Firmentarifvertrag handele es sich um gleichrangige Normen.[21]

---

12 *B. Müller*, NZA 1989, 449 [452]; *Zöllner/Loritz*, § 37 IV. 1. B);
13 *Löwisch / Rieble*, § 4 TVG Rn. 299;
14 *Däubler*, Tarifvertragsrecht, Rn. 1493 f.;
15 BAG 14.6.1989, DB 1990, 129; BAG 20.3.1991, DB 1991, 1179;
16 *Wiedemann / Arnold*, ZTR 1994, 399 [408];
17 BAG 26.1.1994, DB 1994, 2633;
18 BAG 20.3.1991, DB 1991, 1179; BAG 23.1.2001, DB 2001, 1098;
19 BAG 24.1.2001, DB 2001, 1096;
20 BAG 26.1.1994, DB 1994, 2633;
21 BAG 23.1.2001, DB 2001, 1098;

b) Tarifvielfalt

aa) Probleme durch Umstrukturierung

Bei den Betriebsübergängen und Unternehmensumwandlungen spielt die Art der zukünftigen tarifvertraglichen Bindungen eine erhebliche Rolle. Nicht selten ist der angestrebte **Tarifwechsel** sogar das eigentliche Motiv. Wird auf diese Weise Tarifpluralität absichtsvoll herbei geführt, kann der Grundsatzes der Tarifeinheit nicht uneingeschränkt gelten. Gerade in schwieriger wirtschaftlicher Zeit würde dies zudem Firmentarifverträge privilegieren, die Verbandstarifverträge unterbieten und damit ihre Vereinheitlichungsfunktion untergraben.[22]

Die bei Betriebsübergang und Unternehmensumwandlung entstehenden tarifvertraglichen Kollisionsprobleme können deshalb nicht nur nach dem Grundsatz der Tarifeinheit gelöst werden. Die tarifvertraglichen Normen bestehen nebeneinander fort. Der Grundsatz der Tarifeinheit verdrängt nicht die **Vielfalt anderer tariflicher Regelungen**. Die Rechsprechung des BAG kann nicht mehr uneingeschränkt auf durch Betriebsübergänge und Unternehmensumwandlungen entstehenden Kollisionen angewandt werden.

21

22

bb) Wandel der Rechtsprechung

Die Rechtsprechung des BAG hat die bisherige Anwendung des von ihm selbst entwickelten Grundsatzes der Tarifeinheit, der im TVG selbst keine Stütze findet, eingeschränkt. Der Vierte Senat erklärte es z.B. als **„hinzunehmen"**, wenn ein an einen allgemeinverbindlichen Tarifvertrag der HBV gebundener Arbeitgeber mit der früheren DAG einen Haustarifvertrag schließen und damit für nicht der früheren DAG angehörende Arbeitnehmer ein „tariffreier Raum" entstehe.[23]

23

---

22 *Wendeling-Schröder*, AuR 2000, 339 [342];
23 BAG 20.3.1991, DB 1991, 1779; vgl. auch die distanzierenden Aussagen des 10. Senats in den Urteilen vom 22.9.1993 und 26.1.1994 in AP Nrn. 21 und 22 zu §4 TVG Tarifkonkurrenz;

24 In einer anderen Entscheidung ging es um die **Nachwirkung** eines mit der IG Metall abgeschlossenen Tarifvertrags gem. § 4 Abs. 5 TVG. Sie soll nach Ansicht des Vierten Senats nicht dadurch entfallen, dass sich der Arbeitgeber an den mit dem CGM abgeschlossenen Verbandstarifvertrag gebunden hat. Eine „andere Abmachung" i. S.v. § 4 Abs. 5 TVG verlange die beidseitige Bindung beider Arbeitsvertragsparteien. Tarifpluralität liege nicht vor, wenn der Arbeitgeber selbst aufgrund mehrfacher Tarifbindung verschiedene Tarifverträge anzuwenden hat. Sie entstehe nicht, wenn nur hinsichtlich eines Tarifvertrags die Tarifbindung nach § 3 Abs. 1 oder Abs. 3 TVG bestehe, während ein anderer nachwirke. Ob überhaupt Tarifpluralität nur bei normativer Geltung zweiter Tarifverträge anzunehmen ist oder ob es dabei bleiben könne, dass auch vertragliche Vereinbarung der Geltung eines Tarifvertrags zur Tarifkonkurrenz führen kann, könne offen bleiben.[24] Diese Entscheidung kann als ein **Abschied** vom umfassenden Prinzip der Tarifeinheit interpretiert werden. Nach Ansicht des Mitglieds des Senats müsse die bisherige Rechtsprechung zur Tarifeinheit **überdacht** werden.[25]

25 Dieser **Wandel** in der Rechtsprechung ist auch bei Betriebsübergängen und Unternehmensumwandlungen **zu berücksichtigen**. Abzulehnen ist deshalb die Ansicht, die Rechtsprechung des Vierten Senats sei nicht auf die Auslegung des § 613a Absatz 1 Satz 3 BGB zu übertragen.[26] Sie wirkt sich nicht nur bei § 613a BGB aus, sondern auch bei der Lösung von Kollisionsproblemen im Wege der Gesamtrechtsnachfolge und der Auslegung einzelvertraglicher Bezugnahmeklauseln.

26 Der Wandel der Rechtsprechung bedeutet, dass § 3 TVG und § 4 Abs. 5 TVG auch bei Betriebsübergängen und Unternehmensumwandlungen die Geltung **unterschiedlicher Arbeitsbedingungen** zulassen und damit in Kollisionsfällen Tarifpluralität ermöglichen. Damit wird ein Anreiz zur Verschlechterung von

---

24 BAG, 28.5.1997, NZA 1998, 183 [203]; ablehnend Heinze/Ricken, ZfA 2001, 159;
25 *Friedrich*, FS Schaub, 1998, S. 183 [203];
26 So aber Willemsen-*Hohenstatt*, E 124;

Arbeitsbedingungen durch Unternehmensumstrukturierung genommen.

cc) Tarifeinheit nur bei DGB Gewerkschaften

Selbst wenn der Grundsatz der Tarifeinheit Anwendung fände, wäre zu **unterscheiden**, ob in einem Betrieb Tarifverträge von DGB – Gewerkschaften zusammen treffen, oder ob ein von DGB Gewerkschaften abgeschlossener Tarifvertrag mit dem einer anderen Gewerkschaft konkurriert. Nur im ersten Fall könnte überhaupt der Grundsatz der Tarifeinheit im Betrieb weiterhin anerkannt werden und zwar unabhängig davon, ob diese Tarifpluralität durch einen Betriebsübergang oder auf andere Weise entsteht. Bei Konkurrenz von DGB- und Nicht-DGB-Tarifverträgen wäre also Tarifpluralität auf jeden Fall hinzunehmen.[27] 27

5. Tarifzuständigkeit

Die Tarifzuständigkeit bildet die **Grundlage** für den Geltungsbereich von Tarifverträgen und ist Voraussetzung für ihren wirksamen Abschluss.[28] Die Gewerkschaften entscheiden über ihre Zuständigkeiten autonom. Dieses Recht ist gem. Art. 9 Abs. 3 GG gewährleistet.[29] 28

Die Tarifzuständigkeit einer Gewerkschaft bestimmt sich nach ihrer **Satzung**. Bei Überschneidungen der Organisationsbereiche von DGB-Gewerkschaften gilt der Grundsatz der DGB-Satzung: Ein Betrieb, eine Gewerkschaft. Solange keine verbindliche Klärung zwischen den Gewerkschaften erfolgte, bleibt es bei der Alleinzuständigkeit derjenigen Gewerkschaft, die vor Entstehen der Konkurrenzsituation als zuständig angesehen worden war.[30] 29

Mit § 16 DGB-Satzung haben die **DGB-Gewerkschaften** eine Regelung der Tarifzuständigkeit für sich getroffen, die gegenüber 30

---

27 *Kania,* DB 1996, 1921; ders., DB 1994, 529;
28 BAG 22.11.1988 und 24.7.1990, AP und. 5 und 7 zu § 2 TVG Tarifzuständigkeit; *Kempen/ Zachert,* TVG § 2 Rn. 109, a.A. *Däubler,* TVR, Rn. 89;
29 BAG 19.11.1985, AP. Nr. 4 zu § 2 TVG Tarifzuständigkeit;
30 BAG 12.11.1996, AP Nr. 11 zu § 2 TVG Tarifzuständigkeit;

Arbeitgebern verbindlich wirkt und auch die Arbeitsgerichte bindet. Streiten zwei DGB-Gewerkschaften über ihre ausschließliche Zuständigkeit für denselben Betrieb und verlangen sie nach § 16 DGB-Satzung eine verbindliche Entscheidung, dann gilt der Schiedsspruch nicht nur für die Gewerkschaften, sondern auch für die Arbeitgeberseite verbindlich.[31] Einer Einigung der beteiligten Gewerkschaften über ihre Tarifzuständigkeit in einem Vermittlungsverfahren nach § 16 der DGB-Satzung kommt die gleiche Bindungswirkung für die beteiligten Gewerkschaften und den Arbeitgeber wie ein Schiedsspruch zu.[32]

31 Aus einem Schiedsspruch nach § 16 DGB-Satzung folgen ein gerichtlich durchsetzbarer **Tarifunterlassungsanspruch** der obsiegenden Gewerkschaft und ein entsprechendes Ausübungsverbot gegenüber der unterlegenen Gewerkschaft. Bei Verstoß gegen dieses Verbot wären dennoch abgeschlossene Tarifverträge unwirksam. Die Wirksamkeit vor dem Schiedsspruch abgeschlossener Tarifverträge ist suspendiert. Sie wirken gem. § 3 Abs. 3 TVG nur noch nach.[33]

Beispiel: *Ein an den Manteltarifvertrag der Metallindustrie gebundenes Unternehmen spaltet sich in 6 neue Unternehmen auf, die mit der IG BCE einen neuen Haustarifvertrag abschließen. Das Schiedsgericht stellt die unveränderte Zuständigkeit der IG Metall fest.*
Der Haustarifvertrag wirkt nur noch nach. Zuständige Gewerkschaft bleibt die IG Metall.

6. Normative Grundlagen zur Sicherung des Tarifvertrags

a) Verfassungsrechtliche Fundierung

32 Die **Koalitionsfreiheit** schützt nicht nur die Koalition selber als organisatorische Ausgestaltung, sondern auch ihre Betätigung, zu der insbesondere der Abschluss von Tarifverträgen zählt.[34]

---
31 BAG 25.9.1996, AP Nr. 10 zu § 2 TVG;
32 BAG 14.12.1999, AP Nr. 14 zu § 2 TVG Tarifzuständigkeit;
33 *Kempen/Zachert*, TVG, § 2 TVG Rn. 116;
34 BVerfG AP 1, 16 zu Art 9 GG; 26.6.1991, NJW 1991, 2549;

Art. 9 Abs. 2 GG gewährleistet ihren Abschluss zur „Wahrung und Förderung der Arbeits- und Wirtschaftsbedingungen". Tarifverträge, die sich auf andere Bereiche beziehen, sind rechtsunwirksam[35] oder Verträge anderer Art.

b) EG – Richtlinie

§ 613a Abs. 1 Sätze 2 – 4 BGB setzt die auf den Übergang von Unternehmen, Betrieben oder Betriebsteilen auf einen anderen Inhaber anwendbare **EG Richtlinie77/187/EWG**[36] um. Der für Tarifverträge maßgebenden Art. 3 Abs. (2) in Teil II lautet: 33

„Nach dem Übergang im Sinne des Artikels 1 Absatz 1 erhält der Erwerber die in einem Kollektivvertrag vereinbarten Arbeitsbedingungen bis zu der Kündigung oder dem Ablauf des Kollektivvertrags bzw. bis zum Inkrafttreten oder bis zu der Anwendung eines anderen Kollektivvertrags in dem gleichen Maße aufrecht, wie sie in dem Kollektivvertrag für den Veräußerer vorgesehen waren.
Die Mitgliedsstaaten können den Zeitraum der Aufrechterhaltung der Arbeitsbedingungen begrenzen, sofern dieser nicht weniger als ein Jahr beträgt."

Der entsprechende Wortlaut der **Richtlinie 2001/23/EG** des Rates vom 12. März 2001[37] wurde insoweit nur unwesentlich redaktionell überarbeitet: 34

„Nach dem Übergang erhält der Erwerber die in einem Kollektivvertrag vereinbarten Arbeitsbedingungen bis zur Kündigung oder zum Ablauf des Kollektivvertrags bzw. bis zum Inkrafttreten oder bis zur Anwendung eines anderen Kollektivvertrags in dem gleichen Maße aufrecht, wie sie in dem Kollektivvertrag für den Veräußerer vorgesehen waren.

---

35 *Schaub*, § 200 Rn. 1;
36 Richtlinie vom 14.2.1977, Abl. EG v. 5.3.1977 Nr. LL 61, S. 26, RdA 1977, 162; vgl. auch das kommentierende Memorandum der EU Kommission in DB 1997, 1030;
37 Richtlinie 2001/23EG des Rates vom 12. März 2001 zur Angleichung der Rechtsvorschriften der Mitgliedsstaaten über die Wahrung von Ansprüchen der Arbeitnehmer beim Übergang von Unternehmen, Betrieben oder Unternehmens- oder Betriebsteilen – abgedruckt in der Anlage; vgl. auch Änderungsrichtlinie – Richtlinie 98/50/EG vom 29.6.1998, Abl. EG vom 17.7.1998 Nr. L 201, S. 88;

Die Mitgliedsstaaten können den Zeitraum der Aufrechterhaltung der Arbeitsbedingungen begrenzen, allerdings darf dieser nicht weniger als ein Jahr betragen."

35 Die Anwendung des § 613a Absatz 1 Satz 2 BGB hat mindestens den Anforderungen dieser EU-Richtlinie zu entsprechen. Wegen des **Vorrangs europäischen Rechts** ist nationales Recht im Lichte des Gemeinschaftsrechts auszulegen.[38] Es bestehen Zweifel, ob § 613a BGB Abs. 1 Satz 3 BGB mit der Richtlinie vereinbar ist, soweit danach Ansprüche eines bestimmten Tarifvertrags ohne Übergangsfrist enden.

7. Schicksal tarifvertraglicher Normen bei Umwandlung und Betriebsübergang (Grundzüge)

a) Gesetzliche Lösungen im Überblick

36 Tarifverträge gelten auf sehr **unterschiedliche Weise** für Arbeitnehmer. Gerade bei Unternehmensumwandlungen und Betriebsübergängen sind diese Unterschiede von erheblicher Bedeutung. Vor allem ist danach zu unterscheiden, ob Tarifverträge originär als Verbandstarifvertrag oder Firmentarifvertrag, ob sie nur durch individualrechtliche Bezugnahme in den individuell abgeschlossenen Arbeitsverträgen gelten. Weiterhin ist von Bedeutung, ob die Unternehmensumstrukturierung durch Einzelrechts- oder Gesamtrechtsnachfolge erfolgt.

37 Der Gesetzgeber hat im wesentlichen drei grundsätzliche **Lösungswege** vorgegeben, die sich vielfach überschneiden und berühren:

aa) Normative Weitergeltung

38 **Kollektivrechtliche Weitergeltung** bedeutet, dass ein Tarifvertrag auch nach einer Unternehmensumwandlung normativ gilt. Er behält damit seine unmittelbare und zwingende Wirkung gem. § 4 Abs. 1 TVG. Tritt z.B. ein neuer Rechtsträger uneinge-

---

38 EuGH 13.12.1989, NZA 1991, 283;

schränkt in die Rechtsposition des alten ein oder unterliegt er bei einem Verbandstarifvertrag denselben Tarifnormen, dann gilt der bisherige Tarifvertrag nach dem TVG unverändert weiter.

Nach Beendigung des Tarifvertrags **wirkt** er gem. § 4 Abs. 5 TVG **nach**, verliert damit jedoch nicht seine normative Wirkung. **39**

Die kollektive Weitergeltung ist bei dem Verbandstarifvertrag im Prinzip in **geringerem Umfang** gesichert als beim Firmentarifvertrag, weil der eine nur durch nicht übertragbare Mitgliedschaft gesichert ist, während der andere unmittelbar durch Selbstbindung des Unternehmens wirkt (vgl. zur normativen Weitergeltung des Verbandstarifvertrags unter II. und der des Firmentarifvertrags unter III.). **40**

bb) Einwirkungspflicht der Konzernmutter

Bei **Tarifflucht** hat die Konzernmutter auf ihre Tochterunternehmen einzuwirken und die Einhaltung tariflicher Normen durchzusetzen. Dazu verfügt sie über die erforderlichen rechtlichen Möglichkeiten (vgl. zur Einwirkungspflicht unter IV.). **41**

cc) Transformation der Tarifnormen in den Einzelarbeitsvertrag

Nach der anderen Lösung des Gesetzgebers werden tarifvertragliche Rechte in den Einzelarbeitsvertrag gem. § 613a Abs. 1 Satz 2 BGB transformiert, die danach für einen Zeitraum von einem Jahr nicht zum Nachteil der Arbeitnehmer geändert werden dürfen (vgl. zur Transformation unter V.). **42**

Diese Transformation tarifvertraglicher Normen in den Arbeitsvertrag erfolgt nur dann, wenn seine Fortgeltung nicht auf andere Weise gesichert werden kann. § 613a BGB Abs. 1 Satz 2 – 4 hat den Charakter einer **Auffangnorm**, die den Erhalt tarifvertraglicher Normen dann sichern soll, wenn dies auf andere Weise nicht möglich ist.[39] Die kollektivrechtliche Weitergeltung hat also Vorrang und steht nicht unverbunden neben der individualrechtlichen Weitergeltung von Tarifverträgen. **43**

---

39 BAG 5.2.1991, EzA § 613a BGB Nr. 93 = AiB 1991, 432;

dd) Verdrängung tarifvertraglicher Normen

44 Die Weitergeltung tarifvertraglicher Normen kann unter bestimmten Voraussetzungen durch die Geltung **anderer tarifvertraglicher Bestimmungen** beendet werden. Die entsprechende normative Grundlage bietet der § 613a Abs. 1 Satz 3 BGB (vgl. zur Verdrängung des Verbands- oder Firmentarifvertrags VI.).

b) Einzelvertragliche Bezugnahmeklauseln

45 Gilt ein Tarifvertrag kraft individualrechtlicher Bezugnahmeklausel in einem Arbeitsvertrag, dann wirken die Normen des Tarifvertrags mit dem Fortbestand des Arbeitsvertrags auch **unverändert weiter**. Diese Wirkung kann nur durch individualrechtlich wirkenden Maßnahmen (Änderungskündigung oder Änderungsvereinbarung) aufgehoben werden.

c) Schaubilder

aa) Entwicklung von Tarifverträgen

46 Die folgende Übersicht verdeutlicht die Entwicklungen, die die Geltung von Tarifverträgen nehmen kann. Die Bindung an einen Verbandstarifvertrag kann erhalten bleiben, aber auch ersetzt werden durch die Bindung an einen anderen Verbandstarifvertrag, einen Firmentarifvertrag oder auch in einem tariflosen Zustand münden, in dem Tarifverträge nicht mehr normativ, sondern allenfalls noch durch individuelle Bezugnahme gelten.

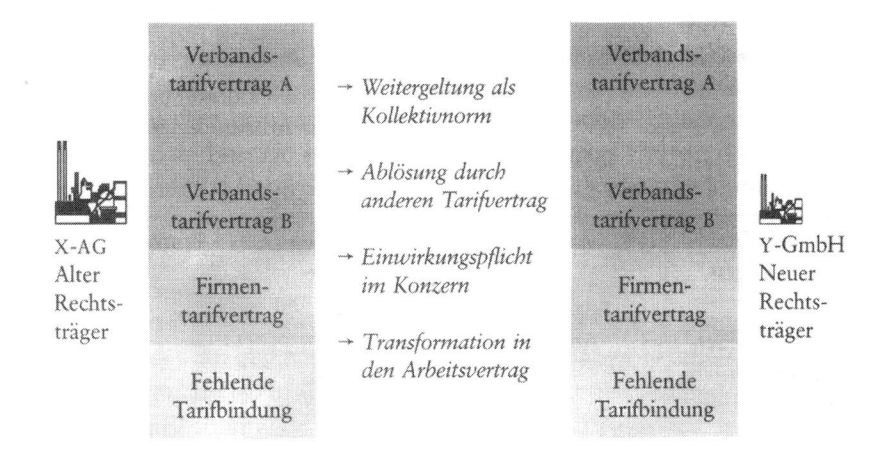

	Verbandstarifvertrag A	→ Weitergeltung als Kollektivnorm	Verbandstarifvertrag A	
X-AG Alter Rechtsträger	Verbandstarifvertrag B	→ Ablösung durch anderen Tarifvertrag	Verbandstarifvertrag B	Y-GmbH Neuer Rechtsträger
	Firmentarifvertrag	→ Einwirkungspflicht im Konzern	Firmentarifvertrag	
	Fehlende Tarifbindung	→ Transformation in den Arbeitsvertrag	Fehlende Tarifbindung	

bb) Entwicklung normativer Tarifbindung

Die weitere Übersicht stellt die Entwicklung der normativen Tarifbindung eines Arbeitgebers differenziert danach dar, ob es sich um einen Verbands- oder Firmentarifvertrag handelt, der Betrieb seine Identität verliert, der neue Arbeitgeber Mitglied des Arbeitgeberverbandes wird und ob mit dem Tarifwechsel Tarifflucht bezweckt wird.

47

Tarifgeltung beim Betriebsübergang
- Verbandstarifvertrag -

Verbandstarifvertrag
- Tarifbindung des neuen Arbeitgebers
  - Bindung an alten TV: Weitergeltung des alten TV gem. § 4 Abs. 1 TVG
  - Alleinige Bindung des AG an anderen TV: Geltung des neuen TV gem. § 613 a Abs. 1 Satz 2 **BGB**
  - Beidseitige Bindung von AG und AN an anderen TV: Geltung des neuen TV gem. § 613 a Abs. 1 Satz 3 BGB
  - Bindung an allgemeinverbindlichen TV
- Keine Tarifbindung des neuen Arbeitgebers
  - Individualrechtliche Geltung gem. § 613 a Abs. 1 Satz 2 BGB
  - Tarifflucht durch Ausgründung (im Konzern): Individualrechtliche Geltung und Einwirkungspflicht der Konzernmutter auf abh. Unternehmen (str.)

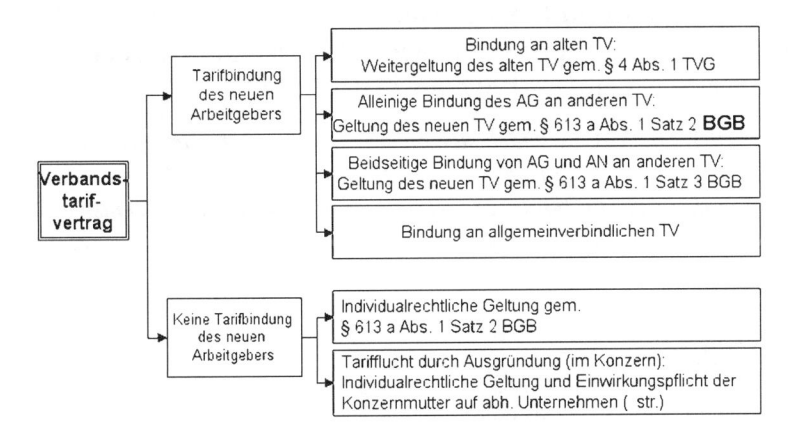

Tarifgeltung beim Betriebsübergang
- Firmentarifvertrag -

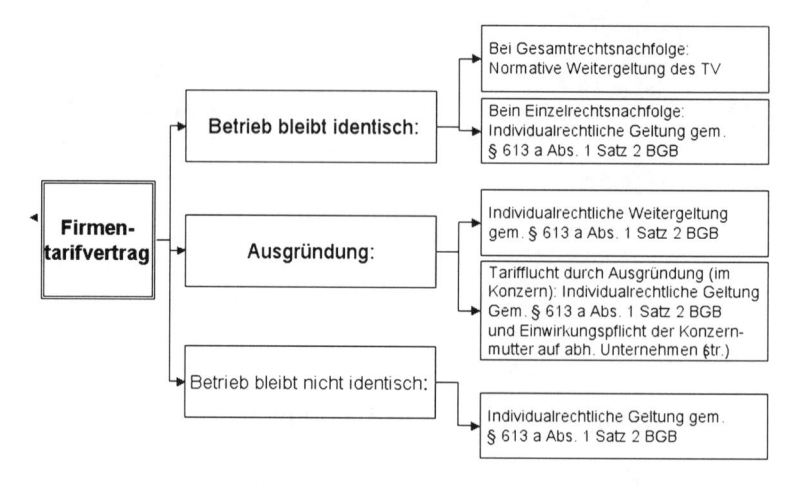

```
                              ┌─ Bei Gesamtrechtsnachfolge:
                              │  Normative Weitergeltung des TV
         ┌─ Betrieb bleibt identisch: ─┤
         │                    └─ Bein Einzelrechtsnachfolge:
         │                       Individualrechtliche Geltung gem.
         │                       § 613 a Abs. 1 Satz 2 BGB
         │
Firmen-  │                    ┌─ Individualrechtliche Weitergeltung
tarif-  ─┤                    │  gem. § 613 a Abs. 1 Satz 2 BGB
vertrag  ├─ Ausgründung: ─────┤
         │                    └─ Tarifflucht durch Ausgründung (im
         │                       Konzern): Individualrechtliche Geltung
         │                       Gem. § 613 a Abs. 1 Satz 2 BGB
         │                       und Einwirkungspflicht der Konzern-
         │                       mutter auf abh. Unternehmen (str.)
         │
         └─ Betrieb bleibt nicht identisch: ── Individualrechtliche Geltung gem.
                                               § 613 a Abs. 1 Satz 2 BGB
```

II. Normative Weitergeltung des Verbandstarifvertrags

1. Weitergeltung durch Wahrung der Identität bei Unternehmensumwandlung

48 Wahrt der Arbeitgeber bei einer Unternehmensumwandlung die Identität, dann **bleibt** mit der Verbandsmitgliedschaft auch die Tarifgeltung erhalten.[40]

49 Nur bei **bestimmten Umwandlungsformen** bleibt die Identität des Unternehmens erhalten. Dies ist insbesondere beim Formwechsel gem. §§ 190 UmwG der Fall.[41]

> **Beispiel:** *Die X-AG wandelt sich durch Formwechsel in eine GmbH. Da die Identität des bisherigen Rechtsträgers durch den Formwechsel, durch den sich die bisherige Gesellschaft nur ein neues „Rechtskleid" überwirft, nicht berührt wird, gelten die bisherigen Tarifverträge weiter.*

---

40 Willemsen/*Hohenstatt*, E 83; Henssler, FS Schaub, S. 311 [314];
41 *Däubler*, Tarifvertragsrecht, Rn. 1576;

II. Normative Weitergeltung des Verbandstarifvertrags

Bei den übrigen Umwandlungsarten kann die **Identität des** 50
Arbeitgebers für den Arbeitnehmer erhalten bleiben oder
wechseln. Entscheidend ist hierfür die Zuordnung des Arbeitsverhältnisses. Bei der Abspaltung oder der Ausgliederung kann
das Arbeitsverhältnis z.B. entweder beim bisherigen Rechtsträger fortbestehen oder auf den neuen Rechtsträger übergehen.
Diese Zuordnung hat sich am Inhalt des Arbeitsverhältnis, aber
auch an der gem. § 324 Abs. 2 UmwG getroffenen Vereinbarung
zwischen den Betriebsparteien in einem möglicherweise getroffenen Interessenausgleich zu orientieren.[42]

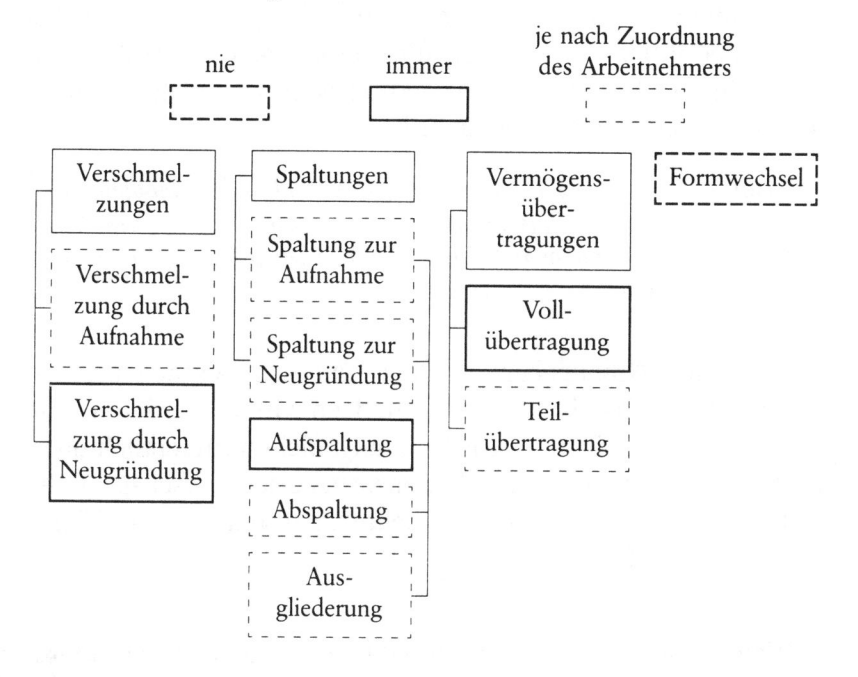

nie	immer	je nach Zuordnung des Arbeitnehmers

Verschmelzungen	Spaltungen	Vermögensübertragungen	Formwechsel
Verschmelzung durch Aufnahme	Spaltung zur Aufnahme	Vollübertragung	
Verschmelzung durch Neugründung	Spaltung zur Neugründung	Teilübertragung	
	Aufspaltung		
	Abspaltung		
	Ausgliederung		

*Bei einem Formwechsel wechselt die Identität des Arbeitgebers nie.
Bei der Verschmelzung durch Neugründung immer, bei der Spaltung
zur Aufnahme kommt es auf die Zuordnung der Arbeitnehmer zum
alten oder neuen Rechtsträger an.*

---

42 Vgl. Zuordnung von Arbeitsverhältnissen F., VI.

Trittin

2. Weitergeltung durch selbst begründete Verbandsmitgliedschaft des neuen Arbeitgebers

51 Ein Verbandstarifvertrag gilt **als Kollektivnorm** normativ weiter, wenn sowohl der alte, als auch der neue Rechtsträger dem Geltungsbereich des bisherigen Tarifvertrags unterliegen. Dies ist insbesondere der Fall, wenn der neue Rechtsträger Mitglied desselben Arbeitgeberverbandes wie der übertragende Rechtsträger war oder mit einer Umwandlung bzw. dem Betriebsübergang wird. Bei Tarifgebundenheit auch der Arbeitnehmer hat dies die unmittelbare und zwingende Fortgeltung tarifvertraglicher Rechte und Pflichten zur Folge. Eine hilfsweise Umwandlung des Tarifrechts in den Einzelarbeitsvertrag gem. § 613a BGB findet nicht statt, weil keine Schutzlücke besteht[43].

> **Beispiel:** *Die an den Tarifvertrag der Metallindustrie gebundene A-AG spaltet ihre Abteilung an die ebenfalls an den Tarifvertrag der Metallindustrie gebundene Y-GmbH ab: Die Tarifbindung bleibt unverändert erhalten.*

52 Erweckte der Arbeitgeber allerdings nur den falschen **Rechtsschein** einer Verbandsmitgliedschaft, dann wird er hierdurch nicht Mitglied. Sein Verhalten ist jedoch auch nicht tarifrechtlich unerheblich. Er hat damit einen Vertrauenstatbestand geschaffen, der ihn hindert, sich gegenüber Arbeitnehmer auf seine fehlende Tarifbindung zu berufen.[44]

3. Weitergeltung durch Satzung des Arbeitgeberverbandes

53 Die Mitgliedschaft eines Arbeitgebers im Arbeitgeberverband kann auch aufgrund der **Vereinssatzung** fortbestehen. Schreibt sie z.B. eine automatische Übernahme des Rechtsnachfolgers

---

43 Kempen/Zachert, TVG, Rn. 58; Erman/Hanau. § 613a BGB Rn. 79, MK-Schaub. § 613a BGB Rn. 95; Staudinger/Richardi, § 613a BGB Rn. 163; Joost, S. 297 ff. [317]; Däubler, RdA 1995, 136 ff.; Wank, NZA 1987, 505 ff.; B. Gaul, NZA 1995, 717 ff.; Kania, DB 1995, 625 ff.;
44 LAG Baden-Württemberg 24.10.2000, BB 2001, 257;

vor, was nach § 40 BGB zulässig wäre, dann kann sich der neue Inhaber nicht der Tarifgeltung entziehen.[45]

4. Weitergeltung durch Allgemeinverbindlichkeit gem. § 5 TVG

Ein Verbandstarifvertrag gilt **normativ auch für Nichtmitglieder**, wenn er im Einvernehmen mit einem aus je drei Vertretern der Spitzenorganisationen der Arbeitgeber und der Arbeitnehmer bestehenden Ausschuss gem. § 5 TVG für allgemeinverbindlich erklärt wurde. In diesem Fall erfassen die Rechtsnormen des Tarifvertrags auch bisher nicht durch Mitgliedschaft tarifgebundene Arbeitgeber und Arbeitnehmer. Auf diese Weise können tarifvertragliche Ansprüche auch für einen am Umwandlungsvorgang beteiligten alten und neuen Rechtsträger unabhängig von einer Verbandsmitgliedschaft maßgebend werden, wenn sie auch nach einer Unternehmensumstrukturierung in den persönlich, sachlichen und räumlichen Geltungsbereich dieses Tarifvertrags fallen. 54

5. Normative Weitergeltung gem. § 3 Abs. 1 TVG durch Übertragung der Verbandsmitgliedschaft?

a) Mitgliedschaft als nicht übertragbare, höchstpersönliche Rechtsstellung

Die **Rechtsprechung** lehnt die Übertragbarkeit der Mitgliedschaft im Arbeitgeberverband unabhängig davon ab, ob es sich um eine Umstrukturierun im Wege der Einzel- oder Gesamtrechtsnachfolge handelt. 55

aa) Einzelrechtsnachfolge

Nach der Rechtsprechung des BAG wird die Mitgliedschaft im Arbeitgeberverband bei einem Inhaberwechsel nicht automatisch auf den neuen Inhaber übertragen, weil es sich gem. § 38 BGB um ein **höchstpersönliches** und **nicht übertragbares Recht** 56

---

45 LAG Baden-Württemberg 24.10.2000, BB 2001, 257; Däubler, Tarifvertragsrecht, Rn. 1533;

handele. Auch die Mitgliedschaft einer juristischen Person in einem Arbeitgeberverband soll sich nicht bei der Rechtsnachfolgerin fortsetzen, sondern müsse von ihr neu begründet werden.[46] Jedes andere Ergebnis sei zudem mit der negativen Koalitionsfreiheit des neuen Arbeitgebers unvereinbar.[47]

bb) Gesamtrechtsnachfolge

57 Die Rechtsprechung behandelt die Mitgliedschaft im Arbeitgeberverband bei einer Übertragung im Wege der Gesamtrechtsnachfolge nicht anders als die bei einer Einzelrechtsnachfolge. Die Mitgliedschaft soll deshalb auch bei einer Unternehmensumwandlung nach dem UmwG nicht auf den neuen Arbeitgeber übergehen.[48] Das BAG hatte zwischenzeitlich für eine Gesamtrechtsnachfolge aufgrund des Einigungsvertrags die Nachwirkung eines Tarifvertrags in analoger Anwendung des § 4 Abs. 5 TVG[49] angenommen. Jetzt geht es davon aus, dass die Verbandsmitgliedschaft gem. §§ 38, 40 BGB nicht durch Universalsukzession auf den neuen Rechtsträger übergeht. Eine kollektivrechtliche Weitergeltung eines Verbandstarifvertrags bei Verschmelzung sei deshalb **ausgeschlossen**.[50]

cc) Kritik der Rechtsprechung

58 Die BAG-Rechtsprechung fand zwar ein überwiegend zustimmendes Echo[51], stieß jedoch auch auf **berechtigte Kritik**. Sie öffnet das Tor zur **Tarifflucht** durch Unternehmensumwandlung, Betriebsübergang und Outsourcing und überzeugt zumindest dann nicht, wenn es sich um juristische Personen handelt und die Um-

---

46 BAG 5.10.1993, EzA § 1 TVG Nr.9 = NZA 1994, 848; 13.7.1994, AP Nr. 14 zu TVG § 3 Verbandszugehörigkeit; NZA 1995, 479 ff.;
47 MK-*Schaub*, § 613a BGB Rn. 135; Henssler, FS Schaub, 1997, S. 311 [314]; Willemsen-*Hohenstatt*, E 66;
48 BAG 5.10.1993, EzA § 1 TVG Nr.9 = NZA 1994, 848; 13.7.1994, AP Nr. 14 zu TVG § 3 Verbandszugehörigkeit; NZA 1995, 479 ff.;
49 BAG 13.7.1994, AP Nr. 14 zu § 3 TVG Verbandszugehörigkeit, Bl. 3 R ff.;
50 BAG 24.6.1998, NZA 1998, 1346; Henssler, FS Schaub, 1997, S. 311 [314]; Boecken, Rn. 184; Hanau, ZGR 1990, S. 548 ff. [553 ff.]; Däubler, RdA 1995, 136 ff. [140]; B. Gaul, NZA 1995, 717 ff.; Palandt/Heinrichs, BGB, § 38 Rn. 3; Kittner/Zwanziger-*Bachner*, § 117, Rn. 4; Willemsen-*Hohenstatt*, E 66 und 72;
51 Lutter-*Joos*t, § 324 UmwG Rn. 17; Kallmeyer-*Willemsen*, § 324 UmwG Rn. 13;

organisationen nur deshalb erfolgt, um sich der Tarifbindung zu entziehen. Darüber hinaus hat die Rechtsprechung viele Gesichtspunkte zu wenig berücksichtigt:

- Der Hinweis auf den höchstpersönlichen Charakter und deshalb nicht übertragbare Mitgliedschaft im Arbeitgeberverband übersieht, dass ihr in Wahrheit **kein höchstpersönlicher Charakter** zukommt. Sie ist nicht mit der in sonstigen Vereinen, sondern eher mit sonstigen vertraglichen Verpflichtungen eines Unternehmens vergleichbar, in die das Unternehmen unstreitig eintritt.
- Die Rechtsprechung zum Verbandstarifvertrag zu **Wertungswidersprüchen** mit dem Firmentarifvertrag, in den der Arbeitgeber eintritt.[52]
- Eine Übertragung im Wege der **Gesamtrechtsnachfolge** ist anders als die durch Einzelrechtsnachfolge zu behandeln. Zu den gesetzlich geregelten Fällen der Gesamtrechtsnachfolge zählen vor allem die Unternehmensumwandlungen nach dem UmwG sowie der Erbfall gem. § 1922 Abs. 1 BGB.[53] In diesen Fälle der Gesamtrechtsnachfolge wird abweichend von der Rechtsprechung davon auszugehen, dass die tarifliche Geltung unmittelbar durch § 3 Abs. 1 TVG gesichert bleibt.[54]

6. Normative Weitergeltung gem. § 3 Abs. 3 TVG durch Inhaberwechsel als Verbandsaustritt ?

a) Rechtsprechung

Nach **§ 3 Abs. TVG** bleibt die Tarifgebundenheit eines Arbeitgebers so lange bestehen bleibt, bis der **Tarifvertrag endet**. Diese Vorschrift ist nach Ansicht des BAG **weder direkt noch analog** anzuwenden, weil sich der Anwendungsbereich auf den Verbandsaustritt beschränke und den Fall des Inhaberwechsels durch

59

---

52 Kempen / Zachert, § 3 TVG Rn. 38; Hennrichs, ZIP 1995, 794;
53 zur begrifflichen Abgrenzung der Einzel- von der Gesamtrechtsnachfolge vgl. oben unter B. II. 1.;
54 Kempen/Zachert, TVG, § 3 Rn. 48;

Betriebsübergang durch Einzelrechtsnachfolge oder Unternehmensumwandlung durch Gesamtrechtsnachfolge nicht umfasse. Danach sei z.B. auch die Fusion von Genossenschaften und damit eine weitere Tarifbindung durch entsprechende Anwendung des § 3 Abs. 3 TVG abzulehnen, weil die Verschmelzung einer Neugründung näher als einem Betriebsübertragung und es bestehe kein Anlass, die Verschmelzung mit dem Verbandsaustritt des Arbeitgebers gleich zu stellen.[55] Teile der Literatur schlossen sich dieser Auffassung an.[56]

b) Kritik

60 Diese **restriktive Rechtsprechung** des BAG ist zu Recht auf **Kritik** gestoßen.

61 Nach dem **Schutzzweck dieser Norm** sollen alle Umgehungsstrategien verhindert werden, damit keine Partei den Tarifvertrag zur Disposition stellen kann. Dies muss dann auch für den Inhaberwechsel bei einem Betriebsübergang oder durch Unternehmensumwandlung gelten. Die bloße Anwendung des § 613a Abs. 1 Satz 2 BGB kann die hierdurch entstehende Schutzlücke nicht ausreichend füllen. Diese Vorschrift bleibt hinter den europäischen Vorgaben der EG Richtlinie zurück.[57]

62 Bei **Unternehmensspaltungen** im Wege der Gesamtrechtsnachfolge gelte der Verbandstarifvertrag weiter, weil die wirtschaftliche Identität erhalten geblieben sei und der alte Rechtsträger bei der tariflichen Willensbildung stimmrechtsbildend mitgewirkt hätten.[58]

63 Bei **Unternehmensverschmelzungen** gelte § 3 Abs. 3 TVG nur, wenn sie zur Tarifflucht erfolge, Andernfalls würden die tarif-

---

55 BAG 28.5.1997, AP Nr. 27 zu TVG § 4 Nachwirkung; BAG 5.10.1993, AP Nr. 42 zu § 1 BetrAVG Zusatzversorgungskassen; BAG 13.11.1985, AP Nr. 46 zu § 613a BGB; BAG 4.12.1974 AP Nr. 2 zu § 3 TVG;
56 B. Gaul, NZA 1995, 719; Moll, RdA 1996, 275; Kittner/Zwanziger-Bachner, § 117, Rn. 4;
57 vgl. F. I. 5. b); EG-Richtlinie 77/187/EWG, RdA 1977, 162; Däubler, TVG, Rn. 1533 und 1577 b;
58 Kempen / Zachert, TVG, § 3 Rn. 50; Däubler, TVR, Rn. 1577 b; ders., RdA 1995, 142; Birk, ArbuR 1975, 314; Kempen, BB 1991, 2011;

vertraglichen Rechte gem. § 613a Abs. 1 Satz 2 BGB in den Arbeitsvertrag transformiert werden.[59]

7. Normative Weitergeltung als nachwirkender Tarifvertrag gem. § 4 Abs. 5 TVG?

Die **Nachwirkung** tariflicher Normen bedeutet, dass sie nach Ablauf eines Tarifvertrags durch Kündigung, Fristablauf oder auf sonstige Weise so lange fortgelten, bis sie durch eine andere Abmachung ersetzt werden. 64

a) Rechtsprechung

Das BAG lehnt die generelle Anwendung des § 4 Abs. 5 TVG ab und verneint sie auch für die Verschmelzung durch Gesamtrechtsnachfolge bei einem Tarifvertrag zur Errichtung einer **gemeinsamen Einrichtung**, wenn der Arbeitgeber nach Änderung des Betriebszwecks nicht mehr dem Geltungsbereich unterliegt und keine Beiträge an die gemeinsame Einrichtung mehr zu erbringen kann.[60] 65

Für die Gesamtrechtsnachfolge aufgrund des Einigungsvertrags hatte das BAG die Nachwirkung eines Tarifvertrags in analoger Anwendung des § 4 Abs. 5 TVG angenommen.[61] Es bejahte sie zur **Vermeidung eines tariflosen Zustands** für den Fall einer im Einigungsvertrag gesetzlich angeordneten Gesamtrechtsnachfolge, weil hier die Überbrückungsfunktion des § 4 Abs. 5 TVG wegen Wegfalls der Tarifbindung des Arbeitgebers zum Tragen komme. Bei Unternehmensumwandlungen solle § 4 Abs. 5 TVG stets zur Anwendung gelangen, wenn der übernehmende Rechtsträger nicht an einen Verbandstarifvertrag gebunden sei. 66

Das BAG wandte § 4 Abs. 5 TVG beim **Herauswachsen** eines Betriebs aus dem Geltungsbereich eines Tarifvertrags an.[62] 67

---

59 Kempen / Zachert, TVG, § 3 Rn. 50; Kempen, BB 1991, 2011;
60 BAG 26.9.1979, AP Nr. 17 zu § 613a BGB; BAG 13.11.1985, AP Nr. 46 zu § 613a BGB;
61 BAG 13.7.1994, AP Nr. 14 zu § 3 TVG Verbandszugehörigkeit, Bl. 3 R ff. = NZA 1995, 479 ff. [480]; *Joost*, S. 297 ff.[317];
62 BAG 10.12.1997, AP TVG § 3 Nr. 21;

68 In neueren Entscheidungen betonte das BAG für eine Verschmelzung im Wege der Gesamtrechtsnachfolge, dass die Verbandsmitgliedschaft nicht gem. §§ 38, 40 BGB durch Universalsukzession auf den neuen Rechtsträger übergehe. Eine **kollektivrechtliche Weitergeltung** eines Tarifvertrags bei Verschmelzung sei deshalb **ausgeschlossen**.[63]

b) Literatur

69 In der Literatur wird die analoge Anwendung des § 4 Abs. 5 TVG abgelehnt, weil **keine Gesetzeslücke** bestehe und es sich deshalb hierbei um keinen analogiefähigen Tatbestand handele. Darüber hinaus wird eingewandt, dass die Rechtsstellung des Arbeitnehmers bei analoger Anwendung des § 4 Abs. 5 TVG mit der europäischen Betriebsübergangsrichtlinie unvereinbar ist. Nach § 3 Abs. 3 dieser Richtlinie hat der neue Inhaber die in einem Kollektivvertrag vereinbarten Arbeitsbedingungen mindestens für die Dauer von einem Jahr aufrecht zu erhalten.[64] Ein gem. § 4 Abs. 5 TVG bloß nachwirkender Tarifvertrag kann jedoch jederzeit durch eine andere Abmachung ersetzt und damit auch verschlechtert werden.[65]

8. Ergebnis

70 Die analoge Anwendung des § 4 Abs. 5 TVG kann danach durch die BAG-Rechtsprechung zum höchstpersönlichen Charakter der Verbandsmitgliedschaft und die Nichtanwendung des § 3 Abs. 3 TVG bestehende Lücke nicht schließen. Sie ist durch **Anwendung des § 613a Abs. 1 Satz 2 BGB** zu füllen mit der Folge,

---

[63] BAG 24.6.1998, NZA 1998, 1346;
[64] EG-Richtlinie 77/187/EWG, RdA 1977, 162;
[65] *Henssler*, FS Schaub, 1997, S. 311 [314]; *Boecken*, Rn. 184; *Hanau*, ZGR 1990, S. 548 ff. [553 ff.]; *Däubler*, RdA 1995, 136 ff. [140]; B. Gaul, NZA 1995, 717 ff.; Palandt/*Heinrichs*, BGB, § 38 Rn. 3; Kittner/Zwanziger-*Bachner*, § 117, Rn. 4; Willemsen-*Hohenstatt*, E 66 und 72;Boecken, Rn. 186; *Löwisch/ Rieble*, Anm. zu BAG, AP Nr. 13 zu § 3 TVG; abweichend *Kempen/Zachert* § 3 Rn. 58, die Nachwirkung annehmen, wenn der Arbeitgeber den Betriebszweck mit der Übernahme entscheidend ändert;

dass tarifvertragliche Rechte nicht mehr als Kollektivrecht, sondern nur noch als transformierter Bestandteil der Einzelarbeitsverträge weiter gelten. Neu in das Unternehmen eintretende Arbeitnehmer fallen dann allerdings nicht mehr in den Schutzbereich dieser tarifvertraglichen Normen.

Beispiel: *Die X-AG ist Mitglied des Arbeitgeberverbandes, der einen Verbandstarifvertrag abgeschlossen hat, wonach die regelmäßige wöchentliche Arbeitszeit 35 Stunden beträgt. Sie gliedert ihre EDV-Abteilung an ihr Tochterunternehmen X-Daten GmbH aus, die nicht Mitglied des Verbandes ist und bei der die regelmäßige wöchentliche Arbeitszeit 40 Stunden betragen soll.*

Für die X-Daten GmbH gilt der Verbandstarifvertrag nicht unmittelbar als Kollektivnorm, weil die Mitgliedschaft nicht mit übertragen, der Tarifvertrag weder gem. § 3 Abs. 3 TVG gilt noch gem. § 4 Abs. 5 nachwirkt. Seine Normen werden jedoch gem. § 613a Abs. 1 Satz 2 BGB in die individuellen Arbeitsverträge transformiert.

III. Normative Weitergeltung des Firmentarifvertrags

1. Normative Geltung gem. § 3 TVG

a) Unternehmensbezogener Firmentarifvertrag

Nach der Rechtsprechung des BAG[66] gelten bei einem rechtsgeschäftlichen Betriebsübergang die Normen eines Firmentarifvertrags **nicht** gemäß § 4 Abs. 1 TVG **unmittelbar und zwingend weiter**. Sie werden stattdessen gemäß § 613 a Abs. 1 BGB in den Rechtsstand zum Inhalt des Arbeitsverhältnisses, wie er zum Zeitpunkt des Betriebsübergangs bestand. Dies gilt auch dann, wenn der Firmentarifvertrag durch eine sog. dynamische Blankettverweisung auf die einschlägigen Firmentarifverträge in ihrer jeweils gültigen Fassung verweist. Diese zulässige Verweisung[67] hat beim Übergang der verweisenden Klauseln in das Arbeitsverhältnis ge-

71

---

66 BAG 20.6.2001, NZA 2002, S. 517;
67 BAG 10.11.1982, BAGE 40, 327;

E. Tarifvertragliche Folgen

mäß § 613 a Abs. 1 Satz 2 BGB zur Folge, dass auch die Regelung der in Bezug genommenen Tarifnorm nur statisch weiter gilt.[68]

71a Durch die Einfügung der Sätze 2 bis 4 in § 613 a Abs. 1 BGB liegt nach Ansicht des BAG **keine ausfüllungsbedürftige Regelungslücke** mehr vor. Hierdurch sei eine Auffassungsregelung für den Fall geschaffen, dass der Betriebsübernehmer nicht an die bisher geltenden Tarifverträge gebunden ist. Die Tarifgebundenheit des Arbeitsgebers gemäß § 3 Abs. 1 TVG an den Firmentarifvertrag basiere auf seiner Stellung als Tarifvertragspartner, nicht aber auf der als Partei des Arbeitsvertrages. Es gebe keine Grundlage dafür, dass von dem Übergang der Arbeitgeberstellung gemäß § 613 a Abs. 1 Satz 1 BGB und die Stellung als Tarifvertragspartei eines Firmentarifvertrags erfasst werde. Die Auffangregelung des § 613 Abs. 1 Sätze 2 bis 4 BGB gelte ohne Unterscheidung zwischen Verbands- und Firmentarifverträgen.

72 Die Rechtsprechung des BAG, die sich zur Begründung seiner Auffassung zu Unrecht auf den überwiegenden Teil des Schrifttums beruft, **kann nicht überzeugen**. Sie entkräftet nicht die Argumente der gegenteiligen Auffassung und führt zu Weitungswidersprüchen mit den Rechtsfolgen bei der Gesamtrechtsnachfolge, bei der auch nach der Rechtsprechung des BAG richtigerweise Firmentarifverträge normativ weiter gelten[69].

72a Ebenso wie andere vertraglichen Bindungen sind auch die eines Firmentarifvertrags übertragbar. Der neue Betriebsinhaber oder Rechtsträger tritt deshalb als Arbeitgeber **automatisch** in den Tarifvertrag ein und wird **Partei des Firmentarifvertrags**. Dazu bedarf es nicht erst eines Neuabschlusses des Firmentarifvertrags mit dem neuen Inhaber.[70] Der neue Arbeitgeber tritt in

---

68 BAG 20.6.2001, NZA 2002, S. 517;
69 BAG 24.6.1998, NZA 1998, 1346; vgl. zur Unternehmensverschmelzung III, 1. a) aa) (1);
70 MK-*Schaub*, § 613a BGB Rn. 92; Lutter/Joost, § 324 UmwG Rn. 18; *Boecken*, Rn. 205; Däubler, RdA 1995, 136 ff. [140]*; Herbst*, AiB 1995, 5 ff.; B. Gaul, NZA 1995, S. 717 ff. [722]; Kempen, BB 1991, 2006 ff. [2011]; Kempen/Zachert, TVG, § 3 Rn. 57; Moll, RdA 1996, 275; a.A. *Erman/Hanau*, § 613a BGB Rn. 79; Kania, DB 1994, 529 [533]; Wank, NZA 1987, 505; *Löwisch/ Rieble*, TVG, § 2 Rn. 69;

einen Firmentarifvertrag unabhängig davon ein, ob der Übergang im Wege der **Einzel- oder Gesamtrechtsnachfolge** erfolgte. Die negative Koalitionsfreiheit des neuen Rechtsträgers steht dem nicht entgegen, da er in alle Rechte und Pflichten des alten eintritt und gegen sich gelten lassen muss unabhängig davon, ob er diese vorher kennt oder kennen könnte.[71]

Der **Vergleich mit der Betriebsvereinbarung** und der Gesamtbetriebsvereinbarung verdeutlicht die Richtigkeit dieses Ergebnisses. Gelten diese kollektiven Vereinbarungen auch bei einem Inhaberwechsel weiter, dann kann für die kollektivrechtlich vorrangigen Normen des Firmentarifvertrags nichts anderes gelten. Es wäre widersinnig und unvereinbar mit der Wertung des § 77 Abs. 3 BetrVG, wenn die normative Geltung einer Betriebsvereinbarung besser als die eines Firmentarifvertrags gesichert wäre. Der bisherige Inhaber hat die vertragliche Bindung eines Firmentarifvertrags ebenso wie die an eine Betriebsvereinbarung selbst begründet und überträgt die entsprechenden Verpflichtungen ebenso wie alle anderen vertraglichen Verpflichtungen mit dem Übergang auf den neuen Inhaber.[72] 73

Eine **betrieblich-organisatorische Kontinuität** setzt die Fortgeltung des Firmentarifvertrags nicht voraus. Jeder Betriebsübergang ist auch mit einem gewissen organisatorischen Wandel verbunden, der an der Tarifgeltung nichts ändert.[73] 74

Der kollektivrechtlichen Fortgeltung des Firmentarifvertrags steht § **613 a Abs. 1 Satz 2 BGB** nicht entgegen, weil es sich hierbei um einen **Auffangtatbestand** handelt für den Fall, dass die kollektivrechtliche Weitergeltung nicht auf andere Weise gesichert werden kann (vgl. unten V, 1., b)). 75

In der **Literatur** wird die normative Fortgeltung des Firmentarifvertrags teilweise unterschiedlich danach beantwortet, ob es sich um eine Übertragung im Wege der Gesamt- oder Einzelrechts- 76

---

71 *Gamillscheg*, Kollektives Arbeitsrecht I, S. 778; *Kempen/Zachert*, § 3 TVG Rn. 57; *Däubler*, TVR, Rn. 1534; *Moll*, RdA 1996, 275; Kittner/Zwanziger – *Bachner*, § 117 Rn. 5; a.A. *Hergenröder*, AR Blattei (SD) 500.1 Rn. 545 ff.; Willemsen/*Hohenstatt*, Rn. E 69;
72 Staudinger-*Richardi*, § 613a BGB Rn. 163; Wiedemann-*Stumpf*, § 3 TVG Rn. 73;
73 *Däubler*, TVR, Rn. 1534; a.A. Willemsen-*Hohenstatt*, E 68;

nachfolge handelt und eine Gesamtrechtsnachfolge empfohlen, wenn eine normative Weitergeltung des Firmentarifverttrags angestrebt wird.[74]

77 Nach richtiger und überwiegend vertretener Auffassung geht ein Firmentarifvertrag bei einer vermögensübertragenden Unternehmensumwandlung nach dem UmwG **grundsätzlich auf den neuen Rechtsträger** über.[75]

78 Teilweise wird die kollektivrechtliche Fortgeltung von Firmentarifverträgen bei der Gesamtrechtsnachfolge verneint, weil dies die **negative Koalitionsfreiheit** widerspreche und der Gesetzgeber eine Transformation in den Einzelarbeitsvertrag gem. § 324 UmwG i.V.m. § 613a BGB gewollt habe.[76] Diese Einwände sind jedoch schon deshalb unzutreffend, weil die negative Koalitionsfreiheit des Arbeitgebers allenfalls vor einer ungewollten Verbandsmitgliedschaft schützt, nicht jedoch vor mit der Betriebsübernahme zusammenhängenden Verbindlichkeiten.[77] Sie verkennen weiterhin die Funktion des § 613a BGB als Auffangnorm, die keineswegs andere primär geltende Schutznormen verdrängt.[78]

aa) Gesamtrechtsnachfolge

79 Die Unternehmensumwandlung nach dem UmwG **bewirkt** bei der Verschmelzung gem. § 20 Abs. 1 Nr. 1 und 2 UmwG und bei der Spaltung gem. § 131 Abs. 1 Nr. 1 UmwG die (partielle) Universalsukzession des alten auf den neuen Rechtsträger.

---

74 Willemsen/*Hohenstatt*, Rn. E 75;
75 BAG 24.6.1998, NZA 1998, 1346 für die Unternehmensverschmelzung; Lutter-*Joost*. § 324 UmwG Rn. 18; Willemsen-*Hohenstatt*, E 73; Däubler, RdA 1995, 136 [140], Bachner, NJW 1995, 2881 [2882]; *Kempen/Zachert*, § 3 TVG Rn. 57; Wiedemann-*Oetker*, § 3 TVG Rn. 153; vgl. auch unten zur Unternehmensverschmelzung;
76 *Kreßel, BB* 1995, 925 [930]; *Gussen/Dauck*, Die Weitergeltung von Betriebsvereinbarungen und Tarifverträgen bei Betriebsübergang und Umwandlung, Rn. 367 ff.; Gaul, NZA 1995, 717 [722 f.];
77 Willemsen-*Hohenstatt*, E 75; Boecken, Rn. 204; Lutter-*Joost*, § 324 UmwG Rn. 18;
78 BAG 24.6.1998, NZA 1998, 1346; Willemsen-*Hohenstatt*, E 75;

III. Normative Weitergeltung des Firmentarifvertrags

Hierfür ist keine Zuweisung dieser Rechtsstellung im **Spaltungs- und Übernahmevertrag bzw. Spaltungsplan** erforderlich, bei denen es sich lediglich um Vereinbarungen unter den Eigentümern handelt. Sie haben für Arbeitnehmer hinsichtlich der kollektivrechtlichen Fortgeltung des Tarifvertrags nur deklaratorischen Charakter und können selbst nicht vorhandene Rechte der Arbeitnehmer weder beseitigen noch begründen.[79]

80

Eine Unternehmensumwandlung lässt die Geltung des Firmentarifvertrags unverändert bestehen. Durch die Gesamtrechtsnachfolge tritt der neue Rechtsträger **ungeschmälert** in die Rechtsstellung des alten Arbeitgebers ein.[80]

81

Eine **Ausnahme** wird nur für den seltenen Fall angenommen, dass eine Umwandlung den **arbeitstechnischen Zweck** eines Unternehmens **völlig verändert** und nicht mehr als abgrenzbare Organisationseinheit übergeht mit der Folge, dass § 613a BGB als Auffangnorm zur Anwendung gelange.[81]

82

Einer besonderen **Zustimmung der Gewerkschaft** als Vertragspartner bedarf es auch bei der Gesamtrechtsnachfolge nach dem UmwG nicht, da der Gesetzgeber dem Gläubigerschutz ausreichend Rechnung getragen hat.[82]

83

(1) Unternehmensverschmelzung

Bei der **Verschmelzung** nach dem UmwG tritt der übernehmende oder neu gegründete Rechtsträger in die Stellung der bisherigen Vertragspartei eines Firmentarifvertrags ein. Diese Konstellation ist Ausgangspunkt der folgenden Überlegungen.

84

---

79 Kittner/Zwanziger-*Bachner*, § 117 Rn. 8; a.A.*Willemsen /Hohenstatt*, Rn. E 80; *Boecken*, Rn. 206, wonach die Stellung als Vertragspartei des Firmentarifvertrags ohne dieses Spaltungsrechtsgeschäft bei dem übertragenden Rechtsträger verbleibt;

80 BAG 24.6.1998, NZA 1998, 1346; Lutter-*Joost*, § 324 UmwG Rn. 18; Willemsen-*Hohenstatt*, E 73; *Däubler*, RdA 1995, 136 [140], Bachner, NJW 1995, 2881 [2882]; *Kempen/Zachert*, § 3 TVG Rn. 57; Wiedemann-*Oetker*, § 3 TVG Rn. 153; *Kempen/Zachert*, TVG, § Rn. 43, 51, 57; *Däubler*, TVR, Rn. 1571; ders. RdA 1995, 140 [142]; *Kempen*, BB 1991, 2011; *Wiedemann/Stumpf*. § 3 Rn. 73;

81 *Kempen/Zachert*, TVG, Rn. 51;

82 *Boecken*, Rn. 203;

85 Der **übernehmende Rechtsträger** übernimmt also im Wege der Gesamtrechtsnachfolge den abgeschlossenen Firmentarifvertrag und wird selbst Tarifvertragspartei des geltenden Firmentarifvertrags, der als Verbindlichkeit zum Vermögen des übertragenden Rechtsträgers zählt.[83]

86 Der Eintritt des neuen Rechtsträgers in einen Firmentarifvertrag ist **deshalb nicht pauschal abzulehnen,** weil sein Geltungsbereich sich ausweiten oder mit dem eines anderen Tarifvertrags kollidieren könnte. Es lassen sich vielmehr differenzierte Lösungen finden, die eine normative Weitergeltung ermöglichen[84]. Der Grundsatz der Tarifeinheit ist im übrigen bei Kollisionen einschränkend anzuwenden.[85]

– **Ausdehnung des Geltungsbereichs?**

87 Der Eintritt des neuen Rechtsträgers in die Stellung des alten führt **nicht** zwangsläufig zu einer **Ausdehnung des Geltungsbereichs** dieses Firmentarifvertrags um die weiteren beim neuen Rechtsträger beschäftigten Arbeitnehmer. Der Firmentarifvertrag erfaßt i.d.R. nur die auf den neuen Rechtsträger übergegangenen Arbeitsverhältnisse.

88 Der **Geltungsbereich eines Firmentarifvertrages** muss nicht zwangsläufig alle Betriebe eines Unternehmens erfassen, sondern kann differenziert ausgestaltet sein. Normalerweise dachten in der Vergangenheit die Parteien eines Firmentarifvertrags nicht an Umwandlungsfälle und Betriebsübergänge. Sie wollen vielmehr für die spezifischen Bedürfnisse der jeweiligen Rechtsträger adäquate Regelungen treffen. Deshalb ist grundsätzlich nicht davon auszugehen, dass sich ein solcher Firmentarifvertrag nach einer Verschmelzung auf die übrigen Teile des neuen Rechtsträgers **erstreckt.** Es besteht **Tarifpluralität.**[86] Für die

---

[83] BAG 24.6.1998, AP Nr. 1 zu § 20 UmwG = NZA 1998, 1346; *Bachner* NJW 1995, 2881; Willemsen/*Hohenstatt,* Rn. E 73; *Däubler,* RdA 1995, 136 ff. [140]; *Bachner,* NJW 1995, 2881 ff. [2882]; *Herbst,* AiB 1991, 5 ff. [11];
[84] A.A. *Hanau,* ZGR 1990, 548 [554]; *B. Gaul,* NZA 1995, 717 [722 ff.];
[85] Vgl. zur Kollision tarifvertraglicher Normen unter 3.;
[86] *Däubler,* Tarifvertragrecht, Rn. 1573 f.; ders., RdA 1995, 140; *Kempen/Zachert,* TVG, § 3Rn. 51; *Kunze,* RdA 1976, 33; *Neumann,* DB 1960, 60; *Quander,* Betriebsinhaberwechsel, S. 279; a.A. B. *Gaul,* NZA 1995, 722 f.;

Anwendung des § 613a BGB i.V.m. § 324 UmwG als Auffangregelung besteht deshalb kein Anlass.[87]

– Kollision mit Firmentarifvertrag

Gilt beim aufnehmenden Rechtsträger ein Firmentarifvertrag, dann bestehen **beide Tarifverträge nebeneinander**. Da ein Firmentarifvertrag i.d.R. nicht auf Ausdehnung des Geltungsbereichs auf andere Betriebe angelegt ist, erstreckt er sich nach der Verschmelzung nicht auf die neuen Unternehmensteile. Die Verhältnisse im aufgenommenen Unternehmensteil unterscheiden sich regelmäßig von denen im bereits vorhandenen. Es besteht deshalb beim neuen Rechtsträger keine Tarifkonkurrenz, sondern Tarifpluralität.[88] Sind unterschiedliche Gewerkschaften Tarifvertragsparteien, dann schadet dies nicht. Das BAG hat tarifrechtlich keine Einwände, wenn in einem Unternehmen mit verschiedenen Gewerkschaften abgeschlossene Firmentarifverträge für jeweils unterschiedliche Betriebe des Arbeitgebers gelten.[89] Werden die betrieblichen Einheiten nach der Verschmelzung aufgelöst oder selbst miteinander verbunden, dann verändert sich die Grundlage der Firmentarifverträge. Auch dann wird ihr Inhalt nicht gem. § 613a BGB in den Arbeitsvertrag transformiert, sondern sie gelten normativ weiter.[90]

89

– Kollision mit Verbandstarifvertrag

Ist der übernehmende Rechtsträger an einen Verbandstarifvertrag gebunden, gilt im Prinzip nichts anderes. Insbesondere ist der Grundsatz der Tarifeinheit nicht anzuwenden, wonach nur der Firmentarifvertrag für die übernommenen Arbeitsverhältnisse maßgebend ist, weil er im Vergleich mit dem Verbandstarifvertrag den stärkeren Bezug zu den Arbeitnehmern aufweise.[91] Sind sowohl

90

---

87 *Kempen/Zachert*, TVG § 3 Rn. 51; *Däubler*, RdA 1995, 140; *B. Gaul*, NZA 1995, 722 f.;
88 Däubler, Tarifvertragsrecht, Rn. 1574; *Quander,* Betriesinhaberwechsel, S. 279;
89 BAG 25.9.1996, AP Nr. 10 zu § 2 TVG Tarifzuständigkeit = DB 1997, 2122; a.A. Willemsen / *Hohenstatt*, E 76;
90 Nach Willemsen/*Hohenstatt*, E 76, wirken die Tarifverträge gem. § 4 Abs. 5 TVG nach;
91 *Boecken,* Rn. 205; MünchArbR / *Löwisch,* § 269 Rn. 33;

Firmen- als auch Verbandstarifvertrag von derselben Gewerkschaft abgeschlossen, dann soll **Tarifkonkurrenz** bestehen und der Firmentarifvertrag als der speziellere Vorrang haben.[92]

(2) Unternehmensspaltung

91 Bei der Unternehmensspaltung ist der Übergang der Rechtsstellung als Vertragspartei eines Firmentarifvertrags bei **allen Spaltungsformen** unabhängig davon möglich, ob es sich um eine Spaltung zur Aufnahme gem. §§ 126 ff. UmwG oder zur Neugründung gem. §§ 135 ff. UmwG handelt.

92 Wie bei der Verschmelzung **geht** auch bei einer Unternehmensspaltung des übertragenden Rechtsträgers die Parteistellung auf die übernehmenden Rechtsträger bzw. neu gegründeten Rechtsträger **über**.

93 Die bei einer Unternehmensspaltung aufnehmenden Rechtsträger **treten in bestehende Firmentarifverträge ein**.[93]

94 Geht die Stellung als Vertragspartei des Firmentarifvertrags auf einen anderen Rechtsträger über, dann ändert sich an der Tarifgebundenheit des übertragenden Rechtsträgers bis zum vereinbarten Beendigungszeitpunkt des Tarifvertrags nichts. Ob der alte Rechtsträger hierbei – wie bei der Abspaltung und Ausgliederung – noch fortbesteht oder – wie bei der Aufspaltung – untergeht, ist unerheblich. Auch bei der Ausgliederung gilt deshalb der Firmentarifvertrag **normativ gem. § 3 TVG weiter** und sein Inhalt wird nicht in den Einzelarbeitsvertrag gem. § 613a Abs. 1 Satz 2 BGB transformiert mit der Möglichkeit, sie durch die Normen eines anderen bei dem übernehmenden Rechtsträger geltenden Tarifvertrag abzulösen.[94]

95 Es kommt nicht darauf an, ob die Übertragung der Tarifbindung dem Inhalt des Spaltungsvertrags bzw. des Spaltungsplans entspricht, da es sich hierbei um **Vereinbarungen der Gesell-**

---

92 Willemsen/*Hohenstatt*, Rn. E 77; *Boecken*, Rn. 205;
93 *Däubler*, RdA 1995, 136 [142]; *Kempen/Zachert*, TVG, § 3 TVG Rn. 156; MünchArbR-*Löwisch*, § 248 Rn. 48; a.A. Willemsen-*Hohenstatt*, E 80; *Boecken*, Rn. 207; *Wiedemann-Oetker*, § 3 TVG Rn. 146;
94 So aber Willemsen/*Hohenstätt*, E 81;

schafter handelt ohne jede rechtsbegründende oder – vernichtende Wirkung für Arbeitnehmer.[95]

Der Anwendung des § 3 Abs. 3 TVG bei Unternehmensspaltungen steht die **Entscheidung des BAG** vom 5.10.1993[96] nicht entgegen. Ihr lag der **besonders gelagerte Sachverhalt** zu Grunde, der sich auf die Verschmelzung zweier Genossenschaften bezog, bei der es eine entsprechende Anwendung des § 3 Abs. 3 TVG ablehnte nur deshalb, weil die rechtliche und wirtschaftliche Existenz der übertragenden Genossenschaften als Folge der Verschmelzung endete. Zumindest bei der Abspaltung und Ausgliederung ist dies nicht der Fall. **96**

bb) Einzelrechtsnachfolge

Bei einer Umstrukturierung des Unternehmens mit Betriebs(teil-)übergang tritt der **neue Inhaber** als Arbeitgeber an die Stelle des früheren Arbeitgebers und wird **selbst Tarifvertragspartei**. Für die Anwendung des § 613a BGB als Auffangnorm besteht insofern kein Anlass.[97] Es gilt insofern nichts anderes, als bei einer entsprechenden Umstrukturierung im Wege der Gesamtrechtsnachfolge, so dass zu den Voraussetzungen und Rechtsfolgen einer Umstrukturierung auf die obigen Ausführungen verwiesen werden kann. **97**

cc) Anwachsung gem. § 738 Abs. 1 Satz 1 BGB

Unter **Anwachsung** wird gem. **§ 738 Abs. 1 Satz 1 BGB** eine besondere Form der Unternehmensverschmelzung verstanden, bei der durch Ausscheiden eines Gesellschafters aus einer Gesellschaft bürgerlichen Rechts (GbR) der entsprechende Anteil am Gesellschaftsvermögen den übrigen Gesellschaftern im **98**

---

95 Kittner/Zwanziger-*Bachner*, § 117, Rn. 7; a.A. Willemsen-*Hohenstätt*, E 80;
96 BAG 5.10.1993, 3 AZR 586/92; *Boecken*, Rn. 208; *Kempen*, BB 1991, 2006 ff. [2011];
97 *Kempen/Zachert*, TVG, § 3 Rn. 57, die allerdings eine Ausnahme nur für den Fall zulassen wollen, dass der neue Arbeitgeber den Betriebszweck und die Arbeitsplätze „entscheidend verändert" und sie damit dem tariflichen Geltungsbereich entzieht. In diesem Fall wirke der Tarifvertrag allerdings gem. § 4 Abs. 5 TVG nach;

E. Tarifvertragliche Folgen

Wege der Gesamtrechtsnachfolge „zuwächst". Dies gilt gem. § 105 Abs. 3 HGB auch für die offenen Handelsgesellschaft.[98]

99 Das **Umwandlungsgesetz** findet auf diese Form der Verschmelzung keine Anwendung. Es handelt sich um eine gesetzliche geregelte Verschmelzung, die nach § 1 Absatz 2 UmwG auch neben den im UmwG normierten Verschmelzungsformen zulässig ist. In der für den Formwechsel geltenden Vorschrift des § 190 Abs. 2 UmwG, wonach die Regeln des bürgerlichen Rechts und des Handelsrechts durch das UmwG nicht berührt werden, ein allgemeiner auch für die Verschmelzung geltender Grundsatz erkannt.[99]

100 Damit stellt sich die Frage, welche **Schutznormen** die Rechte der Arbeitnehmer bei der Anwachsung sichern. Das ist deshalb problematisch, weil die Rechtsprechung des BAG die Anwendung des § 613a BGB bei der Gesamtrechtsnachfolge ausgeschlossen hat. Es handelte sich danach um keinen Inhaberwechsel „durch Rechtsgeschäft", sondern kraft Gesetzes (vgl. zum Anwendungsbereich des § 613a BGB unter V., 1., a).[100] Die Anwachsung gewinnt ihre arbeitsrechtliche Bedeutung in der Praxis gerade dadurch, dass Konzerne diese vermeintliche Lücke bei Umstrukturierungen zur Beseitigung tarifvertraglicher Rechte nutzen.

101 Richtigerweise ist jedoch **§ 613a BGB** generell auch bei der Gesamtrechtsnachfolge **direkt**, zumindest aber **analog anzuwenden**. Deshalb sichert § 613a BGB auch bei der Anwachsung die Rechte der Arbeitnehmer. Ihre tariflichen Ansprüche werden deshalb gem. § 613a Absatz 1 Sätze 2 – 4 BGB in den **Arbeitsvertrag transformiert**.[101]

---

98 *Trittin*, AiB 2000, S. 6 ff.; Willemsen/*Seibt*, Umstrukturierung, F 89; vgl. auch unter B, I., 3.;
99 *Kallmeyer*, UmwG, § 1 Rn. 23;Willemsen/*Seibt*, Umstrukturierung, Rn. F 89;
100 BAG 7.9.1995, EzA § 613a BGB Nr. 136; 25.2.1981, AP Nr. 24 zu § 613a BGB;
101 *Trittin,* AiB 2000, S. 6 ff.;

b) Betrieblicher Tarifvertrag

aa) Verkauf des Betriebs

Erstreckt sich der Geltungsbereich eines Firmentarifvertrags nur auf einen Betrieb des Unternehmens, dann kann dieser **Betrieb** als die eigentliche **Vertragspartei** angesehen werden. Wird er in seiner Gesamtheit im Wege der Einzel- oder Gesamtrechtsnachfolge übertragen, dann gilt der Firmentarifvertrag kollektivrechtlich weiter. Die negative Koalitionsfreiheit des neuen Rechtsträgers steht dem nicht entgegen, da er in die Rechte und Pflichten des alten eintritt unabhängig davon, ob er sie kennt oder kennen könnte.[102]

bb) Spaltung des Betriebs

Wird nur ein **Betriebsteil** veräußert, dann gilt der betriebliche Firmentarifvertrag im verbliebenen Teil weiter, weil er nicht an eine bestimmte Betriebsgröße gebunden ist. Werden bei einer Betriebsspaltung die veräußerten Einheiten als selbstständige Betriebe erhalten, dann **gilt** der Firmentarifvertrag **mehrgliedrig** für die verschiedenen Betriebe. Bei organisatorischer Auflösung der einzelnen Einheiten wird der Haustarifvertrag gegenstandslos und wirkt nur individualrechtlich weiter.[103]

2. Normative Geltung durch Nachwirkung gem. § 4 Abs. 5 TVG

Scheidet eine Weitergeltung des Firmentarifvertrags nach § 3 TVG aus, dann kommt zumindest seine **Nachwirkung** gem. § 4 Abs. 5 TVG in Betracht.[104] Hiergegen wird zu Unrecht eingewandt, dass die Transformation in den Einzelarbeitsvertrag gem. § 613a Abs. 1 BGB Vorrang vor der kollektivrechtlichen

---

102 *Gamillscheg*, Kollektives Arbeitsrecht I, S. 778; *Kempen/Zachert*, § 3 TVG Rn. 57; *Däubler*, TVR, Rn. 1534; *Moll*, RdA 1996, 275; Kittner / Zwanziger-*Bachner*, § 117 Rn. 5; a.A. *Hergenröder*, AR Blattei (SD) 500.1 Rn. 545 ff.; Willemsen/*Hohenstatt*, Rn. E 69;
103 MK-Schaub, § 613a BGB Rn. 92; Berscheid, S. 242;
104 MüKo-Schaub, § 613a BGB Rn. 133;

Weitergeltung habe.[105] Diese Auffassung verkehrt das Rangverhältnis im Verhältnis dieser Normen und verkennt die Auffangfunktion des § 613a BGB.

105 Gegen die **Nachwirkung** spricht, dass tarifliche Normen bereits vor Ablauf der Jahresfrist verschlechtert werden können und damit nicht den europarechtlichen Vorgaben genügt. Es gelten die gleichen Einwände wie gegen eine nur nachwirkende Geltung von Verbandstarifvertägen.[106]

3. Ergebnis

106 Die Weitergeltung des Firmentarifvertrags ist bei Umwandlung und Betriebsübergang umstritten, aber aufgrund der von den jeweiligen Unternehmen selbst begründeten Bindung bei Unternehmensumwandlung und Betriebsübergang **besser** als die des Verbandstarifvertrags **gesichert**.

> **Beispiel** *(Fortführung des Beispiels von II., 6. zum Verbandstarifvertrag):* Y-AG hat einen Firmentarifvertrag abgeschlossen, wonach die regelmäßige Arbeitszeit 35 Stunden beträgt. Sie gliedert ihre EDV-Abteilung an ihr Tochterunternehmen X-Daten GmbH aus, die an keinen Tarifvertrag gebunden ist.
>
> *Der Firmentarifvertrag gilt auch normativ für das Tochterunternehmen.*

IV. Einwirkungspflicht bei Tarifflucht im Konzern

107 Der Tarifvertrag kann auch dann Rechtswirkungen entfalten, wenn ein Arbeitgeber nicht selbst normativ an ihn gebunden ist. Dies hat das BAG für den Fall einer **Tarifflucht** innerhalb eines **Konzerns** angenommen.

---

105 Willemsen-Hohenstatt, E 70; Henssler, ZfA 1998, 517;
106 Vgl. F. II. 1. c);

1. Konzern und Tarifvertrag

Der **Konzern** ist die Verbindung mehrerer Unternehmen unter der einheitlichen Leitung des herrschenden Unternehmens.[107]

Der Abschluss eines **Konzerntarifvertrags** ist **zulässig** und erfordert auf Seiten des Arbeitgebers keinen Verband. Das herrschende Unternehmen selbst ist tariffähig und kann für die bei sich beschäftigten Arbeitnehmer, aber vor allem auch für die **Mitarbeiter der abhängigen Konzernunternehmen** Tarifverträge verbindlich abschließen.[108] Dies bedeutet weder eine „konzernrechtliche Einheitslösung",[109] noch eine automatische „Projektion" der Tarifbindung[110], wohl aber, dass das herrschende sich selbst und Tochterunternehmen tarifvertraglich binden kann. Eine Komplementär-GmbH kann nach der Rechtsprechung für eine GmbH & Co. KG durch ihre Mitgliedschaft im Arbeitgeberverband eine Tarifbindung begründen, wenn sie die Mitgliedschaft allein im Interesse und mit Billigung der KG begründete.[111]

Im Konzern sind **Solidaritätsstreiks** zulässig, weil den Arbeitnehmern eine einheitliche Planungs-, Führungs- und Organisationsstruktur gegenüber steht.[112]

2. Einwirkungspflicht des herrschenden Unternehmens

Im Konzern besteht bei einer Ausgliederung für das tarifgebundene Mutterunternehmen eine **Einwirkungspflicht** auf ihre tariffreie Tochter, wenn die Ausgliederung zum Zwecke der Tarifflucht erfolgt. Der nicht einfache Nachweis angestrebter Ziele mindert nicht die Bedeutung dieser Pflicht.[113]

---

107 Vgl. zum Konzernbegriff gem. §§ 17, 18 AktG: B, I., 1. und DKK-Trittin, BetrVG, vor § 54 Rn. 1 ff;
108 DKK-*Trittin*, BetrVG, vor § 54 Rn. 117; *Däubler*, Tarifvertragsrecht, Rn. 79; a.A. *Kempen/Zachert*, § 3 Rn. 8; *Wiedemann*, TVG, Rn. 42; *Windbichler*, RdA 1999, 146;
109 *Wiedemann*, FS Fleck, 1988, S. 447 [451];
110 *Moll*, RdA 1996,275 [285];
111 BAG 4.5.1984, DB 1994, 2299;
112 *Däubler*, CR 1988, 834; *Theisen,* Der Konzern, S. 256;
113 A.A. Wellenhofer-Klein, ZfA 1999, 239 [269];

E. Tarifvertragliche Folgen

a) BAG Urteil zum Haustarifvertrag des Goethe-Instituts e.V.

112 Eine Einwirkungspflicht hat die Rechtsprechung für den weltweit gültigen Haustarifvertrag des **„Goethe-Instituts"** angenommen.[114] Es wollte in dem zugrunde liegenden Fall die Löhne für deutsche Ortskräfte in Mexiko denen der mexikanischen Ortskräfte angleichen, da die unterschiedliche Behandlung gegen den Gleichbehandlungsgrundsatz nach mexikanischem Recht verstoße. Dazu hob es die Arbeitsverhältnisse der deutschen Arbeitnehmer auf und begründete sie neu mit einer mexikanischen Tochter des Goethe-Instituts e.V. zu „nach unten angeglichenen Bedingungen". Dieses Unternehmen war weder Partei des Firmentarifvertrags noch Mitglied eines entsprechenden Arbeitgeberverbandes.

113 Auf die Klage der betroffenen Gewerkschaft verneinte das BAG ein eigene Durchführungspflicht der Tochtergesellschaft, nahm aber eine Einwirkungspflicht des tarifgebundenen Goethe-Instituts an. Aufgrund der tarifvertraglichen Dauerrechtsbeziehung sei das Unternehmen verpflichtet, **alles** zu **unterlassen**, wodurch die tarifvertraglichen **Regelungen leerlaufen** könnten". Das Unternehmen dürfe die Flucht aus dem Tarifvertrag nicht fördern und sei deshalb verpflichtet, auf die Tochtergesellschaft einzuwirken und es zur Einhaltung des Tarifvertrags anzuhalten.

b) Zustimmung und Kritik in der Literatur

114 Die Entscheidung des BAG ist überwiegend auf Zustimmung,[115] aber auch auf Kritik[116] gestoßen. Die gegen die Entscheidung des BAG erhobene Kritik kann nicht überzeugen:

---

114 BAG 11.9.1991, BB 1991, 2390 = EzA Nr. 1 zu § 1 TVG Durchführungspflicht = AP Internationales Privatrecht Arbeitsrecht Nr. 29; vgl. auch *Riesenhuber*, BB 1993, 1001; *Trittin*, AiB 1994, 12;

115 *Henssler*, FS Schaub, S. 311 [328]; ders., ZfA 1998, 517 [540]; *Kempen/Zachert*, § 2 TVG Rn. 74; *Däubler*, TVR, Rn. 81;

116 *Buchner*, DB 1992, 572; *Willemsen/Hohenstatt*, E 71; *Dütz/Rötter* in AP Nr. 29 zu Internationales Privatrecht Arbeitsrecht; Löwisch/Rieble, § 2 TVG Rn. 59; *Heinze*, DB 1997, 2122, 2124 f.]; Moll, RdA 1996, 275, [285];

115 – Die Tatsache, dass es sich um ein ausländisches Tochterunternehmen handelt, ist tarifrechtlich unerheblich und kann nicht gegen das Urteil eingewandt werden.

116 Es wird kritisiert, dass das Verhalten einer Konzerntochter nicht dem Mutterunternehmen zugerechnet werden könne.[117] Dies widerspreche dem Grundgedanken des Arbeitsrechts, wonach sich arbeitsvertragliche Pflichten und Rechte über den direkten Arbeitgeber hinausgehen, wenn der Konzern wie ein einheitliches Unternehmen geführt wird. Je zentraler die Entscheidungen getroffen werden, desto eher ist von einem Vertragsverhältnis mit konzerndimensionaler Schutzwirkung auszugehen.[118]

117 Der **Stellenwert** der BAG – Entscheidung kann nicht dadurch relativiert werden, dass die Einwirkungspflicht nur deshalb vom BAG „konstruiert" wurde, weil es sich um die einzige Möglichkeit handelte, die betroffenen Arbeitnehmer einen Anspruch zuzusprechen, da § 613a Abs. 1 Satz 2 BGB in Mexiko keine Anwendung fand.[119]

118 Diese Argumentation verkennt, dass es sich bei der Einwirkungspflicht um ein im Tarifrecht entwickeltes **Rechtsinstitut** handelt. Sie stellt zudem das Verhältnis zwischen TVG und § 613a BGB auf den Kopf, denn nicht das TVG ist ein Auffanggesetz bei Nichtanwendung des § 613a BGB, sondern umgekehrt § 613a BGB füllt die Lücke, wenn das TVG die Geltung tariflicher Normen nicht sichern kann.

3. Einwirkungspflicht auch bei Flucht aus Verbandstarifvertrag?

119 Die Entscheidung des BAG bedeutet, dass die Rechtsordnung **Umstrukturierungen**, **Unternehmensumwandlungen** und **Betriebs-(teil-)übergänge** nicht billigt, die zum Zwecke der Tarif-

---

117 *Löwisch/Rieble*, § 2 TVG, Rn 59; Heinze, DB 1997, 2122 [2124 f.]; Willemsen/*Hohenstatt*, E 71;
118 DDK-*Trittin*, BetrVG, vor § 54 Rn. 98 ff. zum Konzernarbeitsrecht;
119 Willemsen/*Hohenstatt*, E 71;

flucht betrieben werden. Diese Maßnahmen sind tarifrechtlich neutral durchzuführen.[120]

120 Die in dieser Entscheidung für eine Haustarifvertrag entwickelten Grundsätze können auf den **Verbandstarifvertrag** übertragen werden[121], da es um die Pflicht zur Einhaltung vertraglicher Pflichten geht, die unabhängig von der Art des Tarifvertrags besteht. Auch die spezifischen Besonderheiten der Goethe-Instituts-Entscheidung ebenso wenig wie bei anderen Gerichtsentscheidungen gegen eine Übertragung auf andere Sachverhalte. Nicht nur bei Abschluss eines Firmentarifvertrags ist es treuwidrig, zunächst einen Firmentarifvertrag abzuschließen, um sich dann durch Neugründung eines Tochterunternehmens die Konsequenzen zu unterlaufen.[122] Die Grundsätze von Treu und Glauben und der des „venire contra factum proprium" gelten auch für Verbandstarifverträge.[123] Diese Konsequenz ist sicherlich für Arbeitgeber immer wieder unbequem, aber dennoch gerade dann bedeutsam, wenn Tarifflucht unter Hinweis auf die wirtschaftlichen Anforderungen die neuen globaler Märkte bereits zur Normalität erklärt wird.[124]

4. Ergebnis

121 Gliedert ein tarifgebundenes Unternehmen bestimmte Bereiche aus, um sich der Tarifbindung zu entziehen, dann verstößt dieses Verhalten gegen die Pflicht der Konzernmutter, die von ihr begründeten tarifvertraglichen Normen durchzuführen. Dies gilt zunächst dann, wenn ein Firmen- oder Anerkennungstarifvertrag besteht, weil dabei die Tarifbindung selbst begründet wurde. Dieser Gedanke ist jedoch auch auf **Verbandstarifverträge** übertragbar, weil sich auch hier eine Konzernmutter ihren Pflichten nicht durch Ausgliederung entziehen kann. Vom

---

120 *Kempen/Zachert*, § 2 TVG Rn. 74; a.A. Willemsen/*Hohenstatt*, E 71;
121 A.A. Moll, RdA 1996, 275 [285];
122 Henssler, FS Schaub 1998, S. 311 [328];
123 A.A. *Henssler*, NZA 1994, 294 [300]; Moll, RdA 1996, 275 [285], *Wellenhofer-Klein*, ZfA 1999, 239 [266];
124 *Wellenhofer-Klein*, ZfA 1999, 239 [269] a.a.O.;

Schutzzweck wäre es widersinnig, hier zwischen Verbands- und Firmentarifverträgen zu differenzieren. Verträge sind unabhängig davon einzuhalten, ob selbst abgeschlossen, oder kraft Verbandsmitgliedschaft gelten.

Beispiel *(Fortführung des Beispiels von II., 6. zum Verbandstarifvertrag und III., 3. Zum Firmentarifvertrag): Y-AG hat einen Konzerntarifvertrag für alle Konzernunternehmen abgeschlossen, wonach die regelmäßige Arbeitszeit 35 Stunden beträgt. Ein Enkelunternehmen gliedert ihre EDV-Abteilung an ein neu gegründetes Tochterunternehmen nur deshalb aus, um sich der Tarifbindung zu entziehen.*

Die Y-AG trifft eine Einwirkungspflicht. Sie muss die Tarifflucht beenden und dazu von ihrer Leitungsmacht Gebrauch machen.

V. Transformation von Verbands- und Firmentarifvertrag in den Einzelarbeitsvertrag gem. § 613a Abs. 1 Satz 2 BGB

1. Grundlagen und Anwendungsbereich des § 613a Abs. 1 Satz 2 BGB

a) Unmittelbare und zwingende Wirkung

Tarifvertragliche Normen wirken unmittelbar und zwingend auf **122** das Arbeitsverhältnis von außen ein, ohne selbst zu ihrem Inhalt zu werden. Deshalb gehen sie **nicht mit dem Arbeitsvertrag** nach § 613a Abs. 1 Satz 1 BGB **auf** den **neuen Inhaber** über. Hierzu bedarf es der besonderen gesetzlichen Regelung des § 613a Abs. 1 Satz 2 BGB.

Etwas anderes gilt auch dann nicht, wenn die Geltung tarifver- **123** traglicher Normen **einzelvertraglich** vereinbart werden. Dies ist zulässig und weit verbreitet. Dann gehen die in Bezug genommenen Ansprüche zusätzlich gem. § 613a Abs. 1 Satz 1 BGB mit dem übrigen Inhalt des Arbeitsvertrags auf den neuen Inhaber über (vgl. zu einzelvertrtaglichen Bezugnahmeklauseln unter VII).

b) Auffangnorm zur Sicherung tarifvertraglicher Rechte

124 In vielen Umstrukturierungsfällen verlieren die Tarifverträge nach der Rechtsprechung des BAG ihre unmittelbare und zwingende Weitergeltung und wirken allenfalls in jederzeit veränderbarer Form nach. § 613a Abs. 1 Satz 2 BGB füllt diese Lücke als „individualrechtlichen **Auffangtatbestand**".[125]

125 Diese Norm enthält also keine abschließende Regelung, die als lex specialis gegenüber § 3 Abs. 3 TVG die kollektivrechtliche Fortgeltung von Tarifverträgen ausschließt. Sie stellt vielmehr eine **zusätzliche Sicherung** der Arbeitnehmer für den Fall dar, dass die Fortgeltung des Tarifvertrags aus irgend einem – zutreffend oder unzutreffend angenommen – Rechtsgrund nicht in Betracht kommt. Die Vorschrift enthält insofern ein gesetzlich geregeltes **Verschlechterungsverbot**. Jede andere Auffassung würde dem Gesetzeswortlaut und dem Schutzzweck des § 613a BGB widersprechen.

126 Die Verdrängung von Kollektivrecht durch vertragsrechtliche Normen des BGB ist auch gesetzessystematisch nicht haltbar. Ganz im Gegenteil **ergänzen** sich § 613a BGB und § 3 Abs. 3 TVG gegenseitig. Deshalb gebietet die durch § 3 Abs. 3 TVG bezweckte Fortgeltung tariflicher Ansprüche für die Auslegung des § 613a Abs. 1 Sätze 2 – 4 BGB im Zweifel eine Entscheidung zugunsten des **tariflichen Bestandsschutzes**. Unverändert bestehende Lücken im gewachsenen arbeitsrechtlichen Schutzsystem auch nach Inkrafttreten des Umwandlungsgesetzes am 1.1.1995 dürfen deshalb nicht als eine Absage des Gesetzgebers an einen umfassenden Bestandsschutz interpretiert werden.[126]

---

[125] BAG 20.6.2001, NZA 2002, 517; BAG ZIP 1998, 2180 = ArbuR 1999, 151 m.Anm. v. *Mengel*; 27.7.1994, NZA 1994, 222 [225]; BAG 5.2.1991, EzA § 613a BGB Nr.93 = AiB 1991, 274 [432]; *Däubler*, Tarifrecht, Rn. 1531; *Erman/Hanau*, § 613a BGB Nr 79; *Zerres*, ZIP 2001, 359 [364]; *Jung*, RdA 1981, 363; Wank, MünchArbR, § 120 Rn. 168; a.A. noch BAG 15.10.1986, AP Nr. 4 zu § 3 TVG Bl. 650 (R); *Löwisch/Rieble*, TVG, § 3 Rn. 81;
[126] Kempen/Zachert, TVG, § 3 Rnrn. 39 und 47; a.A. *Boecken*, Rn. 56 ff.;

c) Schutzlücke bei Gesamtrechtsnachfolge

aa) Rechtsprechung gegen Anwendung des § 613a BGB

Der Übergang von Arbeitsverhältnisses nach § 613a BGB setzt **127** die Übertragung eines Betriebs oder Betriebsteils „durch Rechtsgeschäft" voraus. Hierunter sollen nach der **Rechtsprechung** alle Übertragungen gehören, die durch Einzelrechtsnachfolge und nicht durch Gesamtrechtsnachfolge erfolgen. Selbst eine analoge Anwendung wurde ausgeschlossen.[127] Auch die neuere Rechtsprechung hielt hieran im Prinzip fest und wiederholte den Grundsatz, dass § 613a BGB für eine Gesamtrechtsnachfolge nicht gelte.[128]

In der **Literatur** wird die unmittelbare Anwendung des § 613a **128** BGB vielfach abgelehnt.[129]

Hieraus ergeben sich bei Unternehmensumwandlungen und **129** Betriebsübergängen weitreichende **Probleme**. Bei einer Unternehmensverschmelzung im Wege der Gesamtrechtsnachfolge gehen zwar automatisch die Arbeitsverhältnisse auf den Rechtsnachfolger über und es erübrigt sich damit zwar der Schutzzweck des § 613a Abs. 1 Satz 1 BGB. Andererseits würden die Schutzbestimmungen des § 613a Abs. 1 Sätze 2 – 4 und das Kündigungsverbot des Abs. 4 keine Anwendung finden. Die Geltung tarifvertraglicher Normen könnte damit im Wege der Gesamtrechtsnachfolge mit dem Inkrafttreten der Umwandlung beendet werden.

---

127 BAG 25.2.1981, AP Nr. 24 zu § 613a BGB; BAG 6.2.1985, NZA 1985, 735; BAG 19.5.1988, NZA 1989, 461; BAG 21.2.1990, NZA 1990, 522; BAG 13.7.1994, AP Nr. 14 zu § 3 TVG Verbandszugehörigkeit; BGH 4.7.1985, NZA 1985, 737; LAG Köln 14.3.1996, LAGE § 613a BGB Nr. 48;

128 BAG 7.9.1995, EzA § 613a BGB Nr. 136; in dieser Entscheidung wandte es § 613a BGB nur ausnahmsweise bei einer Verschmelzung an, der eine Verwaltungsvereinbarung zu Grunde lag; vgl. auch BAG 16.3.1994 – 8 AZR 576/92 – mit einer analogen Anwendung des § 613a BGB bei einer Verschmelzung durch Vermögensübertragung im Wege der Gesamtrechtsnachfolge;

129 *Däubler,* Tarifvertragsrecht, Rn. 1569 ff.; *Erman / Hanau,* § 613 a BGB Rn. 26; MK-Schaub, § 613a BGB Rn. 3; Staudinger / *Richardi,* § 613a BGB Rn. 190; *Ascheid,* BGB-RGRK, § 613a BGB Rn. 106 und 108;

130 Der Wortlaut, Schutzzweck und die Gesetzessystematik gebieten deshalb die **unmittelbare Normanwendung**,[130] zumindest ist die **analoge Geltung**[131] des § 613a BGB geboten:

131 Der **Wortlaut** schließt die Anwendung des § 613a BGB bei **Gesamtrechtsnachfolge nicht** aus, weil der hierauf beruhende Betriebsübergang selbst auf einem Rechtsgeschäft beruhen kann (z.B. die Unternehmensverschmelzung auf dem Verschmelzungsvertrag gem. §§ 4 ff. UmwG). Deshalb schließen die Worte „durch Rechtsgeschäft" nicht die rechtsgeschäftliche Gesamtrechtsnachfolge aus, die auch als geteilte oder partielle Gesamtrechtsnachfolge bezeichnet wird. [132]

132 • Bei **gesetzessystematischer Betrachtung** ist zu beachten, dass die Anwendung des § 613a Abs. 3 BGB nur bei Anwendung der Vorschrift auch auf die Gesamtrechtsnachfolge Sinn macht. Dann kann dies bei den übrigen Teilen der Vorschrift nicht ausgeschlossen sein.

133 • Das **Sozialstaatsprinzip** gebietet die unmittelbare Anwendung zum Erhalt bestehender Arbeitsverhältnisse.[133]

134 • Nach der **Richtlinie des EG-Rates** vom 14.2.1977 (77/187/EWG) gelten die Regelungen auch für den Betriebsübergang aufgrund einer Verschmelzung. Sie erfolgt i.d.R. durch Gesamtrechtsnachfolge. Dann kann die Auslegung des § 613a BGB diesen Vorgang nicht vom Geltungsbereich ausnehmen.

bb) Schließung der Schutzlücke bei Unternehmensumwandlungen durch § 324 UmwG

135 **§ 324 UmwG** ist durch den Rechtsausschuss des Bundestages auf Initiative der IG Metall eingefügt worden, nachdem der Ge-

---

130 *Boecken*, Rn. 57 ff.; K. Schmidt, AcP 191 (1991), 495 ff.; *Mengel*, S. 52 ff.; Lutter-*Joost*, § 324 UmwG Rn. 2; *Schaub* in FS für Wlotzke, S. 103 [106], wonach man sich an die Anwendung der für die Einzelrechtsnachfolge entwickelten Institute auch für die Gesamtrechtsnachfolge gewöhnen müsse;
131 Thüringer LAG 14.8.1985, AuR 1995, 468; Erman / Hanau, § 613a BGB Rn. 39 und 102; MK-*Schaub*, § 613a BGB Rn. 25, 147 ff., 151 für Tarifverträge;
132 K. Schmidt, AcP 191, [1991]; 495 [512];
133 LAG Mecklenburg-Vorpommern 20.2.1995, AuA 1996, 29;

V. Transformation von Verbands- und Firmentarifvertrag in den Einzelarbeitsvertrag

setzentwurf der Bundesregierung keine Aussage zur Anwendung des § 613a BGB traf, sondern ihn als unstrittig unterstellte.[134]

Die Vorschrift **schließt** die durch die strittige Anwendung entstandene **Schutzlücke** und **stellt klar**, dass zum Schutz tarifvertraglicher Rechte § 613a Abs. 1 Sätze 2 – 4 und zum Schutz des Fortbestands der Arbeitsverträge § 613a Abs. 4 BGB unmittelbar Anwendung finden.[135]
136

Dem entspricht der Wortlaut. Ihre Formulierung „bleibt .... unberührt" hat zwar zu Irritationen[136] geführt, ist aber rechtstechnisch zu verstehen und besagt, dass § 613a Abs. 1 und 4 BGB **Anwendung finden**. Auch an anderer Stelle verwendet das UmwG den Begriff genau in diesem Sinne (z.B. § 132, 325 Abs. 2 Satz 2 UmwG). § 324 UmwG ist deshalb zu Recht als eine „Schlüsselnorm für das Verhältnis zwischen arbeits- und umwandlungsrechtlichen Übergang von Arbeitsverhältnissen" bezeichnet worden.[137]
137

§ 324 UmwG i.V.m. 613a Abs. 1 Satz 2-4 BGB stellt eine **zusätzliche Sicherung** für Arbeitnehmer dar für den Fall, dass ihre tarifvertraglichen Rechte nicht bereits originär durch unmittelbare Weitergeltung der Tarifverträge gesichert werden. § 324 UmwG schließt diese originäre Geltung nicht aus, die unverändert Vorrang vor der nur individualrechtlich wirkenden Transformation in den Arbeitsvertrag hat. An dieser **Auffangfunktion** hat sich durch § 324 UmwG nichts geändert, sondern sie wurde zusätzlich gestärkt. Diese zusätzliche Anwendung verbessert deshalb die Rechtsposition der Arbeitnehmer.
138

Heinze[138] will durch § 324 UmwG eine Verkürzung tariflicher Rechte erkannt haben, weil es ohne diese Vorschrift „infolge der gesetzlichen Sukzession bei der Weitergeltung der (teil-) identischen Kollektivregelungen ohne Ablösungsmöglichkeiten geblieben wäre". Er bejaht deshalb die Geltung des § 613a BGB
139

---

134 BR-Drucks. 599/94, S. 59; *Neye*, ZIP 1994, 919;
135 *Joost* in Lutter [Hrsg], S. 297[319]; *Boecken*, ZIP 1994, 1089 f.; *Neye*, ZIP 1994, 166; a.A. *Bauer / Lingemann*, NZA 1994, 1061;
136 *Wlotzke*, DB 1995, 40 ff. [42]; *Düwell*, NZA 1996, 393; *Herbst*, AiB 1995, 5 ff.[10];
137 *Berscheid*, Konkurs, Gesamtvollstreckung, Sanierung, S. 63;
138 *Heinze*, ZfA 1997, 1 ff. [15];

E. Tarifvertragliche Folgen

bei Unternehmensumwandlung, weil „eine Ungleichbehandlung der Unternehmen – je nach rechtsgeschäftlicher oder gesetzlicher Nachfolge – ... nicht begründbar wäre". Dabei verkennt er jedoch die Auffangfunktion des § 613a BGB, die die originäre Weitergeltung von Tarifverträgen bei gesetzlicher Sukzession nicht ersetzt, sondern im Gegenteil voraussetzt und lediglich ihre **Lücken füllt**. Es geht also nicht um Gleichbehandlung der Unternehmen, sondern um die Schließung von Schutzlücken gerade bei der Unternehmensumwandlung im Wege der Gesamtrechtsnachfolge. Gilt also ein Tarifvertrag aufgrund gesetzlicher Sukzession weiter, dann kommt auch über § 324 UmwG keine Ablösung gem. Satz 3 in Betracht. Da das BAG und die in der Literatur überwiegend vertretene Auffassung bei Unternehmensumwandlungen die Weitergeltung von Verbandstarifverträgen durch die dafür vorausgesetzten Verbandsmitgliedschaft weitgehend in das Belieben der betreffenden Unternehmen stellen, sind diese Lücken arbeitsrechtlich gravierend. Werden sie durch die dann zwingende Transformation tariflicher Rechte in den Arbeitsvertrag gefüllt, dann stehen Arbeitnehmer auch dann besser, wenn diese Rechte wie bei beidseitiger Tarifbindung gem. § 613a Absatz 1 Satz 3 BGB verdrängt werden könnten (vgl. zur Verdrängung tarifvertraglicher Normen unter VI.).

140 Die **Rechtsprechung** hat inzwischen die durch § 324 UmwG eröffnete Auffangfunktion des § 613a BGB im Bereich der Unternehmensumwandlungen bestätigt. Danach gilt § 324 UmwG bei bestimmten Unternehmensumwandlungen hilfsweise, wenn ein Verbands- oder Flächentarifvertrag für den neuen Unternehmensträger nicht kollektivrechtlich wirkt. Geht ein Firmentarifvertrag gem. § 20 Abs. Satz 1 UmwG durch Verschmelzung auf einen neuen Unternehmensträger über, dann ist für die Anwendung der § 324 UmwG, § 613a Abs. 1 Satz 2 BGB kein Raum.[139]

141 Die Voraussetzungen des § 613a BGB sind auch bei im Umwandlungen **selbstständig** zu prüfen. Ein Betriebsübergang kann vor einer Umwandlung erfolgen.[140]

---

139 BAG 24.6.1998, NZA 1998, 1346 = AiB 1999, 236 m. Anm. *Petri*;
140 BAG 25.5.2000, BB 2000, 2156;

2. Anwendungsvoraussetzungen des § 613a Abs. 1 Satz 2 BGB

a) Tarifvertrag

aa) Alle Tarifvertragsarten

In den Einzelarbeitsvertrag können die Normen **aller Arten** von Tarifverträgen transformiert werden. Es kommt also nicht darauf an, ob es sich um einen Verbands-, Firmen-, Haus- oder Anerkennungstarifvertrag handelt.[141]

142

bb) Uneingeschränkt geltender oder nachwirkender Tarifvertrag

Der Tarifvertrag muss noch **wirksam** sein. Die einjährige Veränderungssperre findet nur dann Anwendung, wenn der Tarifvertrag im Zeitpunkt des Betriebsübergangs noch galt.[142]

143

Die Transformation in den Einzelarbeitsvertrag umfasst gem. § 4 Abs. 5 BGB auch **nachwirkende Normen**.[143] Dies gebietet der Wortlaut und der Schutzzweck. Maßgebend ist allein, dass es sich hierbei um Tarifnormen handelt, deren Status unerheblich ist.

144

Lediglich nachwirkende Tarifnormen werden auch dann in den Arbeitsvertrag gem. § 613a Abs. 1 Satz 2 BGB transformiert, wenn das Arbeitsverhältnis bei Ablauf des Tarifvertrags **noch nicht bestanden** hat und erst **danach begründet** worden ist.[144]

145

Nachwirkende Tarifnormen sind vor Ende der Jahresfrist ebensowenig veränderbar wie andere transformierte Tarifrechte. Auf sie findet die **einjährige Veränderungssperre** uneingeschränkt Anwendung.[145]

146

cc) Allgemeinverbindlicher Tarifvertrag

Der Transformation in den Einzelarbeitsvertrag steht nicht entgegen, dass ein Verbandstarifvertrag für allgemeinverbindlich erklärt wurde, wenn dieser allgemeinverbindliche Tarifvertrag bei dem

147

---

141 Vgl. oben zu den Tarifvertragsarten-Verweis konkretisieren!!!!!!
142 BAG 13.11.1985, ArbuR 1986, 122 = NZA 1986, 422;
143 BAG 27.11.1991, AP Nr. 22 zu § 4 TVG Nachwirkung;
144 BAG 27.11.1991, AP Nr. 22 zu § 4 TVG Nachwirkung;
145 Moll, RdA1996, 275 [278]; a.A. BGB-RGRK-*Ascheid*, § 613a BGB Rn. 203;

neuen Inhaber nicht gilt. Fällt allerdings auch der neue Inhaber in den Geltungsbereich des Tarifvertrags, dann gilt dieser Tarifvertrag **originär** fort. Einer Transformation in den Arbeitsvertrag bedarf es dann nicht.

b) Übertragbarer Inhalt

aa) Anspruchsbegründende Normen

148 Die Transformation erfasst **alle** in das Arbeitsverhältnis übertragbaren **Normen** aus Tarifverträgen.

149 Hierzu zählen **alle Regelungen**, aus denen Arbeitnehmer für sich Ansprüche ableiten können. Eine Beschränkung der Übertragung lediglich auf Inhaltsnormen wäre weder mit dem Wortlaut noch mit dem Zweck des § 613 a Abs. 1 Satz 2 vereinbar.[146] Hierzu zählen z.B. auch die in einem Tarifvertrag vereinbarten Abfindungen, die bei einem zweiten Betriebsübergang gem. § 613a Abs. 1 Satz 1 BGB auf den neuen Inhaber übergehen.[147]

bb) Obligatorische Verpflichtungen der Tarifvertragsparteien

150 **Nicht erfasst** werden deshalb nur zwischen den Tarifvertragsparteien **obligatorisch wirkende Normen**, wie z.B. die Friedenspflicht oder die Errichtung gemeinsamer Einrichtungen. Auch das Recht zur Kündigung des Tarifvertrags wird nicht in das Arbeitsverhältnis transformiert, das allein den Tarifvertragsparteien vorbehalten bleibt.[148]

cc) Gemeinsame Einrichtungen der Tarifvertagsparteien

151 Beruhen Ansprüche auf einer **gemeinsamen Einrichtung der Tarifvertragsparteien**, wie z.B. bei der Zusatzversorgungskasse im Baugewerbe, die findet § 613a Abs. 1 Satz 2 BGB analog Anwendung. Eine unmittelbare Anwendung scheidet aus, weil derartige

---

146 MK-*Schaub*, § 613a BGB, Rn. 111; *Hanau/Vossen*, S. 291; *Löwisch/Rieble*, TVG § 3 Rn. 83; *Kania*, DB 1994, 529 [530]; *Kempen/Zachert*, § 3 Rn. 56;
147 BAG 20.4.1994, AP Nr. 108 zu § 613a BGB = AiB 1995, 194;
148 MK-*Schaub*, § 613a BGB Rn. 54; a.A. *Erman/Hanau*, § 613a BGB Rn. 91;

V. Transformation von Verbands- und Firmentarifvertrag in den Einzelarbeitsvertrag

Einrichtungen selbst Leistungen gewähren, diese jedoch nicht unmittelbar „aus dem Arbeitsverhältnis" folgen, wie § 613a Abs. 1 Satz 1 BGB voraussetzt. Da derartige Leistungen jedoch einer Inhaltsnorm gleichen, ist eine entsprechende Anwendung gerechtfertigt. Der neue Betriebsinhaber muss deshalb auch dann eine gleichwertige Leistung einräumen, wenn er an der gemeinsamen Einrichtung selbst nicht partizipiert oder aus Rechtsgründen nicht teilnehmen kann und deshalb höhere Aufwendungen als der alte Inhaber tätigen muss.[149]

c) Bei Betriebsübergang geltende Tarifnormen

Die Normen des Tarifvertrags müssen bereits zum **Zeitpunkt** **152** **des Betriebsübergangs** gelten. Werden sie erst danach abgeschlossen, so können sie selbst dann nicht in den Arbeitsvertrag transformiert werden, wenn sie rückwirkend in Kraft treten.[150] Dieses Ergebnis folge aus der Koalitionsfreiheit des neuen Inhabers, die Tarifparteien eine nachträglich Belastung eines Außenseiters durch Rückwirkung verbiete.[151]

Tarifnormen gelten jedoch zum Zeitpunkt des Betriebsüber- **153** gangs, wenn sie vor dem Betriebsübergang vereinbart wurden, aber erst **danach in Kraft** treten sollen.

> **Beispiel:** *Im Jahr 2000 vereinbaren die Tarifvertragsparteien, dass am 30.11.2001 eine Sonderzahlung erfolgen soll.*
> *Diese Norm gilt bei einem am 1.4.2001 durchgeführten Betriebsübergang und wird auf den neuen Inhaber übertragen.*

d) Bei Betriebsübergang bestehende Arbeitsverträge

Tarifvertragliche Rechte werden nur bei den bereits bei Betriebs- **154** übergang **vereinbarte Arbeitsverträgen** gesichert. Sie werden also nicht in solche Arbeitsverträge transformiert, die erst nach dem Betriebsübergang begründet werden. Mit später eingetretenen

---

149 BAG 5.10.1993, AP Nr. 42 zu § 1 BetrAVG Zusatzversorgungskassen; Kempen, BB 1991, 2006 [2009]; Kittner/Zwanziger-*Bachner*, § 117 Rn. 15;
150 BAG 4.8.1999, RdA 2000, 178; 10.11.1993, DB 1994, 2638; 13.9.1994, AP Nr. 11 zu § 1 TVG Rückwirkung; 13.11.1985, AP Nr. 46 zu § 613a BGB,
151 Kittner/Zwanziger-*Bachner*, § 117 Rn. 13;

Arbeitnehmern können allenfalls einzelvertraglich entsprechende Regelungen getroffen werden. Ein Anspruch hierauf besteht jedoch nicht.[152] Es können jedoch Ansprüche auf Gleichbehandlung gegenüber dem Arbeitgeber entstehen.

e) Mehrfacher Betriebsübergang

155 Wird ein Betrieb oder Betriebsteil **mehrfach übertragen**, dann findet beim zweiten Betriebsübergang § 613a Abs. 1 Satz 1 BGB auf das bereits in den Arbeitsvertrag transformierte Recht Anwendung. Es ist Bestandteil des Arbeitsvertrags, in den der neue Inhaber eintritt. Dies ergibt sich aus dem Gesetzeswortlaut.[153]

156 Dies bedeutet, dass das bereits in den Arbeitsvertrag transformierte Tarifrecht **nicht** bei einem weiteren Betriebsübergang gem. § 613a Abs. 1 Satz 3 BGB **abgelöst** werden kann. Die hieran vom BAG geäußerten Zweifel[154] sind unberechtigt.

3. Rechtsfolge: Transformation tarifvertraglicher Rechte in den Arbeitsvertrag

a) Individualrechtliche Fortgeltung

157 Tarifvertragliche Normen werden durch Transformation Bestandteil des Arbeitsvertrags. Der Betriebsübergang gem. § 613a BGB begründet deshalb für den Erwerber **keine unmittelbare und zwingende Geltung** im Sinne des § 4 Abs. 1 TVG eines mit dem Betriebsveräußerer abgeschlossenen Firmentarifvertrags, der auf einen einschlägigen Flächentarifvertrag dynamisch verweist. In § 613a Abs. 1 Satz 2 BGB hat der Gesetzgeber eine der Nachwirkung gem. § 4 Abs. 5 TVG vergleichbare Anordnung der unmittelbaren, aber nicht mehr zwingenden Geltung der Tarifvertragsregelungen geschaffen.[155]

---

152 *Erman/Hanau*, § 613a BGB Rn. 89;
153 BAG 20.4.1994, AP Nr. 108 zu § 613a BGB;
154 BAG 20.4.1994, AP Nr. 108 zu § 613a BGB;
155 BAG 29.8.2001 NZA 2002, 513; BAG 20.6.2001 NZA 2002, 517;

b) Statische Fortgeltung tariflicher Normen

In den Arbeitsvertrag werden die tarifvertraglichen Rechte so transformiert, wie sie zum Zeitpunkt des Betriebsübergangs gelten. Sie werden also in der Weise und in dem Umfang Inhalt des Arbeitsvertrag, den sie beim Betriebsübergang haben.[156] § 613a Absatz 1 Satz 2 ist eine **statische Verweisung**.[157] Nach dem Betriebsübergang eintretende Tariferhöhungen oder andere danach in Kraft tretende günstigere Regelungen werden nicht Bestandteil des Arbeitsvertrags. Spätere tarifvertragliche Verbesserungen werden auch dann nicht mehr erfasst, wenn sie rückwirkend gelten.[158]

Die statische Fortgeltung des zum Zeitpunkt der Übernahme geltenden Tarifrechts schließt ihre **dynamische Wirkung** nicht aus, wenn ihr Inhalt selbst dynamisch gestaltet ist. Sieht ein Tarifvertrag z.B. bereits bei Betriebsübergang eine erhöhte Sonderzahlung vor, die erstmals 6 Monate nach dem Übergang fällig wird, dann wird dieser dynamisch ausgestaltete Anspruch mit übernommen.[159] Etwas anderes gilt nur bei einer dynamischen Blankettverweisung. Der Übergang einer auf einen Flächentarifvertrag verweisenden Tarifnorm eines Firmentarifvertrags in das Arbeitsverhältnis gem. § 613a Abs. 1 Satz 2 BGB hat zur Folge, dass auch die Regelung der in Bezug genommenen Tarifnorm nur in dem Rechtsstand in das Arbeitsverhältnis übergeht, der im Zeitpunkt des Betriebsübergangs bestand.[160]

c) Günstigkeitsprinzip bei Kollision umgewandelten und vereinbarten Rechts

Kollidieren die ursprünglich vereinbarten Arbeitsvertragsbedingungen mit den durch § 613a Abs. 1 Sätzen 2-4 in den Arbeits-

---

156 BAG 13.11.1985, DB 1986, 698 [699]; LAG Frankfurt a.M. 26.11.1985, LAGE Nr. 6 zu § 613a BGB; Erman/Hanau, § 613a BGB Rn. 89; Kania, DB 1994, 529 [530];
157 BAG 13.11.1985, AP Nr. 46 zu § 613a BGB; 1.4.1987, NZA 1987, 593; *Erman/Hanau*, § 613a BGB Rn. 89;
158 BAG 13.9.1994, DB 1995, 1133; BAG 15.3.1993, AP Nr. 13 zu § 3 TVG Verbandszugehörigkeit;
159 Vgl. oben 2. c); *Moll*, RdA 1996, S. 2775 [279];
160 BAG 20.6.2001 NZA 2002, 517; BAG 29.8.2001 NZA 2002, 513;

vertrag transformierten Kollektivnormen, dann findet das Günstigkeitsprinzip Anwendung. Es gelten also die arbeitsvertraglichen Normen, die die für den Arbeitnehmer **günstigere Regelung** enthalten.

d) Einjährige Veränderungssperre

161 Die in den Arbeitsvertrag umgewandelten Tarifnormen gelten unbefristet weiter. Es entspricht einem verbreiteten Missverständnis, dass die in den Arbeitsvertrag transformierten Normen nur für ein Jahr befristet gelten würden[161] und gem. § 613a Abs. 1 Satz 2 BGB vor Ablauf eines Jahres nach dem Zeitpunkt des Betriebsübergangs nicht zum Nachteil der Arbeitnehmer geändert werden dürfen. Sie können weder durch einen Tarifvertrag noch eine Betriebsvereinbarung zum selben Gegenstand abgelöst werden. Es gilt das **Günstigkeitsprinzip** und nicht die Zeitkollisionsregel.[162]

162 Dies gilt auch, wenn der **Tarifvertrag nachwirkte**, weil es nach dem Wortlaut allein darauf ankommt, ob die Rechte in einem Tarifvertrag geregelt sind, ohne nach dem Status der Norm zu differenzieren.[163]

4. Änderung transformierter Normen innerhalb eines Jahres nach Betriebsübergang (§ 613a Abs. 1 Satz 4 BGB)

163 Die Jahresfrist kann **vorzeitig enden**, wenn der Tarifvertrag oder eine Betriebsvereinbarung nicht mehr gilt oder bei fehlender beidseitiger Tarifbindung im Geltungsbereich eines anderen Tarifvertrags, dessen Anwendung zwischen dem neuen Inhaber und dem Arbeitnehmer vereinbart ist.

a) Beendete Geltung der Kollektivnormen (1. Alternative)

164 Galt das Kollektivrecht nur **befristet** oder wurde es vor bzw. nach der Umwandlung **wirksam gekündigt**, dann können mit

---

161 *Willemsen/Hohenstatt*, E 95, erkennt Chancen, es allmählich zu beseitigen;
162 *Staudinger/Richardi*, § 613a BGB Rn. 171; *Kania*, DB 1995, 625; a.A. *Hromadka/Maschmann/Wallner*, Der Tarifwechsel, Rn. 361;
163 A.A. BAG 13.11.1985, NZA 1986, 422; *Erman/Hanau*, § 613a BGB Rn. 87;

dem Beendigungszeitpunkt die transformierten Normen **vorzeitig geändert** werden. Nach dem Normzweck werden Arbeitnehmer infolge des Betriebsübergangs nicht schlechter, aber auch nicht besser gestellt, denn auch mit dem Befristungsende oder dem Ablauf der Kündigungsfrist würde die unmittelbare und zwingende Wirkung des Tarifvertrags enden.[164]

Gem. § 5 Abs. 5 TVG **nachwirkende Tarifverträge** sollen einer einzelvertraglichen Ablösung nicht entgegen stehen.[165] Dies ist unzutreffend, weil Satz 4 die beendete Geltung der Kollektivnorm voraussetzt und die nachwirkende Normen ihre Geltung gerade nicht beendet haben. **165**

b) Einzelvertragliche Vereinbarung über Geltung eines anderen Tarifvertrags (2. Alternative)

aa) Normzweck

Die Jahresfrist **endet vorzeitig**, wenn zwischen dem neuen Inhaber und dem Arbeitnehmer die Geltung „eines anderen Tarifvertrags" vereinbart wurde. Dieser andere Tarifvertrag ist regelmäßig der nach dem Inhaberwechsel geltende einschlägige Tarifvertrag. **166**

Der **Zweck** der Ausnahmeregelung besteht darin, die einheitliche Tarifgeltung zu sichern, wenn beim neuen Inhaber ein anderer Tarifvertrag gilt und Arbeitnehmer durch Bezugnahmeklauseln an den beim alten Inhaber geltenden Tarifvertrag gebunden sind. Die 2. Alternative eröffnet beiden Parteien die Möglichkeit, den Arbeitsvertrag so zu ändern, dass der bei dem neuen Inhaber geltende Tarifvertrag zur Anwendung kommen kann. **167**

---

164 MK-*Schaub*, § 613a BGB Rn. 124; *Erman/Hanau*, § 613a BGB Rn. 98;
165 *Erman/Hanau*, § 613a BGB Rn. 98; KR-*Pfeiffer*, § 613a BGB Rn. 101; *Staudinger/Richardi*, § 613a BGB Rn. 178; MK-*Schaub*, § 613a BGB Rn. 25;

bb) Anwendungsvoraussetzungen

(1) Fehlende Tarifbindung beider Vertragsparteien

168 Der **Wortlaut** der Ausnahmevorschrift setzt die fehlende Tarifbindung beider Vertragsparteien voraus. Sie käme danach also nicht zur Anwendung wenn nur eine Seite tarifgebunden ist.

169 Umstritten ist die Anwendung dieser Ausnahmevorschrift auch auf diesen Fall der **einseitigen Tarifbindung**. Die Auseinandersetzung hängt mit der Auslegung des § 613a Abs. 1 Satz 3 BGB zusammen[166]:

170 Nach einer Auffassung regelt § 613a Abs. 1 Satz 3 BGB nur den Fall fehlender Tarifbindung des Arbeitnehmers bei anderweitiger Bindung des Arbeitgebers und Satz 4 den der beidseits fehlenden Tarifbindung.[167] Diese Auffassung ist schon aus systematischen Gründen nicht haltbar. Hält man für eine Verdrängung alten Tarifrechts durch das bei dem neuen Inhaber geltende neue Tarifrecht bereits eine einseitige Tarifbindung für ausreichend, dann würde sich die Ausnahmevorschrift des § 613a Abs. 1 Satz 4, 2. Alternative erübrigen.[168] Die Verabschiedung sinnloser Normen sollte jedoch dem Gesetzgeber nicht unterstellt werden.

171 Lehnt man eine Verdrängung alten Tarifrechts bei nur einseitiger Tarifbindung jedoch ab, dann stellt sich die Frage nach der **arbeitsvertraglichen Öffnung** bereits vor Ablauf der Jahresfrist. Nur unter diesen Voraussetzung kann eine über den Wortlaut hinaus gehende Auslegung geprüft und bejaht werden.[169]

(2) Anwendung des gesamten Tarifvertrags

172 Weitere Voraussetzung ist, dass die Vertragsparteien die Anwendung des **gesamten Tarifvertrags** und nicht nur einzelner Normen vereinbaren.

---

166 Vgl. zur Ablösung tarifvertraglicher Normen durch andere Tarifverträge F, V.;
167 *Zöllner*, DB 1995, 1401 [1404];
168 *Moll*, RdA 1996, 275[284];
169 Staudinger-*Richardi*, § 613a BGB Rn. 179; MünchHdbArbR-*Wank*, § 120 Rn. 182; *Erman/Hanau*. § 613a BGB Rn. 99; MK-Schaub, § 613a BGB Rn. 126; *Willemsen/Hohenstatt*, Rn. E 99; Kittner/Zwanziger-*Bachner*, § 117 Rn. 18; BGB-RGRK, § 613a Rn. 232; a.A. Röder, DB 1980, 1981;

(3) Freiwilligkeit

Die Vereinbarung zwischen den Arbeitsvertragsparteien ist **frei-** 173
willig. Eine Änderungskündigung zur Erzwingung des Einverständnisses des Arbeitnehmers ist sozial nicht gerechtfertigt und verstößt gegen das Kündigungsverbot des § 613a Abs. 4 BGB (vgl. zum Kündigungsverbot G., IV.).

5. Änderung nach Ablauf der einjährigen Veränderungssperre

Nach Ablauf der Jahresfrist ist eine **Änderung** der in den Arbeits- 174
vertrag transformierten Tarifnormen **zulässig**. Hierfür kommen vor allem individualrechtliche Gestaltungsmittel, wie z.B. die **einvernehmliche Änderung** oder der Ausspruch einer **Änderungskündigung** und kollektive Gestaltungsmittel in Betracht.

a) Individualrechtliche Gestaltungsmittel

aa) Änderungsvereinbarung

Einzelvertraglich können die Arbeitsbedingungen geändert werden. 175
Dazu bedarf es beidseitig übereinstimmender Willenserklärungen. Arbeitgeber dürfen dieses Mittel mit ihrem wirtschaftlichen Übergewicht jedoch nicht missbrauchen. Ein solcher **Missbrauch** kann z.B. in folgenden Fällen vorliegen:

(1) Abschluss befristeter Arbeitsverhältnisse

Der Abschluss befristeter Arbeitsverträge ist sachlich nicht ge- 176
rechtfertigt, wenn er darauf abzielt, den durch § 613a BGB bezweckten **Bestandsschutz zu vereiteln**.[170]

(2) Fristlose Kündigung und Neuabschluss (Lemgoer Modell)

Veranlasst ein Betriebsveräußerer oder der Erwerber Arbeitneh- 177
mer des Betriebs aus Anlass des Betriebsübergangs ihr Arbeitsverhältnis fristlos zu kündigen, um danach neue Arbeitsverträge

---

170 BAG 15.2.1995, NZA 1995, 987;

abzuschließen, dann handelt es sich um ein unwirksames **Umgehungsgeschäft** („Lemgoer Modell").[171]

(3) Verzicht auf Leistungen des Arbeitgebers

178 Verzichten Arbeitnehmer auf Druck des Arbeitgebers auf Leistungen in der Erwartung, hierdurch die Verkäuflichkeit des Betriebs zu sichern, dann ist dieser **Verzicht unwirksam**.[172] Etwas anderes soll nach Ansicht des BAG dann gelten, wenn der Arbeitgeber als Gegenleistung Arbeitsplätze verspricht oder Kündigungen nicht ausspricht.[173]

179 Verlangt der Arbeitgeber bereits vor dem Betriebsübergang den Verzicht aller Arbeitnehmer auf tarifvertragliche Leistungen mit Wirkung nach Ablauf eines Jahres nach dem Übergang oder bereits vorher, so ist dies eine **unzulässige Umgehung** des § 613a BGB. Es bleibt ihm unbenommen, nach Ablauf der Jahresfrist entsprechende Vereinbarungen mit Arbeitnehmern zu treffen.

bb) Änderungskündigung

180 Der Arbeitgeber kann eine Änderungskündigung gem. §§ 1 Abs. 2 Satz 1, 2 KSchG aussprechen.

181 Eine Änderungskündigung ist nur dann wirksam, wenn sie gem. § 1 Abs. 2 Satz 1 und § 2 KSchG **sozial gerechtfertigt** ist. Das Ziel, Arbeitsbedingungen aller Arbeitnehmer eines Betriebs oder Unternehmens auf niedrigerem Niveau anzugleichen, kann den Ausspruch einer Änderungskündigung nicht rechtfertigen. Kündigungen zur Senkung von Löhnen und Lohnnebenkosten sind deshalb in der Regel sozial ungerechtfertigt.[174]

---

171 BAG 28.4.1987, EzA § 613a BGB Nr. 67; 20.7.1982 AP Nr. 31 zu § 613a BGB; *Erman/Hanau*, § 613a BGB Rn. 70; a.A. *Pietzko*, ZIP 1990, 1105 [1110];
172 BAG 12.5.1992, EzA § 613a BGB Nr. 104 bei Versorgungsanwartschaften;
173 BAG 2.4.1991, EzA Nrn. 7, 11, 70, 104 zu § 613a BGB;
174 BAG 10.3.1982, DB 1982, 1520; 28.4.1982, AP Nr 3 zu § 2 KSchG 1960; 20.3.1986, AP Nr. 14 zu § 2 KSchG 1969;

b) Kollektive Gestaltungsmittel und Günstigkeitsprinzip

aa) Günstigkeitsprinzip

Kollektivrechtliche Normen mit günstigeren Regelungen als die im Arbeitsvertrag transformierten Tarifverträgen **gehen dem Arbeitsvertrag vor.** Die kann z.b. der Fall sein, wenn zu Gunsten der betreffenden Arbeitnehmer nach dem Betriebsübergang neue Betriebsvereinbarungen oder Tarifverträge abgeschlossen werden. Der hierzu erforderliche Vergleich darf nicht pauschal, sondern nur konkret auf die einzelnen Regelungskomplexe wie z.B. Urlaubsdauer, Urlaubsentgelt, Arbeitszeitdauer, Arbeitszeitentgelt etc. bezogen werden. Abzulehnen ist deshalb die Auffassung, wonach das in den Arbeitsvertrag transformierte Kollektivrecht eine arbeitsvertragliche Einheitsregelung darstelle, das jederzeit zu Lasten der Arbeitnehmer durch andere Kollektivregelungen ersetzt werden könne. Verschlechternde Betriebsvereinbarungen seien insoweit zulässig und unterlägen nicht den ansonsten zu beachtenden Restriktionen.[175] **182**

Diese Auffassung ist schon deshalb unzutreffend, weil das in den Arbeitsvertrag transformierte Kollektivrecht **keine betriebliche Einheitsregelung** darstellt. Es ist auch wegen der unterschiedliche Entstehungsweise mit ihm nicht vergleichbar. Außerdem kommt eine Ablösung nur bei betrieblichen Sozialleistungen in Betracht, um die es sich bei transformierten Kollektivrecht in der Regel nicht handelt.[176] **183**

bb) Betriebsvereinbarungen

Bei gleichzeitiger Geltung von Betriebsvereinbarungen mit in das Arbeitsverhältnis transformiertem Tarifrecht findet das **Günstigkeitsprinzip** Anwendung. Es wäre auch dann zu beachten, wenn es sich bei den transformiertem Kollektivrecht um eine vertragliche Einheitsregelung handeln würde. **184**

---

175 *Erman/Hanau*, § 613a BGB Rn. 92; MK-*Schaub*, § 613a BGB Rn. 34 ff.;
176 BAG GS 16.9.1987, BB 1987, 265;

185 Eine Betriebsvereinbarung kann den Inhalt des Arbeitsvertrags nicht verändern. Ihr kommt **keine ablösende Wirkung** in dem Sinne zu, dass die Normen der Betriebsvereinbarung an die Stelle der vertraglichen Vereinbarung treten. Die für die Geltungsdauer der Betriebsvereinbarung lediglich verdrängten arbeitsvertraglichen Normen leben danach wieder auf und bilden die für das Arbeitsverhältnis maßgebende Regeln.[177]

cc) Tarifverträge

186 Tarifverträge mit günstigeren Regelungen als die in den Arbeitsvertrag transformierten Kollektivnormen gehen dem Arbeitsvertrag nach dem **Günstigkeitsprinzip** vor. Sind sie ungünstiger, hat der Arbeitsvertrag Vorrang.

187 Tarifverträge dürfen ebenso wie Betriebsvereinbarungen den Inhalt des Arbeitsvertrags nicht **verändern** oder **ablösen**.

VI. Verdrängung von Verbands- und Firmentarifverträgen durch andere Tarifnormen (§ 613a Abs. 1 Satz 3)

1. Grundlagen

a) Norminhalt

188 Ist der neue Inhaber nicht Mitglied desselben Verbandes, sondern selbst an einen anderen Tarifvertrag gebunden, dann kommt für den bisherigen Tarifvertrag weder § 3 Abs. 3 TVG, noch eine Transformation der Normen gem. § 613a Abs. 1 Satz 2 BGB in Betracht. Sie werden statt dessen unter bestimmten Voraussetzungen gem. § 613a Abs. 1 Satz 3 BGB von den beim neuen Inhaber geltenden Tarifverträgen **abgelöst**, um die Vereinheitlichung der Arbeitsbedingungen zu erleichtern.[178]

189 Zur Lösung des Kollisionsproblems durch das Zusammentreffen des alten und neuen Tarifvertrags gilt nicht das Günstigkeitsprinzip,

---

177 BAG 21.9.1989, DB 1990, 692;
178 BT-Drucks. 8/3317, S. 11;

sondern die **Zeitkollisionsregel** wonach der jüngere Tarifvertrag an die Stelle des älteren tritt unabhängig davon, ob die jüngere für Arbeitnehmer günstiger ist als die ältere Norm.[179]

Folgendes Schaubild verdeutlicht **Voraussetzungen** und **Rechtsfolgen** der Verdrängung der Normen eines Verbands- oder Firmentarifvertrags durch die beim neuen Inhaber gelten Normen. **190**

b) Übersicht

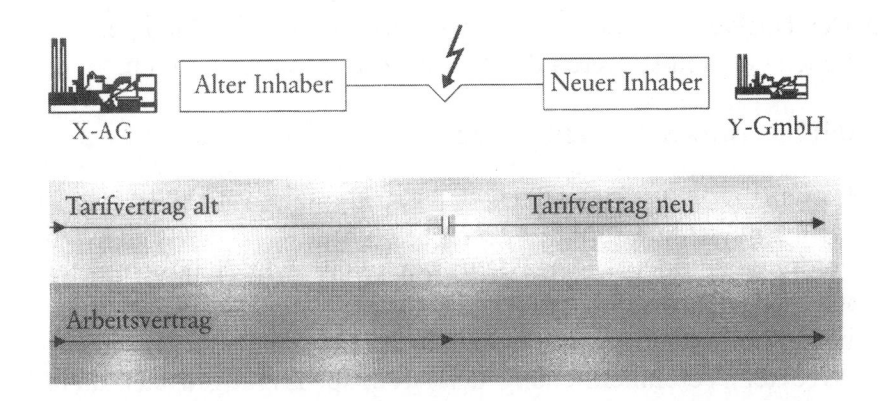

```
 ┌─────────────┐    ⚡    ┌──────────────┐
 │ Alter Inhaber├─────────┤ Neuer Inhaber│
 └─────────────┘          └──────────────┘
   X-AG                                Y-GmbH

   Tarifvertrag alt          Tarifvertrag neu
   ─────────────────────┤├───────────────────►

   Arbeitsvertrag
   ──────────────────────────────────────────►
```

2. Anwendungsvoraussetzungen der verdrängenden Wirkung eines anderen Tarifvertrags

a) Anderer Tarifvertrag

aa) Tarifvertrag

Es muss sich überhaupt um einen Tarifvertrag handeln, zu dessen Wesensmerkmalen sein **normativer Charakter** durch verbindliche Regelung der Rechte und Pflichten des Arbeitnehmers gegenüber dem Arbeitgeber zählt. Eine Lohnregelung mit einer Mischung tariflicher und individualrechtlicher Elemente ist z.B. in ihrer Gesamtheit keine tarifliche Regelung, der eine ablösende Wirkung zukommt.[180] **191**

---

179 BAG 16.5.1995, NZA 1995, 1166
180 LAG Hamm 27.7.1999, DB 2000, 95;

bb) Alle Arten von Tarifverträgen

192 Bei dem neuen Betriebsinhaber muss **überhaupt** ein anderer Tarifvertrag gelten. Seine Art ist unerheblich. Es kommt deshalb nicht darauf an, ob es sich um einen Firmen-, Anerkennungs- oder Verbandstarifvertrag handelt oder ob der Tarifvertrag für allgemeinverbindlich erklärt wurde.

cc) Geltungsbereich

193 Der Tarifvertrag muss in den fachlichen, räumlichen und persönlichen **Geltungsbereich** der Arbeitsvertragsparteien fallen.

dd) Nachwirkender Tarifvertrag

194 Gelten bei dem neuen Inhaber nachwirkende Tarifvertragsnormen, dann stellt sich die Frage, ob sie das alte Tarifvertragsrecht verdrängen können. Dies ist zu zweifelhaft, weil lediglich nachwirkende Tarifnormen jederzeit durch andere ersetzt werden können. Geht man von der durch § 613a Absatz 1 Satz 3 bezweckten Vereinheitlichung der Arbeitsbedingungen aus, dann ist auch lediglich nachwirkenden Tarifnormen eine **ablösende Wirkung** zuzurechnen.[181]

ee) Keine Verdrängung durch Betriebsvereinbarung

195 Eine beim neuen Inhaber geltende Betriebsvereinbarung kann nur tarifvertragliche Rechte mit **identischem Regelungsgegenstand** verdrängen. Bei nicht identischem Gegenstand ist dies auch dann nicht möglich, wenn eine bestehende Tarifpluralität beseitigt werden soll.[182]

196 Dieses Ergebnis ergibt sich zwar nicht unmittelbar aus dem Wortlaut, wohl aber aus der in §§ 77 Abs. 3, 87 Abs. 1 Satz 1 Be-

---

[181] *Erman/Hanau*, § 613a BGB Rn. 95;
[182] *Staudinger-Richardi*, BGB, § 613a BGB, Rn. 171; Willemsen-*Hohenstatt*, E 169; DKK – *Berg*, BetrVG, § 77 Rn. 39; Kittner/Däubler-*Zwanziger*, Rn. 66; a.A. ErfK-*Preis*, § 613a BGB Rn. 80; *Moll*, RdA 1996, 275 [283 f.]; Kittner/Zwanziger-*Bachner*, § 117 Rn. 66; *Zöllner*, DB 1995, 1401 [1408]; *Gamillscheg*, Koll. Arbeitsrecht I, S. 785;

trVG verankerten Vorrang des Tarifvertrag vor Betriebsvereinbarungen, der bei der Auslegung des § 613a Abs. 1 Satz 3 BGB zu berücksichtigen ist und einer Vereinheitlichung der Arbeitsbedingungen durch Betriebsvereinbarung entgegen steht. Das in den Arbeitsvertrag transformierte Recht ist Individualrecht, das sich von den übrigen arbeitsvertraglichen Vereinbarungen dadurch unterscheidet, dass es sich hierbei rechtssystematisch um Tarifnormen handelt.[183]

Dynamische Blankettverweisungen in einer Betriebsvereinbarung, die einen für den Betrieb geltenden Tarifvertrag mit der Folge übernehmen sollen, dass der Tarifvertrag auf nichtorganisierte oder andersorganisierte Arbeitnehmer eines Betriebs ausgedehnt werden soll, sind deshalb unzulässig.[184] **197**

> **Beispiel:** *Ein beim alten Inhaber geltender Tarifvertrag der IG Metall enthält zwei Sonderzahlungen. Der nicht tarifgebundene neue Inhaber schließt mit dem Betriebsrat eine Betriebsvereinbarung ab, die eine mit der CGM abgeschlossenen Haustarifvertrag identisch übernimmt, um so seine Verbindlichkeit auch für nicht organisierte Arbeitnehmer zu gewährleisten.*
> *Die Betriebsvereinbarung löst nicht die tarifvertraglichen Ansprüche des bei dem alten Inhaber gelten Tarifvertrags ab.*

b) Geltung des anderen Tarifvertrags bei Betriebsübergang

aa) Zeitpunkt des Betriebsübergangs

Der Tarifvertrag muss nach dem Wortlaut („geregelt werden") und seinem Schutzzweck zum **Zeitpunkt des Betriebsübergangs** für das Arbeitsverhältnis **gelten**. Der neue Arbeitgeber soll vom Erfordernis einer (Änderungs-) Kündigung nicht befreit **198**

---

183 BAG, DB 1992, 1579 ff. [1582]; Staudinger-*Richardi*, BGB, § 613a BGB, Rn. 171; DKK – *Berg,* BetrVG, § 77 Rn. 39; *Dietz/Richardi,* BetrVG, § 77 Rn. 220; FKHE, BetrVG, § 77 Rn. 66; *Kania,* DB 1995, S. 625 ff. [626]; Kittner/Däubler-Zwanziger, Rn. 66; a.A. ErfK-*Preis,* § 613a BGB Rn. 80; Moll, RdA 1996, 275 [283 f.]; Kittner/Zwanziger-*Bachner*, § 117 Rn. 66;
184 LAG Hamburg 7.6.1995, CR 1996, 90 und CR 1997, 159 (*Feudner*) zum Tarifwechsel der IBM;

werden, wenn er den neuen Tarifvertrag erst nach erfolgtem Betriebsübergang trifft.[185]

199 Hierfür spricht auch die **Gesetzessystematik**, wonach sich § 613a Abs. 1 Satz 3 BGB auf die Transformation tarifvertragliche Rechte gem. Satz 2 bezieht und Satz 2 stets auf den Zeitpunkt des Betriebsübergangs abstellt. Dann kann im Rahmen des Satz 3 nichts anderes gelten. Andernfalls müsste auch Satz 2 so extensiv ausgelegt werden, dass auch noch **später begründete tarifvertragliche Ansprüche** in den Einzelarbeitsvertrag transformiert werden können.

bb) Nachträglicher Abschluss zulässig?

200 Der Tarifvertrag muss nach der Rechtsprechung des BAG **nicht bereits** unmittelbar zum Zeitpunkt des Betriebsübergangs **gelten**. Tritt er z.B. erst wenige Monate nach dem Betriebsübergang in Kraft oder wird der Betrieb kurze Zeit nach dem Übergang vom Geltungsbereich eines bereits bestehenden Tarifvertrags erfasst, dann soll dies der ablösenden Wirkung nicht entgegen stehen. Der Gesetzeswortlaut widerspreche dem nicht. Der Gesetzgeber hat insoweit dem Prinzip der Tarifeinheit Vorrang eingeräumt und zum Ausdruck gebracht, dass ein Arbeitnehmer des Schutzes der bisher für ihn geltenden tariflichen Vorschriften nicht bedürfe, wenn er durch neue, für den Betriebserwerber geltende Tarifvorschriften geschützt sei.[186]

201 Eine mehr als einjährige Zeitspanne ist auf jeden Fall zu lang. Denn „aus dem Umstand, dass § 613a Abs. 1 Satz 3 BGB eine Regelung der Folgen des Betriebsübergangs darstellt, folgt, dass auch ein zeitlicher Zusammenhang mit diesem vorliegen muss, der nach mehr als einem Jahr nicht mehr ersichtlich ist".[187] Ein **enger zeitlicher Zusammenhang** ist erforderlich.[188]

---

185 MK-*Schaub*. § 613a BGB Rn. 134 ff.; *Henssler,* NZA 1994, 914;
186 BAG 19.3.1986, AP Nr. 49 zu § 613a BGB = 1986, 1575; 20.4.1994, DB 1994, 2629 f.; 16.5.1995, DB 1995, 2074 f.;
187 ArbG Mainz 27.8.1996 – 9 Ca 3009/94;
188 A.A. Moll, RdA 1996,275 [282], wonach überhaupt kein zeitlicher Zusammenhang mit dem Betriebsübergang erforderlich sei; Kittner/Zwanziger-*Bachner,* § 117, Rn. 19;

c) Beidseitige Tarifbindung beider Arbeitsvertragsparteien

aa) Grundsätze

Die Ablösung gem. § 613a Abs. 1 Satz 3 BGB setzt **beidseitige** **202** **Tarifbindung** voraus. Nicht nur der Arbeitgeber, sondern auch der Arbeitnehmer muss deshalb an einen nicht allgemeinverbindlichen Tarifvertrag des neuen Betriebsinhaber gebunden sein. Ist nur der Arbeitgeber an einen Tarifvertrag mit Inhalts-, Abschluss- und Beendigungsnormen gebunden, kann er keine ablösende Wirkung entfalten. Weiterhin muss auch der Arbeitnehmer sein. Liegt diese Voraussetzung nicht vor, dann bleibt es bei der Transformation tarifvertraglicher Rechte gem. § 613a Abs. 1 BGB.[189] Der gegenteiligen Auffassung[190] kann nicht gefolgt werden.

Hat also z.B. der Arbeitgeber einen vielleicht **schlechteren Fir- 203 mentarifvertrag** abgeschlossen und ist er damit tarifgebunden, dann reicht dies nicht zur Anwendung der Ausnahmevorschrift.

Beispiel: Für die Arbeitnehmer der X-AG gilt der Tarifvertrag der chemischen Industrie. Arbeitnehmer A ist nicht Gewerkschaftsmitglied. Für ihn gilt der Tarifvertrag durch vertraglich vereinbarte Bezugnahmeklausel. Seine Abteilung wird an die Maschinenbaufirma Y verkauft, die nicht tarifgebunden ist, aber in den fachlichen Geltungsbereich der Tarifvertrag der Metallindustrie fallen würde.
Die Bezugnahmeklausel wird i.d.R. diesen Wechsel von einem im Betrieb geltenden Tarifnormen zu einem anderen ohne geltende Tarifnormen nicht vorgesehen haben. Deshalb können der neue Inhaber Y und der Arbeitnehmer A die Geltung des Metalltarifvertrags innerhalb der Jahresfrist des § 613a Absatz 1 Satz 2 BGB arbeitsvertraglich vereinbaren.

---

189 BAG 21.2.2001 – 4 AZR 18/00 –, BB 2001, 783; BAG 30.8.2000, BB 2001, 782, BAG 16.5.1995, AP Nr. 15 zu § § 4 TVG Ordnungsprinzip; 20.4.1994, AP Nr. 108 zu § 613a BGB; 1.4.1987, AP Nr. 64 zu § 613a BGB; LAG Berlin 9.10.1998, LAGE § 613a BGB Nr. 75; ArbG Stuttgart 17.7.1998, NRA-RR 1998, 550; LAG Hamburg 7.6.1995, AuR 1996, 75; ArbG Mainz 27.7.1995, AuR 1996, 240; ArbG Lübeck 15.8.1996, AuR 1997, 166; *Hanau*, RdA 1998, 65 [69 f.]; *Kempen/ Zachert*, § 3 TVG, Rn. 60 f.; *Kania*, DB 1994, 529 [530]; ders. DB 1995, 626; Kittner/Zwanziger-*Bachner*, § 117 Rn. 21; Soergel-*Raab*; BGB, Bd. 4/1, 12. Aufl. 1998, § 613a Rn 125; MünchArbR/*Wank*, § 120, Rn. 217;
190 LAG Schleswig-Holstein 4.3.1998, NZA-RR 2000, 251; LAG Köln 30.9.1999, NZA-RR 2000, 179; *Heinze*, DB 1998, 1861; ders., FS Schaub, 1998, 275 [290f.]; *Henssler*, FS Schaub, 311 [319 f.]; *Hromadka*, DB 1996, 1872; Moll, RdA 1996, 275; *Seitz/Werner*, NZA 2000, 1257; *Willemsen/Hohenstatt*, Rn. E 109 ff.; *Zöllner*, DB 1995, 1401 [1404];

204 Eine beidseitige Tarifbindung i.S. d. § 613a Abs. 1 Satz 3 BGB besteht nicht, wenn eine Nicht-DGB-Gewerkschaft den Tarifvertrag einer DGB-Gewerkschaft ablöst und auch dann, wenn ein Tarifvertrag einer DGB – Gewerkschaft durch den einer anderen DGB – Gewerkschaft abgelöst wird. Das ist nur möglich, wenn es sich um **Tarifverträge derselben Gewerkschaft** handelt.[191]

bb) Praktische Bedeutung

205 Die **praktische Bedeutung** der notwendigen beidseitigen Tarifbindung ist erheblich. § 613a Abs. 1 Satz 3 BGB kann nicht als „Keule gegen Arbeitnehmer" eingesetzt werden, um ihre tarifvertraglichen Rechte „auf kaltem Weg" abzulösen. Gegenteilige Vorschläge[192] zeugen von einem bedenklichen Verständnis von Koalitionsfreiheit, Vertragstreue und Rechtsstaat, wenn sich ein Arbeitgeber durch Abschluss eines Tarifvertrags mit einer Gewerkschaft, die nicht einmal ein Mitglied im Betrieb haben muss, von geltenden Tarifverträgen verabschieden könnte.

> **Beispiel:** *Für die X- GmbH gelten in Deutschland die Tarifverträge der IG Metall, von denen sich die Geschäftsführung wegen zu kurzer Regelarbeitszeiten lösen möchte. Sie nimmt Verhandlungen mit einer anderen Gewerkschaft auf, die kaum Mitglieder in dem Unternehmen hat. Das bisher einheitliche Unternehmen wird in mehrere Unternehmen aufgespalten, die mit der anderen Gewerkschaft einen Firmentarifvertrag mit längeren Regelarbeitszeiten abschließen.*[193]

---

191 A.A. *Hanau*, Das Arbeitsrecht der Gegenwart,, Bd. 34,(1997), S. 29; ders. RdA, 1998, 65 [70]; *Kania*, DB 1996, 1921;

192 *Heinze*, FS Schaub, 275 [290f.]; ders., DB 1998, 1861; *Henssler*, FS Schaub, S. 311 [319 f.]; Moll, RdA 1996, 275;

193 Die praktische Bedeutung dieses Beispiels verdeutlicht der ehemalige Geschäftsführer der IBM Deutschland GmbH Hans Olaf Henkel. Er schildert den Tarifwechsel zur Durchsetzung der von ihm angestrebten Verlängerung regelmäßiger Arbeitszeiten über die Köpfe der Gewerkschaftsmitglieder im Unternehmen hinweg: „Letzten Endes legalisierte die DAG mit ihrer Unterschrift das, was wir mit unserem eigenen Betriebsrat vorher ausgehandelt hatten" (*Henkel*, Jetzt oder nie, S. 165). „Was halten Sie von folgenden Vorschlag?", fragte ich Issen. 'Wir verhandeln über die Arbeitszeit direkt mit unserem Betriebsrat, und mit dem Ergebnis kommen wir dann zu Ihnen. Dann machen wir gemeinsam einen Haustarifvertrag daraus'. Im Handumdrehen war nicht länger die IG Metall mein Verhandlungspartner, sondern die Deutsche Angestellten Gewerkschaft, obwohl diese in unserem Haus kaum Mitglieder hatte" (*Henkel*, Die Macht der Freiheit, S. 177 f.);

Dieser neue Tarifvertrag gilt nur für die Mitglieder dieser Gewerkschaft, während die tarifvertraglichen Rechte aller IG Metall Mitglieder gem. § 613a Absatz 1 Satz 2 in den Arbeitsvertrag transformiert werden. Es kommt also nicht auf die alleinige Tarifbindung des Arbeitgebers an, sondern auch die betreffenden Arbeitnehmer müssen an den neuen Tarifvertrag gebunden sein.

Ein anderer Tarifvertrag kann deshalb einen beim alten Inhaber **206** geltende tarifliche Regelungen nur dann ablösen, wenn er entweder **allgemeinverbindlich** ist oder von **derselben Gewerkschaft** abgeschlossen wurde. Schließt ihn eine andere Gewerkschaft ab, kann seine originäre Geltung durch Nichtbeitritt zu dieser Gewerkschaft verhindert werden.[194]

cc) Auslegungsmaxime

§ 613a BGB ist insgesamt und speziell bei Satz 3 so auszulegen, **207** dass für Arbeitnehmer keine „Schlechterstellung durch den Betriebsübergang"[195] erfolgt. Arbeitnehmer dürfen also durch einen Betriebsübergang nicht **schlechter gestellt** werden, als dies ohne ihn der Fall gewesen wäre. Dieser Grundsatz ist auch als Auslegungsmaxime bei § 613a Abs. 1 Satz 3 BGB heranzuziehen.

dd) Gründe für beidseitige Tarifbindung

Die beidseitige Tarifbindung ist aus mehreren Gründen notwen- **208** dige Voraussetzung einer Verdrängung bisher geltender Tarifnormen:

(1) Wortlaut

Die notwendige beidseitiger Tarifbindung ergibt sich bereits aus **209** dem **Wortlaut**, wonach die „Rechte und Pflichten durch Rechtsnormen eines Tarifvertrags ... geregelt" werden. Dies ist jedoch bei fehlender beidseitiger Tarifbindung gerade nicht der Fall.

Eine Abweichung von § 4 Absatz 1 Satz 1 TVG hätte darüber **210** hinaus eine klarere Formulierung vorausgesetzt. Deshalb ist

---

194 *Kittner/Däubler/Zwanziger*, § 613a BGB Rn. 67;
195 *Kania*, DB 1996, 1921 [1923];

diese restriktive Auslegung durch den Wortlaut des § 613a Absatz 1 Satz 3 BGB geboten.

(2) Normzweck

211 Eine zur Ablösung tariflicher Ansprüche als ausreichend erachtete einseitige Tarifbindung würde § 613a Abs. 1 Satz 3 BGB **ihres Sinnes entleeren**. Die Vorschrift soll den Konflikts zwischen der Veränderungssperre des Satz 2 einerseits und der unmittelbaren und zwingenden Wirkung von Tarifnormen gem. § 4 Abs. 1 TVG andererseits durch Vorrang tariflicher Regelungen aufgrund beiderseitiger Tarifbindung lösen. Dabei sind folgende Überlegungen zu berücksichtigen:

– **Negative Koalitionsfreiheit des Arbeitnehmers**

212 Eine Anwendung des § 613a Absatz 1 Satz 3 BGB bei nur einseitiger Tarifbindung des Arbeitgebers würde dazu führen, dass ein Tarifvertrag angewandt wird, dessen **Geltung** Arbeitnehmer durch ihren Nichtbeitritt gerade **nicht gewollt** hatten.[196] Die negative Koalitionsfreiheit schützt Arbeitnehmer jedoch gerade vor dieser Konsequenz.[197]

– **§ 3 TVG durch § 613a BGB nicht abbedungen**

213 § 3 Abs. 1 TVG setzt für eine Tarifbindung stets voraus, dass es sich um Mitglieder der Tarifvertragspartei handelt oder der Arbeitgeber selbst Tarifvertragspartei ist. Diese Norm ist durch § 613a BGB **nicht abbedungen**.[198]

214 Bei nur einseitiger Tarifbindung des Arbeitgebers können die Parteien eines Tarifvertrags nur dann verbindliche Regelungen treffen, wenn es sich hierbei gem. § 3 Abs. 2 TVG um betriebliche oder betriebsverfassungsrechtliche Fragen handelt. Diese **Beschränkung der Normgeltung** bei nur einseitiger Tarifbin-

---

196 LAG Hamburg 7.6.1995, ArbuR 996, 77; MK/Schaub, § 613a BGB Rn. 134 ff.; *Boecken*, Rn. 194; Kittner/Zwanziger-*Bachner*, § 117, Rn 10,
197 BAG GS 29.11.1967, DB 1968, 1539; 19.3.1986, AuR 1996, 241; LAG Hamburg 7.6.1995, AuR 1996, 75; ArbG Mainz 27.7.1995, AuR 1996, 240; ArbG Lübeck 15.8.1996, AuR 1997, 166;
198 *Wiedemann/Oetker/Wank*, TVG, § 199 Rn. 199;

dung auf Betriebsnormen durch den Gesetzgeber kann nicht durch extensive Auslegung des § 613a Abs. 1Satz 3 BGB ausgeweitet werden.

– Tarifvielfalt statt Tarifeinheit

Der Grundsatz der **Tarifeinheit verdrängt nicht** die abschließende Sonderregelung des § 613a Abs.1 Sätze 2-4 BGB. Eine vom Arbeitgeber als notwendig erachtete Vereinheitlichung der Arbeitsbedingungen kann nicht kollektivrechtlich nach § 613a Abs. 1 Satz 3 BGB erreicht werden, sondern nur individualrechtlich nach § 613a Abs. 1 Satz 4 Alt. 2 BGB. Ihr Normzweck besteht gerade darin, dem Betriebserwerber die Möglichkeit zu geben, die Geltung eines Tarifvertrags, an den nur er gebunden ist, mit einem nicht tarifgebundenen Arbeitnehmer zu vereinbaren.[199] 215

– Abschließende Sonderregelung des § 613a Abs. 1 BGB

Im Bereich des § 613a BGB findet der **Grundsatz der Tarifeinheit** im Betrieb **keine Anwendung**. Aus der Konzeption des § 613a Abs. 1 Sätze 1–4 BGB ergibt sich, dass es sich um eine abschließende Sonderregelung für den Betriebsübergang handelt.[200] 216

§ 613a Abs. 1 Satz 3 BGB soll die **Vereinheitlichung der Arbeitsbedingungen** beim neuen Betriebsinhaber nicht in allen denkbaren Konstellationen herbeiführen, sondern nur unter bestimmten gesetzlich geregelten Voraussetzungen. Dies zeigt schon die Systematik des § 613a Abs. 1 BGB, die eine **differenzierte Grundsatz-Ausnahme-Regelung** enthält und damit die Tarifeinheit im Betrieb nicht um jeden Preis wahren will. 217

§ 613a BGB ist insoweit auch **nicht lückenhaft**, so dass kein Ablass zu einer analogen Anwendung des § 613a Abs. 1 Satz 3 BGB auch für nur einseitige Tarifbindung des Arbeitgebers be- 218

---

199 ArbG Lübeck 5.3.1997, 5 Ca 534/96; *Kania*, DB 1994, 529 [530]; vgl. auch zum Grundsatz der Tarifeinheit und dennoch zulässiger Tarifvielfalt unter F I. 4.;
200 ArbG Mainz 27.7.1995, AuR 1996, 240; 27. 8. 1996 – 9 Ca 3009/94; *Erman/ Hanau*, § 613a BGB Rn. 93; *Kania*, DB 1995, 625 ff.; a.A. *Zöllner*, DB 1995, 1401; *Hromadka*, DB 1996, 1872;

steht. Sie ist auch nicht analogiefähig, da sie auf der Umsetzung der EG-Richtlinie 77/187/EWR vom 14.2.1977 in nationales Recht beruht.

ee) Gesetzessystematik

219 Auch systematische Gründe sprechen **gegen eine einseitige Tarifbindung:**

220 – Zur Lösung der Konkurrenz zwischen zwei Tarifverträgen hat der Gesetzgeber § 613a Abs. 1 Satz 4 BGB vorgesehen, wonach bei fehlender beidseitige Tarifbindung ein Tarifvertrag durch arbeitsvertragliche Vereinbarung abgelöst werden kann.[201] Würde bereits eine einseitige Tarifbindung ausreichen, dann wäre § 613a Abs. 1 Satz 4, 2.Alternative **überflüssig**, wonach nur bei fehlender Tarifbindung beider Arbeitsvertragsparteien bereits vor Ablauf der Jahresfrist die Anwendung eines anderen Tarifvertrags vereinbart werden kann.

221 – Bei Anwendung des § 4 TVG und des **Grundsatzes der Tarifeinheit** wäre § 613a Abs. 1 Satz 3 BGB selbst überflüssig. § 613a Abs. 1 Satz 3 BGB schließt die Transformation tarifvertraglicher Rechte in den Einzelarbeitsvertrag aus und damit auch die Anwendung des Günstigkeitsprinzips gem. § 4 Abs. 3 TVG. Bei alleiniger Anwendung des § 4 TVG würden dann wegen i.d.R. fehlender beidseitiger Tarifbindung tarifvertragliche Rechte stets in den Arbeitsvertrag transformiert.[202]

d) Identischer Regelungsbereich beider Tarifverträge

222 Die beim neuen Inhaber geltenden Tarifverträge können die alten nur dann verdrängen, wenn „derselbe Regelungsgegenstand"[203] geregelt wird. Dies ist nicht pauschal, sondern nur durch einen **konkreten Vergleich** der einzelnen Sachverhalte zu ermitteln. Besteht nach einem solchen konkreten Prüfung keine vergleich-

---

201 *Hanau*, RdA 1998, 65 [69];
202 ArbG Mainz 27.8.1996 – 9 Ca 3009/94;
203 BAG 20.4.1994, AP Nr. 108 zu § 613a BGB = AiB 1995, 194;

bare Regelung, dann führt dies nicht zur Ablösung gem. § 613a Abs. 1 Satz 3 BGB.[204] Bleiben also bestimmte Bereiche in einem beim neuen Betriebsinhaber geltender Tarifvertrag ungeregelt und deckt sich damit der Regelungsgegenstand nicht, dann findet **keine Ablösung** statt und die bisherigen tarifvertraglichen Rechte bleiben erhalten.

> **Beispiel:** *Ein beim alten Inhaber geltender Tarifvertrag gewährt eine im November fällig werden Sonderzahlung als Weihnachtsgeld und kein zusätzliches Urlaubsgeld. Beim neuen Inhaber gilt dagegen nur ein Tarifvertrag, der eine jährliche Einmalzahlung im Mai als Urlaubsgeld und kein Weihnachtsgeld gewährt.*
> *Weihnachts- und Urlaubsgeld sind nicht identisch. Der tarifvertragliche Anspruch auf Weihnachtsgeld wird in den Arbeitsvertrag transformiert und tritt neben den tarifvertraglichen Anspruch auf Urlaubsgeld, wenn eine beidseitige Tarifbindung besteht.*

Der für eine Ablösung vorausgesetzte „**identische Regelungsbereich**" wird nicht dadurch obsolet, dass Sachgruppen gebildet und dann miteinander verglichen werden. Auf diese Weise sollen z.B. alle Arbeitsentgelte die Sachgruppe Entgelte bilden mit der Folge, dass ein Tarifvertrag für Sonderzahlungen (z.B. Zahlung des 13. Monatsentgelts, Urlaubsgelds etc.) abgelöst werden könnte durch einen anderen, der z.B. nur 12 Monatsgehälter vorsieht.[205] **223**

3. Rechtsfolge: Verdrängung des alten Tarifrechts

a) Günstigkeitsprinzip?

Die Normen des bei dem neuen Betriebsinhabers geltenden Tarifvertrags finden auf das Arbeitsverhältnis Anwendung und **224**

---

[204] BAG 20.4.1994, AP Nr. 108 zu § 613a BGB = AiB 1995, 194; *Erman/Hanau*, § 613a BGB Rn. 96;

[205] A.A. *Hanau*, RdA 1998, 65 [70], der von der Sachgruppe Arbeitsentgelte nur die betriebliche Altersversorgung ausschließen will, die er allein als abgrenzbar ansieht; *Nicolai*, SAE 1995, 205 f.; Soergel-*Raab*, § 613a BGB Rn. 126; *Zöllner*, DB 1995, 1401 [1403];

können die Arbeitsbedingungen auch **verschlechtern**. Das Günstigkeitsprinzip gilt nicht.²⁰⁶

Beispiel: *Das Maschinenbauunternehmen X-AG gliedert die Kantine an ein Catering-Unternehmen aus, für das ein anderer Tarifvertrag gilt.*
Es finden dann nach § 613 a Abs. 1 Satz 3 BGB die Normen des neuen Tarifvertrags Anwendung, wenn beide Parteien, also auch die Arbeitnehmer an den neuen Tarifvertrag gebunden sind. Es findet nicht die jeweils günstigste Norm Anwendung.

b) Verdrängung nur für die Zukunft

225 Der neue Tarifvertrag verdrängt den alten nur für die Zeit **nach dem Betriebsübergang.** Bereits bestehende oder erwachsene Anwartschaften können nicht oder nur unter den auch sonst geltenden Voraussetzungen²⁰⁷ rückwirkend verdrängt werden. Bereits erwachsene Versorgungsanwartschaften bleiben deshalb erhalten.²⁰⁸

226 Das bei dem neuen Betriebsinhaber gelten Tarifrecht kann das alte Tarifrecht nur für die **Zukunft** verdrängen. In bereits erworbene Anwartschaften muss der neuen Inhaber deshalb eintreten. Einzelvertraglich können Besitzstandsregelungen getroffen werden.²⁰⁹

c) Verdrängung auch des in den Arbeitsvertrag transformierten Tarifrechts

227 § 613a Abs. 1 Satz 3 BGB ist nicht bei Ablösung des einen Tarifvertrags durch einen anderen anzuwenden, sondern auch auf die **Ablösung** des nach § 613a Abs. 1 Satz 2 **bereits transformierten, individualrechtlich geltenden Tarifrechts.**²¹⁰ Ob dies

---

206 BAG 16.5.1995, AP Nr. 15 zu § 4 TVG Ordnungsprinzip; 19.11.1996, NZA 1996, 1997, 890 zum Urlaub;
207 BAG 3.11.1882, DB 1983, 722 f.;
208 BAG 22.6.1978, 15.3.1879, 17.1.1980, AP Nrn. 12,15, 18 zu § 613a BGB; MK-*Schaub*, § 613a BGB Rn. 141; *Schaub*, § 119 III., 1.; *Staudinger/Richardi*, § 613a BGB Rn. 171;
209 *Schaub*, Arbeitsrechtshandbuch, § 119 Rn. 14;
210 BAG 20.4.1994, AiB 1995, 194;

allerdings auch für einen zweiten Betriebsübergang innerhalb der Jahresfrist gilt, ist vom BAG offen gelassen worden und zu verneinen.

Durch einen Tarifvertrag können tarifvertragliche Ansprüche auch eingeschränkt und **verschlechtert** werden.[211] **228**

Die Ablösung bezieht sich nicht auf alle arbeitsvertraglichen Vereinbarungen, sondern nur auf das in den Arbeitsvertrag transformierte **Kollektivrecht**. **229**

Beide individualvertragliche Regelungsebenen finden nebeneinander Anwendung. Auf ihr Verhältnis findet das **Günstigkeitsprinzip** Anwendung. Soweit in den Arbeitsvertrag transformierte Normen eines Tarifvertrags günstiger sind als die bisherige arbeitsvertragliche Vereinbarung, **verdrängen** sie diese lediglich für die Dauer ihrer Wirkung, machen sie aber nicht nichtig.[212] **230**

Ist die Geltung eines Tarifvertrags arbeitsvertraglich vereinbart worden, dann gilt diese **Bezugnahmeklausel** weiter. Sie wird nicht in analoger Anwendung des § 613a Abs. 1 Satz 3 BGB abgelöst mit der Folge, dass an die Stelle des ursprünglich gewollten Tarifvertrags automatisch ein ganz anderer tritt.[213] Dies wäre mit dem im Verhältnis von Arbeits- und Tarifvertrag geltenden Günstigkeitsprinzip unvereinbar (vgl. unten VII.). **231**

d) Rückwirkende Verdrängung?

Tritt der Erwerber erst später dem Arbeitgeberverband bei, dann soll der Verbandstarifvertrag bereits in den Arbeitsvertrag **transformiertes Tarifrecht ablösen** können.[214] Dies ist unzutreffend. Wenn § 613a Abs. 1 Satz 2 BGB nur eine statische Sicherung enthält und dabei auf den Zeitpunkt des Betriebsübergangs abstellt, dann darf für die Verdrängung gem. § 613 a Abs. 1 Satz 3 BGB **232**

---

211 BAG 16.5.1995, NZA 1995, 1166;
212 BAG 21.9.1989, DB 1990, 692; *Erman/Hanau* § 613a BGB Rn. 95; MK-*Schaub*, § 613a BGB Rn. 45;
213 A.A. *Erman/Hanau*, § 613a BGB Rn. 97;
214 LAG Brandenburg 10.3.1992, LAGE § 613a BGB Nr. 24;

nicht anders gelten. Auch sie kann deshalb frühestens ab dem Betriebsübergang Tarifrecht ablösen.

e) Mindestens einjähriger Bestandsschutz

233 Nach Teil II Artikel 3 Absatz 3 der europäischen Richtlinie 98/50/EG vom 29.6.1998 (vgl oben unter E I 6 b) hat der Erwerber den in einem Kollektivvertrag vereinbarten Arbeitsbedingungen bis zur Kündigung, zum Ablauf des Kollektivvertrags, zum Inkrafttreten oder zur Anwendung eines anderen Kollektivvertrags in dem gleichen Maße aufrechtzuerhalten, wie sie in dem beim Veräußerer geltenden Kollektivvertrag vorgesehen waren. Die Mitgliedsstaaten der Europäischen Gemeinschaft können den Zeitraum der Aufrechterhaltung begrenzen, allerdings darf dieser nicht weniger als ein Jahr betragen.

Dem Wortlaut der Richtlinie ist der gesetzgeberische Wille zu entnehmen, dass Tarifverträge und Betriebsvereinbarungen für einen Zeitraum von mindestens einem Jahr unverändert fortgelten sollen. Dies ist auch bei der Anwendung des § 613a Abs. 1 Satz 3 BGB zu berücksichtigen. Diese Norm ist deshalb europarechtskonform so auszulegen, dass die beim neuen Inhaber geltende Kollektivnormen die alten Arbeitsbedingungen frühestens nach Ablauf eines Jahres ablösen können.

Rechtssystematische Überlegungen bestätigen dieses Ergebnis:

- Die Aufrechterhaltung für ein Jahr korrespondiert mit der unbefristeten Sicherung kollektivrechtlicher Ansprüche gem. § 613a Abs. 1 Satz 2 BGB durch Transformation in den Arbeitsvertrag und dem einjährigen Verschlechterungsverbot (vgl. unten E V). Die Regelungen in § 613a Abs. 1 Satz 2 und 3 BGB setzen die allgemeine gesetzgeberische Zielsetzung nur für unterschiedliche Fallgestaltungen um. Während Satz 2 die bei dem alten Inhaber geltenden Kollektivrechte bei einem Übergang zu einem ungebundenen Übernehmer sichert, gewährleistet Satz 3 diese Rechte bei dem Übergang zu einem an Kollektivrechte gebundenen Betriebsübernehmer.

- Es werden unlösbare Wertungswidersprüche vermieden. Wären die kollektivrechlichen Ansprüche der Arbeitnehmer ausgerechnet dann schlechter gesichert, wenn bei dem neuen Inhaber andere Betriebsvereinbarungen und Tarifverträge gälten, dann wären die betroffenen Arbeitnehmer bei dem neuen Inhaber hierdurch schlechter als die Arbeitnehmer gestellt, die in einen Betrieb ohne Tarifvertrag und Betriebsvereinbarung wechseln. Dieses Ergebnis wäre weder mit der Bedeutung noch der sozialen Sicherungsfunktion dieser Kollektivverträge vereinbar, die die Arbeitnehmer nicht schlechter, sondern allenfalls besser stellen sollen.

4. Ergebnis

Die **Verdrängung tarifvertraglicher Rechte** durch § 613a **234** Abs. 1 Satz 3 BGB wird als ein problemloser Weg zur Senkung der Personalkosten bis an die Schmerzgrenze des durch Demotivation den ökonomischen Erfolgs gefährdenden „völligen Kahlschlags in den arbeitsrechtlichen Bedingungen" beschrieben. Die Vorschrift wird als „einzigartige" Möglichkeit zur „Ablösung sozialer Lasten" interpretiert, weil der Tarifvertrag für die juristische Sekunde des Betriebsübergangs seine „Wirkung für die Zukunft, wenn ... in dem Übernahmebetrieb abweichende, aber gegenständlich übereinstimmend darauf bezogene tariflich oder betriebsverfassungsrechtliche Normen gelten"[215] würden. Wären diese Vorschläge richtig, dann würde § 613a Absatz 1 Satz 3 BGB tatsächlich eine **„Waffe" gegen Arbeitnehmer darstellen**.[216] Mit europäischem Recht ist dies unvereinbar (vgl. unter E., I., 6. b) zur EG-Richtlinie).

Ein dazu vorgeschlagener **Weg** soll als ersten Schritt mit der Neugründung einer Gesellschaft die Auswahl eines billigeren Tarifvertrags beinhalten und im zweiten Schritt den Abschluss einer Betriebsvereinbarung mit den Inhalt diesen Tarifvertrags.[217]

---

215 *Heinze,* DB 1998, 1861 [1865];
216 *Henssler,* FS Schaub, 1998, S. 311 [319];
217 *Heinze,* DB 1998, 1861 [1865];

235 Dieser Vorschlag verkennt die arbeitsrechtlichen Voraussetzungen für die Anwendung des § 613a Absatz 1 Satz 3 BGB sowie die europarechtlichen Vorgaben und ist zur Lösung tarifrechtlicher Probleme ungeeignet.

VII. Einzelvertragliche Bezugnahme auf Tarifverträge

1. Bezugnahmeklauseln

a) Verbreitungsgrad

236 Arbeitsvertragliche Vereinbarung können auf bestimmte Tarifverträge Bezug nehmen, um ihre Geltung auch dann zu gewährleisten, wenn Arbeitnehmer nicht tarifgebunden sind. Derartige einzelvertragliche Bezugnahmeklauseln werden in der Praxis im Geltungsbereich eines Tarifvertrags **sehr häufig** vereinbart. Im Jahre 1992 enthielten z.B. 90 % aller Arbeitsverträge Bezugnahmeklauseln.[218]

b) Zielsetzungen

237 Arbeitgeber und Arbeitnehmer verbinden mit Bezugnahmeklauseln unterschiedliche Interessen, die bei ihrer Anwendung und Auslegung gleichwertig zu berücksichtigen sind.

aa) Arbeitgeberinteressen

238 Arbeitgeber verfolgen mit der Bezugnahmeklausel folgende Interessen:

239 – In erster Linie gewährleisten sie, dass **Tarifverträge nicht nur für Gewerkschaftsmitglieder** gelten. Arbeitgeber nehmen damit dem Eintritt in eine Gewerkschaft den vielleicht wichtigsten Anreiz. Diese Zielsetzung ist wegen der verfassungsrechtlichen Gewährleistung der Tarifautonomie nach Art. 9 Abs. 3 GG

---

[218] Dies ist das Ergebnis einer Studie aus dem Jahre 1992: *Preis,* Grundfragen der Vertragsgestaltung im Arbeitsrecht, 1999, S. 551 ff.;

äußerst bedenklich. Bei der Interpretation von Einzelfragen darf dieses Problem nicht unberücksichtigt bleiben.[219]

– Darüber hinaus dienen Bezugnahmeklauseln der **Vereinfachung** der Personalarbeit: Der Inhalt von Tarifverträgen muss nicht vollständig abgeschrieben und womöglich sogar individuell ausgehandelt werden. **240**

Diesen Zielsetzungen genügten viele **Formulierungen**, die sich deshalb je nach Tradition oder gewachsener Unternehmenskultur unterscheiden. **241**

Dies änderte sich Anfang der 90-ger Jahre, als Arbeitgeber begannen, aus Verbänden auszutreten, durch Outsourcing bzw. Unternehmensteilungen jede Tarifbindung zu vermeiden suchten oder in den Geltungsbereich von für sie günstigeren Tarifverträgen zu gelangen. In diesem Zusammenhang kommt Bezugnahmeklauseln eine **zusätzliche Bedeutung** zu. **242**

bb) Arbeitnehmerinteressen

Vereinbaren tarifgebundene Arbeitnehmer eine Bezugnahmeklausel, dann stellen sie die Geltung von **Tarifverträgen in doppelter Weise sicher:** Einmal durch originäre Normwirkung der Tarifverträge gem. § 4 Abs. 1 TVG und durch einzelvertragliche Vereinbarung. **243**

Für **nicht tarifgebundene Arbeitnehmer** kommt es darauf an, dass sich das Arbeitsverhältnis nach den in Bezug genommenen Tarifverträgen dauerhaft und vorbehaltlos richtet. Gesichtspunkte der Tarifeinheit oder der Vermeidung von Tarifkonkurrenz interessieren ihn weniger. Auf keinen Fall kann Arbeitnehmern Interesse an Beendigung der Bezugnahme unterstellt werden, wenn der Arbeitgeber seine Tarifbindung aufgibt oder ein neuer Betriebsinhaber keine Tarifbindung begründen will. Bezugnahmeklauseln sollen gerade sicherstellen, dass die tariflichen Regelungen auch dann maßgebend sind, wenn sie aufgrund fehlender oder fortfallender Tarifbindung das Arbeitsverhältnis nicht mehr normativ regeln.[220] **244**

---

219 *Kempen/Zachert*, TVG, § 3 TVG, Rn. 63;
220 BAG NZA 1996, 942 = AP Nr. 4 zu § 101 ArbGG; LAG Hessen 23.3.1999, NZA-RR 2000, 93;

c) Typische Formen von Bezugnahmeklauseln

245 Die unterschiedlichen Formen von Bezugnahmeklauseln lassen nach ihren **Rechtswirkungen** bei Tarifwechsel und nach der **Rechtsqualität** unterscheiden, mit der sie Tarifnormen in den Arbeitsvertrag einbeziehen.

aa) Unterscheidung nach der Rechtswirkung bei Tarifwechsel

246 Drei **Arten von Bezugnahmeklauseln** sind zu unterscheiden, die sich nach den rechtswirkungen bei einem tarifwechsel unterscheiden. Ihre jeweilige Geltung ist in der üblichen Weise durch Auslegung des in dem Wortlaut zum Ausdruck gelangten Willens der Vertragsparteien zu ermitteln:[221]

- **Statische Bezugnahmeklausel**

247 Sie lässt den in Bezug genommenen Tarifvertrag bei späteren Unternehmensumstrukturierungen und bei Geltung eines anderen Tarifvertrags **unberührt**.

- **„Kleine" dynamische Bezugnahmeklausel**

248 Dynamische Bezugnahmeklauseln gelten auch bei Veränderungen der Unternehmensstruktur und einem Tarifwechsel. Die „kleine" dynamische Bezugnahme macht nur den **zeitlich jeweils geltenden Tarifvertrag** einer Branche zum Vertragsgegenstand.

- **„Große" dynamische Bezugnahmeklausel**

249 Die große dynamische Bezugnahmeklausel bezieht sich auf **alle** beim Arbeitgeber **anwendbaren Tarifverträge** und macht damit nicht nur den zeitlich jeweils geltenden Tarifvertrag zum Vertragsgegenstand, sondern auch den nach einer Umstrukturierung jeweils räumlich, sachlich und persönlich geltenden Tarifvertrag.

---

[221] *Annuß*, Anm. zu BAG 4.8.1999, RdA 2000, 179 ff.; *Hromadka/Maschmann/Wallner*, Der Tarifwechsel, Rn. 115;

bb) Unterscheidung nach der Rechtsqualität der Vereinbarung: Konstitutive und deklaratorischer Bezugnahme

Die **konstitutive Bezugnahme** auf Tarifverträge hat Vorrang vor **250** einer rein deklaratorischen Bezugnahme. Finden durch arbeitsvertragliche Bezugnahme Tarifverträge eines bestimmten Wirtschaftsbereichs Anwendung und unterliegt das Arbeitsverhältnis jedoch dem Geltungsbereich eines anderen allgemeinverbindlichen Tarifvertrags, dann wirkt die Verweisung konstitutiv und kann nicht durch andere tariflichen Regeln ohne Zustimmung der Vertragspartner verdrängt werden. Die konstitutive Bezugnahme auf die Tarifverträge einer bestimmten Branche kann deshalb z.B. nicht durch ein späteres, unwidersprochen gebliebenes Schreiben des Arbeitgebers ändern, das nur ein Gehaltsabkommen anspricht.[222]

Etwas gilt bei einer rein **deklaratorischen Verweisung**, die **251** durch andere tarifliche Regeln verdrängt werden können.

d) Schriftform der Bezugnahme

Die Wirksamkeit von Bezugnahmeklauseln ist an **keine Form** ge- **252** bunden. Tarifvertragliche Regelungen können sich auch aufgrund stillschweigender Bezugnahme z.B. durch eine betriebliche Übung oder konkludentem Verhalten ergeben.[223]

Gem. § 2 Abs. 1 Ziff. 10 NachwG hat der Arbeitgeber spätes- **253** tens einen Monat nach dem vereinbarten Beginn des Arbeitsverhältnisses eine **Niederschrift des Arbeitsvertrags** anzufertigen, die auch eine Bezugnahmeklausel enthalten muss. Sie hat dann den konkreten Tarifvertrag zu bezeichnen. Bei einer großen dynamischen Bezugnahmeklausel, die auf einen jeweils anzuwendenden „einschlägigen" Tarifvertrag Bezug nimmt, ist klarstellend anzugeben, um welchen Tarifvertrag es sich derzeit handelt.[224]

---

222 BAG 28.5.1997, DB 1997, 2130 für einen arbeitsvertraglich vereinbarten Tarifvertrag der eisenschaffenden Industrie und den allgemeinverbindlichen Tarifvertrag für den Groß- und Außenhandel;
223 BAG 11.8.1988, AP Nr. 5 zu § 625 BGB; Gamillscheg, Kollektives Arbeitsrecht I, S. 733; *Däubler*, Tarifvertragsrecht, Rn. 335; a.A. *Zachert/Kempen*, TVG, Rn. § 3 Rn. 73;
224 BAG 30.8.2000, BB 2001, 782;

E. Tarifvertragliche Folgen

254 Ein Verstoß gegen diese Pflicht wirkt sich prozessual bei **Beweisschwierigkeiten** zu Gunsten des Arbeitnehmers aus. Ein vom Arbeitgeber erstellter Nachweis ist allerdings nicht mit einer Vermutung für seine Vollständigkeit und Richtigkeit verbunden.[225] Die Nachweispflicht dient dem Schutz der Arbeitnehmer.

e) Schuldrechtliche Wirkung der Bezugnahme

255 Arbeitsvertraglichen Bezugnahmeklauseln wirken rein **schuldrechtlich**. Ihnen fehlt die Normqualität der für Gewerkschaftsmitglieder geltender Tarifverträge. Einzelne tarifvertragliche Rechte bleiben ebenso verzichtbar, wie die Bezugnahmeklausel insgesamt.

aa) Tarifgebundener Arbeitgeber

256 Ist ein Arbeitgeber tarifgebunden, dann ist die Gewährleistung tariflicher Leistungen im Zweifel so zu verstehen, dass **alle einschlägigen Tarifbestimmungen** gelten. Dies umfasst alle Normen auch dann, wenn sie für den Arbeitnehmer belastend sind, wie z.B. die über den Ausschluss bestimmter Ansprüche durch Ausschlussfristen.[226]

257 Eine arbeitsvertragliche Bezugnahme auf die für eine tarifgebundenen Arbeitgeber einschlägigen Tarifverträge mit Jeweiligkeitsklausel wirkt auch dann schuldrechtlich weiter, wenn die bisherige Tarifgebundenheit des Arbeitgebers durch **Verbandsaustritt** endet und er keine neue begründet.[227] Die Verbandsmitgliedschaft ist nicht Geschäftsgrundlage einer Verweisungsklausel. Sie will die Anwendbarkeit des Tarifvertrags trotz fehlender Tarifgebundenheit beider Parteien sicherstellen. Dies gilt nicht nur bei Wegfalls der Tarifgebundenheit des Arbeitgebers, sondern auch für den des Wegfall der Tarifgebundenheit des Arbeitgebers durch Verbandsaustritt.[228]

---

225 BAG 9.2.1995, NZA 1996, 249;
226 BAG 19.1.1999, RdA 2000, 173;
227 LAG Hessen 23.3.1999, NZA-RR 2000, 93, wonach der Arbeitgeber dazu eine Bezugnahmeklausel einzelvertraglich nur auf die Dauer der Verbandsmitgliedschaft beziehen müßte;
228 LAG Düsseldorf 23.2.2000, AiB 2001, 365;

Eine konkrete Bezugnahmeklausel auf einen bestimmten, für eine **258** Arbeitnehmergruppe jeweils gültigen Tarifvertrag umfasst bei einer Versetzung innerhalb des Konzerns auch die **schlechteren Bedingungen** eines anderen von dem Arbeitgeber und der Konzerngesellschaft mit einer Gewerkschaft über den Einsatz von Angehörigen dieser Arbeitnehmergruppe bei der Konzerngesellschaft.[229]

bb) Nicht tarifgebundener Arbeitgeber

Bei einem nicht tarifgebundenen Arbeitgeber ist die Bezug- **259** nahme auf Tarifverträge **restriktiv** auszulegen, weil damit eine Voraussetzung für den mit der Bezugnahmeklausel verbundene Zweck nicht vorliegt. Die Reichweite der Klausel ist konkret auszulegen und ist nur dann umfassend, wenn sich bei der Durchführung des Arbeitsverhältnisses die wesentlichen Vertragsbedingungen nach den tariflichen Regelungen richten, ohne dass bei anderen Arbeitsbedingungen hiervon zum Nachteil der Arbeitnehmer abgewichen worden wäre.[230]

f) Günstigkeitsprinzip

Gilt für den auf den neuen Inhaber übergegangenen Arbeitnehmer **260** ein **anderer Tarifvertrag**, dann regelt das Günstigkeitsprinzip in gleicher Weise wie vor dem Betriebsübergang das Verhältnis zwischen den neuen tariflichen Ansprüchen und den übertragenen einzelvertraglichen Rechten.[231]

g) Tarifvielfalt

Tarifpluralität im Sinne der Rechtsprechung entsteht **nicht** durch **261** **arbeitsvertragliche Bezugnahme** auf Tarifverträge. Deshalb findet der Grundsatz der Tarifeinheit keine Anwendung bei arbeitsvertraglicher Bezugnahme, wenn die Arbeitsvertragsparteien konstitutiv auf einen Tarifvertrag verweisen.[232] Um keinen

---

229 BAG 18.6.1997, EzA § 3 TVG Bezugnahme auf Tarifverträge Nr.9;
230 BAG 19.1.1999, RdA 2000, 173;
231 BAG 20.3.1991, AP Nr. 20 zu § 4 TVG Tarifkonkurrenz;
232 BAG 20.3.1991, DB 1991, 1779 = AP Nr. 20 zu § 4 TVG Tarifkonkurrenz; 28.5.1997, DB 1997, 2130; vgl. zur Kollision tariflicher Normen und der BAG-Rechtsprechung F. I. 4.;

E. Tarifvertragliche Folgen

Fall der Tarifpluralität handelt es sich deshalb, wenn die Arbeitsvertragparteien einen ganz anderen Tarifvertrag in bezug nehmen oder wenn die Arbeitsbedingungen der Arbeitnehmer nach einem Betriebs- (teil-) Übergang nicht mehr unmittelbar durch Tarifvertrag, sondern gem. § 613a Absatz 1 Satz 2 BGB in den Arbeitsvertrag transformiertes Tarifrecht geregelt sind.[233]

2. Wirkung von Bezugnahmeklauseln bei Umwandlung und Betriebsübergang

a) Eintritt des neuen Betriebsinhabers in Bezugnahmeklausel gem. § 613a Abs.1 Satz 1 BGB

262 Der neue Inhaber **tritt** in einzelvertraglich vereinbarte Bezugnahmeklausel gem. § 613a Abs. 1 Satz 1 BGB oder durch Gesamtrechtsnachfolge durch das jeweilige Gesetz **ein**.[234] Er muss sie gegen sich gelten lassen wie jede andere einzelvertraglich vereinbarte Verpflichtung des Arbeitgebers.[235]

263 Hiervon **abweichende Auffassungen** sind mit § 613a Abs. 1 Satz 1 BGB **unvereinbar**. Danach sei z.B.

- die Geschäftsgrundlage des beim Veräußerer gelten Tarifvertrags mit dem Betriebsübergang entfallen.[236]
- Tarifpluralität durch das Prinzip der Tarifeinheit aufzulösen, weil der der Bezugnahmeklausel zugrunde liegende Wille der Vertragsparteien die Gleichstellung mit den tarifgebundenen Arbeitnehmern gebiete.[237]
- § 613a Abs. 1 Satz 3 BGB analog anzuwenden und beim Erwerber geltende Tarifnormen würden stets eine einzelvertragliche Bezugnahmeklausel ablösen.[238]
- § 613a Abs. 1 Satz 4 entsprechend anzuwenden.[239]

---

[233] BAG 20.3.1991, DB 1991, 1779 = AP Nr. 20 zu § 4 TVG Tarifkonkurrenz; LAG Berlin 9.10.1998, LAGE § 613a BGB Nr. 75;
[234] ErfK-*Preis*, § 613a Rn. 66; *Erman/Hanau*, BGB, § 613a Rn. 27;
[235] *Kittner/Däubler/Zwanziger*, § 613a Rn. 72;
[236] BAG 1.4.1987, AP Nr. 64 zu § 613a BGB;
[237] LAG Köln 12.10.1995, NZA 1996, 327; *Hromadka*, DB 1996, 1872 [1875 ff.];
[238] MK-Schaub, § 613a BGB Rn. 195;
[239] Schaub, Arbeitsrechtshandbuch, § 119 Rn. 16;

VII. Einzelvertragliche Bezugnahme auf Tarifverträge

Es existiere **eine Gesetzeslücke**, weil tarifgebundene Arbeitnehmer gegenüber nicht tarifgebundenen Arbeitnehmer benachteiligt sein könnten, für die das Tarifrecht einzelvertraglich durch Bezugnahmeklausel gelte.[240] Der Gesetzgeber habe danach folgende Konstellation nicht bedacht: Während tarifgebundene Arbeitnehmer bei einem Betriebsübergang gem. § 613a Absatz 1 Satz 3 BGB an bei dem neuen Inhaber geltende schlechtere Tarifverträge gebunden wären, sei dies bei nicht tarifgebundenen Arbeitnehmern nicht der Fall, für die durch die Bezugnahmeklausel der bei dem vorherigen Inhaber geltende bessere Tarifvertrag unverändert Anwendung finde. **264**

Diese Gesetzeslücke besteht jedoch nicht[241], weil die einzelvertragliche Bezugnahmeklausel **auch für Gewerkschaftsmitglieder** gilt. Sie können sich ebenso wie die Nichtmitglieder auf die Bezugnahmeklausel berufen, die ihnen nach dem Günstigkeitsprinzip die einzelvertraglich vereinbarte Anwendung des anderen, besseren Tarifvertrags gewährleistet. Der Inhalt dieser Bezugnahmeklausel ist gem. § 613a Abs. 1 Satz BGB wie bei Nichtmitgliedern mit dem übrigen Inhalt des Arbeitsvertrags auf den neuen Inhaber übergegangen. **265**

Bei Betriebsübergang oder Unternehmensumwandlung ist die **Reichweite** von Bezugnahmeklauseln durch ihre Auslegung zu ermitteln und an ihre Typisierung durch Unterscheidung von statischen, kleinen und großen dynamischen Bezugnahmeklauseln anzuknüpfen. **266**

b) Dynamische Bezugnahmeklausel

aa) Orientierung am Wortlaut

Eine einzelvertragliche Bezugnahmeklausel, die die Geltung eines konkreten Tarifvertrags bestimmt, kann bei einem Inhaberwechsel **nicht über ihren Wortlaut hinaus** als Bezugnahme auf den jeweils für den Betrieb fachlich geltenden Tarifvertrag aus- **267**

---

240 Schaub, Arbeitsrechtshandbuch, § 119 Rn. 16;
241 A.A. Schaub, Arbeitsrechtshandbuch, § 119, Rn. 16;

gelegt werden, wenn sich dies nicht aus besonderen Umständen ergibt. Der bloße Umstand, dass es sich um eine Gleichstellungsabrede handelt, reicht hierfür nicht. Soweit der bisherigen Rechtsprechung des BAG etwas anderes zu entnehmen war, wird sie aufgegeben.[242]

268 Das **BAG** begründet dieses Prinzip mit dem Hinweis auf den nur begrenzten Inhalt der **Gleichstellungsabrede**. Danach erschöpft sich ihr Gehalt darin, dass das Arbeitsverhältnis den genannten Tarifverträge in der jeweils gültigen Fassung einschließlich etwaiger Ergänzungen unterstellt werde, „soweit und solange der Arbeitgeber daran gebunden ist. Dagegen ist mit einer Gleichstellungsabrede als solcher nicht zwingend die Rechtsfolge eines Tarifwechsels verbunden, wenn der Arbeitgeber durch Änderung des Betriebszwecks, sei es mit oder ohne rechtsgeschäftlichen Übergang eines Betriebs oder Betriebsteils, die zwingende und unmittelbare Geltung des bisherigen Tarifvertrags beendet, der kraft Arbeitsvertrages auf die Arbeitsverhältnisse mit den nicht oder anders gewerkschaftlich organisierten Arbeitnehmern anzuwenden ist, und einem nunmehr für ihn fachlich zuständigen Verband beitritt, der seinerseits einen „einschlägigen" Tarifvertrag abgeschlossen hat. Denn der neue Tarifvertrag gilt in diesen Fälle auch für gewerkschaftlich organisierte Arbeitnehmer nicht, wenn keine kongruente Tarifgebundenheit besteht."[243]

269 **Besondere Umstände**, die zu einer anderen Rechtsfolge führen, müssen belegen, dass „darin auch die Vereinbarung enthalten ist, es sollten für den Betrieb oder Betriebsteil, in welchem de Arbeitnehmer beschäftigt ist, jeweils die fachlich/betrieblich einschlägigen Tarifverträge in ihrer geltenden Fassung anzuwenden sein. Solche weiteren Umstände müssen schon deshalb vorliegen, weil die Arbeitsvertragsparteien eben diese Rechtsfolge auch ausdrücklich im Arbeitsvertrag vereinbaren können, z.B. dass das Arbeitsverhältnis den für den Betrieb jeweils anzuwendenden „einschlägigen" Tarifvertrag unterstellt wird."[244]

---

242 BAG 30.8.2000, NZA 2001, 510 = BB 2001, 782;
243 BAG 30.8.2000, NZA 2001, 510 = BB 2001, 782;
244 BAG 30.8.2000, NZA 2001, 510 = BB 2001, 782;

Beispiel: *Ein nicht gewerkschaftlich gebundener Arbeitnehmer arbeitet in der Küche eines Krankenhauses. Die Arbeitgeberin, die Krankenhaus-GmbH, hat mit ver.di einen Tarifvertrag abgeschlossen, nach dem sie DM 4000,– monatlich erhält. Nach dem Arbeitsvertrag findet der Tarifvertrag in seiner jeweils gültigen Fassung Anwendung. Nach Ausgliederung der Küche an die Küchen-GmbH erhält sie nur noch 2000,– DM nach den tariflichen Regelungen des Hotel- und Gaststättengewerbes. Die Küchen-GmbH ist Mitglied der tarifschließenden Hotel- und Gaststätteninnung.*

Die arbeitsvertraglich vereinbarte Bezugnahmeklausel kann nicht in der Weise ausgelegt werden, dass nach dem Inhaberwechsel der andere Tarifvertrag Anwendung findet. Deshalb ist der bisherige Tarifvertrag weiterhin auf den Arbeitsvertrag anzuwenden.

bb) Aufgabe der alten Rechtsprechung

270 Nach der bisherigen Rechtsprechung war **in der Regel** von einer **großen dynamischen Bezugnahmeklausel** auszugehen, weil die Bezugnahme die tarifrechtlich geltende Situation widerspiegele und damit lediglich eine fehlende Mitgliedschaft des Arbeitnehmers in der tarifschließenden Gewerkschaft ersetzen solle, um ihn so zu stellen, als wäre er tarifgebunden.[245]

271 Deshalb sei z.B. selbst dann von einer großen dynamischen Bezugnahmeklausel auszugehen, wenn der Wortlaut zeitlich keine Konkretisierung der jeweiligen Tarifverträge enthält. Ist der einbezogene Tarifvertrag also z.B. datumsmäßig nicht bezeichnet, dann handele es sich um eine große Dynamisierungsklausel.[246]

272 Ist ein bestimmter, auch zeitlich genau bezeichneter Branchentarifverträge in Bezug genommen worden, dann sei nach der bisherigen Rechtsprechung ebenfalls **im Zweifel** eine **große dynamische Verweisungsklausel** selbst dann anzunehmen, wenn mit dem Betriebsinhaber auch das geltende Tarifrecht wechselt. Die Klausel sei deshalb ergänzend auszulegen, weil die Vertragsparteien diesen Fall bei Vertragsabschluss nicht bedach-

---

245 BAG 4.9.1996, AP Nr. 5 zu § 1 TVG Bezugnahme auf Tarifvertrag; 4.8.1999, RdA 2000, 178; ErfK-Preis, § 613a BGB Rn. 81;
246 BAG AP Nr. 20 zu § 4 TVG Bezugnahme auf Tarifvertrag;

ten und bei Geltung eines anderen Tarifvertrags auch eine andere Vereinbarung getroffen hätten. Sie soll also eine **Gleichstellung** der nichtorganisierten mit den tarifgebundenen Arbeitnehmern bewirken.[247]

273 Dynamische Bezugnahmeklauseln wären deshalb bei einem Tarifwechsel durch Betriebsübergang stets so auszulegen, dass die Verweisung auch auf einen neuen für den Betrieb einschlägigen Tarifvertrag gilt, um Nachteile für organisierte Arbeitnehmer zu vermeiden und die Gleichstellungsfunktion der Bezugnahmeklausel nicht zu konterkarieren. Dies sei zumindest für einen **Tarifwechsel** im Zuständigkeitsbereich derselben Gewerkschaft anzunehmen.[248]

> **Beispiel:** *Die Arbeitsvertragsparteien haben vereinbart: „Für die Arbeitsbedingungen gelten die jeweiligen Tarifverträge der Betriebsstätte, in welcher der Arbeitnehmer eingesetzt wird". Nach einem Betriebsübergang gelten für den Betrieb andere, für die Branche abgeschlossenen Tarifverträge.*[249]
> *Es hätte sich um eine große dynamische Bezugnahmeklausel gehandelt. Bei einem Tarifwechsel durch Betriebsübergang würden dann die bei dem neuen Inhaber wirksamen neuen Tarifverträge gelten.*

274 Weder die **Entscheidungen des BAG** vom 30.8.2000[250] noch die vom 4.9.1999[251] stehen dem entgegen. In der letzteren Entscheidung war der Sachverhalt so gelagert, dass die Branche oder Gewerkschaft nicht wechselten. Danach nahm der Arbeitgeber bei unverändertem Betriebszweck einen Verbandswechsel innerhalb derselben Branche vor und die für sein Betrieb nunmehr geltenden Tarifverträge waren mit derselben Gewerkschaft abgeschlossen, der der klagende Arbeitnehmer angehörte.

---

[247] BAG 4.9.1996, AP Nr. 5 zu § 1 TVG Bezugnahme auf Tarifvertrag; 4.8.1999, RdA 2000, 178;
[248] BAG 26.9.2001 NZA 2002, 634; BAG 4.9.1996, AP Nr. 5 zu § 1 TVG Bezugnahme auf Tarifvertrag;
[249] Dieser Wortlaut lag der BAG-Entscheidung vom 4.8.1999, RdA 2000, 178 zugrunde;
[250] BAG 30.8.2000, NZA 2001, 510 = BB 2001, 782;
[251] BAG 4.9.1996, AP Nr. 5 zu § 1 TVG Bezugnahme auf Tarifvertrag;

Eine **Gleichstellungsabrede** hat zur **Folge**, dass der Arbeitneh- 275
mer unabhängig von seiner Tarifgebundenheit an der Tarifentwicklung des in Bezug genommenen Tarifvertrags teilnimmt, wie wenn er tarifgebunden wäre. Nach dem Verbandsaustritt des Arbeitgebers nimmt der Arbeitnehmer mit einer Gleichstellungsabrede deshalb ebenso wie ein tarifgebundener Arbeitnehmer nicht mehr an der Tarifentwicklung teil.[252]

cc) Dieselbe Gewerkschaft

Selbst wenn man sich der neuen Rechtsprechug des BAG nicht an- 276
schließe wollte, wäre die weite Auslegung der dynamischen Bezugnahmeklausel nur dann gerechtfertigt, wenn der bei dem neuen Inhaber geltende andere Tarifvertrag mit **derselben Gewerkschaft** abgeschlossen wurde. Nur insoweit ist die Bezugnahme „korrigierend" auszulegen.[253]

Führt deshalb ein Betriebsübergang dazu, dass ein nicht tarifge- 277
bundener Arbeitnehmer, dessen Arbeitsvertrag auf einen vorher im Betrieb angewandten Tarifvertrag verweist, auf einen anders tarifgebundenen Arbeitgeber, dann bleibt es bei den arbeitsvertraglich vereinbarten Anwendung des vor dem Betriebsübergang geltenden Tarifvertrags.[254]

Diese **wichtige Einschränkung** der korrigierenden Auslegung 278
verhindert, dass ein Arbeitgeber bei Ausgründung des Unternehmens Tarifdumping durch Flucht zu einer anderen Gewerkschaften auch noch auf eine Bezugnahmeklausel berufen kann. Dies gilt nicht nur für den Wechsel von einer DGB-Gewerkschaft zu einer anderen Gewerkschaft (z.B. zum CGB und zur früheren DAG), sondern auch für den Wechsel von einer DGB-Gewerkschaft zur anderen.[255]

---

252 BAG 26.9.2001, NZA 2002, 634;
253 BAG 4.9.1996, AP Nr. 5 zu § 1 TVG Bezugnahme auf Tarifvertrag;
254 LAG Berlin 9.10.1998, LAGE § 613a BGB Nr. 75 für einen Wechsel von der ÖTV (BMT-G) zur NGG (Hotel- und Gaststättengewerbe);
255 ArbG Lübeck 5.3.1997, 5 Ca 534/96; a.A. die nicht rechtskräftige Entscheidung des LAG Schleswig-Holstein vom 4.3.1998, NZA-RR 1999, 249 und NZA-RR 1999, 560; *Kania*, Anm. zu BAG vom 19.1.1999, RdA 2000, 173;

> **Beispiel:** *Ist der Arbeitgeber Mitglied des Metallarbeitgeberverbandes und der Betriebsübernehmer in den Verband des Verkehrsgewerbes eingetreten, dann kommen nach einer Ausgliederung des Speditionsbereichs andere Tarifverträge einer anderen Gewerkschaft zur Anwendung. Bezugnahmeklauseln verweisen unmissverständlich auf die Tarifverträge der Metallindustrie.*
> *Nach der Ausgliederung kann die Bezugnahmeklausel nicht ergänzend in der Weise ausgelegt werden, dass sie nunmehr auf das Verkehrsgewerbe Bezug nehmen.*[256]

dd) Originäre Geltung des alten und neuen Tarifvertrags

279 Einzelvertragliche Bezugnahmeklauseln wirken nach einem Betriebsübergang nur dann als Gleichstellungsabrede, wenn der **Veräußerer tarifgebunden** war und der neue Inhaber es ist. Die mit der Bezugnahmeklausel beabsichtigte Gleichstellung mit tarifgebundenen Arbeitnehmern kann nur unter dieser Voraussetzung ausgefüllt werden. Geht deshalb ein Betrieb oder ein Betriebsteil auf einen anderen Arbeitgeber über, der nicht tarifgebunden ist, verliert die Bezugnahme ihre Wirkung.[257]

c) Statische Bezugnahmeklauseln

280 Statische Bezugnahmeklauseln liegen vor, wenn durch Verweisung auf einen ganz bestimmten Tarifvertrag nicht der Gleichstellung dient, sondern der **Besitzstand der Arbeitnehmer** gesichert werden soll und dies zwischen den Vertragsparteien zum Ausdruck gelangt ist.[258]

281 Dies ist z.B. der Fall bei der Bezugnahme
- eines **untypischen Tarifvertrags**. Wird arbeitsvertraglich auf einen Tarifvertrag verwiesen, dessen fachlicher Geltungsbereich nicht den Betrieb oder das Unternehmen einschließt,

---

[256] Der Fall entspricht dem der Entscheidung des LAG Schleswig-Holstein vom 4.3.1998, NZA-RR 1999, 249 zu Grunde liegenden Sachverhalt;

[257] BAG 4.8.1999, DB 1999, 2474 = RdA 2000, 178 m. abl. Anm. *Annuß*; LAG Köln 20.5.1998, NZA-RR 1998, 549; a.A. LAG Düsseldorf 23.2.2000, DB 2000, 931;

[258] BAG AP Nr. 20 zu § 4 TVG Tarifkonkurrenz;

liegt keine große dynamische, sondern eine statische Verweisungsklausel vor.[259]
- nur **einzelner Teile des einschlägigen Tarifvertrags**.[260] Mit dieser differenzierten Bezugnahme bringen die Vertragsparteien zum Ausdruck, dass nicht die Gleichstellung gewollt, sondern die Geltung ganz bestimmter Teile eines umfassenden Tarifwerks.
- des neuen Inhabers auf den bisherigen, nicht einschlägigen Tarifvertrag. Wurde übernommenen Arbeitnehmern vor dem Betriebsübergang vom neuen Inhaber zugesichert, dass der neue und schlechtere Tarifvertrag so lange nicht angewandt werde, bis ihr bisheriger **tariflicher Besitzstand** erreicht wird, dann ist die Bezugnahme statisch.[261] Dies ist auch bei einer Formulierung der Fall, mit der der Arbeitgeber allgemein den sozialen Besitzstand gewährleisten will („unter Aufrechterhaltung ihres derzeitigen sozialen Besitzstandes").[262]

3. Zulässigkeit neuer Formulierungsvorschläge

Arbeitsvertragliche Bezugnahmeklauseln können – wie oben unter VII., 1., c) dargestellt – **nicht ohne weiteres über den Wortlaut** hinaus als „große dynamische Bezugnahmeklauseln" auch auf andere Tarifverträge angewandt werden, wenn sich dies nicht aus den Umständen ergibt und sie ihre Funktion zur Gleichstellung Tarifgebundener mit Nichttarifgebundenen ausüben können. **282**

Will ein Arbeitgeber die Fortgeltung der arbeitsvertraglichen Verweisungsklausel über den Zeitpunkt seines Verbandsaustritts hinaus arbeitsvertraglich ausschließen, so muss dies zumindest ausdrücklich arbeitsvertraglich geregelt sein. **Unklarheiten** gehen insoweit **zu seinen Lasten**.[263] Deshalb werden neue Arbeitsvertragsformulierungen vorgeschlagen, die den Inhalt dieser vertraglichen Vereinbarungen mit der einseitigen Koppelung an **283**

---

259 BAG 25.10.2000, – 4 AZR 506/99; *Annuß*, BB 1999, 2558 [2561 f.];
260 *Annuß*, BB 1999, 2558 [2561 f.];
261 BAG 19.11.1996, DB 1997, 1473;
262 BAG 28.5.1997, DB 1997, 2130;
263 LAG Düsseldorf 23.2.2000, AiB 2001, 365;

die Tarifbindung des Arbeitgebers allein zu seiner Disposition stellen.[264] Es erscheint allerdings zweifelhaft, ob der wesentliche Inhalt des Arbeitsvertrags so weitgehend **einseitig zur Disposition** des Arbeitgebers gestellt werden kann und eine Billigkeitskontrolle gem. § 315 BGB als ausreichend erachtet werden kann. Immerhin geht es dabei nicht mehr um einzelne zu erbringende Leistungen, sondern um das nahezu komplette Austauschverhältnis. Außerdem könnte sich der Arbeitgeber an einen mit einer Gewerkschaft abgeschlossenen Tarifvertrag binden, die im Betrieb, im Unternehmen oder im Konzern keine Mitglieder hat. Organisierte Arbeitnehmer hätten damit keine Chance, auf den Inhalt dieses Tarifvertrages Einfluß zu nehmen und damit zumindest korrigierend einzuwirken, wie es bislang stets bei Bezugnahmeklauseln möglich ist und zu ihrer Wirksamkeit auch als erforderlich anzusehen ist.

VIII. Handlungsmöglichkeiten zur Sicherung tarifvertraglicher Ansprüche

284 Zur Sicherung tarifvertraglicher Ansprüche bestehen nicht nur ein erheblicher Handlungsbedarf, sondern auch **Handlungsmöglichkeiten**, von denen bei Bedarf nach genauer Prüfung der Voraussetzungen und Rechtsfolgen Gebrauch gemacht werden sollte. Dazu ist vor allem zwischen den sich gegenseitig bedingenden Regelungssystemen des Tarifvertrag, der Betriebsverfassung und des Arbeitsvertrags zu unterscheiden.

---

264 *Kania*, RdA 2000, 173 [177]: „Tarifverträge, die kraft Tarifgebundenheit des Arbeitgebers im Betrieb Anwendung finden, gelten für alle Mitarbeiter, unabhängig von ihrer Mitgliedschaft in der tarifschließenden Gewerkschaft"; *Bauer/Haußmann*, DB 1999, 1114 [1117]: „Auf die Arbeitsverhältnisse finden die Tarifverträge in ihrer jeweils gültigen Fassung Anwendung, die der Arbeitgeber selbst oder ein Verband, dessen Mitglied er ist, abgeschlossen haben"; *Gaul*, BB 2000, 1086 [1088] mit dem Vorschlag eines ergänzenden Satzes: „Entfällt die Tarifbindung des Arbeitgebers, erfolgt im Anschluß daran keine weitere Anpassung der bis dahin kraft voranstehenden Regelungen geltenden Tarifverträge";

1. Tarifvertrag zum Betriebsübergang und zur Unternehmensumstrukturierung

a) Regelungsbedarf und Zulässigkeit

§ 613a BGB, das TVG und UmwG enthalten für Arbeitnehmer **285** viele elementare **Sicherungen**, aber auch zahlreiche **Lücken**, die durch einen Tarifvertrags geschlossen werden können, weil auch in ihrem Verhältnis das Günstigkeitsprinzip Anwendung findet und sie damit nicht nur Arbeitsverträge, sondern auch das Gesetz verbessern dürfen.[265]

Die wichtigsten **Schutzlücken** sind z.B. beim **286**

– **Tarifvertragsgesetz**

Das Tarifvertragsgesetz sichert die originäre Fortgeltung eines **287** Verbandstarifvertrags dann nicht, wenn der neue Inhaber nicht verbandsgebunden ist.

– **Umwandlungsgesetz**

Das Umwandlungsgesetz sieht keine Übertragung der Verbands- **288** mitgliedschaft auf den neuen Rechtsträger vor.

– **§ 613a BGB**

Die Vorschrift enthält nur eine statische Besitzstandssicherung **289** für zum Zeitpunkt des Betriebsübergangs beschäftigte Arbeitnehmer. Neu eingestellte Arbeitnehmer haben auch nicht unter Gleichstellungsgesichtspunkten Ansprüche aus dem transformierten Tarifvertrag.

Bisher geltende tarifvertragliche Ansprüche können unter bestimmten Bedingungen durch andere Tarifverträge abgelöst werden

– **Vertragsparteien**

Am rechtlich unkompliziertesten ist ein Tarifvertrag mit dem **290** **neuen Betriebsinhaber** bzw. Rechtsträger als Arbeitgeber der übernommenen Belegschaft, wonach die bisherigen tariflichen und sonstigen Regelungen bzw. Abreden übernommen oder weiterhin praktiziert werden. Insbesondere die u.U. ablösende Wir-

---

265 BAG GS AP Nr. 17 zu § 77 BetrVG 1972;

kung anderer Tarifverträge gem. § 613a Abs. 1 Satz 3 BGB kann so vermieden werden.

291 Ist der neue Betriebsinhaber oder Rechtsträger nicht zum Abschluss eines Tarifvertrags bereit, kann auch mit dem **alten Inhaber** ein Tarifvertrag als Vertrag zugunsten Dritter nach § 328 BGB abgeschlossen werden, wonach übergegangene Arbeitnehmer Ansprüche gegenüber ihrem alten Arbeitgeber haben.[266]

b) Inhalt

292 Als möglicher Inhalt einer **Übergangsregelung** zur Sicherung tariflicher Ansprüche kommen zahlreiche Regelungen in Betracht, deren konkrete Ausgestaltung und Formulierung einer sachverständigen Beratung im Einzelfall bedarf. Folgende Vereinbarungen könnten alternativ oder kumulativ getroffen werden:[267]

aa) Verbandsmitgliedschaft

293 – Die **Mitgliedschaft im Arbeitgeberverband** bleibt aufrecht erhalten;

– Bereits bestehende Rechtsträger verpflichten sich, die **Mitgliedschaft in dem Arbeitgeberverband** zu begründen;

– Die **Muttergesellschaft** neu zu gründender Rechtsträger **verpflichtet sich**, die Mitgliedschaft in dem Arbeitgeberverband XYZ zu begründen;

– Der neue Betriebsinhaber bzw. der neuen Rechtsträger **versichern** allen übernommenen Mitarbeitern, dass sie im Arbeitgeberverband XYZ Mitglied sind bzw. ihre Migliedschaft begründen werden.

---

[266] *Däubler*, ZTR 2000, 241 zu einem entsprechenden Vertrag mit der Deutschen Postbank AG;
[267] *Trittin*, Der Betriebsübergang, 2.Aufl., 1999, S. 51 ff. mit kommentierten Eckpunkten für eine Übergangsvereinbarung; *Däubler*, ZTR, 2000, 241 ff.; *Kempen/Zachert*, TVG, § 1 Rn. 306 zu Tarifregelungen bei Divisionalisierung und Spartenorganisation;

bb) Weitergeltung tarifvertraglicher Ansprüche

- Die tarifvertraglichen Ansprüche gegenüber dem bisherigen Arbeitgeber gelten auch gegenüber dem **neuen Betriebsinhaber** bzw. Rechtsträger; **294**
- Die tarifvertraglichen Ansprüche werden **nicht** durch (schlechtere) Tarifverträge **abgelöst**;

cc) Weitere Betriebsübergänge

Nicht selten ist eine Umstrukturierung nur die Vorstufe bereits **295** geplanter **weiterer Veränderungen** des Unternehmens, die noch keine konkrete Gestalt angenommen haben. In diesem Fall aber auch darüber hinaus für den allgemeinen Fall noch nicht geplanter weiterer Maßnahmen empfiehlt sich eine Regelungen zu weiteren Unternehmensumwandlungen oder Betriebsübergängen. Sie könnte z.B. folgenden Inhalt haben:

- Die Sicherung tarifvertraglicher Ansprüche erfolgt auch bei möglichen weiteren Betriebsübergängen oder Unternehmensumwandlungen innerhalb einer Frist von x Jahren;
- Bei weiteren Betriebsübergängen bzw. Unternehmensumwandlungen wird sicher gestellt, dass die originäre Tarifbindung erhalten bleibt. Dazu wird folgendes Verfahren vereinbart:.....

dd) Sicherung der Unternehmensmitbestimmung

Tarifverträge können auch die Unternehmensmitbestimmung **296** sichern und dazu Vereinbarungen über die **Größe** und **Zusammensetzung des Aufsichtsrats** enthalten. Dies ist zulässig.[268] Sie können bei Unternehmensumwandlungen auf § 325 Abs. 1 UmwG gestützt werden (vgl. dazu unter C., IV., 3.).

c) Sonstige Regelungen

Darüber hinaus sind weitere Regelungen zur Struktur der Betriebs- **297** verfassung, zur Sicherung arbeitsvertraglicher Ansprüche und insbe-

---

[268] *Däubler*, Das Grundrecht auf Mitbestimmung, S. 328 ff.; *Kempen/Zachert*, § 1 Rn. 301 ff. mit weiteren Nachweisen;

sondere des Fortbestandes Arbeitsvertrags (auch bei Widerspruch gegen den Inhaberwechsel) denkbar und erforderlich.[269]

2. Betriebsverfassung

298 Eine entscheidende Rolle zur Sicherung der Rechte der Arbeitnehmer spielt die **Mitbestimmung**, deren Grundlage durch Betriebsübergang und Unternehmensumwandlungen selbst gefährdet wird (vgl. im einzelnen unter F. zu den betriebsverfassungsrechtlichen Auswirkungen der Unternehmensumstrukturierung).

299 Der Mitbestimmung bei der Sicherung tariflicher Rechte sind auch **Grenzen** gezogen. Die Wirksamkeit einer Betriebsvereinbarungen ist z.B. bezweifelt worden, die die Arbeitsbedingungen für die Zeit nach dem Betriebsübergang festschreiben (z.B. „Die zum Zeitpunkt des Übergangs der Arbeitsverhältnisse geltenden Arbeitsbedingungen werden unbefristet garantiert. Die Tarifverträge werden Bestandteil des Arbeitsvertrags"). Nach Ansicht des BAG ist es den **Betriebsparteien verwehrt**, die Arbeitsbedingungen unabänderlich zu gestalten und damit die Regelungskompetenz der dann zuständigen Gremien oder Personen zu beschränken.[270]

3. Arbeitsvertrag

a) Änderung oder Auflösung des Arbeitsvertrags

300 Jede Änderung des Arbeitsvertrags oder gar seine Beendigung durch Kündigung wegen eines Betriebsübergangs oder einer Unternehmensumwandlung ist an den engen Grenzen des **§ 613a Abs. 4 BGB** zu messen, der gem. § 324 BGB auch bei Umwandlungen Anwendung findet (vgl. zum Anwendungsbereich des § 613a BGB bei Eigentumsübertragung im Wege der Gesamtrechtsnachfolge V., 1., c).

---

269 *Trittin,* Der Betriebsübergang, 3. Aufl., 2002, S. 42 ff. zur Betriebsverfassung, den Rechten der Arbeitnehmer, der Berufsbildung, einem Härtefonds und weiteren Verfahrensvorschriften; zum typischen Inhalt von Tarifverträgen ausführlich *Kempen / Zachert,* § 1 Rn. 41 ff.;
270 BAG 1.4.1987, AP Nr. 64 zu § 613a BGB;

Die **Veränderung** bereits vereinbarter **Bezugnahmeklauseln** 301
bedarf der sorgfältigen Prüfung, ob damit der Inhalt des Arbeitsvertrags nicht in unzulässiger Weise zur einseitigen Disposition des Arbeitgebers gestellt wird. Sie bedarf in jede Fall der Zustimmung beider Vertragsparteien (vgl. E. VI. 3.) und unterliegt dem Gebot der Schriftform des NachwG (vgl. E. VII. d).

b) Widerspruchsrecht

Die Möglichkeiten der Arbeitnehmer zur Ausübung von Druck 302
auf den Arbeitgeber sind zwar begrenzt, aber vorhanden. Gerade in einer Umstrukturierungsphase haben Unternehmensleitungen ein großes Interesse daran, die Veränderungsprozesse reibungslos zu vollziehen. Dieses Ziel können sie nur mit den Arbeitnehmern, aber nicht gegen sie erreichen. Ein Wechsel des Tarifvertrags mit angestrebten Verschlechterungen auf Arbeitnehmerseite bergen ein **hohes Konfliktpotenzial**.

Arbeitnehmer haben das Recht, einem Arbeitgeberwechsel zu 303
widersprechen (vgl. zum Widerspruchsrecht der Arbeitnehmer F., VI.).

Die Ausübung des Widerspruchsrechts ist mit **Risiken** für den 304
Bestand des Arbeitsverhältnisses verbunden, die nicht unterschätzt werden dürfen. Nach nüchterner Analyse sind sie jedoch kalkulierbar. Nach gewissenhafter Abwägung von Chancen und Risiken kann der Weg frei werden, unter Hinweis auf das unstreitig bestehende Widerspruchsrecht, Übergangsregelungen durchzusetzen, die auch die tarifvertraglichen Rechte umfassend sichern. Die bloße gemeinsame Androhung des Widerspruchsrechts z.B. für den Fall, dass die tarifvertraglichen Rechte der Arbeitnehmer nicht ausreichend gesichert werden, kann z.B. die verhandlungssituation stark verändern.[271]

Werden alle tarifvertraglichen Rechte in einer Übergangsvereinbarung 305
oder durch sonstige Maßnahmen gesichert, dann besteht kein sachlicher Grund zur Ausübung des Widerspruchsrechts.

---

271 *Trittin,* Der Betriebsübergang, 3. Aufl., 2002, S. 38 ff. mit Mustern für Ankündigungsschreiben und Widerspruch;

Umgekehrt: Solange Arbeitnehmern der **Verlust tarifvertraglicher Rechte** bei einem Arbeitgeberwechsel bei Betriebsübergang oder Unternehmensumwandlung droht, besteht ein sachlicher Grund für einen Widerspruch mit der Folge, dass der Kündigungsschutz deswegen nicht verkürzt werden darf.

306 Als **sachliche Gründe** sind alle Schlechterstellungen materieller oder immaterieller Art anerkannt. Der Verlust tarifvertraglicher Rechte bedeutet stets eine solche Benachteiligung.

307 Gegenwärtig wird nach Schätzungen in weniger als 20 % aller Fälle ein Widerspruch erhoben.[272] Dieser Anteil erscheint gering. In vielen Fällen kann eine so **befriedigende Übergangsregelung** erzielt werden, dass sich ein Widerspruch erübrigt. Wie hoch auch immer die wirkliche Zahl der Fälle tatsächlich eingelegter Widersprüche liegen mag: Man kann erfahrungsgemäß unterstellen, dass es bei den Verhandlungen zwischen Gewerkschaft und Betriebsrat auf der einen, sowie dem Unternehmen auf der anderen Seite eine erhebliche Rolle zur Durchsetzung der Verhandlungsziele spielt.

4. Arbeitsgerichtliche Durchsetzung

308 Arbeitnehmer können ihre tarifvertraglichen Ansprüche auch gegenüber einem **Betriebsübernehmer** gerichtlich geltend machen. Ob ein Tarifvertrag anzuwenden ist, kann Gegenstand einer Feststellungsklage sein. Dies gilt auch, wenn zugleich Vergütungsdifferenzen geltend gemacht werden.[273] Bei einer Feststellungsklage zur Anwendung eines bestimmten Tarifvertrags auf ein Arbeitsverhältnis ist das gem. § 256 ZPO erforderliche Feststellungsinteresse gegeben, obwohl es sich dabei nicht um das Rechtsverhältnis der Parteien insgesamt, sondern nur um einen Teil handelt.[274]

309 Hierbei sind tarifvertragliche Ausschlussverfahren auch dann zu beachten, wenn der Betriebsübernehmer mit der Annahme der Dienste in Verzug gekommen ist. Bei einem für **allgemeinver-**

---

272 *Heinze*, DB 1998, 1861 [1867];
273 BAG 29.8.2001 NZA 2002, 513;
274 BAG 26.9.2001 NZA 2002,634;

bindlich erklärten Tarifvertrag kann sich der Arbeitnehmer regelmäßig nicht darauf berufen, zunächst die Rechtskraft eines wegen des Betriebsübergangs geführten Feststellungsverfahrens abzuwarten[275].

---

275 BAG 12.2.2001 BB 2002, 1676.

F. Voraussetzungen und individualrechtliche Auswirkungen des (umwandlungsbedingten) Betriebsübergangs

I. Sachlicher und persönlicher Anwendungsbereich des § 613 a BGB

1. Einzel- oder Gesamtrechtsnachfolge

Der Betriebsübergang kann sowohl Folge einer Einzel- wie auch einer Gesamtrechtsnachfolge sein. Die Einzelheiten wurden bereits an anderer Stelle erörtert (vgl. A Rn. 1, 2).

1

2. Maßgeblicher Betriebs(teil)begriff

§ 613 a BGB setzt voraus, dass ein Betrieb oder ein Betriebsteil durch Rechtsgeschäft auf einen anderen Inhaber übergeht. Eine einfachgesetzliche Definition des Betriebsbegriffs existiert nicht. Der **betriebsverfassungsrechtliche Betriebsbegriff** hilft bei der Begriffsbestimmung im Rahmen der Betriebsübergangsrichtlinie nur begrenzt weiter. Die Begriffsbildung ist nicht identisch. Dies folgt schon aus den unterschiedlichen Schutzzwecken der beiden Regelungswerke.

2

Die Rspr.[1] war lange Zeit von einem **materialistischen Betriebsbegriff** geprägt. Danach galt als Betrieb die organisatorische Einheit, innerhalb derer der Unternehmer allein oder mit seinen Mitarbeitern mit Hilfe von sächlichen und immateriellen Mitteln bestimmte arbeitstechnische Zwecke fortgesetzt verfolgt. Im Mittelpunkt dieser Rspr. stand die Übernahme ganzer Produktionsanlagen. Selbst die **Arbeitnehmer** waren **aus dem Tatbestand der Norm** und damit **aus dem Betriebs(teil)begriff ausgenommen.** Die Übernahme von Arbeitnehmern eines veräußerten Betriebes sei vielmehr gesetzlich angeordnete Rechtsfolge und nicht Voraussetzung eines Betriebsübergangs[2].

3

---

1 Vgl. *BAG* 3.12.1954, AP BetrVG 1952 § 88 Nr. 1 und 29.5.1991, NZA 1992, 74.

4 Demgegenüber definiert die **europäische Rechtsgrundlage** von § 613a BGB – die sog. Betriebsübergangsrichtlinie Rl 77/187/EWG[3] vom 14.02.1977[4], geändert durch die Richtlinie 98/50 EG[5] vom 29.06.1998 – in Art. 1 Abs. b den Betriebsübergang als die Übertragung einer ihre Identität bewahrenden **wirtschaftlichen Einheit** im Sinne einer organisatorischen Zusammenfassung von Ressourcen zur Verfolgung einer wirtschaftlichen Haupt- oder Nebentätigkeit. Damit ist der Betrieb i. S. von § 613 a BGB die wirtschaftliche Einheit im soeben bezeichneten Sinne[6]. Nur wenn diese Einheit auch nach der Übertragung ihre Identität bewahrt, handelt es sich um einen **Betriebsübergang i. S. der Richtlinie**. Über die Veräußerung von Wirtschaftsgütern hinaus ist daher die Feststellung erforderlich, ob eine noch bestehende wirtschaftliche Einheit übertragen wird und ob diese Einheit mit derselben oder einer gleichartigen Geschäftstätigkeit tatsächlich weitergeführt oder wieder aufgenommen wird. Grundlegend hierfür ist die Entscheidung des EuGH in der Rechtssache „Ayse Süzen"[7].

5 Die Feststellung der **Wahrung der Identität der wirtschaftlichen Einheit** muss aufgrund einer **Gesamtabwägung sämtlicher Umstände des Einzelfalls** vorgenommen werden. Zu den in die Abwägung einzubeziehenden Aspekten zählen: Art des bisherigen Betriebs oder Unternehmens, Übergang der materiellen Aktiva, Wert der immateriellen Aktiva, Übernahme eines nach Anzahl und Sachkunde maßgeblichen Teils der Belegschaft, Übergang der Kundschaft, Grad der Ähnlichkeit zwischen der Tätigkeit vor und nach der Übernahme sowie die Dauer einer etwaigen Unterbrechung der Geschäftstätigkeit[8]. Erforderlich ist nach der

---

2 Vgl. *BAG* 25.2.1981, 3.7.1986, 26. 2.1987, 21.1.1988, 28.4.1988, 19.11.1996, AP BGB § 613 a Nr. 24, 53, 63, 72, 74, 152.
3 Abgedruckt bei *Däubler/Kittner/Lörcher*, 1126 ff.
4 Im folgenden: Betriebsübergangsrichtlinie.
5 Abgedruckt in: NZA 1998, 1211 ff.
6 Kritisch zum Betriebsbegriff des *EuGH* ErfK – *Preis*, § 613 a BGB Rn. 14 ff..
7 Vgl. *EuGH* 11.3.1997, EAS Rl 77/187/EWG Art. 1 Nr. 13.
8 Vgl. *Hergenröder,* AR-Blattei (SD), 500.1 mit zahlreichen Nachweisen zur Rspr. des *EuGH* Rn. 132 ff. und zur Rspr. des *BAG* Rn. 143 ff.; Willemsen/Willemsen, Rn. G 80; Backmeister/Trittin – *Trittin,* 40 BGB § 613a Rn. 26.

Rspr. des *EuGH* in jedem Fall das Vorhandensein und die Beibehaltung eines **Minimum an betrieblicher Organisation**[9].

Das *BAG* hat sich zwischenzeitlich diesem europäischen Betriebsbegriff angeschlossen. Deshalb ist die durch den EuGH vorgenommene Begriffsbildung auch für die Auslegung von § 613 a BGB entscheidend. Ein Vielzahl höchstrichterlicher Entscheidungen seit 1997, mit denen das BAG auch teilweise seine bisherige Rspr. aufgab, macht dies deutlich: **6**

Für Branchen, in denen es im wesentlichen auf die menschliche Arbeitskraft ankommt, hat das BAG[10] entschieden, dass eine organisierte Gesamtheit von Arbeitnehmern, die durch ihre gemeinsame Tätigkeit dauerhaft verbunden ist und die nach Zahl und Sachkunde einen erheblichen Teil der Belegschaft darstellen[11] – die sogenannte **Hauptbelegschaft** –, eine wirtschaftliche Einheit darstellen kann. Damit ist klar gestellt, dass **Arbeits- bzw. Betriebsorganisation** auch durch die Hauptbelegschaft repräsentiert bzw. verkörpert sein können[12]. Demgegenüber spielen in einem reinen **Produktionsbetrieb** die dort eingesetzten Maschinen und technischen Mittel eine weitaus größere Rolle. **7**

Immer wieder Schwierigkeiten wirft die **Abgrenzung des Betriebsübergangs von der reinen Funktionsnachfolge** auf. Hierbei ist nach der Rspr. von EuGH[13] und BAG[14] von folgendem auszugehen: Der Begriff der „wirtschaftlichen Einheit" und der „Wahrung ihrer Identität" bezieht sich auf eine **organisierte Gesamtheit von Personen und Sachen** zur Ausübung einer wirtschaftlichen Tätigkeit mit eigener Zielsetzung. Die „wirt- **8**

---

9 Siehe auch *Bachner*, AiB 1996, 291
10 Vgl. *BAG* 22.5.1997, 11.12.1997, AP BGB § 613 a Nr. 154, 171, 172; Willemsen/ *Willemsen*, G Rn. 55, 56.
11 EuGH 24.1.2002, NZA 2002, 265
12 Im Ergebnis zustimmend, jedoch mit der Begründung, dass hier die Funktionsnachfolge den Betriebsübergang auslöse *Hergenröder*, AR-Blattei (SD) 500.1 Rn. 160.
13 Vgl. *EuGH* 11.3.1997, EAS Rl 77/187/EWG Art. 1 Nr. 13.
14 Vgl. *BAG* 26.6.1997, AP BGB § 613 a Nr. 165: Übertragung der Aufgaben einer Gemeindeverwaltung auf eine neu gebildete, für mehrere bisher eigenständige Gemeindeverwaltungen zuständige Körperschaft.

schaftliche Einheit" darf nicht als bloße Tätigkeit verstanden werden. Entscheidend ist die **Übertragung der vorhanden Arbeits- und Betriebsorganisation.** Die bloße Übertragung einer Aufgabe und Funktion – also die reine Funktionsnachfolge – reicht hierfür nicht aus[15]. Deshalb kommt der Aufrechterhaltung der **organisatorischen Zusammenfassung der Ressourcen** im Rahmen der Gesamtwürdigung für die hier behandelte Abgrenzungsfrage besondere Bedeutung zu[16]. Die Gleichartigkeit der vor und nach der Übertragung ausgeführten Reinigungsaufgaben und das Angebot der Weiterbeschäftigung an die Arbeitnehmer durch den neuen Auftragnehmer allein können die Aufrechterhaltung der Identität der wirtschaftlichen Einheit und damit einen Betriebsübergang nicht begründen[17].

8a In besonderer Weise illustrieren diese Rspr. zwei Entscheidungen des *BAG* vom 11.9.1997[18] und vom 11.12.1997[19]. Der ersten Entscheidung lag folgender Sachverhalt zugrunde: Der Erwerber eines Gaststättenbetriebs, in dem vor der Übernahme „gutbürgerliche Küche" serviert wurde, beabsichtigte nach der Übernahme ebenfalls ein Speiserestaurant – allerdings ein arabisches Spezialitätenrestaurant – zu eröffnen. Trotz verschiedener Umbaumaßnahmen sollte ein Teil der bisherigen Einrichtung weitergenutzt werden. Das Servierpersonal wurde nicht weiterbeschäftigt. Das *BAG* wertete diesen Vorgang als reine Funktionsnachfolge. Der **Wechsel der Betriebsmethoden und der Betriebsorganisation** schließe eine identitätswahrende Übertragung der wirtschaftlichen Einheit aus. Für einen Betriebsübergang sei nicht ausreichend, wenn einzelne Arbeitnehmer ihre dem Veräußerer gegenüber geschuldete Arbeitsleistung auch beim neuen Betriebsinhaber erbringen können[20]. In der zweiten Entscheidung hatte das

---

15 So auch ausdrücklich *BAG* 13.11.1997, AP BGB § 613a Nr. 169.
16 Vgl. *Müller – Glöge* NZA 1999, 449.
17 So aber noch *EuGH* 14.4.1994, EAS Rl 77/187/EWG Art. 1 Nr. 9 (Christel Schmidt).
18 Vgl. *BAG* 11.9.1997, NJW 1998, 1253.
19 Vgl. *BAG* 11.12.1997, AP BGB § 613 a Nr. 171 und 172.
20 Vgl. *BAG* 13.11.1997; AP BGB § 613 a Nr. 169; *Müller – Glöge* NZA 1999, 449, 450.

BAG über die Neuvergabe eines Cateringauftrags zu urteilen. Der Caterer hatte den Auftrag übernommen, im Namen und für Rechnung des Auftraggebers in dessen Kantine und mit der von diesem zur Verfügung gestellten Kücheneinrichtung die Mitarbeiter des Auftraggebers zu bewirten. Der Auftrag wurde gekündigt und neu vergeben. Das BAG entschied, Voraussetzung für die Wahrung der Identität der wirtschaftlichen Einheit sei in jedem Fall, dass dem Auftragnehmer die **Befugnis** eingeräumt werde, **über Art und Nutzung dieser überlassenen Betriebsmittel im eigenwirtschaftlichen Interesse zu entscheiden.** Demgegenüber könnten ihm diese Betriebsmittel nicht als eigene zugerechnet werden, wenn von dem Auftragnehmer nur eine Leistung angeboten werde, die er an fremden Einrichtungen und Geräten erbringe und über deren Einsatz er nicht in eigenwirtschaftlichem Interesse entscheiden dürfe.

Nicht nur der Betrieb in seiner Gesamtheit, sondern auch ein Betriebsteil kann Gegenstand eines Betriebsübergangs sein. Ein **Betriebsteil** ist eine auf Dauer angelegte **Teilorganisation**, in der sächlich und organisatorisch abgrenzbare arbeitstechnische Teilzwecke erfüllt werden[21]. Hierbei kann es sich auch um bloße Teilfunktionen handeln. Allerdings muss in jedem Fall eine eigenständige Betriebs- bzw. Arbeitsorganisation im Sinne einer organisatorischen Untergliederung des Gesamtbetriebes feststellbar sein[22]. Nicht ausreichend ist demgegenüber die Übertragung einer bloßen **Sachgesamtheit**[23], wie dies z. B. bei der Veräußerung eines LKW selbst dann der Fall sein kann, wenn mit diesem diesen LKW andere Zwecke verfolgt werden als mit dem übrigen Fuhrpark (Nahverkehr/Fernverkehr)[24]. Anders wäre die Rechtslage dann, wenn die LKW – Fahrer als Spezialisten, ohne jederzeit austauschbar zu sein, nur auf bestimmten LKW eingesetzt würden. Die übernommene Teilorganisation muss schon beim früheren Betriebsinhaber die Voraussetzungen eines Be- **8b**

---

21 Vgl. *BAG* 16.10.1987, 11.12.1997, AP BGB § 613 a Nr. 69, 171 und 172.
22 Trittin, KSchR, Rn. 50.
23 Vgl. *Hergenröder,* AR-Blattei (SD) 500.1 Rn. 126 ff.
24 Vgl. *BAG* 3.9.1998, NZA 1999, 147; *BAG* 26.8.1999, DB 2000, 94.

triebsteils erfüllt haben. Nicht ausreichend für einen Betriebsübergang ist, wenn der Erwerber aus einer übernommenen Gesamtheit von Betriebsmitteln **erstmals einen Betrieb bzw. Betriebsteil organisiert**[25].

3. Wechsel der Inhaberstellung durch Rechtsgeschäft

9 § 613a BGB setzt den Wechsel der Inhaberschaft am Betrieb(steil) durch Rechtsgeschäft voraus. Der Gesetzgeber hat hierdurch einen Tatbestand schaffen wollen, der alle Fälle der Betriebsnachfolge mit Ausnahme der der Gesamtrechtsnachfolge umfasst[26] (zur Anwendung auf Fälle der Gesamtrechtsnachfolge nach dem UmwG vgl. Rn. A 3). Hiervon ist zunächst der **bloße Wechsel der Gesellschaftsanteile** auszunehmen. Denn der Arbeitgeber und Unternehmensträger als Partei des Arbeitsverhältnisses bleibt jeweils derselbe[27]. Es findet lediglich ein Wechsel der Eigentümerstellung statt. Kein Betriebs(teil)übergang findet also statt, wenn Anteile einer Kapital- oder Personenhandelsgesellschaft – und seien es auch alle – veräußert werden oder wenn Gesellschafter in solche Gesellschaften eintreten oder aus solchen Gesellschaften ausscheiden. Anders ist die Situation bei der Gesellschaft Bürgerlichen Rechts, weil dort der Gesellschafterwechsel unmittelbar auch zu einem Wechsel am „Gesellschaftsvermögen" – also Betrieb oder Betriebsteil – führt.

10 Nach der Rspr. des BAG[28], welches sich der Rspr. des EuGH[29] angeschlossen hat, tritt ein **Betriebsübergang mit dem tatsächlichen Wechsel in der Person des Inhabers des Betriebs(teils)** ein. Der bisherige Inhaber muss seine wirtschaftliche Betätigung in dem Betrieb oder Betriebsteil tatsächlich einstellen, der neue Inhaber die Organisations- und Leitungsmacht übernehmen. Eines besonderen Übertragungsaktes im Hinblick auf die Leitungsmacht bedarf es daneben nicht. Demgegenüber kann die bloße **Möglich-**

---

25 Vgl. *BAG* 24.4.1997, NZA 1998, 253; Willemsen/*Willemsen*, Rn. G 87.
26 *Backmeister/Trittin*, KSchR, Rn. 68.
27 Vgl. *BAG* 12.7.1990, AP BGB § 613 a Nr. 87.
28 Vgl. *BAG* 12.11.1998, AP BGB § 613 a Nr. 186.
29 Vgl. *EuGH* 7.3.1996, EAS RL 77/187/EWG Art. 1 Nr. 11.

keit der unveränderten Betriebsfortführung** durch Übernahme der wesentlichen Betriebsmittel das Vorliegen eines Betriebsübergangs nicht begründen[30]. Ebensowenig tritt ein Wechsel der Inhaberschaft ein, wenn der neue Inhaber den Betrieb gar nicht führt[31]. Das Rechtsgeschäft i. S. von § 613 a Abs. 1 Satz 1 BGB ist demzufolge **das Einverständnis mit der Übernahme der tatsächlichen Organisationsgewalt,** also der tatsächliche und einverständliche Eintritt in die Inhaberstellung[32]. Dieses Rechtsgeschäft ist nicht gleichzusetzen mit der schuldrechtlichen Legitimation des Betriebsübergangs, wofür etwa Pachtverhältnisse, Mietverträge, Veräußerungsverträge und die Einbringung im Rahmen von Gesellschaftsgründungen zum Eigentum oder zur Nutzung in Betracht kommen.

An das **Einverständnis zur Begründung der tatsächlichen Inhaberstellung** i. S. v. § 613 a BGB dürfen **keine allzu hohen Anforderungen** gestellt werden[33]. Es genügt ein Bündel von Rechtsgeschäften, wenn diese in ihrer Gesamtheit zur Übertragung der tatsächlichen Organisationsgewalt führen[34]. Von einem rechtsgeschäftlichen Betriebsübergang ist z. B. auch dann auszugehen, wenn im Reinigungsgewerbe ein Neuauftragnehmer eine im wesentlichen unveränderte Arbeitsaufgabe auf vertraglicher Grundlage vom Auftraggeber – nicht vom bisherigen Auftragnehmer – übernimmt. Hinzukommen muss jedoch, dass der Neuauftragnehmer die Arbeitnehmer einvernehmlich weiter beschäftigt, weil diese in der Lage sind, den Neuauftrag wie bisher auszuführen. Das Einverständnis der Hauptbelegschaft mit dem Auftragnehmerwechsel begründet eine Vermutung für die tatsächliche Übernahme der betrieblichen Organisationsgewalt durch den Neuauftragnehmer[35]. Der neue Auftragnehmer

11

---

30 Vgl. *Müller – Glöge* NZA 1999, 449, 450.
31 Zustimmend *Hergenröde*r, AR-Blattei (SD) 500.1 Rn. 102.
32 Kittner/Zwanziger-Bachner, § 114 Rn. 23
33 Kittner/Zwanziger-Bachner, § 114 Rn. 25
34 Vgl. *BAG* 11.12.1997, AP BGB § 613 a Nr. 171 und 172, allerdings noch zur Übernahme der tatsächlichen betrieblichen Leitungsmacht; Backmeister/Trittin – *Trittin*, 40 BGB § 613a Rn. 45.
35 Vgl. *BAG* 10.12.1998, AP BGB § 613 a Nr. 187.

kann die vorhandene Arbeits- und Betriebsorganisation allein durch **Weiterbeschäftigung der den Betrieb verkörpernden Hauptbelegschaft** weiternutzen, ohne in Verhandlungen mit dem bisherigen Auftragnehmer treten zu müssen[36]. Es bedarf deshalb im Dreiecksverhältnis zwischen Altauftragnehmer, Auftraggeber und Neuauftragnehmer keines Vertrages zwischen den beiden Auftragnehmern[37]. Allerdings besteht eine Wechselbeziehung zwischen der Anzahl der Arbeitnehmer und den Qualitätsanforderungen[38]. Haben die Arbeitnehmer einen geringen Qualifikationsgrad, muss eine hohe Anzahl von ihnen weiterbeschäftigt werden, um von einer Übernahme der Hauptbelegschaft reden zu können. Ist ein Betrieb stärker durch Spezialwissen und Qualifikation der Arbeitnehmer geprägt, kann neben anderen Kriterien ausreichen, dass wegen ihrer Sachkunde ein geringerer Anteil der Belegschaft übernommen wird[39]. Dieser Ansatzpunkt ist nicht unproblematisch, weil damit der Arbeitgeber durch die Bestimmung der Anzahl der übernommenen Arbeitnehmer im Ergebnis selbst darüber entscheidet, ob es sich um einen Betriebsübergang handelt. Letztendlich handelt es sich jedoch um eine konsequente Folge eines entmaterialisierten Betriebsbegriffs. Zur Abgrenzung von der reinen Funktionsnachfolge ist das Kriterium der Belegschaft dringend erforderlich.

12 Für einen rechtsgeschäftlichen Betriebsinhaberwechsel kann es ausreichen, wenn ein Rechtsverhältnis über die Betriebsmittel endet und infolge der **Beendigung des Rechtsgeschäfts** die Betriebsmittel wieder in die Verfügungsgewalt dessen gelangen, der dem Dritten den Gebrauch bzw. die Nutzung eingeräumt hatte. Denkbar ist dies bei einem Pachtbetrieb, wenn dieser, sofern er nicht zuvor von dem Pächter stillgelegt worden ist, wegen der Beendigung des Pachtvertrages wieder an den Verpächter zurückgelangt. Dies gilt selbst dann, wenn der Verpächter die Leitungsmacht zuvor nicht ausgeübt hat und selbst keine entsprechenden Betriebe führt, jedoch

---

36 Vgl. *Müller – Glöge*, NZA 1999, 450, 451.
37 *EuGH* 10.12.1998, EAS Rl 77/187/EWG Art. 1 Nr. 17.
38 Vgl. *Müller – Glöge*, NZA 1999, 450, 451.
39 Vgl. *Müller – Glöge*, NZA 1999, 450, 451.

die Weiterverpachtung anstrebt[40]. Entsprechendes gilt beim Betriebsübergang auf einen Nachfolgepächter[41]. Die Übernahme – bzw. der Rückfall – der Betriebsmittel reicht für das Vorliegen eines Betriebsübergangs jedoch nicht aus, wenn der Erwerber beabsichtigt, den bisherigen Betriebszweck, die Betriebsmethoden und/oder die Betriebsorganisation grundlegend zu ändern[42]. Das Fehlen der Betriebsfortführungsabsicht muss aber nach außen dokumentiert werden; der bloße innere Wille ist nicht ausreichend. Die Kündigung eines Pacht- und Überlassungsvertrages über einen Theaterbetrieb durch den Verpächter führt daher zwar zum Rückfall der Betriebsmittel. Will der Verpächter die Spielstätte jedoch nicht selbst fortführen, so handelt es sich nicht um einen Betriebsübergang[43]. Bei einem Einzelhandelsgeschäft ist auf den im Verkauf bestimmter Waren an einen mehr oder weniger bestimmten Personenkreis bestehenden Betriebszweck abzustellen. Die hieraus entstehenden Lieferanten- und Kundenbeziehungen sind das wesentliche Substrat des Einzelhandelsgeschäfts. Bei Rückfall der Verkaufsräume kommt es im wesentlichen auf die Beibehaltung des bisherigen Warensortiments an, weil nur so die bisherigen Lieferanten- und Kundenbeziehungen aufrechterhalten werden können und sollen[44].

Auch die **Privatisierung öffentlicher Dienstleistungen** beispielweise die Übertragung öffentlichrechtlicher Einrichtungen oder Eigenbetriebe (Kindergarten, Krankenhaus, Bauhof, Energieversorger) auf einen privaten Rechtsträger, wird von § 613a BGB erfasst. Entscheidend ist allein, ob die jeweilige Einrichtung eine wirtschaftliche Tätigkeit ausübt, nicht jedoch ob mit dieser Tätigkeit zugleich ein Erwerbszweck verfolgt wird, Art. 1 Abs. 1 c Satz 1 Betriebsübergangsrichtlinie. Bei der Übertragung von Aufgaben im Zuge einer Umstrukturierung von Verwaltungsbehörden oder bei der 13

---

40 Vgl. *BAG* 27.4.1995, AP BGB § 613 Nr. 128.
41 Vgl. *EuGH* 17.12.1987, EAS Rl 77/187/EWG Art. 1 Nr. 3; *EuGH* 10.2.1988, 15.6.1988, EAS Rl 77/187/EWG Art. 1 Nr. 4, 5.
42 Vgl. *BAG* 11.9.1997, AP Rl 77/187/EWG Nr. 16; Willemsen/*Willemsen*, Rn. G 85.
43 Vgl. *LAG Berlin* 3.9.1998, NZA-RR 1998, S. 530.
44 Vgl. sehr instruktiv *BAG* 2.12.1999, NZA 2000, 369.

Übertragung von Verwaltungsaufgaben von einer Behörde auf eine andere handelt es sich nach dem ausdrücklichen Wortlaut der Betriebsübergangsrichtlinie allerdings nicht um einen Übergang im Sinne der Richtlinie, wie sich aus Art. 1 Abs. 1 c Satz 2 Betriebsübergangsrichtlinie ergibt. Die rein öffentlichrechtliche Aufgabenübertragung reicht also zur Begründung eines Betriebsübergangs ebensowenig aus wie die Übertragung von Verwaltungsaufgaben einer Behörde oder Dienststelle wegen deren Auflösung auf eine andere Behörde oder Dienststelle. Eine Ausnahme gilt dort, wo eine besondere normative Regelung zugrunde liegt[45].

4. Zeitpunkt des Betriebsübergangs

13a Nach der bisherigen Rspr. des BAG kam es darauf an, wann der Erwerber in der Lage war, den Betrieb oder Betriebsteil wie seinen eigenen fortzuführen[46]. Nach richtiger Auffassung ist jedoch nicht allein auf die bloße Fortführungsmöglichkeit abzustellen. Vielmehr muss der Erwerber auch bereit und gewillt sein, den Betrieb oder den Betriebsteil fortzuführen, weil ansonsten die Grenzen zu einer Betriebsstillegung nicht mehr klar gezogen werden können (vgl. Rn. 23).

14 Für die Bestimmung des Übernahmezeitpunkts kommt es entscheidend auf den Zeitpunkt der **tatsächlichen Übernahme der betrieblichen Organisatonsgewalt** an[47]. Dies wird nicht immer, jedoch regelmäßig der Zeitpunkt sein, zu dem der Erwerber rechtlich nicht mehr gehindert ist, die betriebliche Leitungs- und Organisationsgewalt anstelle des alten Inhabers auszuüben[48]. Der Zeitpunkt des Übergangs ist folglich nicht gleichzustellen mit dem Zeitpunkt der Durchführung des schuldrechtlichen Kausalgeschäfts (Kaufvertrag, Miete, Pacht

---

45 Vgl. *BAG* 20.3.1997, 26.8.1999, NZA 1997, 1225; NZA 2000, 371 für die Übertragung eines Notariats.
46 Vgl. *BAG* 16.10.1987, 12.11.1991, 16.2.1993, AP BGB § 613 a Nr. 69, 121; AP BetrAVG § 1 Betriebsveräußerung Nr. 14.
47 Vgl. Kittner/Zwanziger-Bachner, § 114 Rn. 31; dagegen ErfK – *Preis*, § 613 a BGB Rn. 28.
48 *BAG* 26.3.1996, AP BGB § 613a Nr. 148

etc.) bzw. der dinglichen Rechtsgeschäfte (Besitz- und Eigentumsverschaffung). Hierzu kann z. B. auf den Zeitpunkt, ab dem vertraglich die Haftung im Innenverhältnis auf den Erwerber übergeht oder aber auf etwaige tatsächliche Vorkehrungen des Erwerbers zur Fortführung des Betriebes wie z. B. die Kontaktaufnahme zu bestehenden Kunden abgestellt werden. Der Zeitpunkt der Übernahme kann zwar vertraglich gestaltet werden, dennoch kommt es – da es sich um Realakte handelt – auf die tatsächliche Ausführung an. Erfolgt der Übergang in einzelnen Schritten, so ist der Übergang erfolgt, wenn die wesentlichen Übertragungsakte vollzogen sind.

5. Nichtigkeit und Unwirksamkeit des Rechtsgeschäfts

Für den Betriebsübergang ist grundsätzlich unerheblich, ob das **schuldrechtlich zugrunde liegende Kausalgeschäft** nichtig oder unwirksam ist[49]. Dem BAG kann jedoch insoweit nicht gefolgt werden, als es § 613 a Abs. 1 Satz 1 BGB uneingeschränkt auch auf einen **geschäftsunfähigen bzw. beschränkt geschäftsfähigen Betriebserwerber** anwendet[50]. Denn ein Minderjähriger kann ohne Genehmigung des gesetzlichen Vertreters oder des Vormundschaftsgerichts nicht Arbeitgeber im Sinne des Sozialversicherungsrechts sein[51]. Nicht voll geschäftsfähige Personen können folglich auch nicht Erwerber i. S. v. § 613 a BGB sein[52]. 15

6. Hoheitsakte

a. Öffentlichrechtliche Funktionsnachfolge

§ 613 a BGB findet keine Anwendung, wenn kraft Gesetzes Aufgaben und Einrichtungen von einem Hoheitsträger auf einen anderen übertragen werden, also im Fall **öffentlichrechtlicher Funktionsnachfolge**. Die Rechtsfolgen solcher Funktionsnach- 16

---

49 Vgl. *Schreiber* RdA 1982, 137.
50 Vgl. *BAG* 6.2.1985, AP BGB § 613 a Nr. 44.
51 Vgl. *LSG Rheinland-Pfalz* 3.5.1990, NZA 1991, S. 40
52 So auch ErfK – Preis, § 613 a BGB Rn. 34.

folgen richten sich nach dem jeweils zugrunde liegenden Übertragungsgesetz, darüber hinaus nach dem Dienstrecht sowie Tarifrecht des öffentlichen Dienstes[53].

b. Betriebsübergang im Insolvenzverfahren

17 § 128 Abs. 2 InsO lässt sich entnehmen, dass der **Gesetzgeber** wie selbstverständlich **vom Übergang der Arbeitsverhältnisse** auch **im Insolvenzverfahren ausgegangen** ist[54]. Nur so ist verständlich, dass sich im Fall eines Interessenausgleichs die Vermutung nach § 125 Abs. 1 InsO oder die gerichtliche Feststellung im Rahmen eines Beschlussverfahrens nach § 126 InsO auch darauf bezieht, dass die Kündigung nicht wegen des Betriebsübergangs erfolgt ist. Mit diesen Regelungen wird sichergestellt, dass die erleichterte Kündigungsmöglichkeit im Insolvenzverfahren auch bei einem Betriebsübergang zur Anwendung kommt. Dies aber ist nur dann verständlich, wenn die Arbeitsverhältnisse überhaupt nach § 613 a BGB übergehen. Über die in § 128 InsO getroffene Regelung hinaus sagt die InsO zur Anwendbarkeit des § 613 a BGB im Insolvenzverfahren nichts aus.

18 Deshalb ist davon auszugehen, dass es bei den von der Rspr. des BAG schon vor Geltung der InsO entwickelten Grundsätzen zur **Anwendbarkeit des § 613 a BGB** im Konkursverfahren auch **im Geltungsbereich der InsO** verbleibt[55]. Danach gilt vor allem, dass § 613 a Abs. 1 Satz 1 BGB auch dann anwendbar ist, wenn ein Betrieb Bestandteil der Konkursmasse ist[56]. Allerdings ist der besonderen wirtschaftlichen und rechtlichen Situation der Insolvenz Rechnung zu tragen, in dem die Insolvenz unter Haftungsgesichtspunkten berücksichtigt wird.

---

53 Vgl. *BAG* 6.11.1985, 16.3.1994, AP BGB § 611 Nr. 61; AP BGB § 419 Funktionsnachfolge Nr. 11.
54 Vgl. *Bergwitz*, DB 1999, 2005.
55 Vgl. *Bergwitz*, DB 1999, 2005.
56 Vgl. *BAG* 17.1.1980, 26.5.1983, 13.11.1986, 28.4.1987, AP BGB § 613 a Nr. 18, 34, 57; AP BetrAVG §1 Betriebsveräußerung Nr. 5.

c. Betriebsübergang in der Zwangsvollstreckung

19 Maßnahmen der **Zwangsvollstreckung** – Hoheitsakte also – schließen den Betriebsübergang nicht generell aus, da es für den Betriebsübergang nicht auf das zugrunde liegende Kausalgeschäft ankommt (vgl. Rn. 8 ff.). Das *BAG* hat bisher über folgende Fallkonstellationen entschieden:

– *Anordnung der Zwangsverwaltung eines Grundstücks* Auf dem Grundstück befanden sich ein Hotel und eine Kurklinik. Aufgrund der angeordneten Zwangsverwaltung erhielt der Zwangsverwalter kraft Gesetzes im Wege der Beschlagnahme die Nutzungs- und Verwaltungsbefugnisse an allen Betriebsmitteln. Hierzu zählte auch die Gesamtheit des zu den Gewerbebetrieben gehörenden Zubehörs. Nach Auffassung des *BAG* war für einen Betriebsübergang die einverständliche Übertragung der betrieblichen Leitungsmacht auf den Zwangsverwalter erforderlich[57]. Mangels eines solchen Einverständnisses schied ein Betriebsübergang aus. Aus heutiger Sicht ist richtigerweise auf den tatsächlichen Eintritt in die betriebliche Organisationsgewalt und die Fortführungsabsicht des Verwalters abzustellen (vgl. Rn. 9 ff.). Da sich die dem Zwangsverwalter kraft Amtes verliehene Nutzungsbefugnis nur auf die beschlagnahmten Teile des Betriebsvermögens bezieht, bedarf es aber auch hierzu einer entsprechenden Vereinbarung mit dem Schuldner[58].

– *Erwerb eines Betriebes aus der Zwangsvollstreckung* Nach der Rspr. des *BAG* [59] tritt der Erwerber in die bisher mit dem Zwangsverwalter bestehenden Arbeitsverträge ein, wenn er den auf dem Betriebsgrundstück ausgeübten Betrieb – in der Entscheidung des *BAG* ging es um ein Krankenhausgrundstück – fortführt, ohne ihn stillzulegen und dann neu zu eröffnen. Denn der Erwerber kann die von der Beschlagnahme nicht erfaßten Bestandteile des Betriebs nur durch Vereinbarung mit dem Zwangsverwalter und damit durch Rechtsgeschäft erwerben.

---

57 Vgl. *BAG* 9.1.1980, BGB § 613 a AP Nr. 19.
58 Vgl. ErfK – *Preis*, § 613 a BGB Rn. 38.
59 Vgl. *BAG* 14.10.1982, AP BGB § 613 a Nr. 36.

II. Persönlicher Anwendungsbereich von § 613 a BGB

20 In den Regelungsbereich des § 613 a Abs. 1 BGB fallen **Arbeitnehmer** – Arbeiter und Angestellte – und deren Arbeitsverhältnisse. Ebenfalls erfasst werden **leitende Angestellte** i. S. v. § 5 Abs. 3 BetrVG[60] und **Auszubildende** gem. § 3 Abs. 2 BBiG. Die Bestimmung ist darüber hinaus anwendbar auf Personen im Sinne des § 19 BBiG, da dieser Personenkreis Arbeitnehmern gleichgestellt ist[61]. Nicht entscheidend ist, ob ein Arbeitnehmer Kündigungsschutz genießt. **Beamte** werden mangels Arbeitnehmereigenschaft nicht erfasst.

21 Umstritten ist, ob Heimarbeiter, Hausgewerbetreibende und andere arbeitnehmerähnliche Personen ebenfalls unter den Geltungsbereich von § 613 a Abs. 1 BGB fallen. Das *BAG* verneint diese Frage[62] zu Unrecht. Denn **Heimarbeiter** weisen eine den Arbeitnehmern vergleichbare soziale Schutzbedürftigkeit auf. Insbesondere besteht die Gefahr der Umgehung der Schutzvorschriften der §§ 29, 29a HAG. Vor allem aber widerspricht die Nichteinbeziehung von Heimarbeitern Art. 2 Abs. 1 Buchstabe d) der Betriebsübergangsrichtlinie: Danach ist Arbeitnehmer, wer auf Grund des einzelstaatlichen Rechts geschützt ist. Da auf Heimarbeiter fast das gesamte kollektive Arbeitsrecht, §§ 17 Abs. 1 HAG, 6 Abs. 1 Satz 2 und Abs. 2 Satz2 BetrVG, wie auch wichtige Grundprinzipien des Individualarbeitsrechts, §§ 29 HAG, 12 BUrlG, 10 und 11 EFZG, anwendbar sind, liegt ein entsprechender Schutz der Heimarbeiters i. S. der Betriebsübergangsrichtlinie vor[63]. Nicht anwendbar ist § 613 a BGB dagegen auf **arbeitnehmerähnliche Personen.** Für Sie gelten die Bestimmungen des Arbeitsrechts nicht in gleichem Umfang[64].

22 § 613 a Abs. 1 Satz 1 BGB findet keine Anwendung auf **Dienstverhältnisse, die keine Arbeitsverhältnisse sind**[65] sowie auf

---

60 Vgl. *BAG* 22.2.1978, AP BGB § 613 a Nr. 11.
61 Vgl. *Heinze*, DB 1980, 205; *Lepke*, BB 1979, 526.
62 Vgl. *BAG* 3.7.1980, 24.3.1998, AP BGB § 613 a Nr. 23, 178; zustimmend *Lepke*, BB 1979, S. 526.
63 Vgl. Kittner/Däubler/*Zwanziger*, KSchR § 613 a BGB Rn. 14.
64 Vgl. Kittner/Däubler/*Zwanziger*, KSchR § 613 a BGB Rn. 15.
65 Vgl. *BAG* 7.11.1975, 22.2.1978, AP BetrVG 1972 § 99 Nr. 3; AP BGB § 613 a Nr. 11.

Rechtsverhältnisse von Organmitgliedern wie Geschäftsführer und Vorstandsmitglieder, ebenso wenig auf Arbeitsverhältnisse, die im Zeitpunkt des Betriebsübergangs bereits beendet sind[66] (vgl. auch Rn. G 57).

III. Abgrenzung zwischen Betriebsstilllegung und Betriebsübergang

Gegenstand eines Betriebsübergangs kann nur ein bestehender Betrieb sein. Ein stillgelegter Betrieb kann nicht mehr übertragen werden. Die **Stilllegung eines Betriebs(teils)** schließt daher den Betriebsübergang nach § 613 a BGB auf der Tatbestandsseite aus. Möglich ist dann nur die Übertragung einer Summe von Wirtschaftsgütern ohne bestehende Arbeits- und Betriebsorganisation[67]. 23

Die Betriebsschließung setzt die **Auflösung** der bestehenden **Betriebs- und Produktionsgemeinschaft** bzw. **der dem Betriebszweck dienenden Arbeitsorganisation** oder – um in der Terminologie des *EuGH* zu bleiben[68] – die **planmäßige Beendigung der Identität der wirtschaftlichen Einheit** voraus. Bedingung der Betriebsstilllegung ist daher die ernstliche Absicht, die Weiterverfolgen des bisherigen Betriebszwecks dauernd oder für eine ihrer Dauer nach unbestimmte, wirtschaftlich nicht unerhebliche Zeitspanne aufzugeben, also der **dauerhafte Wegfall der Fortführungsabsicht** (vgl. hierzu schon Rn. 12a). Um eine solche Auflösung handelt es sich dann, wenn der Betrieb auch durch den Erwerber nicht mehr weitergeführt werden kann[69]. 24

Der Tatbestand der Betriebsstilllegung ist aus den Umständen des Einzelfalls anhand objektivierbarer Kriterien zu ermitteln. Ziel der Sachverhaltsbewertung muss hierbei die Vermeidung einer 25

---

66 Vgl. *BAG* 24.3.1977, 22.6.1978, 11.11.1986, AP BGB § 613 a Nr. 6, 12, 61.
67 Ständ. Rspr. seit *BAG* 14.10.1982, 27.9.1984, 3.7.1986, 12.2.1987, AP KSchG 1969 § 1 Konzern Nr. 1; AP BGB § 613 a Nr. 39, 53, 67.
68 Vgl. *EuGH* 18.3.1986, 17.12.1987, 15.06.1988, EAS Rl 77/187/EWG Art. 1 Nr. 2, 3, 5.
69 Vgl. Kittner/Däubler/*Zwanziger*, KSchR § 613 a BGB Rn. 117.

Umgehung der Rechtsfolgen des § 613 a BGB sein. Der Schutzcharakter von § 613 a BGB gebietet es deshalb, mit der Annahme einer Betriebsstilllegung zurückhaltend zu sein. Eine allein am inneren Willen der Erwerbers orientierte Bewertung des Sachverhalts ist nicht ausreichend. Dies gilt inbesondere für das Kriterium des Wegfalls der Fortführungsabsicht. Vielmehr muss der innere Wille in nachprüfbaren äußeren und objektiven Kriterien zum Ausdruck kommen. Außerdem muss die Gesamtbewertung der Umstände des Einzelfalls betriebs- und branchenspezifisch erfolgen. Nach der Rspr. des *EuGH*[70] sind richtigerweise sämtliche Kriterien zu berücksichtigen, die auch für die Bestimmung der Identität der wirtschaftlichen Einheit maßgeblich sind.

26 Ein **Betrieb** kann auch **durch den Pächter stillgelegt** werden. Da der Pächter jedoch mangels Eigentümerstellung nicht berechtigt ist, das Betriebsgrundstück und die Betriebsmittel zu veräußern, ist es für eine Betriebsstilllegung durch den Pächter ausreichend, wenn dieser die Stilllegungsabsicht unmißverständlich kundtut, die Betriebstätigkeit vollständig einstellt, allen Arbeitnehmern kündigt und diejenigen Betriebsmittel veräußert, über die er verfügen kann[71]. Auf der anderen Seite kann die Verpachtung durch den Eigentümer selbst als Betriebsstilllegung zu werten sein. Dies gilt insbesondere dann, wenn der Betrieb nur zum Zweck einer Stilllegung verpachtet wird, um dem Eigentümer die Kosten eines Sozialplans zu ersparen[72]. Beim **Rückfall eines Pachtobjektes** nach Beendigung des Pachtvertrages kommt es für die Frage, ob ein in dem Objekt enthaltener Gaststättenbetrieb auf den Verpächter übergeht, auf dessen Nutzungsabsichten an[73].

---

70 Vgl. *EuGH* 18.3.1986, 17.12.1987, 15.06.1988, EAS Rl 77/187/EWG Art. 1 Nr. 2, 3, 5.
71 Vgl. *BAG* 21.1.1988, 17.3.1987, AP BGB § 613 a Nr. 72; AP BetrVG 1972 § 111 Nr. 18.
72 Vgl. *BAG* 27.4.1995, AP BGB § 613 a Nr. 128.
73 Vgl. *LAG Köln* 10.4.1997; *LAG*E § 613 a BGB Nr. 63.

IV. Auslandssachverhalte

1. Einzelrechtsnachfolge

Denkbar ist zunächst die Konstellation, dass ein **Betrieb(steil)** über die deutschen Grenzen hinweg **in einen anderen Mitgliedstaat der EU** im Wege der Einzelrechtsnachfolge **verlagert** wird. Die Frage der Anwendbarkeit von § 613 a BGB auf diesen Sachverhalt ist nach den **Normen des internationalen Privatrechts** zu beantworten, da weder die Betriebsübergangsrichtlinie[74] noch § 613 a BGB entsprechende kollisionsrechtliche Regelungen enthalten[75]. Wird bei dieser Sachlage – wie es die Regel sein wird – ein deutsches Arbeitsgericht angerufen, so findet gemäß Art. 30 EGBGB entweder aufgrund der getroffenen **Rechtswahl** oder wegen des in Deutschland liegenden **Schwerpunkts der Arbeitsleistung** regelmäßig deutsches materielles und prozessuales Arbeitsrecht Anwendung[76]. Dem Arbeitsstatut ist gegenüber dem Statut des zukünftigen Betriebsorts der Vorrang einzuräumen.

27

Dieses Ergebnis ergibt sich auch aus **der Betriebsübergangsrichtlinie** selbst. Denn in einem Leitfaden als Anhang zu einem die Betriebsübergangsrichtlinie erläuternden Memorandum hat die EU-Kommission klargestellt, dass die Richtlinie – und damit § 613 a BGB – auch im Fall von Auslandsverlagerungen anwendbar sein soll[77].

28

Die in § 613 a BGB angeordneten Rechtsfolgen eines extraterritorialen Betriebsübergangs werden lediglich durch öffentliches Recht des aufnehmenden Staates verdrängt. Denn das öffentliche Recht des ausländischen Staates geht kraft **Territorialitätsprinzip** vor. Hierzu zählen insbesondere die Bestimmungen des ausländischen Sozialversicherungs- (Arbeitsförderungs-, Renten-), und

29

---

74 ABlEG Nr. L 61 vom 5.3.1997 – auch nicht in ihrer geänderten Fassung vom 17.7.1998 – abgedruckt in NZA 1998, 1211
75 Vgl. *Feudner*, NZA 1999, 1184.
76 Vgl. *Feudner*, NZA 1999, 1184; Kittner/Zwanziger-Bachner, § 114 Rn. 55, 56.
77 Memorandum vom 4.3.1997, abgedruckt in NZA 1997, 697; *Feudner*, NZA 1999, 1184

Steuerrechts. Darüber hinaus rechnen hierzu auch die im Ausland geltenden Arbeitsschutznormen, wie z. B. die entsprechenden Mutterschutz-, Jugendarbeitsschutz-, Gefahrenschutz- und Arbeitszeitbestimmungen. Das gleiche gilt für die entsprechenden Regelungen des ausländischen Kündigungsschutzrechts[78].

2. Gesamtrechtsnachfolge

30 Grenzüberschreitende Umwandlungen im Wege der **Gesamtrechtsnachfolge** nach dem UmwG sind unzulässig, weil es an entsprechenden ausdrücklichen Rechtsgrundlagen im UmwG fehlt[79]. Für Umwandlungsmaßnahmen außerhalb des UmwG ist zu berücksichtigen, dass der Vorschlag für eine 10. Europäische Richtlinie über die grenzüberschreitende Verschmelzung von Aktiengesellschaften[80] nach wie vor Gegenstand der politischen Diskussion ist. Eine entsprechende europäische Harmonisierung hat daher noch nicht stattgefunden. Auslandsverlagerungen müssen folglich im Wege der Einzelrechtsnachfolge durchgeführt werden.

V. Übergang der Arbeitsverhältnisse

31 Die entscheidende **Rechtsfolge eines Betriebsübergangs** ist, wie sich aus § 613a Abs. 1 Satz 1 BGB ergibt, der kraft Gesetzes erfolgende, sich also automatisch vollziehende Übergang der zum Zeitpunkt des Betriebsübergangs bestehenden Arbeitsverhältnisse vom Erwerber auf den Veräußerer. Das Arbeitsverhältnis wird also mit dem Erwerber fortgesetzt. Es handelt sich um einen **gesetzlichen Schuldnerwechsel**[81]. Des Abschlusses eines neuen Arbeitsvertrages bedarf es nicht. Der Erwerber rückt vielmehr auf der Seite des Veräußerers automatisch in dessen Arbeitgeberstellung ein. Das Gleiche gilt auch dann, wenn ein Betriebsteil (zum Begriff vgl.

---

78 Vgl. *Feudner*, NZA 1999, 1184; *Richter*, AuR 1992, 65.
79 Vgl. hierzu und zum Meinungsstand Willemsen/*Seibt*, Rn. F 135.
80 ABLEG 1985, C 23, S. 11.
81 Vgl. *EuGH* 14.11.1996, DB 1996, S. 2546; *Bachner*, AiB 1996, 291.

Rn. 7b) übertragen wird, allerdings bezogen auf die Arbeitsverhältnisse derjenigen Arbeitnehmer, die in dieser Teileinheit tätig sind. Ist es infolge der Übernahme einer solchen Teileinheit nicht mehr möglich, den verbleibenden (Rest)Betrieb sinnvoll fort zu führen, so hat dies nicht zur Folge, dass der Erwerber der Teileinheit in die Arbeitsverhältnisse aller Arbeitnehmer des früheren Betriebes eintritt[82]. Bezogen auf den Restbetrieb handelt es sich vielmehr um eine Stilllegung i. S. von § 111 Satz 3 Nr. 1 BetrVG.

Der Arbeitnehmer kann den Übergang des Arbeitsverhältnisses dadurch verhindern, dass er dem **Übergang des Arbeitsverhältnisses auf den Erwerber widerspricht**[83] (§ 613 a Abs. 6 BGB). Der Widerspruch ist negatives Tatbestandsmerkmal von § 613 a Abs. 1 Satz 1 BGB[84] (zu den Einzelheiten vgl. Rn. F 88 ff.).

Der bisherige Arbeitgeber oder der neue Inhaber muss den von einem Übergang betroffenen Arbeitnehmer gem. § 613 a Abs. 5 BGB unterrichten (vgl. hierzu näher Rn. F 82 ff.).

Bleibt im Falle der Ausgründung einer oder mehrerer rechtlich selbständiger Gesellschaften ein gemeinsamer Betrieb dieser Unternehmen i. S. v. § 1 Satz 2 BetrVG am Standort erhalten, so gehen die Arbeitsverhältnisse auf die einzelnen ausgegründeten Gesellschaften über[85]. Denkbar ist auch, dass mehrere Unternehmen auf Arbeitgeberseite in ein Arbeitsverhältnis einrücken[86]. Für die Frage, auf welches oder welche Unternehmen die einzelnen Arbeitsverhältnisse jeweils übergehen, ist nicht etwa der betriebsverfassungsrechtliche Betriebsbegriff entscheidend. Vielmehr kommt es auf den Betriebsbegriff i. S. v. § 613 a BGB an. Beide Rechtsbegriffe überschneiden sich zwar, sie sind jedoch nicht identisch (zum betriebsverfassungsrechtlichen Betriebsbegriff vgl. Rn. D 1 ff., zum Betriebsbegriff i. S. von § 613a BGB vgl. Rn. 3 ff.). **32**

---

82 Vgl. *BAG* 13.11.1997, AP BGB § 613 a Nr. 170.
83 Vgl. *BAG* 7.4.1993, 22.4.1993, 22.4.1993, 19.3.1988 AP KSchG 1969 § 1 Soziale Auswahl Nr. 22; AP BGB § 613 a Nr. 102,103,177.
84 Vgl. *Bachner*, AiB 1996, 291.
85 Vgl. *BAG* 19.1.1988 AP BGB § 613 a Nr. 70 ; *Schaub*, NZA 1989, S. 5; *Sowka*, DB 1988, S. 1318.
86 Vgl. Kittner/Zwanziger-*Bachner*, § 115 Rn. 5

Wird eine **Betriebsgesellschaft** ausgegliedert, so gehen die Arbeitsverhältnisse auf diese Gesellschaft über. Bei Ausgründung der **Besitzgesellschaft** verbleiben die Arbeitsverhältnisse beim abgebenden Unternehmen – also der Betriebsgesellschaft. Soll ein **gemeinsamer Betrieb mehrerer Unternehmen** in Zukunft nur noch von einem Unternehmen fortgeführt werden, so gehen die Arbeitsverhältnisse der Arbeitnehmer der ausgeschiedenen Unternehmen gem. § 613 a BGB regelmäßig auf den Weiterbetreiber über[87].

VI. Zuordnung der Arbeitsverhältnisse

1. Problemstellung

33 Der gesetzliche angeordnete Eintritt in die Arbeitgeberstellung bezieht sich auf alle Arbeitsverhältnisse, die zum Zeitpunkt des Betriebs(teil)übergangs vorhandenen sind. Zuordnungsprobleme entstehen immer dann, wenn die **Zuordnung von solchen Arbeitnehmern** zu bewerten ist, die **betriebs(teil)- oder** sogar **unternehmensübergreifend eingesetzt** sind. Die immer gleiche Frage lautet: Welchem Betrieb(steil) sind solche Arbeitnehmer zuzuordnen.[88]: Folgende Fallgruppen können unterschieden werden:
– **Sogenannte Springer:** Arbeitnehmer, die wechselnd in verschiedenen Betriebsabteilungen oder auch Betrieben des Veräußerers eingesetzt werden.
– **Arbeitnehmern mit überbetrieblichen Leitungsfunktionen:** z. B. überbetrieblicher Leiter des Vertriebs
– **Arbeitnehmer in Stabsfunktionen:** zentrale Datenverarbeitung, Buchhaltung oder Personalabteilung

Die **vorrangige Zuordnungsregel** lautet: Haben die Arbeitsvertragsparteien anlässlich des Betriebsübergangs eine Vereinbarung über die Zuordnung des Arbeitsverhältnisses getroffen. Wenn ja,

---

87 Vgl. *LAG* Hessen 16.4.1997, NZA -RR 1998, S. 24.
88 Vgl. hierzu ausführlich auch Willemsen/*Willemsen*, Rn. G 139 ff.; Kittner/Zwanziger-Bachner, § 115 Rn. 7

so ist diese Vereinbarung maßgebend[89]. Fehlt es – wie oft – an einer solchen Einigung der Vertragsparteien, so ist auf den **objektiven Schwerpunkt des Arbeitsverhältnisses** abzustellen[90]. Für diese Feststellung ist eine struktur-, nicht eine funktionsorientierte Betrachtungsweise[91] ausschlaggebend. Deshalb kommt es darauf an, in welcher organisatorischen Einheit die Tätigkeit erbracht wird, nicht jedoch welchem Geschäftsteil die Tätigkeit zugute kommt[92]. Der Arbeitnehmer muss in dem betreffenden Betrieb oder Betriebsteil tätig bzw. in ihn arbeitsorganisatorisch eingegliedert sein. Nicht ausreichend ist es, dass der Arbeitnehmer, ohne dem übertragenen Betrieb(steil) anzugehören, als Beschäftigter einer nicht übertragenen Abteilung Tätigkeiten für den übertragenen Betrieb(steil) verrichtet[93]. Zur Feststellung des Schwerpunkts des Arbeitsverhältnisses kommen im übrigen sowohl schriftliche Abreden als auch die tatsächlichen Umstände wie überwiegender Arbeitsort, Arbeitszeit, Arbeitsaufwand, Bedeutung der Tätigkeiten für den Gesamtbetrieb oder das Gesamtunternehmen, Anbindung an Vorgesetzte oder Untergebene in Betracht[94]. Bei Arbeitsverhältnissen in Stabspositionen muss die Verbindung mit der veräußerten wirtschaftlichen Einheit so eng gewesen sein, dass die Beschäftigungsmöglichkeit im zentralen Bereich durch die Veräußerung wegfällt[95].

Ist eine **Schwerpunktbildung nicht eindeutig** möglich, so sind **34** verschiedene Lösungsansätze denkbar: vollständiger Ausschluss des Arbeitgeberwechsels[96], Einräumung eines arbeitnehmersei-

---

89 Vgl. *BAG* 20.7.1982, 25.6.1985, 18.3.1997, AP BGB § 613 a Nr. 31; AP BetrAVG § 7 Nr. 23; AP BetrAVG § 1 Betriebsveräußerung Nr. 16; a. A. ErfK – Preis m. w. N. zur Gegenauffassung.
90 Vgl. *Hergenröder*, AR-Blattei (SD) 500.1 Rn. 281 ff.
91 Vgl. *EuGH* 16.12.1992, EAS Rl 77/187/EWG Art. 3 Nr. 8; *BAG* 13.11.1997, AP BGB § 613 a Nr. 170; Kittner/Zwanziger-Bachner, § 115 Rn. 7
92 Vgl. *EuGH* 7.2.1985, EAS Rl 77/187/EWG Art. 1 Nr. 1.
93 Vgl. *BAG* 13.11.1997, AP BGB § 613 a Nr. 169 und 170 unter Berufung auf *EuGH* 7.2.1985, EAS Rl 77/187/EWG Art. 1 Nr. 1; *BAG* 11.9.1997, AP Rl 77/187/EWG Nr. 16; Kittner/Zwanziger-Bachner, § 115 Rn. 10.
94 Vgl. *BAG* 20.7.1982, AP BGB § 613 a Nr. 31, *Bachner* AiB 1996, S. 291, 300.
95 Vgl. *Hergenröder*, AR-Blattei (SD) 500.1 Rn. 285.
96 Vgl. *Müller/Thüsing*, ZIP 1997, 1869, 1873.

tigen Wahlrechts[97], Zuerkennung eines einseitigen Bestimmungsrechts des Betriebsveräußerers gemäß § 315 BGB[98]. Richtigerweise verbleibt das Arbeitsverhältnis beim Veräußerer. Denn eine Zuordnung zum veräußerten Betrieb(steil) ist nicht möglich, wenn der Tatbestand der den Übergang des Arbeitsverhältnisses bewirkenden Überleitungsnorm – § 613 a Abs. 1 Satz 1 BGB – nicht nachgewiesen ist[99]. Im Bereich des UmwG kommt dann aber eine umwandlungsrechtliche Zuordnung des Arbeitsverhältnisses in Betracht (vgl. Rn. 34 ff.).

2. Rein umwandlungsrechtliche Zuordnung von Arbeitsverhältnissen

35 Das UmwG sieht Sonderformen der Zuordnung von Arbeitsverhältnissen vor. Eine solche **umwandlungsrechtliche Zuordnungsmöglichkeit** ist für den Fall der Spaltung in § 126 Abs. 1 Nr. 9 UmwG i.V.m. § 131 Abs. 1 UmwG geregelt. Die umwandlungsrechtliche Zuordnung eines Arbeitsverhältnisses und der Übergang des Arbeitsverhältnisses gemäß § 324 UmwG i. V. mit § 613 a BGB schließen sich gegenseitig aus. Ein Bedürfnis für die Übertragung von Arbeitsverhältnissen außerhalb des § 613 a BGB i.V.m. § 324 UmwG kann z. B. bei Arbeitnehmern in Stabsfunktionen oder bei Springern bestehen, weil bei diesen Arbeitsverhältnissen vielfach nicht eindeutig ist, welchem Betrieb oder Betriebsteil sie zuzuordnen sind[100]. Dies gilt insbesondere in **Spaltungsfällen.**

Bei der Zuordnung von Arbeitsverhältnissen gem. § 126 Abs. 1 Nr. 9 UmwG i.V.m. § 131 Abs. 1 UmwG müssen die entsprechenden Arbeitsverhältnisse im Spaltungs- und Übernahmevertrag namentlich aufgeführt werden[101]. Der im Spaltungsvertrag vorgesehene Rechtsträger wird mit Eintragung der

---

97 Vgl. *Bachner*, AiB 1996, 291; *Annuß* NZA 1998, 70, 76.
98 Vgl. *Bauer*, Unternehmensveräußerung, 47, Willemsen/*Willemsen*, Rn. G 142.
99 Vgl. Kittner/Zwanziger-*Bachner*, § 115 Rn. 10.
100 Vgl. Kittner/Zwanziger-*Bachner*, § 115 Rn. 14.
101 Vgl. Willemsen/*Willemsen*, Rn. G 148; *Boecken,* Rn. 72; *Bachner,* AR-Blattei (SD) 1625 Rn. 38.

Spaltung im Register des übertragenden Rechtsträgers gemäß § 131 Abs. 1 Nr. 1 UmwG Arbeitgeber des im Spaltungs- und Übernahmevertrag aufgeführten Arbeitnehmers.

Nach § 132 UmwG bleiben bei der rein umwandlungsrechtlichen Übertragung von Arbeitsverhältnissen die allgemeinen Vorschriften, welche die Übertragbarkeit eines bestimmten Gegenstandes ausschließen, durch die Wirkungen der Eintragung der Spaltung ins Handelsregister unberührt. Zu diesen Bestimmungen zählt § 613 Satz 2 BGB. Danach ist der **Anspruch auf Leistung der Dienste im Zweifel nicht übertragbar**. Grundgedanke ist die persönliche Erbringung der Arbeitsleistung. Daher bedarf die rein umwandlungsrechtliche Übertragung eines Arbeitsverhältnisses der vorherigen Zustimmung des Arbeitnehmers[102]. Liegt ein solches Einverständnis des Arbeitnehmers vor, so geht das Arbeitsverhältnis nicht auf den aufnehmenden Rechtsträger über. Auf Fälle der **Verschmelzung** ist der Rechtsgedanke aus § 132 UmwG i.V.m. § 613 Satz 2 BGB in diesen Fällen analog anwendbar. 36

3. Interessenausgleich über die Zuordnung von Arbeitsverhältnissen gem. § 323 Abs. 2 UmwG

Nach § 323 Abs. 2 UmwG können im Falle der übertragenden Umwandlung (Verschmelzung, Spaltung oder Vermögensübertragung) in einem **Interessenausgleich** diejenigen **Arbeitnehmer namentlich bezeichnet** werden, die nach der Umwandlung einem bestimmten Betrieb oder Betriebsteil zugeordnet werden sollen. Der Interessenausgleich unterliegt den allgemeinen Bestimmungen der §§ 111, 112 BetrVG (vgl. Rn. D 298 ff.), so dass eine Betriebsänderung in Form einer Spaltung bzw. einer Zusammenlegung von Betrieben Voraussetzung für die Anwendbarkeit der Bestimmung ist. Das Arbeitsgericht kann diese Zuordnung nur auf **grobe Fehlerhaftigkeit** überprüfen, § 323 Abs. 2 UmwG. Da der Arbeitgeber auf die freiwillige Einigung mit dem Betriebsrat an- 37

---

102 Vgl. Kittner/Däubler/*Zwanziger*, KSchR § 324 UmwG Rn. 11; *Bachner*, AR-Blattei (SD) 1625 Rn. 40 ff. mit Nachweisen auch zur Gegenauffassung; a. A.. insbesondere Willemsen/*Willemsen*, Rn. G 150, *Schalle*, S. 138.

gewiesen ist – der Interessenausgleich ist im Unterschied zum Sozialplan nicht erzwingbar –, wird das Zuordnungsrecht in der Praxis vielfach zum Gegenstand von Austauschgeschäften der unterschiedlichsten Art gemacht[103]. Die Zuordnung bedarf nicht der Zustimmung des Arbeitnehmers, weil ansonsten die Einschränkung der Prüfungsbefugnis des Arbeitsgerichts nicht verständlich wird.

38 § 613 a Abs. 1 Satz 1 BGB ist gegenüber der Zuordnung eines Arbeitsverhältnisses in einem **Interessenausgleich** gem. § 323 Abs. 2 UmwG die speziellere Bestimmung. Kann also das Arbeitsverhältnis einem bestimmten, von der Umwandlung erfaßten Betrieb oder Betriebsteil hinreichend eindeutig zugerechnet werden (vgl. Rn. 32 ff.), so verstößt eine anderweitige Zuordnung im Interessenausgleich gegen die aus § 613 a Abs.1 Satz 1 BGB resultierende **Kontinuität von Arbeitsverhältnis und Betriebs(teil)**. Die Zuordnung ist dann grob fehlerhaft i. S. v. § 323 Abs. 2 UmwG[104].

39 Kann ein Arbeitsverhältnis auch bei Anlegung eines strengen Maßstabes nicht eindeutig dem einen oder dem anderen Betrieb oder Betriebsteil zugeordnet werden, so kommt das Zuordnungsprivileg des § 323 Abs. 2 UmwG zur Anwendung. Die Bestimmung hat unter diesen Voraussetzungen gerade die Funktion, eine weitgehend „gerichtsfeste" Zuordnung von Arbeitsverhältnissen zu ermöglichen, um insbesondere die Praxis in Fällen der massenhaften Zuordnung von Arbeitsverhältnissen zu erleichtern[105]. Eine weitgehend freie Zuordnung der Arbeitsverhältnisse ist vom Anwendungsbreich des § 323 Abs. 2 UmwG auch dann gedeckt, wenn ein Betrieb in Folge der Umwandlung gänzlich stillgelegt wird.

---

103 So zutreffend Willemsen/*Willemsen*, Rn. G 143, Kittner/Zwanziger-Bachner, § 115 Rn. 18.
104 Ebenso *Kreßel,* BB 1995, 928 Kittner/Zwanziger-Bachner, § 115 Rn. 20; Willemsen/*Willemsen*, Rn. G 143; a. A. *Bauer,* NZA 1994, 1060
105 Vgl. Willemsen/*Willemsen*, Rn. G 143; Kittner/Däubler/ *Zwanziger,* KSchR § 323 UmwG Rn. 16.

VII. Rechte und Pflichten aus dem Arbeitsverhältnis

1. Allgemeines

Der Betriebserwerber tritt gem. § 613 a Abs. 1 Satz 1 BGB in sämtliche Rechte und Pflichten aus den im **Zeitpunkt des Betriebsübergangs** mit dem Betriebsveräußerer bestehenden Arbeitsverhältnissen ein. Es geht daher das gesamte Vertragsverhältnis von wechselseitigen Haupt- und Nebenpflichten vom Veräußerer auf den Erwerber über. Das Arbeitsverhältnis besteht also, soweit es um Rechte und Pflichten geht, die sich aus dem Einzelarbeitsvertrag ergeben, ohne jegliche inhaltliche Änderung in seinem zum Zeitpunkt des Übergangs vorhandenen Zustand zwischen dem Arbeitnehmer und dem Betriebserwerber fort[106]. Das Recht, die **Arbeitsleistung** von dem Arbeitnehmer zu verlangen, steht nach dem Betriebsübergang dem Betriebserwerber zu.

40

Zu den Rechten und Pflichten aus dem Arbeitsverhältnis, die auf den Erwerber übergehen, gehören:
- ausdrücklich zwischen Arbeitgeber und Arbeitnehmer im **Arbeitsvertrag** oder in **Zusatzvereinbarungen** getroffene Absprachen, die auch mündlich vereinbart sein können,
- Ansprüche aus betrieblicher aus **betrieblicher Übung.**
- Ansprüche aus **Gesamtzusage,**
- Anspruch auf **Zahlung des Entgelts** wie z. B. Gratifikationen, Jubiläumsgelder, Versicherungen[107],
- **Arbeitgeberdarlehen**, jedenfalls dann, wenn das Darlehen mit dem Bestand des Arbeitsverhältnisses verknüpft ist,
- die vom Arbeitnehmer beim Veräußerer erworbene **Betriebszugehörigkeit,** was sich für den Erwerb des Kündigungsschutzes nach § 1 Abs. 1 KSchG, auf die Kündigungsfristen und auf die Wartezeit beim Urlaub nach § 4 BUrlG vorteilhaft auswirkt,
- Ansprüche aus dem **Arbeitnehmererfindungsgesetz,**

41

---

106 Vgl. Kittner/Zwanziger-Bachner, § 115 Rn. 41 ff.
107 Vgl. *Bachner*, AiB 1996, 291.

- Ansprüche aus **Bezugnahmeklauseln**, die auf die Anwendbarkeit eines Tarifvertrages auf das Arbeitsverhältnis verweisen (vgl. Rn. E 236 ff.).

42 Ein **gekündigtes Arbeitsverhältnis** geht in gekündigtem Zustand auf den Erwerber über und endet mit Ablauf der Kündigungsfrist. Die Frist des § 626 Abs. 2 BGB beginnt mit Kenntnis des alten Arbeitgebers. Allerdings stellt sich auf der Tatbestandsseite des **außerordentlichen Kündigungsrechts** die Frage, ob die Kündigungsgründe gegenüber dem neuen Arbeitgeber in gleicher Weise schwer wiegen wie gegenüber dem alten Arbeitgeber. Die Berechtigung des alten Arbeitgebers, den Arbeitsvertrag anzufechten oder das Arbeitsverhältnis zu kündigen, steht auch dem neuen Arbeitgeber zu.

43 Das gegenüber dem Veräußerer erfolgende Leistungsangebot eines Arbeitnehmers besteht gegenüber dem neuen Arbeitgeber mit der Möglichkeit fort, dass dieser in **Annahmeverzug** gerät. Innerhalb eines Kündigungsschutzprozesses gilt dies auch dann, wenn der frühere Betriebsinhaber vor Betriebsübergang eine Kündigung ausgesprochen hat, den Arbeitnehmer nach Ablauf der Kündigungsfrist nicht weiterbeschäftigt und die Kündigung später für unwirksam erklärt wird[108].

44 **Ausschlussfristen** beginnen mit dem Betriebsübergang nicht neu zu laufen. Die Geltendmachung bzw. Nichtgeltendmachung von Ansprüchen gegenüber dem alten Arbeitgeber wirkt auch gegenüber dem neuen Arbeitgeber[109]. Das gilt nicht bei Ausschlussfristen, die an das Ausscheiden aus dem Arbeitsverhältnis anknüpfen[110]. Fristbeginn ist in diesem Fall der Zeitpunkt des Übergangs des Betriebs, da zu diesem Zeitpunkt das Arbeitsverhältnis mit dem alten Betriebsinhaber endet.

Nicht zu den auf den Erwerber übergehenden Rechten gehören **handelsrechtliche Vollmachten** wie z. B. Handlungsvollmacht und Prokura. Dies folgt aus § 168 Satz 1 BGB. Da das Arbeitsver-

---

108 Vgl. *BAG* 21.3.1991, AP BGB § 615 Nr. 49.
109 Vgl. *BAG* 21.3.1991, AP BGB § 615 Nr. 49.
110 Vgl. *BAG* 10.8.1994, AP TVG § 4 Ausschlußfristen Nr. 126.

hältnis mit dem alten Arbeitgeber endet, erlöschen auch die in Zusammenhang mit dem Arbeitsverhältnis erteilten Vollmachten[111]. Eben so wenig tritt der Betrieberwerber in solche Rechtsverhältnisse ein, die neben dem Arbeitsverhältnis stehen[112], also nicht als Gegenleistung für die Arbeitsleistung erbracht und nicht wegen des Arbeitsverhältnisses gewährt wurden. Die Abgrenzung ist eine Frage des Einzelfalls und durch Vertragsauslegung zu ermitteln.

2. Praktisch bedeutsame Problemfälle

Immer dann, wenn der Erwerber mit dem Betrieb(steil) nicht zugleich den Gegenstand der **arbeitsvertraglich vereinbarten Sonderleistung** übernimmt (z. B. **Werkwohnungen oder Firmenfahrzeuge**), ist er nicht in der Lage, die vereinbarte Leistung gegenüber dem Arbeitnehmer zu erbringen. 45

Da der gesetzliche Schuldnerwechsel bei § 613a BGB zur Übertragung eines vertraglichen Schuldverhältnisses führt, sind auf diesen Fall **die Bestimmungen über vertragliche Schuldverhältnisse** entsprechend anzuwenden[113]. Für dieses Schuldverhältnis liegt **anfängliches Unvermögen des Schuldners (Erwerbers)** vor: lediglich der Erwerber ist nicht in der Lage, die vertraglich vereinbarte Sonderleistung – also z. B. die Werkdienstwohnung oder das Firmenfahrzeug – zu erbringen. Der auf eine subjektiv unmögliche Leistung gerichtete Vertrag ist wirksam[114]. Der neue Betriebsinhaber übernimmt durch sein Leistungsversprechen – im Falle des Betriebsübergangs durch die gesetzlich angeordnete Sonderrechtsnachfolge – stillschweigend eine Garantie für sein Leistungsvermögen. Ist der Erwerber zur Leistungserfüllung infolge anfänglichen Unvermögens nicht in der Lage, so kann der Gläubiger (Arbeitnehmer) **Schadensersatz wegen Nichterfüllung** verlangen. Der Schadensersatz ist auf das positive Interesse

---

111 Kittner/Däubler/*Zwanziger*, KSchR § 613 a BGB Rn. 95 m. w. N.
112 Vgl. Kittner/Däubler/*Zwanziger*, KSchR § 613 a BGB Rn. 94.
113 Vgl. Kittner/Zwanziger-Bachner, § 115 Rn. 48 ff.
114 Vgl. *Palandt*, § 306 BGB Rn. 9.

gerichtet, so dass der Erwerber den Arbeitnehmer so zu stellen hat, wie dieser stünde, wenn der Erwerber auch den Gegenstand der Sonderleistung erworben hätte. Im Falle einer Werkwohnung hat der Erwerber dem Arbeitnehmer also grundsätzlich eine gleichwertige Wohnung zu verschaffen oder aber den Schaden des Arbeitnehmers – die Mietdifferenz – in Geld auszugleichen[115]. Dies gilt für die Werkdienstwohnung, § 565 e BGB, denn sie wird im Rahmen eines Dienstverhältnisses überlassen, so dass ein gesondertes Mietverhältnis nicht zustande kommt. Anders ist die Rechtslage im Fall einer lediglich mit Rücksicht auf das Dienstverhältnis überlassenen Werkswohnung, § 565 b BGB. Denn hier kommt ein echtes Mietverhältnis zustande[116].

46   Ist der Erwerber bei **unternehmensabhängigen Vergütungsregelungen** (z.B. Ergebnisbeteiligung oder Tantieme) aufgrund seiner Rechtsform rechtlich nicht in der Lage, die vereinbarte Leistung zu erbringen, so ist der Arbeitnehmer wirtschaftlich so zu stellen, wie er stünde, wenn er weiterhin beim Veräußerer beschäftigt wäre[117]. Dies gilt z. B. dann, wenn einem Arbeitnehmer ein Teil der Vergütung in Form von Aktien gewährt und Beschäftigungsbetrieb an eine GmbH veräußert wird. Die rechtsformabhängigen Voraussetzungen für die Gewährung von Aktien liegen beim Betriebserwerber dann nicht vor.

47   Das **gesetzliche Wettbewerbsverbot** – Handelsgehilfen unterliegen einem solchen gem. §§ 59, 60 HGB – ist nicht Ergebnis einer vertraglichen Vereinbarung zwischen Arbeitgeber und Arbeitnehmer. Daher kann es nicht gemäß § 613 a BGB auf den Erwerber übergehen. Nach dem Betriebsübergang ist deshalb auf Grund von § 60 HGB zu prüfen, ob und in welchem Umfang ein Wettbewerbsverbot gegenüber dem neuen Betriebsinhaber besteht. Maßgeblich ist allein das wirtschaftliche Interesse des neuen Arbeitgebers. Deshalb kann ein bisher beim alten Arbeitgeber bzgl. einer Nebentätigkeit bestehendes Wettbewerbsverbot

---
115 So im Ergebnis auch Willemsen/*Willemsen*, Rn. G 179 ff..
116 Vgl. *Hergenröder*, AR-Blattei (SD) 500.1 Rn. 713.
117 Vgl. Kittner/*Zwanziger-Bachner*, § 115 Rn. 50 ff.

beim neuen Arbeitgeber entfallen, wenn sich die Geschäftszwecke des alten und des neuen Inhabers nicht decken[118].

Beim **nachvertraglichen** – also ausdrücklich zwischen den Arbeitsvertragsparteien vereinbarten – **Wettbewerbsverbot gemäß §§ 74 ff. HGB** führt der Betriebsübergang dazu, dass der Arbeitnehmer gegenüber dem Betriebsveräußerer nach dem Zeitpunkt des Betriebsübergangs Wettbewerb betreiben kann, es sei denn, die Arbeitsvertragsparteien haben eine Vereinbarung getroffen, nach der das Wettbewerbsverbot unabhängig vom Bestehen eines Arbeitsverhältnisses fortbestehen soll. Das Wettbewerbsverbot gilt jetzt gegenüber dem Betriebserwerber, denn es geht als arbeitsvertragliche Verpflichtung gem. § 613a Abs. 1 Satz 1 BGB auf den Erwerber über. Etwas anderes gilt nach dem Zweck des Wettbewerbsverbots dann, wenn die Geschäftszwecke von Veräußerer und Erwerber sich nicht decken. Dann wird er Arbeitnehmer gegenüber dem Erwerber vom Wettbewerbsverbot befreit. Das Wettbewerbsverbot erstreckt auch dann nicht auf den Betriebserwerber, wenn wegen eines Widerspruchs des Arbeitnehmers das Arbeitsverhältnis nicht auf den Betriebserwerber übergeht[119]. Einem nachvertraglichen Wettbewerbsverbot zugunsten des Betriebserwerbers unterliegen auch solche Arbeitnehmer nicht, die zum Zeitpunkt des Betriebsübergangs schon aus dem Arbeitsverhältnis mit dem Betriebsveräußerer ausgeschieden sind[120].

Der Betriebs(teil)erwerber tritt in die vom bisherigen Arbeitgeber **einzelvertraglich** gegebenen – verfallbaren wie auch unverfallbaren[121] – **Versorgungsversprechen** ein (zu kollektivvertraglich begründeten Versorgungsverpflichtungen vgl. Rn. D 95 ff.). Selbst mit Zustimmung des Arbeitnehmers kann nicht vereinbart werden, dass der alte Betriebsinhaber Schuldner der Versorgungsverpflichtungen bleibt[122]. Die Rechtsgrundlage der vertraglichen Versorgungszusage ist ohne Bedeutung[123]. Als Rechtsgrundlage kommen

48

---

118 Vgl. *Hergenröder,* AR Blattei (SD) 500.1 Rn. 742.
119 Vgl. Willemsen/*Willemsen,* Rn. G 189.
120 Vgl. *LAG* Frankfurt 3.5.1993, NZA 1994, 1033; Bauer, DB 1983, 713.
121 Vgl. *BAG* 24.3.1977, 14.7.1981 AP BGB § 613 a Nr. 6, 27.
122 Vgl. *BAG* 14.7.1981 AP BGB § 613 a Nr. 27.

daher Einzelzusage, betriebliche Übung, Gesamtzusage oder der Gleichbehandlungsgrundsatz in Betracht[124]. Ebenso unerheblich für den Eintritt in die Versorgungsverpflichtung ist die jeweilige Rechtsform der Leistungsgewährung. In Betracht kommen **Direktzusage** (vgl. Rn. G 76), **Unterstützungskassenversorgung** (vgl. Rn. G 81 ff.), **Direktversicherung** (vgl. Rn. G 80 ff.) oder **Pensionskassenversorgung** (vgl. Rn. G 87 ff.)[125]. Die Eintrittspflicht besteht auch für öffentliche Arbeitgeber, die Arbeitnehmer aus der Privatwirtschaft übernehmen[126]. Der öffentliche Arbeitgeber als der neue Inhaber ist nicht berechtigt, den Arbeitnehmer bei dessen Ausscheiden gemäß § 18 Abs. 1 Nr. 6 und Abs. 6 BetrAVG bei einer Zusatzversorgungseinrichtung nachzuversichern[127].

Der Betriebsveräußerer bleibt Schuldner der **Versorgungsverpflichtung**, wenn das Arbeitsverhältnis im **Zeitpunkt des Betriebsübergangs** nicht mehr besteht. Die Übernahme der Versorgungslast für im Zeitpunkt des Betriebsübergangs nicht mehr beschäftigte Arbeitnehmer durch den Erwerber verstößt gegen § 4 Abs. 1 BetrAVG[128] (vgl. näher Rn. G 65 ff.). Nur mit Zustimmung des Pensionsversicherungsvereins ist eine Befreiungs- und Übertragungsvereinbarung dieser Art zulässig[129], der sie jedoch in der Regel nicht erteilt (vgl. näher Rn. G 67 ff.).

49 Der Betriebserwerber ist nicht verpflichtet, die beim Betriebsveräußerer erworbene **Betriebszugehörigkeit** bei der Berechnung der Höhe der Versorgungsleistung bzgl. solcher Versorgungsverpflichtungen in Ansatz zu bringen, die er aufgrund einer eigenen Versorgungszusage seinen Arbeitnehmern gewährt[130]. Allerdings wird die beim Veräußerer geleistete Betriebszugehörigkeit bei der Berechnung der für die **Unverfallbarkeit** von Versorgungsver-

---

123 Vgl. *BAG* 8.11.1988, AP BetrAVG § 1 Betriebsveräußerung Nr. 6.
124 Vgl. *BAG* 14.7.1981, AP BGB § 613 a Nr. 27.
125 Vgl. *BAG* 25.8.1976, 30.8.1979, AP BGB § 242 Gleichbehandlung Nr. 41; AP BGB § 613 a Nr. 16.
126 Vgl. *BAG* 27.10.1992, AP BetrAVG § 1 Zusatzversorgungskassen Nr. 40.
127 Vgl. *BAG* 27.10.1992 AP BetrAVG § 1 Zusatzversorgungskassen Nr. 40.
128 Vgl. *BAG* 17.3.1987, AP BetrAVG § 4 Nr. 4.
129 Vgl. Kittner/Zwanziger-Bachner, § 115 Rn. 55.
130 Vgl. *BAG*, 30.8.1979, AP BGB § 613 a Nr. 16.

pflichtungen maßgeblichen Betriebszugehörigkeit mitgerechnet, wie sich aus § 1 Abs. 1 Satz 1 zweite Alt. BetrAVG ergibt[131].

Die Unterstützungskasse selbst ist nicht Gegenstand des Betriebsübergangs, sofern eine Übernahme nicht vereinbart wird. Die Unterstützungskasse wird in dem Umfang frei, wie die Versorgungsverpflichtungen auf den neuen Arbeitgeber übergehen[132]. Eine Gruppenunterstützungskasse ist nur dann zur Erbringung von Leistungen verpflichtet, wenn der Arbeitgeber zu den Trägerunternehmen gehört. Die Leistungspflicht entfällt deshalb, wenn der Arbeitgeber aus dem Kreis der Trägerunternehmen ausscheidet[133].

50

3. Insolvenz

Den **Erwerber, der einen Betrieb aus der Insolvenz heraus erwirbt,** treffen grundsätzlich die gleichen Verpflichtungen wie den Betriebserwerber außerhalb des Insolvenzverfahrens. Entsteht z. B. der Anspruch auf eine tarifliche Sonderzahlung nach der tariflichen Regelung erst am Fälligkeitstag und liegt dieser Tag nach Eröffnung des Insolvenzverfahrens, so schuldet ein Betriebserwerber die volle tarifliche Sonderzahlung auch dann, wenn er den Betrieb aus der Konkursmasse erworben hat und das Konkursverfahren im Laufe des Bezugszeitraums eröffnet worden ist[134].

Der besonderen wirtschaftlichen Situation der **Insolvenz** ist im Falle eines Betriebsübergangs jedoch unter Haftungsgesichtspunkten – durch **Haftungsbegrenzung zu Gunsten des Erwerbers** – Rechnung zu tragen. Ob die die besonderen Haftungsgrundsätze zur Anwendung kommen, ist deshalb ganz entscheidend vom Zeitpunkt des Betriebsübergangs abhängig: Übernimmt der Betriebserwerber die Übernahme der tatsächlichen Organisationsgewalt vor der Eröffnung des Insolvenzverfahrens, so bleibt § 613 a

51

---

131 Vgl. *BAG* 8.2.1983, 20.7.1993, AP BGB § 613 a Nr. 35; AP BetrAVG § 1 Unverfallbarkeit Nr. 4; *Schoden*, § 1 Rn. 25 a.
132 Vgl. *BAG* 28.2.1989, AP BetrAVG § 1 Unterstützungskassen Nr. 20.
133 Vgl. *BAG* 11.2.1992, AP BetrAVG § 1 Unterstützungskassen Nr. 32.
134 Vgl. *BAG* 11.10.1995, AP BGB § 613 a Nr. 132.

Abs. 1 Satz 1 BGB uneingeschränkt anwendbar[135], nach dem Zeitpunkt der Verfahrenseröffnung greift die Haftungserleichterung zu Gunsten des Erwerbers. Die mit der Eröffnung des Insolvenzverfahrens eingetretene Haftungsbegrenzung wird auch nicht durch die nach diesem Zeitpunkt mangels Masse verfügte Einstellung des Verfahrens aufgehoben. Der Zeitpunkt des Betriebsübergangs kann vertraglich – im Zusammenhang mit den der Übernahmeverhandlungen – geregelt werden[136]. Das BAG hat z. B. eine durch die Eröffnung des Insolvenzverfahrens aufschiebend bedingte Vereinbarung für zulässig erachtet[137].

52 Die Haftungsbegrenzung zu Gunsten des Erwerbers hat zur Folge, dass dieser nicht für **Altverbindlichkeiten** – also z. B. rückständige Lohnansprüche – und erdiente Versorgungsanwartschaften einstehen muss. Altverbindlichkeiten sind solche Verpflichtungen, die bis zur Eröffnung des Insolvenzverfahrens entstanden sind. Der Erwerber ist deshalb zwar verpflichtet, die Arbeitsverhältnisse inhaltsgleich weiterzuführen, er wird jedoch nicht mit Rückständen und Versorgungslasten der Vergangenheit belastet. Der neue Betriebsinhaber schuldet also nicht denjenigen Teil der Versorgungsansprüche, den der Arbeitnehmer vor der Betriebsübernahme erworben hat[138]. Die Insolvenz führt so zu einer **Dreiteilung der Haftung für die Versorgungsverpflichtungen:**

(1) Der Pensionssicherungsverein tritt für die bis zur Eröffnung des Insolvenzverfahrens erdienten Anwartschaften ein, soweit Unverfallbarkeit vorliegt.

(2) Die Insolvenzmasse trägt die zwischen Konkurseröffnung und Betriebsübergang erdienten Anwartschaften.

(3) Dem Betriebserwerber fallen die in der Zeit ab Betriebsübergang erdienten Teile zur Last[139].

---

135 Vgl. *BAG* 28.4.1987, 16.2.1993, AP BetrAVG § 1 Betriebsveräußerung Nr. 5, 15.
136 Vgl. Willemsen/*Willemsen*, Rn. G 134.
137 Vgl. *BAG* 4.7.1989, AP BetrAVG § 1 Betriebsveräußerung Nr. 10.
138 Vgl. *BAG* 11.2.1992, AP BetrAVG § 1 Betriebsveräußerung Nr. 13.
139 Vgl. *BAG* 29.10.1985, 15.12.1987, 11.2.1992, AP BetrAVG § 1 Betriebsveräußerung Nr. 4; AP BetrAVG § 1 Nr. 18; AP BetrAVG § 1 Betriebsveräußerung Nr. 13.

Von der Eröffnung des Insolvenzverfahrens ist allerdings die 53
gerichtliche Verfügung der **vorläufigen Insolvenzverwaltung** –
früher: **Sequestration** – zu unterscheiden, §§ 21 ff. InsO.
Während dieses Zeitraums ist bei einer Veräußerung eines
Betriebes § 613 a Abs. 1 Satz 1 BGB uneingeschränkt anwendbar. Die vorläufige Insolvenzverwaltung hat daher keine Beschränkung der Haftungsrisiken für den Betriebserwerber sowie
eine andere Verteilung der Gläubigerrisiken zur Folge. Das
gleiche gilt für **notleidende Betriebe**, in denen es mangels
Masse nicht zur Verfahrenseröffnung kommt[140].

VIII. Haftung

1. Haftung von Betriebserwerber und Betriebsveräußerer bei Einzelrechtsnachfolge

Die **Haftung des Betriebserwerbers** folgt grundsätzlich aus 54
§ §613 a Abs. 1 Satz 1 BGB. Danach gehen nicht nur die Arbeitsverhältnisse auf den Erwerber über, vielmehr tritt er auch im
Außenverhältnis gegenüber den Arbeitnehmern in die Rechte
und Pflichten aus den im Zeitpunkt des Übergangs bestehenden
Arbeitsverhältnissen ein. Der Betriebserwerber haftet nicht für
Ansprüche derjenigen Arbeitnehmer, die zum Zeitpunkt des
Übergangs bereits ausgeschieden sind.

Den Umfang der **Haftung des Betriebsveräußerers** regelt 55
§ 613 a Abs. 2 BGB i. S. einer **Mithaftung:** Der Veräußerer hat
jederzeit für die ihm wirtschaftlich zuzurechnenden Forderungen
des Arbeitnehmers einzustehen[141]. Die Mithaftung ist auf
Forderungen begrenzt, die innerhalb eines Jahres seit dem
Betriebsübergang fällig werden. Deshalb haftet der Betriebsveräußerer erst recht für solche Ansprüche voll, die vor dem
Übergang entstanden sind und fällig wurden[142].

---

140 Vgl. *BAG* 27.4.1988, 23.7.1991, 12.11.1991, AP BGB § 613 a Nr. 71; AP BetrAVG § 1 Betriebsveräußerung Nr. 11, 12.
141 Vgl. Kittner/Däubler/*Zwanziger*, KSchR § 613a BGB Rn. 98.
142 So auch Vgl. ErfK – *Preis*, § 613 a BGB Rn. 89.

56 Werden die Ansprüche des Arbeitnehmers erst nach dem Übergang fällig, so haftet der Betriebsveräußerer nur insoweit, wie sie **anteilig** vor dem Übergang verdient wurden. Bei periodisch wiederkehrenden Leistungen, bei denen Anspruchsentstehung und Fälligkeit auseinanderfallen – wie z. B. im Falle von Jahressonderzahlungen oder Provisionen, bezieht sich die Haftung des Betriebsveräußerers also nur auf den innerhalb von zwölf Monaten nach Betriebsübergang fällig werdenden Teil des Anspruchs. Dies führt zu einer Beschränkung der Haftung des alten Arbeitgebers pro rata temporis: Der Betriebsveräußerer haftet zeitanteilig nur insoweit, wie der Bemessungszeitraum vor dem Betriebsübergang liegt. Erfolgt z. B. der Betriebsübergang zum 1. Juli eines Jahres, so wird die Jahressonderzahlung für dieses Kalenderjahr zur Häfte von der Haftung des früheren Betriebsinhabers erfaßt. Der Betriebsveräußerer haftet nicht für Forderungen, die entweder erst nach dem Übergang entstanden oder später als ein Jahr nach dem Betriebsübergang fällig werden.

57 Im Außenverhältnis haften Betriebsveräußerer und Betriebserwerber Für Ansprüche des Arbeitnehmers als **Gesamtschuldner**, §§ 613 a, 426 BGB. Hiervon abweichende Vereinbarungen zwischen Veräußerer und Erwerber betreffen lediglich deren Innenverhältnis und sind gegenüber dem Arbeitnehmer ohne Bedeutung[143].

2. Haftung von Betriebsveräußerer und Betriebserwerber in Umwandlungsfällen

58 Bei **umwandlungsbedingter Betriebsübertragung** und dem hieraus resultierenden Übergang eines Arbeitsverhältnisses richtet sich die Haftung des Betriebserwerbers nach § 613 a Abs. 1 Satz 1 BGB, wie sich aus § 324 UmwG ergibt. Demgegenüber findet § 613 a Abs. 2 BGB für die **Mithaftung des Betriebsveräußerers in Umwandlungsfällen** keine Anwendung, da auf diese Regelungen in § 324 UmwG ebensowenig Bezug genommen wie auf § 613 a Abs. 3 BGB, der eine – eigentlich überflüssige – Klarstellung enthält, wonach ein durch Umwandlung erloschener Rechtsträger auch

---

143 Vgl. Kittner/Zwanziger-Bachner, § 115 Rn. 67.

nach dem Betriebsübergang nicht mehr haftet[144]. Das UmwG enthält vielmehr weitgehende **Sonderregelungen über die Mithaftung des übertragenden Rechtsträgers.**

Nach § 22 UmwG sind die Arbeitnehmer bei einer **Verschmelzung** berechtigt, binnen sechs Monaten nach ihrer Eintragung **Sicherheit** zu verlangen, sofern nicht für die Forderung – z. B. rückständigen Lohn – schon Befriedigung verlangt werden kann. Für das Verlangen nach Sicherheit reicht es aus, wenn der Rechtsgrund für eine Forderung schon gelegt ist[145]. Auch eine bedingte Forderung berechtigt zur Sicherheitsleistung[146]. Allein entscheidend ist der Vertragsabschluss. Damit können auch künftige Ansprüche – z. B. noch nicht verdientes Arbeitsentgelt – mit einer Sicherheitsleistung abgedeckt werden. Die Forderung muss nach Grund und Höhe schriftlich angemeldet und glaubhaft gemacht werden und ihre Erfüllung durch die Verschmelzung gefährdet sein. Eine Sicherheitsleistung für künftige Forderungen, soweit sie sich auf die **betriebliche Altersversorgung** beziehen, ist nur in geringem Umfang erforderlich (vgl. Rn. G 35 ff.). 59

Für den Fall der **Verschmelzung einer Personengesellschaft** enthält § 45 UmwG eine Sonderregelung. Die Bestimmung ordnet eine auf fünf Jahre begrenzte Mithaftung ehemals persönlich haftender Gesellschafter für Verbindlichkeiten der Personengesellschaft an. 60

Bei einer **Spaltung** gilt § 22 UmwG gem. §§ 125, 133 Abs. 1 Satz 2 UmwG entsprechend[147]. Außerdem haftet gem. § 133 Abs. 3 bis 5 UmwG auch derjenige Rechtsträger, dem eine bestimmte Forderung – bzw. ein bestimmtes Arbeitsverhältnis, aus dem sich Forderungen ergeben – in den für die Spaltung maßgeblichen Vereinbarungen und Beschlüssen der beteiligten Rechtsträger nicht zugewiesen wurde, wenn die Forderung binnen fünf Jahren nach der Eintragung der Spaltung fällig wird und 61

---
144 Vgl. *Bachner,* AR-Blattei (SD) 1625 Rn. 64.
145 Vgl. *Bachner,* AR-Blattei (SD) 1625 Rn. 65 ff.
146 Vgl. Kittner/Däubler/*Zwanziger,* KSchR § 613 a BGB Rn. 17.
147 Vgl. *Bachner,* AR-Blattei (SD) 1625 Rn. 70.

entweder gegenüber diesem Rechtsträger gerichtlich geltend gemacht oder von ihm schriftlich anerkannt worden ist[148].

62 Führt die Spaltung zu einer **Aufspaltung** einer Gesellschaft in **Anlage-** und **Betriebsgesellschaft**, so werden die Vermögenswerte, die für die Ausübung der unternehmerischen Tätigkeit unentbehrlich sind (z. B. Maschinen, Grundstücke), der Anlagegesellschaft zugeführt, während der durch diesen Spaltungsakt im Grunde vermögenslosen Betriebsgesellschaft gem. §§ 324 UmwG, 613 a Abs. 1 Satz 1 BGB die Arbeitnehmer zugeordnet werden, um mit diesen gegen entgeltliche Nutzung der Betriebsmittel den Betrieb fortzuführen. Für diese Fallkonstellation enthält § 134 UmwG Schutzbestimmungen[149]: Sind an den an der Spaltung beteiligten Rechtsträgern im wesentlichen die gleichen Personen beteiligt, so haftet auch die Anlagegesellschaft neben der Betriebsgesellschaft als Gesamtschuldner für Ansprüche nach §§ 111 bis 113 BetrVG, also für **Sozialplanansprüche und Ansprüche auf Nachteilsausgleich** wegen eines unterlassenen Interessenausgleichs, wenn diese Ansprüche innerhalb von fünf Jahren nach dem Wirksamwerden der Spaltung entstehen sowie innerhalb von zehn Jahren nach diesem Zeitpunkt fällig werden und entweder gegenüber der Anlagegesellschaft gerichtlich geltend gemacht oder von dieser schriftlich anerkannt sind[150]. Aus dem Schutzzweck der Regelung folgt, dass bei der **Ermittlung des Sozialplanvolumens** auch das Vermögen der Anlagegesellschaft mit zu berücksichtigen ist[151].

63 Es ist nicht zulässig, im Spaltungsplan (§ 126 Abs. 1 Nr. 9 UmwG) **Verbindlichkeiten aus der betrieblichen Altersversorgung** einem bestimmten Rechtsträger unabhängig vom Arbeitsverhältnis zuzuweisen[152] (vgl. G 59). Die Grenzen des BetrAVG müssen auch bei der umwandlungsrechtlichen Übertragung solcher Verbindlichkeiten eingehalten werden[153].

---

148 Vgl. Kittner/Däubler/*Zwanziger*, KSchR § 613 a BGB Rn. 18.
149 Vgl. zum Regelungsgehalt der Bestimmung auch *Bachner*, AR-Blattei (SD) 1625 Rn. 71 ff.
150 Vgl. Kittner/Däubler/*Zwanziger*, KSchR § 613 a BGB Rn. 19.
151 Vgl. Kittner/Zwanziger-Bachner, § 115 Rn. 73.
152 Vgl. Kittner/Däubler/*Zwanziger*, KSchR § 613 a BGB Rn. 23.
153 Vgl. *Boecken*, Rn. 138.

IX. Kündigungsverbot (§ 613 a Abs. 4 BGB)

1. Kündigung wegen des Übergangs

a) Anwendungsbereich

Das **Kündigungsverbot gilt eigenständig** i.S.v. §§ 13 Abs. 3 KSchG, 134 BGB. Es findet deshalb auf Arbeitsverhältnisse in Betrieben mit weniger als sechs Arbeitnehmern Anwendung und gilt auch, wenn sie noch nicht länger als sechs Monate bestanden haben[154]. Leitende Angestellte gemäß § 5 Abs. 3 BetrVG rechnen bei der Größe des Betriebs mit[155]. **64**

Das Verbot bezieht sich auf **alle Arten von Kündigungen** und gilt insbesondere auch für Änderungskündigungen. Aufhebungsverträge und Eigenkündigungen sind unwirksam, wenn sie vom Arbeitgeber veranlasst sind und den Betriebsübergang ermöglichen sollen. Dies gebietet der Schutzzweck des § 613 a BGB Abs. 4[156]. **65**

b) Betriebsübergang als Beweggrund

§ 613 a BGB verbietet Kündigungen wegen des Betriebsübergangs, wenn hierin der eigentliche **Beweggrund** liegt. Maßgebend ist nicht die subjektive Vorstellung des Arbeitgebers, sondern der **objektive Sachverhalt**. Der Betriebsübergang ist bereits dann Beweggrund, wenn der Übergang lediglich **geplant** war und die Kündigung aus Sicht des Arbeitgebers ausgesprochen wird, um den Übergang vorzubereiten bzw. zu ermöglichen. Ein späteres Scheitern der Planung ändert hieran nichts[157]. **66**

Der Betriebsübergang muss die wesentliche, aber **nicht** unbedingt **die einzige Bedingung** für die Kündigung darstellen. Der besondere Kündigungsschutz gilt dann nicht, wenn es neben dem Übergang einen anderen sachlichen Grund gab, der aus sich heraus **67**

---

154 Vgl. *BAG* 5.12.1985 NZA 1986, 522.
155 Vgl. *BAG* 5.12.1985 NZA 1986, 522.
156 Vgl. *BAG* 29.11.1988 NZA 1989, 425.
157 Vgl. *BAG* 19.5.1988 NZA 1989, 461.

F. Voraussetzungen und individualrechtliche Auswirkungen

die Kündigung rechtfertigen kann[158]. Eine betriebsbedingte Kündigung ist deshalb unwirksam, die einen **Betriebsübergang vorbereiten** soll[159]. Auch eine Kündigung zur Rationalisierung oder Verkleinerung des Betriebs zur Verbesserung der Verkaufschancen verstößt gegen § 613 a Abs. 4 BGB. Dies gilt ebenfalls für die Kündigung des Inhabers im Hinblick auf ein Unternehmenskonzept gelten, das nur der Erwerber durchführen kann (offengelassen vom BAG 18.7.1996 AP Nr. 147 zu § 613 a BGB). Eine rechtsunwirksame Kündigung des alten Inhabers wegen des Betriebsübergangs liegt auch vor, wenn er sie mit der Weigerung des neuen Inhabers begründet, die Arbeitsplätze zu übernehmen, weil sie ihm zu teuer seien[160].

c) Maßgebender Zeitpunkt

68 Bei der Überprüfung, ob eine Kündigung wegen des Betriebsübergangs erfolgte, ist auf die Verhältnisse bei **Zugang der Kündigung** abzustellen. Ein bevorstehender Betriebsübergang kann nur dann zur Unwirksamkeit der Kündigung gem. § 613 a Abs. 4 BGB führen, wenn die den Betriebsübergang ausmachenden Tatsachen im Zeitpunkt des Zugang der Kündigung bereits feststehen oder zumindest greifbare Formen angenommen haben. Ein nach dem Zugang eingetretener Betriebsübergang kann die einmal gegebene Wirksamkeit der Kündigung nicht mehr beseitigen, sondern begründet nur einen **Wiedereinstellungsanspruch**[161].

d) Stilllegung

69 Ein Rationalisierungsgrund liegt vor, wenn der Betrieb ohne die Rationalisierung stillgelegt werden müsste. Sie ist auch während einer Betriebspause möglich. Der Inhaber muss nicht beabsichtigen, den Betrieb selbst fortzuführen[162]. Ist ein Insolvenzverwal-

---

158 Vgl. *BAG* 28.4.1988 NZA 1989, 265.
159 Vgl. *BAG* 27.9.1984 AP 39 zu § 613 a BGB, BAG 19.5.1988 NZA 1989, 461.
160 Einschränkend noch *BAG* 26.5.1983 AP § 613 a BGB Nr. 34.
161 Vgl. *BAG* 3.9.1998 NZA 1999, 147; *BAG* 13.11.1997 DB 1998, 316; *BAG* 19.5.1988 NZA 1989, 461.
162 Vgl. *BAG* 18.7.1996 BB 1996, 2305.

ter zum Zeitpunkt der Kündigung entschlossen, den Betrieb der Gemeinschuldnerin **endgültig stillzulegen**, ist die Kündigung gem. § 1 Abs. 2 Satz 1 KSchG auch dann sozial gerechtfertigt, wenn es kurze Zeit später noch während der Kündigungsfrist zum Übergang eines Betriebsteils kommt. Setzt der Erwerber die Produktion nach kurzer Zeit (hier 1 Monat) fort, gehen auch die wirksam gekündigten Arbeitnehmer gem. § 613a Abs. 1 Satz 1 BGB über. Der Unternehmer ist verpflichtet, die entlassenen Arbeitnehmer weiterzubeschäftigen, wenn diese ihm gegenüber unverzüglich die Weiterbeschäftigung verlangen[163].

e) Änderungskündigung

Eine **Änderungskündigung** zum Zwecke der **Lohnminderung** ist unwirksam, wenn sie schon Grundlage der Kalkulation des Betriebübernehmers bei der Betriebsveräußerung gewesen ist[164]. Die Umgehung des Kündigungsverbots ist unzulässig.

70

f) Fallgruppen unwirksamer Umgehungen

(1) Befristetes Arbeitsverhältnis

Die Befristung eines Arbeitsverhältnisses ist **sachlich nicht gerechtfertigt**, wenn sie dazu dient, das Kündigungsverbot zu vereiteln[165]. Für einen sachlichen Grund ist zumindest erforderlich, dass infolge des Betriebsübergangs bei Vertragsschluss absehbare Umstände vorhanden sind, durch die die Möglichkeit bzw. das Bedürfnis für die Beschäftigung des Arbeitnehmers entfällt[166].

71

Ein mit einem in einer Kaserne beschäftigten Arbeitnehmer (Heizer) abgeschlossener befristeter Arbeitsvertrag ist wegen Umgehung des § 613 a BGB unwirksam, wenn sich hieran nahtlos ein zweiter befristeter Vertrag in dem Zeitpunkt anschließt, in dem Teile der Immobilie vermietet werden[167].

72

---

163 *LAG* Hamm 11.11.1998 NZA-RR 1999, 576.
164 *LAG* Köln 12.10.1995 NZA 1996, 327.
165 Vgl. *BAG* 15.2.1995 NZA 1995, 987.
166 Vgl. *BAG* 2.12.1998 AuR 1999, 316.
167 *LAG* Rheinland-Pfalz 31.7.1997 BB 1998, 2434.

73 Auch die Befristung eines Arbeitsvertrags, bei der wegen der geringen Zahl der im Betrieb beschäftigten Arbeitnehmer eine Umgehung des allgemeinen Kündigungsschutzes nicht in Betracht kommt, bedarf eines sachlichen Grundes, wenn sie zur Umgehung des Kündigungsschutzes nach § 613a Abs. 4 Satz 1 BGB objektiv geeignet ist[168].

(2) Aufhebungsvertrag mit Neuabschluss

74 **Beide Vertragsparteien** können den Arbeitsvertrag einvernehmlich aufzuheben, wenn der Arbeitnehmer an seinen bisherigen Arbeitsplatz auf keinen Fall weiterarbeiten will. Etwas anderes gilt, wenn zwischen den Vertragsparteien feststeht, dass der Arbeitnehmer beim neuen Inhaber weiterarbeiten soll. In diesem Fall wollen beide Seiten die Kontinuität des Arbeitsverhältnisses unterbrechen, damit der Arbeitnehmer die bisher erdienten Besitzstände verliert. Gerade dies verhindert § 613 a BGB[169].

75 Ein Aufhebungsvertrag kann gem. § 134 BGB nichtig sein, wenn er **objektiv der Umgehung zwingender Rechtsfolgen** des § 613a BGB dient. Aufhebungsverträge in unmittelbarem zeitlichen Zusammenhang mit dem Betriebsübergang sind zwar zulässig, aber es spricht eine Vermutung dafür, dass die Vertragsauflösung durch den alten bzw. neuen Inhaber veranlasst ist[170].

76 Eine objektive Umgehung ist weiterhin anzunehmen, wenn Arbeitnehmer mit dem Hinweis auf eine geplante Betriebsveräußerung und bestehende Arbeitsplatzangebote des Betriebserwerbers veranlasst werden, ihre Arbeitsverhältnisse mit dem Betriebsveräußerer **selbst fristlos zu kündigen** oder Auflösungsverträgen zuzustimmen, um dann mit dem Betriebserwerber neue Arbeitsverträge abschließen zu können. Die mit solcher Vertragsgestaltung verbundenen Verschlechterungen der Arbeitsbedingungen sind nicht ohne weitere Prüfung ihrer Berechtigung hinzunehmen[171]. Hiervon sind jedoch Aufhebungsvereinbarungen

---

168 Vgl. *BAG* 2.12.1998 AuR 1999, 316.
169 Vgl. *BAG* AP Nr. 56 zu § 1 TVG, Tarifverträge Einzelhandel.
170 Vgl. *BAG* 28.4.1987 NZA 1988, 198.
171 Vgl. *BAG* 11.12.1997 NZA 1999, 262; BAG NZA 1993, 20.

zu unterscheiden, die auf ein endgültiges Ausscheiden des Arbeitnehmers aus dem Betrieb gerichtet sind. Solche Verträge werden vom BAG ohne Rücksicht auf ihre sachliche Berechtigung als wirksam angesehen[172].

Die Vertragsparteien können ein Arbeitsverhältnis auch **rückwirkend auflösen**, wenn es bereits außer Vollzug gesetzt worden war. Ein Aufhebungsvertrag ist allerdings wegen objektiver Gesetzesumgehung nichtig, wenn er lediglich die Beseitigung der Kontinuität des Arbeitsverhältnisses bei gleichzeitigem Erhalt des Arbeitsplatzes bezweckt und die mit der Vertragsgestaltung verbundenen Verschlechterungen der Arbeitsbedingungen sachlich unberechtigt sind. Diesem Zweck dient ein Aufhebungsvertrag, wenn zugleich ein neues Arbeitsverhältnis zum Betriebsübernehmer vereinbart oder zumindest verbindlich in Aussicht gestellt wird. Ein durch Aufhebungsvertrag ausgeschiedener Arbeitnehmer hat **keinen Fortsetzungsanspruch** gegen den Betriebsübernehmer, solange die Wirksamkeit des Aufhebungsvertrags nicht durch Anfechtung, Wegfall der Geschäftsgrundlage oder anderen Gründen beseitigt wurde[173]. Der Eintritt des neuen Inhabers in die Rechtsstellung des bisherigen Arbeitgebers können weder durch Veranlassung des Arbeitnehmers zu einer Eigenkündigung oder durch einen Aufhebungsvertrag noch durch Vertrag zwischen Veräußerer und Erwerber ausgeschlossen werden[174].

77

(3) Fristlose Kündigung mit Neuabschluss

Veranlasst der Betriebsveräußerer oder -erwerber, dass alle Arbeitnehmer ihr Arbeitsverhältnis zum Zeitpunkt des Betriebsübergangs **fristlos kündigen** und werden dann anschließend **neue Arbeitsverträge** abgeschlossen, so handelt es sich um ein unwirk-

78

---

172 Vgl. *BAG* 11.12.1997 NZA 1999, 262; NZA 1996, 207.
173 Vgl. *BAG* 10.12.1998 NZA 1999, 422; *BAG* 21.1.1999 ZIP 1999, 1572 zum Abschluss von Aufhebungsverträgen mit konkursreifem Arbeitgeber und Einstellungsverträgen mit „Qualifizierungsgesellschaft"; *LAG* Düsseldorf 28.4.1997 DB 1997, 1878; BAG 28.4.1987 NZA 1988, 198.
174 *LAG* Hamm 12.12.1996 LAGE § 613 a BGB Nr. 60.

sames Umgehungsgeschäft[175]. Die für Aufhebungsverträge entwickelten Grundsätze sind analog heranzuziehen.

(4) Änderungsvereinbarung

79 Eine im Zusammenhang mit dem Betriebsübergang zu Ungunsten des Arbeitnehmers wirkende **Änderungsvereinbarung** zwischen Arbeitnehmer und Erwerber ist wegen Umgehung des § 613a BGB ohne das Vorliegen eines sachlichen Grundes unwirksam[176].

2. Kündigung aus anderen Gründen (§ 613 a Abs. 4 Satz 2 BGB)

80 Die Kündigung aus anderen **sachlichen Gründen**, die aus sich heraus die Kündigung rechtfertigen, ist zulässig. Sachliche Gründe sind z. B.:

- **Stilllegung des Betriebes:** Will der Veräußerer einen Betrieb stilllegen und hat er hierzu bereits konkrete Maßnahmen getroffen, so kann er betriebsbedingt kündigen. Als konkrete Maßnahmen muss bei Ausspruch der Kündigung mindestens der Stilllegungsbeschluss gefasst sein und die Verlautbarung nach außen mit einer Umsetzungsanweisung an die ausführenden Organe erfolgt und ein konkreter Zeitpunkt für die Stilllegung festgelegt sein[177]. Eine Stilllegung liegt nicht vor, wenn ohne zeitliche Unterbrechung die wirtschaftliche Einheit bewusst vom Übernehmer benutzt wird, um von einer bestehenden funktionsfähigen Betriebsorganisation zu profitieren[178]. Die Produktion oder die Dienstleistung muss **tatsächlich eingestellt** oder zumindest vermindert sein. Allerdings scheitert eine Kündigung nicht an § 613 a Abs. 4 BGB, wenn der Veräußerer danach einen Erwerber findet[179]. Kommt es vor Ablauf der Kündigungsfrist zu

---

175 Vgl. *BAG* 28.2.1987 EzA § 613 a BGB Nr. 67.
176 *LAG* Brandenburg 27.7.1999 BB 2000, 935 für die Vereinbarung einer schlechteren Vergütung.
177 Vgl. *BAG* 19.6.1991 NZA 1991, 891.
178 *LAG* Nürnberg 25.2.1999 BB 1999, 1435.
179 Vgl. *BAG* 28.4.1988 DB 1989, 430.

einer Betriebsübernahme, so spricht eine tatsächliche Vermutung gegen die endgültige Stilllegungsabsicht[180].

- **Rationalisierungs- und Sanierungsmaßnahmen:** Die nach § 1 KSchG geltenden Voraussetzungen für betriebsbedingte Kündigungen gelten auch im Zusammenhang mit einem Betriebsübergang[181]. Der Arbeitgeber darf also nicht den Personalbestand so abbauen, dass nur noch die leistungsfähigsten Arbeitskräfte weiterbeschäftigt und dann von einem Erwerber übernommen werden. Erfolgt eine Kündigung zur Rationalisierung (Verkleinerung) des Betriebes, um seine **Verkaufschancen zu erhöhen**, so soll dies nicht gegen das Kündigungsverbot verstoßen, obwohl die Fortführung des Betriebs einen Inhaberwechsel voraussetzte. Ein Rationalisierungsgrund liegt nach der Rspr. vor, wenn der Betrieb ohne die Rationalisierung stillgelegt werden müsste[182].

- **Insolvenzverfahren:** Nach § 113, §§ 125 bis 127 InsO kann der Insolvenzverwalter unter erleichterten Voraussetzungen das Arbeitsverhältnis kündigen. Gemäß § 128 Abs. 2 InsO gilt bei Vorliegen eines Interessenausgleichs die **Vermutung**, dass die Kündigung des Arbeitsverhältnisses durch dringende betriebliche Erfordernisse bedingt ist.

Kein sachlicher Grund liegt bei einem Betriebsteilübergang innerhalb eines **gemeinsamen Betriebs** vor: Überträgt ein an einem Gemeinschaftsbetrieb beteiligtes Unternehmen wesentliche Betriebsaufgaben innerhalb des gemeinsamen Betriebs auf das andere daran beteiligte Unternehmen und kündigt es dann die dort beschäftigten Arbeitnehmer wegen Wegfall des Arbeitsplatzes, dann ist die Kündigung unwirksam, wenn im anderen Unternehmen eine Weiterbeschäftigungsmöglichkeit bestand und der Arbeitsvertrag hätte übertragen werden können[183].

---

180 Vgl. *BAG* 5.12.1985 NZA 1986, 522.
181 Vgl. *BAG* 26.5.1983 BB 1983, 2116.
182 Vgl. *BAG* 18.7.1996 AuR 1996, 504.
183 *LAG* Köln 21.7.2000 NZA-RR 2001, 245.

X. Informationspflicht (§ 613a Abs. 5 BGB)

82 Die **Unterrichtungspflicht** des Arbeitgebers gegenüber den vom Übergang betroffenen Arbeitnehmern stellt sicher, dass sie durch die beteiligten Arbeitgeber informiert werden. Sie besteht unabhängig von der Betriebsgröße, der Errichtung einer Arbeitnehmervertretung und einer Unterrichtungspflicht des Betriebsrats gem. § 111 BetrVG oder §§ 5, 123 UmwG. Es entspricht dem Interesse des Betriebserwerbers, wenn er nach vollständiger Information der Arbeitnehmer frühzeitig weiß, welche Arbeitsverhältnisse übergehen (Begr. Reg.-Entwurf S.23). § 613a Abs. 5 BGB setzt Art. 7 Abs. 6 der **Richtlinie 2001/23/EG** des Rates vom 12.3.2001 (Abl. EG Nr. L 82 S. 16) um, wonach die Mitgliedsstaaten eine Regelung zur Information der von einem Betriebsübergang betroffenen Arbeitnehmer in betriebsratslosen Betrieben über den Zeitpunkt, Grund und Folgen treffen müssen. Schon bisher hatte der Arbeitgeber die Arbeitnehmer über einen bevorstehenden Betriebsübergang zu unterrichten. Das BAG leitete diese Pflicht aus dem Widerspruchsrecht der Arbeitnehmer ab[184].

83 Die Informationspflicht bezieht sich auf den Zeitpunkt, den Grund, die sozialen Folgen des Betriebsübergangs sowie die insoweit vorgesehenen Maßnahmen:
- Mit **Zeitpunkt** ist der Augenblick des tatsächlichen Übergangs der Organisations- und Leitungsgewalt gemeint. Weichen steuer- oder handelsrechtliche Termine hiervon ab, sind auch diese mitzuteilen.
- Als **Grund** sind die Motive und Überlegungen der jeweiligen Inhaber mitzuteilen.
- Unter **sozialen Folgen** sind vor allem die Konsequenzen zu verstehen, die der Betriebsübergang für den Fortbestand, den Inhalt der Arbeitsverhältnisse, die Haftung des alten und neuen Inhabers sowie die Geltung des Kündigungsschutzgesetzes und von Tarifverträgen hat. Zum Fortbestand von Tarifverträgen ist differenziert anzugeben, ob sie normativ gem.

---

184 Vgl. *BAG* 22.4.1993 DB 1994, 943.

§ 3 Abs. 1 TVG oder lediglich als in den Arbeitsvertrag transformiertes Kollektivrecht gem. § 613 a Abs. 1 Sätze 2 bis 4 BGB fortbestehen. Gemeint sind nicht nur die unmittelbaren sozialen Folgen, sondern auch die mit dem Betriebsübergang verbundenen mittel- und langfristigen Planungen.

- Der Begriff der **in Aussicht genommenen Maßnahmen** ist umfassend zu verstehen und meint z.B. Produktionsumstellungen, Weiterqualifikation, Organisationsänderungen, Personalabbau. 84

Die Pflicht zur Information trifft den **alten oder neuen Inhaber**. In der Regel wird der alte Inhaber zu informieren haben. Erfolgt der Übergang jedoch kurzfristig, dann trifft die Informationspflicht vor allem den neuen Inhaber. Beide sollten sich am besten **untereinander** über die Art und Weise der Information verständigen. Zwischen ihnen besteht insoweit ein **gesamtschuldnerisches Verhältnis**. 85

Die Arbeitnehmer sind vor dem Betriebsübergang und damit vor dem **Zeitpunkt** zu informieren, zu dem die Organisations- und Leitungsmacht auf den neuen Inhaber übergeht. Wird dieser Zeitpunkt überschritten, entfällt die Informationspflicht nicht. Die Arbeitnehmer sind dann unverzüglich danach zu unterrichten. 86

Eine **schriftliche Information** in Textform ist gem. § 126b BGB so abzugeben, dass sie in Schriftzeichen lesbar ist, die Person des Erklärenden angibt (z.B. Namensnennung, eingescannte Unterschrift) und den Abschluss der Erklärung erkennbar macht. Nach dem Normzweck steht die **Informations- und Dokumentationsfunktion** im Vordergrund. Der Empfänger soll besser in die Lage versetzt werden, die für ihn neuen und nicht sofort nachvollziehbaren Informationen nachzulesen, nachzufragen und sich auch Rechtsrat einzuholen, um dann besser über seine Einlegung des Widerspruchs entscheiden können. **Verstoßen** alter oder neuer Inhaber gegen ihre **Informationspflichten**, so wird hierdurch weder der Übergang unwirksam noch vermindern sich die Rechte der Arbeitnehmer. Nach der EG-Richtlinie vom 12.03.2001 berührt die Unterlassung weder den Übergang solcher Rechte und Pflichten noch die Ansprüche von Arbeitneh- 87 mern gegenüber alten oder neuen Inhabern in Bezug auf diese Rechte und Pflichten (EG-Richtlinie 20011/23/EG, Kapitel II, 2. Satz). Die Information muss **wahrheitsgemäß** sein. Wegen ihrer weitreichenden Folgen müssen sich Arbeitnehmer auf ihre Richtigkeit verlassen können. Erleiden Arbeitnehmer durch fehlende Information Nachteile (z. B. kein Widerspruch im Vertrauen auf angebliche Tarifbindung des neuen Inhabers), dann haben sie u.U. Anspruch auf Schadensersatz wahlweise gegenüber alten oder neuen Inhaber. Ersatz des Schadens kann entweder durch Wiederherstellung des alten Zustands (z.B. Neubeginn der Widerspruchsfrist) oder eine Geldleistung erfolgen.

XI. Widerspruchsrecht (§ 613a Abs. 6 BGB)

1. Normzweck, Anwendungsbereich

88 Der Widerspruch verhindert den Eintritt des neuen Inhabers in das Arbeitsverhältnis. Es besteht deshalb mit ihm nur dann fort, wenn der Arbeitnehmer **nicht widersprochen** hat[185]. Der fehlende Widerspruch ist insofern ein **negatives Tatbestandsmerkmal** für das Vorliegen eines (Teil-) Betriebsübergangs. Das ursprünglich von der Rechtsprechung entwickelte Widerspruchsrecht ist jetzt in Abs. 6 gesetzlich geregelt.

89 Das Widerspruchsrecht trägt zur **Rechtssicherheit und Rechtsklarheit** bei. Mit der Neufassung des § 613a Abs. 6 BGB stellt der Gesetzgeber es auf eine **gesetzliche Grundlage**. Es ist verfassungsgemäß: Es dient dem **Schutz der Menschenwürde**[186], sichert die **freie Wahl des Arbeitsplatzes** gem. Art. 12 Abs. 1 Satz 1 GG und ist Ausfluss der **Vertragsfreiheit** gem. Art. 2 Abs. 1 GG[187].

---

185 Vgl. *BAG* 7.4.1993 NZA 1993, 795.
186 Vgl. *BAG* 22.4.1993 DB 1994, 943; *BAG* 15.2.1984 NZA 1984, 32; *BAG* 6.2.1980 NJW 1980, 2149; *BAG* 2.10.1974 NJW 1975, 1378; a.A. *BAG* 25.1.2001 NZA 2001, 840.
187 Vgl. *BAG* 30.10.1986 NZA 1987, 524: a.A. *BAG* 25.1.2001 NZA 2001, 840; vgl. auch Art. 2, 12 GG.

Das Widerspruchsrecht des Arbeitnehmers gegen den Übergang seines Arbeitsverhältnisses besteht auch bei einem Betriebsübergang im Zusammenhang mit einer **Unternehmensumwandlung**[188]. Der Verweis auch auf § 613a Abs.6 BGB in § 324 UmwG klärt diese bislang umstrittene Frage.

90

2. Rechtsgestaltende Willenserklärung

Der Widerspruch ist eine einseitige, **empfangsbedürftige rechtsgestaltende Willenserklärung** des einzelnen Arbeitnehmers. Eine Begründung ist nicht erforderlich. Dies schließt eine gemeinschaftliche Ausübung des Widerspruchsrechts und z. B. die gemeinsame Übermittlung der schriftlichen Erklärungen durch den Betriebsrat nicht aus. Arbeitnehmer können **Dritte** mit der Einlegung des Widerspruchs **bevollmächtigen**. Dies können z.B. der bzw. die Betriebsratsvorsitzende, ein Gewerkschaftssekretär, Rechtsanwalt oder sonstige Vertrauenspersonen sein. Dem Bevollmächtigten kann ein Ermessensspielraum für die Ausübung des Widerspruchsrecht eingeräumt werden. Die Ausübung des Widerspruchs kann von den betroffenen Arbeitnehmers auch **angedroht** werden. Dies hat keine unmittelbaren arbeitsrechtlichen Folgen. Die Einlegung des Widerspruch zur Verhinderung des Arbeitgeberwechsels wird dadurch nicht entbehrlich.

91

3. Widerspruchsfrist

Die Widerspruchsfrist beträgt **einen Monat** nach Zugang der schriftlichen Information gem. Abs. 5 der Betriebsinhaber. Dem Arbeitnehmer bleibt ausreichend Zeit, die Konsequenzen des Übergangs des Arbeitsverhältnisses auf den neuen Inhaber oder des Verbleibs beim bisherigen Arbeitgeber abzuwägen und zu entscheiden, ob vom Widerspruchsrecht Gebrauch gemacht werden soll. Die Widerspruchsfrist **beginnt** mit der schriftlichen Information des alten oder neuen Betriebsinhabers gem. Abs. 5. Hat der Arbeitgeber die schriftliche Information unterlassen und

92

---

188 Vgl. *BAG* 25.5.2000 NZA 2000, 1115.

nur **mündlich oder gar nicht informiert**, dann beginnt die Frist nicht. Der Widerspruch kann allerdings dennoch erhoben werden. Dies ist auch dann möglich, wenn die Unterrichtung erst nach dem Übergang erfolgt. Unklarheiten über den genauen Zeitpunkt gehen zu Lasten des Arbeitgebers.

4. Schriftform

93   Der Widerspruch hat **schriftlich** zu erfolgen. Er muss eigenhändig unterzeichnet werden. Die Schriftform entspricht damit der der Kündigung und des Aufhebungsvertrags gem. § 623 BGB. Sie soll vor einer **übereilten Erklärung schützen,** kann Streit über die Tatsache des Widerspruchs vermeiden helfen und dient damit auch der **Beweissicherung**. In Anbetracht der weitreichenden Folgen einer Widerspruchs für den Bestand des Arbeitsvertrags ist dies von erheblicher Bedeutung. Der Widerspruch bedarf **keiner Begründung**. Der Widersprechende muss sie auch nicht auf Anforderung des Arbeitgebers in analoger Anwendung des § 626 Abs. 2 Satz 3 BGB begründen.

5. Empfänger

94   Der Widerspruch kann gem. Abs. 6 Satz 2 gegenüber dem **alten oder neuen Inhaber** erklärt werden. In gleicher Weise, wie alter oder neuer Betriebsinhaber gesamtschuldnerisch Arbeitnehmer gem. Abs. 5 zu informieren haben, sind beide auch alternativ Empfänger. Dies gilt unabhängig davon, ob der Widerspruch vor oder nach dem Betriebsübergang eingelegt wurde. Deshalb kann auch noch nach dem Übergang wirksam gegenüber dem alten Inhaber widersprochen werden. Der einen Widerspruch in Empfang nehmende Arbeitgeber soll den jeweils anderen Arbeitgeber hiervon informieren. Unterlässt ein Betriebsinhaber diese Unterrichtung, dann kann sich der andere nicht auf fehlenden Widerspruch berufen.

6. Benachteiligungsverbot

a) Kündigungsschutz

Widersprechende Arbeitnehmer behalten ihren **Kündigungsschutz**. Sie können sich also auch dann auf eine mangelhafte soziale Auswahl nach § 1 Abs. 3 KSchG berufen, wenn der Verlust des Arbeitsplatzes darauf beruht, dass sie dem Übergang des Arbeitsverhältnisses auf einen Teilbetriebserwerber widersprochen haben. Das Gesetz gibt keine Handhabe, im Falle des Widerspruchs ohne vernünftigen Grund von einer Sozialauswahl abzusehen[189].

Bei der Prüfung der sozialen Schutzwürdigkeit ist allerdings nach der wenig überzeugenden Ansicht des BAG die Tatsache zu berücksichtigen, dass der Arbeitnehmer seine bisherige Arbeitsmöglichkeit **aus freien Stücken** aufgegeben habe und erst dadurch ein dringendes Erfordernis für die Kündigung geschaffen werde. Der soziale Besitzstand des gekündigten Arbeitnehmers könne nicht unabhängig von den Gründen beurteilt werden, aus denen er die Fortsetzung des Arbeitsverhältnisses mit einem anderen Arbeitgeber ablehnt. Solle statt seiner einem anderen Arbeitnehmer gekündigt werden, müssten berechtigte Gründe des Arbeitnehmers vorliegen, der sich auf die soziale Auswahl zu Lasten des Arbeitskollegen beruft. Es sei auch kein großzügiger Maßstab zugunsten des widersprechenden Arbeitnehmers geboten. Je geringer die Unterschiede hinsichtlich der sozialen Gesichtspunkte unter den vergleichbaren Arbeitnehmern seinen, desto gewichtiger müssten die Gründe dafür sein, einen vom Betriebsübergang nicht betroffenen Arbeitnehmer zu verdrängen. Seien Bestand oder Inhalt des Arbeitsvertrags auch ohne Widerspruch des Arbeitnehmers ernsthaft gefährdet, komme seiner Abschlussfreiheit gegenüber dem Bestandsschutz anderer Arbeitnehmer gleicher Rang im Rahmen einer sozialen Auswahl zu. Sei andererseits der widersprechende Arbeitnehmer sozial nicht ganz erheblich, sondern nur geringfügig schutzwürdiger als die vergleichbaren Ar-

95

96

---

[189] Vgl. *BAG* 18.3.1999 NZA 1999, 870; *BAG* 7.4.1993 NZA 1993, 795; vgl. auch *BAG* 17.9.1998 NZA 1999, 258 zu einem tariflich „unkündbaren" Arbeitnehmer.

F. Voraussetzungen und individualrechtliche Auswirkungen

beitnehmer, verdiene er allenfalls dann Vorrang, wenn seinem Widerspruch die berechtigte Befürchtung eines baldigen Arbeitsplatzverlustes oder einer baldigen wesentlichen Verschlechterung seiner Arbeitsbedingungen bei dem Erwerber zugrunde liege[190]. Das **Verbot von Benachteiligungen** wegen der Wahrnehmung der eigenen Rechte gem. § 612 a BGB bleibt bei diesen Überlegungen unberücksichtigt.

97 Das **Kündigungsverbot des § 613a Abs. 4 BGB** steht nach Ansicht des BAG der Wirksamkeit der Kündigung eines widersprechenden Arbeitnehmers nicht entgegen, weil diese Vorschrift nur die Kündigung wegen des Betriebsübergangs, nicht jedoch die Kündigung verbiete, die der Betriebsveräußerer wegen einer fehlenden Beschäftigungsmöglichkeit für den Arbeitnehmer ausspricht, der dem Betriebsübergang widersprach. § 613a Abs. 4 BGB greift danach also nicht ein, wenn der Betriebsveräußerer das Fehlen einer Beschäftigungsmöglichkeit für den widersprechenden Arbeitnehmer wegen des Betriebsübergangs geltend macht. Die allgemeinere Vorschrift des § 612a BGB komme deshalb nicht zur Anwendung[191]. Dabei verkennt das BAG nicht nur den unmittelbaren Zusammenhang zwischen ausgeübtem Widerspruch und der Kündigung, sondern auch, dass es sich bei § 612a BGB um kein unverbindlichen Programmsatz, sondern um eine konkret anzuwendende Schutznorm handelt.

b) Erhalt von Sozialplanansprüchen

98 Arbeitnehmer sollen von tarifvertraglichen Abfindungen und **Sozialplanleistungen** ausgeschlossen werden, wenn der Geltungsbereich solche Mitarbeiter ausschließt, die einen zumutbaren Arbeitsplatz ablehnen. Dies soll auch für Arbeitnehmer gelten, die dem Übergang widersprochen haben[192].

---

190 Vgl. *BAG* 24.2.2000 NZA 2000, 764; *BAG* 18.3.1999 NZA 1999, 870; a.A. KR-Pfeiffer, § 613a BGB Rn. 65, 65a, wonach zugunsten widersprechender Arbeitnehmer ein großzügiger Maßstab anzulegen sei.
191 Vgl. *BAG* 24.2.2000 NZA 2000, 764; *BAG* 18.3.1999 NZA 1999, 870; *BAG* NZA 1996, 974.
192 Vgl. *BAG* 19.2.1998 NZA 1998, 1239.

99 Ob ein **angebotener Arbeitsplatz** für den Arbeitnehmer **zumutbar** ist, richtet sich nach Treu und Glauben gem. § 242 BGB. Die beiderseitigen Interessen sind zu wahren und abzuwägen. Für ein überwiegendes, berechtigtes Interesse des Arbeitnehmers an einer Ablehnung des Arbeitsplatzes beim Betriebserwerber bedarf es daher besonders gewichtiger Gründe. Maßgeblich sind die Widerspruchsgründe. Die Zumutbarkeitsfrage ist hier in gleicher Weise zu beurteilen wie die der Berücksichtigung des Widerspruchs im Rahmen der Sozialauswahl bei einer aufgrund des Widerspruchs erfolgten Kündigung durch den Betriebsveräußerer[193].

c) Annahmeverzug

100 Das Rechts zum Widerspruch steht in keinem direkten Zusammenhang mit der Frage der Zumutbarkeit der Arbeit für den Übernehmer. Hat ein Arbeitnehmer dem Übergang des Arbeitsvertrags widersprochen, so soll er dennoch gem. § 615 Satz 2 Alt. 3 BGB gehalten sein, durch Arbeit für den Übernehmer des Betriebs **anderweitige Einkünfte** zu erzielen, um ihm gegenüber den Anspruch auf Verzugslohn zu erhalten[194].

---

193 Vgl. *BAG* 19.2.1998 NZA 1998, 1239 für eine tarifvertragliche soziale Absicherung.
194 Vgl. *BAG* 19.3.1998 ZIP 1998, 1080; *BAG* 19.2.1998 NZA 1998, 1239.

G. Betriebliche Altersversorgung

I. Einleitung

65 % aller Industrieunternehmen und 29 % der Handelsunternehmen in den alten Bundesländern haben ihren Beschäftigten eine betriebliche Altersversorgung zugesagt; dabei steigt der Anteil der Unternehmen mit betrieblicher Altersversorgung mit der Größe des Unternehmens bei Industrieunternehmen mit über 1000 Beschäftigten auf 86 %, bei Handelsunternehmen mit mehr als 500 Beschäftigten auf 62 %[1]. Da die Pensionsverpflichtungen für die an einer Umwandlung beteiligten Unternehmen häufig einen Bilanzwert von vielen Millionen Euro darstellen, ist es bei jeder Verschmelzung, Spaltung, Vermögensübertragung und Formwechsel für die beteiligten Rechtsträger von hohem Interesse, wer die Pensionsverbindlichkeiten übernimmt bzw. aus der Haftung für diese entlassen wird. Umgekehrt ist es für die in den Unternehmen beschäftigten Arbeitnehmer angesichts des sinkenden Sozialversicherungsrentenniveaus und der damit einhergehenden wachsenden Notwendigkeit einer zusätzlichen Alterssicherung von hohem Interesse, ob die betrieblichen Versorgungsansprüche im Rahmen einer Unternehmensumwandlung gefährdet sind oder nicht.

1

Für beide Arbeitsvertragsparteien ist daher die Frage danach, ob durch die Umwandlung der **Umfang der Haftung** für betriebliche Versorgungsverpflichtungen **geändert** wird, und in welchem zeitlichen Rahmen nach einem Ausscheiden der Rechtsträger noch weiter haftet, von großem Interesse. Für ein an einer Umwandlung beteiligtes Unternehmen kann eine mit der Umwandlung verfolgten Zielsetzung auch darin liegen, sich von bestimmten Versorgungsverpflichtungen zu lösen; die Ausgliederung oder Abspaltung von Rentnergesellschaften gehört mittlerweile ebenso zum gängigen Fortbildungsprogramm der

2

---

1 *Hemmer*, Die betriebliche Altersversorgung im Lichte aktueller Statistiken, BetrAV 2000, 68, 69

Führungskräfte der Wirtschaft, wie deren Verpflichtungen bereits Thema der Rechtsprechung gewesen sind[2]. Die Bewertung der Verpflichtungen aus der betrieblichen Altersversorgung im Rahmen einer „due diligence", also einer sorgfältigen Analyse und Bewertung eines Unternehmensbetriebs oder Betriebsteils[3], spielt deshalb sowohl beim Unternehmenskauf als auch bei jeder Umwandlung[4] eine gewichtige Rolle. Dabei sind nicht nur die Rechtsfolgen für die betroffenen aktiven Arbeitnehmer zu klären, sondern auch für die bereits mit einer unverfallbaren Versorgungsanwartschaft ausgeschiedenen Arbeitnehmer und für die Rentner, die bereits betriebliche Altersversorgungsleistungen beziehen. Da die Leistungen der betrieblichen Altersversorgung nicht nur durch das Unternehmen selbst finanziert werden, sondern vielfach Betriebsrentenansprüche von den Unternehmen mit Hilfe externer Versorgungsträger durchgeführt werden, die vom Umwandlungsvorgang in der Regel nicht selbst betroffen sind, ist im Rahmen der Umwandlung darüber hinaus das jeweilige Rechtsverhältnis zu den die betriebliche Altersversorgungsleistungen abwickelnden Lebensversicherungsunternehmen, Unterstützungskassen, Pensionskassen oder Pensionsfonds[4a] zu klären.

3 Für die betroffenen Arbeitnehmer, die Betriebsrentner und die ausgeschiedenen Versorgungsanwärter stellt sich bei jeder Umwandlung die Frage, ob die Versorgungsansprüche und -anwartschaften noch sicher sind. Wird durch die Umwandlung die Finanzkraft des Unternehmens und damit seine wirtschaftliche Zukunft geschwächt oder gestärkt? Ist das haftende Kapital noch dasselbe oder wird es kleiner? Dabei stellen sich diese Fragen nicht nur, wie man vordergründig meinen könnte, bei allen Spaltungsvorgängen (Aufspaltung, Abspaltung, Ausgliederung)[5], sondern auch bei einer Verschmelzung, da z. B. ein wirtschaftlich

---

2 Vgl. *Förster*, BetrAV 2001, 133 ff.; *Sieger/Aleth*, DB 2002, 1487 ff.; s. dazu noch unter Rn. 64 ff.; 145 ff.
3 Vgl. hierzu *Höfer/Küpper*, DB 1997, 1317 ff.
4 Siehe hierzu Willemsen/*Hohenstatt*, Anhang I Rn. 11 Ziffer 18-22
4a Ab 01.01.2002, Art. 35 Abs. 1 AVmG v. 29.06.2001 (BGBl I 2001, 1310).
5 Siehe dazu im einzelnen B Rn. 19.

starkes mit einem wirtschaftlich schwachen Unternehmen verschmolzen werden kann. Da es auch z. B. bei einem Formwechsel von einer Personenhandelsgesellschaft zu einer Kapitalgesellschaft zu einem Ausscheiden haftender Personengesellschafter kommt, können sich auch hieraus Besorgnisse der betroffenen Arbeitnehmer ergeben.

II. Die unterschiedlichen Risiken bei insolvenzgeschützten und nicht insolvenzgeschützten betrieblichen Versorgungsansprüchen und -anwartschaften

Da laufende Betriebsrentenansprüche und gesetzlich unverfallbare Versorgungsanwartschaften nach §§ 7 ff. BetrAVG über den Pensionssicherungsverein insolvenzgeschützt sind, besteht für aktive und ausgeschiedene Arbeitnehmer **keinerlei Gefahr für** Versorgungsanwartschaften und Versorgungsansprüche, soweit diese dem Insolvenzschutz unterliegen. Der für den Arbeitgeber vorhandene teilweise Gestaltungsspielraum bzw. das für den Arbeitnehmer vorhandene Gefährdungspotenzial in Bezug auf betriebliche Versorgungsverpflichtungen ist deshalb ganz unterschiedlich einzuschätzen, je nachdem, ob es sich um **insolvenzgeschützte Versorgungsanwartschaften und -ansprüche** handelt oder nicht.

4

1. Risiken bei Versorgungsansprüchen

Versorgungsansprüche, also Ansprüche aus einer Alters-, Invaliditäts- oder Hinterbliebenenversorgung, die aus Anlass eines Arbeitsverhältnisses zugesagt worden sind (vgl. § 1 Abs. 1 BetrAVG), sind dann insolvenzgeschützt, wenn die Anwartschaftsrechte zum Vollrecht erstarkt sind, wenn also bei einer Altersversorgung die Altersgrenze erreicht ist, die Invalidität oder der Tod des Berechtigten fest steht[6]. Insolvenzgeschützt sind hierbei sowohl **laufende,** in der Regel monatlich zu erbringende **Betriebsrenten-**

5

---
6 Vgl. *Blomeyer/Otto*, BetrAVG, 2. Aufl., § 7 Rn. 23.

zahlungen als auch **einmalige Kapitalleistungen**[7]. Der gesetzliche Insolvenzschutz besteht bis zu einer **Höchstgrenze,** die bei laufenden Leistungen das Dreifache der monatlichen Bezugsgröße gem. § 18 SGB IV beträgt, also im Jahre 2003 bei Renten von über 7.140,– € im Monat und in den neuen Bundesländern von über 5.985,– € im Monat. Auch für Kapitalzahlungen ist in § 7 Abs. 3 Satz 2 BetrAVG eine Höchstgrenze festgesetzt. Für Rentenzahlungen, die auf Entgeltumwandlungen beruhen, galt für ab dem 01.01.1999 erteilte Versorgungszusagen vorübergehend eine erheblich niedrigere Höchstgrenze (1/10 des o.g. Werts). Diese Sonderregelung ist jedoch angesichts berechtigter Kritik[8] durch das Hüttenknappschaftliche Zusatzversicherungs-Neuregelungsgesetz vom 21.6.2002[9] aufgehoben worden. Nicht geschützt sind betriebliche Versorgungsansprüche, die auf Verbesserungen der Zusage innerhalb der letzten 2 Jahre vor Eintritt eines Sicherungsfalls im Sinne des § 7 BetrAVG beruhen (§ 7 Abs. 5 Satz 3 BetrAVG).

6   Von besonderer praktischer Bedeutung ist es, dass nach der Rechtsprechung des Bundesarbeitsgerichts und der herrschenden Auffassung in der Literatur[10] dem Pensionssicherungsverein **nicht die Pflicht obliegt,** gemäß § 16 BetrAVG die **Anpassung laufender Leistungen** der betrieblichen Altersversorgung alle 3 Jahre zu prüfen und ggf. entsprechend dem Lebenshaltungskostenindex anzupassen. Etwas anderes vertritt die Rechtsprechung lediglich bei vertraglich vorgesehenen Anpassungen – hier besteht auch eine Anpassungsverpflichtung des Pensionssicherungsvereins[11]. Im In-

---

7   Zu den Begriffsmerkmalen der betrieblichen Altersversorgung und zur Abgrenzung zu anderen Leistungen vgl. *Andresen/Förster/Rößler/Rühmann* Teil IV A Rn 1 ff.; 190 ff.; *Blomeyer/Otto*, Einleitung Rn. 7 ff., 47 ff.
8   *ErfK/Steinmeyer*, § 7 BetrAVG Rn. 66; *Blomeyer/Otto*, Ergänzungsheft, § 7 zu Rn. 269.
9   BGBl. I S. 2167.
10 *BAG* 22.03.1983 AP Nr. 14 zu § 16 BetrAVG; 03.02.1987 AP Nr. 20 § 16 BetrAVG; 05.10.1993 AP Nr. 28 zu § 16 BetrAVG; *Blomeyer/Otto*, § 7 Rn. 224; *Paulsdorff*, § 7 Rn. 83; *Höfer* § 7 Rn. 2859; *Andresen/Förster/Rößler/Rühmann* 11. Teil B Rn. 660; a.A. Schoden, § 16 Rn. 39; *Bogs*, Anm. zu BAG AP Nr. 14 zu § 16 BetrAVG; *Schulin*, Anm. zu BAG EzA Nr. 14 zu § 16 BetrAVG; *Matthießen*, DB 1996, 1037
11 *BAG* 15.02.1994, AP Nr. 82 zu § 7 BetrAVG; 22.11.1994, AP Nr. 83 zu § 7 BetrAVG; 08.06.1999, DB 1999, 2071; kritisch zu dieser Differenzierung *Andresen/Förster/Rößler/Rühmann* 11. Teil B Rn. 660

II. Die unterschiedlichen Risiken bei Versorgungsansprüchen und -anwartschaften

solvenzfall bleibt daher die betriebliche Altersrente ab Eintritt des Sicherungsfalls nominell unverändert, auch wenn deren tatsächlicher Wert durch den Kaufkraftverlust ständig sinkt.

Der gesetzliche Insolvenzschutz unterscheidet bei Versorgungsansprüchen im übrigen zwischen den verschiedenen Durchführungswegen, mit Hilfe derer die Leistungen der betrieblichen Altersversorgung gewährt werden[12]. Insolvenzschutz besteht grundsätzlich bei Renten aus **unmittelbaren Versorgungszusagen** und aus Zusagen auf **Unterstützungskassen- und Pensionsfondsleistungen,** dagegen nicht aus Zusagen auf Pensionskassenleistungen und nur sehr eingeschränkt aus Zusagen auf Leistungen durch eine Direktversicherung.

7

Der fehlende Insolvenzschutz bei Direktversicherungs- und Pensionskassenleistungen stellt jedoch für die betroffenen Betriebsrentner in der Regel keine zusätzliche Gefahr dar, da bei Direktversicherungsleistungen dem Versorgungsempfänger ein unwiderrufliches Bezugsrecht zusteht, da insoweit der Versicherungsfall gemäß § 166 Abs. 2 VVG eingetreten ist[13]. Ein Insolvenzschutz besteht bei **Direktversicherungsleistungen** nur insoweit, als der Arbeitgeber das Bezugsrecht noch vor Eintritt des Versicherungsfalls beeinträchtigt hat, also insbesondere entgegen § 1b Abs. 2 Satz 1 BetrAVG das Bezugsrecht widerrufen hat oder entgegen § 1b Abs. 2 Satz 3 BetrAVG nicht die Abtretung oder Beleihung des Versicherungsanspruchs bei Eintritt des Versorgungsfalls rückgängig gemacht hat. Kein Insolvenzschutz besteht nach Auffassung des BAG[14] dann, wenn sich die Leistung der Lebensversicherung mindert, weil der Arbeitgeber bereits vor Eintritt des Sicherungsfalls die Prämienzahlungen eingestellt hat. Zwar hat der Arbeitgeber insoweit dem Arbeitnehmer aus dem arbeitsrechtlichen Grundverhältnis Ersatzansprüche zu leisten,

8

---

12 Vgl. hierzu im einzelnen *Andresen/Förster/Rößler/Rühmann* 5. Teil A
13 Vgl. *Blomeyer/Otto,* § 7 Rn. 56; *Andresen/Förster/Rößler/Rühmann* 13. Teil A Rn. 305
14 *BAG* 17.11.1992, AP Nr. 1 zu § 7 BetrAVG Lebensversicherung

diese sind jedoch erst dann insolvenzgeschützt, wenn der Arbeitgeber mit den Ersatzleistungen begonnen hat[15].

9 Bei Versorgungsleistungen aus einem **Pensionsfonds** besteht Insolvenzschutz in gleicher Weise wie bei Unterstützungskassen, und zwar sowohl bei Betragszusagen mit Mindestleistung als auch bei Leistungszusagen[15a].

10 Bei Versorgungsleistungen über eine **Pensionskasse** besteht kein Insolvenzschutz, weil insoweit auch kein Insolvenzrisiko vorhanden ist, da der Arbeitnehmer hier selbst Versicherungsnehmer und damit verfügungsbefugt ist. Ein Widerruf des Bezugsrechts oder eine wirtschaftliche Nutzung durch den Arbeitgeber ist ohne ausdrückliche Zustimmung des Arbeitnehmers ausgeschlossen. Durch die Insolvenz des Trägerunternehmens wird das Vermögen der Kasse, das von diesem getrennt verwaltet ist, grundsätzlich nicht berührt. Für den Fall der Insolvenz der Pensionskasse bestehen für den Versicherungsnehmer aufgrund der Versicherungsaufsicht Ansprüche gemäß § 77 Abs. 3 VAG[16].

2. Risiken bei Versorgungsanwartschaften

11 Insolvenzgeschützt sind grundsätzlich gesetzlich unverfallbare Versorgungsanwartschaften bei unmittelbaren Versorgungszusagen, Pensionsfondszusagen und Unterstützungskassenzusagen sowie teilweise bei Direktversicherungszusagen[17]. Dabei ist es gleichgültig, ob bei Eintritt des Sicherungsfalls im Sinne des § 7 BetrAVG der Arbeitnehmer bereits aus dem Unternehmen mit einer gesetzlich unverfallbaren Versorgungsanwartschaft ausgeschieden ist oder ob der Arbeitnehmer zum Zeitpunkt des Siche-

---

15 *Andresen/Förster/Rößler/Rühmann* 13. Teil A Rn. 350; *Blomeyer/Otto* § 7 Rn. 64

15a Die ursprünglich im Gesetzesentwurf vorgesehene Differenzierung ist nicht Gesetz geworden, *Förster/Rühmann/Recktenwald*, BB 2001, 1406, 1410.

16 *Andresen/Förster/Rößler/Rühmann* 13. Teil A Rn 370; *Blomeyer/Otto* § 7 Rn. 65

17 Mehr dazu unten Rn. 17.

rungsfalls noch im Unternehmen beschäftigt ist, aber in Bezug auf seine Versorgungszusage die Unverfallbarkeitsvoraussetzungen erfüllt sind.

a) Grenzen des Insolvenzschutzes

Hat ein im Unternehmen beschäftigter Arbeitnehmer die **Unverfallbarkeitsvoraussetzungen** im Hinblick auf die ihm erteilte Versorgungszusage noch **nicht erfüllt,** greift der Insolvenzschutz nach § 7 Abs. 2 BetrAVG nicht. Auch soweit Arbeitgeber und Arbeitnehmer **vertraglich** eine **Verkürzung der Unverfallbarkeitsfristen** vereinbart haben[18], besteht **kein Insolvenzschutz,** da die über § 10 BetrAVG im Wege der Solidargemeinschaft aller eine betriebliche Altersversorgung versprechenden Arbeitgeber finanzierte Insolvenzsicherung nicht durch privatrechtliche Absprachen einzelner Arbeitnehmer und Arbeitgeber ausgedehnt werden darf. 12

Nicht insolvenzgeschützt sind bei Eintritt des Sicherungsfalls alle erst **danach zu erdienenden Anwartschaftsteile** – der Arbeitnehmer mit einer gesetzlich unverfallbaren Versorgungsanwartschaft wird bei Eintritt des Sicherungsfalls so gestellt, als wäre er zu diesem Zeitpunkt mit einer unverfallbaren Versorgungsanwartschaft aus dem Arbeitsverhältnis ausgeschieden; dementsprechend wird seine Versorgungsanwartschaft gemäß § 2 BetrAVG berechnet und ihm bei Eintritt des Versorgungsfalls vom Pensionssicherungsverein gewährt. Da § 2 Abs. 5 BetrAVG, auf den § 7 Abs. 2 Satz 3 BetrAVG verweist, Veränderungen der Bemessungsgrundlage für die Berechnung der Anwartschaft nach dem Ausscheiden des Arbeitnehmers ausschließt, sind darüber hinaus bei Versorgungszusagen, die eine Betriebsrente in Abhängigkeit vom Endgehalt bei Eintritt des Versorgungsfalls versprechen, zukünftige Gehaltssteigerungen nach Eintritt des Sicherungsfalls, auch soweit sie im Verhältnis von tatsächlicher zu möglicher 13

---

18 Zu betriebliche Versorgungsanwartschaften aufgrund von Entgeltumwandlungen s. Rn. 22 ff.

Betriebszugehörigkeit bereits zeitanteilig erdient sind[19], nicht insolvenzgeschützt.

14   Bei Beitragszusagen mit Mindestleistung besteht ein Insolvenzschutz nicht wie sonst in Höhe der zeitratierlich im Verhältnis von tatsächlicher zu möglicher Betriebszugehörigkeit gekürzten Versorgungsanwartschaft, sondern gem. §§ 7 Abs. 2 Satz i. V. m. 2 Abs. 5b BetrAVG in Höhe des dem Arbeitnehmer planmäßig zuzurechnenden Versorgungskapitals auf der Grundlage der zu seinem Ausscheiden bzw. bis zum Eintritt des Sicherungsfalls geleisteten Beiträge einschließlich der daraus erzielten Erträge, mindestens jedoch die Summe der bis dahin zugesagten Beiträge[19a].

15   Die aus einer insolvenzgesicherten Versorgungsanwartschaft resultierenden Versorgungsansprüche gegenüber dem PSV dürfen bei Eintritt des Versorgungsfalls nicht die **Höchstgrenzen** des § 7 Abs. 3 BetrAVG überschreiten (bei monatlichen Betriebsrentenbezug im Jahre 2003 7.140,– € in den alten Bundesländern und 5.985,– € in den neuen Bundesländern); der darüber liegende Teil ist nicht insolvenzgeschützt.

16   Darüber hinaus besteht kein Insolvenzschutz für unverfallbare Versorgungsanwartschaften, soweit sie auf **Verbesserungen der Versorgungszusage in den letzten beiden Jahren** vor Eintritt des Sicherungsfalls beruhen, § 7 Abs. 5 Satz 3 BetrAVG.

b) Unverfallbarkeitsvoraussetzungen

17   Wann eine Versorgungsanwartschaft gesetzlich **unverfallbar** wird, ist durch das Altersvermögensgesetz im Rahmen der Rentenreform 2001 geändert worden. Dementsprechend ist hinsichtlich der gesetzlichen Unverfallbarkeit danach zu unterscheiden, ob die Versorgungszusage vor oder nach dem Inkrafttreten erteilt worden ist (vgl. § 30f BetrAVG). Ist die Versorgungszusage am 1.1.2001 oder später erteilt, ist die Versorgungsanwartschaft un-

---

19   Zur sogenannten erdienten Dynamik siehe *BAG* 17.04.1985 AP Nr. 4 zu § 1 BetrAVG Unterstützungskassen; 17.03.1987 AP Nr. 9 zu § 1 BetrAVG Ablösung; 22.05.1990 AP Nr. 3 zu § 1 BetrAVG Betriebsvereinbarung; 17.07.1992 AP Nr. 11 zu § 1 BetrAVG Besitzstand; *Blomeyer/Otto* Einleitung Rn. 610 ff.
19a Vgl. näher *Höfer*, DB 2001, 1147.

verfallbar, wenn die **Versorgungszusage mindestens 5 Jahre bestanden** hat und der Arbeitnehmer bei Ausscheiden das 30. Lebensjahr vollendet hat (§ 1b Abs. 1 BetrAVG). Bei vorher erteilten Versorgungszusagen bleibt es grundsätzlich bei der früheren Unverfallbarkeitsregelung: Danach behielt ein Arbeitnehmer eine Versorgungsanwartschaft, wenn er das Arbeitsverhältnis nach Beendigung des 35. Lebensjahres beendete und die Versorgungszusage zu diesem Zeitpunkt entweder mindestens 10 Jahre bestanden hatte oder bei einer mindestens 12jährigen Betriebszugehörigkeit mindestens 3 Jahre bestanden hatte. Durch die Übergangsregelung des § 30f BetrAVG würde die Unverfallbarkeit bei vor dem Inkrafttreten erteilten Versorgungszusagen grundsätzlich erst nach den zeitlichen Voraussetzungen des alten Rechts eintreten. Allerdings werden auch diese Altzusagen spätestens 5 Jahre nach dem Inkrafttreten des Altersvermögensgesetzes unverfallbar, soweit der Arbeitnehmer bei Beendigung des Arbeitsverhältnisses das 30. Lebensjahr vollendet hat.

Beispiel 1: 18
Einem am 01.03.1974 geborenen Arbeitnehmer ist bei Eintritt in ein Unternehmen am 01.08.1998 eine Versorgungszusage erteilt worden. Die Versorgungszusage wird unverfallbar am 01.01.2006 (5 Jahre nach Inkrafttreten des Altersvermögensgesetzes, vgl. Art. 24 Abs. 3 AvmG); der Arbeitnehmer hat zu diesem Zeitpunkt das 30. Lebensjahr vollendet. Nach bisherigem Recht wäre die Unverfallbarkeit erst am 01.03.2009 eingetreten (mit der Vollendung des 35. Lebensjahres; die Versorgungszusage bestand zu diesem Zeitpunkt mehr als 10 Jahre). Würde das neue Recht bereits voll auf die Versorgungszusage angewandt, würde der Arbeitnehmer die Unverfallbarkeitsfrist am 01.03.2004 erreichen (mit Vollendung des 30. Lebensjahres; zu diesem Zeitpunkt ist der 5jährige Bestand der Versorgungszusage bereits erfüllt).

Beispiel 2: 19
Einem am 01.03.1970 geborenen Arbeitnehmer ist bei Eintritt in das Unternehmen am 01.08.1998 eine Altersversorgungszusage erteilt worden. Hier tritt die Unverfallbarkeit ebenfalls am

01.01.2006 ein (5 Jahre nach dem Inkrafttreten, der Arbeitnehmer hat zu diesem Zeitpunkt das 30. Lebensjahr vollendet). Nach altem Recht wäre die Unverfallbarkeit erst am 01.08.2008 eingetreten (nach 10jährigem Bestand der Versorgungszusage; der Arbeitnehmer hat zu diesem Zeitpunkt das 35. Lebensjahr vollendet). Würde auf die Versorgungszusage von vornherein das neue Recht angewandt, würde die Unverfallbarkeit am 01.08.2003 eintreten (5jähriger Bestand der Versorgungszusage; der Arbeitnehmer hat zu diesem Zeitpunkt das 30. Lebensjahr vollendet).

20 **Beispiel 3:**
Ein am 01.03.1970 geborener Arbeitnehmer ist am 01.08.1990 in das Unternehmen eingetreten; ihm ist eine Versorgungszusage am 01.09.1999 erteilt worden. Die Unverfallbarkeit tritt nach altem Recht am 01.03.2005 ein (Vollendung des 35. Lebensjahres, auch wenn der Arbeitnehmer bereits früher die 12jährige Betriebszugehörigkeit und den 3jährigen Bestand der Versorgungszusage erreicht hatte). Auch nach dem Übergangsrecht des § 30f BetrAVG tritt die Unverfallbarkeit nicht früher ein, da auf den 5jährigen Bestand der Versorgungszusage seit Inkrafttreten abgestellt wird. Nur wenn neues Recht von vornherein auf die Versorgungszusage anwendbar wäre, würde die Unverfallbarkeit 5 Jahre nach Erteilung der Versorgungszusage am 01.09.2004 eintreten.

21 **Beispiel 4:**
Wäre der Arbeitnehmer am 01.03.1965 geboren, am 01.08.1990 in den Betrieb eingetreten und ihm die Versorgungszusage am 01.09.1999 erteilt, träte die Unverfallbarkeit nach altem Recht am 01.09.2002 ein (nach 3jährigem Bestand der Versorgungszusage; zu diesem Zeitpunkt war der Arbeitnehmer bereits 12 Jahre im Betrieb und hatte das 35. Lebensjahr vollendet). Würde auf die Versorgungszusage ausschließlich neues Recht angewandt, träte die Unverfallbarkeit erst zum 01.09.2004 (nach 5jährigem Bestand der Versorgungszusage) ein.

c) Insbesondere: Insolvenzrisiken bei Anwartschaften auf eine betriebliche Altersversorgung durch Entgeltumwandlung

Abweichende Unverfallbarkeitsfristen und damit andere Insolvenzrisiken bestehen bei Anwartschaften auf betriebliche Altersversorgung, die auf eine Entgeltumwandlung zurückgehen. Das Bundesarbeitsgericht hat bereits 1990 entschieden[20], dass es nicht zum Begriff der betrieblichen Altersversorgung gehört, dass zusätzlich zum Barlohn entrichtete freiwillige Arbeitgeberleistungen Grundlage einer Zusage auf betriebliche Altersversorgungsleistungen sein müssen, sondern dass Arbeitgeber und Arbeitnehmer auch vereinbaren können, Prämien zu einer Direktversicherung statt einer Vergütung zu zahlen. Auch diese Form der **„arbeitnehmerfinanzierten betrieblichen Altersversorgung"**[21] ist nach § 7 Abs. 2 BetrAVG insolvenzgeschützt, sie wurde vom Gesetzgeber im Rahmen der Rentenreform 1999 ab dem 01.01.1999 gesetzlich anerkannt (§ 1 Abs. 5 BetrAVG in der damaligen Fassung) und ist in ihrer Bedeutung durch das Altersvermögensgesetz erheblich aufgewertet worden. Nach § 1 Abs. 2 Ziff. 3 BetrAVG liegt betriebliche Altersversorgung auch vor, wenn künftige Entgeltansprüche in eine wertgleiche Anwartschaft auf Versorgungsleistungen umgewandelt werden (Entgeltumwandlung). Von Entgeltumwandlung kann nur dann gesprochen werden, wenn Arbeitnehmer und Arbeitgeber vereinbaren, dass auf künftige Entgeltansprüche verzichtet wird, also die Umwandlung bezüglich bereits dem Grunde nach vereinbarter, aber noch nicht fälliger Entgeltansprüche erfolgt[22]. Die Entgeltumwandlung ist dabei grundsätzlich in alle 5 Durchführungswege der betrieblichen Altersversorgung (unmittelbare Versorgungszusage, Direktversicherung, Pensionskasse, Pensionsfonds, Unterstützungskasse) möglich, wie im Rahmen der

22

---

20 *BAG* 26.06.1990, AP Nr. 11 zu § 1 BetrAVG Lebensversicherung.
21 So der zutreffende Ausdruck der Finanzverwaltung, vgl. *BMF* Schreiben vom 04.02.2000, DB 2000, 353; *Niermann*, DB 2000, 347 ff.
22 *Blomeyer*, DB 2001, 1413; *Ahrend/Förster/Rühmann* BetrAVG, 8. Aufl., § 1 Rn. 24; *Schoden* § 1 Rn. 67; *Blomeyer/Otto*, Ergänzungsheft, Einleitung zu Rn. 55; vgl. auch *BMF* Schreiben a.a.O.

Einfügung des ursprünglichen § 1 Abs. 5 BetrAVG (heute § 1 Abs. 2 BetrAVG) klargestellt wurde[23].

23 Da das BetrAVG für betriebliche Versorgungszusagen, die auf einer Entgeltumwandlung beruhen, keine spezielle Unverfallbarkeitsregel vorsah, sondern es sowohl bezüglich der Unverfallbarkeit als auch bezüglich des Insolvenzschutzes bei der Anwendung der allgemeinen Regelungen beließ, bestand für Versorgungszusagen nach Entgeltumwandlung ein erhebliches **Insolvenzrisiko bis zum Eintritt der gesetzlichen Unverfallbarkeit.** Diesen Mangel hat der Gesetzgeber nunmehr mit Inkrafttreten des Altersvermögensgesetzes zum 01.01.2001 mindestens erheblich verringert. Nach dem dort neu geschaffenen § 1b Abs. 5 BetrAVG behält der Arbeitnehmer seine Anwartschaft auf eine betriebliche Altersversorgung nach einer Entgeltumwandlung unabhängig von der Zusagedauer, wenn sein Arbeitsverhältnis vor Eintritt des Versorgungsfalls endet. Die **gesetzliche Unverfallbarkeit** beginnt daher **sofort.** Dies gilt allerdings nach der Übergangsregelung des § 30f BetrAVG nur für nach dem 31.12.2000 erteilte Versorgungszusagen. Ob damit auch der gesetzliche Insolvenzschutz sofort einsetzt[24] oder erst gem. § 7 Abs. 5 Satz 3 BetrAVG zwei Jahre nach Erteilung der Versorgungszusage[24a] war nach Inkrafttreten des AVmG zunächst umstritten. Für ab 1.1.2002 gegebene Entgeltumwandlungszusagen hat der Gesetzgeber inzwischen klargestellt, dass der Insolvenzschutz sofort eintritt, soweit die umgewandelten Beträge nicht höher als 4 % der Beitragsbemessungsgrenze in der Rentenversicherung der Arbeiter und Angestellten sind.

24 Für **vor dem 01.01.2001 erteilte Versorgungszusagen aufgrund einer Entgeltumwandlung** verbleibt es bei den bestehenden Insolvenzrisiken bis zum Erreichen der gesetzlichen

---

23 Vgl. BT-*Drs.* 13/8671, 148; *Hanau/Arteaga*, Gehaltsumwandlung zur betrieblichen Altersversorgung, Rn. 67.
24 So zunächst *Höfer*, DB 2000, 2476, vgl. auch die Gesetzesbegründung zu § 1b BetrAVG, BT-*Drs.* 14, 4595.
24a So jetzt *Höfer* DB 2001, 1148; *Blomeyer* DB 2001, 1414

II. Die unterschiedlichen Risiken bei Versorgungsansprüchen und -anwartschaften

Unverfallbarkeit nach altem Recht[25]. Zwar entspricht es den Grundsätzen fairer Vertragsgestaltung, bei einer Gehaltsumwandlungsvereinbarung auch eine Regelung zur sofortigen Unverfallbarkeit zu treffen[26], doch führt eine derartige Vereinbarung nur zu einer vertraglichen Unverfallbarkeit, an die nur die Arbeitsvertragsparteien gebunden sind, nicht jedoch der PSV[27]. Insofern hilft einem Arbeitnehmer die vom BAG[28] aufgestellte Auslegungsregel, dass eine sofortige Unverfallbarkeit bei einer Gehaltsumwandlungsversicherung auch ohne ausdrückliche Regelung als in der Regel vereinbart gilt, zwar im Falle des vorzeitigen Ausscheidens des Arbeitnehmers, nicht jedoch im Insolvenzfall. Das gleiche gilt für die herrschende Auffassung in der Literatur[29], die einen Verstoß gegen Treu und Glauben darin sieht, wenn der Arbeitgeber eine Verfallklausel für eine Gehaltsumwandlung vereinbart und sich hierauf bei Ausscheiden des Arbeitnehmers beruft. Diesen Einwand kann der Arbeitnehmer nur dem Arbeitgeber entgegensetzen, nicht jedoch dem Pensionssicherungsverein im Insolvenzfall. Insolvenzfest vor Eintritt der gesetzlichen Unverfallbarkeit ist lediglich eine Entgeltumwandlung gegen eine Direktversicherung, bei der dem Arbeitnehmer ein unwiderrufliches Bezugsrecht eingeräumt wird. Die bloße Einräumung eines widerruflichen Bezugsrechts führt dazu, dass der Insolvenzverwalter im Insolvenzfall das Bezugsrecht widerruft und vom Arbeitnehmer die Herausgabe des Versicherungsscheins verlangen kann[30]. Es muss also – wie es im Mustervertrag der Verband der Lebensversicherungsunternehmen empfohlen ist[31] – sowohl in der

---

25 Soweit nicht die Unverfallbarkeit nach der speziellen Übergangsregelung des § 30f BetrAVG mit dem 5jährigen Bestand nach Inkrafttreten des Altersvermögensgesetzes und Beendigung des Arbeitsverhältnisses nach Vollendung des 30. Lebensjahres früher eintritt.
26 *Hanau/Arteaga*, Gehaltsumwandlung zur betrieblichen Altersversorgung C Rn. 8 ff.; D Rn. 115 ff.; E Rn. 72 ff.
27 *Schoden*, § 1 Rn. 69; *Kisters-Kölkes*, in Höfer (Hrsg.), Neue Chancen für Betriebsrenten, Seite 33, 43.
28 BAG 08.06.1992, AP Nr. 3 zu § 1 BetrAVG Unverfallbarkeit
29 *Blomeyer*, NZA 2000, 286; *Hanau/Arteaga* C Rn. 8 ff.; *U. Heither*, Ergänzende Altersvorsorge durch Direktversicherung nach Gehaltsumwandlung, Seite 108.
30 BAG 08.06.1999, BB 1999, 2195.
31 Vgl. das Muster einer Gehaltsumwandlungs-Direktversicherung bei *Langohr-Plato*, a. a. O. S. 370.

Gehaltsumwandlungsvereinbarung als auch im Versicherungsvertrag dem Arbeitnehmer ein **unwiderrufliches Bezugsrecht** eingeräumt sein. In allen anderen Fällen, insbesondere wenn keine Gehaltsumwandlungsversicherung vereinbart ist, kann ein Insolvenzschutz vor Eintritt der gesetzlichen Unverfallbarkeit nur privatrechtlich hergestellt werden, indem der Arbeitgeber zur Abdeckung der Versorgungsverpflichtung eine kongruente **Rückdeckungsversicherung** abschließt und das Bezugsrecht hieraus dem Arbeitnehmer **verpfändet**[32].

3. Übersicht

25 Schematisch lässt sich das durch Unternehmensumstrukturierungen vorhandene Gefährdungspotenzial für Versorgungsansprüche und -anwartschaften vor dem Hintergrund des gesetzlichen Insolvenzschutzes gemäß §§ 7 ff. BetrAVG wie folgt darstellen:

---

[32] Vgl. *Höfer*, DB 1998, 2267; *Blomeyer*, NZA 2000, 289; vgl. ausführlich hierzu Blomeyer, BetrAV 1999, 293 ff.; *Andresen/Förster/Rößler/Rühmann* 13. Teil A Rn. 440 ff.; zu anderen Möglichkeiten des privatrechlichen Insolvenzschutzes siehe auch *Fischer/Thoms-Meyer*, DB 2000, 1861.

II. Die unterschiedlichen Risiken bei Versorgungsansprüchen und -anwartschaften

Kein Insolvenzschutz erforderlich	Insolvenzschutz vorhanden	Fehlender Insolvenzschutz
1. Versorgungsansprüche		
– aus Pensionskassenzusagen	– aus Direktzusagen	
	– aus Unterstützungskassenzusagen	
	– aus Pensionsfondszusagen	
– aus Direktversicherungszusagen	– aus Direktversicherungszusagen, die der Arbeitgeber vor dem Versorgungsfall beliehen, abgetreten oder verpfändet hat	Ausfall der Leistung wegen Prämienrückständen
	(bei allen Durchführungswegen:)	
	– zugesagte Dynamisierung	Anpassung gemäß § 16 BetrAVG
	– bis zur Höchstgrenze nach § 7 Abs. 3 BetrAVG	oberhalb der Höchstgrenze des § 7 Abs. 3 BetrAVG

G. Betriebliche Altersversorgung

Kein Insolvenzschutz erforderlich	Insolvenzschutz vorhanden	Fehlender Insolvenzschutz
2. Versorgungsanwartschaften		
	bei gesetzlicher Unverfallbarkeit	bei vertraglicher Unverfallbarkeit (auch bei Entgeltumwandlungen vor 01.01.2001)
– aus Pensionskassenzusagen	– aus Direktzusagen	
	– aus Pensionsfondszusagen	
	– aus Unterstützungskassenzusagen	
– aus Direktversicherungszusagen mit unwiderruflicher Bezugsberechtigung	– aus Direktversicherungszusagen mit widerruflichem Bezugsrecht oder bei Abtretung, Beleihung oder Verpfändung	bei beschädigter Direktversicherung (Nichtzahlung der Prämien)
	Höhe: i.d.R.: Quotierter Anspruch (§ 2 Abs. 1 BetrAVG) Maximal § 7 Abs. 3 BetrAVG	Dynamisierung nach Insolvenz („erdiente Dynamik") (§2 Abs. 5 BetrAVG) Anpassung nach § 16 BetrAVG
	bei Beitragszusagen: das dem Arbeitnehmer aufgrund der bis zum Ausscheiden geleisteten Beiträge zuzurechnende Versorgungskapital, mindestens die bisher geleisteten Beiträge	Gewinnerwartungen aus den Beiträgen zukünftig zu erdienende Anwartschaftsteile Verbesserung der Versorgungszusage innerhalb von 2 Jahren vor Insolvenz
	bei Entgeltumwandlung und beitragsorientierter Leistungszusage: die erreichte Anwartschaft	Anwartschaften oberhalb der Höchstgrenze des § 7 Abs. 3 BetrAVG

III. Informationspflichten

26 Da eine Unternehmensumwandlung die Interessen der Arbeitnehmer der an der Umwandlung beteiligten Rechtsträgern und ihrer Vertretungen berührt[33], sehen bereits die Vorschriften des UmwG zu den jeweiligen Umwandlungsverträgen Vorschriften zu zwingenden Angaben über die Folgen der Umwandlung für die Arbeitnehmer und ihrer Vertretungen sowie die vorgesehenen Maßnahmen vor (§ 5 Abs. 1 Ziff. 9, § 126 Abs. 1 Ziff. 11, § 194 Abs. 1 Ziff. 7 UmwG). Soweit im Rahmen einer Umwandlung ein Betriebsübergang im Sinne des § 613a BGB stattfindet, bestehen darüber hinaus die Unterrichtungspflichten des § 613a Abs. 5 BGB auf Grund der Verweisung in § 324 UmwG[33a].

27 Der Umfang der hierfür erforderlichen Angaben ist in der Literatur[34] und Rechtsprechung[35] umstritten (vgl. dazu im einzelnen D Rn. 261 ff.). Allerdings müssen die durch die Umwandlung eintretenden **unmittelbaren Folgen für die Arbeitnehmer** im Umwandlungsvertrag oder Umwandlungsbeschluss dargestellt sein. Dies betrifft solche Folgen, die sich in arbeitsrechtlicher Hinsicht unmittelbar aus der Umwandlung ergeben oder über die sich die an der Umwandlung beteiligten Rechtsträger notwendig bereits bei Abschluss des Umwandlungsvertrags eine abschließende Meinung gebildet haben müssen[36]. Auch die mittelbaren tatsächlichen Folgen sind zumindest soweit darzustellen, wie bereits eine konkrete Planung der beteiligten Rechtsträger vor-

---

33 So die Formulierung in der Begründung zum Regierungsentwurf, BT-*Drs.* 12/6699, Seite 82 ff.
33a Erfk/*Preis*, § 613a BGB Rn. 185; *Gaul/Otto*, DB 2002, 634 ff.
34 Vgl. hierzu ausführlich *Joost*, ZIP 1995, 976 ff,; *A. Drygala*, ZIP 1996, 1365 ff.; *A. Boecken*, Unternehmensumwandlungen und Arbeitsrecht, Rn. 318 ff.; *Engelmeyer*, DB 1996, 2542; *Bungert*, DB 1997, 2209 ff.; *Willemsen*, RdA 1998, 23 ff.; *Willemsen*, C Rn. 363 ff.; *Lutter*, § 5 Rn. 39 ff.; *Hjort*, NJW 1999, 750 ff.
35 OLG Düsseldorf 15.05.1998, DB 1998, 1399; LG Stuttgart 29.03.1996, DNotZ 1996, 701; LG Stuttgart 11.12.1995, WiB 1996, 994; AG Duisburg 04.01.1996, GmbHR 1996, 372.
36 Zur grundlegenden Unterscheidung zwischen Primärfolgen und Sekundärfolgen sowie zu den arbeitsrechtlichen Pflichtangaben kraft rechlichen Zusammenhangs und den arbeitsrechtlichen Pflichtangaben kraft direkten Sachzusammenhangs, *Willemsen*, RdA 1998, 23, 27; *Willemsen* C Rn. 364 ff.

liegt[37]. Ergeben sich unmittelbare oder mittelbare Folgen nur für Betriebsrentner, sind diese nach der ratio legis ebenfalls darzustellen[37a].

28 Hinsichtlich der Verpflichtungen aus betrieblichen Versorgungszusagen bedeutet dies, dass im Umwandlungsvertrag bzw. im Umwandlungsbeschluß angegeben werden muss, **bei welchem Rechtsträger die Versorgungsverpflichtungen** der aktiven Arbeitnehmerschaft und bei welchem Rechtsträger die Versorgungsverpflichtungen aus den unverfallbaren Anwartschaften ausgeschiedener Arbeitnehmer und die Versorgungsansprüche der Betriebsrentner **verbleiben.** Auch soweit beabsichtigt ist, über eine Freistellungsvereinbarung im Innenverhältnis (zwischen den beteiligten Rechtsträgern) oder im Außenverhältnis (zwischen zusagendem Arbeitgeber und Betriebsrentner bzw. mit einer unverfallbaren Anwartschaft ausgeschiedenen Arbeitnehmer) zu einer abweichenden Regelung zu gelangen, ist dies darzustellen.

29 Soweit die betrieblichen Versorgungszusagen auf einer **Betriebsvereinbarung,** insbesondere auf einer Gesamtbetriebsvereinbarung, oder einem **Tarifvertrag** beruhen, ist darzustellen, inwieweit die Betriebsvereinbarungen durch die Unternehmensumwandlung in ihrem Bestand berührt werden. Hierzu gehört also auch die Darstellung, inwieweit Versorgungsverpflichtungen nach der Umwandlung neu begründet werden oder ob bestehende Betriebsvereinbarungen fortgeführt werden (zu den Pflichten in diesem Zusammenhang mehr bei Rn. 101 ff.). Diese Pflichtangaben im Umwandlungsvertrag bzw. -beschluss ergeben sich bereits daraus, dass sie unmittelbar Folge des Umwandlungsvorgangs bei den beteiligten Rechtsträgern darstellen[38].

30 Hat ein Unternehmen die betriebliche Altersversorgung bislang über einen selbstständigen Versorgungsträger abgewickelt, insbesondere über eine **Unterstützungskasse oder Pensionskasse,** ist

---

37 Willemsen C Rn. 372. Zur Auseinandersetzung mit der einschränkenden Auffassung von Lutter, vgl. *Hjort*, NJW 1999, 750 ff.
37a Anders ohne ausreichende Problemdurchdringung OLG Hamburg 11.01.2002, DB 2002, 572.
38 Vgl. *Willemsen*, C Rn. 365.

darüber hinaus darzustellen, ob die betriebliche Altersversorgung auch nach der Umwandlung über diese Versorgungsträger abgewickelt wird (wird z. B. auch die Unterstützungskasse gespalten oder verschmolzen oder werden bei einer Verschmelzung die bisherigen Unterstützungskassen getrennt fortgeführt?).

Soweit durch die Umwandlung der bislang für die betriebliche Versorgungszusage haftende **Rechtsträger aus der Haftung entlassen** wird, und sei es nur nach einer Übergangsfrist von 5 oder 10 Jahren (vgl. §§ 133, 134 UmwG für die Spaltung bzw. Betriebsaufspaltung oder § 224 UmwG für den Formwechsel bei einer Personengesellschaft), so ist im Umwandlungsvertrag auf diese durch die Umwandlung eintretenden Folgen für die Arbeitnehmer ebenso wie auf die fortbestehende gesamtschuldnerische Haftung[38a] hinzuweisen[39]. Zwar mag ein Arbeitnehmer in vielen Fällen haftungsrechtlich unter umwandlungsspezifischen Gesichtspunkten nicht anders zu betrachten sein wie andere Gläubiger; dies gilt jedoch wegen der bestehenden langfristigen Verbindlichkeit einer betrieblichen Altersversorgung, bei dem sich das Verhältnis von Leistung und Gegenleistung häufig über einen Zeitraum von mehr als 50 Jahren erstreckt und auf das sich beide Vertragspartner einer betrieblichen Versorgungszusage auch entsprechend eingerichtet haben bzw. eingerichtet haben müssen, nicht in gleichem Maße wie für kurzfristige Verbindlichkeiten.   31

Zu den mittelbaren Folgen, also den „insoweit vorgesehenen Maßnahmen", die im Verschmelzungs- oder Spaltungs- und Übernahmevertrag darzustellen sind, gehört eine etwaige geplante Schließung des betrieblichen Versorgungswerks, also die Absicht des Unternehmens, neu eintretenden Arbeitnehmern keine Altersversorgungszusage mehr zu erteilen, oder eine beabsichtigte Veränderung der betrieblichen Versorgungszusagen für die Zukunft, etwa wenn es beabsichtigt ist, bislang bestehende unterschiedliche Altersversorgungsregelungen zwischen 2 sich verschmelzenden Unternehmen zu harmonisieren oder betriebliche Versorgungszusagen bei einem abgespaltenen Unternehmen zu verschlechtern.   32

38a OLG Hamburg 11.1.2002, DB 2002, 572.
39 Einschränkend *Willemsen* C Rn. 365 – nur im Falle des § 134 UmwG.

Auch soweit betriebliche Versorgungsverpflichtungen abgefunden oder übertragen werden sollen, ist dies im Umwandlungsvertrag darzustellen.

33 Einer besonders intensiven Darstellung, wie mit den Versorgungsverbindlichkeiten in Zukunft verfahren werden soll, bedarf es, wenn es Zielsetzung der Unternehmensumwandlung ist, dass ein Rechtsträger sich von Versorgungsverbindlichkeiten befreien will, etwa im Wege der **Abspaltung oder Ausgliederung von Rentnergesellschaften** oder umgekehrt durch Abspaltung des gesamten produktiven Unternehmens mit Ausnahme der im bisherigen Unternehmen verbleibenden Verpflichtungen gegenüber Betriebsrentnern und unverfallbar Ausgeschiedenen. In diesem Fall muss im Spaltungsvertrag nicht nur dargestellt werden, wer die Versorgungsverpflichtungen rechtlich übernimmt, sondern auch, durch wen dies wirtschaftlich erfolgen soll, etwa ob die Übertragung auf eine Versicherungsgesellschaft beabsichtigt ist und auch, in welcher Weise die Anpassungsverpflichtungen nach § 16 BetrAVG erfüllt werden sollen (hierzu noch bei Rn. 145 ff.). Nur in diesem besonderen Fall ist auf die Anpassungsverpflichtung nach § 16 BetrAVG einzugehen, während ansonsten die Auswirkungen der Umwandlung auf die wirtschaftliche Lage eines Unternehmens in der Regel noch nicht absehbar oder gar geplant sein kann, so dass hierüber Angaben im Umwandlungsvertrag nicht erforderlich sind.

34 Als Beispiel für eine ausreichende Angabe der Auswirkungen eines Verschmelzungsvertrags auf die betriebliche Altersversorgung kann folgender Passus aus einem Verschmelzungsvertrag zitiert werden:

„Der Bestand der Pensionskasse VVaG der X-AG und der Pensionskasse der Y-AG VVaG als rechtlich selbständige Versorgungseinrichtung wird durch die Verschmelzung nicht berührt. Die in den jeweiligen Pensionskassen bestehenden Mitgliedschaften können zu den jeweils geltenden satzungsmäßigen Bedingungen fortgeführt werden. Die kollektivrechtlichen Grundlagen der betrieblichen Altersversorgung bei der X-AG einerseits und der Y-AG andererseits werden aufgrund einer zwischen der X-AG, der Y-AG und den

Arbeitnehmervertretern abzuschließenden Vereinbarung auch nach dem Wirksamwerden der Verschmelzung für ihren jeweiligen bis zu diesem Zeitpunkt geltenden Anwendungsbereich bestehen bleiben. Darüber hinaus wird für Arbeitnehmer, die nach Wirksamwerden der Verschmelzung aus dem Geltungsbereich des einen in den Geltungsbereich des anderen betrieblichen Altersversorgungssystems wechseln, die ausschließliche Mitgliedschaft in der bisherigen Pensionskasse sowie die ausschließliche Anwendbarkeit der bisher für sie geltenden kollektivrechtlichen Altersversorgungsregelungen vereinbart werden. Für nach dem Wirksamwerden der Verschmelzung neu eintretende Arbeitnehmer sollen alle bestehenden Altersversorgungssysteme in der X-AG und der Y-AG geschlossen und eine neue einheitliche Versorgungsregelung geschaffen werden."

Ähnliche Informationspflichten treffen den bisherigen Arbeitgeber oder den neuen Betriebsinhaber, wenn im Rahmen der Unternehmensumwandlung (oder auch unabhängig von diesem) ein **Betriebsübergang** nach § 613a BGB stattfindet. Die Verpflichtung nach § 613a Abs. 5 BGB ist nicht deckungsgleich mit derjenigen nach § 5 Abs. 1 Nr. 9 UmwG[39a], da die Informationspflicht nach § 613a BGB sich an alle Arbeitnehmer richtet. Die Unterrichtung über die rechtlichen, wirtschaftlichen und sozialen Folgen des Betriebsübergangs sind in Bezug auf die Versorgungsverpflichtungen allenfalls vom Empfängerhorizont her verständlicher, von ihrem Inhalt her jedoch nicht umfassender darzustellen als unter Rn. 28 ff. beschrieben. **34a**

IV. Vorbeugender Gläubigerschutz

Nach § 22 UmwG ist den **Gläubigern** der an der Verschmelzung beteiligten Rechtsträgern **Sicherheit zu leisten,** wenn sie glaubhaft machen, dass durch die Verschmelzung die **Erfüllung ihrer Forderungen gefährdet** wird. Diese Vorschrift findet über §§ 125, 176, 177, 204 UmwG auch auf Spaltungen, Vermögensvoll- und -teilübertragungen und Formwechsel Anwendung. Das **35**

39a *Worzalla,* NZA 2002, 355.

Recht, Sicherheitsleistung zu verlangen, wird jedoch in § 22 Abs. 2 UmwG für Gläubiger ausgeschlossen, die im Falle der Insolvenz ein Recht auf vorzugsweise Befriedigung aus einer Deckungsmasse haben, die nach gesetzlicher Vorschrift zu ihrem Schutz errichtet und staatlich überwacht ist. Dieser Ausnahmevorschrift liegt der Gedanke zugrunde, dass es eines Anspruchs auf Sicherheitsleistung dann nicht bedarf, wenn der Gläubiger bereits anderweitig ausreichend gesichert ist[40].

36 § 22 UmwG geht auf verschiedene Vorschriften des früheren Umwandlungsrechts (§§ 347, 374 AktG, § 7 UmwG, § 26 KapErhG) zurück. Es gibt außerdem Parallelen in verschiedenen Gläubigerschutzvorschriften bei der Kapitalherabsetzung (§ 225 Abs. 1 AktG, § 58 Abs. 1 Nr. 2 GmbHG, § 22 Abs. 2 GenG) und bei der Beendigung eines Beherrschungs- oder Gewinnabführungsvertrags (§ 303 AktG) und bei der Eingliederung einer Gesellschaft (§ 321 AktG). Bereits unter den Vorgängervorschriften, aber auch zu den heute noch geltenden Parallelvorschriften war und ist es umstritten, ob für betriebliche Versorgungsanwartschaften und -ansprüche Sicherheit zu leisten ist, wem und in welchem Umfang. Es ist deshalb bedauerlich, dass der Gesetzgeber die hier bestehenden Streitfragen nicht im Gesetzestext gelöst hat, sondern sich darauf beschränkt hat, unter Berufung auf die „herrschende Meinung im Schrifttum" lediglich in der Gesetzesbegründung darauf hingewiesen hat, dass „Abs. 2 daher auch auf die von dem besonderen Insolvenzschutz durch den Pensionssicherungsverein nach den §§ 7 ff. des BetrAVG erfassten Versorgungsansprüche und unverfallbaren Versorgungsanwartschaften der Arbeitnehmer, die sich aus einer unmittelbaren Versorgungszusage des Arbeitgebers ergeben, anwendbar" ist[41]. Unter Berufung auf diese Gesetzesbegründung wird heute ganz überwiegend für § 22 UmwG vertreten, dass für unverfallbare Versorgungsanwartschaften und Versorgungsansprüche bei einer Umwandlung grundsätzlich zwar Sicherheit zu leisten wäre, dieses Erfordernis jedoch deshalb entfällt, weil die aktiven und ausgeschiedenen Ar-

---

40 BT-*Drs.* 12/6699, Seite 92.
41 BT-*Drs.*, a.a.O.

beitnehmer mit einer unverfallbaren Versorgungsanwartschaft und die Betriebsrentner ausreichend über den Pensionssicherungsverein nach § 7 ff. BetrAVG vor Insolvenz geschützt sind[42]. Bestärkt wird diese heute ganz herrschende Auffassung im UmwG durch eine Entscheidung des BAG[43] zur Umwandlung einer AG in eine GmbH nach altem Umwandlungsrecht, bei der eine Klage von Versorgungsberechtigten auf eine Sicherheitsleistung nach § 374 AktG abgewiesen wurde.

Da andererseits sowohl zum geltenden Umwandlungsrecht als auch zu den Parallelvorschriften zur Kapitalherabsetzung erhebliche Unsicherheiten darüber bestehen, ob und für welche Versorgungsanwartschaften bzw. -ansprüche grundsätzlich Sicherheit zu leisten ist, und ob andererseits der Insolvenzschutz über den Pensionssicherungsverein das Recht, eine Sicherheitsleistung zu verlangen gemäß § 22 Abs. 2 UmwG ausschließt, ist im Folgenden darauf einzugehen, für welche Versorgungsanwartschaften bzw. -ansprüche grundsätzlich Sicherheit zu leisten wäre und bei welchen Anwartschaften und -ansprüchen eine solche Sicherheitsleistung durch die Insolvenzsicherung beim Pensionssicherungsverein ausgeschlossen ist. 37

1. Sicherungsfähige Versorgungsanwartschaften und -ansprüche

Unstreitig ist lediglich, dass für Versorgungsansprüche, also **laufende Betriebsrenten** ein Gläubigerschutz bestehen muss. Ver- 38

---

42 *Masing*, Betriebliche Altersversorgung in der Unternehmensspaltung, Seite 174 ff.; *Mengel*, Umwandlungen im Arbeitsrecht, S. 230 ff.; *Boecken*, Rn. 215 ff.; *Wlotzke*, DB 1995, 40, 43; *Willemsen*, RdA 1993, 133, 138; *Hill*, BetrAV 1995, 114, 117; *Lutter/Grunewald*, UmwG, 2. Aufl., § 22 Rn. 23; *Lutter/Joost*, UmwG, 2. Aufl., § 324 Rn. 46; *Kallmeyer/Marsch-Barner*, UmwG, § 22 Rn. 10; *Engelmeyer*, Die Spaltung von Aktiengesellschaften nach dem neuen Umwandlungsrecht, S. 382; *Andresen/Förster/Rößler/Rühmann*, 14. Teil C Rn. 201; *Willemsen/Doetsch/Rühmann*, J Rn. 145; *Langohr-Plato*, Rn. 638; *Langohr-Plato*, MDR 1996, 325, 329; *Düwell*, NZA 1996, 393, 397; Kasseler Handbuch zum Arbeitsrecht/Düwell 1.8 Rn. 104; *Schaub*, Arbeitsrechtshandbuch, 10. Aufl., § 117 Rn. 72; *Dörner/Luczak/Wildschütz*, Arbeitsrecht in der anwaltlichen und gerichtlichen Praxis C Rn. 2744.
43 *BAG* 30.07.1996, DB 1997, 531 = AP Nr. 1 zu § 374 AktG.

sorgungsanwartschaften werden dagegen von einem kleinen Teil der Literatur als nicht sicherungspflichtig angesehen, da sie zu den aufschiebend bedingten Ansprüchen gehören, die Forderung also zum Stichtag noch nicht entstanden ist. Der Eintritt der Bedingung – das Erreichen der Altersgrenze – sei ungewiss. Deshalb könne noch nicht von einem zu sichernden Anspruch ausgegangen werden[44]. Im Gegensatz dazu wird beispielsweise von Grunewald[45] vertreten, dass auch verfallbare Versorgungsanwartschaften grundsätzlich sicherungspflichtig sind, da der Anspruch bereits begründet sei und der Gläubiger (Arbeitnehmer) auch in diesem Fall schutzbedürftig sei, da er keine Möglichkeit mehr habe, eine Absicherung des Anspruchs (dessen Zustandebringen ihm von Rechts wegen offen stehe) zu erreichen. Die relative Ungewissheit darüber, ob es zur Fälligkeit des Anspruchs komme, ändere nichts am Schutzbedürfnis des Gläubigers. Beiden Auffassungen ist jedoch nicht zuzustimmen. Sicherungsberechtigt ist derjenige Gläubiger, dessen Anspruch bei Eintragung der Verschmelzung in das Handelsregister beim übernehmenden Rechtsträger bereits begründet ist. Eine Forderung ist begründet, wenn ihr Entstehungsgrund gelegt ist; es schadet nicht, wenn noch einzelne Tatbestandselemente wie Fristablauf oder Bedingung fehlen[46]. Erfasst werden insoweit auch befristete und bedingte, auch auflösend oder aufschiebend bedingte Ansprüche[47], zumindest dann, wenn der Bedingungseintritt nicht mehr einseitig vom Schuldner verhindert werden kann und der spätere Bedingungseintritt nicht nur von geringer Wahrscheinlichkeit ist[48].

39 Mit der Erteilung einer Versorgungszusage übernimmt ein Arbeitgeber als zusätzliches Entgelt ein bestimmtes Versorgungsrisiko des Arbeitnehmers als Gegenleistung für die Gesamtheit der bei ihm erbrachten Arbeitsleistungen[49]. Zwar erbringt der Arbeitgeber

---

44 So Kölner Kommentar zum AktG/*Kraft*, 2. Aufl., § 347 Rn. 6; *Hachenburg/ Schilling/Zutt*, GmbHG, 7. Auflage, § 77 Anh. II, § 26 VerschmG Rn. 5
45 *Lutter/Grunewald*, UmwG 2. Aufl., § 22 Rn. 7.
46 *Hüffer*, AktG, 2. Aufl. § 303 Rn. 3.
47 Einzelheiten sind allerdings hier streitig; vgl. die Nachweise bei *Lutter/Grunewald*, 2. Aufl., § 22 Rn. 6 sowie zur älteren Literatur bei *Krieger*, Festschrift Nirk, Seite 551, 555.
48 *Krieger*, a.a.O, ähnlich auch *Kallmeyer/Marsch-Barner*, § 22 Rn. 3.

die betriebliche Versorgungsleistung wegen der regelmäßig vereinbarten Verfallklausel doppelt aufschiebend bedingt – bedingt durch den Eintritt des Versorgungsfalls und bedingt durch die Betriebszugehörigkeit bei Eintritt des Versorgungsfalls –; durch die gesetzlichen Unverfallbarkeitsvorschriften des BetrAVG wird jedoch die 2. Bedingung nach Eintritt der Unverfallbarkeit erheblich relativiert: Jedenfalls in Höhe der gemäß § 2 BetrAVG zeitanteilig erdienten Anwartschaft kann der Versorgungsanspruch durch Beendigung des Arbeitsverhältnisses nicht mehr entzogen werden; er ist auch mit Ausnahme weniger Extremfälle (s. dazu Rn. 123, 126) bei einem Verbleib im Unternehmen vor Änderungen geschützt. Jedenfalls mit Eintritt der gesetzlichen Unverfallbarkeit kann die Versorgungsanwartschaft dem Arbeitnehmer nicht mehr vom Arbeitgeber einseitig entzogen werden. Dass der Umfang der auf den Arbeitgeber zukommenden Verpflichtung noch nicht bekannt ist und etwa bei einer zugesagten Altersversorgung ohne gleichzeitig zugesagter Hinterbliebenenversorgung oder bei Fehlen von versorgungsberechtigten Angehörigen bei einem Tod vor Eintritt des Altersversorgungsfalls sogar gleich Null sein kann, macht die vom Arbeitgeber zu gewährende Gegenleistung weder unsicher noch gar unwahrscheinlich. Dass in einigen Fälle keine Leistungsverpflichtung eintritt oder diese nur verhältnismäßig gering ausfällt, liegt am Charakter der vom Arbeitgeber in der Versorgungszusage versprochenen Leistung, mit der er gerade ein Versorgungsrisiko des Arbeitnehmers übernimmt und das damit einen versicherungsähnlichen Charakter aufweist[50].

Zwar verbleibt es auch bei der im Versicherungsrecht herrschenden Geldleistungstheorie bei einer durch den Eintritt des Versicherungsfalls bedingten Hauptleistung[51]; nach Eintritt der Unverfallbarkeit ist aber der Eintritt der aufschiebenden Bedingung vorgezeichnet; er liegt nicht mehr im Belieben der einen oder anderen Partei, sondern die künftige Entstehung des Rentenanspruchs **40**

---

49 *Steinmeyer*, Betriebliche Altersversorgung und Arbeitsverhältnis, 63 ff., 67 ff.; *Matthießen*, ZfA 1993, 469, 471 ff.
50 Vgl. *Blomeyer/Otto*, Einleitung Rn. 153 ff.; *Steinmeyer*, Betriebliche Altersversorgung und Arbeitsverhältnis S. 62, 65.
51 Vgl. die Nachweise bei *Blomeyer/Otto*, Einleitung Rn. 155.

ist wahrscheinlich[52]. Insofern sind **gesetzlich unverfallbare Versorgungsanwartschaften** grundsätzlich sicherungspflichtig gemäß § 22 UmwG.

41 Dagegen ist bei **verfallbaren Anwartschaften** nicht von einer Sicherungspflichtigkeit auszugehen, da sowohl Arbeitgeber wie Arbeitnehmer jederzeit mit der Beendigung des Arbeitsverhältnisses verhindern können, dass es überhaupt zu einer aufrecht zu erhaltenden Versorgungsanwartschaft kommt. Hierzu bedarf es beim Arbeitnehmer keinerlei Gründe, beim Arbeitgeber allenfalls des Vorliegens von Kündigungsgründen im Sinne von § 1 KSchG, soweit das Arbeitsverhältnis unter den Geltungsbereich des KSchG nach §§ 1, 23 KSchG fällt. Es wäre widersprüchlich, einem Arbeitgeber eine Sicherheitsleistung für eine Sozialleistung abzuverlangen, deren Entstehen die Arbeitsvertragsparteien jederzeit grundsätzlich durch Beendigung des Arbeitsverhältnisses verhindern könnten. Etwas anderes gilt freilich dann, wenn Arbeitgeber und Arbeitnehmer von vornherein oder ab einem bestimmten Zeitpunkt vor Eintritt der gesetzlichen Unverfallbarkeit die **Unverfallbarkeit vertraglich vereinbart** haben. Auch in diesem Fall ist die Versorgungsanwartschaft vor einer einseitigen Beeinträchtigung vertraglich geschützt, so dass insoweit der Eintritt der aufschiebenden Bedingung „Versorgungsfall" hinreichend wahrscheinlich ist und somit ein Sicherungsanspruch des Versorgungsanwärters gegeben ist[53].

42 Der Anspruch auf Sicherheitsleistung gemäß § 22 Abs. 1 UmwG bezieht sich somit auf alle Versorgungsansprüche und alle Versorgungsanwartschaften mit einer gesetzlichen oder vertraglichen Unverfallbarkeit, nicht dagegen auf noch verfallbare Versorgungsanwartschaften. Grundsätzlich bezieht sich dieser Anspruch auf eine Sicherheitsleistung auf alle Versorgungsansprüche und unverfallbaren Anwartschaften, unabhängig davon, auf welchem Durchführungsweg die betriebliche Versorgungsleistung gewährt werden soll. Eine davon zu trennende Frage ist, ob der Anspruch auf Sicherheitsleistung wegen einer anderweiti-

---

52 *Krieger*, Festschrift Nirk, S. 556.
53 Sowohl auch Krieger, Festschrift Nirk, S. 557, Fn 29.

gen Sicherung nach § 22 Abs. 2 UmwG ausgeschlossen ist (s. Rn. 44 ff.).

Sieht die Versorgungszusage eine Dynamisierung der Rente **43** vor, ist auch für diese Sicherheit zu leisten. Ob auch **Sicherheit für die zukünftigen Anpassungen einer laufenden Betriebsrente gemäß § 16 BetrAVG** zu leisten ist, ist in der Literatur umstritten, wird jedoch von der herrschenden Meinung bejaht[54]. Gegen einen Anspruch auf Sicherheitsleistung für Anpassungszahlungen nach § 16 BetrAVG spricht auf den ersten Blick, dass diese in § 16 BetrAVG nicht als dauernde Anpassungsverpflichtung ausgestaltet ist[55], sondern als Pflicht des Arbeitgebers, die Anpassung der Betriebsrente alle 3 Jahre zu prüfen, und hierüber nach billigem Ermessen zu entscheiden. Es ist also gerade keine Indexierung der Betriebsrenten vorgeschrieben, sondern eine Ermessensentscheidung. Der Rechtsanspruch des Betriebsrentners richtet sich nur auf eine Anpassungsprüfung des Arbeitgebers. Allerdings ist der Ermessensspielraum des Arbeitgebers durch die Rechtsprechung zu § 16 BetrAVG erheblich eingeschränkt. Grundsätzlich hat der Arbeitgeber die Betriebsrenten entsprechend der Steigerung des Lebenshaltungskostenindexes für einen 4-Personen-Arbeitnehmerhaushalt mit mittlerem Einkommen anzupassen. Er kann diese Anpassung jedoch ganz oder teilweise ablehnen, wenn und soweit dadurch eine übermäßige Belastung des Unternehmens verursacht würde[56]. Aufgrund der Struktur dieser gebundenen Ermessensentscheidung des Arbeitgebers kommt dabei der Berücksichtigung der wirtschaftlichen Lage des Arbeitgebers trotz der Nennung zweier Prüfungskriterien der Charakter einer Einrede zu, die vom Arbeitgeber dem grundsätzlich bestehenden Anpassungsanspruch des Arbeitneh-

---

54 *Hill*, BetrAV 1995, 117; *Boecken*, Rn. 220; *Langohr-Plato*, MDR 1996, 329; *Langohr-Plato*, Rn. 638; zur Sicherheitsleistung bei Kapitalherabsetzung auch *Wiedemann/Küpper*, Festschrift Pleyer, Seite 445, 454; a.A. *Masing*, Betriebliche Altersversorgung in der Unternehmensspaltung S. 176 ff.
55 Sieht man von der 1999 neu geschaffenen Möglichkeit des § 16 Abs. 3 Ziff. 1 BetrAVG ab.
56 *BAG* 23.04.1985 AP Nr. 16 und 17 zu § 16 BetrAVG; *Ahrend/Förster*, BetrAVG 7. Aufl., § 16 Rn. 21; *Blomeyer/Otto*, § 16 Rn. 172.

mers entgegengestellt werden muss. Dies entspricht auch der Darlegungs- und Beweislastverteilung im Anpassungsprozess, wonach der Arbeitnehmer den Teuerungsgrad, der Arbeitgeber die schlechte wirtschaftliche Lage darlegen und beweisen muss[57]. Insofern hat die Anpassungsüberprüfungspflicht nach § 16 BetrAVG in ihrer rechtlichen Ausgestaltung den Charakter eines Anpassungsanspruchs des Betriebsrentners bekommen, dem der Arbeitgeber im Einzelfall mit dem Hinweis auf seine schlichte wirtschaftliche Lage begegnen kann. Dies entspricht auch der Konzeption des Bundesarbeitsgerichts und des Gesetzgebers, die mit der Anpassungsüberprüfung erreichen wollen, dass die vom Arbeitgeber zugesagte Betriebsrente in ihrem wirtschaftlichen Wert trotz Inflationsverlust erhalten bleibt. Insofern stellt der angepasste Betriebsrentenanspruch nichts anderes dar als der wirtschaftliche Wert der eigentlich zugesagten Betriebsrente. Darüber hinaus dient der Gläubigerschutz in § 22 UmwG dem Zweck, für die Gläubiger Risiken auszuschließen, die sich gerade aus der Umwandlung für diese ergeben können. Immerhin ist es dem Arbeitgeber über Umwandlungsvorgänge auch möglich, seine eigene zukünftige wirtschaftliche Lage zu beeinflussen. Da der Arbeitgeber beim Umwandlungsvorgang seine nach § 16 BetrAVG zu treffende Ermessensentscheidung beeinflussen kann, rechtfertigt dies gerade unter Berücksichtigung des Zwecks des § 22 UmwG den Anspruch der Betriebsrentner auf Sicherheitsleistung gemäß § 22 Abs. 1 UmwG.

2. Ausschluss des Rechts auf Sicherheitsleistung

44 Nach § 22 Abs. 2 UmwG besteht allerdings das Recht, Sicherheitsleistung zu verlangen, Gläubigern nicht zu, die im Falle der Insolvenz ein Recht auf vorzugsweise Befriedigung aus einer Deckungsmasse haben, die nach gesetzlicher Vorschrift zu ihrem Schutz errichtet und staatlich überwacht ist. Diese Regelung war be-

---

[57] Vgl. *BAG* 23.04.1985, AP Nr. 16 zu § 16 BetrAVG ; *Andresen/Förster/Rößler/Rühmann* 11. Teil B Rn. 1710 ff.; teilweise abweichend *Blomeyer/Otto*, § 16 Rn. 289 ff.

reits in den früheren Vorschriften zum Umwandlungsrecht und bei der Kapitalherabsetzung vorhanden. Sie schließt u.a. Gläubiger aus einer Lebens-, Kranken- oder Unfallversicherung (§§ 77, 79 VAG) vom Anspruch auf Sicherheitsleistung aus, da bei diesen bereits eine ausreichende Sicherheit besteht.

a) § 22 Abs. 2 UmwG

Bereits durch die direkte Anwendung des § 22 Abs. 2 UmwG wird daher der Anspruch auf eine **Sicherheitsleistung bei** Durchführung der betrieblichen Altersvorsorge über eine **Pensionskasse ausgeschlossen,** da hier der Arbeitnehmer Versicherungsnehmer und anspruchsberechtigter Versicherter mit einem unwiderruflichen Bezugsrecht auf die Versicherungsleistung ist[58]. Ähnliches gilt für die **Direktversicherung,** wenn dem Arbeitnehmer ein unwiderrufliches Bezugsrecht auf die Leistungen gegenüber dem Versicherer zusteht. Auch hier ist die Leistung des Versicherers über §§ 77, 79 VAG geschützt und der Arbeitgeber kann, auch wenn ihm die Versicherungsnehmereigenschaft nach wie vor zusteht, nicht mehr einseitig zu Lasten des Arbeitnehmers über die Versicherung verfügen[59]. Da §§ 77, 79 VAG auch auf den Pensionsfonds anwendbar sind (§ 113 Abs. 1 VAG), gilt dies auch bei Durchführung der betrieblichen Altersversorgung über einen Pensionsfonds.

45

b) Insolvenzschutz nach §§ 7 ff. BetrAVG

In allen anderen Fällen – bei einer unmittelbaren Versorgungszusage, einer Unterstützungskassenzusage, einer Direktversicherungszusage mit widerruflichem Bezugsrecht, aber auch bei einer Direktversicherung mit unwiderruflichem Bezugsrecht, bei der der Arbeitgeber die Ansprüche aus dem Versicherungsvertrag abgetreten oder beliehen hat – besteht für Versorgungsansprüche und gesetzlich unverfallbare Versorgungsanwartschaften Insolvenzschutz nach den §§ 7 ff. BetrAVG bei Eintritt des Insolvenzfalls.

46

---

58 Vgl. *Blomeyer/Otto,* Einleitung Rn. 848.
59 Vgl. *Blomeyer/Otto,* Einleitung Rn. 751.

Zwar stellt der Insolvenzschutz nach §§ 7 ff. BetrAVG keine vom Schuldner abgesonderte Vermögensmasse dar, die dieser als gesondertes Zugriffsobjekt für bestimmte Gläubiger im Falle der Insolvenz bereit hält, jedoch werden die Inhaber von **unverfallbaren Versorgungsanwartschaften** und von **Versorgungsansprüchen durch den Pensionssicherungsverein weitgehend in gleicher Weise vor Insolvenzrisiken geschützt.** Dabei kann es dahingestellt bleiben, ob insoweit § 22 Abs. 2 UmwG direkt auf insolvenzgeschützte Versorgungsanwartschaften und -ansprüche anzuwenden ist[60] oder im Wege einer entsprechenden Anwendung[61]. Der gegenteiligen Auffassung von Rittner[62], der Pensionssicherungsverein habe weder gesicherte Deckungsmasse, noch seien die strengen Voraussetzungen einer Sicherheitsleistung gemäß § 232 ff. BGB erfüllt, sind vor allen Krieger und das BAG in seinem Urteil vom 30.07.1996 mit eingehender Begründung entgegen getreten. Der Pensionssicherungsverein stellt ausreichende Sicherungsmittel über eine öffentlich-rechtliche Beitragsverpflichtung nach § 10 BetrAVG zur Verfügung, er ist darüber hinaus zur Bildung einer Verlustrücklage, eines Ausgleichsfonds verpflichtet, unterliegt der Versicherungsaufsicht (§ 14 Abs. 1 BetrAVG) und selbst für den Fall der Auflösung des Pensionssicherungsvereins übernimmt gemäß § 14 Abs. 2 BetrAVG die Deutsche Ausgleichsbank (früher Lastenausgleichsbank) die Funktion eines Trägers der Insolvenzsicherung. Da sich der Pensionssicherungsverein über die Gesamtheit der eine betriebliche Altersversorgung versprechenden Arbeitgeber finanziert, ist eine Zahlungsunfähigkeit des Pensionssicherungsvereins nur bei einem wirtschaftlichen Totalzusammenbruch denkbar. Der Pensionssicherungsverein sichert darüber hinaus Risiken in größerem Umfang ab, als die in § 77 Abs. 3 VAG

---

60 So offenbar die Begründung zu § 22 Abs. UmwG, BT-*Drs.* 12/6699, S. 92; *Krieger*, Festschrift Nirk, S. 560; *Lutter/Grunewald*, 2. Aufl., § 22 Rn. 23; *Engelmeyer*, S. 382; *Boecken*, Rn. 219; *Wlotzke*, DB 1995, 43; *Mengel*, S. 230.
61 So vor allen Dingen *BAG* 30.07.1996, DB 1997, 531; *Gotthardt*, DB 1990, 2119 ff. für §§ 374, 235 AktG; für § 22 Abs. 2 UmwG, auch *Kallmeyer/Marsch-Barner*, UmwG § 22 Rn. 10; *Masing*, S. 174 ff.; *Andresen/Förster/Rößler/Rühmann* 14. Teil C Rn. 201.
62 *Rittner*, Festschrift Oppenhoff, S. 317 ff.

vorgesehene Deckungsmasse[63] und teilweise auch Risiken, die der Insolvenz vorgelagert sind (außergerichtlicher Vergleich; Beendigung der Betriebstätigkeit bei offensichtlicher Masselosigkeit). Die sozialpolitische Zielsetzung der Insolvenzsicherung[64] hat deshalb zu einer die betroffenen Arbeitnehmer noch stärker absichernden Regelung geführt, so dass deshalb nicht vom Erfordernis einer Sicherheitsleistung auszugehen ist[65], sondern von einem Ausschluss des Rechts auf Sicherheitsleistung wegen einer als gleichwertig anzusehenden Absicherung der Arbeitnehmer und Betriebsrentner durch den Insolvenzschutz nach §§ 7 ff. BetrAVG. Soweit ein Insolvenzschutz im Einzelfall nicht besteht, besteht kein Anlass, insgesamt eine Sicherheitsleistung gemäß § 22 Abs. 1 UmwG zu fordern, sondern diese kann dann auf die nicht insolvenzgeschützten Teilansprüche beschränkt werden.

c) Der PSV als Gläubiger?

Der Pensionssicherungsverein selbst ist nicht Gläubiger im Sinne des § 22 UmwG. Bezogen auf die Versorgungszusagen zwischen Arbeitgeber und Arbeitnehmer ist er **Dritter** und als solcher **nicht sicherungsberechtigt**[66]. Der in § 9 Abs. 2 BetrAVG normierte gesetzliche Forderungsübergang auf den Pensionssicherungsverein im Insolvenzfall soll ungerechtfertigte Vorteile vermeiden, die ansonsten Versorgungsberechtigte oder der Arbeitgeber und seine Gläubiger erlangen könnten, nicht jedoch bereits im Vorwege für den Pensionssicherungsverein entstehende Insolvenzrisiken vermeiden helfen; vielmehr besteht der Insolvenzschutz nach dem BetrAVG unabhängig von Rechtsform und Kapitalausstattung der Unternehmen[67]. Der Pensionssicherungsverein hat deshalb zu Recht derartige Forderungen nach einer Sicherheitsleistung bislang nicht

47

---

63 *BAG* a.a.O.
64 Vgl. hierzu *Höhne*, DB 1974, 234 ff; *Andresen/Förster/Rößler/Rühmann* 13. Teil A Rn. 4 ff.
65 So aber *Baumbach/Hueck/Zöllner* GmbHG, 17. Auflage, § 58 Rn. 22.
66 Ebenso *Krieger*, Festschrift Nirk (564 ff.; *Lutter/Grunewald*, UmwG, 2. Auflage, § 22 Rn. 23; *Kölner Kommentar/Lutter*, § 225 Rn. 28; *Masing*, S. 175; a. A. *Wiedemann/Küpper*, Festschrift Pleyer, S. 445, 456 ff.
67 *BAG* 30.07.1996, DB 1997, 531, 534.

erhoben. Angesichts des Umfangs der notwendigen Sicherheitsleistung würde dies ohnehin dazu führen, dass Unternehmensumwandlungen in der Praxis nicht durchführbar wären.

3. Umfang

48 Der Anspruch auf eine Sicherheitsleistung gemäß § 22 Abs. 2 UmwG wird deshalb so weit ausgeschlossen, wie der Insolvenzschutz durch den Pensionssicherungsverein gemäß §§ 7 ff. BetrAVG reicht.

a) Versorgungsansprüche

49 Eine Sicherheitsleistung ist nicht erforderlich für Versorgungsansprüche aus unmittelbaren Versorgungszusagen, aus Unterstützungskassenzusagen und aus Direktversicherungszusagen, bei denen der Arbeitgeber die Direktversicherung vor Eintritt des Versorgungsfall beliehen, abgetreten oder verpfändet hat. Bei Versorgungsansprüchen aus Pensionskassen-, Pensionsfonds- und Direktversicherungszusagen findet § 22 Abs. 2 UmwG ohnehin direkt Anwendung. Allerdings besteht Insolvenzschutz bei Betriebsrenten nur bis zur **Höchstgrenze des § 7 Abs. 3 BetrAVG,** also bis zu einem monatlichen Betrag von 7.140,– € (alte Bundesländer) bzw. 5.985,– € (neue Bundesländer). Soweit eine Betriebsrente diese Grenzen **übersteigt,** ist wegen des fehlenden Insolvenzschutzes gemäß § 22 Abs. 1 UmwG **Sicherheit zu leisten.**

50 Hinsichtlich der zukünftigen Erhöhung laufender Rente ist bei einer zugesagten Dynamisierung keine Sicherheit zu leisten, da insoweit auch der Pensionssicherungsverein Insolvenzschutz gewähren muss[68]. Zu einer **Anpassungsprüfung** nach § 16 BetrAVG ist dagegen der Pensionssicherungsverein nach der Rechtsprechung des Bundesarbeitsgerichts nicht verpflichtet[69]. In-

---

[68] *BAG* 30.08.1979, AP Nr. 13 zu § 7 BetrAVG; *BAG* 03.02.1987, DB 1987, 2640; *BAG* 15.02.1994, AP Nr. 82 zu § 7 BetrAVG; *BAG* 08.06.1999, DB 1999, 2071.

[69] *BAG* 22.03.1983, AP Nr. 14 zu § 16 BetrAVG; *BAG* 03.02.1987, AP Nr. 10 zu § 16 BetrAVG; *BAG* 05.10.1993, AP Nr. 28 zu § 16 BetrAVG; zur Literatur vergl. die Nachweise bei *Blomeyer/Otto,* § 7 Rn. 224; *Andresen/Förster/Rößler/Rühmann* 11. Teil , Rn. 650; kritisch hierzu *Matthießen,* DB 1996, 1037.

soweit ist deshalb den **Betriebsrentnern** gemäß § 22 Abs. 1 UmwG auf Verlangen **Sicherheit zu leisten**[70].

b) Versorgungsanwartschaften

Bei Versorgungsanwartschaften besteht nach Erreichen der gesetzlichen Unverfallbarkeit eine ausreichende Sicherung über den Pensionssicherungsverein bei Anwartschaften aus unmittelbaren Versorgungszusagen, Unterstützungskassenzusagen und Direktversicherungszusagen mit widerruflichem Bezugsrecht oder mit unwiderruflichem Bezugsrecht, jedoch mit Abtretung, Beleihung oder Verpfändung der Versicherungsleistung durch den Arbeitgeber. Bei Anwartschaften aus Pensionskassenzusagen, Pensionsfondszusagen und Direktversicherungszusagen mit unwiderruflicher Bezugsberechtigung ohne Belastung kann § 22 Abs. 2 UmwG unmittelbar angewandt werden. Verfallbare Anwartschaften sind nicht sicherungsberechtigt. 51

Bei **vertraglicher Unverfallbarkeit** besteht dagegen kein Insolvenzschutz[71]. Insofern ist für diese **Sicherheit zu leisten.** Dies gilt insbesondere **für Anwartschaften aus Entgeltumwandlungen,** die nicht zu einer Versorgungszusage über eine Direktversicherung mit unwiderruflichem Bezugsrecht geführt haben, soweit die daraus resultierende Versorgungszusage vor dem Inkrafttreten des Altersvermögensgesetzes erteilt worden ist, da insoweit nur von einer vertraglichen Unverfallbarkeit ausgegangen wird. Erst für Anwartschaften aus Entgeltumwandlungszusagen nach dem Inkrafttreten des AVmG (01.01.2001) besteht von vornherein eine gesetzliche Unverfallbarkeit und damit der gesetzliche Involvenzschutz, so dass ein Anspruch auf Sicherheitsleistung nicht mehr besteht. 52

Zu beachten ist auch, dass der Insolvenzschutz nicht eintritt, soweit die Direktversicherung wegen Nichtentrichtung der Prämien nicht zahlt. Kann also ein Arbeitgeber seinem Arbeitnehmer nicht nachweisen, dass **alle Versicherungsprämien bis** 53

---

70 *Boecken,* Rn. 220; *Hill,* BetrAV 1995, 117; *Langohr-Plato,* MDR 1996, 329; *Langohr-Plato,* Rn. 638.
71 *BAG* 03.08.1978, AP Nr. 1 zu § 7 BetrAVG; *Blomeyer/Otto,* § 7 Rn. 162.

zum **Umwandlungsstichtag gezahlt** sind, besteht für die möglicherweise ausfallenden Direktversicherungsleistungen ebenfalls ein Anspruch auf Sicherheitsleistung.

54 Da darüber hinaus § 7 Abs. 5 Satz 3 BetrAVG jede Verbesserung der Versorgungszusage als Versicherungsmissbrauch fingiert, besteht kein Insolvenzschutz für **alle Erhöhungen der Versorgungszusage innerhalb von 2 Jahren** vor Eintritt des Insolvenzfalls. Da insoweit keine Absicherung durch den Pensionssicherungsverein vorhanden ist, können Arbeitnehmer mit einer unverfallbaren Versorgungsanwartschaft und Betriebsrente, deren Versorgungszusage innerhalb der letzten 2 Jahre vor dem Umwandlungsstichtag erhöht worden ist, bezüglich dieser Erhöhung ebenfalls eine Sicherheitsleistung gemäß § 22 Abs. 2 UmwG verlangen.

V. Übergang der Versorgungsverpflichtungen

55 Hat ein an einer Umwandlung beteiligtes Unternehmen seinen Arbeitnehmern eine betriebliche Versorgungszusage erteilt, muss geklärt werden, bei welchem Unternehmen diese Versorgungsverpflichtungen verbleiben bzw. auf welches Unternehmen diese übergehen, und darüber hinaus, in welchem Umfang, und zwar sowohl hinsichtlich der Versorgungsverpflichtungen für aktive Arbeitnehmer als auch derjenigen für ausgeschiedene Arbeitnehmer bzw. Betriebsrentner. Ein besonderes Problem stellt die Durchführung der betrieblichen Altersversorgung durch Versorgungsträger dar, die selbst gar nicht vom Umwandlungsvorgang betroffen sind, weil sie in Form einer eigenen Rechtspersönlichkeit, etwa als GmbHG, VVaG oder eingetragener Verein betrieben werden (dazu Rn. 78 ff.).

56 Kein Problem beim Übergang von Versorgungsverpflichtungen tritt beim bloßen Formwechsel (§§ 190 ff. UmwG) auf, da insoweit der Rechtsträger nur eine andere Rechtsform erhält und sich allenfalls im Hinblick auf den haftungsrechtlichen Umfang Sonderfragen ergeben (dazu Rn. 150 f.).

1. Versorgungsanwartschaften aus einer unmittelbaren Versorgungszusage bei bestehendem Arbeitsverhältnis

Die Erteilung einer betrieblichen Versorgungszusage erfolgt bereits nach ihrem Begriff aus Anlaß eines Arbeitsverhältnisses (§ 1 Abs. 1 BetrAVG). Insofern ist das rechtliche Schicksal von **Versorgungsanwartschaften aktiver Arbeitnehmer untrennbar mit** dem rechtlichen Schicksal des **Arbeitsverhältnisses verknüpft**. Im Falle eines Betriebsübergangs gemäß § 613a BGB ist es deshalb allgemein anerkannt, dass Versorgungsanwartschaften beschäftigter Arbeitnehmer auf den Betriebsübernehmer übergehen[72]. Zu den aktiven Arbeitnehmern gehören alle Arbeiter und Angestellte einschließlich der leitenden Angestellten und der zu ihrer Berufsausbildung Beschäftigten, und zwar einschließlich solcher Arbeitsverhältnisse, die ruhen (z. B. wegen Erziehungsurlaubs) und solcher Arbeitsverhältnisse, die bereits gekündigt sind, bei denen jedoch die Kündigungsfrist noch nicht abgelaufen ist (vgl. F Rn. 20 ff.). Der Übergang der Versorgungsanwartschaften erfolgt dabei unabhängig davon, ob die Anwartschaft verfallbar oder unverfallbar ist[73]. § 613a BGB findet in allen Formen einer übertragenden Umwandlung gemäß § 324 UmwG dann Anwendung, wenn damit der Übergang von Betrieben oder Betriebsteilen verbunden ist. Es müssen allerdings selbständig die Tatbestandsvoraussetzungen eines Betriebs- oder Betriebsteilübergangs gegeben sein[74]. Zu den näheren Voraussetzungen siehe F Rn. 4 ff. Es können also Betriebe oder Betriebsteile in allen Fällen der Verschmelzung, Spaltung oder Vermögensübertragung gemäß § 613a BGB übergehen. Die Zuordnungsfreiheit, wie sie insbesondere bei der Spaltung in § 126 Abs. 1 Nr. 9 UmwG zum Ausdruck kommt, wird insoweit durch die §§ 324 UmwG und 613a BGB beschränkt. Eine anderweitige Zuordnung der Arbeitsverhältnisse in einem Spaltungsvertrag ist

57

---

[72] Vgl. nur *BAG* 24.03.1977 und 22.06.1978, AP Nr. 6 und 12 zu § 613a BGB; *Blomeyer/Otto*, Einleitung Rn. 423; Höfer, ART Rn. 886.
[73] Vgl. *BAG* 29.10.1985, AP Nr. 4 zu § 1 BetrAVG Betriebsveräußerung; *Blomeyer/Otto*, Einleitung Rn. 424.
[74] *BAG* 22.05.2000, DB 2000, 1966.

unzulässig, wenn gleichzeitig ein Betriebs- oder Betriebsteilübergang im Sinne des § 613a BGB stattfindet[75].

58 Daneben ist, wie oben (F Rn. 32 ff.) dargestellt, auch eine **spaltungsrechtliche Zuordnung von Arbeitsverhältnissen** rechtlich zulässig, soweit überhaupt kein Betriebs- oder Betriebsteilübergang stattfindet oder soweit etwa Arbeitnehmer aus einem Betrieb, der nicht übergeht, trotzdem einem anderen Unternehmen zugeordnet werden sollen (der Produktionsexperte im abgespaltenen Vertrieb) oder soweit Arbeitnehmer nicht eindeutig einem Betrieb zuzuordnen sind (Stabsabteilungen)[76]. In derartigen Fällen ist jedoch eine Überleitung des Arbeitsverhältnisses auf einen anderen als den bisherigen Arbeitgeber von der Zustimmung des Arbeitnehmers abhängig, da insoweit der Übergang des Arbeitsverhältnisses außerhalb des § 613a BGB stattfindet und infolge von § 132 UmwG als allgemeine Vorschrift § 613 Satz 2 BGB (die Nichtübertragbarkeit von Dienstleistungen) zu beachten ist[77]. Bei einer spaltungsrechtlichen Zuordnung von Arbeitsverhältnissen außerhalb der Zuordnung gemäß § 613a BGB können darüber hinaus in einem Interessenausgleich gemäß § 323 Abs. 2 UmwG Arbeitnehmer durch namentliche Bezeichnung einem bestimmten Betrieb oder Betriebsteil nach der Umwandlung zugeordnet werden; dabei kann diese Zuordnung durch Arbeitsgerichte nur auf grobe Fehlerhaftigkeit überprüft werden (siehe dazu näher F Rn. 36)[78].

59 Aber auch dann, wenn Arbeitsverhältnisse spaltungsrechtlich auf einen neuen Rechtsträger übergehen und nicht etwa im Wege des Betriebsübergangs nach § 613a BGB, gehen die aus dem Arbeitsverhältnis resultierenden Versorgungsanwartschaften mit dem Arbeitsverhältnis auf den neuen Rechtsträger über. Die Zuweisungsfreiheit des § 126 Abs. 1 Nr. 9 UmwG wird dadurch beschränkt, dass betriebliche Versorgungszusagen aus Anlass eines

---

75 Vgl. oben F Rn. 35; vgl. auch *Willemsen* B Rn. 91; *Boecken*, Rn. 68 ff.; *Boecken*, ZIP 1994, 1091.
76 Zu derartigen Zuordnungsproblemen s. ausführlich *Willemsen* G Rn. 139 ff.
77 *Willemsen* Rn. 93; *Boecken*, ZIP 1994, 1087, 1092 ff.; *Däubler*, RdA 1995, 136, 142.
78 Vgl. dazu eingehend *Willemsen* G Rn. 143 ff.

Arbeitsverhältnisses zugesagt sein müssen. Sie können insofern **nicht vom Arbeitsverhältnis** getrennt werden[79].

Auch bei einem Arbeitnehmer, der einem **Betriebsübergang gemäß § 613a Abs. 6 BGB widerspricht** oder mit der spaltungsrechtlichen Zuordnung seines Arbeitsverhältnisses nicht einverstanden ist, folgt die versorgungsrechtliche Verpflichtung dem bestehenden Arbeitsverhältnis.

60

2. Unverfallbare Versorgungsanwartschaften ausgeschiedener Arbeitnehmer und Versorgungsansprüche von Betriebsrentnern

Da nur bestehende Arbeitsverhältnisse vom Betriebsübergang nach § 613a BGB erfasst werden, gehen Versorgungsverpflichtungen gegenüber Betriebsrentnern und aus unverfallbaren Versorgungsanwartschaften bereits ausgeschiedener Arbeitnehmer nicht im Rahmen eines Betriebsübergangs auf den Betriebserwerber über[80]. Der Schutzzweck des § 613a BGB, Arbeitsplätze zu erhalten, indem diese mit dem Betrieb verknüpft werden, wird für bereits ausgeschiedene Arbeitnehmern nicht für erforderlich gehalten, so dass bei einem Betriebsübergang nach § 613a BGB die Versorgungsverpflichtung für bereits ausgeschiedene Arbeitnehmer bei dem Betriebsveräußerer verbleibt. Eine Spezialnorm, die bei einer Umwandlung die **Übertragung der Versorgungsverbindlichkeiten** auf einen bestimmten Rechtsträger vorschreibt, wie dies über § 324 UmwG bzw. § 613a BGB vorgesehen ist, existiert für Versorgungsverbindlichkeiten gegenüber ausgeschiedenen Arbeitnehmer nicht. Sie geschieht insoweit entsprechend den umwandlungsrechtlichen Vorschriften **im Wege der partiellen Gesamtrechtsnachfolge**[81].

61

---

79 *Hill*, BetrAV 1995, 114, 116; *Boecken*, Rn. 135; *Masing*, S. 125; anders ohne nähere Begründung offenbar *Kaiser /Gradel*, DB 1996, 1621, 1624.
80 Allg. A.; s. *BAG* 24.03.1977, AP Nr. 6 zu § 613a BGB; 11.11.1986, AP Nr. 61 zu § 613a BGB; zu w. N. s. *Blomeyer /Otto*, Einl. Rn. 433 und 434; *Andresen/ Förster/Rößler/Rühmann* 14. Teil B Rn. 242.
81 *Boecken*, Rn. 136.

a) Verschmelzung

62 Bei der Verschmelzung gemäß §§ 2 ff. UmwG geht gemäß § 20 UmwG mit der Eintragung der Verschmelzung das Vermögen des übertragenden Rechtsträgers einschließlich der Verbindlichkeiten auf den übernehmenden Rechtsträger über; der übertragende Rechtsträger erlischt.

63 Die Versorgungsverbindlichkeiten gegenüber Betriebsrentnern und aus unverfallbaren Anwartschaften ausgeschiedener Arbeitnehmer gehören zu den Verbindlichkeiten im Sinne dieser Vorschrift. Es besteht kein Anlass, insoweit den Geltungsbereich des § 613a BGB auf Ruhestandsverhältnisse auszudehnen, andererseits aber auch kein Anlass, wegen der Herausnahme von Ruhestandsverbindlichkeiten aus den Rechtsfolgen des § 613a BGB diese als von § 20 Abs. 1 Ziffer 1 UmwG nicht erfasst anzusehen[82]. Vielmehr wird das übernehmende bzw. neue Unternehmen nach einer Verschmelzung durch § 20 UmwG Schuldner aller bestehenden Versorgungsverbindlichkeiten, die bei dem übertragenden Rechtsträger bestanden haben[83]. Eine andere Lösung ist bereits deshalb nicht möglich, weil mit der Eintragung der Verschmelzung der übertragende Rechtsträger erlischt (§ 20 Abs. 1 Ziffer 2 UmwG).

b) Spaltung

64 Bei der **Spaltung** gemäß §§ 123 ff. UmwG geschieht die **Zuordnung** von Verbindlichkeiten **durch den Spaltungs- und Übernahmevertrag** gemäß § 126 Abs. 1 Nr. 9 UmwG bzw. **durch den Spaltungsplan** gemäß § 136 UmwG. Im Spaltungs- und Übernahmevertrag muss die genaue Bezeichnung und Aufteilung der Gegenstände des Aktiv- und Passivvermögens, die an jeden der übernehmenden Rechtsträger übertragen werden sowie der übergehenden Betriebe und Betriebsteile unter Zuordnung der zu über-

---

[82] So aber für die Parallelvorschrift nach dem SpTrUG *Commandeur*, NZA 1991, 706, 710.
[83] *Andresen/Förster/Rößler/Rühmann* 14. Teil C Rn. 180; *Mengel*, a. a. O. S. 132 ff.

nehmenden Rechtsträger enthalten sein. Zum Passivvermögen gehören selbstverständlich auch Ruhegeldverbindlichkeiten. Insofern können grundsätzlich **unverfallbare Anwartschaften ausgeschiedener Arbeitnehmer** und **Betriebsrentenansprüche** den im Spaltungsvorgang neu entstehenden Rechtsträgern **frei zugeordnet werden.**

aa) Beschränkungen der Übertragbarkeit wegen §§ 132 UmwG, 4 BetrAVG?

Bedenken gegen eine freie Übertragbarkeit von Versorgungsverpflichtungen gegenüber ausgeschiedenen Arbeitnehmern und Rentnern könnten sich jedoch aus § 132 UmwG und § 4 BetrAVG ergeben. Nach § 132 UmwG bleiben die allgemeinen Vorschriften, welche die Übertragbarkeit eines bestimmten Gegenstandes ausschließen oder an bestimmte Voraussetzungen knüpfen oder nach denen die Übertragung eines bestimmten Gegenstandes einer staatlichen Genehmigung bedarf, durch die Wirkungen der Eintragung nach § 131 UmwG unberührt. Zu diesen allgemeinen Vorschriften könnte § 4 BetrAVG zählen. Danach kann eine nach § 1 BetrAVG aufrecht zu erhaltende Versorgungsanwartschaft nur auf einen Nachfolgearbeitgeber, auf eine Pensionskasse, ein Lebensversicherungsunternehmen oder einen öffentlich-rechtlichen Versorgungsträger übertragen werden, und dies auch nur mit Zustimmung des Arbeitnehmers (§ 4 Abs. 1 Satz 1 BetrAVG). Eine **vertragliche Schuldübernahme** durch einen anderen Versorgungsträger ist **dem Arbeitnehmer gegenüber unwirksam.** Da Betriebsrentner in gleichem Maße schutzwürdig sind wie mit einer unverfallbaren Versorgungsanwartschaft ausgeschiedene Arbeitnehmer, hat das BAG dieses Übertragungsverbot auch auf laufende Betriebsrenten erstreckt[84].

65

Die Übertragung von Versorgungsverbindlichkeiten ausgeschiedener Arbeitnehmer wird deshalb in zweierlei Hinsicht begrenzt: Zum einen in Bezug auf den Kreis der Versorgungsträger,

66

---

[84] *BAG* 26.06.1980, AP Nr. 1 zu § 4 BetrAVG; *BAG* 17.03.1987, AP Nr. 4 zu § 4 BetrAVG.

auf den die Versorgungsverpflichtung übertragen werden darf – bei Rentnern ist dies letztlich nur eine Pensionskasse oder ein Lebensversicherungsunternehmen – und zum anderen dadurch, dass der Versorgungsberechtigte dieser Übertragung zustimmen muss. § 4 BetrAVG erweitert somit den Schutz der §§ 414 ff. BGB, nach der grundsätzlich der Gläubiger einer Leistung einem Schuldnerwechsel zustimmen muss, durch den Arbeitnehmerschutzgedanken: Es wird nicht dem Arbeitnehmer als Gläubiger überlassen, die Bonität des Schuldners abzuschätzen, sondern es soll mit der Beschränkung der übernahmeberechtigten Versorgungsträger gewährleistet werden, dass die bisherige Haftungsmasse zu Gunsten des Versorgungsberechtigen erhalten bleibt bzw. bei der Übertragung auf einen späteren Arbeitgeber zumindest nicht zwangsläufig das Insolvenzrisiko steigt[85]. Wäre § 4 BetrAVG eine allgemeine Vorschrift i. S. des § 132 UmwG, die die Übertragbarkeit eines bestimmten Gegenstandes ausschließt, würden damit der Übertragung von Versorgungsverpflichtungen im Rahmen einer Spaltung erhebliche Grenzen gesetzt.

67 Durch die Einführung des gesetzlichen Insolvenzschutzes im Laufe des Gesetzgebungsverfahrens zum BetrAVG hat sich allerdings der Normzweck des § 4 BetrAVG dahingehend modifiziert, dass die Übertragungssperre als Vorschrift zur Erhaltung der Haftungsmasse vor allen Dingen als **Vorschrift zum Schutze des Pensionssicherungsvereins** wirkt. Durch den Wechsel des Versorgungsschuldners werden Betriebsrentner und ausgeschiedene Arbeitnehmer mit einer unverfallbaren Versorgungsanwartschaft kaum noch gefährdet, da im Insolvenzfall der Pensionssicherungsverein für die entsprechenden Verpflichtungen eintritt (Ausnahme: die Rentenanpassungspflicht nach § 16 BetrAVG und die wenigen Fälle fehlenden Insolvenzschutzes[86]). Das BAG hat dementsprechend konsequent dem PSV die Möglichkeit eröffnet der Übertragung einer Versorgungsverbindlichkeit auf andere Versorgungsträger als den in § 4 Abs. 1 BetrAVG genannten zuzustimmen. Da der PSV keinen Schutz gegen sich

---

85 Zum Normzweck s. ausführlich *Blomeyer/Otto*, § 4 Rn. 3 ff.
86 S. Rn. 12 ff.

selbst benötige, werde seine rechtsgeschäftliche Gestaltungsfreiheit nicht beschränkt, ihm genüge der Schutz des § 415 BGB[87]. Allerdings hat der PSV diese vom BAG eingeräumte rechtsgeschäftliche Gestaltungsfreiheit nicht genutzt; er hat vielmehr in einer geschäftsplanmäßigen Erklärung vom 12.11.1981[88] erklärt, dass er einmalig alle Übertragungen aus der Zeit vor dem 01.01.1981 genehmigen werde, im übrigen aber keinerlei Genehmigungen erteile. Der PSV ist im Anschluss an ein Gutachten von Thieme und Löchelt[89] der Ansicht, dass er nicht berechtigt sei, Zustimmungen zu Schuldübernahmen zu erteilen. An dieser Auffassung hält der PSV trotz einer gegenteiligen Entscheidung des BVerfG[90], das darauf hingewiesen hat, dass der PSV als beliehenes Unternehmen Zustimmungen nicht grundlos versagen dürfe, fest[91]. Gegenwärtig muss daher davon ausgegangen werden, dass der PSV Zustimmungen zu Übertragungen von Versorgungsverpflichtungen außerhalb der in § 4 BetrAVG vorgesehenen Versorgungsträger nicht erteilt. Diese restriktive „Verwaltungs"-Praxis des PSV würde bei einem Verständnis von § 4 BetrAVG als allgemeine Vorschrift i. S. des § 132 UmwG die freie Übertragbarkeit von Versorgungsverpflichtungen weiterhin erheblich einschränken.

Ob indes der PSV selbst der Ansicht ist, seine Zustimmung sei bei einer Übertragung im Wege einer Unternehmensspaltung erforderlich, ergibt sich aus den veröffentlichten Erklärungen des PSV nicht eindeutig. Anders als Paulsdorff[92], der lediglich bei

68

---

87 So ausdrücklich *BAG* 17.03.1987, AP Nr. 4 zu § 4 BetrAVG.
88 DB 1982, 230.
89 *Thieme/Löchelt*, BB 1980, Beilage 10.
90 *BVerfG* 18.12.1987, DB 1988, 1905.
91 Vgl. PSV-Merkblatt 300/M10/1.99, abgedruckt bei *Schoden*, BetrAVG, S 406; in Anschluß an *Stern/Stern*, Die Übertragung von Ruhegeldansprüchen nach dem Gesetz zur Verbesserung der betrieblichen Altersversorgung, 1990. Der Praxis des PSV zustimmend *Blomeyer/Otto*, § 4 Rn. 78, kritisch dagegen die überwiegende Auffassung der Literatur: *Ahrend/Förster/Rößler*, Steuerrecht der betrieblichen Altersversorgung, 1. Teil, Rn. 481; *Andresen/Förster/Rößler/Rühmann* 14. Teil C Rn. 156; *Förster/Rühmann*, Münchener Handbuch zum Arbeitsrecht, 2. Aufl., § 108, Rn. 24; *Höfer*, § 4 Rn. 2238 ff.; *Langohr-Plato*, Rn. 635 ff.; wohl auch *Schoden*, BetrAVG, § 4 Rn. 16.
92 *Paulsdorff*, Kommentar zur Insolvenzsicherung der betrieblichen Altersversorgung, 2. Aufl., § 7 Rn. 156 ff.

Verschmelzungen keine Übertragung von Versorgungsverpflichtungen auf einen neuen Schuldner im Sinne des § 4 BetrAVG sieht, spricht der PSV in seinem Merkblatt 300/M6/1.99[93] davon, dass bei einer Umwandlung nach dem UmwG durch Verschmelzung, Spaltung und Vermögensübertragung der neue Arbeitgeber im Wege der Gesamtrechtsnachfolge in die Rechtsverpflichtung des bisherigen Arbeitgebers eintritt und auf ihn auch fortan die Vorschriften der Insolvenzsicherung hinsichtlich der bereits laufenden Versorgungsleistungen Anwendung finden, ohne die Übertragung nach § 4 BetrAVG zu erwähnen. Insofern geht offenbar auch der PSV mit der herrschenden Meinung[94] davon aus, dass **§ 4 BetrAVG im Rahmen einer Übertragung von Versorgungsverpflichtungen bei einer Spaltung keine Anwendung findet.**

69   Dass durch die Weigerung des PSV Übertragungen zuzustimmen, eine Spaltung praktisch unmöglich gemacht würde, soweit das übertragende Unternehmen laufende Versorgungsverbindlichkeiten hat, mag das entsprechende Bedürfnis der Praxis begründen, stellt aber selbst noch keine juristische Begründung dar. Immerhin hat sich auch im Anwendungsbereich des § 613a BGB die Praxis über Freistellungsvereinbarungen zumindest teilweise auf die Verweigerungshaltung des Pensionssicherungsvereins eingestellt. Im Übrigen bleibt etwa die Abspaltung von sämtlichen produzierenden Unternehmensteilen vom verbleibenden übertragenden Rechtsträger, bei dem ausschließlich die Verpflichtungen gegenüber den Betriebsrentnern und den mit einer unverfallbaren Versorgungsanwartschaft ausgeschiedenen Arbeitnehmern bleiben, immer möglich, ohne dass insoweit eine möglicherweise erforderlich werdende Zustimmung des Pensionssicherungsverein eingeholt werden müsste.

70   **Nach richtiger Auffassung sprechen allerdings bereits Wortlaut, Entstehungsgeschichte und Sinn des § 132 UmwG dafür, dass für eine Übertragung** von Betriebsrentenansprüchen und Versorgungsanwartschaften ausgeschiedener Arbeitnehmer

---

93   Abgedruckt bei *Schoden*, BetrAVG S. 389 ff.
94   Vgl. die Nw. in Fn. 104 und 107.

bei einem Spaltungsvorgang **keine Zustimmung des betroffenen Arbeitnehmers, Rentners oder des PSV erforderlich** ist. Die teilweise behauptete Spaltungsbremse, die durch eine großzügigere Haltung des PSV überwunden werden müsse[95], existiert nämlich gar nicht.

Man kann bereits Zweifel daran äußern, ob Pensionsverpflichtungen unter den Begriff des Gegenstandes im Sinne des § 132 UmwG fallen[96]. Dagegen spricht freilich, dass auch § 126 Abs. 1 Nr. 9 UmwG und § 131 UmwG jeweils von „Gegenständen" im Sinne von „Gegenständen des Aktiv- und Passivvermögens" sprechen und damit auch von Verbindlichkeiten des oder gegenüber dem übertragenden Rechtsträger. Gegenstände sind somit alle Passiva und Aktiva eines Unternehmens[97] und damit auch Pensionsverpflichtungen[98]. 71

Wichtiger ist, dass § 132 Satz 1 UmwG 1. Alternative von allgemeinen Vorschriften spricht, welche die Übertragbarkeit eines bestimmten Gegenstandes ausschließen oder an bestimmte Voraussetzungen knüpfen, nicht jedoch davon, dass die Übertragung von Voraussetzungen abhängt. § 4 BetrAVG schließt nicht die Übertragbarkeit von Versorgungsverpflichtungen generell aus, sondern fordert nur zusätzlich bei einer Übertragung an einen anderen als die in § 4 genannten Versorgungsträger die Zustimmung des PSV entsprechend §§ 414 ff. BGB. Insofern schließt weder das allgemeine Zivilrecht noch das BetrAVG die Übertragbarkeit einer Pensionsverpflichtung aus, sondern sie lassen sie im Wege der Vertragsübernahme durchaus zu, soweit die besonderen Voraussetzungen des § 4 BetrAVG bzw. der §§ 414 ff. BGB gewahrt sind. Gemeint sind als „allgemeine Vorschriften" ausweislich der Begründung zu § 132 UmwG[99] vor allen Dingen nach allgemeinem Zivilrecht nicht trennbare oder übertragbare Rechte wie die nicht zulässige Trennung von Haupt- und Nebenrechten, die nicht zulässige Übertragbarkeit 72

---

95 Vgl. *Langohr- Plato*, Rn. 636.
96 So etwa *Willemsen*, NZA 1996, 801.
97 Vgl. BT-*Drs.* 12/6699 S. 118, 120 ff.
98 *Hill*, BetrAV 1995, 114, 116.
99 BT-*Drs.* 12/6699 S. 121.

eines Nießbrauchs, einer beschränkten persönlichen Dienstbarkeit oder eines dinglichen Vorkaufsrechts (§§ 1059, 1092, 1098 BGB). Die Begründung differenziert hier ausdrücklich zwischen Vorschriften, die eine Übertragbarkeit ausschließen und Vorschriften, die den Übertragungsvorgang als solchen betreffen[100]. Die erforderliche Zustimmung eines Dritten hindert nicht die Übertragbarkeit eines Gegenstandes bzw. einer Verbindlichkeit, sondern stellt lediglich zusätzliche Voraussetzungen für eine Übertragung dar und ist somit Bestandteil des Übertragungstatbestandes[101]. Die Zustimmung des Vertragspartners bei der Übertragung eines Vertragsverhältnisses gemäß §§ 414, 415 BGB im Wege der Einzelrechtsnachfolge soll durch die in § 131 Abs. 1 Nr. 1 Satz 1 UmwG vorgesehene partielle Gesamtrechtsnachfolge ausgeschlossen werden. Die §§ 414, 415 BGB schließen nicht die Übertragbarkeit einer Verbindlichkeit aus, sondern regeln die Voraussetzungen der Übertragung[102]. Da aber das BAG die **Zustimmung des PSV** als eine solche im Sinne des § 415 BGB ansieht, stellt diese **kein Übertragbarkeitshindernis im Sinne des § 132 Satz 1 UmwG** 1. und 2. Alternative dar[103]. § 4 BetrAVG stellt gerade in der Modifikation, wie sie das BAG vorgenommen hat, keine allgemeine Vorschrift dar, welche die Übertragbarkeit einer Versorgungsverbindlichkeit ausschließt. Vielmehr wird die Übertragung von Versorgungsverbindlichkeiten von der Wirkung der Eintragung gemäß § 131 Abs. 1 Ziffer 1 UmwG miterfasst.

73   Auch mit einer staatlichen Genehmigung i. S. des § 132 Satz 1 UmwG ist die notwendige Zustimmung des PSV zu einer Übertragung nicht vergleichbar. Zwar steht der PSV auf dem Standpunkt, seine Zustimmung sei ein Verwaltungsakt[104], dies erscheint jedoch zweifelhaft, da die hoheitlichen Kompetenzen des PSV sich auf den

---

100 Dies verkennt *Masing*, S. 130.
101 Vgl. eingehend *Wiesner*, in Habersack/Koch/Winter (Hrsg.), Die Spaltung im neuen Umwandlungsrecht und ihre Rechtsfolgen, 1999, S. 168, 170 ff.
102 Ebenso *Widmann/Mayer*, UmwG, § 132 Rn. 9, Lutter/*Teichmann*, § 132 Rn. 9; Wiesner a. a. O.
103 Ebenso *Wiesner*, a. a. O. S. 181; ähnlich *Andresen/Förster/Rößler/Rühmann* 14. Teil C Rn. 157.
104 PSV-Merkblatt 300/M10/1.99, Ziffer 4.

Beitragseinzug gemäß § 10 BetrAVG beschränken. Unabhängig davon handelt es sich bei der Zustimmung des PSV zur Übertragung einer Versorgungsverbindlichkeit der Sache nach um eine Genehmigung der Schuldübernahme gemäß § 415 BGB, die insoweit nicht vergleichbar mit dem Erfordernis einer staatlichen Genehmigung im Sinne von § 132 Satz 1 UmwG letzte Alternative ist[105].

Gestützt wird diese Auffassung durch das in §§ 133, 134 UmwG vorgesehene Haftungssystem, das zumindest einen großen Teil der Risiken für die Betriebsrentner, ehemaligen Arbeitnehmer und den Pensionssicherungsverein abdeckt[106]. Gerade die **zusätzlichen Haftungsnormen** lassen es vertretbar erscheinen, auf bestimmte Übertragungshindernisse zu verzichten[107]. Versorgungsanwärter und Betriebsrentner werden über § 133 UmwG in gleicher Weise geschützt wie in dem Fall, dass ein persönlich haftender Gesellschafter aus einer Personengesellschaft ausscheidet. Insofern besteht hier ein gleichwertiger Schutz wie bei einer ebenfalls vom Gesetzgeber als möglich erachteten Verringerung der Haftungsmasse im Wege des Ausscheidens eines Personengesellschafters. Gerade die in §§ 133 und 134 UmwG vorgesehene gesamtschuldnerische Haftung des übertragenden und übernehmenden Rechtsträgers macht nur dann einen Sinn, wenn nicht der PSV über eine Zustimmungsverweigerung den Übergang der Versorgungsverbindlichkeiten von vornherein behindern könnte[108].

74

Soweit teilweise darauf hingewiesen wird, dass durch die hier vertretene Auffassung des Haftungssubstrat zu Lasten des PSV verändert werden könnte, und deshalb zumindest teilweise an dem Erfordernis der Zustimmung des PSV festgehalten wird[109], ist darauf hinzuweisen, dass die Verringerung des Haftungssubstrats bei gesellschaftsrechtlichen Veränderungen durchaus nicht

75

---

105 So auch *Wiesner* a. a. O., S. 182.
106 Hierauf stellen vorrangig ab: *Willemsen*, NZA 1996, 801; *Boecken*, Rn. 138; *Blomeyer/Otto*, § 4 Rn. 34; *Hill*, BetrAV 1995, 117; vgl. auch *Willemsen/Doetsch/Rühmann* J. Rn. 142-144.
107 Vgl. *Boecken*, RdA 2000, 60, 61.
108 Ebenso *Andresen/Foerster/Rößler/Rühmann* 14. Teil C Rn. 158.
109 So zumindest bei fortbestehendem übertragendem Rechtsträger *Mengel*, S. 226 ff.

untypisch ist, etwa bei Ausscheiden eines Personengesellschafters, aber auch bei Verkauf von Unternehmensteilen oder gerade auch bei einem Betriebsübergang. Darüber hinaus könnte der PSV durch einen Zustimmungsvorbehalt es ohnehin nicht verhindern, dass ein Unternehmen bis auf eine Rentnergesellschaft ausgedünnt würde, indem alle anderen Unternehmensteile abgespalten würden. Den hierin liegenden besonderen Risiken ist nur durch die Haftungsvorschriften der §§ 133, 134 UmwG und ggf. mit konzernarbeitsrechtlichen Überlegungen zu begegnen.

bb) Beschränkungen aus der Unteilbarkeit eines Dauerschuldverhältnisses

76   Dennoch kann eine Verpflichtung gegenüber einem Betriebsrentner oder einem mit einer unverfallbaren Versorgungsanwartschaft ausgeschiedenen Arbeitnehmer bei einer Spaltung **nicht völlig frei zugewiesen werden.** Eine **Versorgungsverbindlichkeit** ist ein Dauerschuldverhältnis, in dessen Rahmen durch eine laufende Rentenzahlung des Arbeitgebers eine Gesamtheit von Arbeitsleistungen vergütet werden soll. Leistung und Gegenleistung fallen dabei zeitlich auseinander. Ein Betriebsrentner bzw. ein mit einer unverfallbaren Versorgungsanwartschaft ausgeschiedener Arbeitnehmer hat jeweils seine Leistung bereits erbracht, während die Gegenleistung des Arbeitgebers noch nicht erbracht ist oder jedenfalls noch nicht ganz erbracht ist. Der Gesetzgeber hat von der in der 6. Gesellschaftsrechtlichen EG-Richtlinie vorgesehen Möglichkeit, einzelne Verbindlichkeiten bei der Aufspaltung aufzuteilen auf verschiedene Rechtsträger, keinen Gebrauch gemacht[110]. Insofern ist davon auszugehen, dass eine Aufspaltung eines Dauerschuldverhältnisses ohne ausdrückliche Zustimmung des Vertragspartners nicht möglich ist. Dies beruht darauf, dass ein Schuldverhältnis primäre und sekundäre Leistungspflichten, Treue- und Mitwirkungspflichten umfasst und von daher in seinem Sinngehalt verändert wird, wenn es ohne Zustimmung

---

110 Vgl. BT-Drs. 12/6699, S. 118.

geteilt wird[111]. Dementsprechend kann ein Dauerschuldverhältnis nicht ohne Zustimmung des Vertragspartners bei einer Spaltung zwischen verschiedenen Rechtsträgern aufgeteilt werden[112]. Hieraus folgt, dass Versorgungsverbindlichkeiten gegenüber einem Arbeitnehmer bei einer Spaltung **nicht auf verschiedene Rechtsträger übertragen** werden können. So kann etwa bei einer Änderung der Versorgungszusage die Besitzstandsrente nicht auf einen anderen Rechtsträger übertragen werden als die Zuwächse. Bei einer Zusammensetzung der Betriebsrente aus Rentenbestandteilen, die aus verschiedenen Durchführungswegen resultieren, etwa einer Unterstützungskasse, einer Direktversicherung und einer Direktzusage kann die Versorgungsverpflichtung nicht für jeden Durchführungsweg auf einen anderen Rechtsträger aufgespalten werden. Ein einheitliches Versorgungsverhältnis muss stets erhalten bleiben.

Dagegen kann eine einzelne laufende Rentenverpflichtung 77 oder eine Anwartschaft eines ausgeschiedenen Arbeitnehmers durchaus **frei** gemäß § 126 Abs. 1 Ziffer 9 UmwG **übertragen werden.** Dass dabei eine Zuweisung nur entsprechend der bisherigen Betriebszugehörigkeit erfolgen kann[113], ergibt sich weder aus dem Umwandlungs- noch aus dem Betriebsrentenrecht – ebensowenig wie, dass der Zuweisung auf jeden Fall ausreichende Aktiva gegenüberstehen müssen. Missbräuche können insoweit nur über §§ 22, 133, 134 UmwG, § 7 Abs. 5 BetrAVG und im Bereich der Anpassungsprüfungspflicht durch konzernarbeitsrechtliche Überlegungen verhindert werden.

---

111 *Wiesner* a. a. O., S. 173 unter Berufung auf *Gernhuber*, Das Schuldverhältnis 1989, S. 615 ff.
112 *Wiesner* a. a. O., *Rieble* ZIP 1997, 301, 310; *Teichmann*, ZGR 1993, 396, 413; *Engelmeyer*, S. 49 ff.; a. A. *Heidenhein*, NJW 1995, 2873, 2877; *Widmann/Mayer*, § 126 Rn. 227 ff.; differenzierend *Lutter/Priester*, § 126 Rn. 47 ff.
113 So *Blomeyer/Otto*, § 4 Rn. 34.

3. Übergang bei Durchführung der betrieblichen Altersversorgung durch selbstständige Versorgungsträger

78 Wird die betriebliche Versorgungszusage nicht vom Unternehmen selbst durchgeführt, sondern über eine Direktversicherung, eine Unterstützungskasse, Pensionskasse oder einen Pensionsfonds, ist unabhängig vom Übergang der Versorgungsverbindlichkeiten bei der Unternehmensverschmelzung oder -spaltung der Übergang der Rechtsbeziehungen zu dem selbstständigen Versorgungsträger zu regeln. Bei Durchführung der betrieblichen Altersversorgung durch einen **selbstständigen Versorgungsträger** existieren **gesonderte rechtliche Beziehungen** zwischen dem Arbeitnehmer und dem Arbeitgeber einerseits und dem Arbeitgeber und den die Versorgung durchführenden Rechtsträger andererseits. Bereits zu § 613a BGB hat das BAG entschieden, dass der dort normierte Übergang der Rechte und Pflichten aus dem Arbeitsverhältnis nicht den Übergang der Rechte auch in Bezug auf selbstständige Versorgungseinrichtungen umfasst. Für § 613a BGB hat das BAG darüber hinaus darauf hingewiesen, dass dies u. a. deshalb sinnvoll ist, weil der Betriebsveräußerer für die Verpflichtungen gegenüber den Betriebsrentnern und den mit einer unverfallbaren Versorgungsanwartschaft ausgeschiedenen Arbeitnehmer weiterhin einstehen muss[114]. Andererseits hat ein Betriebsübernehmer dann, wenn die Versorgung bislang über einen selbstständigen Versorgungsträger durchgeführt worden ist, den übergegangenen Arbeitnehmern eine Versorgung selbst verschaffen, wenn er sich dieses selbstständigen Versorgungsträger nicht bedienen will oder kann[114a].

79 Grundsätzlich ist deshalb insbesondere in einem Spaltungs- und Übernahmevertrag bei einer Unternehmensspaltung auch die Rechtsbeziehung der an der Spaltung beteiligten Rechtsträger zu der die Altersversorgung durchführenden Versorgungsträger gemäß § 126 Abs. 1 Nr. 9 UmwG zu regeln[115].

---

114 *BAG* 05.05.1977, AP Nr. 7 zu § 613a BGB.
114a *BAG* 18.9.2001, DB 2002, 1279 = NZA 2002, 1391.
115 Allg. A., vgl. nur *Andresen/Förster/Rößler/Rühmann* 14. Teil C Rn. 170 ff.; *Willemsen/Doetsch/Rühmann* J Rn. 147 ff.; *Blomeyer/Otto*, Einleitung Rn. 767 ff., 856, 940.

a) Durchführung über eine Direktversicherung

Wird die betriebliche Altersversorgung über eine Direktversicherung durchgeführt, ist im Spaltungs- und Übernahmevertrag das weitere Schicksal der Versicherungsverhältnisse zu regeln. Hierbei empfiehlt es sich, die **versicherungsrechtlichen Verhältnisse parallel** zu den versorgungsrechtlichen Rechtsverhältnissen zu **übertragen.** Insbesondere dann, wenn die Direktversicherung unverändert fortgeführt werden soll, sind die Versicherungsverhältnisse auf den die Versorgungsverhältnisse übernehmenden Rechtsträger zu übertragen[116]. Würde dagegen die Versicherungsnehmereigenschaft bei dem bisherigen Rechtsträger verbleiben und dieser später etwa wegen Insolvenz die Versicherungsbeiträge nicht mehr zahlen, bestände kein Insolvenzschutz[117]; derjenige Rechtsträger, der die Versorgungszusage übernommen hätte, wäre dem Arbeitnehmer schadensersatzpflichtig, wobei der Insolvenzschutz für diesen Schadensersatzanspruch zweifelhaft ist.

80

b) Durchführung über eine Unterstützungskasse

Die immer rechtlich selbstständig organisierte **Unterstützungskasse,** die in der Regel als GmbH oder eingetragener Verein, manchmal auch als Stiftung organisiert ist, wird vom **Umwandlungsvorgang ebensowenig berührt** wie von einem im Wege des Betriebsübergangs übergehenden Arbeitsverhältnis. Insofern muss das Rechtsverhältnis von Arbeitgeber und Arbeitnehmer zur Unterstützungskasse gesondert bei der Umwandlung geregelt werden. Insbesondere bei einer Spaltung gehört die Darstellung dieser Rechtsverhältnisse zu den notwendigen Angaben im Sinne des § 126 Abs. 1 Nr. 9 UmwG (Verhältnis Arbeitgeber/Unterstützungskasse) bzw. § 126 Abs. 1 Nr. 11 UmwG (Verhältnis Arbeitnehmer/ Unterstützungskasse). Bei einem Betriebsübergang sind hierüber die Arbeitnehmer gem. § 613a Abs. 5 Nr. 3 BGB zu informieren.

81

Grundsätzlich denkbar sind folgende **Alternativen:** Die Unterstützungskasse verbleibt bei dem bisherigen Rechtsträger; die Un-

82

---

116 Vgl. *Blomeyer/Otto,* Einleitung Rn. 768.
117 Vgl. *BAG* 17.11.1992, AP 1 zu § 7 BetrAVG Lebensversicherung.

terstützungskasse wird insgesamt auf einen neuen Rechtsträger übertragen; die entstehenden neuen Rechtsträger werden insgesamt Träger einer Gruppenunterstützungskasse; auch bezüglich der die Versorgung durchführenden Unterstützungskasse wird eine Umwandlung durchgeführt. Welche Lösung jeweils zu bevorzugen ist, hängt davon ab, ob im Rahmen der Umwandlung ein oder mehrere Betriebe auf ein oder mehrere neue Rechtsträger übergehen, ob die Betriebsrenten und Anwartschaften ausgeschiedener Arbeitnehmer im Rahmen der Umwandlung übertragen werden sollen und ob die Versorgung weiterhin über eine Unterstützungskasse durchgeführt werden soll und welche Vorgehensweise für die beteiligten Unternehmen unter steuer- und haftungsrechtlichen Gesichtspunkten sinnvoll ist. Und natürlich hängt das weitere Schicksal des Verpflichtungsumfangs der Unterstützungskasse auch davon ab, welche Umwandlung konkret durchgeführt wird und welche der am Umwandlungsvorgang beteiligten Rechtsträger über eine Unterstützungskasse nach der Umwandlung verfügen soll. Bereits die Auflistung dieser Fragestellung verdeutlicht, dass hier eine Vielzahl von Gestaltungsalternativen denkbar und auch durchführbar ist.

83 Wichtig erscheint es deshalb, die grundlegenden Regeln hierzu darzustellen: Bei einem **Betriebsübergang nach § 613a BGB** – und dementsprechend auch bei einem Betriebsübergang im Rahmen einer Unternehmensumwandlung – verbleiben grundsätzlich die Verpflichtungen gegenüber den Betriebsrentnern und gegenüber den mit einer unverfallbaren Versorgungsanwartschaft ausgeschiedenen Arbeitnehmer beim Betriebsveräußerer, also bei einer Unternehmensumwandlung grundsätzlich beim übertragenden Rechtsträger, soweit dieser nach der Umwandlung noch erhalten bleibt (also etwa bei einer Abspaltung oder Ausgliederung). Dagegen gehen die Verpflichtungen gegenüber den aktiven Arbeitnehmern gemäß § 613a BGB auf den Erwerber über. Der Veräußerer wird insoweit von seiner Verpflichtung gegenüber den aktiven Arbeitnehmern frei. Dementsprechend braucht auch die Unterstützungskasse, wenn sie beim Veräußerer verbleibt, gegenüber den aktiven Arbeitnehmern, deren Arbeitsverhältnis auf den Erwerber übergegangen ist, keinerlei Leistungen mehr erbringen, da es insoweit an dem arbeitsrechtlichen Grundverhältnis fehlt[118]. Die Versorgungsverpflichtungen gegenüber den **aktiven Arbeitnehmern** hat vielmehr der **Erwerber zu tragen,** und zwar unabhängig davon, ob er diese über eine Unterstützungskasse erbringen will oder nicht (vgl. § 1 Abs. 1 S. 3 BetrAVG). Übernimmt der Erwerber die Versorgungsverpflichtung gegenüber den aktiven Arbeitnehmern selbst, bestehen keine Rechtsbeziehungen mehr zwischen den Arbeitnehmern und der Unterstützungskasse des Veräußerers – jedenfalls dann, wenn wie in der Regel die Arbeitnehmer nicht Mitglied der Unterstützungskasse sind[119]. Es bleibt dem Erwerber allerdings freigestellt, ebenfalls Träger der beim Veräußerer verbleibenden Unterstützungskasse zu werden, so dass es dann zu einer Unterstützungskasse mit zwei Trägerunternehmen kommt, also einer Gruppenunterstützungskasse.

Zur Entstehung einer Gruppenunterstützungskasse kommt 84 es ohne gesonderte Regelung auch bei einer Aufspaltung, jedenfalls soweit Arbeitsverhältnisse und Versorgungsansprüche bzw. -anwartschaften auf verschiedene Rechtsträger übertragen werden und die Versorgungsansprüche weiterhin über eine Unterstützungskasse durchgeführt werden[120]. Grundsätzlich möglich ist es auch, die zwischen dem übertragenden Rechtsträger und der **Unterstützungskasse** bestehenden Rechtsbeziehungen auf einen **übernehmenden Rechtsträger** oder einen neuen Rechtsträger zu **übertragen.** Da jedenfalls bei fortbestehendem übertragendem Rechtsträger ohne gesonderte Vereinbarung bei diesem die Verpflichtungen bezüglich der laufenden Betriebsrenten und der unverfallbaren Versorgungsanwartschaften verbleiben, macht diese Lösung in der Regel nur dann einen Sinn,

---

118 *Willemsen*, Anm. zu BAG AP Nr. 15 zu § 613a BGB; *Andresen/Förster/Rößler/Rühmann* 14. Teil B Rn. 400; ähnlich, jedoch ohne saubere dogmatische Begründung BAG 15.03.1979, AP Nr. 15 zu § 613a BGB; ablehnend vor allen Dingen *Blomeyer*, BB 1980, 789, 795; *Blomeyer/Otto*, Einleitung Rn. 937.
119 Dies verkennen *Blomeyer/Otto*, Einleitung Rn. 137, die von einer Vereinsmitgliedschaft der Arbeitnehmer bei einer Unterstützungskasse ausgehen; wie hier dagegen *Andresen/Förster/Rößler/Rühmann* 14. Teil B Rn. 402.
120 *Willemsen/Doetsch/Rühmann* J Rn. 148.

wenn gleichzeitig auf den übernehmenden bzw. neu gegründeten Rechtsträger auch die entsprechenden Versorgungsverpflichtungen übertragen werden. Anderenfalls haftet der übertragende Rechtsträger für diese Versorgungsverbindlichkeiten aufgrund der erteilten Versorgungszusage unmittelbar.

85 Wird ein Unternehmen auf einen anderen bestehenden Rechtsträger oder zur Neugründung aufgespalten oder abgespalten, kann auch entsprechend den übergehenden Arbeitsverhältnissen und den Versorgungsverpflichtungen gegenüber den ausgeschiedenen Arbeitnehmern die **Unterstützungskasse** entsprechend **gespalten** werden. Dies bedarf, da insoweit die Unterstützungskasse eine eigene Rechtsperson darstellt, wiederum eines Spaltungs- und Übernahmevertrags bzw. Spaltungsplans. Die zulässigen Spaltungen richten sich dabei nach dem Umwandlungsgesetz. Ist die bisherige Unterstützungskasse in Form einer GmbH geführt worden, ist umwandlungsrechtlich eine Spaltung in zwei GmbH's ohne weiteres zulässig (vgl. §§ 138 ff. UmwG). Auch wenn die Unterstützungskasse bislang in der Form eines eingetragenen Vereins geführt wurde, ist eine Spaltung sowohl in zwei eingetragene Vereine als auch in einen eingetragenen Verein und eine GmbH oder zwei GmbH's möglich (§ 149 Abs. 1 UmwG). Als übernehmender Rechtsträger kommt ein eingetragener Verein nur bei einer Spaltung eines eingetragenen Vereins, nicht dagegen bei einer Spaltung einer GmbH in Betracht (§ 149 Abs. 2 UmwG)[121]. Bei einer Spaltung der Unterstützungskasse kommt es zu einer gesamtschuldnerischen Haftung der Unterstützungskassen für die in den nächsten 5 Jahren fällig werdenden Versorgungsansprüche gemäß § 133 UmwG[122].

86 Der übernehmende Rechtsträger kann im Rahmen der Umwandlung auch die Versorgungsverpflichtungen zunächst selbst übernehmen und dann in einem zweiten Schritt eine neue Unterstützungskasse gründen, über die der übernehmende Rechtsträger dann die Versorgungsverpflichtung durchführt.

---

121 Vgl. *Andresen/Förster/Rößler/Rühmann* 14. Teil C Rn. 171.
122 *Blomeyer/Otto*, Einl. Rn. 940; zur gesamtschuldnerischen Haftung siehe noch Rn. 152 ff.

c) Durchführung über eine Pensionskasse

Wurde die betriebliche Altersversorgung vor der Unternehmensumwandlung über eine Pensionskasse durchgeführt, kommt es bei einer Spaltung zu ähnlichen Problemen wie bei jedem Betriebsübergang unter Beteiligung eines Unternehmens mit einer Pensionskasse: Vom Betriebsübergang wird das Rechtsverhältnis des bisherigen Arbeitgebers und der Arbeitnehmer zur Pensionskasse nicht berührt. Allerdings gehen die Versorgungsverpflichtungen der aktiven Arbeitnehmer gemäß § 613a BGB auf den Erwerber über. Aufgrund der erteilten Versorgungszusage ist der **Erwerber verpflichtet,** den Arbeitnehmern eine **entsprechende Versorgung zu verschaffen,** wie sie der bisherige Arbeitgeber versprochen hatte. Er muss dieser Verpflichtung in der Regel über den Abschluss einer Versicherung bei einer anderen Pensionskasse oder bei einem Lebensversicherungsunternehmen nachkommen. Die hierzu erforderliche Zustimmung des Arbeitnehmers hat dieser aufgrund der Treuepflicht zu erteilen[123]. Ist eine Fortführung des Versicherungs- und Mitgliedschaftsverhältnisses in der bisherigen Pensionskasse nicht möglich, wird in der Regel die Versicherung beitragsfrei gestellt; der Veräußerer braucht das Versicherungs- und Mitgliedschaftsverhältnis dieser Arbeitnehmer nicht mehr fortzuführen. Schließt der Erwerber keine entsprechende Versicherung ab, hat er für die entsprechenden Versorgungsverpflichtungen selbst einzustehen. Er hat insoweit auf eine Gleichwertigkeit der von ihm gewährten Versorgungsleistung zu achten und dabei auch entsprechende **steuerliche Nachteile auszugleichen**[124].

87

Unabhängig von diesen sich bereits aus § 613a BGB ergebenden Problemen besteht wie bei einer Unterstützungskasse die Möglichkeit, nach einer Spaltung die Pensionskasse als Gruppenpensionskasse fortzuführen mit den übernehmenden Rechtsträgern als jeweiligen Trägern der Pensionskasse oder die Pensionskasse selbst auf- bzw. abzuspalten. Eine derartige

88

---

123 *Westhoff,* RdA 1979, 412, 414; zum Ganzen siehe *Andresen/Förster/Rößler/Rühmann* 14. Teil B Rn. 430; *Blomeyer/Otto* Einl. Rn. 852.
124 *Andresen/Förster/Rößler/Rühmann* 14. Teil B Rn. 430.

G. Betriebliche Altersversorgung

Möglichkeit ist für Versicherungsvereine auf Gegenseitigkeit in § 151 UmwG vorgesehen[125].

d) Durchführung über einen Pensionsfonds

89   Auch wenn die betriebliche Altersversorgung über einen Pensionsfonds (§§ 112 ff. VAG) durchgeführt wird (ab 01.01.2002), müssen im Hinblick auf die Rechtsbeziehungen zwischen den an der Unternehmensumwandlung beteiligten Rechtsträgern und dem Pensionsfonds Regelungen im Umwandlungsvertrag/-plan getroffen werden; die Rechtsbeziehungen zu den Arbeitnehmern ergeben sich wie bei der Pensionskasse und der Unterstützungskasse aus § 613a BGB. Soweit ersichtlich, werden **Pensionsfonds** z. Zt. vor allen Dingen **überbetrieblich** gegründet, so dass sich keine besonderen Probleme dann ergeben, wenn die **an der Umwandlung beteiligten Rechtsträger alle Träger desselben Pensionsfonds** sind.

90   Pensionsfonds, die als AG oder Pensionsfondsverein auf Gegenseitigkeit betrieben werden können, können selbst nach den für Aktiengesellschaften (§§ 141 ff. UmwG) und VVaG maßgebenden Vorschriften (§ 151 UmwG iVm § 113 Abs. 2 Ziff. 3 VAG) auf- bzw. abgespalten werden.

VI. Der Inhalt der Versorgungsverpflichtungen

91   Durch eine Unternehmensumwandlung bleibt der Inhalt der Versorgungsverpflichtung grundsätzlich unberührt. Allerdings können sich besondere Probleme daraus ergeben, dass durch die Umwandlung verschiedene Versorgungssysteme zusammentreffen.

1. Verpflichtungen nach dem BetrAVG

92   Verpflichteter aus den erteilten Versorgungszusagen ist derjenige **Rechtsträger, dem die Versorgungsverpflichtungen** im

---
125 Vgl. hierzu *Blomeyer/Otto*, Einl. Rn. 856.

jeweiligen Umwandlungsvertrag **zugewiesen worden** sind. Bei einem Betriebsübergang im Sinne des § 613a BGB gehen die Versorgungsverpflichtungen bezüglich der aktiven Arbeitnehmer, die vom Betriebsübergang erfasst werden, auf den Betriebserwerber über. Der Inhalt der Versorgungsverpflichtung besteht grundsätzlich unverändert fort.

a) Insolvenzschutz

Derjenige Rechtsträger, dem die Versorgungsverpflichtungen durch den Umwandlungsvertrag bzw. gemäß § 613a BGB bzw. § 324 UmwG zugewiesen sind, ist auch Arbeitgeber im Sinne der Insolvenzsicherungsvorschriften der §§ 7 ff. BetrAVG. Der Rechtsträger hat ab dem Wirksamwerden der Umwandlung die **Beiträge an den Pensionssicherungsverein** gemäß § 10 BetrAVG abzuführen. 93

Für die Beurteilung, ob ein **Sicherungsfall** im Sinne des § 7 BetrAVG vorliegt, sind ab Eintragung der Umwandlung die Verhältnisse bei dem Rechtsträger maßgeblich, der die Versorgungsverpflichtung übernommen hat. Dies gilt auch, wenn etwa bei einem Spaltungs- und Übernahmevertrag die gesamtschuldnerische Haftung des übertragenden Rechtsträgers gemäß §§ 133, 134 UmwG noch andauert. Ebensowenig wie bei Insolvenz einer OHG die Haftung des Personengesellschafters gemäß § 128 HGB den Eintritt des Sicherungsfalls verhindern kann, kann sich der PSV darauf berufen, dass neben dem Arbeitgeberunternehmen der übertragende Rechtsträger weiterhin gesamtschuldnerisch haftet. Nur soweit der übertragende Rechtsträger tatsächlich an den Betriebsrentner Leistungen erbringt, tritt bezüglich des Versorgungsanspruchs Erfüllung gemäß § 362 BGB ein, so dass wegen dieser Leistung eines außenstehenden Dritten der Anspruch auf Leistung des Betriebsrentners gegenüber dem PSV gemäß § 7 Abs. 4 Satz 1 BetrAVG gemindert wird[126]. Dies stellt jedoch in der Praxis nur die seltene Ausnahme dar. In der Regel wird der PSV die Leistungen erbringen und den 94

---

126 *Blomeyer/Otto*, § 7 Rn. 284; *Andresen/Förster/Rößler/Rühmann* 13. Teil A Rn. 867; a. A. *Höfer*, § 7 Rn. 2727 ff.

übertragenden Rechtsträger aufgrund des nach § 9 Abs. 2 BetrAVG eingetretenen Forderungsübergangs in Regreß nehmen, soweit dessen gesamtschuldnerische Haftung reicht[127].

b) Anpassungsprüfung

95 Auch bezüglich der Anpassungsprüfungspflicht des § 16 BetrAVG ist Verpflichteter derjenige Rechtsträger, der die Versorgungsverpflichtungen nach der Umwandlung übernommen hat. Grundsätzlich ist seine wirtschaftliche Lage bei der Ermessensentscheidung gemäß § 16 BetrAVG ausschlaggebend; allerdings kann im Einzelfall wegen der Umwandlung oder einer bestehenden konzernrechtlichen Beziehung eine umfassendere Betrachtung der wirtschaftlichen Lage von Nöten sein (s. dazu Rn. 143 ff.).

c) Unverfallbarkeit

96 Die Unverfallbarkeitsfristen des § 1 BetrAVG laufen auch nach einer Umwandlung, etwa bei einem Betriebsübergang im Rahmen einer Spaltung, grundsätzlich weiter. Sowohl hinsichtlich der **Betriebszugehörigkeitszeiten** als auch hinsichtlich der **Zusagedauer** werden die Zeiten bei dem übertragenden Rechtsträger und dem übernehmenden Rechtsträger **zusammengezählt**[128].

97 Erteilt der **neue Rechtsträger** im Zusammenhang mit der Umwandlung eine **geänderte Versorgungszusage,** so laufen – unabhängig von der getrennt zu beantwortenden Zulässigkeit einer Verschlechterung der Versorgungszusage (dazu Rn. 122 ff.) – die Unverfallbarkeitsfristen bei einer Verschlechterung oder Verbesserung der ursprünglich erteilten Zusage unverändert weiter[129].

98 Erteilt dagegen der übernehmende Rechtsträger eine **neue Versorgungssage** unabhängig vom Bestand der älteren Versorgungszusage beim übertragenden Rechtsträger, beginnt die Unverfallbarkeitsfrist neu zu laufen. Ob lediglich die bisherige Zusage verändert wird, also ein Zusammenhang mit ihr besteht, oder ob eine

---

127 *Andresen/Förster/Rößler/Rühmann* 14. Teil C Rn. 271.
128 *BAG* 20.07.1993, EzA Nr. 110 zu § 613a BGB; *Blomeyer/Otto*, Einl. Rn. 424; *Andresen/Förster/Rößler/Rühmann* 14. Teil B Rn. 340; allgemein F Rn. 40.
129 Vgl. *BAG* 12.02.1981, AP Nr. 15 zu § 1 BetrAVG.

völlig neue Zusage unabhängig von der alten Zusage erteilt wurde, ist durch Auslegung zu ermitteln[130]. Soll die neue Zusage die bisherige lediglich ergänzen und baut sie somit auf die bisherige Versorgungszusage auf, ist davon auszugehen, dass es keine getrennten Unverfallbarkeitsfristen geben soll[131]. Jedenfalls kann nicht davon ausgegangen werden, dass jede neue Zusage den Lauf der Unverfallbarkeitsfristen neu beginnen lässt[132].

d) Höhe der Betriebsrente

Soweit nach dem Inhalt der Versorgungszusage die Höhe der Betriebsrente von der Anzahl der erreichten Dienstjahre abhängt, ist es gleichgültig, ob diese vor oder nach der Umwandlung bei dem übertragenden oder bei dem übernehmenden Rechtsträger verbracht worden sind[133]. Auch soweit die Versorgungszusage an bestimmte variable Größen anknüpft, wie etwa die Höhe des Einkommens oder die Zugehörigkeit zu einer bestimmten Tarifgruppe, hat der übernehmende Rechtsträger diese Bezugsgrößen fortzuführen[134]. 99

Erteilt der neue Rechtsträger zusätzlich zu der bisher bestehenden betrieblichen Versorgungszusage eine **weitere Versorgungszusage,** ist er allerdings nicht verpflichtet, hinsichtlich der Berechnung der Höhe dieser Versorgungszusage die Betriebszugehörigkeitszeiten bei dem übertragenden Rechtsträger mit zu berücksichtigen[135]. 100

---

130 *BAG* 28.04.1992, BetrAV 1992, 229.
131 Vgl. *Blomeyer/Otto*, § 1 Rn. 201 ff., der jedoch offenbar von einer erleichterten Gestaltungsmöglichkeit für den Lauf verschiedener Unverfallbarkeitsfristen ausgeht.
132 So aber missverständlich *Willemsen/Doetsch/Rühmann*, J Rn. 106.
133 Zu den Möglichkeiten des übernehmenden Rechtsträgers, nur Betriebszugehörigkeitszeiten bei diesem zu honorieren, s. Rn. 118.
134 Vgl. hierzu *Andresen/Förster/Rößler/Rühmann* 14. Teil B Rn. 350.
135 So für § 613a BGB, *BAG* 30.08.1979, AP Nr. 16 zu § 613a BGB; vgl. auch *BAG* 25.08.1976, AP Nr. 41 zu § 242 BGB Gleichbehandlung.

2. Das Zusammentreffen verschiedener Versorgungszusagen nach einer Umwandlung

101 In der Regel werden die an einer Umwandlung beteiligten Rechtsträger nicht dasselbe betriebliche Altersversorgungssystem haben.

102 Beispiel 1:
Eine Aktiengesellschaft mit einer durch Betriebsvereinbarung begründeten betrieblichen Versorgungszusage wird mit einer GmbH, in der keinerlei betriebliche Versorgungszusage erteilt ist, im Wege der Neugründung durch Übertragung des Vermögens beider Rechtsträger verschmolzen.

103 Beispiel 2:
In einer GmbH existieren an den verschiedenen Standorten Hamburg, München und Frankfurt jeweils eigenständige Betriebsvereinbarungen zur betrieblichen Altersversorgung. In München beinhaltet die Betriebsvereinbarung ein Gesamtversorgungssystem mit Nettolimitierung (1 % des ruhegeldfähigen Einkommens pro Dienstjahr, maximal unter Einrechnung der Sozialversicherungsrente 85 % vom letzten Nettoeinkommen). In der Zentrale in Frankfurt existiert eine Betriebsvereinbarung mit einem Endgehaltsystem (12 % vom letzten Bruttoeinkommen); in Hamburg existiert ein Festbetragsystem (20 DM pro Dienstjahr). Die GmbH wird in drei Produktions-GmbH's (Frankfurt, München, Hamburg) und in eine Vertriebs-GmbH mit Sitz in Frankfurt aufgespalten. Die 3 bzw. 5 Vertriebsmitarbeiter in München und Hamburg werden der Frankfurter Vertriebs-GmbH zugeordnet.

104 Von entscheidender Bedeutung für das Schicksal der Versorgungszusagen ist es, auf welcher Rechtsgrundlage die jeweilige Versorgungszusage beruht (vor und nach der Umwandlung) und ob im Rahmen des Umwandlungsvorgangs die Betriebsidentität gewahrt bleibt oder ein neuer Betrieb gebildet wird.

a) Vor der Umwandlung individualvertraglich begründete Zusagen

105 Ist eine betriebliche Versorgungszusage vor der Unternehmensumwandlung **individualrechtlich begründet** worden (also **durch**

Einzelzusage, Gesamtzusage, betriebliche Übung oder arbeitsvertragliche Einheitsregelung), gilt diese Einzelzusage **bei** Vorliegen eines **Betriebsübergangs** gemäß § 613a BGB wegen des unveränderten Fortbestands des Arbeitsverhältnis ebenfalls **unverändert weiter.** Dies gilt unabhängig davon, ob bei dem neuen Rechtsträger Arbeitnehmern bislang eine anders geartete Versorgungszusage erteilt worden ist oder nicht. Wird der Arbeitnehmer nach dem Betriebsübergang vom Geltungsbereich einer Betriebsvereinbarung oder eines Tarifvertrags beim neuen Rechtsträger erfasst, kommt die günstigere Regelung zur Anwendung.

Die erteilte Versorgungszusage darf infolge des Betriebsübergangs nicht verschlechtert werden. Von der BAG-Rechtsprechung wird ein Erlassvertrag, um einen Betriebsübergang zu ermöglichen, als unwirksam angesehen[136], da hierdurch der in § 613a BGB garantierte Bestandsschutz für Arbeitsverhältnisse umgangen wird. Dies gilt auch für Teilerlassverträge oder Änderungsverträge ohne Vorliegen eines vom Betriebsübergang unabhängigen sachlichen Grundes[137]. Dies gilt erst recht für eine einseitige Änderung der Versorgungszusage, soweit diese als Änderungskündigung im Sinne des § 613a Abs. 4 BGB zu verstehen ist und nicht gemäß § 613a Abs. 4 Satz 2 BGB ausdrücklich aus anderen Gründen zulässig ist. **106**

Die von § 613a BGB abweichende **umwandlungsrechtliche Übertragung eines einzelnen Arbeitsverhältnisses** ist nur mit Zustimmung des Arbeitnehmers möglich[138], hier wird der Arbeitnehmer im Rahmen seiner Zustimmung darauf achten müssen, dass mit der umwandlungsrechtlichen Übertragung seines Arbeitsverhältnisses keine Nachteile für seine betriebliche Versorgungszusage einhergehen. **107**

Wird ein Arbeitsverhältnis auf einen neuen Rechtsträger übertragen und bestanden bei dem bisherigen Rechtsträger und bei **108**

---

136 *BAG* 12.05.1992 DB 1992, 2038; BAG 28.04.1987AP Nr. 5 zu § 1 BetrAVG Betriebsveräußerung.
137 Vgl. *BAG* 29.10.1985 AP Nr. 4 zu § 1 BetrAVG Betriebsveräußerung; kritisch hierzu *Willemsen* G Rn. 199 ff; abw. *Meyer,* NZA 2002, 246, 253.
138 Zur Erforderlichkeit der Zustimmung des Arbeitnehmers siehe oben F Rn. 34 f.; vgl. auch *Boecken,* Rn. 100 ff.; *Däubler,* RdA 1995, 136, 142; *Herbst,* AiB 1995, 5, 11; *Düwell,* NZA 1996, 393, 396 ff.; einschränkend *Hartmann* ZfA 1997, 21, 26 ff.

dem neuen Rechtsträger lediglich individualrechtlich begründete Versorgungszusagen (etwa weil bei beiden Rechtsträgern die Versorgungszusagen nur durch entsprechende Formulierungen in einem Formulararbeitsvertrag gewährt wurden und der Betriebsrat sein Mitbestimmungsrecht im Wege der Regelungsabrede ausgeübt hat), kann es zu **möglichen Gleichbehandlungskonflikten** kommen (dazu allgemein D Rn. 123 f.), **wenn beide Rechtsträger Versorgungszusagen in unterschiedlicher Höhe erteilt haben.** Hat etwa bei der Verschmelzung eines Unternehmens auf ein anderes das aufnehmende Unternehmen eine bessere vertragliche Einheitsregelung bezüglich der betrieblichen Altersversorgung, könnte man an einen Anspruch auf Gleichbehandlung der aufgenommenen Arbeitnehmer denken, da nach der neueren Auffassung im Schrifttum[139] der Gleichbehandlungsgrundsatz unternehmensbezogen gilt, da die Verteilungsmacht des Arbeitgebers kontrolliert werden soll und nicht etwa bloß die Gleichbehandlung innerhalb eines Betriebes. In diesem Fall sind jedoch die unterschiedlichen Versorgungszusagen gerade vor der Verschmelzung erteilt worden. Die Verteilungsgerechtigkeit war vor der Umwandlung nicht verletzt, sie kommt letztlich erst durch die Umwandlung selbst ins Spiel.

109 Bei der Gewährung einer betrieblichen Versorgung nach der jeweiligen Herkunft des Arbeitnehmers aus verschiedenen, ursprünglich getrennt operierenden Unternehmen zu unterscheiden, ist nicht willkürlich und stellt insofern einen sachlichen Grund dar, der keine Gleichbehandlung von Rechts wegen gebietet. Die Rechtsprechung hat dementsprechend beim Betriebsübergang eine Differenzierung nach verschiedenen Herkunftsbetrieben für rechtlich zulässig gehalten[140]. Allerdings wird hier das Unternehmen

---

139 MünchKomm BGB, *Müller-Glöge*, 3. Auflage, § 611 Rn. 452; *Staudinger/Richardi*, BGB, 13. Bearb., § 611, Rn. 283; Münchener Handbuch zum Arbeitsrecht/*Richardi*, § 14 Rn. 9; ErfK/*Preis*, 3. Aufl., § 611 BGB Rn. 726; *Schaub*, Arbeitsrechtshandbuch, 10. Auflage § 112 Rn. 15; in diese Richtung auch *BAG* AP Nr. 105, 112 und 162 zu § 242 BGB Gleichbehandlung.

140 Vgl. *BAG* AP Nr. 41 zu § 242 BGB Gleichbehandlung; *BAG* AP Nr. 16 zu § 613a BGB; zustimmend insoweit auch *Willemsen*/Hohenstatt E Rn. 152; *Willemsen/Doetsch/Rühmann* J Rn. 111, ausführlich zum Problemstand aus der Zeit vor dem Umwandlungsgesetz bereits *Wiese*, RdA 1979, 432 ff.

selbst ein Interesse daran haben, die betrieblichen Versorgungszusagen zu **harmonisieren**. Dies geht **freilich nicht ohne Mitwirkung der betroffenen Arbeitnehmer und/oder des Betriebsrats**[141]. Hinsichtlich des fehlenden Anspruchs auf Gleichbehandlung ist es im übrigen gleichgültig, ob die Arbeitnehmer des Unternehmens, auf das oder mit dem verschmolzen wurde, vor der Umwandlung die bessere oder schlechtere Altersversorgung hatten.

b) Fortgeltung kollektivvertraglich begründeter Versorgungszusagen

Bei Bestehen einer kollektivrechtlich (durch Betriebsvereinbarung oder Tarifvertrag) begründeten betrieblichen Versorgungszusage muss zunächst immer geklärt werden, ob die Betriebsvereinbarung oder der Tarifvertrag kollektivrechtlich fortwirkt. Ist die betriebliche Altersversorgung durch einen Tarifvertrag begründet worden, muss geklärt werden, ob der **Arbeitgeber nach der Umwandlung noch tarifgebunden ist**[142]. Ist die betriebliche Versorgungszusage, wie heute in der Praxis die Regel, durch Betriebsvereinbarung begründet worden, so **wirkt** diese **Betriebsvereinbarung** nach der Umwandlung dann **fort, wenn der Betrieb als Ganzes unter Wahrung seiner Identität übertragen worden ist**[143]. Dementsprechend bleibt eine Betriebsvereinbarung über eine betriebliche Altersversorgung bei einer Verschmelzung eines ganzen Betriebs unter Erhaltung der Betriebsidentität oder auch bei einer Abspaltung oder Ausgliederung eines ganzen Betriebs unverändert erhalten. 110

Auch bei einem Betriebsteilübergang gilt, zumindest dann, wenn dieser vom Betriebserwerber bzw. neuen Rechtsträger als **eigenständige betriebsratsfähige Einheit fortgeführt wird** oder gar als selbstständiger Betrieb, eine Betriebsvereinbarung über betriebliche Altersversorgung kollektivrechtlich fort. Insoweit besteht für den Betriebsrat des Ursprungsbetriebs in Bezug auf den 111

---

141 S. Rn. 120 ff.
142 Zu Einzelheiten siehe E II und III Rn. 48 ff.
143 Zum Begriff der betriebsidentitätswahrenden Umwandlung siehe D Rn. 96.

ausgegliederten Betriebsteil ein Übergangsmandat mit den vollen Rechten und Pflichten eines Betriebsrats[144]. Das Übergangsmandat ist dabei nicht nur organisationsrechtlich bestimmt und damit ein Betriebsratsmandat minderen Ranges, sondern umfasst auch die Kompetenz zum Abschluss von Betriebsvereinbarungen. Damit bestehen auch die bisherigen Betriebsvereinbarungen fort[145]. Die kollektivrechtliche Fortgeltung der Betriebsvereinbarung endet, soweit innerhalb der Fristen des § 321 Abs. 1 UmwG bzw. § 21a BetrVG (6 Monate) kein neuer Betriebsrat gewählt wird. Ab diesem Zeitpunkt gelten die Normen der Betriebsvereinbarung lediglich individualrechtlich weiter über § 613a Abs. 1 Satz 2 BGB.

112 Wenn bei der Zusammenlegung zweier Betriebe zu einem neuen Betrieb **in dem aufnehmenden Betrieb eine Betriebsvereinbarung über betriebliche Altersversorgung** besteht, ist durch Auslegung zu ermitteln, ob von der Betriebsvereinbarung automatisch die aufgenommenen Arbeitnehmer erfasst werden. Dies wird im Zweifel der Fall sein, wenn die Betriebsvereinbarung nicht den Arbeitnehmerbestand auf ein bestimmtes Datum festgeschrieben hat, sondern, wie in der Regel üblich, vorsieht, dass jeder neu eintretende Arbeitnehmer in das betriebliche Versorgungswerk aufgenommen wird.

113 Es steht allerdings dem Arbeitgeber des aufnehmenden Betriebes frei, **vor Durchführung der Umwandlung die Betriebsvereinbarung zu kündigen und das Versorgungswerk für Neueintritte zu schließen.** In diesem Falle erhalten dann allerdings sowohl ab dem Wirksamwerden der Kündigung die im Wege der Umwandlung neu eintretenden Arbeitnehmer als auch die im übrigen neu eingestellten Mitarbeiter keine betriebliche Versorgungszusage mehr. Eine derartige Schließung des Versorgungswerks für Neueintritte ist ohne Zustimmung des Betriebsrats möglich[146]. Der parallel

---

144 *Fitting/Kaiser/Heither/Engels* § 77 Rn. 148; DKK-*Berg* § 77 Rn. 51; s. näher oben D Rn. 102 ff.
145 *Fitting/Kaiser/Heither/Engels* § 77 Rn. 148; DKK-*Berg* § 77 Rn. 51; *Düwell*, NZA 1996, 393, 395; a. A. *Willemsen/Hohenstatt*, E Rn. 19; *Müller*, RdA 1996, 287, 291.
146 *Andresen/Förster/Rößler/Rühmann* 8. Teil C Rn. 26; *Blomeyer/Otto*, Einl. Rn. 511; *Höfer*, ART Rn. 797; Kasseler Handbuch zum Arbeitsrecht/*Griebeling*, 2.9. Rn. 763; *Schoden*, Einführung Rn. 157.

zur Verschmelzung der Betriebe einhergehende Betriebsübergang gemäß § 613a BGB verpflichtet den Arbeitgeber des aufnehmenden Betriebes ebenfalls nicht, die bislang bestehenden günstigen Arbeitsbedingungen in Form einer betrieblichen Altersversorgung auch für die neu im Wege des Betriebsübergangs in den Betrieb eintretenden Arbeitnehmer offen zu halten[147]. Insofern wird im Beispiel 1 bei Bildung eines gemeinsamen Betriebs zwischen den bisherigen Betrieben der AG und der GmbH dann für die bislang unversorgten Arbeitnehmer der GmbH eine betriebliche Altersversorgung begründet, wenn der Betrieb der GmbH in den Betrieb der AG integriert wird und die bestehende Betriebsvereinbarung der AG unverändert bleibt. Wird die Betriebsvereinbarung rechtzeitig vor der Unternehmensumwandlung gekündigt und das Versorgungswerk geschlossen, erhalten die GmbH-Mitarbeiter keine betriebliche Altersversorgung.

c) Individualrechtliche Fortgeltung kollektivvertraglich begründeter Versorgungszusagen

Etwas anderes gilt, wenn im Rahmen einer Verschmelzung der neue Betrieb in den bisher bestehenden Betrieb eingegliedert wird und es so zur Bildung eines neuen Betriebs kommt oder wenn die **Betriebsidentität** dadurch **verloren geht,** dass ein Betriebsteil abgespalten wird. Wird also etwa der Betrieb der AG in die GmbH integriert und verliert damit der Betrieb der AG seine Identität, wirkt die bei der AG bestehende **Betriebsvereinbarung** nicht mehr kollektivrechtlich fort, sondern **wird gemäß § 613a Abs. 1 Satz 2 BGB individualrechtlich Inhalt des Arbeitsverhältnisses** und unterliegt der dort normierten einjährigen Veränderungssperre. Geht die Betriebsidentität verloren, weil im Rahmen einer Unternehmensspaltung auch der betroffene Betrieb gespalten wird, endet grundsätzlich die normative Wirkung der Betriebsvereinbarung und die durch Betriebsvereinbarung begründeten betrieblichen Versorgungszusagen gehen, soweit die aufgespaltenen Betriebsteile nicht in einem anderen

114

---

147 Ebenso *Andresen/Förster/Rößler/Rühmann* 14. Teil B Rn. 442.

Betrieb aufgehen und hierbei gegenstandsgleiche andere Kollektivregelungen Anwendung finden, gemäß § 613a Abs. 1 Satz 2 individualrechtlich in das Arbeitsverhältnis ein[148].

115 Die im Wege einer Betriebsvereinbarung erteilten Versorgungszusagen werden damit gemäß § 613a Abs. 1 Satz 2 BGB individualrechtlich Inhalt des Arbeitsverhältnisses, wenn im Rahmen einer Unternehmensumwandlung ein Inhaberwechsel des gesamten Betriebes statt findet und dabei der bisherige Betrieb mit dem Betrieb des neuen Inhabers zu einem Betrieb zusammengefasst wird oder sonst in den Betrieb des neuen Inhabers eingegliedert wird oder wenn ein Betriebsteil den Inhaber wechselt und dieser Betriebsteil in den Betrieb des neuen Inhabers integriert wird.

d) Verdrängung kollektivvertraglich begründeter Versorgungszusagen durch die Kollektivregelung des neuen Rechtsträgers

116 Existiert bei dem neuen Inhaber bereits eine Betriebsvereinbarung über eine betriebliche Altersversorgung, wird gemäß § 613a Abs. 1 Satz 3 BGB die **Betriebsvereinbarung des bisherigen Inhabers durch die Betriebsvereinbarung des neuen Inhabers verdrängt.** Durch diese Vorschrift wird eine Konkurrenz zwischen der individualrechtlichen Fortgeltung der bisher geltenden Betriebsvereinbarung und der nunmehr kollektivrechtlich beim neuen Rechtsträger geltenden Betriebsvereinbarung ausgeschlossen. Das Günstigkeitsprinzip gilt insoweit nicht[149]. Dies gilt zumindest dann, wenn die Betriebsvereinbarungen den gleichen Regelungsgegenstand haben und sie auch betriebsverfassungsrechtlich im übernommenen Betrieb gelten[149a]. Nach dem Betriebsübergang gilt somit bei konkurrierenden gleichrangigen kollektivrechtlichen Regelungen über betriebliche Altersversor-

---

148 *Fitting/Kaiser/Heither/Engels*, BetrAVG, 20.Auflage § 77 Rn. 145; DKK-*Berg*, 6. Auflage, § 77 Rn. 51.
149 *Staudinger/Richardi/Annuß*, BGB, § 613a Rn. 184; Münchener Kommentar BGB/*Schaub*, § 613a Rn. 189 ff.
149a BAG 1.8.2001, BB 2002, 203.

gung ab dem Betriebsübergang die Betriebsvereinbarung des Erwerbers bzw. neuen Rechtsträgers.

Dies führt freilich dann, wenn die Betriebsvereinbarung des **117** Erwerbers eine wesentlich geringere betriebliche Altersversorgung vorsieht als die des Veräußerers, zu untragbaren Ergebnissen[150]. Wollte man die Geltung der Betriebsvereinbarung beim Erwerber auch auf Zeiten erstrecken, die der Arbeitnehmer für den bisherigen Veräußerer gearbeitet hat, würde jedenfalls bei einer **schlechteren betrieblichen Altersversorgungsregelung beim Erwerber** dem Versorgungsanwärter die vor dem Betriebsübergang erdienten Versorgungsanwartschaftsteile genommen werden. Er würde somit durch den Betriebsübergang schlechter gestellt, als wenn er zum Zeitpunkt des Betriebsübergangs aus dem Arbeitsverhältnis ausgeschieden wäre. Dann hätte er nämlich wenigstens die nach § 2 BetrAVG zu errechnenden erdienten Teil seiner Versorgungsanwartschaft behalten. Eine **Verdrängung** der bisherigen Betriebsvereinbarung durch die neue, auch **mit Wirkung für die Vergangenheit, entspricht** somit **nicht dem** im Recht der betrieblichen Altersversorgung vorherrschenden **Vertrauensschutzgedanken.** Es wird vielmehr ganz überwiegend vertreten, dass für den Bereich der betrieblichen Altersversorgung § 613a Abs. 1 Satz 3 BGB in der Weise modifiziert werden muss, dass der bisher beim Veräußerer erreichte **Besitzstand gemäß § 2 BetrAVG gewahrt bleiben muss** und lediglich für die Zeit nach dem Betriebsübergang die Altersversorgung entsprechend der Betriebsvereinbarung des Erwerbers fortzuführen ist[151]. Dabei zählt zum Besitzstand nach § 2 BetrAVG nicht nur diejenige Anwartschaft, die nach § 2

---

150 *BAG* NZA 2002, 520; Münch.Komm. BGB/*Schaub*, § 613a Rn. 192; Münchener Handbuch zum Arbeitsrecht/*Förster/Rühmann*, § 106 Rn. 54; *Willemsen/Hohenstatt* E Rn. 39, *Blomeyer/Otto*, Einleitung Rn. 426; *Höfer* ART Rn. 910; *Andresen/Förster/Rößler/Rühmann* 14. Teil B Rn. 502; *Pauly*, Festschrift Heubeck 1986, S. 115; *Gussen/Dauck*, Die Weitergeltung von Betriebsvereinbarungen und Tarifverträgen bei Betriebsübergang und Umwandlung, 2. Aufl. 1997, Rn. 103 ff.; *Kemper*, BB 1990, 785, 789; anders nur *Wank* NZA 1987, 505, 509.

151 In diesem Sinne auch die soeben zitierten Autoren; anders dagegen *Kemper*, BB 1990, 789, der für ein unverändertes Fortbestehen der Betriebsvereinbarung für die bisherigen Mitarbeiter des Veräußerers und des Erwerbers plädiert.

Abs. 1 i.V.m. Abs. 5 BetrAVG zum Zeitpunkt des Betriebsübergangs zu berechnen ist, sondern bei einer einkommensabhängigen Versorgungszusage oder einer anderen dynamischen Versorgungszusage[152] auch die Dynamik des Besitzstandes; es muss also bei der Berechnung der betrieblichen Altersrente das Einkommen bei Eintritt des Versorgungsfalls zugrundegelegt werden und nicht etwa, wie es sonst bei der Berechnung einer unverfallbaren Anwartschaft nach § 2 Abs. 1 i.V.m. Abs. 5 BetrAVG vorgeschrieben ist, das Einkommen beim Ausscheiden bzw. hier beim Betriebsübergang[153].

118 Verfügt dagegen der **neue Betriebsinhaber über eine bessere betriebliche Versorgungsregelung** als der bisherige Betriebsinhaber, zählen die beim bisherigen Betriebsinhaber zurückgelegten Betriebszugehörigkeitszeiten grundsätzlich für die Versorgungsregelung des neuen Betriebsinhabers mit, soweit nicht ausdrücklich in der Versorgungsregelung des Betriebserwerbers eine andere Regelung getroffen wurde. Der bis zum Betriebsübergang erdiente Besitzstand wird jedoch vom neuen Betriebsinhaber nicht zusätzlich zu der bei ihm erdienten Altersversorgung geschuldet, wenn der Arbeitnehmer durch die Versorgungsregelung des Erwerbers eine höhere Betriebsrente erhält als den zum Zeitpunkt des Betriebsübergangs erworbenen Besitzstand[153a].

119 Da die Grundsätze für einen Betriebsteilübergang auch gelten, soweit umwandlungsrechtlich einzelne Arbeitsverhältnisse auf einen neuen Rechtsträger übergehen (siehe F Rn. 34 ff.), gilt im Beispiel 2 für die Vertriebsmitarbeiter ab dem Wirksamwerden der Spaltung das entgeltabhängige System der Frankfurter Zentrale. Für die 3 Münchner Mitarbeiter, die nicht mehr zum Münchner Betrieb, sondern zum Frankfurter Betrieb gehören, bleibt es allerdings bei dem bis zur Spaltung erreichten Besitzstand nach der bislang in München geltenden Gesamtversorgungsregelung, da diese günstiger ist als die entgeltabhängige Versorgung in Frankfurt. Dagegen werden die Hamburger Vertriebsmitarbeiter

---

152 Vgl. zu diesen Münchener Handbuch zum Arbeitsrecht/*Förster/Rühmann* § 105 Rn. 69, 70 und 71 sowie *Andresen/Förster/Rößler/Rühmann* 6. Teil Rn. 45 ff.
153 So zu Recht *Andresen/Förster/Rößler/Rühmann* 14. Teil B Rn. 502.
153a *BAG* NZA 2002, 520..

so behandelt, als wären sie von vornherein vom Geltungsbereich der Frankfurter Betriebsvereinbarung erfasst worden.

VII. Änderung von Versorgungszusagen

120 Eine Unternehmensumwandlung selbst stellt keinen Grund dafür dar, als Arbeitgeber einseitig oder mit Zustimmung des Betriebsrats im Wege einer abändernden Betriebsvereinbarung in einmal erteilte Versorgungszusagen einzugreifen, da der Arbeitgeber sich sonst selbst Sachgründe für die Verschlechterung von Versorgungszusagen schaffen könnte (§ 242 BGB)[153b]. Die mit einer Unternehmensumwandlung einhergehenden wirtschaftlichen Beweggründe werden aber häufig zu Überlegungen auf Unternehmensseite führen, inwieweit sich im Bereich der betrieblichen Altersversorgung Einsparungen erzielen lassen. Soweit dies nicht bereits über die Umwandlung selbst geschehen kann (insbesondere durch Eingliederung eines Betriebs mit einer besseren kollektiven Regelung zur betrieblichen Altersversorgung in einem Betrieb mit einer schlechteren kollektivrechtlich geregelten Altersversorgung (siehe hierzu Rn. 116 ff.), sind hierzu gesonderte Änderungsschritte des Arbeitgebers erforderlich, die sich in den von der Rechtsprechung entwickelten Grenzen einer Verhältnismäßigkeitskontrolle zu bewegen haben[154]. Neben wirtschaftlichen Gründen wird es allerdings häufig auch personalpolitische Gründe geben, etwa im Hinblick auf die Harmonisierung unterschiedlicher aufeinandertreffender betrieblicher Versorgungsregelung. Da es grundsätzlich keine Besonderheiten für eine Änderung von Versorgungszusagen unmittelbar im Anschluß an eine Unternehmensumwandlung gibt, sollen im folgenden lediglich auf bestimmte Grundzüge hingewiesen werden, unter welchen Voraussetzungen und in welchen Grenzen eine

---

153b Anders *Gaul/Kühnreich*, NZA 2002, 495, 499 ohne Begründung.
154 Hierzu allgemein *Blomeyer/Otto*, Einl. Rn. 529 – 660; *Andresen/Förster/Rößler/Rühmann* 12. Teil; Münchener Handbuch zum Arbeitsrecht/*Förster/Rühmann* § 106 Rn. 1 – 33; *Höfer*, ART Rn. 288 – 502; *Schoden*, Arbeitsrechtliche Einführung Rn. 75 – 165; *ErfK/Steinmeyer*, BetrAVG, Vorb. Rn. 10 – 36.

Änderung von Versorgungszusagen rechtlich möglich ist, sowie auf einige besondere Aspekte, die bei einer Änderung nach einer Unternehmensumwandlung oder einem Betriebsübergang häufiger eine Rolle spielen können.

121 Betriebliche Versorgungszusagen sind einerseits bindende vertragliche Verpflichtungen auf individual- oder kollektivrechtlicher Grundlage. Andererseits erstreckt sich die Dauer des durch eine betriebliche Versorgungszusage begründeten Schuldverhältnisses in der Regel über mehrere Jahrzehnte (von Beginn des Arbeitsverhältnisses oder Erteilung der Zusage bis zum Auslaufen des Versorgungsverhältnisse durch Tod des Betriebsrentners oder Ende der Hinterbliebenenversorgung). Die Rechtsprechung hat deshalb trotz der bestehenden Vertragsbindung dem Arbeitgeber in bestimmten Grenzen die Möglichkeit eröffnet, die einmal erteilte Versorgungszusage zu ändern[155]. Wie sehr in die erteilte Zusage eingegriffen werden darf, ist dabei abhängig von der Rechtsgrundlage, den in ihr enthaltenen Änderungsmöglichkeiten und den Gründen für die Änderung. Hierbei müssen Anlass und durchgeführte Maßnahme in einem angemessenen Verhältnis zueinander stehen. Eine **Verhältnismäßigkeitskontrolle** nimmt die Rechtsprechung allerdings vor allen Dingen bei Änderungen im Rahmen von Betriebsvereinbarungen und einseitigen Änderungen durch den Arbeitgeber – soweit diese zulässig sind – vor. Individualvertragliche Änderungen müssen sich vor allen Dingen an den Normen des Betriebsrentenrechts und des allgemeinen Arbeitsrechts messen lassen.

1. Änderung einer Betriebsvereinbarung

122 Die meisten der von einer Unternehmensumwandlung betroffenen Betriebe mit einer betrieblichen Altersversorgung dürften die Versorgungszusage mittlerweile durch eine Betriebsvereinbarung geregelt haben. Eine solche **Betriebsvereinbarung** kann **durch eine nachfolgende Betriebsvereinbarung** jederzeit **abgeändert** werden (nach Ablauf der zeitlichen Dauer einer Betriebsvereinbarung,

---

[155] Die einmal festgelegte Regelung darf nicht „versteinern", so *BAG* AP Nr. 31 zu § 242 BGB Ruhegehalt.

Ablauf der Kündigungsfrist oder durch einvernehmliche Aufhebung der bisherigen Betriebsvereinbarung durch eine neue). In diesem Fall gilt das Ablösungsprinzip oder die Zeitkollisionsregel[156]. Allerdings unterliegt diese eine frühere Betriebsvereinbarung abändernde Betriebsvereinbarung nach ständiger Rechtsprechung des BAG einer Billigkeitskontrolle[157]. Im Rahmen des vom BAG entwickelten **Dreistufenschemas**[158] ist zwischen verschiedenen sachlichen Gründen zu unterscheiden, bei denen um so eher in Besitzstände eingegriffen werden kann, je schwerer die Gründe wiegen. Die abgestuften Besitzstände der Dreistufentheorie des BAG berücksichtigen dabei, dass ein Arbeitnehmer eine Betriebsrente für eine Gesamtheit von Arbeitsleistungen erhält, der Arbeitnehmer also zunächst einmal seine Leistung erbringt, während der Arbeitgeber seine Gegenleistung ab Eintritt des Versorgungsfalls erbringt. Wenn der Arbeitnehmer bereits über mehrere Jahre gearbeitet hat, hat er somit bereits zeitanteilig einen Teil seiner Leistung erbracht. Dies führt dazu, dass in laufende Betriebsrentenansprüche in keinem Fall eingegriffen werden kann durch eine abändernde Betriebsvereinbarung, da der Arbeitnehmer seinen Teil der Leistung bereits voll erbracht hat. Insoweit besteht auch kein Mitbestimmungsrecht des Betriebsrats, da dieser Betriebsrentner nach ständiger Rechtsprechung des BAG nicht vertritt[159]. Auch in **unverfallbare Versorgungsanwartschaften von bereits ausgeschiedenen Arbeitnehmern** kann nicht eingegriffen werden, wie sich bereits aus § 2 Abs. 5 Satz 1 BetrAVG ergibt.

a) Besitzstände

In **erdiente Versorgungsanwartschaften,** also solche Anwartschaftsteile, die ein Arbeitnehmer bei einem Ausscheiden aus **123**

---

156 Vgl. *Blomeyer/Otto* Einleitung Rn. 601; Münchener Handbuch zum Arbeitsrecht/*Förster/Rühmann* § 106 Rn. 23.
157 Grundlegend *BAG* AP Nr. 9 zu § 1 BetrAVG Ablösung.
158 Grundlegend *BAG* vom 17.04.1985 AP Nr. 4 zu § 1 BetrAVG Unterstützungskassen; s. auch BAG AP Nr. 6 zu § 1 BetrAVG Unterstützungskassen; BAG AP Nr. 9 zu § 1 BetrAVG Ablösung; BAG AP Nr. 13 zu § 1 BetrAVG Besitzstand.
159 *BAG* AP Nr. 1 zu § 57 BetrVG; BAG AP Nr. 7 zu § 242 BGB Ruhegehalt – Unterstützungskassen; BAG AP Nr. 1 zu § 1 BetrAVG Betriebsvereinbarung.

dem Betrieb zum Zeitpunkt der Ablösung über die in § 2 BetrAVG vorgesehene Berechnung erhielte[160], kann ebenfalls grundsätzlich nicht eingegriffen werden, da insoweit der Arbeitnehmer seine Leistung bereits erbracht hat. Die ursprünglich im Gesetz vorgesehene Kürzungsmöglichkeit wegen einer wirtschaftlichen Notlage des Arbeitgebers bei gleichzeitigem Eintritt des Pensionssicherungsvereins für die entsprechenden Anwartschaften ist mit Inkrafttreten der Insolvenzrechtsreform seit dem 01.01.1999 gestrichen worden; seitdem ist sowohl der Widerruf wegen einer wirtschaftlichen Notlage eines Unternehmens als auch der Eingriff in erdiente Versorgungsanwartschaften durch eine abändernde Betriebsvereinbarung nicht mehr zulässig[161]. Lediglich bei einer planwidrigen Überversorgung[162] lässt das BAG in extrem Ausnahmefällen bei Gesamtversorgungssystemen einen Eingriff in den erdienten Besitzstand zu[163].

124 Aus sachlichen Gründen darf nach der Rechtsprechung des BAG in diejenigen **Anwartschaftsteile** eingegriffen werden, **die noch nicht erdient sind,** also im Regelfall diejenigen Anwartschaftsteile, die ein Arbeitnehmer bei einem Ausscheiden zum Änderungsstichtag nicht als aufrechterhaltene Versorgungsanwartschaft gemäß §§ 1b und 2 BetrAVG behielte. Dabei differenziert das BAG zu Recht nicht zwischen unverfallbaren und verfallbaren Versorgungsanwartschaften – auch ein Arbeitnehmer mit einer verfallbaren Versorgungsanwartschaft hat schon in einer bestimmten Zeit Arbeitsleistungen erbracht, für die der Arbeitgeber Gegenleistungen zu erbringen hat, so dass von einer erdienten Anwartschaft auch schon vor der Unverfallbarkeit gesprochen werden kann. Diese sind damit gleich schutzwürdig sind wie erdiente unverfallbare Anwartschaftsteile[164].

---

160 Vgl. *BAG* AP Nr. 1 zu § 1 BetrAVG Ablösung.
161 Zur Unzulässigkeit des Widerrufs der Anwartschaft aus einer wirtschaftlichen Notlage siehe BT-Drs. 511/92, S. 110.
162 Vgl. *BAG* AP Nr. 9 zu § 1 BetrAVG Ablösung; BAG AP Nr. 5 zu § 1 BetrAVG Besitzstand; BAG AP Nr. 13 zu § 1 BetrAVG Ablösung; BAG AP Nr. 15 zu § 1 BetrAVG Ablösung; BAG 03.09.1991 DB 1992, 994.
163 Kritisch hierzu *Dieterich*, Festschrift Hilger/Stumpf, S. 77 ff.; *Rühle*, Festschrift Gnade, S.459 ff.; *Schoden*, Einführung Rn. 117.
164 *BAG* 08.12.1981 AP Nr. 1 zu § 1 BetrAVG Unterstützungskassen; *BAG* AP Nr. 3 zu § 1 BetrAVG Geschäftsgrundlage.

Eine Zwischenstufe im Besitzstandschutz hat das BAG seit der Entscheidung vom 17.05.1985[165] für Versorgungszusagen entwickelt, bei denen die Betriebsrente vom letzten Einkommen abhängt. Da bei einer Berechnung einer unverfallbaren Versorgungsanwartschaft nach § 2 Abs. 1 i.V.m. Abs. 5 BetrAVG zukünftige Einkommensentwicklungen bei einem unverfallbaren Ausscheiden außer Betracht bleiben, wird einem Arbeitnehmer, dessen Anwartschaft auf den Besitzstand gekürzt wird, als wäre er zum Änderungsstichtag aus dem Unternehmen ausgeschieden, eine Kürzung zugemutet, die über dem zeitanteilig Erdienten liegt, wenn der Arbeitnehmer bis zum Eintritt des Versorgungsfalls im Unternehmen verbleibt und man dann von seinem letzten Einkommen aus betrachtet, für welchen Anteil er bereits zum Abänderungsstichtag Arbeitsleistungen erbracht hatte und für welchen nicht. Hatte etwa ein Arbeitnehmer eine Versorgungszusage, die ihm 10 % vom letzten Bruttogehalt als monatliche Altersversorgung zusagte, und betrug sein Bruttogehalt bei Eintritt des Versorgungsfalls mit Alter 65 DM 5.000,00, so konnte er mit einer monatlichen Rente von DM 500,00 rechnen. Ist der Arbeitnehmer mit dem 25. Lebensjahr in das Unternehmen eingetreten und ist eine Änderung bei Vollendung des 45. Lebensjahres erfolgt, und verdiente der Arbeitnehmer zu diesem Zeitpunkt (im Alter 45) nur DM 3.000,00, hatte der Arbeitnehmer zum Änderungsstichtag die Hälfte seiner möglichen Betriebszugehörigkeit im Unternehmen verbracht, so dass es, bezogen auf sein später erzieltes Endeinkommen richtig wäre, von einer erdienten Anwartschaft von DM 250,00 im Monat auszugehen. Die unverfallbare Anwartschaft nach § 2 Abs. 1 i.V.m. Abs. 5 BetrAVG berücksichtigt jedoch spätere Gehaltssteigerungen nicht mehr; hier wird die unverfallbare Anwartschaft mit der Hälfte von 10 % von DM 3.000,00, also DM 150,00 errechnet. Diese Dynamisierung der zeitanteilig erdienten Anwartschaft (das BAG spricht von einer **zeitanteilig erdienten Dynamik**) darf dem Arbeitnehmer nur aus triftigen Gründen genommen werden. Als solche sieht das BAG wirtschaftliche Gründe dann an, wenn die wirtschaftliche Lage des

125

---

[165] *BAG* AP Nr. 4 zu § 1 BetrAVG Unterstützungskassen.

Unternehmens so schlecht ist, dass ihm die Anpassung der Renten an die Geldentwertung gemäß § 16 BetrAVG nicht möglich ist[166].

b) Gründe

126 **Zwingende Gründe** hat das BAG jedenfalls für die Änderungen vor dem 01.01.1999 bei Bestehen einer **wirtschaftlichen Notlage** angenommen; nach der Streichung diesses Sicherungsfalls in § 7 BetrAVG kommt dieser Grund nicht mehr in Betracht. Denkbar ist er allenfalls bei einer **planwidrigen Überversorgung** (s. Rn. 123).

127 Bei einem **triftigen Grund** muss **langfristig die Substanz des Unternehmens gefährdet** erscheinen und mildere Mittel nicht in Betracht kommen. Diese Rechtsprechung wird in der Literatur vielfach kritisiert[167]. Es fragt sich, ob die gegriffene[168] und in ihrer Anknüpfung an § 16 BetrAVG problematische[169] Ausfüllung des triftigen Grundes nicht im Interesse einer größeren Rechtssicherheit nach den gleichen Kriterien beurteilt werden sollte wie nach der neueren Rechtssprechung des BAG[170] eine Änderungskündigung zur Entgeltkürzung bei den Mitarbeitern: Die Kürzung der Betriebsrentenanwartschaften müsste dann erforderlich sein, um eine Stilllegung des Betriebes, die Reduzierung der Belegschaft oder die Insolvenz des Unternehmens zu verhindern[171].

128 Auch **nicht wirtschaftliche Gründe** können triftige Gründe nach der Rechtsprechung des BAG sein, etwa wenn ohne Schmälerung des Gesamtaufwandes für die Altersversorgung Leistungskürzungen durch Verbesserungen des Versorgungsschutzes aufgewogen werden und insoweit der Betriebsrat dieser Regelung zustimmt[172].

---

166 *BAG* AP Nr. 4 zu § 1 BetrAVG Unterstützungskassen; BAG AP Nr. 13 zu § 1 BetrAVG Besitzstand.
167 Vgl. *Andresen/Förster/Rößler/Rühmann* 12. Teil Rn. 613 ff.; *Loritz*, Anm. zu BAG AP Nr. 4 zu § 1 BetrAVG Unterstützungskassen; *Blomeyer/Otto*, Einleitung Rn. 612; *Steinmeyer*, Betriebliche Altersversorgung und Arbeitsverhältnis, S. 106 ff.
168 *Blomeyer/Otto*, Einl. Rn. 613.
169 Vgl. *Andresen/Förster/Rößler/Rühmann* 12. Teil Rn. 613; *Schoden*, Einführung Rn. 111.
170 *BAG* NZA 1999, 255 und 471.
171 Vgl. näher HK-KSchG *Weller/Hauck*, 4. Auflage, § 2 Rn. 158 f.
172 *BAG* 11.09.1990, AP Nr. 8 zu § 1 BetrAVG Besitzstand; *BAG* 07.07.1992, AP Nr. 11 zu § 1 BetrAVG Besitzstand.

129 Liegen **einfach sachliche Gründe** vor, kann in die noch nicht erdienten dienstzeitabhängigen Steigerungsraten einer Versorgungszusage eingegriffen werden. Als sachliche Gründe gelten alle bisher genannten triftigen und zwingenden Gründe, wie etwa die drohende Substanzgefährdung eines Unternehmens, aber auch die Harmonisierung verschiedener bestehender Versorgungsregelungen, die Anpassung von Versorgungsregelungen an veränderte gesetzliche Rahmenbedingungen, die Rückführung des betrieblichen Versorgungswerks auf den ursprünglich vorgesehenen Dotierungsrahmen oder die Abkoppelung eines Gesamtversorgungssystems von der Sozialversicherungsrente, wenn durch die Absenkung des Sozialversicherungsrentenniveaus die damit einhergehende wirtschaftliche Mehrbelastung für das Unternehmen nicht mehr tragbar ist[173]. Stets zu beachten ist dabei, dass die im einzelnen vom Arbeitgeber darzulegenden sachlichen Gründe und die vorgenommenen Kürzungen einander entsprechen müssen; sie müssen in einem angemessenen Verhältnis zueinander stehen. So darf etwa, wenn wegen einer planwidrigen Überversorgung die Betriebsrentenansprüche gekürzt werden, nicht unter das ursprünglich gewollte Versorgungsniveau gekürzt werden[174].

130 Relevante Gründe im Anschluss an eine Unternehmensumwandlung sind vor allen Dingen denkbar im Hinblick auf eine notwendig werdende **Harmonisierung verschiedener Altersversorgungsregelungen,** die durch die Verschmelzung verschiedener Unternehmen, aber auch etwa durch Teilübertragungen oder Spaltungen zur Aufnahme entstanden sein können. Hier kann, wie soeben dargelegt, im Interesse einer Gleichbehandlung zukünftiger Versorgungsansprüche in bestehende Versorgungsregelungen zu Lasten noch nicht erdienter Anwartschaften eingegriffen werden; die Rechtsprechung geht insoweit von einem

---

[173] Vgl. zu sachlichen Gründen im einzelnen *Blomeyer/Otto*, Einleitung Rn. 618 ff.; *Andresen/Förster/Rößler/Rühmann* 12. Teil Rn. 645 ff.; *Höfer*, ART Rn. 478 ff.; *Schoden*, Rn. 113.
[174] Vgl. BAG 28.07.1998 AP Nr. 9 zu § 79 LPVG Baden-Württemberg; BAG 09.11.1999, 3 AZR 502/98, AuR 2000, 398.

triftigen Grund aus. Selbstverständlich kann diese Veränderung nur unter Beachtung des Mitbestimmungsrechts des Betriebsrat gemäß § 87 Abs. 1 Nr. 8 bzw. Nr. 10 BetrVG erfolgen.

131 **Wirtschaftliche Gründe** sind dann denkbar, wenn die Umwandlung aus diesen wirtschaftlichen Gründen erfolgt und auch nach der Umwandlung bei Beibehaltung der bestehenden Versorgungsregelung die Substanz des Unternehmens gefährdet erscheint oder sonst eine Entlassung von Mitarbeitern erforderlich würde. Die Unternehmensumwandlung selbst stellt jedoch nie einen sachlichen Grund zur Änderung einer betrieblichen Versorgungsregelung dar. Soweit wirtschaftliche Gründe erst infolge der Unternehmensumwandlung entstehen, ist zu prüfen, ob diese ohne die durchgeführte Umwandlung nicht entstanden wären: Ist dies der Fall, kann ein sachlicher Grund nicht angenommen werden, da ein Unternehmen sich den sachlichen Grund nicht selbst schaffen darf (Verbot des widersprüchlichen Verhaltens, § 242 BGB).

2. Kündigung einer Betriebsvereinbarung

132 Die Dreistufentheorie findet Anwendung nicht nur bei Betriebsvereinbarungen, die frühere Betriebsvereinbarungen abändern, sondern auch dann, wenn ein Arbeitgeber eine **Betriebsvereinbarung** über betriebliche Altersversorgung **gekündigt** hat, bei der keine Nachwirkung vereinbart ist. Hier hat der Arbeitgeber nach der Rechtsprechung des BAG je nach Intensität des Kündigungsgrundes den Besitzstand entsprechend der Dreistufentheorie zu wahren[175].

3. Widerruf von Versorgungszusagen

133 Literatur und Rechtsprechung wenden darüber hinaus die Dreistufentheorie bei **einem einseitigen Widerruf der Versorgungszusage durch den Arbeitgeber** an, also etwa bei individualrechtlich erteilten Versorgungszusagen in betriebsratslosen

---

[175] Grundlegend *BAG* 18.04.1989 AP Nr. 2 zu § 1 BetrAVG Betriebsvereinbarung; *BAG* 11.05.1999, NZA 2000, 322; *BAG* 17.08.1999, NZA 2000, 498.

Betrieben oder bei individualrechtlich erteilten Versorgungszusagen, wenn der Betriebsrat dem Widerruf formlos seine Zustimmung erteilt hat. Im übrigen ist ein einseitiger Widerruf von Versorgungszusagen durch den Arbeitgeber bei Existenz eines Betriebsrats nicht mehr möglich, da dessen Mitbestimmungsrecht bei einem Widerruf vom Arbeitgeber beachtet werden muss. Verletzt der Arbeitgeber dieses Mitbestimmungsrecht, ist der Widerruf unwirksam[176].

4. Ablösung von Einzelzusagen mit Kollektivbezug durch Betriebsvereinbarung

Die soeben entwickelten Grundsätze zur abändernden Betriebsvereinbarung gelten auch für **ablösende Betriebsvereinbarungen bei Betriebsvereinbarungsoffenheit:** Von einer ablösenden Betriebsvereinbarung spricht man, wenn betriebliche Versorgungszusagen, die auf einer betrieblichen Einheitsregelung, einer Gesamtzusage oder einer betrieblichen Übung beruhen, durch eine Betriebsvereinbarung abgeändert werden. Grundsätzlich können derartige einzelvertraglich begründete Versorgungszusagen, die jedoch einen gewissen Kollektivbezug haben, nur in Grenzen von Recht und Billigkeit so geändert werden, dass die Neuregelung insgesamt bei kollektiver Betrachtung nicht ungünstiger ist (kollektiver Günstigkeitsvergleich[177]). Hier darf also der Dotierungsrahmen für die Mittel der betrieblichen Altersversorgung vor und nach der Änderung vom Arbeitgeber nicht verändert werden. Eine Ausnahme gilt allerdings für den Fall, dass die vertragliche Einheitsregelung erkennen lässt, dass spätere betriebliche Regelungen durch eine Betriebsvereinbarung den Vorrang haben sollen[178]. Bei einer solchen betriebsvereinbarungsoffenen Regelung kann die vertragliche Einheitsregelung, Gesamtzusage oder betriebliche Übung auch durch eine nachfolgende Betriebsvereinbarung im Rahmen der Dreistufen-

134

---
176 *BAG* 26.04.1988 AP Nr. 3 zu § 1 BetrAVG Geschäftsgrundlage.
177 *BAG* 16.09.1986 AP Nr. 17 zu § 77 BetrVG 1972.
178 Vgl. *BAG* 20.11.1990 AP Nr. 14 zu § 1 BetrAVG.

G. Betriebliche Altersversorgung

theorie abgeändert werden[179]. Da sich eine Betriebsvereinbarungsoffenheit auch aus den Umständen ergeben kann, wird vertreten, dass auch kollektivrechtlich begründete betriebliche Versorgungszusagen, die im Rahmen eines Betriebsübergangs nach § 613a Abs. 1 Satz 2 in individualrechtliche Ansprüche transformiert werden, als betriebsvereinbarungsoffen gelten[180]. Dies liegt insofern nahe, als die Arbeitnehmer jedenfalls früher mit einer Änderung ihrer durch Betriebsvereinbarung begründeten Versorgungszusage durch eine nachfolgende Betriebsvereinbarung rechnen mussten; die vorübergehende Umwandlung ihrer Ansprüche in einen individualrechtlichen Anspruch nach einem Betriebsübergang kann insoweit nicht zu einer Verbesserung ihrer Rechtslage führen.

135 Ist eine betriebliche Versorgungszusage durch eine vertragliche Einheitsregelung, Gesamtzusage oder betriebliche Übung begründet worden, kann, wie oben dargestellt, eine nachfolgende Betriebsvereinbarung diese erteilten Versorgungszusagen nur unter Wahrung des **kollektiven Günstigkeitsprinzips** abändern, also letztendlich die Mittel für die betriebliche Altersversorgung nur innerhalb der Belegschaft umschichten, nicht jedoch insgesamt kürzen. Dies kann aber im Rahmen einer Unternehmensumwandlung durchaus dann von Relevanz sein, wenn in den nach der Umwandlung entstandenen Unternehmen **verschiedene Versorgungsregelungen** existieren, die mit einer ablösenden Betriebsvereinbarung untereinander **harmonisiert** werden sollen. Bei einer derartigen Harmonisierung darf jedoch in keinem Fall in erdiente Anwartschaften im Sinne des § 2 BetrAVG eingegriffen werden. Ob allerdings der Bezugsrahmen für den Günstigkeitsvergleich – etwa durch Einbeziehung von Arbeitnehmern ohne Versorgungszusage nach einer Verschmelzung – durch eine Umwandlung verschoben werden darf, erscheint zweifelhaft[180a].

---

179 Zu Beispielen für eine betriebsvereinbarungsoffene Regelung siehe Münchener Handbuch zum Arbeitsrecht/*Förster/Rühmann*, § 106 Rn. 29.
180 *Andresen/Förster/Rößler/Rühmann* 14. Teil B Rn. 536.
180a Sowohl auch *Reinecke*, DB 2002, 2717, 2720.

5. Änderung von Einzelzusagen

Ist eine **Versorgungszusage durch Einzelvertrag** erteilt worden, 136
kann sie im Rahmen einer Unternehmensumwandlung nicht gekündigt werden. Eine Teilkündigung bezüglich der Versorgungszusage ist ohnehin rechtlich nicht möglich[181]. Eine Änderungskündigung würde gegen den besonderen Kündigungsschutz des § 613a Abs. 4 BGB, ggf. i.V.m. § 324 UmvG verstoßen[182]. Auch eine einvernehmliche Änderung, die grundsätzlich im Rahmen der Privatautonomie zulässig wäre, begegnet jedoch dann, wenn sie im Rahmen eines Betriebsübergangs geschlossen wird, u.U. wegen einer möglichen Umgehung des § 613a Abs. 4 BGB rechtlichen Bedenken[183].

6. Sonstige Änderungen

Dagegen ist die **Schließung des Versorgungswerks,** also die 137
Nichterteilung von Versorgungszusagen für neu eintretende Mitarbeiter, jedenfalls nach Kündigung einer evtl. bestehenden Betriebsvereinbarung und Ablauf der Kündigungsfrist, ohne weiteres möglich. Auch eine **Änderung des Durchführungswegs,** also etwa der Wechsel von einer unmittelbaren Versorgungszusage zu einer Direktversicherung ist zulässig, soweit der wirtschaftliche Wert der erteilten Versorgungszusage für den Arbeitnehmer erhalten bleibt. Obwohl der Wechsel des Durchführungswegs nach der Rechtsprechung des BAG mitbestimmungsfrei ist[184] wird hier das Unternehmen, soweit es einen entsprechenden Wechsel für sinnvoll hält, hierüber mit dem Betriebsrat eine Betriebsvereinbarung abschließen, um nicht zu einer entsprechenden Änderung die Zustimmung jedes einzelnen Arbeitnehmers einholen zu müssen[185].

---

181 *BAG* 07.10.1982, AP Nr. 5 zu § 620 BGB Teilkündigung.
182 Ähnlich *Willemsen/Doetsch/Rühmann*, J Rn. 169.
183 *BAG* AP Nr. 5 und 14 zu § 1 BetrAVG Betriebsveräußerung.
184 *BAG* AP Nr. 1 zu § 87 BetrVG 1972 Altersversorgung.
185 Vgl. *Willemsen/Doetsch/Rühmann*, J Rn. 168.

VIII. Anpassungsprüfungspflicht

138 Nach § 16 BetrAVG hat der Arbeitgeber alle 3 Jahre eine Anpassung der laufenden Leistungen der betrieblichen Altersversorgung zu prüfen und hierüber nach billigem Ermessen zu entscheiden; dabei hat er insbesondere die Belange des Versorgungsempfängers und die wirtschaftliche Lage des Arbeitgebers zu berücksichtigen. Grundsätzlich hat ein Arbeitgeber damit die **laufende Betriebsrente** eines Arbeitnehmers **alle 3 Jahre entsprechend dem Lebenshaltungskostenindex eines 4-Personen-Arbeitnehmerhaushalts mit mittlerem Einkommen zu erhöhen** (vgl. § 16 Abs. 2 Ziffer 1 BetrAVG[186]), es sei denn, die Anpassung der Betriebsrenten würde eine übermäßige Belastung des Unternehmens verursachen[187]. Dies ist dann der Fall, wenn anzunehmen ist, dass es mit einiger Wahrscheinlichkeit unmöglich sein wird, den Teuerungsausgleich aus den Erträgen und dem Wertzuwachs des Unternehmens in der Zeit nach dem Anpassungsstichtag aufzubringen[188].

139 Durch eine Unternehmensumwandlung kann allerdings die **wirtschaftliche Lage des anpassungsverpflichteten Arbeitgebers** erheblich verändert werden. Die wirtschaftliche Leistungsfähigkeit des bisherigen Arbeitgebers kann durch Spaltungen, aber auch durch Verschmelzungen erheblich vermindert werden. Dies kann insbesondere bei einer – nach dem Umwandlungsgesetz zulässigen – Abspaltung von reinen Rentnergesellschaften

---

[186] Ausnahmen: Die Nettolohnentwicklung liegt unterhalb der Inflationsrate (§ 16 Abs. 2 Ziffer 2 BetrAVG); der Arbeitgeber hat eine Versorgungszusage nach dem 31.12.1998 erteilt und hierbei eine Anpassung um jährlich 1 % versprochen (§ 16 Abs. 3 Ziffer 1 BetrAVG i.V.m. § 30c Abs. 1 BetrAVG); die betriebliche Altersversorgung wird über eine Direktversicherung oder eine Pensionskasse durchgeführt und ab Rentenbeginn werden sämtliche auf den Rentenbestand entfallenen Überschussanteile zur Erhöhung der laufenden Leistung verwendet (§ 16 Abs. 3 Ziffer 2 BetrAVG), der Arbeitgeber hat eine Beitragszusage mit Mindestleistung erteilt (§ 16 Abs. 3 Ziffer 3 BetrAVG). Zur Anpassung von Entgeltumwandlungsrenten s. § 16 Abs. 5 BetrAVG, von Renten nach einem Auszahlungsplan s. § 16 Abs. 6 BetrAVG.
[187] *BAG* 23.04.1985 AP Nr. 16 und 17 zu § 16 BetrAVG.
[188] *BAG* a.a.O.

oder einer Aufspaltung in eine produzierende und eine Rentnergesellschaft geschehen[189]. Aber auch nach jedem Beriebsübergang kann die wirtschaftliche Lage des Arbeitgebers verändert sein, da die Betriebsrentner nicht vom Betriebsübergang erfaßt werden, sondern die Rentenverpflichtungen beim bisherigen Betriebsinhaber verbleiben (Rn. 61).

Zu klären ist, wer anpassungsverpflichtet ist, ob bezüglich der wirtschaftlichen Lage des Arbeitgebers nur auf diejenige des die Verpflichtung übernehmenden Rechtsträgers abgestellt werden kann oder auch auf diejenige des gesamtschuldnerisch mithaftenden Rechtsträgers. Außerdem ist zu klären, inwieweit durch eine Umwandlung entstehende Rentnergesellschaften zur Anpassung gemäß § 16 BetrAVG verpflichtet sind. Allgemein stellt sich bei Umwandlungsvorgängen innerhalb eines Konzerns regelmäßig die Frage, inwieweit bei einer schlechten wirtschaftlichen Lage einer Konzernuntergesellschaft auf die (möglicherweise bessere) Lage der Konzernobergesellschaft abzustellen ist. **140**

1. Anpassungsverpflichteter

Anpassungsverpflichteter ist grundsätzlich der Arbeitgeber. Dies gilt auch dann, wenn es sich bei dem Arbeitgeber um ein abhängiges Konzernunternehmen handelt; auch dann ist nur derjenige Arbeitgeber anpassungsverpflichtet, der als Arbeitgeber dem Versorgungsberechtigten die Zusage erteilt hat[190]. Bei einer Gesamtrechtsnachfolge, wie sie in der Unternehmensumwandlung vorgesehen ist, geht die Anpassungsprüfungspflicht auf den **Rechtsnachfolger** über[191]. Verbleiben die Rentenverpflichtungen bei einem Betriebsübergang nach § 613a BGB beim bisherigen Betriebsinhaber, bleibt dieser zur Anpassungsprüfung verpflichtet, selbst wenn intern zwischen Erwerber und Veräußerer eine Freistellungsvereinbarung getroffen worden ist. Die Anpassungsprü- **141**

---

189 Zur Zulässigkeit der Übertragung von Versorgungsverpflichtungen im Rahmen einer Unternehmensspaltung s. Rn. 64 ff.
190 *BAG* 19.05.1981, AP Nr. 13 zu § 16 BetrAVG
191 Vgl. *BAG* 09.11.1999, NZA 2000, 1057; Münchener Handbuch zum Arbeitsrecht *Förster/Rühmann* § 112 Rn. 11.

fungspflicht ist dabei unabhängig davon, ob das ursprüngliche Beschäftigungsunternehmen noch wirtschaftlich tätig ist oder lediglich zur Abwicklung von Versorgungsverpflichtungen besteht (sogenannte Rentnergesellschaft)[192].

142 Freilich ist zu berücksichtigen, dass bei einer Spaltung und Vermögensteilübertragung für die Verbindlichkeiten des übertragenden Rechtsträgers gemäß § 133 UmwG die an der **Spaltung beteiligten Rechtsträger als Gesamtschuldner haften**. Nach § 133 Abs. 3 UmwG tritt eine Enthaftung für den die Verbindlichkeiten nicht übernehmenden Rechtsträger für Verbindlichkeiten ein, die nach Ablauf von 5 Jahren nach der Spaltung fällig werden (s. dazu Rn. 152 ff.). Insofern haftet der die Betriebsrentenansprüche nicht übernehmende Rechtsträger zumindest noch für die in den nächsten 5 Jahren fällig werdenden Betriebsrentenerhöhungen sowohl dem Grunde als auch der Höhe nach[193]. Begründet wird dies zu Recht damit, dass die Erhöhung der Betriebsrente gemäß § 16 BetrAVG nichts anderes ist als die Wiederherstellung der ursprünglich versprochenen Gegenleistung für die bereits erbrachte Gesamtheit von Arbeitsleistungen; für diese ursprüngliche Verpflichtung haftet derjenige Rechtsträger, dem die Verpflichtungen nicht zugewiesen worden sind, genauso wie bezüglich der Grundverpflichtung.

2. Wirtschaftliche Lage und gesamtschuldnerische Haftung

143 Für bestimmte Fälle von Unternehmensumwandlungen, bei denen durch die Umwandlung die Haftungsmasse geschmälert werden kann, sieht das Umwandlungsgesetz eine zeitlich begrenzte gesamtschuldnerische Haftung der an der Umwandlung beteiligten Rechtsträger vor. Dies gilt insbesondere für die Betriebsaufspaltung (§ 134 UmwG), aber auch für die Spaltung (§ 133 UmwG) oder die Verschmelzung unter Beteiligung von Personengesell-

---

192 *BAG* 23.10.1996 AP Nr. 36 zu § 16 BetrAVG = NZA 1997, 1111; *BAG* 09.11.1999, NZA 2000, 1057.
193 So für die Parallelvorschrift zur Nachhaftung von ausgeschiedenen Personengesellschaftern *Moll/Hottgenroth*, RdA 1994, 223, 228 f.; *Höfer* ART Rn. 985.

schaften (§ 45 UmwG) oder den Formwechsel von Personengesellschaften (§ 224 UmwG). Zwar übernimmt bei einer Spaltung nur derjenige Rechtsträger die laufenden Versorgungsverbindlichkeiten, dem diese im Spaltungs- und Übernahmevertrag zugewiesen worden sind. Nur dieser ist Arbeitgeber im Sinne des § 16 BetrAVG. Die Anpassungsprüfung obliegt daher nur demjenigen Rechtsträger, dem die Versorgungsverpflichtungen zugewiesen worden sind. Erst die durchgeführte Anpassungsentscheidung führt zu einer fälligen Verbindlichkeit, für die auch die übrigen Rechtsträger gesamtschuldnerisch innerhalb der vorgegebenen zeitlichen Grenzen haften. Die vom Gesetz vorgesehene **Ermessensentscheidung** kann nur derjenige **Arbeitgeber** fällen, **dem die Verpflichtung primär zugewiesen ist.** Nur dieser kennt letztlich auch die Daten, die für eine Beurteilung der wirtschaftlichen Lage des Arbeitgebers relevant sind – immerhin ist nach der Rechtsprechung des BAG eine Prognose der wirtschaftlichen Entwicklung für die nächsten 3 Jahre erforderlich[194]; eine Ermessensentscheidung kann bei gleicher wirtschaftlicher Lage durchaus unterschiedlich ausfallen[195]. Dementsprechend kann die Anpassungsprüfung selbst nur der Arbeitgeber vornehmen, nicht die mit ihm gesamtschuldnerisch Haftenden[196]. Hat allerdings der Arbeitgeber, dem die Versorgungsverbindlichkeiten zugewiesen sind, eine Anpassungsentscheidung gefällt, haften die übrigen nach dem Umwandlungsrecht gesamtschuldnerisch haftenden Rechtsträger auch für die angepasste Betriebsrente, da insoweit die Anpassungsentscheidung nur die Funktion hat, für den Betriebsrentner den wirtschaftlichen Wert der einmal zugesagten Betriebsrente

---

194 *BAG* 17.04.1996, DB 1996, 2496.
195 Bei einer wirtschaftlichen Lage, die keine Vollanpassung der Betriebsrenten erlaubt, kann ein Arbeitgeber beispielsweise die Rente teilweise anpassen, eine Anpassung über eine Einmalzahlung vornehmen oder etwa auch nach sachlichen Gründen differenzieren, vgl. *Andresen/Förster/Rößler/Rühmann* 11. Teil B Rn. 1535.
196 Ebenso *Masing*, Betriebliche Altersversorgung in der Unternehmensspaltung, S. 162; *Boecken*, RdA 2000, 61; a.A. *Hill*, BetrAV 1995, 118; *Langohr-Plato*, BetrAV 1996, 56.

zu erhalten – es handelt sich insoweit vom Sinn und Zweck des § 16 BetrAVG um die „eigentlich zugesagte" Betriebsrente[197].

144 Auch hinsichtlich der wirtschaftlichen Lage ist zunächst einmal nur auf diejenige **des die Verpflichtung übernehmenden Rechtsträgers** abzustellen[198]. Allerdings reflektieren die Nachhaftungsvorschriften, insbesondere die §§ 133 und 134 UmwG, dass durch eine Spaltung, insbesondere durch eine Betriebsaufspaltung, es zu einer Reduzierung der Haftungsmasse, die für Leistung der betrieblichen Altersversorgung zur Verfügung steht, kommt. Die daraus resultierenden Gefahren sollen gerade durch die Zurverfügungstellung von weiteren haftenden Rechtsträgern zumindest für einen gewissen Zeitraum ausgeglichen werden. Dann ist es jedoch konsequent, dass zumindest für diesen Zeitraum dann, wenn der die Verpflichtung übernehmende Rechtsträger aufgrund seiner wirtschaftlichen Lage nicht eine Anpassung der Betriebsrenten vornehmen kann, **auch die wirtschaftliche Lage der übrigen mithaftenden Rechtsträger** mit **herangezogen** werden muss. Dieser Berechnungsdurchgriff beruht dabei nicht etwa auf der Realisierung eines negativen Einflusses der anderen Rechtsträger, wie er bei dem Berechnungsdurchgriff auf die Konzernobergesellschaft hinsichtlich der Beurteilung der wirtschaftlichen Lage im Konzern nach § 16 BetrAVG eine Rolle spielt (dazu Rn. 149), da für die gesamtschuldnerische Haftung nach §§ 133 und 134 UmwG eine negative Einflussnahme der die Versorgungsverpflichtung nicht übernehmenden Rechtsträger nicht erforderlich ist. Er beruht insoweit auch nicht auf dem Gedanken des Rechtsmissbrauchs[199], da die gesamtschuldnerische Haftung unabhängig vom Willen eines der beteiligten Rechtsträger greift, die Vermögensposition von Gläubigern zu schmälern[200]. Vielmehr kommt durch die ge-

---

197 Ebenso *Moll/Hottgenroth*, RdA 1994, 229 und *Höfer*, ART Rn. 985 für die nachhaftenden persönlich haftenden Gesellschafter; für den Fall der Umwandlung auch *Masing*, a.a.O. S 163; *Boecken* RdA 2000, 61; *Hill*, BetrAV 1995, 118.
198 *Andresen/Förster/Rößler/Rühmann* 14. Teil C Rn. 300.
199 So aber *Andresen/Förster/Rößler/Rühmann* a.a.O.
200 Die Berufung auf einen Rechtsmissbrauch ist dagegen nicht wie die gesamtschuldnerische Nachhaftung zeitlich begrenzt, s.Rn. 150 ff.

samtschuldnerische Haftung der §§ 133 und 134 UmwG zum Ausdruck, dass jedenfalls durch die Spaltung den Gläubigern des bisherigen Rechtsträgers keine spaltungsbedingten Vermögensrisiken aufgebürdet werden sollen. Insofern ist dann, wenn die wirtschaftliche Lage des übernehmenden Rechtsträgers eine Anpassung der Betriebsrenten nicht erlaubt, auf die wirtschaftliche Lage der gesamtschuldnerisch haftenden Rechtsträger zurückzugreifen: Erst wenn auch diese Gesamtbetrachtung[201] zu dem Ergebnis führt, dass alle gesamtschuldnerisch haftenden Rechtsträger nicht zu einer Anpassung in der Lage sind, kann die Anpassung letztlich verweigert werden[202]. Auch für den Umfang von Sozialplanansprüchen wird von einer überwiegenden Auffassung im Rahmen des Nachhaftungszeitraums der §§ 133, 134 UmwG auf die wirtschaftliche Ertragskraft aller Gesamtschuldner zurückgegriffen[203].

3. Wirtschaftliche Lage bei durch Spaltung entstandenen Rentnergesellschaften

Es kann eine der Zielsetzungen einer Spaltung sein, ein bestehendes Unternehmen von laufenden Rentenverpflichtungen und Verpflichtungen aus unverfallbaren Anwartschaften ausgeschiedener Arbeitnehmer zu „befreien". Da diese Verpflichtungen von einem Betriebsübergang nach § 613a BGB nicht erfasst werden, ist eine derartige Lösung spaltungsrechtlich relativ einfach, wenn das gesamte übrige Unternehmen abgespalten wird auf einen neuen Rechtsträger. Es lässt sich aber auch dadurch erreichen, dass

145

---

[201] Zur schwierigen Frage, wenn bei den übrigen Rechtsträgern ebenfalls Betriebsrenten angepasst werden müssen und alle gesamtschuldnerisch haftenden Rechtsträger nicht zur Anpassung aller Betriebsrenten in der Lage sind, vgl. für den vergleichbaren Sachverhalt im Konzern *Zöllner* AG 1994, 285, 296.

[202] Im Ergebnis ebenso *Mengel*, Umwandlungen im Arbeitsrecht, S. 245; anders dagegen *Boecken*, RdA 2000, 61; für eine Nichterfassung der Verpflichtungen aus § 16 BetrAVG von der Nachhaftung *Picot/Heubeck*, D Rn. 128; wie hier dagegen Langohr-Plato, Rn. 639.

[203] *Mengel* a.a.O, S. 244; *Boecken* Rn. 250); DKK-*Däubler*, § 111 Rn. 75; *Däubler*, RdA 1995, 136, 144; *Bachner*, NJW 1995, 2181, 2885; a.A. *Kallmeyer/Willemsen*, § 134 Rn. 19.

die Altversorgungsverpflichtungen auf eine neu gegründete Gesellschaft ausgegliedert werden[204]. Die Aufgabe dieser Gesellschaft besteht dann lediglich darin, die bestehenden Versorgungsverpflichtungen abzuwickeln. Zu einer derartigen Lösung wird häufiger bei einem Unternehmensverkauf gegriffen, da eine Abfindung von Versorgungsanwartschaften und Versorgungsansprüchen steuerrechtlich und arbeitsrechtlich mit erheblichen Schwierigkeiten verbunden ist[205]. Derartige Rentnergesellschaften stehen nicht mehr im wirtschaftlichen Wettbewerb und erwirtschaften damit auch nicht mehr den typischen Unternehmergewinn. Daraus wird teilweise geschlossen, dass derartige Rentnergesellschaften zwar zur Anpassungsprüfung verpflichtet sind; da sie jedoch keinen Gewinn mehr erzielen, müssten sie jedoch die Betriebsrenten nach § 16 BetrAVG nicht mehr anpassen[206]. Dies liegt insbesondere dann nahe, wenn die Rentnergesellschaft kapitalmäßig nur mit den Pensionsrückstellungen nach § 6a EStG ausgestattet worden ist, da zukünftige Anpassungen nach § 16 BetrAVG nicht in den Pensionsrückstellungen berücksichtigt werden (§ 6a Abs. 3 Nr. 1 Satz 4 EStG)[207].

146 Das BAG hat es in einem ersten entschiedenen Fall für möglich gehalten, zur Finanzierung des Anpassungsbedarfs auch einen angemessenen Eingriff in die Vermögenssubstanz des früheren Arbeitgebers zuzulassen, weil es nicht mehr darum ginge, die Substanz des Unternehmens und dessen Investitionskraft zu bewahren; es hat jedoch im konkreten Fall die Anpassungspflicht verneint, weil die Rentnergesellschaft nicht mehr Vermögen hatte als die einmal übertragenen Pensionsrückstellungen[208]. Für einen Unternehmer, der sein Geschäft aufgegeben hatte, hat das BAG das Vermögen, das zum Stilllegungszeitpunkt dem Unternehmen gewidmet war, als

---

204 Zu den erforderlichen Schritten s. *Andresen/Förster/Rößler/Rühmann* 14. Teil C Rn. 321.
205 Vgl. *Andresen/Förster/Rößler/Rühmann* 11. Teil B Rn. 1450 und 14. Teil C Rn. 320; ohne ausreichende Problemdurchdringung dagegen *Meyer*, NZA 2002, 246, 253.
206 LAG Hamm 25.04.1995, DB 1995, 1471; *Schaub*, Arbeitsrechtshandbuch, 10. Auflage, § 81 Rn. 275; *Kemper* DB 1995, 373, 376.
207 S. näher *Ahrend/Förster/Rößler*, Steuerrecht der betrieblichen Altersversorgung, 2. Teil Rn. 248, 250.
208 *BAG* 23.10.1996, DB 1998, 111 = AP Nr. 36 zu § 16 BetrAVG.

Maßstab für die Anpassungsfähigkeit des privatisierenden Unternehmers abgestellt. Hier müsse die Anpassung aus den Erträgen und den Wertzuwächsen finanzierbar sein; ein Eingriff in die Substanz des übernommenen Vermögens könne jedoch nicht verlangt werden, wenn das Unternehmen nicht weitergeführt werde[209].

Dieser Ansatz mag für einen **privatisierenden Unternehmer,** **147** also einen Unternehmer, der seine wirtschaftliche Tätigkeit aufgegeben hat und sich ins Privatleben zurückgezogen hat, noch vertretbar sein. Das BAG hat jedoch bereits darauf hingewiesen, dass nach der Neufassung des § 4 Abs. 3 Satz 1 BetrAVG seit dem 01.01.1999 auch bei einer Einstellung der Betriebstätigkeit und Liquidation eines Unternehmens bei einer Übertragung auf eine rückgedeckte Unterstützungskasse eine Erhöhung um die Überschussanteile ab Rentenbeginn sichergestellt sein muss[210]. Es fragt sich, warum derjenige Arbeitgeber, der von einer Übertragung auf eine Pensionskasse, eine rückgedeckte Unterstützungskasse oder ein Unternehmen der Lebensversicherung absieht, von einer Verpflichtung zur Anpassung der Betriebsrenten im Gegensatz dazu befreit werden sollte. Auch der Arbeitgeber, der eine betriebliche Altersversorgung über eine Lebensversicherung finanziert, muss die später entstehenden Überschussanteile letztlich aus seinen Beiträgen finanzieren.

Anders als die vom BAG entschiedenen Fälle ist in jedem Fall eine **148** Rentnergesellschaft zu beurteilen, die im Wege der Spaltung deshalb entstanden ist, um ein Unternehmen in Zukunft frei von Altversorgungsverbindlichkeiten führen zu können oder gar auf diesem Wege besser verkaufen zu können. Sorgt hier das ursprünglich verpflichtete Unternehmen nicht für eine **ausreichende Kapitalausstattung** der Rentnergesellschaft, die dieser auch **zukünftig die Erbringung von Anpassungsleistungen ermöglicht,** so handelt der übertragende Rechtsträger letztlich rechtsmissbräuchlich[211]. Insoweit kann die Rentnergesellschaft sich nicht auf eine schlechte wirtschaftliche Lage

---

209 *BAG* 09.11.1999, AP Nr. 40 zu § 16 BetrAVG; *Kemper,* Anm. zu BAG AP Nr. 36 zu § 16 BetrAVG.
210 *BAG* 09.11.1999, AP Nr. 40 zu § 16 BetrAVG; kritisch insoweit *Kemper,* Anm. zu BAG AP Nr. 36 zu § 16 BetrAVG.
211 Ebenso *Andresen/Förster/Rößler/Rühmann* 11. Teil B Rn. 1453; 14. Teil C Rn. 323; *Blomeyer/Otto,* § 16 Rn. 216.

berufen, soweit diese selbst von ihren Anteilseignern durch eine mangelhafte Kapitalausstattung verursacht worden ist.

4. Wirtschaftliche Lage im Konzern

149 Soweit Unternehmensumwandlungen innerhalb eines Konzerns durchgeführt werden, sind darüber hinaus hinsichtlich der wirtschaftlichen Lage einer Konzerntochtergesellschaft die Grundsätze zu beachten, die das BAG für einen Berechnungsdurchgriff bei Konzernverhältnissen im Rahmen des § 16 BetrAVG entwickelt hat. Ist ein Arbeitgeber aufgrund seiner wirtschaftlichen Lage nicht imstande, die Anpassungslasten aus den Erträgen und dem Zuwachs seines Unternehmens zu bestreiten, kann ihm unter bestimmten Voraussetzungen eine **günstigere wirtschaftliche Lage der Konzernobergesellschaft** zuzurechnen sein. Hierfür müssen 2 Voraussetzungen erfüllt sein:

1. muss zwischen dem zur Anpassung verpflichteten Unternehmen und dem herrschenden Unternehmen eine **verdichtete Konzernverbindung** bestehen. Diese Voraussetzung ist erfüllt, wenn ein Beherrschungs- oder Ergebnisabführungsvertrag besteht. Es reicht aber auch aus, wenn ein Unternehmen die Geschäfte des zur Anpassung verpflichteten Unternehmens tatsächlich umfassend und nachhaltig führt.

2. ist für den Berechnungsdurchgriff erforderlich, dass die **Konzernleitungsmacht** in einer Weise ausgeübt worden ist, die auf die Belange des abhängigen Tochterunternehmens **keine angemessene Rücksicht** genommen und so die mangelnde Leistungsfähigkeit des Versorgungsschuldners verursacht hat[212]. Bei mehrstufigen Konzernen ist unter den gleichen Voraussetzungen auch ein doppelter Berechnungsdurchgriff möglich[213].

---

[212] *BAG* 04.10.1994, NZA 1995, 368; bestätigt durch *BAG* 17.04.1996, NZA 1997, 155; *BAG* 23.10.1996, BB 1998, 111.
[213] *BAG* 04.10.1994, NZA 1995, 368; zu den näheren Voraussetzungen vgl. insbesondere *Zöllner*, AG 1994, 285 ff.; *Andresen/Förster/Rößler/Rühmann* 11. Teil B Rn. 1415 ff.; *Blomeyer/Otto*, § 16 Rn. 203 ff.

IX. Haftung nach einer Umwandlung

1. Umwandlung von Personengesellschaften

Nach § 160 HGB i.d.F. des Nachhaftungsbegrenzungsgesetzes vom 18.03.1994[214] haftet ein ausscheidender persönlich haftender Gesellschafter für die bis zum Ausscheiden begründeten Verbindlichkeiten, wenn sie vor Ablauf von **5 Jahren nach dem Ausscheiden fällig** sind **und** daraus Ansprüche gegen ihn in bestimmter Weise **festgestellt oder geltend gemacht sind.** Dazu gehört das schriftliche Anerkenntnis der Forderung durch den ausgeschiedenen Gesellschafter (§ 160 Abs. 2 HGB), die Feststellung eines Anspruch insbesondere durch rechtskräftiges Urteil, Vergleich o.ä. (§ 197 Abs. 1 Nr. 3-5 BGB) oder die Vornahme oder Beantragung von Vollstreckungsmaßnahmen; die Frist wird allerdings durch Klageerhebung gehemmt (§160 Abs. 1 Satz 3 HGB i.V.m. § 204 BGB). Die Fünfjahresfrist beginnt mit dem Tag der Eintragung des Ausscheidens des Gesellschafters in das Handelsregister. Diese Grundsätze gelten auch dann, wenn der bisherige Gesellschafter in der Gesellschaft geschäftsführend tätig wird. Der ausgeschiedene Gesellschafter haftet damit für alle vor oder während seiner Zuhörigkeit zur Gesellschaft begründeten Versorgungsverpflichtungen, d.h., alle laufenden Versorgungsleistungen, die vor oder während seiner Gesellschaftszugehörigkeit zu laufen begonnen haben, und darüber hinaus für alle verfallbaren und unverfallbaren Versorgungsanwartschaften von aktiven und ausgeschiedenen Arbeitnehmern, die innerhalb der Fünfjahresfrist zum Vollrecht erstarken, bei denen also der **Versorgungsfall innerhalb von 5 Jahren nach dem Ausscheiden** des Personengesellschafters eintritt. Sämtliche Betriebsrentenansprüche sind begrenzt auf den Fünfjahreszeitraum nach dem Ausscheiden des Personengesellschafters.

Diese Grundsätze hat das Umwandlungsgesetz auf Fälle übertragen, in denen eine Personengesellschaft umgewandelt wird

---

214 BGBl. I S. 560; geändert durch Art. 5 Abs. 16 und 17 des Gesetz zur Modernisierung des Schuldrechts vom 26.11.2001, BGBl. I S. 3138; s. hierzu *Maier-Reimer*, DB 2002, 1818.

und damit die Haftung des persönlich haftenden Gesellschafters grundsätzlich erlischt. Dies gilt insbesondere für die Verschmelzung oder Beteiligung an einer Personenhandelsgesellschaft (§ 45 UmwG) und den Formwechsel von Personenhandelsgesellschaften (§ 224 UmwG). In beiden Fällen haftet der bisherige persönlich haftende Gesellschafter für alle innerhalb der nächsten 5 Jahre fällig werdenden Betriebsrentenzahlungen persönlich; danach haftet nur noch der durch die Verschmelzung entstandene Rechtsträger bzw. die aus dem Formwechsel hervorgegangene Gesellschaft.

2. Spaltung

152 Auch bei der Spaltung ist unabhängig von einem Ausscheiden eines persönlich haftenden Gesellschafters eine Nachhaftung der aus der Haftung durch die Spaltung grundsätzlich entlassenen Rechtsträgers nach dem Vorbild des Nachhaftungsbegrenzungsgesetzes vorgesehen worden (§ 133 Abs. 3-6 UmwG). Seinen Grund hat dies darin, dass bei einer Spaltung die Haftungsmasse insbesondere für Dauerschuldverhältnisse geschmälert werden kann. Grundsätzlich sieht § 133 Abs. 1 UmwG eine **gesamtschuldnerische Haftung der an der Spaltung beteiligten Rechtsträger** für die vor Wirksamwerden der Spaltung begründeten Verbindlichkeiten vor. Wird also eine GmbH in eine A-GmbH und eine B-GmbH zur Neugründung aufgespalten und werden im Spaltungsplan die gesamten Versorgungsverbindlichkeiten einschließlich der laufenden Rentenleistungen der neu gegründeten A-GmbH zugewiesen, so haftet die neu gegründete B-GmbH für alle **in den nächsten 5 Jahren fällig** werdenden Versorgungsleistungen gesamtschuldnerisch neben der A-GmbH. Erforderlich ist allerdings, dass die entsprechenden Ansprüche rechtzeitig gegenüber der B-GmbH nach § 197 Abs. 1 Nr. 3-5 BGB festgestellt sind[215]; eine Klageerhebung hemmt allerdings den Ablauf der Frist (§ 133 Abs. 4 Satz UmwG i.V.m. § 204 BGB).

---

215 Es sei denn, dass die B-GmbH den Anspruch schriftlich anerkannt hat, § 133 Abs. 5 UmwG.

Dabei kommt es nicht darauf an, über welches Vermögen der mithaftende Rechtsträger vor und nach der Umwandlung verfügte; auch im Wege einer Spaltung zur Aufnahme kann es durchaus im Zuge der Umwandlung zu einer Verbesserung der Vermögenssituation der mithaftenden Gesellschaft kommen. Insoweit wird die gesamtschuldnerische Haftung nicht gegenständlich auf das vor der Spaltung bestehende Vermögen beschränkt[216]. 153

Soweit mit der Spaltung ein **Betriebsübergang** verbunden ist, wird die Haftungsbegrenzung des Betriebsveräußerers gemäß § 613a Abs. 2 BGB auf vor dem Betriebsübergang entstandene Ansprüche, die vor Ablauf von einem Jahr nach dem Betriebsübergang fällig werden, verdrängt durch die erweiterte Mithaftung bis zum Ablauf von 5 Jahren nach Eintragung der Spaltung, wie sie in § 133 Abs. 1 und 3 UmwG geregelt ist. Dies ergibt sich aus der Nichterwähnung von § 613a Abs. 2 BGB in § 324 UmwG[217]. 154

Von der Mithaftung nach § 133 UmwG werden nur fällig werdende Zahlungen aus Zusagen erfasst, die vor dem Wirksamwerden der Spaltung erteilt worden sind, nicht dagegen die nach dem Wirksamwerden der Spaltung erteilten Zusagen[218]. 155

Die Mithaftung bezieht sich auf die innerhalb von 5 Jahren fällig werdenden Versorgungsansprüche. Für diese haftet der Rechtsträger, dem die Versorgungsverbindlichkeiten nicht zugewiesen worden sind, in voller Höhe. Bestand zum Zeitpunkt der Eintragung der Spaltung in das Handelsregister lediglich eine Versorgungsanwartschaft, wird die Mithaft **nicht** etwa nur **auf den** bis zu diesem Zeitpunkt erdienten **Teilanspruch gemäß § 2 Abs. 1 BetrAVG begrenzt**[219]. Der Gesetzestext spricht nur von fällig werdenden Verbindlichkeiten ohne Rücksicht darauf, ob die Ge- 156

---

216 *Boecken*, Rn. 241.
217 *Blomeyer/Otto*, Einl. Rn. 410; *Boecken*, ZIP 1994, 1087, 1094; *Wlotzke*, DB 1995, 40, 43; *Höfer*, ART Rn. 873.10; *Lutter/Joost*, § 324 Rn. 45; *Kallmeyer/Kallmeyer*, § 133 Rn. 11 (unter Aufgabe der früheren gegenteiligen Auffassung).
218 *Blomeyer/Otto*, Einleitung Rn. 410.
219 So aber *Höfer* ART Rn. 986 für den ausscheidenden persönlich haftenden Gesellschafter und *Förster/Rößler*, BB 1973, 363 ff. für die Rechtslage vor dem Nachhaftungsbegrenzungsgesetz; so auch *Willemsen*, NZA 1996, 791, 801; *Hill*, BetrAV 1995, 114, 117; *Müller*, DB 2001, 2637, 2638.

genleistung zum Zeitpunkt der Spaltung schon erbracht, erst teilweise erbracht oder noch gar nicht erbracht worden ist. Es kommt vielmehr nur darauf an, ob die Versorgungszusage vor der Spaltung begründet worden ist und die daraus resultierenden Verbindlichkeiten innerhalb der Fünfjahresfrist fällig werden[220]. Selbst soweit es sich um eine endgehaltsabhängige Versorgungszusage handelt und das Gehalt auch noch nach der Spaltung gesteigert worden ist, tritt eine volle Mithaftung ein[221].

3. Haftung nach Betriebsaufspaltung

157 Für die Betriebsaufspaltung sieht § 134 UmwG eine gegenüber der Spaltung in § 133 UmwG verlängerte Mithaftung der Anlagegesellschaft vor. Wird also ein Unternehmen so gespalten, dass die zur Führung eines Betriebes notwendigen Vermögensteile im wesentlichen auf einen (oder mehrere) übernehmenden oder neuen Rechtsträger übertragen werden und die Tätigkeit dieses Rechtsträgers sich im wesentlichen auf die Verwaltung der Vermögensteile beschränkt (Anlagegesellschaft), während dem übertragenden Rechtsträger diese Vermögensteile bei der Führung seines Betriebs zur Nutzung überlassen werden (Betriebsgesellschaft), und sind an den an der Spaltung beteiligten Rechtsträgern im wesentlichen dieselben Personen beteiligt[221a], so haftet die Anlagegesellschaft gemäß § 134 Abs. 2 UmwG gesamtschuldnerisch auch für die vor dem Wirksamwerden der Spaltung begründeten Versorgungsverpflichtungen nach dem BetrAVG für **innerhalb** eines Zeitraums **von 10 Jahren fällig werdende Versorgungsleistungen.** Rechtstechnisch ist dies durch eine wenig geglückte Verweisungskette geschehen, die den Beginn der Fünfjahresfrist des § 133 Abs. 3 in § 134 Abs. 3 UmwG um 5

---

220 Im Ergebnis ebenso *Blomeyer/Otto*, Einleitung Rn. 410; für die Nachhaftung ausgeschiedener persönlich haftender Gesellschafter auch *Andresen/Förster/Rößler/Rühmann* 15. Teil D Rn. 162.
221 *Andresen/Förster/Rößler/Rühmann* a.a.O.
221aMehr als die Hälfte der Gesellschafter der Anlagegesellschaft sind mit mehr als der Hälfte der Betriebsgesellschaft identisch; ausreichend ist auch, dass die Anlagegesellschafter steuernden Einfluss nehmen können, *Lutter/Hommelhoff*, § 134 Rn. 42 f.

Jahre herausschiebt. Nach der Begründung des Rechtsausschusses ergibt sich jedoch eindeutig, dass lediglich die Fünfjahresfrist des § 133 Abs. 3 UmwG auf 10 Jahre verlängert werden sollte[222]. Die Anlagegesellschaft haftet also für alle innerhalb von 10 Jahren nach der Betriebsaufspaltung fällig werdenden Versorgungsverpflichtungen mit, und zwar in vollem Umfang, und unabhängig davon, ob es sich zum Zeitpunkt der Betriebsaufspaltung um laufende Versorgungsleistungen, verfallbare oder unverfallbare Versorgungsansprüche gehandelt hat[223].

---

[222] Vgl. *Neye*, RWS Dok. S. 268.
[223] So wohl auch *Andresen/Förster/Rößler/Rühmann* 14. Teil C Rn. 236; *Blomeyer/Otto*, Einl. Rn. 410; abw. *Lutter/Hommelhoff*, § 134 Rn. 63: nicht für zum Zeitpunkt der Betriebsspaltung verfallbare Versorgungsanwartschaften; anders *Willemsen* NZA 1996, 801; *Müller* DB 2001, 2637, 2638: beschränkt nur auf den bis zum Zeitpunkt der Betriebsaufspaltung erdienten Anteil.

Umwandlungsgesetz

Vom 28.10.1994 (BGBl I S. 3210 1995 IS. 428)

(BGBl. III 4120-9-2)

zuletzt geändert durch Gesetz zur Änderung des Seemannsgesetzes und anderer Gesetze vom 23.03.2002 (BGBl I S. 1163, 1168)

Erstes Buch
Möglichkeiten von Umwandlungen

§ 1 Arten der Umwandlung; gesetzliche Beschränkungen

(1) Rechtsträger mit Sitz im Inland können umgewandelt werden
 1. durch Verschmelzung;
 2. durch Spaltung (Aufspaltung, Abspaltung, Ausgliederung);
 3. durch Vermögensübertragung;
 4. durch Formwechsel.

(2) Eine Umwandlung im Sinne des Absatzes 1 ist außer in den in diesem Gesetz geregelten Fällen nur möglich, wenn sie durch ein anderes Bundesgesetz oder ein Landesgesetz ausdrücklich vorgesehen ist.

(3) Von den Vorschriften dieses Gesetzes kann nur abgewichen werden, wenn dies ausdrücklich zugelassen ist. Ergänzende Bestimmungen in Verträgen, Satzungen, Statuten oder Willenserklärungen sind zulässig, es sei denn, dass dieses Gesetz eine abschließende Regelung enthält.

Zweites Buch
Verschmelzung

Erster Teil
Allgemeine Vorschriften

Erster Abschnitt
Möglichkeit der Verschmelzung

§ 2 Arten der Verschmelzung

Rechtsträger können unter Auflösung ohne Abwicklung verschmolzen werden

1. im Wege der Aufnahme durch Übertragung des Vermögens eines Rechtsträgers oder mehrerer Rechtsträger (übertragende Rechtsträger) als Ganzes auf einen anderen bestehenden Rechtsträger (übernehmender Rechtsträger) oder

2. im Wege der Neugründung durch Übertragung der Vermögen zweier oder mehrerer Rechtsträger (übertragende Rechtsträger) jeweils als Ganzes auf einen neuen, von ihnen dadurch gegründeten Rechtsträgergegen Gewährung von Anteilen oder Mitgliedschaften des übernehmenden oder neuen Rechtsträgers an die Anteilsinhaber (Gesellschafter, Partner, Aktionäre, Genossen oder Mitglieder) der übertragenden Rechtsträger.

§ 3 Verschmelzungsfähige Rechtsträger

(1) An Verschmelzungen können als übertragende, übernehmende oder neue Rechtsträger beteiligt sein:
  1. Personenhandelsgesellschaften (offene Handelsgesellschaften, Kommanditgesellschaften) und Partnerschaftsgesellschaften;
  2. Kapitalgesellschaften (Gesellschaften mit beschränkter Haftung, Aktiengesellschaften, Kommanditgesellschaften auf Aktien);
  3. eingetragene Genossenschaften;
  4. eingetragene Vereine (§ 21 des Bürgerlichen Gesetzbuchs);
  5. genossenschaftliche Prüfungsverbände;
  6. Versicherungsvereine auf Gegenseitigkeit.

(2) An einer Verschmelzung können ferner beteiligt sein:
  1. wirtschaftliche Vereine (§ 22 des Bürgerlichen Gesetzbuchs), soweit sie übertragender Rechtsträger sind;
  2. natürliche Personen, die als Alleingesellschafter einer Kapitalgesellschaft deren Vermögen übernehmen.

(3) An der Verschmelzung können als übertragende Rechtsträger auch aufgelöste Rechtsträger beteiligt sein, wenn die Fortsetzung dieser Rechtsträger beschlossen werden könnte.

(4) Die Verschmelzung kann sowohl unter gleichzeitiger Beteiligung von Rechtsträgern derselben Rechtsform als auch von Rechtsträgern unterschiedlicher Rechtsform erfolgen, soweit nicht etwas anderes bestimmt ist.

Zweiter Abschnitt
Verschmelzung durch Aufnahme

§ 4 Verschmelzungsvertrag

(1) Die Vertretungsorgane der an der Verschmelzung beteiligten Rechtsträger schließen einen Verschmelzungsvertrag. § 310 des Bürgerlichen Gesetzbuchs gilt für ihn nicht.

(2) Soll der Vertrag nach einem der nach § 13 erforderlichen Beschlüsse geschlossen werden, so ist vor diesem Beschluß ein schriftlicher Entwurf des Vertrags aufzustellen.

§ 5 Inhalt des Verschmelzungsvertrags

(1) Der Vertrag oder sein Entwurf muss mindestens folgende Angaben enthalten:
1. den Namen oder die Firma und den Sitz der an der Verschmelzung beteiligten Rechtsträger;
2. die Vereinbarung über die Übertragung des Vermögens jedes übertragenden Rechtsträgers als Ganzes gegen Gewährung von Anteilen oder Mitgliedschaften an dem übernehmenden Rechtsträger;
3. das Umtauschverhältnis der Anteile und gegebenenfalls die Höhe der baren Zuzahlung oder Angaben über die Mitgliedschaft bei dem übernehmenden Rechtsträger;
4. die Einzelheiten für die Übertragung der Anteile des übernehmenden Rechtsträgers oder über den Erwerb der Mitgliedschaft bei dem übernehmenden Rechtsträger;
5. den Zeitpunkt, von dem an diese Anteile oder die Mitgliedschaften einen Anspruch auf einen Anteil am Bilanzgewinn gewähren, sowie alle Besonderheiten in bezug auf diesen Anspruch;
6. den Zeitpunkt, von dem an die Handlungen der übertragenden Rechtsträger als für Rechnung des übernehmenden Rechtsträgers vorgenommen gelten (Verschmelzungsstichtag);
7. die Rechte, die der übernehmende Rechtsträger einzelnen Anteilsinhabern sowie den Inhabern besonderer Rechte wie Anteile ohne Stimmrecht, Vorzugsaktien, Mehrstimmrechtsaktien, Schuldverschreibungen und Genußrechte gewährt, oder die für diese Personen vorgesehenen Maßnahmen;
8. jeden besonderen Vorteil, der einem Mitglied eines Vertretungsorgans oder eines Aufsichtsorgans der an der Verschmelzung beteiligten Rechtsträger, einem geschäftsführenden Gesellschafter, einem Partner, einem Abschlussprüfer oder einem Verschmelzungsprüfer gewährt wird;

9. die Folgen der Verschmelzung für die Arbeitnehmer und ihre Vertretungen sowie die insoweit vorgesehenen Maßnahmen.

(2) Befinden sich alle Anteile eines übertragenden Rechtsträgers in der Hand des übernehmenden Rechtsträgers, so entfallen die Angaben über den Umtausch der Anteile (Absatz 1 Nr. 2 bis 5), soweit sie die Aufnahme dieses Rechtsträgers betreffen.

(3) Der Vertrag oder sein Entwurf ist spätestens einen Monat vor dem Tage der Versammlung der Anteilsinhaber jedes beteiligten Rechtsträgers, die gemäß § 13 Abs. 1 über die Zustimmung zum Verschmelzungsvertrag beschließen soll, dem zuständigen Betriebsrat dieses Rechtsträgers zuzuleiten.

§ 6 Form des Verschmelzungsvertrags

Der Verschmelzungsvertrag muss notariell beurkundet werden.

§ 7 Kündigung des Verschmelzungsvertrags

Ist der Verschmelzungsvertrag unter einer Bedingung geschlossen worden und ist diese binnen fünf Jahren nach Abschluss des Vertrags nicht eingetreten, so kann jeder Teil den Vertrag nach fünf Jahren mit halbjähriger Frist kündigen; im Verschmelzungsvertrag kann eine kürzere Zeit als fünf Jahre vereinbart werden. Die Kündigung kann stets nur für den Schluß des Geschäftsjahres des Rechtsträgers, dem gegenüber sie erklärt wird, ausgesprochen werden.

§ 8 Verschmelzungsbericht

(1) Die Vertretungsorgane jedes der an der Verschmelzung beteiligten Rechtsträger haben einen ausführlichen schriftlichen Bericht zu erstatten, in dem die Verschmelzung, der Verschmelzungsvertrag oder sein Entwurf im einzelnen und insbesondere das Umtauschverhältnis der Anteile oder die Angaben über die Mitgliedschaft bei dem übernehmenden Rechtsträger sowie die Höhe einer anzubietenden Barabfindung rechtlich und wirtschaftlich erläutert und begründet werden (Verschmelzungsbericht); der Bericht kann von den Vertretungsorganen auch gemeinsam erstattet werden. Auf besondere Schwierigkeiten bei der Bewertung der Rechtsträger sowie auf die Folgen für die Beteiligung der Anteilsinhaber ist hinzuweisen. Ist ein an der Verschmelzung beteiligter Rechtsträger ein verbundenes Unternehmen im Sinne des § 15 des Aktiengesetzes, so sind in dem Bericht auch Angaben über alle für die Verschmelzung wesentlichen Angelegenheiten der anderen verbundenen Unternehmen

zu machen. Auskunftspflichten der Vertretungsorgane erstrecken sich auch auf diese Angelegenheiten.

(2) In den Bericht brauchen Tatsachen nicht aufgenommen zu werden, deren Bekanntwerden geeignet ist, einem der beteiligten Rechtsträger oder einem verbundenen Unternehmen einen nicht unerheblichen Nachteil zuzufügen. In diesem Falle sind in dem Bericht die Gründe, aus denen die Tatsachen nicht aufgenommen worden sind, darzulegen.

(3) Der Bericht ist nicht erforderlich, wenn alle Anteilsinhaber aller beteiligten Rechtsträger auf seine Erstattung verzichten oder sich alle Anteile des übertragenden Rechtsträgers in der Hand des übernehmenden Rechtsträgers befinden. Die Verzichtserklärungen sind notariell zu beurkunden.

§ 9 Prüfung der Verschmelzung

(1) Soweit in diesem Gesetz vorgeschrieben, ist der Verschmelzungsvertrag oder sein Entwurf durch einen oder mehrere sachverständige Prüfer (Verschmelzungsprüfer) zu prüfen.

(2) Befinden sich alle Anteile eines übertragenden Rechtsträgers in der Hand des übernehmenden Rechtsträgers, so ist eine Verschmelzungsprüfung nach Absatz 1 nicht erforderlich, soweit sie die Aufnahme dieses Rechtsträgers betrifft.

(3) § 8 Abs. 3 ist entsprechend anzuwenden.

§ 10 Bestellung der Verschmelzungsprüfer

(1) Die Verschmelzungsprüfer werden von dem Vertretungsorgan oder auf dessen Antrag vom Gericht bestellt. Sie können für mehrere oder alle beteiligten Rechtsträger gemeinsam bestellt werden. Für den Ersatz von Auslagen und für die Vergütung der vom Gericht bestellten Prüfer gilt § 318 Abs. 5 des Handelsgesetzbuchs.

(2) Zuständig ist jedes Landgericht, in dessen Bezirk ein übertragender Rechtsträger seinen Sitz hat. Ist bei dem Landgericht eine Kammer für Handelssachen gebildet, so entscheidet deren Vorsitzender an Stelle der Zivilkammer.

(3) § 306 Abs. 3, § 307 Abs. 1 sowie § 309 gelten entsprechend.

§ 11 Stellung und Verantwortlichkeit der Verschmelzungsprüfer

(1) Für die Auswahl und das Auskunftsrecht der Verschmelzungsprüfer gelten § 319 Abs. 1 bis 3, § 320 Abs. 1 Satz 2 und Abs. 2 Satz 1 und 2 des

Handelsgesetzbuchs entsprechend. Soweit Rechtsträger betroffen sind, für die keine Pflicht zur Prüfung des Jahresabschlusses besteht, gilt Satz 1 entsprechend. Dabei findet § 267 Abs. 1 bis 3 des Handelsgesetzbuchs für die Umschreibung der Größenklassen entsprechende Anwendung. Das Auskunftsrecht besteht gegenüber allen an der Verschmelzung beteiligten Rechtsträgern und gegenüber einem Konzernunternehmen sowie einem abhängigen und einem herrschenden Unternehmen.

(2) Für die Verantwortlichkeit der Verschmelzungsprüfer, ihrer Gehilfen und der bei der Prüfung mitwirkenden gesetzlichen Vertreter einer Prüfungsgesellschaft gilt § 323 des Handelsgesetzbuchs entsprechend. Die Verantwortlichkeit besteht gegenüber den an der Verschmelzung beteiligten Rechtsträgern und deren Anteilsinhabern.

§ 12 Prüfungsbericht

(1) Die Verschmelzungsprüfer haben über das Ergebnis der Prüfung schriftlich zu berichten. Der Prüfungsbericht kann auch gemeinsam erstattet werden.

(2) Der Prüfungsbericht ist mit einer Erklärung darüber abzuschließen, ob das vorgeschlagene Umtauschverhältnis der Anteile, gegebenenfalls die Höhe der baren Zuzahlung oder die Mitgliedschaft bei dem übernehmenden Rechtsträger als Gegenwert angemessen ist. Dabei ist anzugeben,
 1. nach welchen Methoden das vorgeschlagene Umtauschverhältnis ermittelt worden ist;
 2. aus welchen Gründen die Anwendung dieser Methoden angemessen ist;
 3. welches Umtauschverhältnis oder welcher Gegenwert sich bei der Anwendung verschiedener Methoden, sofern mehrere angewandt worden sind, jeweils ergeben würde; zugleich ist darzulegen, welches Gewicht den verschiedenen Methoden bei der Bestimmung des vorgeschlagenen Umtauschverhältnisses oder des Gegenwerts und der ihnen zugrundeliegenden Werte beigemessen worden ist und welche besonderen Schwierigkeiten bei der Bewertung der Rechtsträger aufgetreten sind.

(3) § 8 Abs. 2 und 3 ist entsprechend anzuwenden.

§ 13 Beschlüsse über den Verschmelzungsvertrag

(1) Der Verschmelzungsvertrag wird nur wirksam, wenn die Anteilsinhaber der beteiligten Rechtsträger ihm durch Beschluß (Verschmelzungsbeschluß) zustimmen. Der Beschluß kann nur in einer Versammlung der Anteilsinhaber gefaßt werden.

(2) Ist die Abtretung der Anteile eines übertragenden Rechtsträgers von der Genehmigung bestimmter einzelner Anteilsinhaber abhängig, so bedarf der Verschmelzungsbeschluß dieses Rechtsträgers zu seiner Wirksamkeit ihrer Zustimmung.

(3) Der Verschmelzungsbeschluß und die nach diesem Gesetz erforderlichen Zustimmungserklärungen einzelner Anteilsinhaber einschließlich der erforderlichen Zustimmungserklärungen nicht erschienener Anteilsinhaber müssen notariell beurkundet werden. Der Vertrag oder sein Entwurf ist dem Beschluß als Anlage beizufügen. Auf Verlangen hat der Rechtsträger jedem Anteilsinhaber auf dessen Kosten unverzüglich eine Abschrift des Vertrags oder seines Entwurfs und der Niederschrift des Beschlusses zu erteilen.

§ 14 Befristung und Ausschluß von Klagen gegen den Verschmelzungsbeschluß

(1) Eine Klage gegen die Wirksamkeit eines Verschmelzungsbeschlusses muss binnen eines Monats nach der Beschlußfassung erhoben werden.

(2) Eine Klage gegen die Wirksamkeit des Verschmelzungsbeschlusses eines übertragenden Rechtsträgers kann nicht darauf gestützt werden, dass das Umtauschverhältnis der Anteile zu niedrig bemessen ist oder dass die Mitgliedschaft bei dem übernehmenden Rechtsträger kein ausreichender Gegenwert für die Anteile oder die Mitgliedschaft bei dem übertragenden Rechtsträger ist.

§ 15 Verbesserung des Umtauschverhältnisses

(1) Ist das Umtauschverhältnis der Anteile zu niedrig bemessen oder ist die Mitgliedschaft bei dem übernehmenden Rechtsträger kein ausreichender Gegenwert für den Anteil oder die Mitgliedschaft bei einem übertragenden Rechtsträger, so kann jeder Anteilsinhaber dieses übertragenden Rechtsträgers, dessen Recht, gegen die Wirksamkeit des Verschmelzungsbeschlusses Klage zu erheben, nach § 14 Abs. 2 ausgeschlossen ist, von dem übernehmenden Rechtsträger einen Ausgleich durch bare Zuzahlung verlangen; die Zuzahlungen können den zehnten Teil des auf die gewährten Anteile entfallenden Betrags des Grund- oder Stammkapitals übersteigen.

(2) Die bare Zuzahlung ist nach Ablauf des Tages, an dem die Eintragung der Verschmelzung in das Register des Sitzes des übernehmenden Rechtsträgers nach § 19 Abs. 3 als bekanntgemacht gilt, mit jährlich zwei vom Hundert über dem jeweiligen Diskontsatz der Deutschen Bundesbank zu verzinsen. Die Geltendmachung eines weiteren Schadens ist nicht ausgeschlossen.

§ 16 Anmeldung der Verschmelzung

(1) Die Vertretungsorgane jedes der an der Verschmelzung beteiligten Rechtsträger haben die Verschmelzung zur Eintragung in das Register (Handelsregister, Partnerschaftsregister, Genossenschaftsregister oder Vereinsregister) des Sitzes ihres Rechtsträgers anzumelden. Das Vertretungsorgan des übernehmenden Rechtsträgers ist berechtigt, die Verschmelzung auch zur Eintragung in das Register des Sitzes jedes der übertragenden Rechtsträger anzumelden.

(2) Bei der Anmeldung haben die Vertretungsorgane zu erklären, dass eine Klage gegen die Wirksamkeit eines Verschmelzungsbeschlusses nicht oder nicht fristgemäß erhoben oder eine solche Klage rechtskräftig abgewiesen oder zurückgenommen worden ist; hierüber haben die Vertretungsorgane dem Registergericht auch nach der Anmeldung Mitteilung zu machen. Liegt die Erklärung nicht vor, so darf die Verschmelzung nicht eingetragen werden, es sei denn, dass die klageberechtigten Anteilsinhaber durch notariell beurkundete Verzichtserklärung auf die Klage gegen die Wirksamkeit des Verschmelzungsbeschlusses verzichten.

(3) Der Erklärung nach Absatz 2 Satz 1 steht es gleich, wenn nach Erhebung einer Klage gegen die Wirksamkeit eines Verschmelzungsbeschlusses das für diese Klage zuständige Prozeßgericht auf Antrag des Rechtsträgers, gegen dessen Verschmelzungsbeschluß sich die Klage richtet, durch rechtskräftigen Beschluß festgestellt hat, dass die Erhebung der Klage der Eintragung nicht entgegensteht. Der Beschluß nach Satz 1 darf nur ergehen, wenn die Klage gegen die Wirksamkeit des Verschmelzungsbeschlusses unzulässig oder offensichtlich unbegründet ist oder wenn das alsbaldige Wirksamwerden der Verschmelzung nach freier Überzeugung des Gerichts unter Berücksichtigung der Schwere der mit der Klage geltend gemachten Rechtsverletzungen zur Abwendung der vom Antragsteller dargelegten wesentlichen Nachteile für die an der Verschmelzung beteiligten Rechtsträger und ihre Anteilsinhaber vorrangig erscheint. Der Beschluß kann in dringenden Fällen ohne mündliche Verhandlung ergehen. Die vorgebrachten Tatsachen, auf Grund derer der Beschluß nach Satz 2 ergehen kann, sind glaubhaft zu machen. Gegen den Beschluß findet die sofortige Beschwerde statt. Erweist sich die Klage als begründet, so ist der Rechtsträger, der den Beschluß erwirkt hat, verpflichtet, dem Antragsgegner den Schaden zu ersetzen, der ihm aus einer auf dem Beschluß beruhenden Eintragung der Verschmelzung entstanden ist; als Ersatz des Schadens kann nicht die Beseitigung der Wirkungen der Eintragung der Verschmelzung im Register des Sitzes des übernehmenden Rechtsträgers verlangt werden.

§ 17 Anlagen der Anmeldung

(1) Der Anmeldung sind in Ausfertigung oder öffentlich beglaubigter Abschrift oder, soweit sie nicht notariell zu beurkunden sind, in Urschrift oder Abschrift der Verschmelzungsvertrag, die Niederschriften der Verschmelzungsbeschlüsse, die nach diesem Gesetz erforderlichen Zustimmungserklärungen einzelner Anteilsinhaber einschließlich der Zustimmungserklärungen nicht erschienener Anteilsinhaber, der Verschmelzungsbericht, der Prüfungsbericht oder die Verzichtserklärungen nach § 8 Abs. 3, § 9 Abs. 3 oder § 12 Abs. 3, ein Nachweis über die rechtzeitige Zuleitung des Verschmelzungsvertrages oder seines Entwurfs an den zuständigen Betriebsrat sowie, wenn die Verschmelzung der staatlichen Genehmigung bedarf, die Genehmigungsurkunde beizufügen.

(2) Der Anmeldung zum Register des Sitzes jedes der übertragenden Rechtsträger ist ferner eine Bilanz dieses Rechtsträgers beizufügen (Schlußbilanz). Für diese Bilanz gelten die Vorschriften über die Jahresbilanz und deren Prüfung entsprechend. Sie braucht nicht bekanntgemacht zu werden. Das Registergericht darf die Verschmelzung nur eintragen, wenn die Bilanz auf einen höchstens acht Monate vor der Anmeldung liegenden Stichtag aufgestellt worden ist.

§ 18 Firma oder Name des übernehmenden Rechtsträgers

(1) Der übernehmende Rechtsträger darf die Firma eines der übertragenden Rechtsträger, dessen Handelsgeschäft er durch die Verschmelzung erwirbt, mit oder ohne Beifügung eines das Nachfolgeverhältnis andeutenden Zusatzes fortführen.

(2) Ist an einem der übertragenden Rechtsträger eine natürliche Person beteiligt, die an dem übernehmenden Rechtsträger nicht beteiligt wird, so darf der übernehmende Rechtsträger den Namen dieses Anteilsinhabers nur dann in der nach Absatz 1 fortgeführten oder in der neu gebildeten Firma verwenden, wenn der betroffene Anteilsinhaber oder dessen Erben ausdrücklich in die Verwendung einwilligen.

(3) Ist eine Partnerschaftsgesellschaft an der Verschmelzung beteiligt, gelten für die Fortführung der Firma oder des Namens die Absätze 1 und 2 entsprechend. Eine Firma darf als Name einer Partnerschaftsgesellschaft nur unter den Voraussetzungen des § 2 Abs. 1 des Partnerschaftsgesellschaftsgesetzes fortgeführt werden. § 1 Abs. 3 und § 11 des Partnerschaftsgesellschaftsgesetzes sind entsprechend anzuwenden.

Bundesrecht

§ 19 Eintragung und Bekanntmachung der Verschmelzung

(1) Die Verschmelzung darf in das Register des Sitzes des übernehmenden Rechtsträgers erst eingetragen werden, nachdem sie im Register des Sitzes jedes der übertragenden Rechtsträger eingetragen worden ist. Die Eintragung im Register des Sitzes jedes der übertragenden Rechtsträger ist mit dem Vermerk zu versehen, dass die Verschmelzung erst mit der Eintragung im Register des Sitzes des übernehmenden Rechtsträgers wirksam wird.

(2) Das Gericht des Sitzes des übernehmenden Rechtsträgers hat von Amts wegen dem Gericht des Sitzes jedes der übertragenden Rechtsträger den Tag der Eintragung der Verschmelzung mitzuteilen. Nach Eingang der Mitteilung hat das Gericht des Sitzes jedes der übertragenden Rechtsträger von Amts wegen den Tag der Eintragung der Verschmelzung im Register des Sitzes des übernehmenden Rechtsträgers im Register des Sitzes des übertragenden Rechtsträgers zu vermerken und die bei ihm aufbewahrten Urkunden und anderen Schriftstücke dem Gericht des Sitzes des übernehmenden Rechtsträgers zur Aufbewahrung zu übersenden.

(3) Das Gericht des Sitzes jedes der an der Verschmelzung beteiligten Rechtsträger hat jeweils die von ihm vorgenommene Eintragung der Verschmelzung von Amts wegen durch den Bundesanzeiger und durch mindestens ein anderes Blatt ihrem ganzen Inhalt nach bekanntzumachen. Mit dem Ablauf des Tages, an dem jeweils das letzte der die Bekanntmachung enthaltenden Blätter erschienen ist, gilt die Bekanntmachung für diesen Rechtsträger als erfolgt.

§ 20 Wirkungen der Eintragung

(1) Die Eintragung der Verschmelzung in das Register des Sitzes des übernehmenden Rechtsträgers hat folgende Wirkungen:

1. Das Vermögen der übertragenden Rechtsträger geht einschließlich der Verbindlichkeiten auf den übernehmenden Rechtsträger über.

2. Die übertragenden Rechtsträger erlöschen. Einer besonderen Löschung bedarf es nicht.

3. Die Anteilsinhaber der übertragenden Rechtsträger werden Anteilsinhaber des übernehmenden Rechtsträgers; dies gilt nicht, soweit der übernehmende Rechtsträger oder ein Dritter, der im eigenen Namen, jedoch für Rechnung dieses Rechtsträgers handelt, Anteilsinhaber des übertragenden Rechtsträgers ist oder der übertragende Rechtsträger eigene Anteile innehat oder ein Dritter, der im eigenen Namen, jedoch für Rechnung dieses Rechtsträgers handelt, dessen Anteilsinhaber ist. Rechte Dritter an den Anteilen oder Mitgliedschaften der übertragen-

den Rechtsträger bestehen an den an ihre Stelle tretenden Anteilen oder Mitgliedschaften des übernehmenden Rechtsträgers weiter.
4. Der Mangel der notariellen Beurkundung des Verschmelzungsvertrags und gegebenenfalls erforderlicher Zustimmungs- oder Verzichtserklärungen einzelner Anteilsinhaber wird geheilt.

(2) Mängel der Verschmelzung lassen die Wirkungen der Eintragung nach Absatz 1 unberührt.

§ 21 Wirkung auf gegenseitige Verträge

Treffen bei einer Verschmelzung aus gegenseitigen Verträgen, die zur Zeit der Verschmelzung von keiner Seite vollständig erfüllt sind, Abnahme-, Lieferungs- oder ähnliche Verpflichtungen zusammen, die miteinander unvereinbar sind oder die beide zu erfüllen eine schwere Unbilligkeit für den übernehmenden Rechtsträger bedeuten würde, so bestimmt sich der Umfang der Verpflichtungen nach Billigkeit unter Würdigung der vertraglichen Rechte aller Beteiligten.

§ 22 Gläubigerschutz

(1) Den Gläubigern der an der Verschmelzung beteiligten Rechtsträger ist, wenn sie binnen sechs Monaten nach dem Tag, an dem die Eintragung der Verschmelzung in das Register des Sitzes desjenigen Rechtsträgers, dessen Gläubiger sie sind, nach § 19 Abs. 3 als bekanntgemacht gilt, ihren Anspruch nach Grund und Höhe schriftlich anmelden, Sicherheit zu leisten, soweit sie nicht Befriedigung verlangen können. Dieses Recht steht den Gläubigern jedoch nur zu, wenn sie glaubhaft machen, dass durch die Verschmelzung die Erfüllung ihrer Forderung gefährdet wird. Die Gläubiger sind in der Bekanntmachung der jeweiligen Eintragung auf dieses Recht hinzuweisen.

(2) Das Recht, Sicherheitsleistung zu verlangen, steht Gläubigern nicht zu, die im Falle der Insolvenz ein Recht auf vorzugsweise Befriedigung aus einer Deckungsmasse haben, die nach gesetzlicher Vorschrift zu ihrem Schutz errichtet und staatlich überwacht ist.

§ 23 Schutz der Inhaber von Sonderrechten

Den Inhabern von Rechten in einem übertragenden Rechtsträger, die kein Stimmrecht gewähren, insbesondere den Inhabern von Anteilen ohne Stimmrecht, von Wandelschuldverschreibungen, von Gewinnschuldverschreibungen und von Genußrechten, sind gleichwertige Rechte in dem übernehmenden Rechtsträger zu gewähren.

(...)

Dritter Abschnitt
Verschmelzung durch Neugründung

§ 36 Anzuwendende Vorschriften

(1) Auf die Verschmelzung durch Neugründung sind die Vorschriften des Zweiten Abschnitts mit Ausnahme des § 16 Abs. 1 und des § 27 entsprechend anzuwenden. An die Stelle des übernehmenden Rechtsträgers tritt der neue Rechtsträger, an die Stelle der Eintragung der Verschmelzung in das Register des Sitzes des übernehmenden Rechtsträgers tritt die Eintragung des neuen Rechtsträgers in das Register.

(2) Auf die Gründung des neuen Rechtsträgers sind die für dessen Rechtsform geltenden Gründungsvorschriften anzuwenden, soweit sich aus diesem Buch nichts anderes ergibt. Den Gründern stehen die übertragenden Rechtsträger gleich. Vorschriften, die für die Gründung eine Mindestzahl der Gründer vorschreiben, sind nicht anzuwenden.

§ 37 Inhalt des Verschmelzungsvertrags

In dem Verschmelzungsvertrag muss der Gesellschaftsvertrag, der Partnerschaftsvertrag, die Satzung oder das Statut des neuen Rechtsträgers enthalten sein oder festgestellt werden.

§ 38 Anmeldung der Verschmelzung und des neuen Rechtsträgers

(1) Die Vertretungsorgane jedes der übertragenden Rechtsträger haben die Verschmelzung zur Eintragung in das Register des Sitzes ihres Rechtsträgers anzumelden.

(2) Die Vertretungsorgane aller übertragenden Rechtsträger haben den neuen Rechtsträger bei dem Gericht, in dessen Bezirk er seinen Sitz haben soll, zur Eintragung in das Register anzumelden.

(...)

Zweiter Teil
Besondere Vorschriften

Erster Abschnitt
Verschmelzung unter Beteiligung von Personengesellschaften

Erster Unterabschnitt
Verschmelzung unter Beteiligung von Personenhandelsgesellschaften

§ 45 Zeitliche Begrenzung der Haftung persönlich haftender Gesellschafter

(1) Überträgt eine Personenhandelsgesellschaft ihr Vermögen durch Verschmelzung auf einen Rechtsträger anderer Rechtsform, dessen Anteilsinhaber für die Verbindlichkeiten dieses Rechtsträgers nicht unbeschränkt haften, so haftet ein Gesellschafter der Personenhandelsgesellschaft für ihre Verbindlichkeiten, wenn sie vor Ablauf von fünf Jahren nach der Verschmelzung fällig und daraus Ansprüche gegen ihn in einer in § 197 Abs. 1 Nr. 3 bis 5 des Bürgerlichen Gesetzbuchs bezeichneten Art festgestellt sind oder eine gerichtliche oder behördliche Vollstreckungshandlung vorgenommen oder beantragt wird; bei öffentlich-rechtlichen Verbindlichkeiten genügt der Erlass eines Verwaltungsakts.

(2) Die Frist beginnt mit dem Tage, an dem die Eintragung der Verschmelzung in das Register des Sitzes des übernehmenden Rechtsträgers nach § 19 Abs. 3 als bekanntgemacht gilt. Die für die Verjährung geltenden §§ 204, 206, 210, 211, und 212 Abs. 2 und 3 des Bürgerlichen Gesetzbuchs sind entsprechend anzuwenden.

(3) Einer Feststellung in einer in § 197 Abs. 1 Nr. 3 bis 5 des Bürgerlichen Gesetzbuchs bezeichneten Art bedarf es nicht, soweit der Gesellschafter den Anspruch schriftlich anerkannt hat.

(4) Die Absätze 1 bis 3 sind auch anzuwenden, wenn der Gesellschafter in dem Rechtsträger anderer Rechtsform geschäftsführend tätig wird.

Drittes Buch
Spaltung

Erster Teil
Allgemeine Vorschriften

Erster Abschnitt
Möglichkeit der Spaltung

§ 123 Arten der Spaltung

(1) Ein Rechtsträger (übertragender Rechtsträger) kann unter Auflösung ohne Abwicklung sein Vermögen aufspalten
   1. zur Aufnahme durch gleichzeitige Übertragung der Vermögensteile jeweils als Gesamtheit auf andere bestehende Rechtsträger (übernehmende Rechtsträger) oder
   2. zur Neugründung durch gleichzeitige Übertragung der Vermögensteile jeweils als Gesamtheit auf andere, von ihm dadurch gegründete neue Rechtsträgergegen Gewährung von Anteilen oder Mitgliedschaften dieser Rechtsträger an die Anteilsinhaber des übertragenden Rechtsträgers (Aufspaltung).

(2) Ein Rechtsträger (übertragender Rechtsträger) kann von seinem Vermögen einen Teil oder mehrere Teile abspalten
   1. zur Aufnahme durch Übertragung dieses Teils oder dieser Teile jeweils als Gesamtheit auf einen bestehenden oder mehrere bestehende Rechtsträger (übernehmende Rechtsträger) oder
   2. zur Neugründung durch Übertragung dieses Teils oder dieser Teile jeweils als Gesamtheit auf einen oder mehrere, von ihm dadurch gegründeten neuen oder gegründete neue Rechtsträgergegen Gewährung von Anteilen oder Mitgliedschaften dieses Rechtsträgers oder dieser Rechtsträger an die Anteilsinhaber des übertragenden Rechtsträgers (Abspaltung).

(3) Ein Rechtsträger (übertragender Rechtsträger) kann aus seinem Vermögen einen Teil oder mehrere Teile ausgliedern
   1. zur Aufnahme durch Übertragung dieses Teils oder dieser Teile jeweils als Gesamtheit auf einen bestehenden oder mehrere bestehende Rechtsträger (übernehmende Rechtsträger) oder
   2. zur Neugründung durch Übertragung dieses Teils oder dieser Teile jeweils als Gesamtheit auf einen oder mehrere, von ihm dadurch gegründeten neuen oder gegründete neue Rechtsträgergegen Gewährung von Anteilen oder Mitgliedschaften dieses Rechtsträgers oder dieser Rechtsträger an den übertragenden Rechtsträger (Ausgliederung).

(4) Die Spaltung kann auch durch gleichzeitige Übertragung auf bestehende und neue Rechtsträger erfolgen.

§ 124 Spaltungsfähige Rechtsträger

(1) An einer Aufspaltung oder einer Abspaltung können als übertragende, übernehmende oder neue Rechtsträger die in § 3 Abs. 1 genannten Rechtsträger sowie als übertragende Rechtsträger wirtschaftliche Vereine, an einer Ausgliederung können als übertragende, übernehmende oder neue Rechtsträger die in § 3 Abs. 1 genannten Rechtsträger sowie als übertragende Rechtsträger wirtschaftliche Vereine, Einzelkaufleute, Stiftungen sowie Gebietskörperschaften oder Zusammenschlüsse von Gebietskörperschaften, die nicht Gebietskörperschaften sind, beteiligt sein.

(2) § 3 Abs. 3 und 4 ist auf die Spaltung entsprechend anzuwenden.

§ 125 Anzuwendende Vorschriften

Auf die Spaltung sind die Vorschriften des Zweiten Buches mit Ausnahme des § 9 Abs. 2, bei Abspaltung und Ausgliederung mit Ausnahme des § 18 sowie bei Ausgliederung mit Ausnahme des § 14 Abs. 2 und der §§ 15, 29 bis 34, 54, 68 und 71 entsprechend anzuwenden, soweit sich aus diesem Buch nichts anderes ergibt. Eine Prüfung im Sinne der §§ 9 bis 12 findet bei Ausgliederung nicht statt. An die Stelle der übertragenden Rechtsträger tritt der übertragende Rechtsträger, an die Stelle des übernehmenden oder neuen Rechtsträgers treten gegebenenfalls die übernehmenden oder neuen Rechtsträger.

Zweiter Abschnitt
Spaltung zur Aufnahme

§ 126 Inhalt des Spaltungs- und Übernahmevertrags

(1) Der Spaltungs- und Übernahmevertrag oder sein Entwurf muss mindestens folgende Angaben enthalten:
1. den Namen oder die Firma und den Sitz der an der Spaltung beteiligten Rechtsträger;
2. die Vereinbarung über die Übertragung der Teile des Vermögens des übertragenden Rechtsträgers jeweils als Gesamtheit gegen Gewährung von Anteilen oder Mitgliedschaften an den übernehmenden Rechtsträgern;
3. bei Aufspaltung und Abspaltung das Umtauschverhältnis der Anteile und gegebenenfalls die Höhe der baren Zuzahlung oder Angaben über die Mitgliedschaft bei den übernehmenden Rechtsträgern;

4. bei Aufspaltung und Abspaltung die Einzelheiten für die Übertragung der Anteile der übernehmenden Rechtsträger oder über den Erwerb der Mitgliedschaft bei den übernehmenden Rechtsträgern;
5. den Zeitpunkt, von dem an diese Anteile oder die Mitgliedschaft einen Anspruch auf einen Anteil am Bilanzgewinn gewähren, sowie alle Besonderheiten in bezug auf diesen Anspruch;
6. den Zeitpunkt, von dem an die Handlungen des übertragenden Rechtsträgers als für Rechnung jedes der übernehmenden Rechtsträger vorgenommen gelten (Spaltungsstichtag);
7. die Rechte, welche die übernehmenden Rechtsträger einzelnen Anteilsinhabern sowie den Inhabern besonderer Rechte wie Anteile ohne Stimmrecht, Vorzugsaktien, Mehrstimmrechtsaktien, Schuldverschreibungen und Genußrechte gewähren, oder die für diese Personen vorgesehenen Maßnahmen;
8. jeden besonderen Vorteil, der einem Mitglied eines Vertretungsorgans oder eines Aufsichtsorgans der an der Spaltung beteiligten Rechtsträger, einem geschäftsführenden Gesellschafter, einem Partner, einem Abschlussprüfer oder einem Spaltungsprüfer gewährt wird;
9. die genaue Bezeichnung und Aufteilung der Gegenstände des Aktiv- und Passivvermögens, die an jeden der übernehmenden Rechtsträger übertragen werden, sowie der übergehenden Betriebe und Betriebsteile unter Zuordnung zu den übernehmenden Rechtsträgern;
10. bei Aufspaltung und Abspaltung die Aufteilung der Anteile oder Mitgliedschaften jedes der beteiligten Rechtsträger auf die Anteilsinhaber des übertragenden Rechtsträgers sowie den Maßstab für die Aufteilung;
11. die Folgen der Spaltung für die Arbeitnehmer und ihre Vertretungen sowie die insoweit vorgesehenen Maßnahmen.

(2) Soweit für die Übertragung von Gegenständen im Falle der Einzelrechtsnachfolge in den allgemeinen Vorschriften eine besondere Art der Bezeichnung bestimmt ist, sind diese Regelungen auch für die Bezeichnung der Gegenstände des Aktiv- und Passivvermögens (Absatz 1 Nr. 9) anzuwenden. § 28 der Grundbuchordnung ist zu beachten. Im übrigen kann auf Urkunden wie Bilanzen und Inventare Bezug genommen werden, deren Inhalt eine Zuweisung des einzelnen Gegenstandes ermöglicht; die Urkunden sind dem Spaltungs- und Übernahmevertrag als Anlagen beizufügen.

(3) Der Vertrag oder sein Entwurf ist spätestens einen Monat vor dem Tag der Versammlung der Anteilsinhaber jedes beteiligten Rechtsträgers, die gemäß § 125 in Verbindung mit § 13 Abs. 1 über die Zustimmung zum

Spaltungs- und Übernahmevertrag beschließen soll, dem zuständigen Betriebsrat dieses Rechtsträgers zuzuleiten.

§ 127 Spaltungsbericht

Die Vertretungsorgane jedes der an der Spaltung beteiligten Rechtsträger haben einen ausführlichen schriftlichen Bericht zu erstatten, in dem die Spaltung, der Vertrag oder sein Entwurf im einzelnen und bei Aufspaltung und Abspaltung insbesondere das Umtauschverhältnis der Anteile oder die Angaben über die Mitgliedschaften bei den übernehmenden Rechtsträgern, der Maßstab für ihre Aufteilung sowie die Höhe einer anzubietenden Barabfindung rechtlich und wirtschaftlich erläutert und begründet werden (Spaltungsbericht); der Bericht kann von den Vertretungsorganen auch gemeinsam erstattet werden. § 8 Abs. 1 Satz 2 bis 4, Abs. 2 und 3 ist entsprechend anzuwenden.

§ 128 Zustimmung zur Spaltung in Sonderfällen

Werden bei Aufspaltung oder Abspaltung die Anteile oder Mitgliedschaften der übernehmenden Rechtsträger den Anteilsinhabern des übertragenden Rechtsträgers nicht in dem Verhältnis zugeteilt, das ihrer Beteiligung an dem übertragenden Rechtsträger entspricht, so wird der Spaltungs- und Übernahmevertrag nur wirksam, wenn ihm alle Anteilsinhaber des übertragenden Rechtsträgers zustimmen. Bei einer Spaltung zur Aufnahme ist der Berechnung des Beteiligungsverhältnisses der jeweils zu übertragende Teil des Vermögens zugrunde zu legen.

§ 129 Anmeldung der Spaltung

Zur Anmeldung der Spaltung ist auch das Vertretungsorgan jedes der übernehmenden Rechtsträger berechtigt.

§ 130 Eintragung der Spaltung

(1) Die Spaltung darf in das Register des Sitzes des übertragenden Rechtsträgers erst eingetragen werden, nachdem sie im Register des Sitzes jedes der übernehmenden Rechtsträger eingetragen worden ist. Die Eintragung im Register des Sitzes jedes der übernehmenden Rechtsträger ist mit dem Vermerk zu versehen, dass die Spaltung erst mit der Eintragung im Register des Sitzes des übertragenden Rechtsträgers wirksam wird.

(2) Das Gericht des Sitzes des übertragenden Rechtsträgers hat von Amts wegen dem Gericht des Sitzes jedes der übernehmenden Rechtsträger den Tag der Eintragung der Spaltung mitzuteilen sowie einen Registerauszug und eine Abschrift des Gesellschaftsvertrages, des Partner-

schaftsvertrages, der Satzung oder des Statuts des übertragenden Rechtsträgers zu übersenden. Nach Eingang der Mitteilung hat das Gericht des Sitzes jedes der übernehmenden Rechtsträger von Amts wegen den Tag der Eintragung der Spaltung im Register des Sitzes des übertragenden Rechtsträgers zu vermerken.

§ 131 Wirkungen der Eintragung

(1) Die Eintragung der Spaltung in das Register des Sitzes des übertragenden Rechtsträgers hat folgende Wirkungen:
 1. Das Vermögen des übertragenden Rechtsträgers, bei Abspaltung und Ausgliederung der abgespaltene oder ausgegliederte Teil oder die abgespaltenen oder ausgegliederten Teile des Vermögens einschließlich der Verbindlichkeiten gehen entsprechend der im Spaltungs- und Übernahmevertrag vorgesehenen Aufteilung jeweils als Gesamtheit auf die übernehmenden Rechtsträger über. Gegenstände, die nicht durch Rechtsgeschäft übertragen werden können, verbleiben bei Abspaltung und Ausgliederung im Eigentum oder in Inhaberschaft des übertragenden Rechtsträgers.
 2. Bei der Aufspaltung erlischt der übertragende Rechtsträger. Einer besonderen Löschung bedarf es nicht.
 3. Bei Aufspaltung und Abspaltung werden die Anteilsinhaber des übertragenden Rechtsträgers entsprechend der im Spaltungs- und Übernahmevertrag vorgesehenen Aufteilung Anteilsinhaber der beteiligten Rechtsträger; dies gilt nicht, soweit der übernehmende Rechtsträger oder ein Dritter, der im eigenen Namen, jedoch für Rechnung dieses Rechtsträgers handelt, Anteilsinhaber des übertragenden Rechtsträgers ist oder der übertragende Rechtsträger eigene Anteile innehat oder ein Dritter, der im eigenen Namen, jedoch für Rechnung dieses Rechtsträgers handelt, dessen Anteilsinhaber ist. Rechte Dritter an den Anteilen oder Mitgliedschaften des übertragenden Rechtsträgers bestehen an den an ihre Stelle tretenden Anteilen oder Mitgliedschaften der übernehmenden Rechtsträger weiter. Bei Ausgliederung wird der übertragende Rechtsträger entsprechend dem Ausgliederungs- und Übernahmevertrag Anteilsinhaber der übernehmenden Rechtsträger.
 4. Der Mangel der notariellen Beurkundung des Spaltungs- und Übernahmevertrags und gegebenenfalls erforderlicher Zustimmungs- oder Verzichtserklärungen einzelner Anteilsinhaber wird geheilt.

(2) Mängel der Spaltung lassen die Wirkungen der Eintragung nach Absatz 1 unberührt.

(3) Ist bei einer Aufspaltung ein Gegenstand im Vertrag keinem der übernehmenden Rechtsträger zugeteilt worden und läßt sich die Zuteilung auch nicht durch Auslegung des Vertrags ermitteln, so geht der Gegenstand auf alle übernehmenden Rechtsträger in dem Verhältnis über, das sich aus dem Vertrag für die Aufteilung des Überschusses der Aktivseite der Schlußbilanz über deren Passivseite ergibt; ist eine Zuteilung des Gegenstandes an mehrere Rechtsträger nicht möglich, so ist sein Gegenwert in dem bezeichneten Verhältnis zu verteilen.

§ 132 Beachtung allgemeinen Rechts

Allgemeine Vorschriften, welche die Übertragbarkeit eines bestimmten Gegenstandes ausschließen oder an bestimmte Voraussetzungen knüpfen oder nach denen die Übertragung eines bestimmten Gegenstandes einer staatlichen Genehmigung bedarf, bleiben durch die Wirkungen der Eintragung nach § 131 unberührt. § 399 des Bürgerlichen Gesetzbuchs steht der Aufspaltung nicht entgegen.

§ 133 Schutz der Gläubiger und der Inhaber von Sonderrechten

(1) Für die Verbindlichkeiten des übertragenden Rechtsträgers, die vor dem Wirksamwerden der Spaltung begründet worden sind, haften die an der Spaltung beteiligten Rechtsträger als Gesamtschuldner. Die §§ 25, 26 und 28 des Handelsgesetzbuchs sowie § 125 in Verbindung mit § 22 bleiben unberührt; zur Sicherheitsleistung ist nur der an der Spaltung beteiligte Rechtsträger verpflichtet, gegen den sich der Anspruch richtet.

(2) Für die Erfüllung der Verpflichtung nach § 125 in Verbindung mit § 23 haften die an der Spaltung beteiligten Rechtsträger als Gesamtschuldner. Bei Abspaltung und Ausgliederung können die gleichwertigen Rechte im Sinne des § 125 in Verbindung mit § 23 auch in dem übertragenden Rechtsträger gewährt werden.

(3) Diejenigen Rechtsträger, denen die Verbindlichkeiten nach Absatz 1 Satz 1 im Spaltungs- und Übernahmevertrag nicht zugewiesen worden sind, haften für diese Verbindlichkeiten, wenn sie vor Ablauf von fünf Jahren nach der Spaltung fällig und daraus Ansprüche gegen sie in einer in § 197 Abs. 1 Nr. 3 bis 5 des Bürgerlichen Gesetzbuchs bezeichneten Art festgestellt sind oder eine gerichtliche oder behördliche Vollstreckungshandlung vorgenommen oder beantragt wird; bei öffentlich-rechtlichen Verbindlichkeiten genügt der Erlass eines Verwaltungsakts.

(4) Die Frist beginnt mit dem Tage, an dem die Eintragung der Spaltung in das Register des Sitzes des übertragenden Rechtsträgers nach § 125 in Verbindung mit § 19 Abs. 3 als bekanntgemacht gilt. Die für die Verjäh-

rung geltenden §§ 204, 206, 210, 211 und 212 Abs. 2 und 3 des Bürgerlichen Gesetzbuchs sind entsprechend anzuwenden.

(5) Einer Feststellung in einer in § 197 Abs. 1 Nr. 3 bis 5 des Bürgerlichen Gesetzbuchs bezeichneten Art bedarf es nicht, soweit die in Absatz 3 bezeichneten Rechtsträger den Anspruch schriftlich anerkannt haben.

(6) Die Ansprüche nach Absatz 2 verjähren in fünf Jahren. Für den Beginn der Verjährung gilt Absatz 4 Satz 1 entsprechend.

§ 134 Schutz der Gläubiger in besonderen Fällen

(1) Spaltet ein Rechtsträger sein Vermögen in der Weise, dass die zur Führung eines Betriebes notwendigen Vermögensteile im wesentlichen auf einen übernehmenden oder mehrere übernehmende oder auf einen neuen oder mehrere neue Rechtsträger übertragen werden und die Tätigkeit dieses Rechtsträgers oder dieser Rechtsträger sich im wesentlichen auf die Verwaltung dieser Vermögensteile beschränkt (Anlagegesellschaft), während dem übertragenden Rechtsträger diese Vermögensteile bei der Führung seines Betriebes zur Nutzung überlassen werden (Betriebsgesellschaft), und sind an den an der Spaltung beteiligten Rechtsträgern im wesentlichen dieselben Personen beteiligt, so haftet die Anlagegesellschaft auch für die Forderungen der Arbeitnehmer der Betriebsgesellschaft als Gesamtschuldner, die binnen fünf Jahren nach dem Wirksamwerden der Spaltung auf Grund der §§ 111 bis 113 des Betriebsverfassungsgesetzes begründet werden. Dies gilt auch dann, wenn die Vermögensteile bei dem übertragenden Rechtsträger verbleiben und dem übernehmenden oder neuen Rechtsträger oder den übernehmenden oder neuen Rechtsträgern zur Nutzung überlassen werden.

(2) Die gesamtschuldnerische Haftung nach Absatz 1 gilt auch für vor dem Wirksamwerden der Spaltung begründete Versorgungsverpflichtungen auf Grund des Gesetzes zur Verbesserung der betrieblichen Altersversorgung.

(3) Für die Ansprüche gegen die Anlagegesellschaft nach den Absätzen 1 und 2 gilt § 133 Abs. 3 bis 5 entsprechend mit der Maßgabe, dass die Frist fünf Jahre nach dem in § 133 Abs. 4 Satz 1 bezeichneten Tage beginnt.

Dritter Abschnitt
Spaltung zur Neugründung

§ 135 Anzuwendende Vorschriften

(1) Auf die Spaltung eines Rechtsträgers zur Neugründung sind die Vorschriften des Zweiten Abschnitts entsprechend anzuwenden, jedoch mit Ausnahme der §§ 129 und 130 Abs. 2 sowie der nach § 125 entsprechend anzuwendenden §§ 4, 7 und 16 Abs. 1 und des § 27. An die Stelle der übernehmenden Rechtsträger treten die neuen Rechtsträger, an die Stelle der Eintragung der Spaltung im Register des Sitzes jeder der übernehmenden Rechtsträger tritt die Eintragung jedes der neuen Rechtsträger in das Register.

(2) Auf die Gründung der neuen Rechtsträger sind die für die jeweilige Rechtsform des neuen Rechtsträgers geltenden Gründungsvorschriften anzuwenden, soweit sich aus diesem Buch nichts anderes ergibt. Den Gründern steht der übertragende Rechtsträger gleich. Vorschriften, die für die Gründung eine Mindestzahl der Gründer vorschreiben, sind nicht anzuwenden.

§ 136 Spaltungsplan

Das Vertretungsorgan des übertragenden Rechtsträgers hat einen Spaltungsplan aufzustellen. Der Spaltungsplan tritt an die Stelle des Spaltungs- und Übernahmevertrags.

§ 137 Anmeldung und Eintragung der neuen Rechtsträger und der Spaltung

(1) Das Vertretungsorgan des übertragenden Rechtsträgers hat jeden der neuen Rechtsträger bei dem Gericht, in dessen Bezirk er seinen Sitz haben soll, zur Eintragung in das Register anzumelden.

(2) Das Vertretungsorgan des übertragenden Rechtsträgers hat die Spaltung zur Eintragung in das Register des Sitzes des übertragenden Rechtsträgers anzumelden.

(3) Das Gericht des Sitzes jedes der neuen Rechtsträger hat von Amts wegen dem Gericht des Sitzes des übertragenden Rechtsträgers den Tag der Eintragung des neuen Rechtsträgers mitzuteilen. Nach Eingang der Mitteilungen für alle neuen Rechtsträger hat das Gericht des Sitzes des übertragenden Rechtsträgers die Spaltung einzutragen sowie von Amts wegen den Zeitpunkt der Eintragung den Gerichten des Sitzes jedes der neuen Rechtsträger mitzuteilen sowie ihnen einen Registerauszug und eine Abschrift des Gesellschaftsvertrages, des Partnerschaftsvertrages,

der Satzung oder des Statuts des übertragenden Rechtsträgers zu übersenden. Der Zeitpunkt der Eintragung der Spaltung ist in den Registern des Sitzes jedes der neuen Rechtsträger von Amts wegen einzutragen; gesetzlich vorgesehene Bekanntmachungen über die Eintragung der neuen Rechtsträger sind erst danach zulässig.

Fünftes Buch
Formwechsel

Erster Teil
Allgemeine Vorschriften

§ 190 Allgemeiner Anwendungsbereich

(1) Ein Rechtsträger kann durch Formwechsel eine andere Rechtsform erhalten.

(2) Soweit nicht in diesem Buch etwas anderes bestimmt ist, gelten die Vorschriften über den Formwechsel nicht für Änderungen der Rechtsform, die in anderen Gesetzen vorgesehen oder zugelassen sind.

§ 191 Einbezogene Rechtsträger

(1) Formwechselnde Rechtsträger können sein:
   1. Personenhandelsgesellschaften (§ 3 Abs. 1 Nr. 1) und Partnerschaftsgesellschaften;
   2. Kapitalgesellschaften (§ 3 Abs. 1 Nr. 2);
   3. eingetragene Genossenschaften;
   4. rechtsfähige Vereine;
   5. Versicherungsvereine auf Gegenseitigkeit;
   6. Körperschaften und Anstalten des öffentlichen Rechts.

(2) Rechtsträger neuer Rechtsform können sein:
   1. Gesellschaften des bürgerlichen Rechts;
   2. Personenhandelsgesellschaften und Partnerschaftsgesellschaften;
   3. Kapitalgesellschaften;
   4. eingetragene Genossenschaften.

(3) Der Formwechsel ist auch bei aufgelösten Rechtsträgern möglich, wenn ihre Fortsetzung in der bisherigen Rechtsform beschlossen werden könnte.

§ 192 Umwandlungsbericht

(1) Das Vertretungsorgan des formwechselnden Rechtsträgers hat einen ausführlichen schriftlichen Bericht zu erstatten, in dem der Formwechsel und insbesondere die künftige Beteiligung der Anteilsinhaber an dem Rechtsträger rechtlich und wirtschaftlich erläutert und begründet werden (Umwandlungsbericht). § 8 Abs. 1 Satz 2 bis 4 und Abs. 2 ist entsprechend anzuwenden. Der Umwandlungsbericht muss einen Entwurf des Umwandlungsbeschlusses enthalten.

(2) Dem Bericht ist eine Vermögensaufstellung beizufügen, in der die Gegenstände und Verbindlichkeiten des formwechselnden Rechtsträgers mit dem wirklichen Wert anzusetzen sind, der ihnen am Tage der Erstellung des Berichts beizulegen ist. Die Aufstellung ist Bestandteil des Berichts.

(3) Ein Umwandlungsbericht ist nicht erforderlich, wenn an dem formwechselnden Rechtsträger nur ein Anteilsinhaber beteiligt ist oder wenn alle Anteilsinhaber auf seine Erstattung verzichten. Die Verzichtserklärungen sind notariell zu beurkunden.

§ 193 Umwandlungsbeschluß

(1) Für den Formwechsel ist ein Beschluß der Anteilsinhaber des formwechselnden Rechtsträgers (Umwandlungsbeschluß) erforderlich. Der Beschluß kann nur in einer Versammlung der Anteilsinhaber gefaßt werden.

(2) Ist die Abtretung der Anteile des formwechselnden Rechtsträgers von der Genehmigung einzelner Anteilsinhaber abhängig, so bedarf der Umwandlungsbeschluß zu seiner Wirksamkeit ihrer Zustimmung.

(3) Der Umwandlungsbeschluß und die nach diesem Gesetz erforderlichen Zustimmungserklärungen einzelner Anteilsinhaber einschließlich der erforderlichen Zustimmungserklärungen nicht erschienener Anteilsinhaber müssen notariell beurkundet werden. Auf Verlangen ist jedem Anteilsinhaber auf seine Kosten unverzüglich eine Abschrift der Niederschrift des Beschlusses zu erteilen.

§ 194 Inhalt des Umwandlungsbeschlusses

(1) In dem Umwandlungsbeschluß müssen mindestens bestimmt werden:
   1. die Rechtsform, die der Rechtsträger durch den Formwechsel erlangen soll;
   2. der Name oder die Firma des Rechtsträgers neuer Rechtsform;

3. eine Beteiligung der bisherigen Anteilsinhaber an dem Rechtsträger nach den für die neue Rechtsform geltenden Vorschriften, soweit ihre Beteiligung nicht nach diesem Buch entfällt;
4. Zahl, Art und Umfang der Anteile oder der Mitgliedschaften, welche die Anteilsinhaber durch den Formwechsel erlangen sollen oder die einem beitretenden persönlich haftenden Gesellschafter eingeräumt werden sollen;
5. die Rechte, die einzelnen Anteilsinhabern sowie den Inhabern besonderer Rechte wie Anteile ohne Stimmrecht, Vorzugsaktien, Mehrstimmrechtsaktien, Schuldverschreibungen und Genußrechte in dem Rechtsträger gewährt werden sollen, oder die Maßnahmen, die für diese Personen vorgesehen sind;
6. ein Abfindungsangebot nach § 207, sofern nicht der Umwandlungsbeschluß zu seiner Wirksamkeit der Zustimmung aller Anteilsinhaber bedarf oder an dem formwechselnden Rechtsträger nur ein Anteilsinhaber beteiligt ist;
7. die Folgen des Formwechsels für die Arbeitnehmer und ihre Vertretungen sowie die insoweit vorgesehenen Maßnahmen.

(2) Der Entwurf des Umwandlungsbeschlusses ist spätestens einen Monat vor dem Tage der Versammlung der Anteilsinhaber, die den Formwechsel beschließen soll, dem zuständigen Betriebsrat des formwechselnden Rechtsträgers zuzuleiten.

§ 195 Befristung und Ausschluß von Klagen gegen den Umwandlungsbeschluß

(1) Eine Klage gegen die Wirksamkeit des Umwandlungsbeschlusses muss binnen eines Monats nach der Beschlußfassung erhoben werden.

(2) Eine Klage gegen die Wirksamkeit des Umwandlungsbeschlusses kann nicht darauf gestützt werden, dass die in dem Beschluß bestimmten Anteile an dem Rechtsträger neuer Rechtsform zu niedrig bemessen sind oder dass die Mitgliedschaft kein ausreichender Gegenwert für die Anteile oder die Mitgliedschaft bei dem formwechselnden Rechtsträger ist.

§ 196 Verbesserung des Beteiligungsverhältnisses

Sind die in dem Umwandlungsbeschluß bestimmten Anteile an dem Rechtsträger neuer Rechtsform zu niedrig bemessen oder ist die Mitgliedschaft bei diesem kein ausreichender Gegenwert für die Anteile oder die Mitgliedschaft bei dem formwechselnden Rechtsträger, so kann jeder Anteilsinhaber, dessen Recht, gegen die Wirksamkeit des Umwandlungsbeschlusses Klage zu erheben, nach § 195 Abs. 2 ausgeschlossen ist, von dem Rechtsträger einen

Ausgleich durch bare Zuzahlung verlangen. § 15 Abs. 2 ist entsprechend anzuwenden.

§ 197 Anzuwendende Gründungsvorschriften

Auf den Formwechsel sind die für die neue Rechtsform geltenden Gründungsvorschriften anzuwenden, soweit sich aus diesem Buch nichts anderes ergibt. Vorschriften, die für die Gründung eine Mindestzahl der Gründer vorschreiben, sowie die Vorschriften über die Bildung und Zusammensetzung des ersten Aufsichtsrats sind nicht anzuwenden.

§ 198 Anmeldung des Formwechsels

(1) Die neue Rechtsform des Rechtsträgers ist zur Eintragung in das Register, in dem der formwechselnde Rechtsträger eingetragen ist, anzumelden.

(2) Ist der formwechselnde Rechtsträger nicht in einem Register eingetragen, so ist der Rechtsträger neuer Rechtsform bei dem zuständigen Gericht zur Eintragung in das für die neue Rechtsform maßgebende Register anzumelden. Das gleiche gilt, wenn sich durch den Formwechsel die Art des für den Rechtsträger maßgebenden Registers ändert oder durch eine mit dem Formwechsel verbundene Sitzverlegung die Zuständigkeit eines anderen Registergerichts begründet wird. Im Falle des Satzes 2 ist die Umwandlung auch zur Eintragung in das Register anzumelden, in dem der formwechselnde Rechtsträger eingetragen ist. Diese Eintragung ist mit dem Vermerk zu versehen, dass die Umwandlung erst mit der Eintragung des Rechtsträgers neuer Rechtsform in das für diese maßgebende Register wirksam wird. Der Rechtsträger neuer Rechtsform darf erst eingetragen werden, nachdem die Umwandlung nach den Sätzen 3 und 4 eingetragen worden ist.

(3) § 16 Abs. 2 und 3 ist entsprechend anzuwenden.

§ 199 Anlagen der Anmeldung

Der Anmeldung der neuen Rechtsform oder des Rechtsträgers neuer Rechtsform sind in Ausfertigung oder öffentlich beglaubigter Abschrift oder, soweit sie nicht notariell zu beurkunden sind, in Urschrift oder Abschrift außer den sonst erforderlichen Unterlagen auch die Niederschrift des Umwandlungsbeschlusses, die nach diesem Gesetz erforderlichen Zustimmungserklärungen einzelner Anteilsinhaber einschließlich der Zustimmungserklärungen nicht erschienener Anteilsinhaber, der Umwandlungsbericht oder die Erklärungen über den Verzicht auf seine Erstellung, ein Nachweis über die Zuleitung nach § 194 Abs. 2 sowie, wenn der Formwechsel der staatlichen Genehmigung bedarf, die Genehmigungsurkunde beizufügen.

§ 200 Firma oder Name des Rechtsträgers

(1) Der Rechtsträger neuer Rechtsform darf seine bisher geführte Firma beibehalten, soweit sich aus diesem Buch nichts anderes ergibt. Zusätzliche Bezeichnungen, die auf die Rechtsform der formwechselnden Gesellschaft hinweisen, dürfen auch dann nicht verwendet werden, wenn der Rechtsträger die bisher geführte Firma beibehält.

(2) Auf eine nach dem Formwechsel beibehaltene Firma ist § 19 des Handelsgesetzbuchs, § 4 des Gesetzes betreffend die Gesellschaften mit beschränkter Haftung, §§ 4, 279 des Aktiengesetzes oder § 3 des Gesetzes betreffend die Erwerbs- und Wirtschaftsgenossenschaften entsprechend anzuwenden.

(3) War an dem formwechselnden Rechtsträger eine natürliche Person beteiligt, deren Beteiligung an dem Rechtsträger neuer Rechtsform entfällt, so darf der Name dieses Anteilsinhabers nur dann in der beibehaltenen bisherigen oder in der neu gebildeten Firma verwendet werden, wenn der betroffene Anteilsinhaber oder dessen Erben ausdrücklich in die Verwendung des Namens einwilligen.

(4) Ist formwechselnder Rechtsträger oder Rechtsträger neuer Rechtsform eine Partnerschaftsgesellschaft, gelten für die Beibehaltung oder Bildung der Firma oder des Namens die Absätze 1 und 3 entsprechend. Eine Firma darf als Name einer Partnerschaftsgesellschaft nur unter den Voraussetzungen des § 2 Abs. 1 des Partnerschaftsgesellschaftsgesetzes beibehalten werden. § 1 Abs. 3 und § 11 des Partnerschaftsgesellschaftsgesetzes sind entsprechend anzuwenden.

(5) Durch den Formwechsel in eine Gesellschaft des bürgerlichen Rechts erlischt die Firma der formwechselnden Gesellschaft.

§ 201 Bekanntmachung des Formwechsels

Das für die Anmeldung der neuen Rechtsform oder des Rechtsträgers neuer Rechtsform zuständige Gericht hat die Eintragung der neuen Rechtsform oder des Rechtsträgers neuer Rechtsform durch den Bundesanzeiger und durch mindestens ein anderes Blatt ihrem ganzen Inhalt nach bekanntzumachen. Mit dem Ablauf des Tages, an dem das letzte der die Bekanntmachung enthaltenden Blätter erschienen ist, gilt die Bekanntmachung als erfolgt.

§ 202 Wirkungen der Eintragung

(1) Die Eintragung der neuen Rechtsform in das Register hat folgende Wirkungen:

1. Der formwechselnde Rechtsträger besteht in der in dem Umwandlungsbeschluß bestimmten Rechtsform weiter.
2. Die Anteilsinhaber des formwechselnden Rechtsträgers sind an dem Rechtsträger nach den für die neue Rechtsform geltenden Vorschriften beteiligt, soweit ihre Beteiligung nicht nach diesem Buch entfällt. Rechte Dritter an den Anteilen oder Mitgliedschaften des formwechselnden Rechtsträgers bestehen an den an ihre Stelle tretenden Anteilen oder Mitgliedschaften des Rechtsträgers neuer Rechtsform weiter.
3. Der Mangel der notariellen Beurkundung des Umwandlungsbeschlusses und gegebenenfalls erforderlicher Zustimmungs- oder Verzichtserklärungen einzelner Anteilsinhaber wird geheilt.

(2) Die in Absatz 1 bestimmten Wirkungen treten in den Fällen des § 198 Abs. 2 mit der Eintragung des Rechtsträgers neuer Rechtsform in das Register ein.

(3) Mängel des Formwechsels lassen die Wirkungen der Eintragung der neuen Rechtsform oder des Rechtsträgers neuer Rechtsform in das Register unberührt.

§ 203 Amtsdauer von Aufsichtsratsmitgliedern

Wird bei einem Formwechsel bei dem Rechtsträger neuer Rechtsform in gleicher Weise wie bei dem formwechselnden Rechtsträger ein Aufsichtsrat gebildet und zusammengesetzt, so bleiben die Mitglieder des Aufsichtsrats für den Rest ihrer Wahlzeit als Mitglieder des Aufsichtsrats des Rechtsträgers neuer Rechtsform im Amt. Die Anteilsinhaber des formwechselnden Rechtsträgers können im Umwandlungsbeschluß für ihre Aufsichtsratsmitglieder die Beendigung des Amtes bestimmen.

§ 204 Schutz der Gläubiger und der Inhaber von Sonderrechten

Auf den Schutz der Gläubiger ist § 22, auf den Schutz der Inhaber von Sonderrechten § 23 entsprechend anzuwenden.

Zweiter Teil
Besondere Vorschriften

Erster Abschnitt
Formwechsel von Personengesellschaften

Erster Unterabschnitt
Formwechsel von Personenhandelsgesellschaften

§ 214 Möglichkeit des Formwechsels

(1) Eine Personenhandelsgesellschaft kann auf Grund eines Umwandlungsbeschlusses nach diesem Gesetz nur die Rechtsform einer Kapitalgesellschaft oder einer eingetragenen Genossenschaft erlangen.

(2) Eine aufgelöste Personenhandelsgesellschaft kann die Rechtsform nicht wechseln, wenn die Gesellschafter nach § 145 des Handelsgesetzbuchs eine andere Art der Auseinandersetzung als die Abwicklung oder als den Formwechsel vereinbart haben.

(...)

§ 224 Fortdauer und zeitliche Begrenzung der persönlichen Haftung

(1) Der Formwechsel berührt nicht die Ansprüche der Gläubiger der Gesellschaft gegen einen ihrer Gesellschafter aus Verbindlichkeiten der formwechselnden Gesellschaft, für die dieser im Zeitpunkt des Formwechsels nach § 128 des Handelsgesetzbuchs persönlich haftet.

(2) Der Gesellschafter haftet für diese Verbindlichkeiten, wenn sie vor Ablauf von fünf Jahren nach dem Formwechsel fällig und daraus Ansprüche gegen ihn in einer in § 197 Abs. 1 Nr. 3 bis 5 des Bürgerlichen Gesetzbuchs bezeichneten Art festgestellt sind oder eine gerichtliche oder behördliche Vollstreckungshandlung vorgenommen oder beantragt wird; bei öffentlich-rechtlichen Verbindlichkeiten genügt der Erlass eines Verwaltungsakts.

(3) Die Frist beginnt mit dem Tage, an dem die Eintragung der neuen Rechtsform oder des Rechtsträgers neuer Rechtsform in das Register nach § 201 Satz 2 als bekanntgemacht gilt. Die für die Verjährung geltenden §§ 204, 206, 210, 211 und 212 Abs. 2 und 3 des Bürgerlichen Gesetzbuchs sind entsprechend anzuwenden.

(4) Einer Feststellung in einer in § 197 Abs. 1 Nr. 3 bis 5 des Bürgerlichen Gesetzbuchs bezeichneten Art bedarf es nicht, soweit der Gesellschafter den Anspruch schriftlich anerkannt hat.

(5) Die Absätze 1 bis 4 sind auch anzuwenden, wenn der Gesellschafter in dem Rechtsträger anderer Rechtsform geschäftsführend tätig wird.

Achtes Buch
Übergangs- und Schlußvorschriften

§ 319 Enthaftung bei Altverbindlichkeiten

Die §§ 45, 133 Abs. 1, 3 bis 5, §§ 157, 167, 173, 224, 237, 249 und 257 sind auch auf vor dem 1. Januar 1995 entstandene Verbindlichkeiten anzuwenden, wenn

1. die Umwandlung danach in das Register eingetragen wird und
2. die Verbindlichkeiten nicht später als vier Jahre nach dem Zeitpunkt, an dem die Eintragung der Umwandlung in das Register als bekanntgemacht gilt, fällig werden oder nach Inkrafttreten des Gesetzes zur zeitlichen Begrenzung der Nachhaftung von Gesellschaftern vom 18. März 1994 (BGBl. I S. 560) begründet worden sind. Auf später fällig werdende und vor Inkrafttreten des Gesetzes zur zeitlichen Begrenzung der Nachhaftung von Gesellschaftern vom 18. März 1994 (BGBl. I S. 560) entstandene Verbindlichkeiten sind die §§ 45, 49 Abs. 4, §§ 56, 56f Abs. 2, § 57 Abs. 2 und § 58 Abs. 2 des Umwandlungsgesetzes in der durch Artikel 10 Abs. 8 des Gesetzes vom 19. Dezember 1985 (BGBl. I S. 2355) geänderten Fassung der Bekanntmachung vom 6. November 1969 (BGBl. I S. 2081) mit der Maßgabe anwendbar, dass die Verjährungsfrist ein Jahr beträgt. In den Fällen, in denen das bisher geltende Recht eine Umwandlungsmöglichkeit nicht vorsah, verjähren die in Satz 2 genannten Verbindlichkeiten entsprechend den dort genannten Vorschriften.

§ 321 (aufgehoben)

§ 322 Gemeinsamer Betrieb

Führen an einer Spaltung oder an einer Teilübertragung nach dem Dritten oder Vierten Buch beteiligte Rechtsträger nach dem Wirksamwerden der Spaltung oder der Teilübertragung einen Betrieb gemeinsam, gilt dieser als Betrieb im Sinne des Kündigungsschutzrechts.

§ 323 Kündigungsrechtliche Stellung

(1) Die kündigungsrechtliche Stellung eines Arbeitnehmers, der vor dem Wirksamwerden einer Spaltung oder Teilübertragung nach dem Dritten oder Vierten Buch zu dem übertragenden Rechtsträger in einem Arbeitsverhältnis steht, verschlechtert sich auf Grund der Spaltung oder Teilübertragung für die Dauer von zwei Jahren ab dem Zeitpunkt ihres Wirksamwerdens nicht.

(2) Kommt bei einer Verschmelzung, Spaltung oder Vermögensübertragung ein Interessenausgleich zustande, in dem diejenigen Arbeitnehmer namentlich bezeichnet werden, die nach der Umwandlung einem bestimmten Betrieb oder Betriebsteil zugeordnet werden, so kann die Zuordnung der Arbeitnehmer durch das Arbeitsgericht nur auf grobe Fehlerhaftigkeit überprüft werden.

§ 324 Rechte und Pflichten bei Betriebsübergang

§ 613a Abs. 1, 4 bis 6 des Bürgerlichen Gesetzbuchs bleibt durch die Wirkungen der Eintragung einer Verschmelzung, Spaltung oder Vermögensübertragung unberührt.

§ 325 Mitbestimmungsbeibehaltung

(1) Entfallen durch Abspaltung oder Ausgliederung im Sinne des § 123 Abs. 2 und 3 bei einem übertragenden Rechtsträger die gesetzlichen Voraussetzungen für die Beteiligung der Arbeitnehmer im Aufsichtsrat, so finden die vor der Spaltung geltenden Vorschriften noch für einen Zeitraum von fünf Jahren nach dem Wirksamwerden der Abspaltung oder Ausgliederung Anwendung. Dies gilt nicht, wenn die betreffenden Vorschriften eine Mindestzahl von Arbeitnehmern voraussetzen und die danach berechnete Zahl der Arbeitnehmer des übertragenden Rechtsträgers auf weniger als in der Regel ein Viertel dieser Mindestzahl sinkt.

(2) Hat die Spaltung oder Teilübertragung eines Rechtsträgers die Spaltung eines Betriebes zur Folge und entfallen für die aus der Spaltung hervorgegangenen Betriebe Rechte oder Beteiligungsrechte des Betriebsrats, so kann durch Betriebsvereinbarung oder Tarifvertrag die Fortgeltung dieser Rechte und Beteiligungsrechte vereinbart werden. Die §§ 9 und 27 des Betriebsverfassungsgesetzes bleiben unberührt.

Bürgerliches Gesetzbuch

Vom 18.08.1896 (RGBl S. 195)

In der Fassung der Bekanntmachung vom 02.01.2002

(BGBl. III 400-2)

zuletzt geändert durch Drittes Gesetz zur Änderung der Gewerbeordnung und sonstiger gewerberechtlicher Vorschriften vom 24.08.2002 (BGBl I S. 3412, 3420)

Buch 2
Recht der Schuldverhältnisse

Abschnitt 8
Einzelne Schuldverhältnisse

Titel 8
Dienstvertrag

§ 613a Rechte und Pflichten bei Betriebsübergang

(1) Geht ein Betrieb oder Betriebsteil durch Rechtsgeschäft auf einen anderen Inhaber über, so tritt dieser in die Rechte und Pflichten aus den im Zeitpunkt des Übergangs bestehenden Arbeitsverhältnissen ein. Sind diese Rechte und Pflichten durch Rechtsnormen eines Tarifvertrags oder durch eine Betriebsvereinbarung geregelt, so werden sie Inhalt des Arbeitsverhältnisses zwischen dem neuen Inhaber und dem Arbeitnehmer und dürfen nicht vor Ablauf eines Jahres nach dem Zeitpunkt des Übergangs zum Nachteil des Arbeitnehmers geändert werden. Satz 2 gilt nicht, wenn die Rechte und Pflichten bei dem neuen Inhaber durch Rechtsnormen eines anderen Tarifvertrags oder durch eine andere Betriebsvereinbarung geregelt werden. Vor Ablauf der Frist nach Satz 2 können die Rechte und Pflichten geändert werden, wenn der Tarifvertrag oder die Betriebsvereinbarung nicht mehr gilt oder bei fehlender beiderseitiger Tarifgebundenheit im Geltungsbereich eines anderen Tarifvertrags dessen Anwendung zwischen dem neuen Inhaber und dem Arbeitnehmer vereinbart wird.

(2) Der bisherige Arbeitgeber haftet neben dem neuen Inhaber für Verpflichtungen nach Absatz 1, soweit sie vor dem Zeitpunkt des Übergangs entstanden sind und vor Ablauf von einem Jahr nach diesem Zeitpunkt fällig werden, als Gesamtschuldner. Werden solche Verpflichtungen nach dem Zeitpunkt des Übergangs fällig, so haftet der bisherige Arbeitgeber für

sie jedoch nur in dem Umfang, der dem im Zeitpunkt des Übergangs abgelaufenen Teil ihres Bemessungszeitraums entspricht.

(3) Absatz 2 gilt nicht, wenn eine juristische Person oder eine Personenhandelsgesellschaft durch Umwandlung erlischt.

(4) Die Kündigung des Arbeitsverhältnisses eines Arbeitnehmers durch den bisherigen Arbeitgeber oder durch den neuen Inhaber wegen des Übergangs eines Betriebs oder eines Betriebsteils ist unwirksam. Das Recht zur Kündigung des Arbeitsverhältnisses aus anderen Gründen bleibt unberührt.

(5) Der bisherige Arbeitgeber oder der neue Inhaber hat die von einem Übergang betroffenen Arbeitnehmer vor dem Übergang in Textform zu unterrichten über:
1. den Zeitpunkt oder den geplanten Zeitpunkt des Übergangs,
2. den Grund für den Übergang,
3. die rechtlichen, wirtschaftlichen und sozialen Folgen des Übergangs für die Arbeitnehmer und
4. die hinsichtlich der Arbeitnehmer in Aussicht genommenen Maßnahmen.

(6) Der Arbeitnehmer kann dem Übergang des Arbeitsverhältnisses innerhalb eines Monats nach Zugang der Unterrichtung nach Absatz 5 schriftlich widersprechen. Der Widerspruch kann gegenüber dem bisherigen Arbeitgeber oder dem neuen Inhaber erklärt werden.

Gesetz zur Verbesserung der betrieblichen Altersversorgung

Vom 19.12.1974 (BGBl I S. 3610)

(BGBl. III 800-22-1)

zuletzt geändert durch Hüttenknappschaftliches
Zusatzversicherungs-Neuregelungs-Gesetz
vom 21.06.2002 (BGBl I S. 2167, 2178)

Erster Teil
Arbeitsrechtliche Vorschriften

Erster Abschnitt
Durchführung der betrieblichen Altersversorgung

§ 1 Zusage des Arbeitgebers auf betriebliche Altersversorgung

(1) Werden einem Arbeitnehmer Leistungen der Alters-, Invaliditäts- oder Hinterbliebenenversorgung aus Anlass seines Arbeitsverhältnisses vom Arbeitgeber zugesagt (betriebliche Altersversorgung), gelten die Vorschriften dieses Gesetzes. Die Durchführung der betrieblichen Altersversorgung kann unmittelbar über den Arbeitgeber oder über einen der in § 1b Abs. 2 bis 4 genannten Versorgungsträger erfolgen. Der Arbeitgeber steht für die Erfüllung der von ihm zugesagten Leistungen auch dann ein, wenn die Durchführung nicht unmittelbar über ihn erfolgt.

(2) Betriebliche Altersversorgung liegt auch vor, wenn
1. der Arbeitgeber sich verpflichtet, bestimmte Beiträge in eine Anwartschaft auf Alters-, Invaliditäts- oder Hinterbliebenenversorgung umzuwandeln (beitragsorientierte Leistungszusage),
2. der Arbeitgeber sich verpflichtet, Beiträge zur Finanzierung von Leistungen der betrieblichen Altersversorgung an einen Pensionsfonds, eine Pensionskasse oder eine Direktversicherung zu zahlen und für Leistungen zur Altersversorgung das planmäßig zuzurechnende Versorgungskapital auf der Grundlage der gezahlten Beiträge (Beiträge und die daraus erzielten Erträge), mindestens die Summe der zugesagten Beiträge, soweit sie nicht rechnungsmäßig für einen biometrischen Risikoausgleich verbraucht wurden, hierfür zur Verfügung zu stellen (Beitragszusage mit Mindestleistung),
3. künftige Entgeltansprüche in eine wertgleiche Anwartschaft auf Versorgungsleistungen umgewandelt werden (Entgeltumwandlung) oder

4. der Arbeitnehmer Beiträge aus seinem Arbeitsentgelt zur Finanzierung von Leistungen der betrieblichen Altersversorgung an einen Pensionsfonds, eine Pensionskasse oder eine Direktversicherung leistet und die Zusage des Arbeitgebers auch die Leistungen aus diesen Beiträgen umfasst; die Regelungen für Entgeltumwandlung sind hierbei entsprechend anzuwenden, soweit die zugesagten Leistungen aus diesen Beiträgen im Wege der Kapitaldeckung finanziert werden.

(...)

§ 1b Unverfallbarkeit und Durchführung der betrieblichen Altersversorgung

(1) Einem Arbeitnehmer, dem Leistungen aus der betrieblichen Altersversorgung zugesagt worden sind, bleibt die Anwartschaft erhalten, wenn das Arbeitsverhältnis vor Eintritt des Versorgungsfalls, jedoch nach Vollendung des 30. Lebensjahres endet und die Versorgungszusage zu diesem Zeitpunkt mindestens fünf Jahre bestanden hat (unverfallbare Anwartschaft). Ein Arbeitnehmer behält seine Anwartschaft auch dann, wenn er aufgrund einer Vorruhestandsregelung ausscheidet und ohne das vorherige Ausscheiden die Wartezeit und die sonstigen Voraussetzungen für den Bezug von Leistungen der betrieblichen Altersversorgung hätte erfüllen können. Eine Änderung der Versorgungszusage oder ihre Übernahme durch eine andere Person unterbricht nicht den Ablauf der Fristen nach Satz 1. Der Verpflichtung aus einer Versorgungszusage stehen Versorgungsverpflichtungen gleich, die auf betrieblicher Übung oder dem Grundsatz der Gleichbehandlung beruhen. Der Ablauf einer vorgesehenen Wartezeit wird durch die Beendigung des Arbeitsverhältnisses nach Erfüllung der Voraussetzungen der Sätze 1 und 2 nicht berührt. Wechselt ein Arbeitnehmer vom Geltungsbereich dieses Gesetzes in einen anderen Mitgliedstaat der Europäischen Union, bleibt die Anwartschaft in gleichem Umfange wie für Personen erhalten, die auch nach Beendigung eines Arbeitsverhältnisses innerhalb des Geltungsbereichs dieses Gesetzes verbleiben.

(2) Wird für die betriebliche Altersversorgung eine Lebensversicherung auf das Leben des Arbeitnehmers durch den Arbeitgeber abgeschlossen und sind der Arbeitnehmer oder seine Hinterbliebenen hinsichtlich der Leistungen des Versicherers ganz oder teilweise bezugsberechtigt (Direktversicherung), so ist der Arbeitgeber verpflichtet, wegen Beendigung des Arbeitsverhältnisses nach Erfüllung der in Absatz 1 Satz 1 und 2 genannten Voraussetzungen das Bezugsrecht nicht mehr zu widerrufen. Eine Vereinbarung, nach der das Bezugsrecht durch die Beendigung des Arbeitsverhältnisses nach Erfüllung der in Absatz 1 Satz 1 und 2 genann-

ten Voraussetzungen auflösend bedingt ist, ist unwirksam. Hat der Arbeitgeber die Ansprüche aus dem Versicherungsvertrag abgetreten oder beliehen, so ist er verpflichtet, den Arbeitnehmer, dessen Arbeitsverhältnis nach Erfüllung der in Absatz 1 Satz 1 und 2 genannten Voraussetzungen geendet hat, bei Eintritt des Versicherungsfalles so zu stellen, als ob die Abtretung oder Beleihung nicht erfolgt wäre. Als Zeitpunkt der Erteilung der Versorgungszusage im Sinne des Absatzes 1 gilt der Versicherungsbeginn, frühestens jedoch der Beginn der Betriebszugehörigkeit.

(3) Wird die betriebliche Altersversorgung von einer rechtsfähigen Versorgungseinrichtung durchgeführt, die dem Arbeitnehmer oder seinen Hinterbliebenen auf ihre Leistungen einen Rechtsanspruch gewährt (Pensionskasse und Pensionsfonds), so gilt Absatz 1 entsprechend. Als Zeitpunkt der Erteilung der Versorgungszusage im Sinne des Absatzes 1 gilt der Versicherungsbeginn, frühestens jedoch der Beginn der Betriebszugehörigkeit.

(4) Wird die betriebliche Altersversorgung von einer rechtsfähigen Versorgungseinrichtung durchgeführt, die auf ihre Leistungen keinen Rechtsanspruch gewährt (Unterstützungskasse), so sind die nach Erfüllung der in Absatz 1 Satz 1 und 2 genannten Voraussetzungen und vor Eintritt des Versorgungsfalles aus dem Unternehmen ausgeschiedenen Arbeitnehmer und ihre Hinterbliebenen den bis zum Eintritt des Versorgungsfalles dem Unternehmen angehörenden Arbeitnehmern und deren Hinterbliebenen gleichgestellt. Die Versorgungszusage gilt in dem Zeitpunkt als erteilt im Sinne des Absatzes 1, von dem an der Arbeitnehmer zum Kreis der Begünstigten der Unterstützungskasse gehört.

(5) Soweit betriebliche Altersversorgung durch Entgeltumwandlung erfolgt, behält der Arbeitnehmer seine Anwartschaft, wenn sein Arbeitsverhältnis vor Eintritt des Versorgungsfalles endet; in den Fällen der Absätze 2 und 3

1. dürfen die Überschussanteile nur zur Verbesserung der Leistung verwendet,
2. muss dem ausgeschiedenen Arbeitnehmer das Recht zur Fortsetzung der Versicherung oder Versorgung mit eigenen Beiträgen eingeräumt und
3. muss das Recht zur Verpfändung, Abtretung oder Beleihung durch den Arbeitgeber ausgeschlossen werden.Im Fall einer Direktversicherung ist dem Arbeitnehmer darüber hinaus mit Beginn der Entgeltumwandlung ein unwiderrufliches Bezugsrecht einzuräumen.

§ 2 Höhe der unverfallbaren Anwartschaft

(1) Bei Eintritt des Versorgungsfalles wegen Erreichen der Altersgrenze, wegen Invalidität oder Tod haben ein vorher ausgeschiedener Arbeitnehmer, dessen Anwartschaft nach § 1b fortbesteht, und seine Hinterbliebenen einen Anspruch mindestens in Höhe des Teiles der ohne das vorherige Ausscheiden zustehenden Leistung, der dem Verhältnis der Dauer der Betriebszugehörigkeit zu der Zeit vom Beginn der Betriebszugehörigkeit bis zur Vollendung des 65. Lebensjahres entspricht; an die Stelle des 65. Lebensjahres tritt ein früherer Zeitpunkt, wenn dieser in der Versorgungsregelung als feste Altersgrenze vorgesehen ist. Der Mindestanspruch auf Leistungen wegen Invalidität oder Tod vor Erreichen der Altersgrenze ist jedoch nicht höher als der Betrag, den der Arbeitnehmer oder seine Hinterbliebenen erhalten hätten, wenn im Zeitpunkt des Ausscheidens der Versorgungsfall eingetreten wäre und die sonstigen Leistungsvoraussetzungen erfüllt gewesen wären.

(...)

(5) Bei der Berechnung des Teilanspruchs nach Absatz 1 bleiben Veränderungen der Versorgungsregelung und der Bemessungsgrundlagen für die Leistung der betrieblichen Altersversorgung, soweit sie nach dem Ausscheiden des Arbeitnehmers eintreten, außer Betracht; dies gilt auch für die Bemessungsgrundlagen anderer Versorgungsbezüge, die bei der Berechnung der Leistung der betrieblichen Altersversorgung zu berücksichtigen sind. Ist eine Rente der gesetzlichen Rentenversicherung zu berücksichtigen, so kann das bei der Berechnung von Pensionsrückstellungen allgemein zulässige Verfahren zugrunde gelegt werden, wenn nicht der ausgeschiedene Arbeitnehmer die Anzahl der im Zeitpunkt des Ausscheidens erreichten Entgeltpunkte nachweist; bei Pensionskassen sind der aufsichtsbehördlich genehmigte Geschäftsplan oder die Geschäftsunterlagen maßgebend. Bei Pensionsfonds sind der Pensionsplan und die sonstigen Geschäftsunterlagen maßgebend. Versorgungsanwartschaften, die der Arbeitnehmer nach seinem Ausscheiden erwirbt, dürfen zu keiner Kürzung des Teilanspruchs nach Absatz 1 führen.

(5a) Bei einer unverfallbaren Anwartschaft aus Entgeltumwandlung tritt an die Stelle der Ansprüche nach Absatz 1, 3a oder 4 die vom Zeitpunkt der Zusage auf betriebliche Altersversorgung bis zum Ausscheiden des Arbeitnehmers erreichte Anwartschaft auf Leistungen aus den bis dahin umgewandelten Entgeltbestandteilen; dies gilt entsprechend für eine unverfallbare Anwartschaft aus Beiträgen im Rahmen einer beitragsorientierten Leistungszusage.

(5b) An die Stelle der Ansprüche nach den Absätzen 2, 3, 3a und 5a tritt bei einer Beitragszusage mit Mindestleistung das dem Arbeitnehmer planmäßig zuzurechnende Versorgungskapital auf der Grundlage der bis zu seinem Ausscheiden geleisteten Beiträge (Beiträge und die bis zum Eintritt des Versorgungsfalls erzielten Erträge), mindestens die Summe der bis dahin zugesagten Beiträge, soweit sie nicht rechnungsmäßig für einen biometrischen Risikoausgleich verbraucht wurden.

§ 3 Abfindung

(1) Eine nach § 1b Abs. 1 bis 3 und 5 unverfallbare Anwartschaft kann im Falle der Beendigung des Arbeitsverhältnisses nur nach den Sätzen 2 bis 6 abgefunden werden. Die Anwartschaft ist auf Verlangen des Arbeitgebers oder des Arbeitnehmers abzufinden, wenn der bei Erreichen der vorgesehenen Altersgrenze maßgebliche Monatsbetrag der laufenden Versorgungsleistung eins vom Hundert der monatlichen Bezugsgröße (§ 18 Viertes Buch Sozialgesetzbuch), bei Kapitalleistungen zwölf Zehntel der monatlichen Bezugsgröße nicht übersteigt. Die Anwartschaft kann nur mit Zustimmung des Arbeitnehmers abgefunden werden, wenn
1. ihr monatlicher Wert zwei vom Hundert der monatlichen Bezugsgröße, bei Kapitalleistungen vierundzwanzig Zehntel der monatlichen Bezugsgröße nicht übersteigt,
2. ihr monatlicher Wert vier vom Hundert der monatlichen Bezugsgröße, bei Kapitalleistungen achtundvierzig Zehntel der monatlichen Bezugsgröße nicht übersteigt und der Abfindungsbetrag vom Arbeitgeber unmittelbar zur Zahlung bei Beiträgen zur gesetzlichen Rentenversicherung oder zum Aufbau einer Versorgungsleistung bei einer Direktversicherung, Pensionskasse oder einem Pensionsfonds verwendet wird,
3. die Beiträge zur gesetzlichen Rentenversicherung erstattet worden sind oder
4. sie auf einer Entgeltumwandlung beruht und die Grenzwerte nach den Nummern 1 oder 2 nicht überschritten werden.Der Teil einer Anwartschaft, der während eines Insolvenzverfahrens erdient worden ist, kann ohne Zustimmung des Arbeitnehmers abgefunden werden, wenn die Betriebstätigkeit vollständig eingestellt und das Unternehmen liquidiert wird. Die Abfindung ist gesondert auszuweisen und einmalig zu zahlen. Für Versorgungsleistungen, die gemäß § 2 Abs. 4 von einer Unterstützungskasse zu erbringen sind, gelten die Sätze 1 bis 5 entsprechend.

(2) Die Abfindung wird nach dem Barwert der nach § 2 bemessenen künftigen Versorgungsleistungen im Zeitpunkt der Beendigung des Arbeits-

verhältnisses berechnet. Soweit sich der Anspruch auf die künftigen Versorgungsleistungen gegen ein Unternehmen der Lebensversicherung, einen Pensionsfonds oder eine Pensionskasse richtet, berechnet sich die Abfindung nach dem geschäftsplanmäßigen Deckungskapital im Zeitpunkt der Beendigung des Arbeitsverhältnisses oder, soweit die Berechnung des Deckungskapitals nicht zum Geschäftsplan gehört, nach dem Zeitwert gemäß § 176 Abs. 3 des Gesetzes über den Versicherungsvertrag. Hierbei sind der bei der jeweiligen Form der betrieblichen Altersversorgung vorgeschriebene Rechnungszinsfuß und die Rechnungsgrundlagen sowie die anerkannten Regeln der Versicherungsmathematik, bei Direktversicherungen und Pensionskassen deren Geschäftsplan oder Geschäftsunterlagen, maßgebend.

§ 4 Übernahme

(1) Die Verpflichtung, bei Eintritt des Versorgungsfalles Versorgungsleistungen nach § 2 Abs. 1 bis 3a zu gewähren, kann von jedem Unternehmen, bei dem der ausgeschiedene Arbeitnehmer beschäftigt wird, von einer Pensionskasse, von einem Unternehmen der Lebensversicherung oder einem öffentlichrechtlichen Versorgungsträger mit Zustimmung des Arbeitnehmers übernommen werden. Eine vertragliche Schuldübernahme durch andere Versorgungsträger ist dem Arbeitnehmer gegenüber unwirksam. Bei einer Schuldübernahme durch ein Unternehmen der Lebensversicherung gilt § 2 Abs. 2 Satz 4 bis 6 entsprechend.

(2) Hat eine Unterstützungskasse einem vorzeitig ausgeschiedenen Arbeitnehmer Versorgungsleistungen nach § 2 Abs. 4 zu gewähren, kann diese Verpflichtung mit Zustimmung des Arbeitnehmers von den in Absatz 1 genannten Trägern oder von einer anderen Unterstützungskasse übernommen werden.

(3) Wird die Betriebstätigkeit eingestellt und das Unternehmen liquidiert, kann eine Versorgungsleistung auf Grund einer Zusage oder einer unverfallbaren Anwartschaft nach § 1b Abs. 1 oder eine Versorgungsleistung, die gemäß § 1b Abs. 4 von einer Unterstützungskasse oder gemäß § 1b Abs. 3 von einem Pensionsfonds erbracht wird oder zu erbringen ist, von einer Pensionskasse oder von einem Unternehmen der Lebensversicherung ohne Zustimmung des Versorgungsempfängers oder Arbeitnehmers übernommen werden, wenn sichergestellt ist, dass die Überschussanteile ab Rentenbeginn entsprechend § 16 Abs. 3 Nr. 2 verwendet werden. § 2 Abs. 2 Satz 4 bis 6 gilt entsprechend.

(4) Der Arbeitgeber ist verpflichtet, auf Verlangen des Arbeitnehmers frühestens ab Beendigung des Arbeitsverhältnisses den Barwert der nach

§ 1b Abs. 5 unverfallbaren Anwartschaft auf einen neuen Arbeitgeber, bei dem der ausgeschiedene Arbeitnehmer beschäftigt ist oder einen Versorgungsträger des neuen Arbeitgebers zu übertragen, wenn der neue Arbeitgeber dem Arbeitnehmer eine dem übertragenden Barwert wertmäßig entsprechende Zusage erteilt. Für die Höhe des Barwertes gilt § 3 Abs. 2 entsprechend mit der Maßgabe, dass an die Stelle des Zeitpunktes der Beendigung des Arbeitsverhältnisses der Zeitpunkt der Übertragung tritt. Mit der Erteilung der Zusage durch den neuen Arbeitgeber erlischt die Verpflichtung des alten Arbeitgebers.

Vierter Abschnitt
Insolvenzsicherung

§ 7 Umfang des Versicherungsschutzes

(1) Versorgungsempfänger, deren Ansprüche aus einer unmittelbaren Versorgungszusage des Arbeitgebers nicht erfüllt werden, weil über das Vermögen des Arbeitgebers oder über seinen Nachlaß das Insolvenzverfahren eröffnet worden ist, und ihre Hinterbliebenen haben gegen den Träger der Insolvenzsicherung einen Anspruch in Höhe der Leistung, die der Arbeitgeber aufgrund der Versorgungszusage zu erbringen hätte, wenn das Insolvenzverfahren nicht eröffnet worden wäre. Satz 1 gilt entsprechend,

1. wenn Leistungen aus einer Direktversicherung aufgrund der in § 1b Abs. 2 Satz 3 genannten Tatbestände nicht gezahlt werden und der Arbeitgeber seiner Verpflichtung nach § 1b Abs. 2 Satz 3 wegen der Eröffnung des Insolvenzverfahrens nicht nachkommt,
2. wenn eine Unterstützungskasse oder ein Pensionsfonds die nach ihrer Versorgungsregelung vorgesehene Versorgung nicht erbringt, weil über das Vermögen oder den Nachlass eines Arbeitgebers, der der Unterstützungskasse oder dem Pensionsfonds Zuwendungen leistet (Trägerunternehmen), das Insolvenzverfahren eröffnet worden ist. § 11 des Versicherungsvertragsgesetzes findet entsprechende Anwendung. Der Eröffnung des Insolvenzverfahrens stehen bei der Anwendung der Sätze 1 bis 3 gleich

1. die Abweisung des Antrags auf Eröffnung des Insolvenzverfahrens mangels Masse,
2. der außergerichtliche Vergleich (Stundungs-, Quoten- oder Liquidationsvergleich) des Arbeitgebers mit seinen Gläubigern zur Abwendung eines Insolvenzverfahrens, wenn ihm der Träger der Insolvenzsicherung zustimmt,
3. die vollständige Beendigung der Betriebstätigkeit im Geltungsbereich dieses Gesetzes, wenn ein Antrag auf Eröffnung des

Insolvenzverfahrens nicht gestellt worden ist und ein Insolvenzverfahren offensichtlich mangels Masse nicht in Betracht kommt.

(1a) Der Anspruch gegen den Träger der Insolvenzsicherung entsteht mit dem Beginn des Kalendermonats, der auf den Eintritt des Sicherungsfalles folgt. Der Anspruch endet mit Ablauf des Sterbemonats des Begünstigten, soweit in der Versorgungszusage des Arbeitgebers nicht etwas anderes bestimmt ist. In den Fällen des Absatzes 1 Satz 1 und 4 Nr. 1 und 3 umfaßt der Anspruch auch rückständige Versorgungsleistungen, soweit diese bis zu sechs Monaten vor Entstehen der Leistungspflicht des Trägers der Insolvenzsicherung entstanden sind.

(2) Personen, die bei Eröffnung des Insolvenzverfahrens oder bei Eintritt der nach Absatz 1 Satz 4 gleichstehenden Voraussetzungen (Sicherungsfall) eine nach § 1b unverfallbare Versorgungsanwartschaft haben, und ihre Hinterbliebenen haben bei Eintritt des Versorgungsfalls einen Anspruch gegen den Träger der Insolvenzsicherung, wenn die Anwartschaft beruht
1. auf einer unmittelbaren Versorgungszusage des Arbeitgebers oder
2. auf einer Direktversicherung und der Arbeitnehmer hinsichtlich der Leistungen des Versicherers widerruflich bezugsberechtigt ist oder die Leistungen aufgrund der in § 1b Abs. 2 Satz 3 genannten Tatbestände nicht gezahlt werden und der Arbeitgeber seiner Verpflichtung aus § 1b Abs. 2 Satz 3 wegen der Eröffnung des Insolvenzverfahrens nicht nachkommt.Satz 1 gilt entsprechend für Personen, die zum Kreis der Begünstigten einer Unterstützungskasse oder eines Pensionsfonds gehören, wenn der Sicherungsfall bei einem Trägerunternehmen eingetreten ist. Die Höhe des Anspruchs richtet sich nach der Höhe der Leistungen gemäß § 2 Abs. 1, 2 Satz 2 und Abs. 5, bei Unterstützungskassen nach dem Teil der nach der Versorgungsregelung vorgesehenen Versorgung, der dem Verhältnis der Dauer der Betriebszugehörigkeit zu der Zeit vom Beginn der Betriebszugehörigkeit bis zum Erreichen der in der Versorgungsregelung vorgesehenen festen Altersgrenze entspricht, es sei denn, § 2 Abs. 5a ist anwendbar. Für die Berechnung der Höhe des Anspruchs nach Satz 3 wird die Betriebszugehörigkeit bis zum Eintritt des Sicherungsfalles berücksichtigt. Bei Pensionsfonds mit Leistungszusagen gelten für die Höhe des Anspruchs die Bestimmungen für unmittelbare Versorgungszusagen entsprechend, bei Beitragszusagen mit Mindestleistung gilt für die Höhe des Anspruchs § 2 Abs. 5b.

(3) Ein Anspruch auf laufende Leistungen gegen den Träger der Insolvenzsicherung beträgt im Monat höchstens das Dreifache der im Zeitpunkt der ersten Fälligkeit maßgebenden monatlichen Bezugsgröße gemäß § 18 des

Vierten Buches Sozialgesetzbuch. Satz 1 gilt entsprechend bei einem Anspruch auf Kapitalleistungen mit der Maßgabe, dass zehn vom Hundert der Leistung als Jahresbetrag einer laufenden Leistung anzusetzen sind.

(4) Ein Anspruch auf Leistungen gegen den Träger der Insolvenzsicherung vermindert sich in dem Umfange, in dem der Arbeitgeber oder sonstige Träger der Versorgung die Leistungen der betrieblichen Altersversorgung erbringt. Wird im Insolvenzverfahren ein Insolvenzplan bestätigt, vermindert sich der Anspruch auf Leistungen gegen den Träger der Insolvenzsicherung insoweit, als nach dem Insolvenzplan der Arbeitgeber oder sonstige Träger der Versorgung einen Teil der Leistungen selbst zu erbringen hat. Sieht der Insolvenzplan vor, dass der Arbeitgeber oder sonstige Träger der Versorgung die Leistungen der betrieblichen Altersversorgung von einem bestimmten Zeitpunkt an selbst zu erbringen hat, entfällt der Anspruch auf Leistungen gegen den Träger der Insolvenzsicherung von diesem Zeitpunkt an. Die Sätze 2 und 3 sind für den außergerichtlichen Vergleich nach Absatz 1 Satz 4 Nr. 2 entsprechend anzuwenden. Im Insolvenzplan soll vorgesehen werden, dass bei einer nachhaltigen Besserung der wirtschaftlichen Lage des Arbeitgebers die vom Träger der Insolvenzsicherung zu erbringenden Leistungen ganz oder zum Teil vom Arbeitgeber oder sonstigen Träger der Versorgung wieder übernommen werden.

(5) Ein Anspruch gegen den Träger der Insolvenzsicherung besteht nicht, soweit nach den Umständen des Falles die Annahme gerechtfertigt ist, dass es der alleinige oder überwiegende Zweck der Versorgungszusage oder ihrer Verbesserung oder der für die Direktversicherung in § 1b Abs. 2 Satz 3 genannten Tatbestände gewesen ist, den Träger der Insolvenzsicherung in Anspruch zu nehmen. Diese Annahme ist insbesondere dann gerechtfertigt, wenn bei Erteilung oder Verbesserung der Versorgungszusage wegen der wirtschaftlichen Lage des Arbeitgebers zu erwarten war, dass die Zusage nicht erfüllt werde. Verbesserungen der Versorgungszusagen werden bei der Bemessung der Leistungen des Trägers der Insolvenzsicherung nicht berücksichtigt, soweit sie in den beiden letzten Jahren vor dem Eintritt des Sicherungsfalls vereinbart worden sind; dies gilt nicht für ab 1. Januar 2002 gegebene Zusagen, soweit bei Entgeltumwandlung Beträge von bis zu 4 vom Hundert der Beitragsbemessungsgrenze in der Rentenversicherung der Arbeiter und Angestellten für eine betriebliche Altersversorgung verwendet werden.

(6) Ist der Sicherungsfall durch kriegerische Ereignisse, innere Unruhen, Naturkatastrophen oder Kernenergie verursacht worden, kann der Träger der Insolvenzsicherung mit Zustimmung des Bundesaufsichtsamtes für das Versicherungswesen die Leistungen nach billigem Ermessen abweichend von den Absätzen 1 bis 5 festsetzen.

Fünfter Abschnitt
Anpassung

§ 16 Anpassungsprüfungspflicht

(1) Der Arbeitgeber hat alle drei Jahre eine Anpassung der laufenden Leistungen der betrieblichen Altersversorgung zu prüfen und hierüber nach billigem Ermessen zu entscheiden; dabei sind insbesondere die Belange des Versorgungsempfängers und die wirtschaftliche Lage des Arbeitgebers zu berücksichtigen.

(2) Die Verpflichtung nach Absatz 1 gilt als erfüllt, wenn die Anpassung nicht geringer ist als der Anstieg
1. des Preisindexes für die Lebenshaltung von 4-Personen-Haushalten von Arbeitern und Angestellten mit mittlerem Einkommen oder
2. der Nettolöhne vergleichbarer Arbeitnehmergruppen des Unternehmens im Prüfungszeitraum.

(3) Die Verpflichtung nach Absatz 1 entfällt, wenn
1. der Arbeitgeber sich verpflichtet, die laufenden Leistungen jährlich um wenigstens eins vom Hundert anzupassen,
2. die betriebliche Altersversorgung über eine Direktversicherung im Sinne des § 1b Abs. 2 oder über eine Pensionskasse im Sinne des § 1b Abs. 3 durchgeführt wird, ab Rentenbeginn sämtliche auf den Rentenbestand entfallende Überschußanteile zur Erhöhung der laufenden Leistungen verwendet werden und zur Berechnung der garantierten Leistung der nach § 65 Abs. 1 Nr. 1 Buchstabe a des Versicherungsaufsichtsgesetzes festgesetzte Höchstzinssatz zur Berechnung der Deckungsrückstellung nicht überschritten wird oder
3. eine Beitragszusage mit Mindestleistung erteilt wurde; Absatz 5 findet insoweit keine Anwendung.

(4) Sind laufende Leistungen nach Absatz 1 nicht oder nicht in vollem Umfang anzupassen (zu Recht unterbliebene Anpassung), ist der Arbeitgeber nicht verpflichtet, die Anpassung zu einem späteren Zeitpunkt nachzuholen. Eine Anpassung gilt als zu Recht unterblieben, wenn der Arbeitgeber dem Versorgungsempfänger die wirtschaftliche Lage des Unternehmens schriftlich dargelegt, der Versorgungsempfänger nicht binnen drei Kalendermonaten nach Zugang der Mitteilung schriftlich widersprochen hat und er auf die Rechtsfolgen eines nicht fristgemäßen Widerspruchs hingewiesen wurde.

(5) Soweit betriebliche Altersversorgung durch Entgeltumwandlung finanziert wird, ist der Arbeitgeber verpflichtet, die Leistungen mindestens

entsprechend Absatz 3 Nr. 1 anzupassen oder im Falle der Durchführung über eine Direktversicherung oder eine Pensionskasse sämtliche Überschussanteile entsprechend Absatz 3 Nr. 2 zu verwenden.

(6) Eine Verpflichtung zur Anpassung besteht nicht für monatliche Raten im Rahmen eines Auszahlungsplans sowie für Renten ab Vollendung des 85. Lebensjahres im Anschluss an einen Auszahlungsplan.

Sechster Abschnitt
Geltungsbereich

§ 17 Persönlicher Geltungsbereich und Tariföffnungsklausel

(1) Arbeitnehmer im Sinne der §§ 1 bis 16 sind Arbeiter und Angestellte einschließlich der zu ihrer Berufsausbildung Beschäftigten; ein Berufsausbildungsverhältnis steht einem Arbeitsverhältnis gleich. Die §§ 1 bis 16 gelten entsprechend für Personen, die nicht Arbeitnehmer sind, wenn ihnen Leistungen der Alters-, Invaliditäts- oder Hinterbliebenenversorgung aus Anlaß ihrer Tätigkeit für ein Unternehmen zugesagt worden sind. Arbeitnehmer im Sinne von § 1a Abs. 1 sind nur Personen nach den Sätzen 1 und 2, soweit sie aufgrund der Beschäftigung oder Tätigkeit bei dem Arbeitgeber, gegen den sich der Anspruch nach § 1a richten würde, in der gesetzlichen Rentenversicherung pflichtversichert sind.

(2) Die §§ 7 bis 15 gelten nicht für den Bund, die Länder, die Gemeinden sowie die Körperschaften, Stiftungen und Anstalten des öffentlichen Rechts, bei denen das Insolvenzverfahren nicht zulässig ist, und solche juristische Personen des öffentlichen Rechts, bei denen der Bund, ein Land oder eine Gemeinde kraft Gesetzes die Zahlungsfähigkeit sichert.

(3) Von den §§ 1a, 2 bis 5, 16, 18a Satz 1, §§ 27 und 28 kann in Tarifverträgen abgewichen werden. Die abweichenden Bestimmungen haben zwischen nichttarifgebundenen Arbeitgebern und Arbeitnehmern Geltung, wenn zwischen diesen die Anwendung der einschlägigen tariflichen Regelung vereinbart ist. Im übrigen kann von den Bestimmungen dieses Gesetzes nicht zuungunsten des Arbeitnehmers abgewichen werden.

(4) Gesetzliche Regelungen über Leistungen der betrieblichen Altersversorgung werden unbeschadet des § 18 durch die §§ 1 bis 16 und 26 bis 30 nicht berührt.

(5) Soweit Entgeltansprüche auf einem Tarifvertrag beruhen, kann für diese eine Entgeltumwandlung nur vorgenommen werden, soweit dies durch Tarifvertrag vorgesehen oder durch Tarifvertrag zugelassen ist.

§ 18a Verjährung

Der Anspruch auf Leistungen aus der betrieblichen Altersversorgung verjährt in 30 Jahren. Ansprüche auf regelmäßig wiederkehrende Leistungen unterliegen der regelmäßigen Verjährungsfrist nach den Vorschriften des Bürgerlichen Gesetzbuchs.

Dritter Teil
Übergangs- und Schlußvorschriften

§ 30f [Vor dem 1. Januar 2001 erteilte Leistungszusage]

Wenn Leistungen der betrieblichen Altersversorgung vor dem 1. Januar 2001 zugesagt worden sind, ist § 1b Abs. 1 mit der Maßgabe anzuwenden, dass die Anwartschaft erhalten bleibt, wenn das Arbeitsverhältnis vor Eintritt des Versorgungsfalles, jedoch nach Vollendung des 35. Lebensjahres endet und die Versorgungszusage zu diesem Zeitpunkt
1. mindestens zehn Jahre oder
2. bei mindestens zwölfjähriger Betriebszugehörigkeit mindestens drei Jahre bestanden hat (unverfallbare Anwartschaft); in diesen Fällen bleibt die Anwartschaft auch erhalten, wenn die Zusage ab dem 1. Januar 2001 fünf Jahre bestanden hat und bei Beendigung des Arbeitsverhältnisses das 30. Lebensjahr vollendet ist. § 1b Abs. 5 findet für Anwartschaften aus diesen Zusagen keine Anwendung.

Tarifvertragsgesetz

Vom 09.04.1949

In der Fassung der Bekanntmachung vom 25.08.1969 (BGBl I S. 1323)

(BGBl. III 802-1)

zuletzt geändert durch Sechstes
Überleitungsgesetz vom 25.09.1990 (BGBl I S. 2106)

§ 1 Inhalt und Form des Tarifvertrages

(1) Der Tarifvertrag regelt die Rechte und Pflichten der Tarifvertragsparteien und enthält Rechtsnormen, die den Inhalt, den Abschluss und die Beendigung von Arbeitsverhältnissen sowie betriebliche und betriebsverfassungsrechtliche Fragen ordnen können.

(2) Tarifverträge bedürfen der Schriftform.

§ 2 Tarifvertragsparteien

(1) Tarifvertragsparteien sind Gewerkschaften, einzelne Arbeitgeber sowie Vereinigungen von Arbeitgebern.

(2) Zusammenschlüsse von Gewerkschaften und von Vereinigungen von Arbeitgebern (Spitzenorganisationen) können im Namen der ihnen angeschlossenen Verbände Tarifverträge abschließen, wenn sie eine entsprechende Vollmacht haben.

(3) Spitzenorganisationen können selbst Parteien eines Tarifvertrages sein, wenn der Abschluss von Tarifverträgen zu ihren satzungsgemäßen Aufgaben gehört.

(4) In den Fällen der Absätze 2 und 3 haften sowohl die Spitzenorganisationen wie die ihnen angeschlossenen Verbände für die Erfüllung der gegenseitigen Verpflichtungen der Tarifvertragsparteien.

§ 3 Tarifgebundenheit

(1) Tarifgebunden sind die Mitglieder der Tarifvertragsparteien und der Arbeitgeber, der selbst Partei des Tarifvertrages ist.

(2) Rechtsnormen des Tarifvertrages über betriebliche und betriebsverfassungsrechtliche Fragen gelten für alle Betriebe, deren Arbeitgeber tarifgebunden ist.

(3) Die Tarifgebundenheit bleibt bestehen, bis der Tarifvertrag endet.

§ 4 Wirkung der Rechtsnormen

(1) Die Rechtsnormen des Tarifvertrages, die den Inhalt, den Abschluss oder die Beendigung von Arbeitsverhältnissen ordnen, gelten unmittelbar und zwingend zwischen den beiderseits Tarifgebundenen, die unter den Geltungsbereich des Tarifvertrages fallen. Diese Vorschrift gilt entsprechend für Rechtsnormen des Tarifvertrages über betriebliche und betriebsverfassungsrechtliche Fragen.

(2) Sind im Tarifvertrag gemeinsame Einrichtungen der Tarifvertragsparteien vorgesehen und geregelt (Lohnausgleichskassen, Urlaubskassen usw.), so gelten diese Regelungen auch unmittelbar und zwingend für die Satzung dieser Einrichtung und das Verhältnis der Einrichtung zu den tarifgebundenen Arbeitgebern und Arbeitnehmern.

(3) Abweichende Abmachungen sind nur zulässig, soweit sie durch den Tarifvertrag gestattet sind oder eine Änderung der Regelungen zugunsten des Arbeitnehmers enthalten.

(4) Ein Verzicht auf entstandene tarifliche Rechte ist nur in einem von den Tarifvertragsparteien gebilligten Vergleich zulässig. Die Verwirkung von tariflichen Rechten ist ausgeschlossen. Ausschlußfristen für die Geltendmachung tariflicher Rechte können nur im Tarifvertrag vereinbart werden.

(5) Nach Ablauf des Tarifvertrages gelten seine Rechtsnormen weiter, bis sie durch eine andere Abmachung ersetzt werden.

§ 5 Allgemeinverbindlichkeit

(1) Der Bundesminister für Arbeit und Sozialordnung kann einen Tarifvertrag im Einvernehmen mit einem aus je drei Vertretern der Spitzenorganisationen der Arbeitgeber und der Arbeitnehmer bestehenden Ausschuß auf Antrag einer Tarifvertragspartei für allgemeinverbindlich erklären, wenn
   1. die tarifgebundenen Arbeitgeber nicht weniger als 50 vom Hundert der unter den Geltungsbereich des Tarifvertrages fallenden Arbeitnehmer beschäftigen und
   2. die Allgemeinverbindlicherklärung im öffentlichen Interesse geboten erscheint.Von den Voraussetzungen der Nummern 1 und 2 kann abgesehen werden, wenn die Allgemeinverbindlicherklärung zur Behebung eines sozialen Notstandes erforderlich erscheint.

(2) Vor der Entscheidung über den Antrag ist Arbeitgebern und Arbeitnehmern, die von der Allgemeinverbindlicherklärung betroffen werden würden, den am Ausgang des Verfahrens interessierten Gewerkschaften und Vereinigungen der Arbeitgeber sowie den obersten Arbeitsbehörden der Länder, auf deren Bereich sich der Tarifvertrag erstreckt, Gelegenheit zur schriftlichen Stellungnahme sowie zur Äußerung in einer mündlichen und öffentlichen Verhandlung zu geben.

(3) Erhebt die oberste Arbeitsbehörde eines beteiligten Landes Einspruch gegen die beantragte Allgemeinverbindlicherklärung, so kann der Bundesminister für Arbeit und Sozialordnung dem Antrag nur mit Zustimmung der Bundesregierung stattgeben.

(4) Mit der Allgemeinverbindlicherklärung erfassen die Rechtsnormen des Tarifvertrages in seinem Geltungsbereich auch die bisher nicht tarifgebundenen Arbeitgeber und Arbeitnehmer.

(5) Der Bundesminister für Arbeit und Sozialordnung kann die Allgemeinverbindlicherklärung eines Tarifvertrages im Einvernehmen mit dem in Absatz 1 genannten Ausschuß aufheben, wenn die Aufhebung im öffentlichen Interesse geboten erscheint. Die Absätze 2 und 3 gelten entsprechend. Im übrigen endet die Allgemeinverbindlichkeit eines Tarifvertrages mit dessen Ablauf.

(6) Der Bundesminister für Arbeit und Sozialordnung kann der obersten Arbeitsbehörde eines Landes für einzelne Fälle das Recht zur Allgemeinverbindlicherklärung sowie zur Aufhebung der Allgemeinverbindlichkeit übertragen.

(7) Die Allgemeinverbindlicherklärung und die Aufhebung der Allgemeinverbindlichkeit bedürfen der öffentlichen Bekanntmachung.

§ 6 Tarifregister

Bei dem Bundesminister für Arbeit und Sozialordnung wird ein Tarifregister geführt, in das der Abschluss, die Änderung und die Aufhebung der Tarifverträge sowie der Beginn und die Beendigung der Allgemeinverbindlichkeit eingetragen werden.

§ 7 Übersendungs- und Mitteilungspflicht

(1) Die Tarifvertragsparteien sind verpflichtet, dem Bundesminister für Arbeit und Sozialordnung innerhalb eines Monats nach Abschluss kostenfrei die Urschrift oder eine beglaubigte Abschrift sowie zwei weitere Abschriften eines jeden Tarifvertrages und seiner Änderungen zu übersenden; sie haben ihm das Außerkrafttreten eines jeden Tarifvertrages innerhalb eines Monats mitzuteilen. Sie sind ferner verpflichtet, den

obersten Arbeitsbehörden der Länder, auf deren Bereich sich der Tarifvertrag erstreckt, innerhalb eines Monats nach Abschluss kostenfrei je drei Abschriften des Tarifvertrages und seiner Änderungen zu übersenden und auch das Außerkrafttreten des Tarifvertrages innerhalb eines Monats mitzuteilen. Erfüllt eine Tarifvertragspartei die Verpflichtungen, so werden die übrigen Tarifvertragsparteien davon befreit.

(2) Ordnungswidrig handelt, wer vorsätzlich oder fahrlässig entgegen Absatz 1 einer Übersendungs- oder Mitteilungspflicht nicht, unrichtig, nicht vollständig oder nicht rechtzeitig genügt. Die Ordnungswidrigkeit kann mit einer Geldbuße geahndet werden.

(3) Verwaltungsbehörde im Sinne des § 36 Abs. 1 Nr. 1 des Gesetzes über Ordnungswidrigkeiten ist die Behörde, der gegenüber die Pflicht nach Absatz 1 zu erfüllen ist.

§ 8 Bekanntgabe des Tarifvertrages

Die Arbeitgeber sind verpflichtet, die für ihren Betrieb maßgebenden Tarifverträge an geeigneter Stelle im Betrieb auszulegen.

§ 9 Feststellung der Rechtswirksamkeit

Rechtskräftige Entscheidungen der Gerichte für Arbeitssachen, die in Rechtsstreitigkeiten zwischen Tarifvertragsparteien aus dem Tarifvertrag oder über das Bestehen oder Nichtbestehen des Tarifvertrages ergangen sind, sind in Rechtsstreitigkeiten zwischen tarifgebundenen Parteien sowie zwischen diesen und Dritten für die Gerichte und Schiedsgerichte bindend.

§ 11 Durchführungsbestimmungen

Der Bundesminister für Arbeit und Sozialordnung kann unter Mitwirkung der Spitzenorganisationen der Arbeitgeber und der Arbeitnehmer die zur Durchführung des Gesetzes erforderlichen Verordnungen erlassen, insbesondere über
1. die Errichtung und die Führung des Tarifregisters und des Tarifarchivs;
2. das Verfahren bei der Allgemeinverbindlicherklärung von Tarifverträgen und der Aufhebung von Tarifordnungen und Anordnungen, die öffentlichen Bekanntmachungen bei der Antragsstellung, der Erklärung und Beendigung der Allgemeinverbindlichkeit und der Aufhebung von Tarifordnungen und Anordnungen sowie die hierdurch entstehenden Kosten;
3. den in § 5 genannten Ausschuß.

§ 12 Spitzenorganisationen

Spitzenorganisationen im Sinne dieses Gesetzes sind - unbeschadet der Regelung in § 2 – diejenigen Zusammenschlüsse von Gewerkschaften oder von

Arbeitgebervereinigungen, die für die Vertretung der Arbeitnehmer- oder der Arbeitgeberinteressen im Arbeitsleben des Bundesgebietes wesentliche Bedeutung haben. Ihnen stehen gleich Gewerkschaften und Arbeitgebervereinigungen, die keinem solchen Zusammenschluß angehören, wenn sie die Voraussetzungen des letzten Halbsatzes in Satz 1 erfüllen.

§ 12a Arbeitnehmerähnliche Personen

(1) Die Vorschriften dieses Gesetzes gelten entsprechend

1. für Personen, die wirtschaftlich abhängig und vergleichbar einem Arbeitnehmer sozial schutzbedürftig sind (arbeitnehmerähnliche Personen), wenn sie auf Grund von Dienst- oder Werkverträgen für andere Personen tätig sind, die geschuldeten Leistungen persönlich und im wesentlichen ohne Mitarbeit von Arbeitnehmern erbringen und

   a) überwiegend für eine Person tätig sind oder

   b) ihnen von einer Person im Durchschnitt mehr als die Hälfte des Entgelts zusteht, das ihnen für ihre Erwerbstätigkeit insgesamt zusteht; ist dies nicht voraussehbar, so sind für die Berechnung, soweit im Tarifvertrag nichts anderes vereinbart ist, jeweils die letzten sechs Monate, bei kürzerer Dauer der Tätigkeit dieser Zeitraum, maßgebend,

2. für die in Nummer 1 genannten Personen, für die die arbeitnehmerähnlichen Personen tätig sind, sowie für die zwischen ihnen und den arbeitnehmerähnlichen Personen durch Dienst- oder Werkverträge begründeten Rechtsverhältnisse.

(2) Mehrere Personen, für die arbeitnehmerähnliche Personen tätig sind, gelten als eine Person, wenn diese mehreren Personen nach der Art eines Konzerns (§ 18 des Aktiengesetzes) zusammengefaßt sind oder zu einer zwischen ihnen bestehenden Organisationsgemeinschaft oder nicht nur vorübergehenden Arbeitsgemeinschaft gehören.

(3) Die Absätze 1 und 2 finden auf Personen, die künstlerische, schriftstellerische oder journalistische Leistungen erbringen, sowie auf Personen, die an der Erbringung, insbesondere der technischen Gestaltung solcher Leistungen unmittelbar mitwirken, auch dann Anwendung, wenn ihnen abweichend von Absatz 1 Nr. 1 Buchstabe b erster Halbsatz von einer Person im Durchschnitt mindestens ein Drittel des Entgelts zusteht, das ihnen für ihre Erwerbstätigkeit insgesamt zusteht.

(4) Die Vorschrift findet keine Anwendung auf Handelsvertreter im Sinne des § 84 des Handelsgesetzbuchs.

Aktiengesetz

Vom 06.09.1965 (BGBl I S. 1089)

(BGBl. III 4121-1)

zuletzt geändert durch Transparenz- und
Publizitätsgesetz vom 19.07.2002 (BGBl I S. 2681)

Erstes Buch
Aktiengesellschaft

Erster Teil
Allgemeine Vorschriften

§ 17 Abhängige und herrschende Unternehmen

(1) Abhängige Unternehmen sind rechtlich selbständige Unternehmen, auf die ein anderes Unternehmen (herrschendes Unternehmen) unmittelbar oder mittelbar einen beherrschenden Einfluß ausüben kann.

(2) Von einem in Mehrheitsbesitz stehenden Unternehmen wird vermutet, dass es von dem an ihm mit Mehrheit beteiligten Unternehmen abhängig ist.

§ 18 Konzern und Konzernunternehmen

(1) Sind ein herrschendes und ein oder mehrere abhängige Unternehmen unter der einheitlichen Leitung des herrschenden Unternehmens zusammengefaßt, so bilden sie einen Konzern; die einzelnen Unternehmen sind Konzernunternehmen. Unternehmen, zwischen denen ein Beherrschungsvertrag (§ 291) besteht oder von denen das eine in das andere eingegliedert ist (§ 319), sind als unter einheitlicher Leitung zusammengefaßt anzusehen. Von einem abhängigen Unternehmen wird vermutet, dass es mit dem herrschenden Unternehmen einen Konzern bildet.

(2) Sind rechtlich selbständige Unternehmen, ohne dass das eine Unternehmen von dem anderen abhängig ist, unter einheitlicher Leitung zusammengefaßt, so bilden sie auch einen Konzern; die einzelnen Unternehmen sind Konzernunternehmen.

§ 19 Wechselseitig beteiligte Unternehmen

(1) Wechselseitig beteiligte Unternehmen sind Unternehmen mit Sitz im Inland in der Rechtsform einer Kapitalgesellschaft, die dadurch verbunden sind, dass jedem Unternehmen mehr als der vierte Teil der Anteile des anderen Unternehmens gehört. Für die Feststellung, ob einem Unternehmen mehr als der vierte Teil der Anteile des anderen Unternehmens gehört, gilt § 16 Abs. 2 Satz 1, Abs. 4.

(2) Gehört einem wechselseitig beteiligten Unternehmen an dem anderen Unternehmen eine Mehrheitsbeteiligung oder kann das eine auf das andere Unternehmen unmittelbar oder mittelbar einen beherrschenden Einfluß ausüben, so ist das eine als herrschendes, das andere als abhängiges Unternehmen anzusehen.

(3) Gehört jedem der wechselseitig beteiligten Unternehmen an dem anderen Unternehmen eine Mehrheitsbeteiligung oder kann jedes auf das andere unmittelbar oder mittelbar einen beherrschenden Einfluß ausüben, so gelten beide Unternehmen als herrschend und als abhängig.

(4) § 328 ist auf Unternehmen, die nach Absatz 2 oder 3 herrschende oder abhängige Unternehmen sind, nicht anzuwenden.

Betriebsverfassungsgesetz

§ 54 BetrVG 72

(1) Für einen Konzern (§ 18 Abs. 1 des Aktiengesetzes) kann durch Beschlüsse der einzelnen Gesamtbetriebsräte ein Konzernbetriebsrat errichtet werden. Die Errichtung erfordert die Zustimmung der Gesamtbetriebsräte der Konzernunternehmen, in denen mindestens 75 vom Hundert der Arbeitnehmer der Konzernunternehmen beschäftigt sind.

(2) Besteht in einem Konzernunternehmen nur ein Betriebsrat, so nimmt dieser die Aufgaben eines Gesamtbetriebsrates nach den Vorschriften dieses Abschnitts wahr.

§ 76 Abs. 4 BetrVG'52

(4) An der Wahl der Vertreter der Arbeitnehmer für den Aufsichtsrat des herrschenden Unternehmens eines Konzerns (§ 18 Abs. 1 Satz 1 und 2 des Aktiengesetzes) nehmen auch die Arbeitnehmer der Betriebe der übrigen Konzernunternehmen teil. In diesen Fällen kann die Wahl durch Wahlmänner erfolgen.

§ 77a BetrVG'52

Soweit nach § 76 oder § 77 die Beteiligung von Arbeitnehmern im Aufsichtsrat eines herrschenden Unternehmens von dem Vorhandensein oder der Zahl von Unternehmern abhängt, gelten die Arbeitnehmer der Betriebe eines Konzernunternehmens als Arbeitnehmer des herrschenden Unternehmens, wenn zwischen den Unternehmen ein Beherrschungsvertrag besteht oder das abhängige Unternehmen in das herrschende Unternehmen eingegliedert ist.

Richtlinie 2001/23/EG des Rates
vom 12. März 2001

zur Angleichung der Rechtsvorschriften der Mitgliedstaaten über die Wahrung von Ansprüchen der Arbeitnehmer beim Übergang von Unternehmen, Betrieben oder Unternehmens- oder Betriebsteilen

DER RAT DER EUROPÄISCHEN UNION –

gestützt auf den Vertrag zur Gründung der Europäischen Gemeinschaft, insbesondere auf Artikel 94,

auf Vorschlag der Kommission,

nach Stellungnahme des Europäischen Parlaments(1),

nach Anhörung des Wirtschafts- und Sozialausschusses(2),

in Erwägung nachstehender Gründe:

(1) Die Richtlinie 77/187/EWG des Rates vom 14. Februar 1977 zur Angleichung der Rechtsvorschriften der Mitgliedstaaten über die Wahrung von Ansprüchen der Arbeitnehmer beim Übergang von Unternehmen, Betrieben oder Unternehmens- oder Betriebsteilen (3) wurde erheblich geändert(4). Aus Gründen der Klarheit und Wirtschaftlichkeit empfiehlt es sich daher, die genannte Richtlinie zu kodifizieren.

(2) Die wirtschaftliche Entwicklung führt auf einzelstaatlicher und gemeinschaftlicher Ebene zu Änderungen in den Unternehmensstrukturen, die sich unter anderem aus dem Übergang von Unternehmen, Betrieben oder Unternehmens- oder Betriebsteilen auf einen anderen Inhaber durch vertragliche Übertragung oder durch Verschmelzung ergeben.

(3) Es sind Bestimmungen notwendig, die die Arbeitnehmer bei einem Inhaberwechsel schützen und insbesondere die Wahrung ihrer Ansprüche gewährleisten.

(4) Zwischen den Mitgliedstaaten bestehen in Bezug auf den Umfang des Arbeitnehmerschutzes auf diesem Gebiet weiterhin Unterschiede, die verringert werden sollten.

(5) In der am 9. Dezember 1989 verabschiedeten Gemeinschaftscharta der sozialen Grundrechte der Arbeitnehmer (Sozialcharta) wird unter

Nummer 7, Nummer 17 und Nummer 18 insbesondere folgendes festgestellt: „Die Verwirklichung des Binnenmarktes muss zu einer Verbesserung der Lebens- und Arbeitsbedingungen der Arbeitnehmer in der Europäischen Gemeinschaft führen. Diese Verbesserung muss, soweit nötig, dazu führen, dass bestimmte Bereiche des Arbeitsrechts, wie die Verfahren bei Massenentlassungen oder bei Konkursen, ausgestaltet werden. Unterrichtung, Anhörung und Mitwirkung der Arbeitnehmer müssen in geeigneter Weise, unter Berücksichtigung der in den verschiedenen Mitgliedstaaten herrschenden Gepflogenheiten, weiterentwickelt werden. Unterrichtung, Anhörung und Mitwirkung sind rechtzeitig vorzusehen, vor allem bei der Umstrukturierung oder Verschmelzung von Unternehmen, wenn dadurch die Beschäftigung der Arbeitnehmer berührt wird."

(6) Im Jahre 1977 hat der Rat die Richtlinie 77/187/EWG erlassen, um auf eine Harmonisierung der einschlägigen nationalen Rechtsvorschriften hinsichtlich der Wahrung der Ansprüche und Rechte der Arbeitnehmer hinzuwirken; Veräußerer und Erwerber werden aufgefordert, die Vertreter der Arbeitnehmer rechtzeitig zu unterrichten und anzuhören.

(7) Die Richtlinie 77/187/EWG wurde nachfolgend geändert unter Berücksichtigung der Auswirkungen des Binnenmarktes, der Tendenzen in der Gesetzgebung der Mitgliedstaaten hinsichtlich der Sanierung von Unternehmen in wirtschaftlichen Schwierigkeiten, der Rechtsprechung des Gerichtshofs der Europäischen Gemeinschaften, der Richtlinie 75/129/EWG des Rates vom 17. Februar 1975 zur Angleichung der Rechtsvorschriften der Mitgliedstaaten über Massenentlassungen(5) sowie der bereits in den meisten Mitgliedstaaten geltenden gesetzlichen Normen.

(8) Aus Gründen der Rechtssicherheit und Transparenz war es erforderlich, den juristischen Begriff des Übergangs unter Berücksichtigung der Rechtsprechung des Gerichtshofs zu klären. Durch diese Klärung wurde der Anwendungsbereich der Richtlinie 77/187/EWG gemäß der Auslegung durch den Gerichtshof nicht geändert.

(9) In der Sozialcharta wird die Bedeutung des Kampfes gegen alle Formen der Diskriminierung, insbesondere aufgrund von Geschlecht, Hautfarbe, Rasse, Meinung oder Glauben, gewürdigt.

(10) Diese Richtlinie sollte die Pflichten der Mitgliedstaaten hinsichtlich der Umsetzungsfristen der in Anhang I Teil B angegebenen Richtlinien unberührt lassen.

HAT FOLGENDE RICHTLINIE ERLASSEN:

KAPITEL I

Anwendungsbereich und Definitionen

Artikel 1

1. a) Diese Richtlinie ist auf den Übergang von Unternehmen, Betrieben oder Unternehmens- bzw. Betriebsteilen auf einen anderen Inhaber durch vertragliche Übertragung oder durch Verschmelzung anwendbar.
   b) Vorbehaltlich Buchstabe a) und der nachstehenden Bestimmungen dieses Artikels gilt als Übergang im Sinne dieser Richtlinie der Übergang einer ihre Identität bewahrenden wirtschaftlichen Einheit im Sinne einer organisierten Zusammenfassung von Ressourcen zur Verfolgung einer wirtschaftlichen Haupt- oder Nebentätigkeit.
   c) Diese Richtlinie gilt für öffentliche und private Unternehmen, die eine wirtschaftliche Tätigkeit ausüben, unabhängig davon, ob sie Erwerbszwecke verfolgen oder nicht. Bei der Übertragung von Aufgaben im Zuge einer Umstrukturierung von Verwaltungsbehörden oder bei der Übertragung von Verwaltungsaufgaben von einer Behörde auf eine andere handelt es sich nicht um einen Übergang im Sinne dieser Richtlinie.

2. Diese Richtlinie ist anwendbar, wenn und soweit sich das Unternehmen, der Betrieb oder der Unternehmens- bzw. Betriebsteil, das bzw. der übergeht, innerhalb des räumlichen Geltungsbereichs des Vertrages befindet.

3. Diese Richtlinie gilt nicht für Seeschiffe.

Artikel 2

1. Im Sinne dieser Richtlinie gelten folgende Begriffsbestimmungen:
   a) „Veräußerer" ist jede natürliche oder juristische Person, die aufgrund eines Übergangs im Sinne von Artikel 1 Absatz 1 als Inhaber aus dem Unternehmen, dem Betrieb oder dem Unternehmens- bzw. Betriebsteil ausscheidet:
   b) „Erwerber" ist jede natürliche oder juristische Person, die aufgrund eines Übergangs im Sinne von Artikel 1 Absatz 1 als Inhaber in das Unternehmen, den Betrieb oder den Unternehmens- bzw. Betriebsteil eintritt.
   c) „Vertreter der Arbeitnehmer" oder ein entsprechender Ausdruck bezeichnet die Vertreter der Arbeitnehmer nach den Rechtsvorschriften oder der Praxis der Mitgliedstaaten.

d) „Arbeitnehmer" ist jede Person, die in dem betreffenden Mitgliedstaat aufgrund des einzelstaatlichen Arbeitsrechts geschützt, ist.

2. Diese Richtlinie lässt das einzelstaatliche Recht in Bezug auf die Begriffsbestimmung des Arbeitsvertrags oder des Arbeitsverhältnisses unberührt.
Die Mitgliedstaaten können jedoch vom Anwendungsbereich der Richtlinie Arbeitsverträge und Arbeitsverhältnisse nicht allein deshalb ausschließen, weil
   a) nur eine bestimmte Anzahl von Arbeitsstunden geleistet wird oder zu leisten ist,
   b) es sich um Arbeitsverhältnisse aufgrund eines befristeten Arbeitsvertrags im Sinne von Artikel 1 Nummer 1 der Richtlinie 91/383/EWG des Rates vom 25. Juni 1991 zur Ergänzung der Maßnahmen zur Verbesserung der Sicherheit und des Gesundheitsschutzes von Arbeitnehmern mit befristetem Arbeitsverhältnis oder Leiharbeitsverhältnis (6) handelt,
   c) es sich um Leiharbeitsverhältnisse im Sinne von Artikel 1 Nummer 2 der Richtlinie 91/383/EWG und bei dem übertragenen Unternehmen oder dem übertragenen Betrieb oder Unternehmens- bzw. Betriebsteil als Verleihunternehmen oder Teil eines Verleihunternehmens um den Arbeitgeber handelt.

KAPITEL II

Wahrung der Ansprüche und Rechte der Arbeitnehmer

Artikel 3

1. Die Rechte und Pflichten des Veräußerers aus einem zum Zeitpunkt des Übergangs bestehenden Arbeitsvertrag oder Arbeitsverhältnis gehen aufgrund des Übergangs auf den Erwerber über.
Die Mitgliedstaaten können vorsehen, dass der Veräußerer und der Erwerber nach dem Zeitpunkt des Übergangs gesamtschuldnerisch für die Verpflichtungen haften, die vor dem Zeitpunkt des Übergangs durch einen Arbeitsvertrag oder ein Arbeitsverhältnis entstanden sind, der bzw. das zum Zeitpunkt des Übergangs bestand.

2. Die Mitgliedstaaten können geeignete Maßnahmen ergreifen, um zu gewährleisten, dass der Veräußerer den Erwerber über alle Rechte und Pflichten unterrichtet, die nach diesem Artikel auf den Erwerber übergehen, soweit diese dem Veräußerer zum Zeitpunkt des Übergangs bekannt waren oder bekannt sein mussten. Unterlässt der Veräußerer diese Unterrichtung des Erwerbers, so berührt diese Unterlassung weder den Übergang solcher Rechte und Pflichten noch die Ansprüche von Arbeit-

nehmern gegenüber dem Erwerber und/oder Veräußerer in Bezug auf diese Rechte und Pflichten.

3. Nach dem Übergang erhält der Erwerber die in einem Kollektivvertrag vereinbarten Arbeitsbedingungen bis zur Kündigung oder zum Ablauf des Kollektivvertrags bzw: bis zum Inkrafttreten oder bis zur Anwendung eines anderen Kollektivvertrags in dem gleichen Maße aufrecht, wie sie in dem Kollektivvertrag für den Veräußerer vorgesehen waren.

   Die Mitgliedstaaten können den Zeitraum der Aufrechterhaltung der Arbeitsbedingungen begrenzen, allerdings darf dieser nicht weniger als ein Jahr betragen.

4. a) Sofern die Mitgliedstaaten nicht anderes vorsehen, gelten die Absätze 1 und 3 nicht für die Rechte der Arbeitnehmer auf Leistungen bei Alter, Invalidität oder für Hinterbliebene aus betrieblichen oder überbetrieblichen Zusatzversorgungseinrichtungen außerhalb der gesetzlichen Systeme der sozialen Sicherheit der Mitgliedstaaten.

   b) Die Mitgliedstaaten treffen auch dann, wenn sie gemäß Buchstabe a) nicht vorsehen, dass die Absätze 1 und 3 für die unter Buchstabe a) genannten Rechte gelten, die notwendigen Maßnahmen zum Schutz der Interessen der Arbeitnehmer sowie der Personen, die zum Zeitpunkt des Übergangs bereits aus dem Betrieb des Veräußerers ausgeschieden sind, hinsichtlich ihrer Rechte oder Anwartschaftsrechte auf Leistungen bei Alter, einschließlich Leistungen für Hinterbliebene, aus den unter Buchstabe a) genannten Zusatzversorgungseinrichtungen.

Artikel 4

1. Der Übergang eines Unternehmens, Betriebs oder Unternehmens- bzw. Betriebsteils stellt als solcher für den Veräußerer oder den Erwerber keinen Grund zur Kündigung dar. Diese Bestimmung steht etwaigen Kündigungen aus wirtschaftlichen, technischen oder organisatorischen Gründen, die Änderungen im Bereich der Beschäftigung mit sich bringen, nicht entgegen.

   Die Mitgliedstaaten können vorsehen, dass Unterabsatz 1 auf einige abgegrenzte Gruppen von Arbeitnehmern, auf die sich die Rechtsvorschriften oder die Praxis der Mitgliedstaaten auf dem Gebiet des Kündigungsschutzes nicht erstrecken, keine Anwendung findet.

2. Kommt es zu einer Beendigung des Arbeitsvertrags oder Arbeitsverhältnisses, weil der Übergang eine wesentliche Änderung der Arbeitsbedingungen zum Nachteil des Arbeitnehmers zur Folge hat, so ist davon auszugehen, dass die Beendigung des Arbeitsvertrags oder Arbeitsverhältnisses durch den Arbeitgeber erfolgt ist.

Artikel 5

1. Sofern die Mitgliedstaaten nichts anderes vorsehen, gelten die Artikel 3 und 4 nicht für Übergänge von Unternehmen, Betrieben oder Unternehmens- bzw. Betriebsteilen, bei denen gegen den Veräußerer unter der Aufsicht einer zuständigen öffentlichen Stelle (worunter auch ein von einer zuständigen Behörde ermächtigter Insolvenzverwalter verstanden werden kann) ein Konkursverfahren oder ein entsprechendes Verfahren mit dem Ziel der Auflösung des Vermögens des Veräußerers eröffnet wurde.

2. Wenn die Artikel 3 und 4 für einen Übergang während eines Insolvenzverfahrens gegen den Veräußerer (unabhängig davon, ob dieses Verfahren zur Auflösung seines Vermögens eingeleitet wurde) gelten und dieses Verfahren unter der Aufsicht einer zuständigen öffentlichen Stelle (worunter auch ein nach dem innerstaatlichen Recht bestimmter Insolvenzverwalter verstanden werden kann) steht, kann ein Mitgliedstaat vorsehen, dass

    a) ungeachtet des Artikels 3 Absatz 1 die vor dem Übergang bzw. vor der Eröffnung des Insolvenzverfahrens fälligen Verbindlichkeiten des Veräußerers aufgrund von Arbeitsverträgen oder Arbeitsverhältnissen nicht auf den Erwerber übergehen, sofern dieses Verfahren nach dem Recht des betreffenden Mitgliedstaats einen Schutz gewährt, der dem von der Richtlinie 80/987/EWG des Rates vom 20. Oktober 1980 zur Angleichung der Rechtsvorschriften der Mitgliedstaaten über den Schutz der Arbeitnehmer bei Zahlungsunfähigkeit des Arbeitgebers (7) vorgesehenen Schutz zumindest gleichwertig ist, und/oder

    b) der Erwerber, der Veräußerer oder die seine Befugnisse ausübenden Personen auf der einen Seite und die Vertreter der Arbeitnehmer auf der anderen Seite Änderungen der Arbeitsbedingungen der Arbeitnehmer, insoweit das geltende Recht oder die geltende Praxis dies zulassen, vereinbaren können, die den Fortbestand des Unternehmens, Betriebs oder Unternehmens- bzw. Betriebsteils sichern und dadurch der Erhaltung von Arbeitsplätzen dienen.

3. Die Mitgliedstaaten können Absatz 2 Buchstabe b) auf Übergänge anwenden, bei denen sich der Veräußerer nach dem einzelstaatlichen Recht in einer schwierigen wirtschaftlichen Lage befindet, sofern das Bestehen einer solchen Notlage von einer zuständigen öffentlichen Stelle bescheinigt wird und die Möglichkeit einer gerichtlichen Aufsicht gegeben ist, falls das innerstaatliche Recht solche Bestimmungen am 17. Juli 1998 bereits enthielt.

    Die Kommission legt vor dem 17. Juli 2003 einen Bericht über die Auswirkungen dieser Bestimmung vor und unterbreitet dem Rat erforderlichenfalls entsprechende Vorschläge.

4. Die Mitgliedstaaten treffen die erforderlichen Maßnahmen, damit Insolvenzverfahren nicht in missbräuchlicher Weise in Anspruch genommen werden, um den Arbeitnehmern die in dieser Richtlinie vorgesehenen Rechte vorzuenthalten.

Artikel 6

1. Sofern das Unternehmen, der Betrieb oder der Unternehmens- bzw. Betriebsteil seine Selbständigkeit behält, bleiben die Rechtsstellung und die Funktion der Vertreter oder der Vertretung der vom Übergang betroffenen Arbeitnehmer unter den gleichen Bedingungen erhalten, wie sie vor dem Zeitpunkt des Übergangs aufgrund von Rechts- und Verwaltungsvorschriften oder aufgrund einer Vereinbarung bestanden haben, sofern die Bedingungen für die Bildung der Arbeitnehmervertretung erfüllt sind.

   Unterabsatz 1 findet keine Anwendung, wenn gemäß den Rechts- und Verwaltungsvorschriften oder der Praxis der Mitgliedstaaten oder durch Vereinbarung mit den Vertretern der betroffenen Arbeitnehmer die Bedingungen für die Neubestellung der Vertreter der Arbeitnehmer oder die Neubildung der Vertretung der Arbeitnehmer erfüllt sind.

   Wurde gegen den Veräußerer unter der Aufsicht einer zuständigen öffentlichen Stelle (worunter auch ein von einer zuständigen Behörde ermächtigter Insolvenzverwalter verstanden werden kann) ein Konkursverfahren oder ein entsprechendes Insolvenzverfahren mit dem Ziel der Auflösung des Vermögens des Veräußerers eröffnet, können die Mitgliedstaaten die erforderlichen Maßnahmen ergreifen, um sicherzustellen, dass die vom Übergang betroffenen Arbeitnehmer bis zur Neuwahl oder Benennung von Arbeitnehmervertretern angemessen vertreten sind.

   Behält das Unternehmen, der Betrieb oder der Unternehmens- bzw. Betriebsteil seine Selbständigkeit nicht, so treffen die Mitgliedstaaten die erforderlichen Maßnahmen, damit die vom Übergang betroffenen Arbeitnehmer, die vor dem Übergang vertreten wurden, während des Zeitraums, der für die Neubildung oder Neubenennung der Arbeitnehmervertretung erforderlich ist, im Einklang mit dem Recht oder der Praxis der Mitgliedstaaten weiterhin angemessen vertreten werden.

2. Erlischt das Mandat der Vertreter der vom Übergang betroffenen Arbeitnehmer aufgrund des Übergangs, so gelten für diese Vertreter weiterhin die nach den Rechts- und Verwaltungsvorschriften oder der Praxis der Mitgliedstaaten vorgesehenen Schutzmaßnahmen.

KAPITEL III

Information und Konsultation

Artikel 7

1. Der Veräußerer und der Erwerber sind verpflichtet, die Vertreter ihrer jeweiligen von einem Übergang betroffenen Arbeitnehmer über Folgendes zu informieren:
   - den Zeitpunkt bzw. den geplanten Zeitpunkt des Übergangs,
   - den Grund für den Übergang,
   - die rechtlichen, wirtschaftlichen und sozialen Folgen des Übergangs für die Arbeitnehmer,
   - die hinsichtlich der Arbeitnehmer in Aussicht genommenen Maßnahmen.

   Der Veräußerer ist verpflichtet, den Vertretern seiner Arbeitnehmer diese Informationen rechtzeitig vor dem Vollzug des Übergangs zu übermitteln.

   Der Erwerber ist verpflichtet, den Vertretern seiner Arbeitnehmer diese Informationen rechtzeitig zu übermitteln, auf jeden Fall aber bevor diese Arbeitnehmer von dem Übergang hinsichtlich ihrer Beschäftigungs- und Arbeitsbedingungen unmittelbar betroffen werden.

2. Zieht der Veräußerer bzw. der Erwerber Maßnahmen hinsichtlich seiner Arbeitnehmer in Betracht, so ist er verpflichtet, die Vertreter seiner Arbeitnehmer rechtzeitig zu diesen Maßnahmen zu konsultieren, um eine Übereinkunft anzustreben.

3. Die Mitgliedstaaten, deren Rechts- und Verwaltungsvorschriften vorsehen, dass die Vertreter der Arbeitnehmer eine Schiedsstelle anrufen können, um eine Entscheidung über hinsichtlich der Arbeitnehmer zu treffende Maßnahmen zu erhalten, können die Verpflichtungen gemäß den Absätzen 1 und 2 auf den Fall beschränken, in dem der vollzogene Übergang eine Betriebsänderung hervorruft, die wesentliche Nachteile für einen erheblichen Teil der Arbeitnehmer zur Folge haben kann.

   Die Information und die Konsultation müssen sich zumindest auf die hinsichtlich der Arbeitnehmer in Aussicht genommenen Maßnahmen erstrecken.

   Die Information und die Konsultation müssen rechtzeitig vor dem Vollzug der in Unterabsatz 1 genannten Betriebsänderung erfolgen.

4. Die in diesem Artikel vorgesehenen Verpflichtungen gelten unabhängig davon, ob die zum Übergang führende Entscheidung vom Arbeitgeber oder von einem den Arbeitgeber beherrschendes Unternehmen getroffen wird.

Hinsichtlich angeblicher Verstöße gegen die in dieser Richtlinie vorgesehenen Informations- und Konsultationspflichten findet der Einwand, der Verstoß gehe darauf zurück, dass die Information von einem den Arbeitgeber beherrschenden Unternehmen nicht übermittelt worden sei, keine Berücksichtigung.

5. Die Mitgliedstaaten können die in den Absätzen 1, 2 und 3 vorgesehenen Verpflichtungen auf Unternehmen oder Betriebe beschränken, die hinsichtlich der Zahl der beschäftigten Arbeitnehmer die Voraussetzungen für die Wahl oder Bestellung eines Kollegiums als Arbeitnehmervertretung erfüllen.

6. Die Mitgliedstaaten sehen vor, dass die betreffenden Arbeitnehmer für den Fall, dass es unabhängig von ihrem Willen in einem Unternehmen oder in einem Betrieb keine Vertreter der Arbeitnehmer gibt, vorher zu informieren sind über

    – den Zeitpunkt bzw. den geplanten Zeitpunkt des Übergangs,
    – den Grund für den Übergang,
    – die rechtlichen, wirtschaftlichen und sozialen Folgen des Übergangs für die Arbeitnehmer,
    – die hinsichtlich der Arbeitnehmer in Aussicht genommenen Maßnahmen.

KAPITEL IV

Schlussbestimmungen

Artikel 8

Diese Richtlinie schränkt die Möglichkeit der Mitgliedstaaten nicht ein, für die Arbeitnehmer günstigere Rechts- oder Verwaltungsvorschriften anzuwenden oder zu erlassen oder für die Arbeitnehmer günstigere Kollektivverträge und andere zwischen den Sozialpartnern abgeschlossene Vereinbarungen, die für die Arbeitnehmer günstiger sind, zu fördern oder zuzulassen.

Artikel 9

Die Mitgliedstaaten nehmen in ihre innerstaatlichen Rechtssysteme die erforderlichen Bestimmungen auf, um allen Arbeitnehmern und Vertretern der Arbeitnehmer, die ihrer Ansicht nach durch die Nichtbeachtung der sich aus dieser Richtlinie ergebenden Verpflichtungen benachteiligt sind, die Möglichkeit zu geben, ihre Forderungen durch Gerichtsverfahren einzuklagen, nachdem sie gegebenenfalls andere zuständige Stellen damit befasst haben.

Artikel 10

Die Kommission unterbreitet dem Rat vor dem 17. Juli 2006 einen Bericht, in dem die Auswirkungen der Bestimmungen dieser Richtlinie untersucht werden. Sie legt gegebenenfalls die erforderlichen Änderungsvorschläge vor.

Artikel 11

Die Mitgliedstaaten teilen der Kommission den Wortlaut der Rechts- und Verwaltungsvorschriften mit, die sie auf dem unter diese Richtlinie fallenden Gebiet erlassen.

Artikel 12

Die Richtlinie 77/187/EWG, geändert durch die in Anhang I Teil A aufgeführte Richtlinie, wird unbeschadet der Pflichten der Mitgliedstaaten hinsichtlich der in Anhang I Teil B genannten Fristen für ihre Umsetzung aufgehoben. Verweisungen auf die aufgehobene Richtlinie gelten als Verweisungen auf die vorliegende Richtlinie und sind nach der Übereinstimmungstabelle in Anhang II zu lesen.

Artikel 13

Diese Richtlinie tritt am zwanzigsten Tag nach ihrer Veröffentlichung im Amtsblatt der Europäischen Gemeinschaften in Kraft.

Artikel 14

Diese Richtlinie ist an alle Mitgliedstaaten gerichtet.

Geschehen zu Brüssel am 12. März 2001.

Im Namen des Rates

Der Präsident
B. Ringholm

---

(1) Stellungnahme vom 25. Oktober 2000 (noch nicht im Amtsblatt veröffentlicht).
(2) ABl. C 367 vom 20.12.2000, S. 21.
(3) ABl. L 61 vom 5.3.1977, S. 26.
(4) Siehe Anhang I Teil A.
(5) ABl. L 48 vom 22.2.1975, S. 29. Richtlinie ersetzt durch die Richtlinie 98/59/EG (ABl. L 225 vom 12.8.1998, S. 16).
(6) ABl. L 206 vom 29.7.1991, S. 19.
(7) ABl. L 283 vom 20.10.1980, S. 23. Richtlinie zuletzt geändert durch die Beitrittsakte von 1994.

Literaturverzeichnis

Ahrend/Förster/Rößler, Steuerrecht der betrieblichen Altersversorgung mit arbeitsrechtlicher Grundlegung, 1. Teil, Loseblatt

Ahrend/Förster/Rühmann, Gesetz zur Verbesserung der betrieblichen Altersversorgung, Erläuterungen, 8. Aufl., 2002

Andresen/Förster/Rößler/Rühmann, Arbeitsrecht der betrieblichen Altersversorgung mit sozialrechtlicher Grundlegung, Loseblatt

Backmeister/Trittin/Mayer, Kündigungsschutzgesetz mit Nebengesetzen, 2. Aufl. 2002

Baumbach/Hueck, GmbH-Gesetz, 16. Aufl., 1996

Blomeyer/Otto, Gesetz zur Verbesserung der betrieblichen Altersversorgung, Kommentar, 2. Aufl., 1997, mit Nachtrag, 1998

Boecken, Unternehmensumwandlung und Arbeitsrecht, 1996

Däubler, Das Arbeitsrecht, Bd. I, 15. Aufl., 1998; Bd. II, 11. Aufl., 1998

Däubler, TVG, 3. Aufl. 1993

Dehmer, Umwandlungsgesetz, Umwandlungssteuergesetz, 2. Aufl., 1996

Dieterich/Hanau/Schaub, Erfurter Kommentar zum Arbeitsrecht, 3. Aufl. 2003

DKK/Bearbeiter, Däubler/Kittner/Klebe (Hrsg.), Kommentar zum Betriebsverfassungsgesetz, 8. Aufl., 2002

Dorndorf/Weller/Hauck, Kündigungsschutzgesetz, Kommentar, 4. Aufl., 2002 (auch zit.: HK/Bearbeiter)

Fitting/Kaiser/Heither/Engels/Schmidt, Kommentar zum Betriebsverfassungsgesetz, 21. Aufl., 2002

Fitting/Wlotzke/Wißmann, Mitbestimmungsgesetz, Kommentar, 2. Aufl., 1978

Fuchs/Köstler, Aufsichtsratswahlen, 2. Aufl., 2002

Gamillscheg, Kollektives Arbeitsrecht, Bd. I, 1997

Gedon/Spiertz, Berufsbildungsrecht, 1992

Geßler/Hefermehl/Eckardt/Kropff, Aktiengesetz, Bd. II, 1973/1974

GK-BetrVG/Bearbeiter, Gemeinschaftskommentar zum Betriebsverfassungsgesetz, 2 Bände, 7. Aufl., 2002

GK-MitbestG/Bearbeiter, Gemeinschaftskommentar zum Mitbestimmungsgesetz, Loseblatt

Hanau/Ulmer, Mitbestimmungsgesetz, 1981

Höfer, Gesetz zur Verbesserung der betrieblichen Altersversorgung, Bd. I: Arbeitsrecht Loseblatt-Kommentar

Hoffmann-Becking, Hoffmann-Becking (Hrsg.), Münchener Handbuch des Gesellschaftsrechts, Bd. IV, Aktiengesellschaft, 1988

Hopt/Wiedemann, Großkommentar zum Aktiengesetz, 4. Aufl.

v. Hoyningen-Huene/Linck, Kündigungsschutzgesetz, Kommentar, 13. Aufl., 2002

Hueck/Nipperdey, Lehrbuch des Arbeitsrechts, 7. Aufl., Bd. I 1967; Bd. II, 1. und 2. Halbbd. 1967, 1970

Kasseler Handbuch/Bearbeiter, Kasseler Handbuch zum Arbeitsrecht, 2. Aufl., 2000

KDZ/Bearbeiter, Kittner/Däubler/Zwanziger, Kündigungsschutzrecht, 5. Aufl., 2001

Kemper/Zachert, TVG, 3. Aufl. 1997

Kittner/Zwanziger, Kittner/Zwanziger (Hrsg.), Arbeitsrecht, Handbuch für die Praxis, 2001

Köstler/Kittner/Zachert/Müller, Aufsichtsratspraxis, 7. Aufl., 2002

Küttner/Bearbeiter, Küttner (Hrsg.), Personalbuch 2002, Arbeitsrecht, Lohnsteuerrecht, Sozialversicherungsrecht

Langohr-Plato, Rechtshandbuch Betriebliche Altersversorgung 1998

Leinemann/Taubert, Berufsbildungsgesetz, Kommentar, 2002

L/K, Löwisch/Kaiser, Betriebsverfassungsgesetz, Kommentar, 5. Aufl., 2002

Lutter/Bearbeiter, Umwandlungsgesetz, Kommentar, 2. Aufl., 2000

Masing, Betriebliche Altersversorgung in der Unternehmensspaltung 1997

Mengel, Umwandlungen im Arbeitsrecht, 1997

MünchArbR/Bearbeiter, Münchener Handbuch zum Arbeitsrecht, 3 Bände, 2. Aufl., 2000, mit Ergänzungsband, 2001

MünchKommBGB/Bearbeiter, Münchener Kommentar zum BGB, 3. Aufl., 1993 ff., 4. Aufl. 2001 ff.

Palandt/Bearbeiter, Kommentar zum Bürgerlichen Gesetzbuch, 59. Aufl., 2000

Paulsdorff, Kommentar zur Insolvenzsicherung der betrieblichen Altersversorgung, 2. Aufl. 1996

Ulber, AÜG, 2. Aufl. 2002

Raiser, Mitbestimmungsgesetz nebst Wahlordnungen, Kommentar, 3. Aufl., 1998

Schaub, Arbeitsrechts-Handbuch, 10. Aufl., 2002

Schoden, BetrAVG 2000

Schüren, Arbeitnehmerüberlassungsgesetz, Kommentar, 1994

Schupp, Mitbestimmungsbeibehaltung bei Veränderung der Unternehmensstruktur, Baden-Baden 2001

Staudinger/Bearbeiter, Kommentar zum BGB, 12. Aufl., 1979 ff., 13. Bearb., 1993 ff.

Widmann/Mayer, Umwandlungsrecht, Loseblatt-Kommentar

Wiedemann, Tarifvertragsgesetz, 6. Aufl., 1999

Willemsen/Hohenstatt/Schweibert, Umstrukturierung und Übertragung von Unternehmen, 1999

Stichwortverzeichnis

Abschlussnormen eines Tarifvertrages E 12

Allgemeinverbindlichkeit E 148

Andere Kündigungsgründe F 80

Änderung von Versorgungszusagen G 120 ff.
   Ablösende Betriebsvereinbarung G 134 ff.
   Änderung des Durchführungswegs G 137
   Änderung von Betriebsvereinbarungen G 122 ff.
   Änderungskündigung G 136
   Besitzstände G 123 ff.
   Dreistufentheorie G 122 ff.
   Informationspflichten G 32
   kollektives Günstigkeitsprinzip G 135
   Kündigung einer Betriebsvereinbarung G 132
   sachliche Gründe G 129 ff.
   Schließung des Versorgungswerks G 113, 137
   triftige Gründe G 127 f.
   Überversorgung G 123, 126
   Widerruf G 133
   zwingende Gründe G 126

Änderungskündigung E 181 ff., F 70

Änderungsvereinbarung F 79

Änderungsvertrag E 176

Anerkennungstarifvertrag E 7

Annahmeverzug F 100

Anpassungsprüfung G 95, 138 ff.
   Anpassungsverpflichteter G 141 ff.
   Konzern G 149
   Rentnergesellschaft G 141, 145 ff.

Anwachsung C 20, B 11

Asset-Deal C 18, B 9

Aufhebungsvertrag F 74

Befristeter Arbeitsvertrag E 177, F 71

Benachteiligungsverbot F 95

Berufsfreiheit F 89

Betriebliche Altersversorgung G 1 ff.
   Änderung von Versorgungszusagen s. dort
   Anpassungsprüfung s. dort
   Insolvenzschutz s. dort
   nach Umwandlung G 91 ff.
   Anpassungsprüfung G 95, 138ff.
   Höhe der Betriebsrente G 99 ff.
   neue Versorgungszusage G 98, 100
   Unverfallbarkeit G 96 ff.

verschiedene Versorgungszusagen G 101 ff.
Übertragung von Versorgungsverpflichtungen s. dort

Betrieblicher Tarifvertrag E 9

Betriebsänderung
Betriebseinschränkung D 213 ff.
Betriebsübergang D 207 ff.
Besitz- und Produktionsgesellschaft D 210
Einführung grundlegender neuer Arbeitsmethoden und Fertigungsverfahren D 233 ff.
Grundlegende Änderung der Betriebsorganisation, des Betriebszwecks oder Betriebsanlagen D 227 ff.
Spaltung von Betrieben D 200 ff.
Verlegung von Betrieben und Betriebsteilen D 222 ff.
Zusammenschluss von Betrieben und Betriebsteilen D 197 ff.

Betriebsaufspaltung G 157

Betriebsbegriff
Betriebsidentität und Fortbestand des Betriebsrats D 1 ff.
Betriebsübergang F 1 ff.
Einheitlicher Leitungsapparat D 6
Gemeinschaftsbetrieb D 8 ff.
Unbeachtlichkeit gesellschaftsrechtlicher Veränderungen D 2
Unwesentliche Organisationsänderungen D 4
Zusammengehörigkeitsgefühl der Arbeitnehmer D 7

Betriebsidentität
Fortbestand des Betriebsrats D 1 ff.

Betriebsnormen eines Tarifvertrages E 12

Betriebsspaltung
Keine bei Entstehung eines Gemeinschaftsbetriebes D 12 ff.

Betriebsübergang
Abgrenzung zur Betriebsstilllegung F 22 ff.
Aktienoptionen F 44 ff.
Altersversorgungsversprechen F 44 ff.
Auslandsberührung F 26 ff.
Ausschlussfristen F 43
Beendigung F 11
Betriebliche Übung F 40
Betriebs(teil)begriff F 1 ff.
Betriebsfortführung, tatsächliche F 9
Betriebsteilübergang F 7b
Betriebszugehörigkeit F 40
Firmenfahrzeuge F 44 ff.
Funktionsnachfolge F 7 ff.
Gekündigte Arbeitsverhältnisse F 41
Gesamtzusage F 40
Haftung F 53 ff.
Hauptbelegschaft F 6, F 10
Hoheitsakte F 15
Informationspflichten G 26
Inhalt des übergegangenen Arbeitsverhältnisses F 39 ff.
Insolvenz F 16, F 50 ff.
Nachhaftung G 154
Persönlicher Anwendungsbereich von § 613 a BGB F 19 ff.
Privatisierung öffentlicher Dienstleistungen F 12
Prokura F 43
Rechtsfolge F 30 ff.
Rechtsgeschäft F 5, F 8 ff.

Sachlicher Geltungsbereich von
§ 613 a BGB A 1
Übergang der Arbeitsverhältnisse
F 30 ff.
Unternehmensumwandlung A 2
Unterstützungskasse G 83
Versorgungsanwartschaften G 57
Wechsel der Geschäftsanteile
F 8 ff.
Werkswohnungen F 44 ff.
Wettbewerbsverbot F 44 ff.
Widerspruchsrecht G 60
Wirtschaftliche Einheit F 3
Zeitpunkt F 12 a
Zuordnung übergehender Arbeitsverhältnisse F 32 ff.
Zuordnung übergehender Arbeitsverhältnisse im Interessenausgleich F 36 ff.
Zuordnung übergehender Arbeitsverhältnisse nach UmwG F 34 ff.
Zwangsvollstreckung F 18

Betriebsvereinbarungen
Fortgeltung bei Entstehung des Übergangsmandats D 102 ff.
Gesamtbetriebsvereinbarungen E 73
Kollektivrechtliche Fortgeltung bei Aufrechterhaltung der Betriebsidentität D 95 ff.
Kollektivrechtliche Fortgeltung von Gesamtbetriebsvereinbarungen D 105 ff.
Kollektivrechtliche Fortgeltung von Konzernbetriebsvereinbarunge D 112 ff.
Transformation in Individualarbeitsrecht D 115 ff., 120 ff.
Transformation, Umfang D 120
Transformation, Zeitpunkt D 121
Transformation, einjährige Veränderungssperre D 122, 125
Transformation, Gleichbehandlung D 123
Transformation, ablösende Betriebsvereinbarung D 127 ff.
Transformation von Gesamtbetriebsvereinbarungen D 135 ff.
Transformation von Konzernbetriebsvereinbarungen D 137
Unternehmensinterne Restrukturierungen D 138 ff.

Betriebszugehörigkeit G 77, 96

Beweggrund der Kündigung F 66

Bezugnahmeklausel E 25

DBG–Gewerkschaften E 27

Deklaratorische Bezugnahme E 253

Dynamische Bezugnahmeklausel
E 250 f., 269 ff.

Dynamische Blankettverweisung
E 6

Dokumentationsfunktion F 87

EG-Richtlinie E 33, 134

Einjährige Veränderungssperre
E 162, 175 ff.

Einwirkungspflicht im Konzern
E 107 ff.
Ausländisches Tochterunternehmen E 115
Einwirkungspflicht E 111 ff.

Gleichbehandlungsgrundsatz E 112
Goethe-Institut E 112 ff.
Konzern E 107 ff.
Konzernmutter E 107 ff.
Konzerntarifvertrag E 109 ff.
Solidaritätsstreik E 110
Tarifflucht E 107 ff.
Tarifvertrag E 107 ff.

Einzelrechtsnachfolge B 7,9

Einzelvertragliche Bezugnahme auf Tarifverträge E 25, 45, 238 ff.
Betriebsübergang E 268
Bezugnahmeklausel E 238 ff.
Deklaratorische Bezugnahme E 253
Dynamische Bezugnahmeklausel E 250 f., 269 ff.
Formulierung von Bezugnahmeklauseln E 283 ff.
Gleichstellungsabrede E 270
Gesetzeslücke E 266
Gewerkschaft E 241, 277 ff.
Gewerkschaftsmitglieder E 241
Günstigkeitsprinzip E 262
Konstitutive Bezugnahme E 252
Schriftform der Bezugnahme E 254 ff.
Statische Bezugnahmeklausel E 249, 281 ff.
Tarifvielfalt E 263
Unternehmensumwandlung E 268

Firmenbezogener Verbandstarifvertrag E 4

Formwechsel B 21, C 8 ff.
Aufsichtsratskontinuität C 8
Bereich MitbestG C 8
BetriebsVG '52 C 10
Ersatzmitglieder C 11
Montanmitbestimmung C 9
Mitbestimmungsvereinbarungen C 14
Positiver Mitbestimmungseffekt C 12
Wegfall Aufsichtsrat C 13

Frist für Widerspruch F 92

Fristlose Kündigung F 76 ff.

Fusion B 13

Gemeinsamer Betrieb F 81

Gemeinsame Einrichtung der Tarifvertragsparteien E 152

Gemeinschaftsbetrieb
Betriebsverfassungsrechtliche Vermutungsregelungen D 9 ff.
Gemeinsame Verfolgung arbeitstechnischer Zwecke D 11
Nichtänderung der Organisation D 15 ff.
Normadressaten D 25 ff.
Rechtswirkung der Vermutungstatbestände D 22 ff.
Spaltung D 12 ff.

Gesamtbetriebsvereinbarung E 73

Gesamtrechtsnachfolge B 10, E 25, E 57 ff., E 79 ff., E 125 ff.

Gesellschaftsrechtliche Grundlagen B
Arbeitgeber B 6
Betrieb B 2
Konzern B 4
Rechtsformen B 1

Rechtsträger B 1
Unternehmen B 3

Gewerkschaft E 2 ff., 22 ff., 241, 277 ff.

Gleichbehandlung G 109, 129, 135

Gleichstellungsabrede E 270

Goethe-Institut E 112 ff.

Grunde des Übergangs F 83

Gruppenunterstützungskasse G 84

Günstigkeitsprinzip E 20, 161, 183, 187 ff.

Handlungsmöglichkeiten zur Sicherung tariflicher Rechte E 285 ff.
Arbeitsgerichtsverfahren E 309 ff.
Arbeitsvertrag E 301 ff.
Betriebsverfassung E 300
Widerspruchsrecht E 303 ff.

Identität der Arbeitgeber E 48 ff.

IG Metall E 24

Informationspflichten G 26 ff.
Änderung von Versorgungszusagen G 32
gesamtschuldnerische Haftung G 31
selbstständiger Versorgungsträger G 30

Informationspflicht bei Betriebsübergang F 82 ff.
Dokumentationsfunktion F 87
EG Richtlinie F 82
Gesamtschuldnerisches Verhältnis F 85
Grunde des Übergangs F 83
Schadensersatz F 87
Schriftform F 87
Soziale Folgen des Übergangs F 83
Textform der Information F 87
Zeitpunkt des Übergangs F 83, 86

Inhaltsnormen eines Tarifvertrages E 12

Insolvenzschutz G 4 ff.
Anpassung G 6
Beiträge an den PSV G 93
Betriebsrenten G 5, 49
Direktversicherung G 8, 53
Entgeltumwandlung G 22 ff.
gesetzliche Unverfallbarkeit G 11
Höchstgrenze G 5, 15
Pensionsfonds G 9
Pensionskasse G 10
Rückdeckungsversicherung G 24
unmittelbare Versorgungszusage G 7, 46
Unterstützungskassenzusage G 7, 46
unverfallbare Anwartschaft G 11 ff., 17 ff., 51 ff.
Verbesserung der Versorgungszusage G 16, 54
vertragliche Unverfallbarkeit G 12, 24, 52

Insolvenzverfahren F 80

Interessenausgleich
Eintragungshindernis für Unternehmensumwandlung D 314 ff.
Form und Inhalt D 300, 305 ff.
Insolvenz D 299

Mißachtung des Verhandlungsanspruchs des Betriebsrats D 311 ff.
Unterlassungsanspruch des Betriebsrats D 311 ff.
Verfahren D 302 ff.
Verhandlungsanspruch des Betriebsrats D 303 ff.
Voraussetzungen D 298

Koalitionsfreiheit E 32, 78

Kollision tarifvertraglicher Normen E 17 ff.

Konkurrenz von Versorgungszusagen G 101 ff., 116 ff.
Besitzstandsschutz G 117
Fortgeltung von Betriebsvereinbarungen G 110 ff.

Konzern B 4, C 27 ff
Aufsichtsrat C 34
Bereich BetrVG C 31
Bereich Mitbest G C 28 ff.
Definition B 4
Entstehung durch Umwandlung C 35
Gemeinschaftsunternehmen C 29
Konzern im Konzern C 30
Tarifvertrag E 8

Kündigungsverbot wegen des Betriebsübergang F 64 ff.
Andere Kündigungsgründe F 80
Änderungskündigung F 70
Änderungsvereinbarung F 79
Aufhebungsvertrag F 74
Befristeter Arbeitsvertrag F 71
Beweggrund der Kündigung F 66
Fristlose Kündigung F 76 ff.
Gemeinsamer Betrieb F 81

Insolvenzverfahren F 80
Rationalisierungs- und Sanierungsmaßnahmen F 80
Stilllegung des Betriebs F 69, 80 ff.
Umgehung des Kündigungsverbots F 71 ff.
Wiedereinstellungsanspruch F 68
Zugang der Kündigungsschutz F 86

Lemgoer Modell E 178

Menschenwürde F 89

Mitbestimmungsbeibehaltung C 22 ff.
Mitbestimmungs-Beibehaltungsgesetz C 23
Nach Umwandlung C 24 ff.
Tatbestand C 25
Rechtsfolgen C 26

Mitbestimmungsbeibehaltungsvereinbarung
Funktion und Umfang D 85 ff.

Mitbestimmungsvereinbarungen C 14, 24, 34

Nachhaftung G 150 ff.

Nachteilsausgleich
Höhe D 390 ff.
Voraussetzungen D 383 ff.
Zweck D 378 ff.

Nachwirkung eines Tarifvertrages E 24

Normative Geltung des Tarifvertrags E 48 ff.
Allgemeinverbindlichkeit des Tarifvertrags E 54
Anwachsung E 98 ff.
Austritt aus dem Arbeitgeberverband E 59
Betrieblicher Tarifvertrag E 102 ff.
Betriebsvereinbarung E 73
Einzelrechtsnachfolge E 56 ff., E 97 ff.
Firmentarifvertrag E 71 ff.
Formwechsel E 49 ff.
Genossenschaft E 59
Gesamtbetriebsvereinbarung E 73
Gesamtrechtsnachfolge E 57 ff., E 79 ff.
Höchstpersönliche Rechtsstellung E 56
Identität der Arbeitgeber E 48 ff.
Mitgliedschaft im Arbeitgeberverband E 55 ff.
Nachwirken des Tarifvertrages E 64, 104 f.
Negative Koalitionsfehler E 78
Outsourcing E 58
Richtlinien E 52
Regelungslücke E 71
Satzung des Arbeitgeberverband E 53
Schutzlücke E 51
Spaltung von Unternehmen E 62
Tarifflucht E 58
Tarifloser Zustand E 66
Unternehmensumwandlung E 48 ff.
Verbandsaustritt E 59 ff.
Verbandstarifvertrag E 48 ff.
Verschmelzung von Unternehmen E 59, 63, 84 ff.

Normative Geltung von Tarifverträge E 38, 48 ff.

Normativer Teil eines Tarifvertrages E 10, 14 ff.

Outsourcing E 58

Rationalisierungs- und Sanierungsmaßnahmen F 80

Rentnergesellschaften G 2, 33, 75, 141, 145 ff.

Restmandat des Betriebsrats
Abgrenzung zum Übergangsmandat D 81
Betriebsspaltung D 83
Betriebsstilllegung D 81
Entstehung D 79 ff.
Funktion D 82
Zusammenlegung von Betrieben D 84

Schadensersatz F 87

Schiedsspruch über Tarifvertrag E 31

Schriftform des Widerspruchs F 92

Schuldrechtlicher Teil eines Tarifvertrags E 10, 16

Share-Deal C 19, B 12

Sicherheitsleistung G 35 ff.
Anpassung G 43
Ausschluss G 44 ff.
Direktversicherung G 45 ff.
durch Insolvenzschutz G 46 ff.

539

gesetzliche Unverfallbarkeit G 40
Pensionskasse G 45
Pensionssicherungsverein G 47
Sicherungspflicht G 38 ff.
verfallbare Versorgungsanwartschaften G 38, 41
vertragliche Unverfallbarkeit G 41
Umfang G 48 ff.

Solidaritätsstreik E 110

Soziale Folgen des Übergangs F 83

Sozialplananspruche F 98 ff.

Sozialplan
Ablösende Betriebsvereinbarung D 331
Auslegung D 322
Erzwingbarkeit D 323
Freiwilliger Sozialplan, Inhalt D 348 ff.
Kündigung D 327 ff.
Neugegründete Unternehmen D 342 ff.
Personalabbau ohne erzwingbaren Sozialplan D 337 ff.
Rechtsnatur D 321
Schriftform D 320
Spruch der Einigungsstelle, Inhalt D 366 ff.
Vererblichkeit von Sozialplananspruchen D 333
Vorsorglicher Sozialplan D 324
Zuständiger Betriebsrat D 377 a ff.

Sozialstaatsprinzip E 133

Spaltung B 19, C 16
gesamtschuldnerische Haftung G 31, 74, 94, 143 f., 152 ff.
Pensionskasse G 87 ff.

spaltungsrechtliche Zuordnung von Arbeitsverhältnissen G 58, 108
Übertragung von Versorgungsverpflichtungen G 64, 68
Unterstützungskasse G 85

Squeeze-out B 15

Statusverfahren Aufsichtsrat C 2 ff.
Gerichtsverfahren C 4 ff.
Unstreitiges Statusverfahren C 3
Veränderung Arbeitnehmerzahl C 7

Stilllegung des Betriebs F 69, 80 ff.

Tarifautonomie E 28 ff.

Tarifeinheit E 18, 19 ff.

Tarifflucht E 8, 107 ff.

Tarifkonkurrenz E 18 ff.

Tarifpluralität E 18 ff.

Tarifunterlassungsanspruch E 31

Tarifvertrag E 1 ff.
Abschlussnormen eines Tarifvertrages E 12
Allgemeinverbindlichkeit des E 54
Änderungsvertrag E 176
Anerkennungstarifvertrag E 7
Auffangnorm E 43
Beendigungsnormen eines Tarifvertrages E 12
Betrieblicher Tarifvertrag E 9
Betriebsnormen eines Tarifvertrages E 12

Betriebsverfassungsrechtliche
  Normen eines E 12
Bezugnahmeklausel E 25
DBG–Gewerkschaften E 27
Dynamische Blankettverweisung
  E 6
EG-Richtlinie E 33
Einzelvertragliche Bezugnahme auf
  Tarifverträge E 25, 45, 238 ff.
Einwirkungspflicht der Konzern-
  mutter E 41, 107 ff.
Firmenbezogener Verbandstarif-
  vertrag E 4
Gesamtrechtsnachfolge E 25
Gewerkschaften E 2 ff., 22 ff.
Grundlagen des Tarifvertrages
  E 2 ff.
Günstigkeitsprinzip E 20
IG Metall E 24
Inhaltsnormen eines Tarifvertra-
  ges E 12
Koalitionsfreiheit E 32, 78
Kollision tarifvertraglicher Nor-
  men E 17 ff.
Konzern E 8
Konzerntarifvertrag E 8
Nachwirkung eines Tarifvertra-
  ges E 24
Normative Geltung von Tarifver-
  träge E 38, 48 ff.
Normativer Teil eines Tarifver-
  trages E 10, 14 ff.
Schiedsspruch über Tarifvertrag
  E 31
Schuldrechtlicher Teil eines Tarif-
  vertrags E 10, 16
Tarifautonomie E 28 ff.
Tarifeinheit E 18, 19 ff.
Tarifflucht E 8, 107 ff.
Tarifkonkurrenz E 18 ff.
Tarifpluralität E 18 ff.
Tarifunterlassungsanspruch E 31

Tarifvielfalt E 21 ff.
Tarifwechsel E 21 ff.
Tarifzuständigkeit E 28 ff.
Transformation der Tarifnormen
  im Arbeitsvertrag E 42 ff.
Typisierung von Tarifverträgen
  E 2 ff.
Unterlassungsanspruch E 31
Verbandstarifvertrag E 3
Verdrängung tarifvertraglicher
  Normen E 44, 189 ff.

Tarifvielfalt E 21 ff.

Tarifwechsel E 21 ff.

Tarifzuständigkeit E 28 ff.

Textform der Information F 87

Tochterunternehmen
  Ausländisches E 115

**Transformation der Tarifnormen
  im Arbeitsvertrag** E 42 ff.

**Transformation in den Arbeitsver-
  trag** E 122 ff.
  Allgemeinverbindlichkeit E 148
  Anderer Tarifvertrag E 167 ff.
  Änderungskündigung E 181 ff.
  Änderungsvertrag E 176
  Auffangsnorm E 124 ff.
  Befristeter Arbeitsvertrag E 177
  Betriebsübergang E 153 ff.
  Betriebsvereinbarung E 185 ff.
  EG-Richtlinie E 134
  Einjährige Veränderungssperre
    E 162, 175 ff.
  Einseitiger Tarifvertrag E 170 ff.
  Gemeinsame Einrichtung der
    Tarifvertragsparteien E 152

Gesamtrechtsnachfolge E 125 ff.
Günstigkeitsprinzip E 161, 183, 187 ff.
Individualrechtliche Fortgeltung E 158
Lemgoer Modell E 178
Nachwirkung des Tarifvertrages E 145, 166, 163
Sozialstaatsprinzip E 133
Statische Fortgeltung tarifvertraglicher Normen E 159
Umgehungsgeschäft E 178
Veränderungsphase E 147
Veränderungssperre E 162, 175 ff.
Verschlechterungsverbot E 125
Verzicht auf Leistungen E 179

Übergangsmandat des Betriebsrats
BAG-Rechtsprechung D 33 ff.
Beginn D 41
Betriebsübergangsrichtlinie D 32
Dauer D 38 ff.
Geltungsbereich D 35 ff.
Inhalt D 44
Spaltung von Betrieben D 48 ff.
Streitigkeiten über Entstehung D 42
Zusammenlegung von Betrieben D 48 ff.

Übernahmen B 14

Übertragung von Versorgungsverpflichtungen G 55 ff.
aktive Arbeitnehmer G 57 ff.
Anwartschaften G 57 ff.
ausgeschiedene Arbeitnehmer G 61 ff.
Pensionsfonds G 89
Pensionskasse G 87
Rentner G 61 ff.
selbtsständige Versorgungsträger G 78 ff.
Übertragungsverbot G 65 ff.
Unteilbarkeit G 76 ff
Unterstützungkasse G 81 ff.

Umgehung des Kündigungsverbots F 71 ff.

Umwandlungsformen B 18 ff.
Formwechsel B 21 (auch HS)
Spaltung B 19 (auch HS)
Verschmelzung B 18 (auch HS)
Vermögensübertragung B 20 (auch HS)

Unternehmensmitbestimmung C
Änderung der Aufsichtsratszusammensetzung C 2 ff.
System C 1
Umwandlungsgesetz B 16 ff.
Entstehungsgeschichte B 16
Umwandlungsformen B 17

Unterrichtungsanspruch des Betriebsrats nach § 80 BetrvG
Allgemeiner Unterrichtungsanspruch D 167 ff.
Betriebsübergangsrichtlinie D 169 ff.
Betriebsveräußerung D 168 ff.
Betriebsveräußerung, Inhalt und Umfang der Unterrichtung D 244 ff.
Betriebsveräußerung, zuständiger Betriebsrat D 248 ff.
Entstehung D 171
Hinzuziehung eines sachkundigen Arbeitnehmers D 176
Hinzuziehung eines Sachverständigen D 177 ff.
Inhalt D 172

Unterrichtungsanspruch des Betriebsrats nach § 111 BetrvG
Beispielsfälle D 196 ff.
Besonderheiten bei Unternehmensumwandlung D 243 ff.
Hinzuziehung von Sachverständigen D 255 ff.
Nachteilsausgleich D 254
Voraussetzungen D 184 ff.
Zeitpunkt der Unterrichtung D 237 ff.
Zuständiger Betriebsrat D 248 ff.

Unterrichtungsanspruch des Betriebsrats nach dem UmwG
Abgrenzung zur Unterrichtung nach dem BetrvG D 270, 281
Eintragungshindernis bei fehlerhafter Unterrichtung D 280
Fristen D 269 ff.
Inhalt der gesellschaftsrechtlichen Verträge D 259 ff.
Pflichtangaben in den gesellschaftsrechtlichen Verträge D 264
Rechtsfolgen fehlerhafter Unterrichtung D 275 ff.
Vorlage der gesellschaftsrechtlichen Verträge D 258
Zuständiger Betriebsrat D 265 ff.

Unterrichtungsanspruch des Wirtschaftsausschusses
Betriebsübergang D 286
Stilllegung von Betrieben D 290
Veräußerung von Geschäftsanteilen D 291
Vorlage von Unterlagen durch den Unternehmer D 288 ff.
Wirtschaftsprüfbericht D 293
Zeitpunkt D 287

Unterrichtung der Arbeitnehmer
Individueller Informationsanspruch D 297

Veränderungssperre E 162, 175 ff.

Verbandstarifvertrag E 3

Verdrängung durch andere Tarifnormen E 189
Allgemeinverbindlichkeit E 207
Änderungskündigung E 199 ff.
Beidseitige Tarifbindung E 203 ff.
Betriebsvereinbarung E 196 ff.
Bezugnahmeklausel E 233
Blankettverweisung E 198
DGB-Gewerkschaften E 205
Dynamische Blankettverweisung E 198
Günstigkeitsprinzip E 223, 232
IG Metall E 206
Nachwirkender Tarifvertrag E 195
Negative Koalitionspflicht E 213
Personalkosten E 235 f.
Regelungsgegenstand E 224 ff.
Rückwirkende Verdrängung E 234
Senkung der Personalkosten E 235 f.
Tarifeinheit E 217
Verdrängung des alten Tarifrechts E 226 ff.
Vereinheitlichung der Arbeitsbedingungen E 189, 218
Zeitkollisionsregel E 190
Zeitpunkt des Übergangs 199 ff.

Verschlechterungsverbot E 125

Verschmelzung B 18, C 15
Tarifvertrag E 59, 63, 84 ff.

543

Übertragung von Versorgungverpflichtungen G 62
Übertragungsverbot G 68

Vertragsfreiheit F 89

Vermögensübertragung B 20, C 17

Widerspruchsrecht bei Betriebsübergang F 88 ff.
Annahmeverzug F 100
Benachteiligungsverbot F 95
Berufsfreiheit F 89
Empfänger F 94
Frist für Widerspruch F 92
Kündigungsrecht F 95
Menschenwürde F 89
Normzweck F 88 ff.
Schriftform des Widerspruchs F 92
Sozialplananspüche F 98 ff.
Vertragsfreiheit F 89
Willenserklärung F 91
Zumutbarer Arbeitsplatz F 99

Wiedereinstellungsanspruch F 68

Zeitpunkt des Übergangs F 83, 86

Zugang der Kündigungsschutz F 86

Zumutbarer Arbeitsplatz F 99

Wolfgang Däubler (Hrsg.)

Kommentar zum Tarifvertragsgesetz

Großkommentar

Der **neue Großkommentar** zum TVG setzt Maßstäbe und lässt keine Frage unbeantwortet. Folgende Themen werden u. a. behandelt:
- Gleichstellung von **Leiharbeitnehmern** und Stammpersonal
- **Firmentarife** zur Standortsicherung und »Bündnisse für Arbeit«
- Regelungen zur betrieblichen Altersversorgung und zur sog. **Riester-Rente**
- **neue Entgeltformen** und neue **Arbeitszeitmodelle**
- Auswirkungen des aktuellen und des zu erwartenden **Antidiskriminierungsrechts**
- **europäische Kollektivvereinbarungen**
- **außertarifliche Abmachungen** zwischen Gewerkschaften und der Arbeitgeberseite
- neue Richtlinien für **Urheber**
- staatliche **Vergütungskontrolle** im Arbeitsrecht.

Die wichtigsten **Normen außerhalb des TVG** wie das Arbeitnehmer-Entsendegesetz sind in vollem Umfang einbezogen und kommentiert.

Herausgeber und Autoren stehen für den hohen Anspruch: Klaus Bepler, Richter am Bundesarbeitsgericht, Erfurt, Prof. Dr. Wolfgang Däubler, Universität Bremen. Dr. Olaf Deinert, Wissenschaftlicher Mitarbeiter, Universität Rostock, Dr. Detlef Hensche, Rechtsanwalt, Berlin, Thomas Lakies, Richter am Arbeitsgericht, Berlin, Dr. Frank Lorenz, Rechtsanwalt, Düsseldorf, Dr. Gabriele Peter, Verbandsjuristin, Gewerkschaft Nahrung-Genuss-Gaststätten, Hamburg, Dr. Uwe Reim, Wissenschaftlicher Assistent, Universität Bremen, Birgit Reinecke, Richterin am Bundesarbeitsgericht, Erfurt, Prof. Dr. Dagmar Schiek, Universität Oldenburg, Dr. Regine Winter, Wissenschaftliche Mitarbeiterin am Gerichtshof der Europäischen Gemeinschaft, Luxemburg, Dr. Bertram Zwanziger, Richter am Bundesarbeitsgericht, Erfurt

Fazit: Der Kommentar ist unentbehrlich für die anwaltliche und die gerichtliche Praxis. Betriebsräte und Unternehmensjuristen, Gewerkschaften und Arbeitgeberverbände werden für ihre tägliche Arbeit gleichfalls aus diesem Buch großen Nutzen ziehen.

2003, 1.800 S., geb., 158,– € (Subskriptionspreis bis 3 Monate nach Erscheinen 138,– €), ISBN 3-7890-8341-0

◆ NOMOS Verlagsgesellschaft
76520 Baden-Baden

Maximilian Fuchs

Tarifvertragspraxis

Die Praxis benötigt **fundierte Informationen** zu Zustandekommen, Inhalt, Grenzen und Wirkung von Tarifverträgen:
In immer kürzeren Abständen müssen Tarifverträge neu verhandelt, neu abgeschlossen und ihre Regelungen durchgesetzt werden. Doch was kann im Tarifvertrag geregelt werden? Welche Voraussetzungen müssen gegeben sein? Wie sind unklare Regelungen auszulegen? Welche Auswirkungen haben Sie auf einzelne Arbeitsverträge? Welche Auswirkungen haben Betriebsübergang oder Unternehmensumwandlung auf den Tarifvertrag?
Der »Fuchs« gibt **prägnante und praxisorientierte Antwort** auf diese Fragen und legt Wert auf konkrete Beispiele aus der Rechtsprechung sowie Formulierungsbeispiele aus Tarifverträgen. Der Nutzer kann so auf einen Blick erkennen, welche Regelungen getroffen werden können und welche unzulässig sind. Er erhält damit wertvolle Hinweise für den Entwurf eigener Vereinbarungen.
Damit ist das Werk nicht nur für den Praktiker auf Betriebsrats- oder Unternehmerseite, sondern auch für den beratenden Anwalt oder Verbandsjuristen eine **wertvolle Gestaltungshilfe.**
Prof. Dr. Maximilian Fuchs, Katholische Universität Eichstätt, ist seit vielen Jahren ausgewiesener Experte auf dem Gebiet des Arbeits- und Sozialrechts. Er ist bekannt aus zahlreichen Veröffentlichungen, unter anderem auch als Herausgeber des Kommentars zum Europäischen Sozialrecht.

2003, 200 S., brosch., 38,– €, ISBN 3-8329-0169-8

◆ **NOMOS Verlagsgesellschaft**
76520 Baden-Baden